中山火炬开发区侨史

中山火炬开发区社区工作和社会事务局（统侨办公室） 编

广东人民出版社
·广州·

图书在版编目（CIP）数据

中山火炬开发区侨史 / 中山火炬开发区社区工作和社会事务局（统侨办公室）编. -- 广州：广东人民出版社，2017.12
ISBN 978-7-218-12396-7

Ⅰ. ①中… Ⅱ. ①中… Ⅲ. ①华侨－历史－中山 Ⅳ. ①D634.3

中国版本图书馆CIP数据核字(2017)第305310号

ZHONG SHAN HUO JU KAI FA QU QIAO SHI
中山火炬开发区侨史
中山火炬开发区社区工作和社会事务局（统侨办公室） 编 　版权所有 翻印必究

出 版 人：肖风华

责任编辑：李锐锋　吴锐琼
装帧设计：蓝美华

统　　筹：广东人民出版社中山出版有限公司
执　　行：何腾江　吕斯敏
地　　址：中山市中山五路1号中山日报社8楼（邮编：528403）
电　　话：（0760）89882926　（0760）89882925

出版发行：广东人民出版社
地　　址：广州市大沙头四马路10号（邮编：510102）
电　　话：（020）83798714（总编室）
传　　真：（020）83780199
网　　址：http://www.gdpph.com
印　　刷：广东信源彩色印务有限公司
开　　本：787mm×1092mm　1/16
印　　张：24.25　插　页：40　字　数：599千
版　　次：2018年1月第1版　2018年1月第1次印刷
定　　价：98.00元

如发现印装质量问题影响阅读，请与出版社（0760-89882925）联系调换。
售书热线：（0760）88367862　　邮购：（0760）89882925

《中山火炬开发区侨史》编纂委员会

顾　　问：侯奕斌　招　鸿　刘少山　黎汉钊　张容彬　余　涛
主　　任：刘龙湛
副 主 任：吴贵发　郑艳霞　陈　榕
委　　员：卢晋娜　郑满生　吴添渭
编委组长：郑满生
主　　编：吴添渭
副 主 编：郑满生（兼）
编　　委：周成发　阮若洲　陈永解
工作人员：冯美玲　马玉梨　陈丽华

中山火炬开发区侨史编委会人员合影

中山火炬高技术产业开发区地理位置图

(选自《中山火炬高技术产业开发区志》)

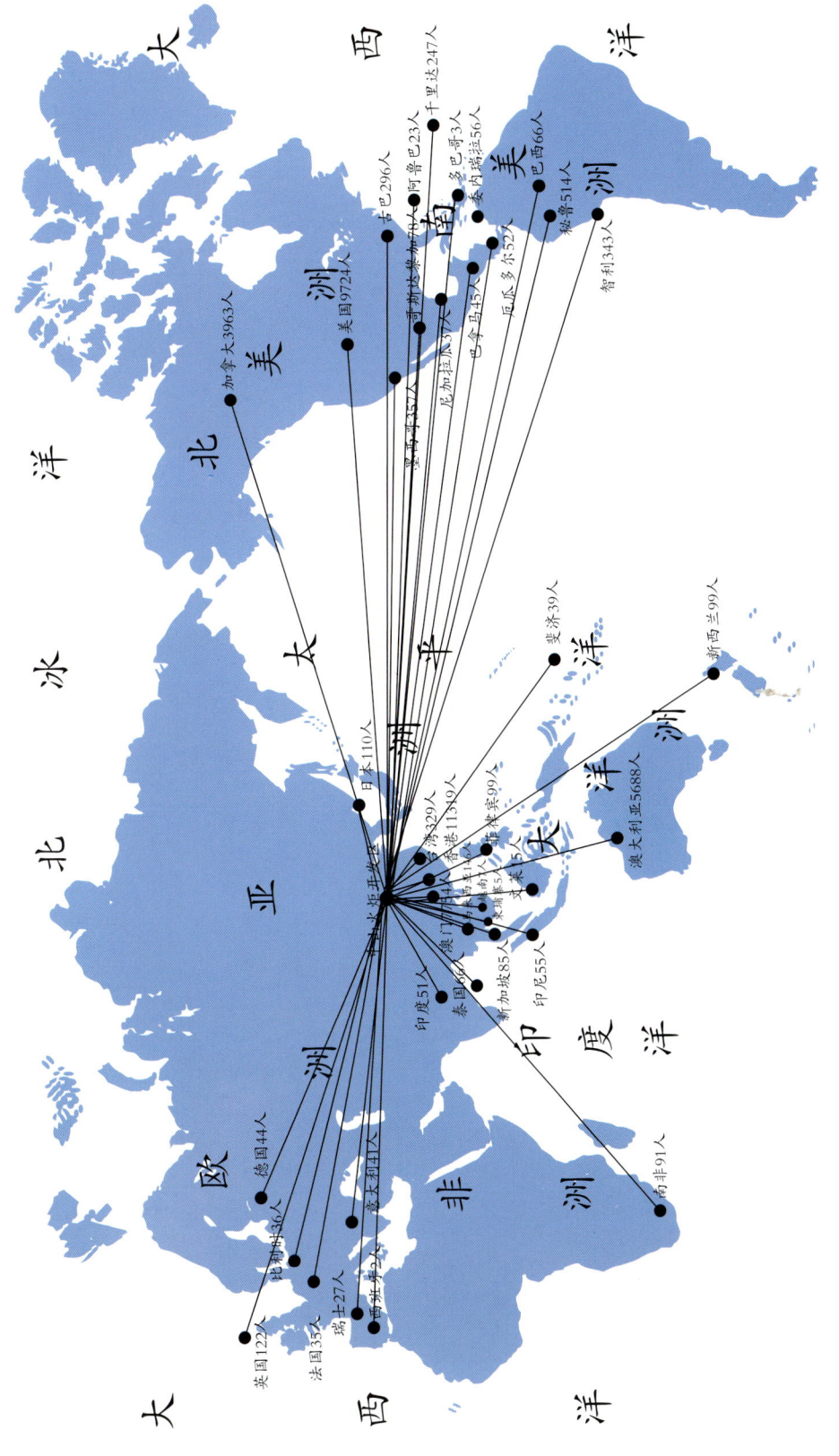

中山火炬开发区华侨、港澳台同胞分布示意图

序　言

　　中山火炬高技术产业开发区是中山市重点侨乡之一，旅居海外同胞分布于世界近40个国家和地区，人数达4万之众。

　　本区于清朝光绪年间称为东镇，地处珠江三角洲南部，珠江口横门水道白花海岸边，总面积72平方公里，地理位置十分优越。自古以来，这里的人民祖祖辈辈在这片热土上繁衍生息，靠着勤劳的双手，勤奋艰苦劳作，创业兴家。但是，在封建统治年代，特别是在鸦片战争（1840）前后，清政府专制腐败，政治黑暗，民不聊生。为了生存，摆脱贫困，部分苦难的村民通过"契约华工"或"卖猪仔"的途径，背井离乡，抛妻别子，冒着生命危险前往异域他乡寻求出路。

　　东镇是一方环境优美、土地肥沃、人杰地灵的热土。在这方热土上，孕育出优秀的人民。较具代表性的有深受华侨拥戴的欧阳庚、欧阳辉庭、欧阳兆庭、欧阳祉庭、欧阳干昆和郑藻如等优秀外交官；有全心全意为海外乡亲服务、维护侨胞合法权益的马干才、欧阳金海、郑宗励、马桂才、孙照钧、黄海泉、高华焜、吴耀庭、欧阳民、欧阳辉、郑今后、唐庄生、黄桂雄等著名侨领；有誉满日本的教授欧阳可亮、作曲和演奏家吕文成、书法家兼诗人唐向明、著名华人电脑专家孙靖夷、顶尖科学家孙述寰、著名华裔移民问题专家周敏、著名华裔作家伍可娉、武术世家郑荣、华侨专栏作家吴干群、体坛名宿孙杏佳、在甲骨文和族谱研究方面有所造诣的马纪行、饮食文化誉满香江的林志强等杰出人物；有追随孙中山先生革命的郑乃炎、郑彼岸、朱卓文、孙翰清、朱会文、张惠长、姚观顺、何泾渭以及中国第一位女飞行员朱慕菲、华裔第一位女飞行员欧阳英、获美国总统接见的女飞行员欧阳瑛等优秀革命战士；有美国三藩市警察局局长刘百安、千里达财政部部长孙仲明、秘鲁驻北京商务参赞郑国强、秘鲁老拉育市市长陈生辉、秘鲁地震局局长陈亦明、秘鲁国会第三议长陈祖乐、古巴远洋货轮船长陈普卡、千里达高级工程师、电解铝厂总裁陈桂华等在居住国参政议政的风云人物；有荣获中山市荣誉市民称号的李俊驹、李文彬、邓棣新、谢硕文、李三元；还有荣获全美华埠小姐冠军的吴美珩、荣获全美华埠小姐称号的郑家燕、荣获美国檀香山中华总商会第38届水仙花公主称号的郑莲花、荣获檀香山第39届水仙花公主称号的郑润宽、荣获檀香山第43届水仙花公主称号的王慧玲等精英人物，不胜枚举。

　　广大旅居海外的侨胞和旅居港澳地区的乡亲，艰苦拼搏，用勤奋与智慧，创出自己的一片天地。他们永远不会忘记自己是龙的传人，根在中国，时时牵挂家乡和亲人。

稍有积蓄，他们便回家乡置业兴家，而更多的是支持家乡建设，特别是热心家乡的文化教育卫生事业、福利及老年人事业。本侨史共10章37节400多页，以传、录、表的记述体系，发掘、搜集、整合、系统梳理、多层次多角度全面记载了从东镇立镇起至2016年华侨的出洋史、发展史以及他们对家乡的巨大贡献，其中记载了具有代表性和影响力的先侨乡贤、善长仁翁及其事迹。祈望以此为鉴，让侨史之光，世代辉映，黾勉后人。

是为序。

凡 例

一、本侨史定名为《中山火炬开发区侨史》。

二、本侨史以实事求是为原则,记载中山火炬开发区华侨的发展历史,对历史事件、侨事活动与有关人物,采取直叙的方法,不添加评论和政治色彩。

三、本侨史以文字叙述为主,内容按章、节、表、附等层次结构记述。人物肖像随人物事迹登载,有关图片分栏目编排在本侨史前部分。

四、本侨史对精英人物、恩泽乡梓的热心人士和侨情大事记基本上按时间顺序编排。

五、本侨史编写之内容,上限不限,下限至2016年12月底,个别内容有所延伸。

六、侨史内有关度、量、衡,按国家规定使用公里、公斤、吨、平方米等法定的计量单位。

七、侨史内有关年、月、日和捐资、投资的数目,一律采用阿拉伯数字表述。

八、本侨史的地名和人物称谓,一律采用当时的历史习惯称呼,不加政治术语。

九、本侨史采用现代语体文(白话文)、简体汉字和第三人称进行记叙和表述,以记事为主,以事系人,突出火炬开发区华侨历史的变迁与发展、侨乡特色和华侨对家乡建设所作出的重大贡献。

十、侨史中所叙述的捐资和投资金额,凡未特别表明币种的,均指人民币。

十一、本侨史叙述的年代,凡未指明世纪的,均指20世纪。

十二、本区全称是"中山火炬高技术产业开发区",本侨史除书名外,文内一律简称为火炬区。但有些内容因事发的年代不同,故偶尔有称东镇、张家边公社、张家边区。

目 录
CONTENTS

图片专辑
　　一、侨胞之光　　　　　　　　　1
　　二、华侨社区　　　　　　　　　14
　　三、侨务活动　　　　　　　　　19
　　四、恩泽乡梓　　　　　　　　　43
　　五、侨乡特色　　　　　　　　　57

第一章　华侨是革命之母　　　　　　67
第一节　弱国外交　大义凛然　　　67
第二节　追随国父　毁家纾难　　　71
第三节　共赴国难　甘洒热血　　　75
第四节　建设祖国　不遑多让　　　83

第二章　华侨移民史　　　　　　　　86
第一节　中国人何时开始侨居海外　86
第二节　远离故土的辛酸与无奈　　87
第三节　村民出洋务工概况　　　　90
第四节　华人在侨居国的今昔地位　98
第五节　华人在海外地位提高之掠影　99
第六节　加拿大华侨历史轶事　　　103

第三章	**侨乡变迁**	**105**
第一节	众志成城　医疗新貌	105
第二节	百业待兴　教育为先	112
第三节	海归创业　基地魅力	156
第四节	碉楼祖居　前世今生	159

第四章	**侨情状况**	**163**
第一节	火炬区旅居海外华侨、港澳台地区人口统计表	163
第二节	华侨、港澳台同胞分布状况	163
第三节	落实政策　做好侨房清退工作	164
第四节	海外侨团与港澳社团组织	165

第五章	**火炬区侨办及侨联组织机构**	**177**
第一节	火炬区组织机构	177
第二节	社区、小区侨联会架构	178
第三节	《东镇侨刊》的创办与发展历程	182
第四节	东镇侨刊社的组织架构	184

第六章	**火炬区侨务工作**	**189**
第一节	侨事活动　凝聚侨心	189
第二节	热诚服务　为侨圆梦	213
第三节	基层侨务　一面旗帜	221

第七章	爱国爱乡　为家国作贡献	224
第一节	人杰地灵　精英辈出	224
第二节	热爱家国　恩泽乡梓	263
第三节	热心公益　共建侨乡	280
第四节	情暖桑榆　德孝双馨	339

第八章	华侨荣耀　家国增光	364
第一节	异国风情　中国元素	364
第二节	华侨荣耀　家国添彩	375
第三节	思乡念祖　重修宗祠	386

第九章	海外侨团活动与侨乡往事追忆	395
第一节	海外侨团　纪念活动	395
第二节	民族英雄　中山琐记	407
第三节	华侨捐赠　历史文物	416
第四节	侨乡往事　缅怀追忆	419
第五节	侨乡传说　神奇动人	425

第十章	侨情大事记	434

编后语		448

人物索引		449

一、侨胞之光

1938年，濠头村旅澳门同胞郑雨芬（前排左二）任澳门同善堂值理时与同仁合影

1970年3月30日，祖籍火炬区大岭村的甲骨文学者欧阳可亮教授，受周恩来总理委派拜会日本总理田中角荣时在日本总理官邸合影。左起：欧阳可亮、欧阳可强、田中角荣、宝川正雄、小野千惠子、葛和学一

1983年，广东省委常委、组织部部长、新华社驻香港分社社长郑国雄（左二）回到濠头村视察家乡建设工作，受到区、村侨务部门负责人的热情接待

侨胞之光

1986年,张家边村旅美侨亲马灿彪(中)回乡观光,受到张家边区党委书记简国森(左)、区长佘雄的热情接待并合影

祖籍濠头村的郑莲花小姐出生于美国,于1986年获美国檀香山中华总商会第38届水仙花公主称号

1987年,窈窕旅加拿大乡亲梁桂芳先生(前右三),旅港乡亲吴宇川先生(左一)回乡参加窈窕花园剪彩。中山市人大常委会主任李斌(右一),副市长简国森(右二)等出席

1987年,江尾头村旅澳洲乡亲唐向明先生荣获中国书法比赛二等奖

侨胞之光

1987年,宫花村旅美乡亲王靖明先生(左一,曾任美国内政部长的能源顾问)率夫人与儿女回乡省亲,受到侨务部门的热情接待

1987年,秘鲁移民局局长助理加度回到家乡濠头村观光,受到有关部门领导的热情接待

1988年,夏威夷水仙花皇后旅游团之第38届水仙花公主郑莲花等回祖籍濠头村寻根访祖

1988年,中山市荣誉市民、小隐村旅港乡亲李俊驹先生回乡参加李颂龄学校奠基典礼

侨胞之光

1989年，朗尾村旅美乡亲陈焕生先生（右三）当选三藩市中山德善堂副主席

1989年，第39届夏威夷水仙花公主郑润欢回到家乡濠头村探亲访祖

1990年，黎村旅澳门热心人士、《东镇侨刊》顾问、澳门特区原高级警察梁栋先生回乡参加黎村小学落成典礼，并在典礼上讲话

1992年，张家边旅美华侨、全美华埠小姐吴美珩（右一），西桠旅美华侨、中山德善堂主席洪昭信（右二），副主席谭伟儒（右三），濠头村旅美华侨、三藩市小姐郑家燕（左一）合影

1996年，小隐村旅香港同胞、中山市荣誉市民、香港康复会主席李文彬先生，联合国卫生组织康复协作中心管理委员会主席方心让先生前往张家边医院考察

1997年，纪念中美乒乓球外交25周年，祖籍火炬区濠头村曾获世乒赛多项冠军的郑敏之（右）与美国国务卿基辛格合影

侨胞之光

1996年,祖籍濠头村的郑丹路(女),辽宁芭蕾舞团演员、深圳市艺术学校高级讲师(副教授)徐健分别获中国文化部颁发的优秀园丁奖。两人的芭蕾舞学生均获"桃李杯"(国家最高级舞蹈比赛)冠军以及世界各主要芭蕾舞比赛前三名

1997年,中山市荣誉市民、李三元教育基金会会长李三元先生在教育基金会成立庆典上讲话

1997年,濠头乡亲、著名画家李延声教授(左)与法国总统希拉克夫人(中)和著名画家赵无极在北京合影

侨胞之光

1997年，濠头乡亲、著名画家李延声教授在纽约办画展，中国驻美国大使李道豫亲致贺词

1998年，小隐村旅港乡亲、中山市荣誉市民、香港太平绅士李文彬（中）及其夫人（左一）等留影

1998年，祖籍小隐村的美籍华裔、三藩市警察局局长刘百安（左三）回乡寻亲，三藩市市长布朗（左四）同行

侨胞之光

1998年,濠头村旅港乡亲、香港海关助理监督、董建华特首行政副官郑毅文(左三)等迎接香港特首董建华

1999年4月,三藩市市长布朗先生(右)亲临庆祝会场,祝贺张家边旅美华侨马干才先生(中)荣膺中华总会馆总董

1999年,濠头村旅港乡亲郑荣之子郑凤池(右)获香港第四届武术锦标赛冠军,全国政协副主席霍英东先生(左)向他颁发奖状

2000年3月,香港特首董建华先生(左)与濠头村旅港乡亲郑少宁之子、香港海关助理监督郑毅文先生合影

侨胞之光

2001年,加拿大卡尔加里市市长(左)同张家边旅加拿大华侨马健仪先生(中)和吴桂川先生(右)合影

2001年,大岭村旅墨西哥华侨、著名画家欧阳民教授回乡,在大岭村侨联会即席绘骏马图并赠送给家乡侨联会

2003年,中国驻美三藩市总领事王云翔(左五)及其夫人(左四)向德善堂赠送奖牌,感谢德善堂接待中国国家领导人访问三藩市。图为大岭旅美华侨、三藩市中山德善堂主席欧阳金海代表接领奖牌

2003年,濠头村旅港乡亲、武术世家郑荣的孙子、香港南拳王郑家豪代表香港队参加在澳门理工学院体育馆举行的第七届世界武术锦标赛。他在南拳比赛中夺得三连冠,荣获世界武术赛金牌。图为郑荣先生(左)与大儿子郑宝林(右)等合影

侨胞之光

2005年,黎村旅美华侨梁笑玲小姐(左二)荣获檀香山水仙花第二公主称号。6月14日她回到家乡,受到火炬区管委会副主任葛志斌(左一)、侨办主任郑丽瑜(右一)等亲切接见并合影留念

2006年,二战时期参加战斗的大岭村旅美华人欧阳金海先生(右三)及其夫人(右二)向中山市华侨历史博物馆捐赠二战期间穿过的军衣。图为中山市副市长韩泽生(左二),海外交流协会副会长卢艳红(左一),文化局长郑集思(右一)接受捐赠

2006年,中山市台湾事务局局长黄全欢(左),到日本会见宫花村旅日本华侨林煜铭先生,图为黄局长向林煜铭先生赠送纪念品

宫花村旅美华侨马桂雄、陈少霞伉俪旅居美国丹佛市50多年,养育了三位女儿,大女儿马丽雅(右)、二女儿马丽儿(中)、三女儿马丽思(左)于1996—2006年先后获博士学位,事业有成

侨胞之光

2008年10月17日，广东省侨办主任吴锐成（左）向全美俊英工商总会致送"会务兴隆"牌匾，张家边旅美华侨、全美俊英工商总会黄海泉总理代表接领

2008年，中国驻旧金山总领事彭克玉（左二）主持监督交接仪式，卸任德善堂主席吴耀庭（左一）、副主席欧阳金海（右一）把印鉴移交新任主席孙乃衡（中），副主席黄海泉（右二）

2009年10月20日，悉尼华侨热情欢迎广东省访问团访问澳洲，黄华华省长（右三），澳洲中山同乡会黄少航会长（右五），张家边旅澳洲华侨、澳洲中山同乡会永远名誉会长孙照钧（右四）等在欢迎晚宴上合影

侨胞之光

2009年，广东省侨办主任吴锐成（右一）在访问澳洲期间与澳洲宝活市市长王国忠（中）、澳洲中山同乡会会长黄少航（左一）、永远名誉会长孙照钧（右二）等合影

2009年，澳洲中山同乡会举行纪念孙中山诞辰143周年大会。会上，中国驻悉尼领事馆副总领事李燕端（前左二），中山同乡会会长黄少航（前右二）及其夫人（前右一），永远名誉会长孙照钧（后左一）等在午宴上合影

2009年6月6日，张家边旅美华侨、吴耀庭先生夫人、华裔女作家伍可娉（右三）的新著作《金山伯的女人》在旧金山中华文化中心举行新书发表会，几百本新书被抢购一空

2012年10月30日，秘鲁国会议员、中秘友好委员会主席玛利亚女士（中）回家乡泗门村探访亲人，受到火炬区侨办的热情接待

2015年，加拿大亚省省长简因（右二）与张家边旅加拿大华侨、《东镇侨刊》顾问马健仪先生（右一）及亚太事务副厅长鲍胡莹仪（左一）等合影

侨胞之光

2015年2月,在澳洲华人侨领高峰会期间,张家边村旅澳洲华侨、《东镇侨刊》社名誉社长马纪行先生(左)与澳洲黄金海岸市唐人街发展局主席方大贤先生(中)等合影(方先生入选中华人民共和国成立65周年纪念邮票65人之一)

2015年7月23日,火炬区党工委副书记张容彬(左)向张家边旅香港乡亲、火炬区港澳乡亲联谊会理事长黄少雄先生颁发聘书和荣誉证书

2015年,张家边旅美华侨、美国中山德善堂主席高华焜向张家边旅美华侨马桂才先生颁发中山德善堂顾问聘书

侨胞之光

2016年2月,沙边村旅美华侨,美国对华贸易办公室主任孙志雄(中)、副主任孙志中(左四)到访火炬区,受到区党工委副书记刘少山(右四),党委委员刘龙湛(右三)等的热情接待

2017年4月,中华人民共和国驻旧金山总领事罗林泉(左三),"今日看点传媒"集团董事长杨宗和(左二),张家边旅美侨胞、金门饼食公司赞助商陈展明(右三)等在总领馆合影

2017年9月,美国加州众议员马练奴先生(左一)、三藩市市长(右二)及其夫人(右一)与张家边旅美华侨陈展明先生(左二)在中华总会馆宴会上合影

二、华侨社区

2000年,中华人民共和国驻旧金山总领事王云翔(中),三藩市市长布朗特别助理吕丽美(左三),阳和会馆主席马干才(左二)及其夫人(左一),中山德善堂主席吴耀庭(右三)及其夫人(右二),副主席洪昭信(右一)在春节联欢会上合影

2001年8月2日,澳洲东镇乡亲联谊会同仁与会员合影,前排中为名誉会长何惠彰先生

2001年1月1日,张家边村旅美华侨、全美俊英工商总会总理高华焜(右四)、书记黄海泉(右三)与中国驻旧金山副总领事毛清文(左四)、领事吴刚(右二)等在俊英总会正厅合影

华侨社区

2003年，全美俊英工商总会元老阮展鹏（左一）、总理黄海泉（右三），中华人民共和国驻旧金山总领事王云翔大使（左二）等在商会会所前升挂中华人民共和国国旗

2003年，美国三藩市中山德善堂升挂中华人民共和国国旗

2003年8月，三藩市中山德善堂举行升挂中华人民共和国国旗典礼。自右至左分别为：吴耀庭、马干才、苏伟强、王云翔大使、欧阳金海、孙乃衡

2005年7月11日，澳洲中山同乡会全体成员到悉尼国际机场迎接中山市政府经贸招商代表团一行

2009年，美国中山德善堂举行联欢庆会，全体理监事合影

2011年8月21日，中国驻旧金山总领事易先荣、领事吴刚以及中山德善堂全体理事与获奖学子合影

华侨社区

2011年11月27日,中领馆领事易先荣(前右四)与三藩市中山德善堂新一届理监事合影

2012年4月8日,三藩市中山德善堂在华埠新亚洲大酒楼举行联欢庆会。驻三藩市总领馆副总领事毛清文(右四)、领事吴刚(左三)、德善堂主席高华焜(右三)、副主席黄海泉(左四)等向与会者祝酒

2014年3月18日,澳洲中山同乡会欢迎广东省侨办主任吴锐成(右二)光临指导,同乡会永远名誉会长孙照钧(右三)向他致送《张家边乡闻选辑》

2014年,沙边村旅美华侨、美国中山总商会会长孙志中(左八)、名誉会长马金权(左六)与中领馆领事何瑛(左九)、Milbrae市市长李伟忠等在联欢晚会上合影

2014年,澳洲中山同乡会第十五届委员在就职典礼上合影

华侨社区

2015年2月23日,澳洲中山同乡会举行春节联欢会暨奖学金(首发)颁奖仪式。图为全体理监事合影

2016年2月26日,澳洲中中同学会举行春节联欢会,会长孙照钧(前中)与部分会员合影

2016年8月6日,中山德善堂举行敬老暨颁发奖学金庆会,德善堂主席高华焜(前中),副主席黄海泉(前左四),监事长孙志雄(前右四)与顾问和理监事合影

2016年8月6日,三藩市中山德善堂举行敬老暨颁发奖学金庆会,中国驻旧金山领事馆副总领事任发强(前左九),领事谭大有(后左七),德善堂理监事及嘉宾与获奖学子合影

2017年全美俊英工商总会举行交接典礼,中国驻旧金山总领馆查立友副总领事和侨务陈迪领事与俊英工商总会全体职员合影

17

华侨社区

2017—2018年度美国中山德善堂全体理监事合影

2017年2月6日,澳洲中山同乡会举办新春联欢晚会

三、侨务活动

1985年2月9日,张家边区举行中山港通航庆典,孙中山先生的孙女孙瑞芳在庆典上讲话

1986年,濠头村旅港乡亲郑少宁先生(香港模范父亲)在濠头小学扩建教学楼揭幕典礼上讲话

1988年,江尾头村旅澳洲华侨黄开先生(右)回乡主持村公园建设,与张家边区侨办主任曾润民合影

1988年,大岭村旅美华侨欧阳权(右二)及夫人(右三)回乡省亲,与老干部吴子仁(右一)及夫人(右四)等合影

1988年,江尾头村旅秘鲁华侨唐庄生先生(右二)及夫人(左二)回乡观光探亲时与张家边区侨联领导合影

侨务活动

1988年，张家边村旅美乡亲马桂才先生在张家边学校重建落成典礼上讲话

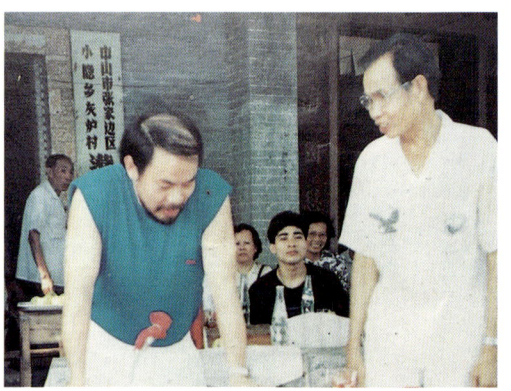

1989年灰炉村旅港热心人士郭炳权先生（左）、梁桂先生（右）在村路、学校落成典礼上讲话

1989年，大岭村旅港乡亲、区侨联副主席欧阳焕章先生代表华侨、港澳同胞在张家边区第八次侨代会上讲话

1989年，大环村旅美华侨张祐华（前左五）、黎辛酉先生（前左四）等回国观光，得到村侨联人员热情接待并合影

侨务活动

1989年,小隐村旅台湾同胞陈锦强先生(右)出席张家边区第八届侨代会

1989年,旅香港同胞马文辉伉俪(中)回乡参加张家边中心幼儿园重建奠基典礼并向该园捐资4万港元

1991年,江尾头村旅加拿大乡亲李慧萍(右二)、李慎满(左一)、汤玉兰(左三),旅美乡亲郭六根(左)、欧阳玉梅(左五)旋里探亲合影

侨务活动

1992年,沙边村旅菲律宾华侨李耀森先生(中排右二)回乡省亲,村侨联人员陪同他参观沙边良德公园并合影

2003年7月,《东镇侨刊》被评为广东省优秀侨刊,吴添渭先生(左三)被评为广东省侨刊乡讯先进工作者

1993年,大岭村旅美华侨欧阳官昌(前排右一)及夫人(前排右二)应邀出席中山港区第九届侨代会时合影留念

1993年,江尾头村旅秘鲁乡亲唐庄生先生(前右一)及夫人(前右二)回乡观光探亲

1993年,大岭村旅美华侨欧阳官昌(前排右一)及夫人(前排右二)应邀出席中山港区第九届侨代会

侨务活动

1998年，火炬区侨办黄国伟主任（后左）与乡亲郑则胜先生（后右）黎一安先生（前右）以及香港模范父亲郑少宁先生（中）、欧阳焕章先生（左）合影

2000年6月，濠头村旅港乡亲、香港无线艺人郑秀鸾女士在庆祝《东镇侨刊》复刊十五周年大会上讲话

1992年，台商张国祥先生（左）向张家边区新医院捐资10万港元

2002年3月18日，窈窕村旅美国华侨沈善初伉俪在他为纪念父亲而捐建的沈渭廷纪念公园留影

2002年，濠头村旅加拿大乡亲回乡恳亲，受到火炬区政府热情接待

侨务活动

2002年10月,濠头村旅加拿大侨领郑宗励(右三)带领侨亲80多人回乡谒祖观光。香港濠头乡亲总会主席郑汉成(左一)与他互赠纪念品

2002年11月11日,火炬区华侨参加在中山市举办的第四届(世界)中山同乡恳亲大会。会后回到家乡,在火炬区国际会展中心广场合影

侨务活动

2001年，三藩市中山德善堂主席吴耀庭、副主席欧阳金海率团回乡观光，受到区、村侨务部门领导及群众的热烈欢迎

2003年7月22日，祖籍濠头村的秘鲁驻中国大使馆经济商务参赞郑国强先生（左）回到家乡，受到村侨联主席郑均尧（右）的热烈欢迎与接待

2004年1月，郑国强兄弟五人从秘鲁回到家乡濠头村寻亲，在村中郑氏大宗祠前合影

25

侨务活动

2006年11月12日,在欢迎海外乡亲回乡恳亲会上,火炬区党委副书记葛志斌(中)与孙照钧伉俪(右二、一)等合影

2006年,大环村旅美侨胞、夏威夷商会会长黄正平(前右四)率家人回乡寻根,受到大环侨联会人员的热情接待

2006年,火炬区原管委会副主任潘兆儿(右一)、区党政办主任郑锦池(左二)与温哥华中华会馆理事长、铁城崇义总会主席郑宗励(中)等在濠头郑氏大宗祠内合影

2006年,参加第六届"世恳会"的火炬区旅澳洲乡亲在火炬区国际会展中心门前合影

2006年,参加第六届"世恳会"的火炬区旅美国乡亲在火炬区国际会展中心门前合影

2006年,参加第六届"世恳会"的火炬区旅加拿大乡亲在火炬区国际会展中心门前合影

侨务活动

2006年4月12日，火炬区管委会主任谢力健（左）向加拿大铁城崇义总会致送"情系故里"锦旗

2006年9月，张家边村旅千里达华裔陈桂华先生（右四）回乡寻亲，受到韩泽生副市长（右三）、市侨务局局长卢艳红（右二）、区侨办主任郑丽瑜（右一）等热情接待。陈桂华先生是千里达高级工程师、千里达电解铝厂总裁

2006年11月，旅美华侨梅优峰（右二）、罗莉（右三）伉俪回乡参加中山市海外交流协会成立大会，期间与旅香港乡亲、香港均辉集团董事长、中山市荣誉市民李俊驹先生（左二）、中山市侨务局卢艳红局长（左一）、火炬区侨办主任郑丽瑜（右一）合影留念

侨务活动

2008年10月，国务院侨办到中山市调研华侨宅基地办证等问题。图为国务院侨办主任李海峰（前右五）、广东省侨办主任吴锐成（前右四）、中山市侨务局局长郑向荣（前左二）、火炬区侨办主任郑丽瑜（前右一）同与会人员合影

2008年11月间，官花村旅日本华侨、《东镇侨刊》名誉社长林煜铭先生（前右三）旋里省亲，区侨办主任郑丽瑜（左三）、副主任罗纯华（后左一）热情接待

2008年11月22日，珊洲村旅美华侨林成安的外孙女Brenda Yeune及其丈夫和儿子（后排）回乡寻亲，在外祖父祖屋同亲属（前排）合影

29

侨务活动

2009年春节前夕,中山市外事侨务局副局长杜耀成(右二)、市侨联秘书长杨彪(左一)、火炬区社会事务办副主任罗纯华(右一)慰问困难归侨陈天元先生

2010年区党委副书记刘锐豪、管委会副主任潘兆儿、统侨办主任霍启超等领导与回乡观光省亲的海外乡亲合影

2010年,旅加拿大观光省亲团成员在大环华佗山公园前合影留念

2010年8月10日,全美俊英工商总会高华焜总理(右二)向火炬区统侨办致送"侨梓情浓"锦旗,霍启超主任(左二)代表接领

侨务活动

2011年，窈窕村旅美华侨沈善初（前排右四）及夫人（前排右五）率全家探访东镇侨刊社，并与侨刊社人员合影

2012年2月23日，澳洲中山同乡会常务副会长朱少华（右）向东镇侨刊社赠送纪念品，吴添渭先生代表接领

2012年8月17日，广东省侨办主任吴锐成（张家边人）率团访问巴拿马中山同乡会，期间与张家边旅巴拿马乡亲、巴拿马中山同乡会理监事陈华胜先生合影

2012年8月25—27日，第九届（世界）中山同乡恳亲大会在三藩市举行，广东省侨办主任吴锐成（左三）、张家边旅澳洲乡亲孙照钧（右三）及夫人（左一）、旅美国乡亲吴伟光先生（右二）等在会议厅合影

侨务活动

2013年，东镇侨刊编委顾问谭惠源先生（右二）代表东镇侨刊社向秘鲁中山会馆题字：华人之光

2013年8月31日，火炬区港澳乡亲联谊会在火炬区国际会议中心举行成立大会，中山市委常委、火炬区党工委书记侯奕斌（中）、党工委副书记张容彬（左二）、管委会副主任黄坚（左一）与郑汉成会长（右二）和林志强监事长（右一）在会上合影

2013年10月，美国阳和总会馆主席吴耀庭（前右二）及夫人（前右三），澳洲中山同乡会名誉会长孙照钧（前右一）及夫人（后左三），常务副会长朱少华（后右四），东镇侨刊社名誉社长马纪行（后右二）及夫人（后右一）、主编吴添渭（后右三）等在第七届世界广东同乡联谊大会上合影

侨务活动

2013年11月6日,火炬区党工委副书记张容彬(右四)与到访的美国俊英工商总会陈耀忠总理(左四)互赠纪念品

2013年11月14日,美国中山总商会一行到访火炬区,与区领导合影

2014年,沙边村旅美华侨孙述寰教授(右二)回乡探亲访友,受到火炬区统侨外事科科长卢晋娜(右)等热情接待

侨务活动

2014年5月18日，火炬区党工委副书记张容彬（前右三）、港澳乡亲联谊会会长郑汉成（前左三）等一行拜访江尾头村旅澳门同胞、中山市荣誉市民谢硕文先生（前排中）

2015年，张家边旅美华侨、美国阳和总会馆顾问、驻美中华总会馆前总董、东镇侨刊社顾问吴耀庭先生（中）偕夫人伍可娉（右二，美籍华人著名作家）探访东镇侨刊社，并向侨刊社赠送伍可娉的长篇小说——"金山伯三部曲"

2015年4月，西桠旅美华侨、《东镇侨刊》顾问洪润明先生率全家回乡省亲。4月14日，洪先生率全家到东镇侨刊社作客，受到侨刊社人员热情接待并合影留念

侨务活动

2015年9月，郑满生先生（前右四）偕夫人（前右三）到加拿大拜访铁城崇义总会卡技利支会，与该会全体理事合影

2015年9月，郑满生先生（右二）代表火炬区侨联和东镇侨刊社向美国三藩市中山德善堂致送感谢信，德善堂主席高华焜（左二）代表接领

2015年，张家边区原副区长、东镇侨刊社顾问郑满生先生与夫人及陈坚帜伉俪到美国探亲期间拜访三藩市中山德善堂，与德善堂主席高华焜（前排中）、副主席黄海泉（左四）及全体理监事合影留念

侨务活动

2015年，澳洲广东侨团总会理事、澳洲中山同乡会永远名誉会长、东镇侨刊顾问孙照钧先生和夫人向东镇侨刊社赠送纪念牌匾，吴添渭先生代表接领

2015年11月17日，西桠村旅美华侨、三藩市中山德善堂理事郑卓仁先生（右五）和夫人（右四）、洪桂强先生（左五）、吴伟光先生（左四）探访东镇侨刊社并举行座谈，受到火炬区社区工作和社会事务局常务副局长郑艳霞（右二）及侨刊社人员的热情接待

2016年12月14日,孙中山故居纪念馆副馆长林华煊(左三)等到现场见证了朱卓文故居捐赠的过程。图为朱卓文孙子、旅加拿大华侨朱逖逮先生(左四)等在朱卓文故居前合影。

2016年,中山市委常委、火炬区党工委书记、翠亨新区党工委书记侯奕斌(前排中)等领导与到访火炬区的美国市长访问团合影

侨务活动

2016年3月11日，开发区党工委副书记张容彬（中）到访香港中山社团总会

2016年6月16日，广东省新闻出版广电局宋朝晖处长（右六）、张燕卿调研员（右五）、省侨刊乡讯专业委员会林干主任（左四）、甘焕章副主任（右四）与《中山侨刊》主编司徒漪（右二）、《东镇侨刊》主编吴添渭（右三）等人员合影

2016年9月19日，余威达会长代表澳洲中山同乡会向火炬区管委会致送纪念品，火炬区管委会招鸿主任代表接领

2016年9月19日，澳洲中山同乡会余威达会长（左）代表澳洲中山同乡会向东镇侨刊社乐助办刊经费，火炬区党工委黎汉钊副书记（中）代表接领

2016年9月19日,招鸿主任(前右五)等与澳洲中山同乡会全体理事合影

2016年10月,濠头村旅加拿大侨领郑宗励(左三)等乡亲回乡为郑氏大宗祠慈善基金会揭牌并合影

侨务活动

2016年11月26日，火炬区归侨侨眷代表参加中山市第十四次归侨侨眷代表大会留影

2016年11月29日，三藩市中山德善堂新一届主席黄海泉及夫人（前座中）旋里。火炬区社区工作和社会事务局常务副局长郑艳霞（右一），火炬区管委会副调研员霍启超（后右一），东镇侨刊主编吴添渭（前左一）等热情接待

2016年，西桠村旅加拿大华侨朱狄逵先生（二排座左五）到三藩市与乡亲聚会联欢

2016年,张家边旅港乡亲、《东镇侨刊》港澳地区联络负责人吴万权先生(中)探访东镇侨刊社

2017年,西桠村旅美华侨在三藩市举行庆祝春节联谊活动时合影

2017年2月27日,澳门中山火炬开发区同乡会举行成立暨首届理监事就职典礼,江尾头村旅澳门同胞谢硕文会长(左六)等与嘉宾合影

侨务活动

在2017年11月1—3日西樵小区举行华侨、港澳同胞与乡亲聚会联谊活动总结会上,西樵小区向为家乡建设作出重大贡献的华侨颁发最高荣誉奖杯

2017年11月1-3日,西樵小区举行华侨、港澳同胞与乡亲聚会联谊活动。图为华侨、港澳同胞在参观西樵幼儿园时合影

四、恩泽乡梓

1923年,旅美乡亲洪耀宗先生捐建的西桠悦元阅报社

1983年,旅美乡亲欧阳官昌先生捐资2万多元兴建的大岭村内宽阔的街道

1983年,旅港乡亲欧阳尊周先生捐资30万元兴建的大岭村老人福利会

1983年,大岭村旅美侨胞欧阳官昌先生捐资2万多元人民币兴建的源清纪念亭

1983年,西桠村旅美乡亲麦剑生先生捐资美金4万元兴建的西桠村麦桠伦街市亭

1984年,大岭旅美乡亲欧阳官昌先生捐资20多万元兴建的欧阳干荣公纪念堂

恩泽乡梓

1984—1985年,华侨、港澳同胞捐建的泗门村大道

1985年1月1日,旅港乡亲吴宇川、吴振威父子捐建的窈窕村门楼

1985年,沙边村旅外乡亲捐建的沙边校友堂

1985年,陵村华侨、港澳乡亲捐建的陵岗村牌坊

1985年,江尾头村华侨、港澳乡亲捐建的江尾头幼儿园(江尾头小学前身)

恩泽乡梓

1985年，灰炉村港澳乡亲在他们捐建的牌坊落成典礼上合影

1986年秋，张家边二村旅哥斯达黎加侨亲马玉棠、马玉云昆仲捐建的裕祥亭

1986年，旅美乡亲林毅尘先生捐资3000元美金兴建的珊洲凉亭

1986年冬，张家边三村旅澳洲华侨马国垣、马国勋昆仲捐建的怀乡亭

1986年，旅美乡亲黄国辉、黄小燕伉俪捐建的张家边小学校门

恩泽乡梓

1986年，大环村华侨和港澳同胞捐建的大环村大环学校

1986年，旅美三藩市侨胞陈焕生、陈棣康、陈有开等捐建的荫尾村门楼

1986年，江尾头村旅澳洲乡亲唐贻彪先生捐建的江尾头小学唐贻彪教学大楼

1986年，沙边村旅港乡亲孙锐垣先生捐资5万元港币建设由水沟尾至市亭约200米水泥路面，及其祖居长约100米、宽约2米的内巷

1986年，上巷村旅美国侨亲黄金结先生捐建的村口门楼

恩泽乡梓

1986年，义学村华侨、港澳乡亲捐建的义学村集贤牌坊

1986年，义学村旅美华侨捐资2.4万元港币兴建的义学村口牌坊

1987年，江尾头村旅澳洲乡亲唐贻广先生捐建的江尾头小学唐贻广教学大楼

1987年10月，窈窕村旅加拿大乡亲梁桂芳先生捐建的畅彬公纪念亭

1987年，泗门村旅美华侨陈洁明先生捐建的泗门牌坊

1987年，珊洲村旅美乡亲林民治先生捐资2万元人民币建设的珊洲村民治市亭

恩泽乡梓

1988年，小隐村旅港乡亲李俊驹先生捐建的李颂龄小学

1988年，沙边村旅港乡亲孙润超、孙燕娇捐资兴建的孙月彩纪念亭

1988年，上巷村旅美乡亲黄金结伉俪在其捐建的"金结大道"合影

1988年，濠头村旅檀香山乡亲集资24.4万元人民币和旅加拿大乡亲捐资6千元人民币兴建的濠头小学檀香山教学楼（现为濠头幼儿园）

小隐群策社旧址

1989年，小隐村旅美群策社侨亲捐资美金3万元在家乡兴建小隐旅美群策社图书馆

恩泽乡梓

1989年，濠头村旅香港乡亲捐建的濠头乡东牌坊和西牌坊共2座

1989年，泗门村华侨、港澳同胞捐建的泗门村西门楼和东门楼共2座

1989年12月，旅澳门乡亲陈溢雄先生捐资9000元兴建的陵岗学校门楼（现改为幼儿园）

1989年，沙边村旅澳洲乡亲孙家驹为其父捐建的干宾纪念亭

1989—1991年，张家边华侨、港澳同胞捐建的张家边中心幼儿园

1989—1994年，朗尾村华侨、港澳同胞捐资兴建的朗尾学校

49

恩泽乡梓

1990年6月,江尾头村旅秘鲁华侨唐庄生先生捐建的江尾头康庄大道

1991年,珊洲村旅港乡亲林金环、林金妙姐妹合捐4万港元兴建的子良亭

1991年4月20日,窈窕村旅澳洲乡亲陈炳林、吴惠娟伉俪捐资人民币9万元兴建的欢乐亭

1991年,西桠村华侨和港澳同胞捐资兴建的西桠村小学

1992年12月，神涌村华侨、港澳同胞捐资兴建的神涌村牌坊

1992年，沙边村旅澳门乡亲孙焯华先生捐资兴建的沙边村良德公园牌坊

1993年旅香港乡亲方玉霞女士等捐建的树人书室，2000年经方女士同意更名为开发区图书馆

1993年，张家边四村华侨、港澳同胞和村民捐资兴建的仁安亭

1993年，神涌村华侨、港澳同胞捐建的神涌村学校

恩泽乡梓

1994年,大环村旅美侨胞张华文伉俪、张少武伉俪合捐的华洞公园门楼

1994年,窈窕村华侨和港澳同胞捐建的窈窕学校

1994年,珊洲村旅港乡亲林志强先生捐资20万港元兴建珊洲小学的一部分

1994年,珊洲村旅港乡亲林志强先生捐资20万港元兴建的珊洲林园

1994年,旅港乡亲林志强先生捐建的珊洲老人康乐中心

1994年11月,小隐村旅香港乡亲李文彬先生捐建的张家边医院(后改为火炬开发区医院)正面大楼

恩泽乡梓

1995年,濠头村旅港乡亲邓棣新先生捐资14万元兴建的濠头乡第一医务所,现易名为火炬区濠头社区卫生服务中心

1995年,濠头村旅港乡亲捐资13万元人民币兴建的濠头村幼儿园

1995年,香港复康中心捐赠给火炬区医院的复康巴士和救护车

1995年6月,小隐村旅美侨亲陈锦垣先生捐建的小隐村春晖公园

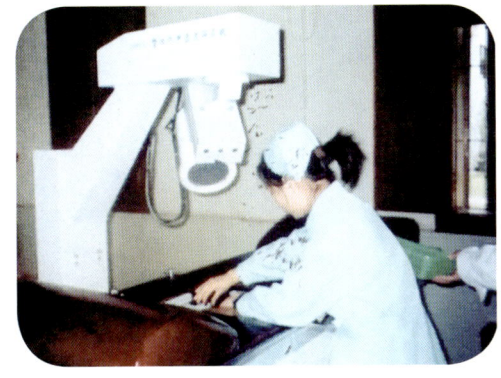

1996年,旅港乡亲李文彬及其母亲李陈丽欢女士捐赠给火炬区医院的激光肾石机

1997年,黎村旅菲律宾侨亲梁来忠先生捐建的黎村凉亭

1998年，濠头村旅港乡亲邓棣新先生捐资13万元人民币兴建的濠头慈航福利会

1998年，旅日本乡亲林煜铭先生捐建的宫花村村委会办公楼

1999年，濠头村旅港乡亲邓棣新先生捐资4万元兴建的濠头乡新村仔牌坊

1999年，大环村旅澳门乡亲张凯裘先生捐建华洞公园内的感恩亭

1999年，珊洲村旅香港乡亲林志强先生捐建的珊洲市场

2000年，义学村旅港乡亲郑少波先生捐资10万元人民币兴建的义学村灯光球场

恩泽乡梓

2000年,大环村旅台湾同胞蔡灿威先生捐资兴建大环华佗洞公园内的"华佗佑我亭"

2002年,沙边村旅加拿大乡亲李友梅女士捐资兴建的恩荣亭

濠头村华侨、港澳同胞捐资重建后的火炬区第三小学

五、侨乡特色

张家边开村的张凤岗纪念亭

濠头村青云桥（建于清代）

侨乡特色

白庙村旅加拿大侨亲谭英雄先生碉楼

白庙村旅千里达侨亲高锦明先生碉楼

江尾头村林祥（李汉明）先生碉楼

濠头村郑耀东先生碉楼（建于民国初年）

1909年，大岭老华侨和村内热心人士捐建的大岭文塔

窈窕村沈炳新先生碉楼（建于1920年）

侨乡特色

西桠村朱裕宾先生碉楼（建于1920年前后）　　江尾头村李帜昌先生碉楼（建于1920年前后）　　大岭村欧阳志安先生碉楼（建于1920年前后）

江尾头村侨属李彩元先生之祖屋（建于1920年）

侨乡特色

义学村黄纪祥先生碉楼
（建于1923年前后）

张家边吴寿扳先生碉楼
（建于1923年前后）

沙边村旅美侨胞孙冠洲先生之祖居（建于1923年）

侨乡特色

宫花村高裕和先生碉楼（建于1925年前后）

沙边村孙炳辉先生碉楼（建于1926年）

神涌村黄兆良先生碉楼（建于1926年）

沙边村孙述枢先生碉楼（建于1927年前后）

大岭村欧阳瀚芬先生之望月楼（建于1927年前后）

张家边四村马日先生碉楼（建于1927年）

侨乡特色

陵岗村陈因先生碉楼（建于1927年）

泗门村洪载有先生孖碉楼（建于1927年）

朗尾村侨亲陈英发先生祖宅（建于1928年）

大岭村欧阳少芝先生的洋楼（建于1929年）

陵岗村陈孖大先生碉楼（建于1930年）

朗尾村旅美侨亲陈伟林先生祖宅（建于1930年）

侨乡特色

沙边村孙计安先生碉楼（建于1930年前后）

西桠村旅美侨眷洪梓湘先生之祖宅（建于1930年前后）

大环村蔡桂珍女士碉楼（建于1930年前后）

新村陈四妹女士碉楼（建于1932年）

侨乡特色

濠头村旅澳洲侨胞郑泗全先生之祖居（建于1932年）　　新村旅美侨亲高锦钊先生碉楼（建于1935年）　　小隐村李元鑫先生碉楼（建于1936年）

1985年2月9日，中山港客运口岸新联检大楼落成启用

侨乡特色

1991年，西桠村旅澳洲华侨朱东成先生捐建西桠小学的思母亭

1992年兴建的中山火炬开发区标志——百鸟筑巢

1992年，濠头村旅港乡亲捐资32万元人民币重修濠头的探花牌坊

侨乡特色

濠头郑公乡闸门（正面），1964年9月被台风吹倒，1993年重建

1997年4月，张家边乡政府拨款在张家边小学侧门边兴建的蔡北华同志纪念亭

1997年，黎村旅厄瓜多尔侨胞梁桂轩、梁容基捐建的黎村六角富南亭

1997年兴建的张家边公园北门

第一章　华侨是革命之母

第一节　弱国外交　大义凛然

19世纪中叶，经过第一次鸦片战争，看似强大的满清皇朝，在英国的坚船利炮面前不堪一击，竟然似泥足巨人般逐步垮掉。特别是在经历过文艺复兴洗礼、工业革命强身的西方列强面前，中国2000多年的封建制度受到了巨大冲击，清政府一次次被迫割地赔款。处于社会最底层的中国农民，几千年来都已经习惯将自己捆绑在土地上，不到万不得已绝不会背井离乡。然而，在残酷的现实面前，在民不聊生的困境下，许多人被迫逃离家乡。据记载，东南沿海生活无着落的百姓，自17世纪起，就纷纷通过自卖"猪仔"，或是契约"劳工"的方式，冒着生命危险漂洋过海到遥远的异国他乡寻找活路。

随着定居海外的华侨日益增多，随着列强用枪炮打开中国市场，中国与外国的交往也从过去的"万邦来朝"，变为互派外交使节，建立了正常的国家外交关系。据史料记载，中国派往北美最早的一批外交官，便出自如今中山市火炬开发区的一个村庄。

大岭四外交官　英名永垂史册

火炬区大岭村北有条百余米长、住有十余户人家的小巷，名曰"庆余坊"。这是清光绪八年（1886）朝廷诰封赐予欧阳善培(字庆余)家族的牌坊，表彰其孙欧阳锦堂在外交领域的卓著功勋，并诰赠其祖辈三代为光禄大夫、文林郎等爵位。从这里先后走出了清末民初名动天下的四位外交官。他们都出自同一个家族，都是名门之后。第一位是欧阳辉庭（1848—1902），号锦堂，是南宋南雄府欧阳荣可的第二十二代孙。他自小聪颖好学，乡试成绩优秀，进到京城国子监，科考笔试、面试成绩优异，被录用为知府衔四品官，掌管京畿要地，管辖北京、天津、河南、河北、山东的北直隶州知州。同治十一年（1872），因大量中国人前往美国西海岸的旧金山淘金，外交事务增多，清政府委派学识渊博的欧阳锦堂出任第一任中国驻纽约和旧金山总领事官，负责开拓和主管对美外交工作。朝廷每月供给1600两银子，一应事项由总领事负责。

第二位外交官欧阳庚，字兆庭，是欧阳辉庭的堂弟。他留学美国回国后，先在福州船政学堂学习，后历任清驻纽约见习领事、旧金山和巴拿马总领事，民国时期任驻爪哇总领事、驻英使馆一秘和智利公使。

第三位外交官是欧阳祺，字祉庭，也是欧阳辉庭的堂弟，欧阳庚的胞弟。他毕业于哈佛大学，曾任清驻美国旧金山总领事，民国期间任驻爪哇总领事。

第四位外交官欧阳干昆，是前三位的侄儿，民国期间任驻爪哇副领事。

在当时国家积贫积弱的情况下，这四位外交官却铁骨铮铮，为国家和民族的尊严，正气凛然地与强权抗争，尽职尽责地维护华侨的正当权益，动用一切可能的关系，搞好与驻在国政府的关系，维护两国人民的友好往来。在极端困难的条件下为国家、为民族做出了卓越的贡献。

首促学童留美　为国培育栋梁

欧阳锦堂阅历颇丰，深知人才对中华崛起的重要性。他积极支持同乡容闳的倡议，不顾非议，以驻美外交官身份多次向清廷动议，要求选派青少年赴美国留学，同时积极与驻在国政府咨议。经过多次交涉，筹措资金，同国内有关方面协商运作，选拔学生，终于在1872年促成清政府派遣120名学童分四批赴美留学。其中广东籍83名，仅香山县籍的就有39名。

欧阳锦堂首促留学这一举动，开启了封闭保守的封建帝国走向世界、融入国际大家庭的第一步。这些学童到了美国，举目无亲，寄宿于当地家庭，语言又不通，其中的艰辛可想而知。欧阳锦堂一直关心这些小留学生的生活和学习，不遗余力地帮助他们解决具体困难。九年后，清政府听信谗言，把全部（120名）留学学子召回。虽然如此，他们中间的许多人，后来仍然成为国家栋梁。如被誉为"中国铁路之父"的时任平绥铁路总工程师詹天佑、任驻旧金山总领事欧阳庚。他们都毕业于耶鲁大学，拿到了学士学位。还有梁敦彦（后任清政府邮传部尚书）、唐绍仪（清政府总理总办、山东大学第一任校长、中华民国首任内阁总理）、周长龄（东亚银行董事长）等都是名垂青史的人物。

欧阳锦堂为人忠厚正直，刚直不阿，历任驻外使节数十载，依然两袖清风。而他对后辈要求却极为严格，叮嘱子孙，要做正直有为之人。而他的儿孙也不负所望，大多毕业于美国名校，成为科技、教育等领域的专家。

正义刚直不阿　追回庚子赔款

清光绪二十八年（1901），美国政府正讨论处理"庚子赔款"事项。因为数额巨大，国会在讨论时对返还与不返还、少部分返还等意见争论不休，返款有可能面临不了了之的局面。欧阳庚因其弟欧阳祺与时任美国总统西奥多·罗斯福（Theodore Rossevelt）是哈佛大学同届同学，关系密切，平时交往较多，便安排欧阳祺从中交流斡旋。欧阳庚还在欧阳祺陪同下，亲赴白宫拜见罗斯福总统，商洽返还庚子赔款之事。罗斯福从中美友好邦交大局考虑，最终同意退还赔款。可欧阳庚又担心此款到不了清政府手中，为振兴教育着想，提议将该款作为美国在中国创办学校的经费及中国留美学生基金，"清华学堂"（即清华大学前身）由此创办。

以此看来，追回庚子赔款，筹办"清华学堂"，欧阳兄弟无疑是立了大功。可是为何后人却对此知之不多呢？原来这里有一段鲜为人知的故事。1894年孙中山先生上书李鸿章，要求革新政治，被拒绝。之后他出国开展反清、反封建革命活动，被清政府通缉。1896年初孙中山先生剪辫易服同妻儿从日本转赴檀香山，登陆时用孙逸仙之名。孙先生写信要求欧阳庚为其作保。欧阳庚与孙中山是同乡，早已相识，当即毫不犹豫出面作保。在他的精心安排下，孙中山转危为安。这期间，欧阳庚还将自己的表弟廖仲恺（出生于美国华侨家庭）介绍给孙中山当助手。廖仲恺后来成为孙先生的左膀右臂，协助孙中山制定了"联俄、联共、扶助农工"的三大政策。孙中山逝世后，他成了国民党右派的眼中钉，不幸于1925年8月20日被暗杀，而廖夫人何香凝、儿子廖承志以后也成为民主革命的元老。

1896年秋，孙中山在伦敦蒙难后，得恩师康德黎之助逃离伦敦。事后，清政府追查之前欧阳庚保孙中山避难美国之事，欧阳庚答复并不知逸仙即遭通缉的孙文。此案拖了一段时间后，1902年清政府特派钦差大臣梁诚赴美调查此事。梁诚是欧阳庚的留美同学，他们几经磋商，终于谈妥，把保孙逸仙入美一事说成"洪门帮派"所为，与欧阳庚无关。作为交换，欧阳庚把追回庚款办清华学堂之功算在梁诚头上。于是，梁诚回复朝廷，保欧阳庚无事，他也就自然分享建清华之功了。

献身外交45载 欧阳王垂青史

欧阳庚从1872年考取留美学童，1881年毕业于耶鲁大学，清光绪九年（1883）被清政府封为外交官，至1911年共28年。之后他又在民国政府从1911年至1928年继任外交官17年，一生在外交战线工作了45年，居功至伟，清政府授予他资政大夫、花翎布政使衔，荣获二等嘉禾章。

光绪三十二年（1906）四月十八日晨，旧金山发生了7.7级大地震，闹市十余处大火，烧了三天三夜方能控制，全市化为一片废墟，仅存一处教堂。当时在任的欧阳庚的家产荡然无存，大女儿锡淑也罹难。他和夫人简丽莲医生只得寄居友人家。在天灾面前，欧阳庚不顾自家安危，四处奔走，安抚华侨，组织侨民自救重建。他向旧金山银行担保贷款，为香山籍人集居的大坑洛克镇得以重建贡献力量。而他的夫人则帮忙收养难童，义务诊治伤病华侨，终因在地震中受伤及操劳过度，英年早逝。

欧阳庚毕生为保护华侨的利益和生命财产不遗余力，为维护华人权益殚精竭虑，因此深受侨民爱戴。有诗为证："华夏后裔历八方，五洲万国有虞唐，老人若叙移民史，怀德尊称欧阳王。"因为"庚"字英译为King，即"大王"，所以华人都称他为"欧阳王"。至今，台湾的中小学教材里都有专文介绍欧阳庚在美国护侨的事迹。

欧阳庚于1928年因病退休后，在北京颐养天年。抗战初期，已年逾古稀的欧阳庚，仍出面指导紧急安全转移存放于北平的外交部档案工作，保全了珍贵的历史资料，这些资料至今仍为国家处理外交争端发挥着重要作用。

义正词严抗争　维护华工权益

清末的外交舞台上，除有庆余坊一门"四杰"外，还有开发区濠头村人郑藻如（1824—1894）。郑藻如，字志翔，号豫轩，咸丰元年（1851）辛亥恩科乡试举人。1854年组织东乡总局团练，支援清兵镇压太平天国红巾军卢灵飞、黄福起义立军功，获内阁中书衔，得到中兴名臣曾国藩、李鸿章赏识，罗致为幕僚，专办洋务外交事项。累升官至内阁侍读学士、光禄寺卿，赐花翎二品。

1869年李鸿章聘郑藻如任上海江南机器制造局帮办，总理局务，督造枪炮、弹药、机器、轮船和船坞。期间他督造了长江口第一座国防要塞——吴淞口炮台，被西方人称为沿海诸炮台之冠。同时他协助建起北洋海陆新军，还曾主持与巴西签订两国友好条约。他曾接管广东方言馆培养外语人才，引进翻译国外科技著作。1878年直隶总督李鸿章向朝廷举荐郑藻如出任天津海关道，连一生很少赞扬人的李鸿章都向朝廷历数郑的优点：廉干沉毅，才大心细，洞悉机要，有裨军国。郑藻如到任后，主持天津外交、通商、税务、海防诸事，接管了洋务派又一重要军工企业——天津机器局，筹建电报总局，兼任北洋海军翼长，成为李鸿章办理洋务的重要帮手。光绪七年（1881），他以三品衔钦差大臣身份出使美国、西班牙、秘鲁三国。出使三国的四年期间，他大义凛然，据理力争，处理了几桩颇为棘手的外交事件，维护了国格，维护了华侨的合法权益。

第一件事是美国国会于1882年通过了《停止华工入美20年的排华法案》，郑藻如即向美国总统亚瑟提出严正抗议，要求否决这一议案。但后来美方还是趁郑藻如前往西班牙递交国书之机通过了这一法案，只是作了让步，将20年缩短为10年。但郑并不罢休，经再三交涉，美国政府被迫同意三点：①离美返华的华工所需证明可由中国领事馆签发，以便华工仍可回美；②准许往返古巴的华工经美国过境；③同意中国在纽约设立领事馆。

第二件事发生在秘鲁。1884年郑藻如到秘鲁时，当地有华工约20万人，大多从事着当地人不愿干的苦力活，或受雇于农庄，或修铁路，或在荒僻的孤岛上挖运鸟粪。不仅工作时间长，工资低微，饮食居住条件还非常恶劣，有病也得不到医治。有的做工时还要被戴上脚镣，防止其逃亡。如有逃跑，捕获后将会惨遭体罚，延长合同期，以致出现华工投水自尽，以示抗议的情况。郑藻如到任后得悉详情，一再与秘鲁官方交涉，改善了华工的待遇，禁绝虐待，并督促秘鲁方通缉拐卖华工的匪帮。然后，他又带头出资三万元，在首都利马集资创办中华通惠局，方便华工与家乡亲人通信和汇款。侨民与祖国始通信息。同样，他在美国夏威夷也创建了中华会馆，搭造了为侨民排解纠纷、互相保护、团结互助的平台，加强了侨民与祖国的联系。

第三件事是他妥善处置了排华事件。1885年9月，美国怀俄明州的石泉镇矿区发生了暴力驱逐华人事件，郑藻如闻讯后立即派人前往调查，查清华工被杀害28人，受伤 15 人，损失财物约 14.7 万美元。他即刻正式照会美国政府，要求严惩凶手，给予赔款。他的照会，证据确凿，义正词严。美国参议员雪尔曼在国会讨论这一事件时，赞扬这一抗议书是"我所见过最雄辩最出色的文章"。美国历史学家 Maroreool Jage 评价说："这是自 1897 年伍廷芳出使美国以前，中国外交官发出的最庄严、最有辨识力和符合逻辑的文件。"照会赢得了美国大多数参议员的支持。1887 年，美国国会终于按照郑藻如的要求处置此事，通过了赔偿方案，并逐一擒拿了凶手，伸张了正义，维护了华工的合法权益，还了侨界一分安宁。由于郑藻如不屈不挠地坚持与抗争，虽然当时国势式微，但让世界清楚地知道了中国人民的尊严不可辱，堂堂中华民族不可欺。

1885 年 7 月，郑藻如因长期劳累过度患上重疾，获准辞职，于 1886 年春返回故里。在家乡，他大力介绍和推广国外的农业生产技术，将从国外带回的各种作物种子交给乡民并教会他们种植方法；他禁烟禁赌，成为香山公共事业的先导者。为此，孙中山先生 1890 年特意致函给他，在洋洋洒洒的 1200 余字中，称誉郑藻如"一邑物望所归，闻于乡间，无善不举，兴蚕桑之利，除鸦片之害，俱著成效，倘从此以推而广之，直可风行天下利百世"。信中，孙先生就改革时弊提出了"兴农桑、禁鸦片、办教育"等三项建议。此信比著名的 1894 年"上李鸿章书"要早得多。后来此信以"致郑藻如书"为题收入《孙中山全集》的第一篇。

1888 年，郑藻如分别到上海和天津治病，在天津休养期间，还曾拜访李鸿章，纵论天下大事，之后又返回故里，叶落归根。至今，秘鲁利马中华通惠局内还供奉着郑藻如的遗像和孙中山先生站立铜像。郑先生在美国书写的"商邑会馆"牌额现存放于中山市博物馆，故乡人民会永远记住这位为国为民鞠躬尽瘁顽强抗争的先贤。

第二节　追随国父　毁家纾难

孙中山先生为了推翻清政府，实现共和，不屈不挠，屡战屡败，屡败屡战，先后组织发动了十一次武装起义。在广大海外爱国华侨鼎力支持下，孙中山先生所领导的辛亥革命取得了成功。他们有的慷慨助饷，有的热心宣传，有的冲锋破敌，用实际行动谱写出华侨历史的灿烂篇章。由此，孙先生发自肺腑地感慨：华侨乃革命之母！

奔走筹集军饷　辅佐孙文理财

作为孙中山先生的同乡，火炬区的侨亲坚决支持与拥护孙中山先生的革命运动，要人给人，要钱出钱。但由于年代久远，许多史实无法全面记载。然而，历史却准确地记载了这几个人的卓越事迹。出生于火炬区西桠村的朱会文（1877－1936），旅居美国 30 年。他跟随孙先生成为早期的同盟会员，曾协助孙先生在美国各埠游说筹集军饷，还率先捐出 2000 美元（相当于当时一个工人五、六年的全部收入），并承担孙中山的理财工作，是先生在美国活动的得力助手。张家边村马玉麟、亨尾村林照有等加拿大华侨回国从军讨袁参加华侨义勇团——讨袁敢死先锋队。

出生于大岭村的欧阳汝桥，17岁就到澳洲谋生，艰苦打拼，创立了裕和公司，生财有道，富甲一方。当孙先生鼓吹革命时，他力行襄助，不仅以自己的声望奔走各地向华侨劝捐，还带头三次捐出巨款。中华民国政府成立后，曾三次向他颁发襟章三褒状。1932年10月29日他不幸病逝。民国政要孙科、汪精卫、林森、胡汉民等纷纷题词哀悼，极尽哀荣。

西桠村人孙翰清，时任古巴《民声报》记者，借助职业便利，积极宣扬孙中山先生的革命主张，为推翻清政府，讨伐袁世凯大造革命舆论。他奔走于华侨社团之间，发动华侨给孙中山的兴中会、同盟会捐资，得到侨胞的积极响应。由于他筹集的经费数目庞大，受到孙先生嘉奖，并特意为在古巴的同志撰写"同心协力"的题词。

矢志航空救国　开创空军基业

1903年底，美国莱特兄弟发明了飞机，孙中山先生敏锐地察觉到这一新事物对革命的重要性，即提出航空救国的号召。杨仙逸和火炬开发区的张惠长、朱卓文等是实践孙中山梦想的首批人员，是航空救国的先驱。

大环村人张惠长（1899—1980）读小学时，孙中山元帅府庶务司司长、张惠长的表叔朱卓文返西桠村探亲，见其身材魁梧、长相英俊，就把他带到广州读书，并介绍给孙中山。1915年，张惠长与杨仙逸、吴东华等一起成为孙先生创办的中华革命党航空学校首批学员，并入选20名优秀学员之一，进入美国纽约寇蒂斯航空学校深造。1917年，张惠长毕业回国，任大元帅府侍从武官，次年任航空处副处长。1920年，桂系军阀占据广州。张惠长同杨仙逸各驾一架"鸭婆机"，轰炸叛军的指挥所。桂系军阀立足未稳，落荒而逃。这时陆军还未赶回参战，空军独立收复广州，由此，孙先生认定"飞机将是未来战争决胜之重要武器"。

1922年初，孙中山组织第一次北伐，张惠长任航空局副局长，北伐军飞机队队长。在北伐战争中，空军起了很大的作用。北伐时仅有12架飞机，没有轰炸机，用的是双翼飞机，左右机翼只能各携两个50磅炸弹，他就在机腹开了个井形口，坐在用粗铁丝捆绑的竹凳上，手持炸弹往下投。杨仙逸驾机，他投弹，嘴里还不时喊着"左的、右的、高的、低的"，不断为杨仙逸指引目标，提高了命中率。同时，他还说服了直系军阀孙传芳的一班飞行员，不阻止北伐军前进，实行"打假波"。北伐军进入上海时，他又策反了这些飞行员，接收了孙传芳的全部飞机和器材，这在以后的北伐和抗战中，都发挥了重大的作用。1927年，张惠长任广东航空学校校长、航空处处长。1928年，张惠长擎起孙中山"航空救国"的大旗，组织两架飞机分两路环飞神州。他驾陆地型"广州号"经汉口、南京、北平、沈阳转往天津、上海返广州，全程5890千米。另一架水上机"珠江号"，由他的副手陈庆云驾机，沿海岸经汕头、福州、宁波到上海，同"广州号"会合后，齐飞烟台、天津经长沙、桂林一起返回广州。当时没有无线电通信，没有导航设备，单靠罗盘和目测校正航线，沿途困难重重，但张惠长却成功完成了长途飞行，这在世界上可以说是较早的成功先例，是中国航空事业的空前盛事，一度掀起了全国"航空救国"的热潮。他每到一个城市都引起轰动，成千上万人集会欢迎他。1928年11月24日北平的《世界晚报》就刊登了张恨水《欢迎飞机》的短评，指出："这样横贯中国的长途飞行，在中国倒是破天荒的举动，怪不得昨天上午天安门欢迎飞机大会，到会的人有数万之多了。"

张惠长一直牢记孙中山国共合作的主张，时任陆海空军总司令的蒋介石一直想控制他，1929年通过孙科说服他担任南京政府的航空署长、中央航空学校校长。但张惠长对蒋有所警觉，坚持兼任广东航空处处长并任西南空军总司令，期间曾发出号召空军誓不参加内战的通电，得到广东空军人员的签名响应。1932年他派丁纪徐率机赴上海支援淞沪抗战。1933年李济深、蔡廷锴等在福建建立反蒋抗日政府，张惠长又派杨官宇、刘植炎率广东空军100多人，取道香港，前去协助组建十九路军飞机队，可惜福建政府解散，只能返回广东。

前面提到把张惠长带到孙中山身边的朱卓文（1875—1935），他是西桠村人，1896年，朱卓文与同乡朱会文到了美国旧金山，经营一间小车衣店。1910年初，他加入了同盟会，从此，他一直追随孙中山左右。孙中山在欧美演讲，发动华侨捐款，他侍应身边，保卫先生的安全，照顾先生的生活。同时，在先生的鼓励下，朱卓文开始学习飞行技术。1911年9月，芝加哥同盟会用孙中山及朱卓文在欧美募捐的资金购买了6架飞机，送回国内。1912年，朱卓文随孙中山回国，任总统府庶务司司长。1920年底，孙中山再度组织政府，建立了航空局，朱卓文为首任局长，组建了两个飞机队，购置水上飞机2架，陆上飞机4架，双翼飞机1架，形成了中国空军的雏形。

窈窕村人吴东华，也是同张惠长一起于1915年在美国学习飞行的首批学员。他毕业后回国参加组建空军。1919年2月，他随张惠长一起到福建成立援闽粤军飞机队，为福建培养了一批飞行员和机械员。1922年，孙中山重组北伐军飞机队，吴东华也参与其中。当他的飞机队逼近南昌时，忽闻广州陈炯明叛变，立即回师南雄，配合陆军张民达部队在福建水口与北洋军李厚基作战，收复了水口，进军建城。在这次战斗中，吴东华不幸受重伤，从此退出空军。这次血洒长空的经历，使吴东华终生不能生育，也过早离开了人世，但他会永远活在故乡人民的心中！

航空华女三杰　惜哉壮志未酬

在中国早期的航空事业中，几位飒爽英姿的女飞行员格外引人注目，她们都出自火炬开发区。一位是西桠村的朱慕飞（1897—1932），另外两位出自大岭村，是同姓名（同音）的欧阳英（1895—1920）与欧阳瑛（1896—1932）。朱慕飞的父亲朱卓文（前面已介绍过），是1920年底孙中山成立航空局时的首任局长。朱慕飞原名朱慕菲，孙中山见她喜爱飞行，特地为她改名朱慕飞，希望她为航空救国贡献力量。她出生于美国，性格豪爽，胆略过人，是颇具江湖豪气的新女性。稍长大就跟表哥张惠长学习飞行，很快就熟练掌握了飞机飞行和修理的知识和技巧，还能进行特技表演。1912年随父回国，之后成为孙中山大元帅府的飞行员，也是当时中国的第一位女飞行员。可惜的是，1922年春，她驾驶一架试飞飞机，经过虎门附近莲花山时突遇气流漩涡，强行在水面降落时不幸负伤，之后病逝于香港。

欧阳英的父亲欧阳初，丈夫李培芬，早年追随孙中山革命。欧阳英自小聪颖过人，又热爱体育活动，骑马、驾驶汽车都很出色，20岁结婚后在丈夫鼓励下进入航空学校（她丈夫曾在美国航空学校学习飞行）。在名教练Frank Bryant训练下，她很快掌握了全套飞行技术，能单独驾机飞行，成为美国首位华裔女飞行员。教练赞扬她是优秀的航空人才。当时，她想回国在广州办航空学校，并建飞机制造厂。她的丈夫为此给张惠长等人写信，得到赞赏。可惜当时美国正参加欧战，一时不能成行。欧阳英得知很多华工被调往战地服务，却不能享受美国人的待遇。这使她积极参加取消歧视华人的斗争，为华工争取同等待遇。1920年，她终于回到祖国，着手创办飞行学校。然而天妒英才，当年11月，她在一次飞行中，飞机发生故障，不幸坠机身亡，时年仅25岁。

欧阳瑛的父亲欧阳志航是旅美华侨，她的两个兄长都曾学习飞行，欲追随孙中山航空救国。不料，1906年旧金山发生大地震，她家除了她幸免外，其余全部遇难，她也因此成了孤儿，幸被同乡即当时的中国驻旧金山总领事欧阳庚夫妇收留。直到她16岁时，欧阳庚才告知其父兄的遗志，于是她决心考上航空学校。1924年她已成为美国知名的女飞行员，曾驾机由美国洛杉矶长途飞抵智利圣地亚哥，比1930年英国两位女飞行员的长途飞行还早6年。她当时获得美国总统亚历山大的接见，媒体对此曾作大幅报道。欧阳庚曾将此事报告给北京段祺瑞政府，但没有得到重视。在1932年的一次飞行中，欧阳瑛不幸遇难，可惜未能实现报效祖国的夙愿。

侍卫孙文左右　终身革命不止

孙中山先生无论是在推翻清政府封建统治时期，还是后来建立了中华民国，几乎终生颠沛流离，无时无刻不处于危机四伏中。幸得身边有一批忠诚革命、机智勇敢又胆略过人的卫士，使他多次逢凶化吉。出自张家边小隐村的姚观顺和濠头村的郑乃炎就是这些卫士中的佼佼者。

姚观顺1887年出生于美国加州一个华侨贫民家庭，少年时期半工半读考上美国一间州立高等军事学院，攻读陆军土木工程。在华埠学生的一次"如何救中国"的演讲比赛中，姚观顺认识了正为革命奔走的孙中山，两人一见如故。姚向孙中山表示，毕业后即回国追随革命。1912年，他以优异成绩毕业，被媒体誉为第一位在美国军事学院毕业的华裔。毕业后他即按约定，回国追随孙中山，担任大元帅府参军兼卫士队长。1922年6月16日，广东军阀陈炯明发动叛乱。得到消息后，参军林树巍等护卫孙中山逃离魔爪，登上军舰出海。留守越秀楼总统府大本营的姚观顺卫士队加警卫团二营叶挺部及一营部分兵力总数仅有八九百人，他们面对两万多的叛军，连续击退了叛军五次大规模攻势。直到下午二时，姚观顺听到军舰发出事先约定的炮声，得悉孙先生已平安脱险，才同侍卫黄惠龙、马湘等保护宋庆龄脱离险地。此战，姚观顺腿部负伤仍坚持战斗。1924年元旦，孙中山先生为这次战斗的有功将士颁发奖牌并致训词，他说："自民国成立以来，我理想中的革命军，只有这次观音山的卫士足以当之。"孙先生亲自向姚观顺等63人颁发奖牌和奖状，姚观顺为奖字第1号，并升为少将军衔。1925年北伐时，姚观顺任总司令部少将参军兼交通处副处长，广三、广九、粤汉三个铁路局局长。1926年，姚观顺除上述职务外，还奉命办起交通工程学习班，培训北伐军的车船、电信、机械维修等专业人员。1953年，朱德、宋庆龄参观孙中山故居时，特地询问姚观顺的下落，足见他在伟人心中的分量。

濠头村人郑乃炎（1896—1984），1908年考中秀才，1909年入读广东陆军小学，再升至湖北陆军中学和河北保定军官学校。他在保定学校的同学有邓演达、张云逸、蒋介石、白崇禧、陈诚、傅作义、张治中等。而他早在广东陆军小学就读时，就与张云逸、邓演达等同学秘密加入了同盟会。1919年，郑于保定学校六期毕业后，在广州卫戍司令部任中校团副，1921年任粤军总司令副官长（司令许崇智、参谋长蒋介石）。1922年陈炯明兵变时，郑乃炎保护孙中山登上永丰舰，是陪同在孙中山身边的几位军官之一。

1925年，国民革命军北伐时，郑乃炎任第三军指挥部人事科长，奉命组建军官教导团。他邀请朱德任团长，自己还兼教官。1927年6月郑乃炎调任江西三湖总税局局长，几年间一直同朱德朝夕相处，过从甚密。正因为他早期同国共两党领袖人物交谊甚厚，1946年他退役后定居香港，仍致力于促进国共第三次合作，力促祖国统一。他发表了《国共第三次合作展望》的讲话，指出："国共第一次合作，取得北伐战争的胜利，国共第二次合作，取得抗日战争的胜利，为结束第二次世界大战提供了巨大力量，中国的国际地位亦大大提高。……为中华民族的命运和前途，应迅速开展第三次携手合作的谈判。"1972年和1981年，他分别应邀参加两岸纪念辛亥革命60周年和70周年大会，会见两岸的领导，也一再为统一祖国游说。一直到1984年9月13日病逝于香港前，他都在为统一大业而奔走。

第三节 共赴国难 甘洒热血

横门高举义旗 国共合作抗敌

横门是珠江八大出海口门之一，位于火炬开发区东南部。自1938年底广州沦陷后，日寇南侵珠江三角洲，派遣海陆空三军侵占中山三灶岛，修筑飞机场，并以三灶岛为大本营，肆意轰炸珠三角和香港九龙一带。中山处于敌人的南北夹击之下。

1939年7月24日上午8时，日寇终于以优势兵力，于横门口登陆，企图从此处进入石岐。当时，日军集结大小军舰各1艘、浅水舰4艘、武装渔船6艘、胶艇13艘、汽艇14艘、运输船2艘，气势汹汹杀来，还用2架飞机，反复轰炸横门口沿岸的几座山头，然后又轰炸后面的黎村、东利、灰炉、下岐涌等几个村庄。

面对敌人的嚣张气焰，中山县军民早有防备。早年追随孙中山担任航空局副局长的张惠长，此时已是中山县县长。在日寇包围了中山、国民党省政府及第四战区主力已撤到粤北的情况下，他接受了中共中山县委的建议，联合两党发动民众共同抗日。富有战斗经验的张惠长料定日寇必从横门进犯，于是在沿岸构筑了两道防线，并在横门水道南侧重点布设水雷。当战斗打响时，调动三部分力量来迎敌。第一部分是县政府掌握的正规部队、地方守备总队和警察的政警大队；第二部分是国共合作的广东青年抗日先锋队中山县队。当时中山抗先队已有3000多人，其中许多人是归侨，是广东省抗先属下人数最多、影响最大的抗日组织。位于前线的张家边为中山县四区，由各乡抗先队抽调骨干组成武装集结队。在第一线抗击日寇的主要是这两部分力量；第三部分担负后勤支援，主要成员是中山县战时妇女协会，有1000多人，侨眷也有很大比重。一千多名抗先、妇协成员组成救护担架队、运输队、慰劳队、宣传队奔赴前线支前助战。打起仗来，战士们全无后顾之忧，他们不用自己生火做饭，民众日夜供茶送饭，伤了有人包扎，重伤马上担架抬送，且弹药供给充足。前线与后方团结一致，士兵们斗志昂扬。

此次横门保卫战，前线军民十分英勇顽强，守备队官兵抱着誓死保卫国土的信念，决不后退。初次上战场的武装集结队和抗先队员也不畏强敌，同守备队员互相配合，打退了敌人一次又一次的进攻。担负运送弹药和救护工作的抗先队员，既要警戒阵地，救护伤员，又要替补参战，前仆后继。日寇连续两天没有得手，又于26日下午3时30分，在军舰和飞机的掩护下，以20多艘橡皮艇载200多名士兵，分三路登陆抢占了沿岸几个制高点。张惠长闻讯后立即赶赴前线，途中行经白米山制高点和小隐涌口观察敌情时被日寇军舰发现，连发两炮，随同而来的一名战士被炸伤，他仍然镇定自若地指挥战斗，组织数挺机枪抢占了珊洲后山，硬是把敌人压了下去。

战斗打响后，中共以县、区两级组织的领导为骨干，组成前线指挥部。该指挥部设在西桠县立七小内，县委书记孙康为主任，叶向荣为组织部长、阮洪川为宣传部长、欧初为总务部长，井井有条地组织民众参加支援前线的战斗。

连续8天的血战后，日寇毫无所得。31日下午4时，日军突然出动大批飞机，疯狂轰炸我方第二防线的二洲和小隐等处，掩护进攻第一防线的日军撤退。此战，日寇伤亡上百人，一艘运输舰在仓皇逃窜中，于玻璃围附近海域被我军水雷炸沉，又损失30多人。战后统计，日伪共伤亡200多人，我军伤亡不足百人。

首战受挫后，日寇并不死心，又于9月7日在横门调动2500多名日伪军，5艘舰艇，30多艘汽艇，10多架飞机，再度进犯。驻防前线的我军击退了敌人的多次进攻，给来犯之敌较大伤害后，撤出了一线的黎村、大王头、小隐等据点，退守张家边、西桠一带。当时夏收刚完，日寇铁蹄所至，烧杀抢掠，农民的粮食都被日寇肆意糟蹋，激起了百姓的极大义愤，他们纷纷主动参战。仅13至20日，双方在三仙娘山、猫儿头山、大环河进行了三场恶战。三仙娘山一仗，一天内毙敌200多人，我方仅伤亡30余人。

在夜袭猫儿头山的战斗中，数十具尸体竟全是伪军，原来日军害怕我军夜袭，天黑前就躲回军舰上了。大环河之战，日军两次冲锋皆败退，竟迁怒于百姓，一把火把大环渡头附近一带全部烧光，躲避不及的老弱妇孺则被刺刀捅死。20日那天，日寇又出动1500多人，发射400多发炮弹，在10架飞机助战的情况下，仍被我军连续击退4次冲锋。我军收复了大部分失地，把敌人包围在大王头山碉楼里。可恶的是日军竟将抓获的10多名士兵和农民绑在阵地前的木桩上，残忍地将其下半身埋在土中，作为人肉屏障。

9月21日，持续14天的第二次横门保卫战胜利告一段落，共击毙日伪军600多人，击落日机1架，我方参战各方共1600人，牺牲400多人。中山军民同仇敌忾，将号称"钢军"的侵华第21军第5师团打得落花流水。两次横门保卫战加上之前的叠石、黄牛头山之战，共歼敌千人，击落战机1架，打沉舰艇8艘，是日军侵入华南以来最惨重的损失。

齐心共御强敌　卫国甘抛头颅

两次横门保卫战的胜利，华侨和侨眷都起了很大作用。国共两党的指挥官张惠长和孙康，都是火炬开发区的归侨，战斗在一线的官兵和支前的百姓，许多也是归侨或侨眷。共产党员黎民惠，其父亲是旅美华侨富商，他自小在香港读书，参加了中国共产党，后来带领爱国学生回国，被国民党派到中山。横门保卫战打响时，他带领守备队驻在小隐、珊洲一带，组织村里抗先队员成立武装集结队，共同抗击日军进攻。

关晃明，1919年出生于香港，1938年加入中国共产党后，就在香港赈济会（抗日救亡群众团体）工作，奔走于香港各院校间。同年10月广州沦陷后，许多香港爱国学生投笔从戎，回国参加抗日。关晃明回国后任抗战服务团副团长兼中共党支部书记。国民党把他派到中山县司令部政训室。当日寇侵犯中山时，他同黎民惠等共产党员一起，组织国民党守备队参战。他表现十分英勇，时而在前沿阵地同战士们一起打仗，鼓气，时而在后方组织抢救伤兵，运送给养。1939年9月14日，当日军第二次进犯时，关晃明带领运输队运送粮食上前线，途经大岭时被敌机发现并轰炸。运输队员没有战场经验，突遇敌机惊慌失措，四散奔逃。关晃明不顾个人安危，一面指挥近处的人就地卧倒，一面奔跑着命令大家隐蔽。敌机顿时失去目标，低空盘旋侦察。此时一名运输队员沉不住气，跳出水沟奔跑，关晃明大呼："快卧倒！"同时飞步上前将其按倒。几枚炸弹在他身旁爆炸，队员们无一损伤，而他却倒在血泊中，献出了自己年轻的生命。

祖籍宫花村的旅日华侨林开友，对日本军国主义悍然出兵侵犯中国极为愤慨。1938年，27岁的他在日本已有稳定的生活，但仍然毅然回到家乡参加中山县抗日先锋队。1939年7月，日寇第一次侵犯中山时，他在抗先支前队负责运送弹药和粮食。在第一次横门保卫战中，当他登上大王头山前沿阵地时，不幸中弹牺牲。

大环村的黄隶彩是旅居美国的侨属，在两次横门保卫战中，他都踊跃支前和参战，还组织几个抗先队员以乡警名义维持乡村战时治安。

大环村蔡杏珍，丈夫早年赴美国谋生，人称黎伯母。她的长子黎民惠受党指派从香港回乡工作，把家里作为中共的地下交通站。两次横门保卫战中，大环村都是前方与后方人员、物资、弹药的中转点。黎伯母组织村里的妇女烧水、煮饭、蒸糕点，带领人们送水送饭上前线，救护伤员转运后方，为抗战胜利作出了巨大贡献。

前线后方呼应　文武双管齐下

在中山的抗战史上，华侨功不可没。同样，在全国抗日战场上，海外回来的中山人也是彪炳史册。

李凡夫，濠头一村人，出生于穷苦华侨工人家庭，1929年到日本研读马列主义理论。"九一八"事变后，他毅然弃学回国，在回国的船上召开反日侵略大会，被推举起草反日宣言。1934年参加中国共产党，成为20世纪30年代上海滩上著名的"左"派作家。写于1937年5月的《中国与日本》是他的代表作。他认为日寇蓄意灭亡中国，任何妥协都无法苟安，唯一的出路就是建立抗日统一战线，发动全民抗战直到取得全面胜利。

"七七"事变后，李凡夫是最早从上海到达延安的文化人之一。他曾担任《解放》周刊编辑和红军大学教员。红军大学后改为抗日军政大学并开办陕北公学，李凡夫是这两所学校公认的著名教授之一。抗战后期，他还曾任职中央政策研究室敌伪研究组组长和中央军委办公厅主任。期间，他根据中央的指示，先后拜访了朱德、周恩来、刘伯承、陈赓等领导同志，在收集整理了大量材料的基础上，于1945年3月，以"八路军总政治部宣传部"的名义发表了《抗战八年来的八路军和新四军》一书。书中采用了大量丰富的史料，体现了毛泽东《论持久战》和朱德《论解放区战场》的指导思想，鼓舞了全国军民的抗战热情。该书被多次重印发行，大受欢迎。

前文已提及的孙中山卫士长姚观顺，1931年出任上海监务所所长兼税警总团顾问。当时日寇已对上海虎视眈眈，他协助税警总团迅速扩充实力，建起4个分团。1932年淞沪"一·二八"抗战初期，他主动与上海守军第十九路军联系，把税警官佐教练所的大炮借给十九路军，共同组编为铁甲车队，开赴第一线，炮轰虹口日军司令部，大挫日军气焰，鼓舞了十九路军和全国军民的抗日志气。

前面提到的濠头村郑乃炎，1932年担任十九路军独立旅参谋长。旅长负伤后他代为指挥战斗，以劣势装备打得日军抱头鼠窜，迫使日寇几次阵前换将，大挫日军。

飞虎将军显威　空战痛歼敌寇

早在全面抗战开始前的1934—1936年，张惠长为总司令的广东空军就已经北上杭州，到抗日的第一线同日本鬼子拼搏。由于广东空军积极出战，敢打敢拼，成了日寇的眼中钉，日寇曾扬言"广东机队飞到哪里就打到哪里"。

当时，广东空军混合机队所驻的杭州笕桥机场成了日机轰炸的主要目标。敌机经常大编队、多批次地前来，而广东机队飞机数量少、质量又差，双方实力相差太大。每个飞行员都立好遗嘱，由空军委员会保存，决心"以一当十、以十当百"，拿命和敌人拼。为了避敌锋芒，广东空军起用杭州东南海边沙滩上临时修起的乔司机场。当日机轰炸杭州时，我军立即起飞迎敌，激战十多分钟后，终因敌众我寡，队长丁纪徐飞机中弹受伤，迫降机场。而石邦藩、赵普明驾驶的两架容克机也先后中弹，石邦藩截肢生还，赵普明壮烈牺牲。

连日的激战，广东机队人员、飞机损耗无从补充，南京政府又反感张惠长反蒋抗日，便借口敌强我弱，把广东机队撤到安徽蚌埠，还把张惠长调职任驻古巴公使。从此，前线少了一支骁勇善战的飞机队。

1937年"七七"事变后，全面抗战开始，中国空军也把主力部署到东南一线，仅南京、杭州、句容的空军基地，就有第三大队的七、十一中队，第五大队的十七、二十八、二十九中队的近60架战机。原籍张家边三村的归侨何泾渭，时任二十九中队队长，驻守在句容机场。8月14、15两日，日军从台湾出动两批、每批9架当时的王牌机"更木津"轰炸机，偷袭我方前线3个机场。我机立即起飞迎敌，战场主要在句容上空，抗战史称句容会战。二十九中队的飞行员们在中队长何泾渭的带领下，满怀对侵略者的刻骨仇恨，驾驶着十多架驱逐机如子弹出膛般迅速升高，抢占了有利位置，时而成编队围攻敌机，时而各自为战，穿插敌机群撵着打。敌人两批机群都被打乱了阵脚，有的屁股冒烟，有的空中开花，先后被击落6架，其余狼狈而逃。南京政府发布战报时称"中国空军抗击日机的句容会战以六比零大胜日本侵略军"。

句容会战后，广东战事吃紧，二十九中队奉调广州保卫南大门。1937年8月31日，9月10日、24日，日机三次空袭广州，何泾渭率中队的三个分队起飞截击，由于日机数量多、性能好、速度快，白云机场、天河机场还有一些民居先后被炸，敌机正想溜走，何泾渭虎眼圆睁，对着对讲机命令："滥炸无辜杀人放火还想跑，干掉它！"并领头追了上去，黄绍廉、邓从凯、谢金也驾机紧紧跟上，4架飞机相互配合，衔尾直追，直追到新州上空，击落了敌机3架，击伤1架，其中何泾渭亲自击落、击伤敌机各1架。

1938年春，何泾渭已升任第三驱逐大队大队长，奉命移师武汉驻防。日本侵略军在侵占了芜湖后，在2月18日、24日、4月26日、29日和5月27日，先后五次出动9个中队81架轰炸机和驱逐机，轰炸武汉三镇和空军机场。当时中国空军起飞迎敌的，除何泾渭统率的第三大队第十七、十八、二十九中队外，还有第五大队的二十二中队，另外还有苏联的一个志愿大队。在五次空战中，敌我双方空中力量对比悬殊。敌机比我机多几倍，而且日机是最新型的零式机，我方明显处于劣势。但是我方的飞行员，根本不去考虑个人安危，人人勇猛冲锋陷阵，每次都击落、击伤敌机多架。5月27日，保卫武汉的最后一场空战中，战斗进行得非常激烈和艰苦。敌机七八十架，简直像蝗虫那样，密集地对武汉进行轰炸，并对我方空军以大包围战术，几架对一架进行围攻。何泾渭这时完全靠誓死杀敌、保卫武汉的坚定信念和高超的飞行技术，一边巧妙地穿云入雾、躲避敌机的围攻，一边抢占制空权，狠狠击落。他眼看有两架敌机被自己的火力打得屁股冒着浓烟逃跑，一架被打中要害而在半空爆炸。可是他的飞机也满身弹孔，伤势不轻，他自己更是被机枪轮番扫射，腿部连中7弹，都已经不能动了，但仍坚持用手和身体控制，驾机安全返回机场，由医护人员抬往医院救治。

保卫武汉的五次空战，我方空军以少胜多，共击毁敌机21架，但是我方的飞机也被击毁、击伤17架，多名飞行员壮烈牺牲。当时，八路军驻武汉代表团周恩来、董必武、叶剑英等，为在武汉空战中壮烈殉国的飞行员致送了挽联"为五千年祖国英勇牺牲，功名不朽；为四百兆同胞艰苦奋斗，胜利可期"。邓颖超亦代表西北妇女抗日救国联合会献花圈，向空军英雄致以深情的敬意。

这次武汉大战，有力地打击了日本的嚣张气焰，阻止了侵略军的长驱直进。何泾渭以其显赫战功获得云雕勋章一枚，在伤愈后调任四川航空训练处处长。他除了认真培训飞行员外，还亲自执笔编著了《航空操典》和《空军条令》，为抗战中的中国空军建设作出了贡献。

中山籍的华侨青年欧阳图强（张家边大岭村人）在国难当头时，毅然离开大学生活，投笔从戎，进入美国航空学校，苦练飞行本领。1941年秋，欧阳图强随美国陈纳德的飞虎队返回祖国，机队驻在昆明。1941年12月23日，欧阳图强参加了轰炸缅甸仰光日军机场的战斗。这天天气晴朗，欧阳图强驾驶P—40C战鹰式飞机，与队友共14架飞机从昆明起飞，分批奔袭仰光的60架日本97式重型轰炸机，共炸毁敌机18架，遏止了敌机轰炸我国西南地区的嚣张气焰。

1943年7月31日，蒋介石接受航空委员会的建议，中国空军与十四航空队（原名飞虎队）联合组成一支中美空军混合联队，以便统一指挥，全面配合作战。当时美国空军人员来到中国语言不通，欧阳图强等华侨青年主动当翻译，加强了中美双方沟通，协助美军出色地完成了任务。

1943年感恩节，欧阳图强执行了一项秘密而重大的奇袭任务。行动前几天，全部执行任务的飞机都秘密地伪装隐蔽了起来，飞行员禁止外出。执行任务时，夕阳刚落，飞行员都要提早上床睡觉。黎明前的一刹那，天特别阴暗，欧阳图强已登上飞机，精神抖擞地等待起飞的命令。此时，衡阳东郊的遂川临时机场上一派紧张的气氛。突然一颗信号弹划过长空，15架P—40C驱逐机呼啸着冲破晨雾，跃上蓝天，与先后从别处机场赶来的18架P—51野马式驱逐机、P—38闪电式双身双发动机的重型战斗机及一个中队的B—25双发动机中程轰炸机编队后，向东飞去。

机群发出震耳欲聋的轰鸣声超低空飞过江西和福建，水乡稻田倒映出朝霞的红晕和一架架疾驶而过的铁鸟黑影，目标直捣台湾。

当最后一架飞机越过台湾海峡铅灰色的海面后，日寇还在做着美梦，根本没有想到大难临头了！此时，机群横扫了日军新竹机场，炸弹和机枪子弹倾泻在跑道两侧的日本飞机上，连仓促起飞迎战的零式飞机也被砸了个稀巴烂。欧阳图强抱着满腔怒火，为了更准确命中目标，他压下操纵杆低飞，炸弹命中两架敌机，然后他抹去脸上的汗珠，一溜烟地冲上高空，随队返航。这次奇袭战役，共炸毁敌机42架，击沉敌舰计28000吨，而我机无一损失，是一场漂亮的远程奔袭。指挥这次战役的陈纳德少将兴高采烈，专门派了一架C—47型运输机运来火鸡，让飞行员们美餐一顿，度过了一个难忘的感恩节。

之后，欧阳图强又参与出击入侵武汉、九江、广州、香港等地日军的战斗，取得累累战果。

同样在赫赫有名的飞虎队中，还有一位祖籍大环村的少校军官张佑民（1917—1989）。他在美国获得物理学硕士学位后，于二战爆发初期投入空军。飞虎队组建后，他即来到中国和缅甸战场的空军基地，担任气象台指挥官，在艰巨复杂的条件下，为战鹰提供了准确及时的气象保障。还有一位祖籍大岭的欧阳阅荣（1914—2003），出生于美国加州，取得加州大学医学博士学位后留校任教。二战爆发时，他弃教从军，被派到中国云南及缅甸战区，担任校级医官，既救护伤病员，也培训军队医护人员，对战地救护工作发挥了很大作用。

大岭庆余坊欧阳庚的几个儿子也都是抗日英雄。三子欧阳可宏于辅仁大学物理系读书时，1937年在北京东华门开设"宇宙无线电社"，为妙峰山的八路军制造、输送无线电发报机等通信器材。1939年秋，他被日寇以"勾结八路"罪投入监狱，受到酷刑。后赴美，毕业于尼瓦达州大学无线电系，参军到飞虎队任上士军曹，在云南及缅甸等处与日寇作战。四子欧阳可亮曾于1936年同艾青、张汀等参加抗日文艺宣传队，赴大西北发动民众抗日。五子可祥受可宏被捕前托付，为妙峰山八路军运送两套无线电器材。按照约定，应在燕京大学后门的常三饭店交接，但不知何故，他等了一天，联系人也没有出现，于是决定冒险送上山，历经艰险完成任务后，归途中于黑龙潭遇日军遭枪击，伤重牺牲，为辅仁大学抗日八烈士之一。

诺曼底强登陆　杰出华裔立功

二战期间，不仅国内战场上活跃着许多中山籍侨胞矫健的身影，就是在国际反法西斯战场上也可以看到中山华侨英勇的雄姿。祖籍大岭村的欧阳金海（1926—2009）就是参加过第二次世界大战中最著名的战役之一、人类迄今最大登陆战——诺曼底登陆战的华裔军人。他因病去世后，中国驻美国旧金山副总领事参加追思告别礼时，高度评价他是伟大的国际主义战士，著名的反法西斯战斗英雄。这是祖国对他的儿子的充分肯定。

欧阳金海先生在18岁那年参加了著名的诺曼底登陆战，在战役中两次光荣负伤，先后获得两枚紫心勋章。欧阳金海14岁到美国随父生活，父亲欧阳官秋在美国曾参加过第一次世界大战。欧阳金海到美几年后便应征入伍，随美军加入了反法西斯战争。在诺曼底战役前的几个月，他与战友们被送往英国接受战地训练。他所在的357部队只有他一个华裔士兵，事前大家都不知道会参加诺曼底战役，只被告知要到欧洲打仗。

1944年6月6日凌晨时分，他们乘坐登陆舰穿过英吉利海峡，来到距诺曼底海滩几百尺的海域后，便跳船泅渡抢滩登陆。那时，映入他们眼帘的是血流成河、尸陈遍野的海滩，满地都是枪支弹药。他捡了几枚手榴弹塞进原先用来装水壶的背袋里，操起冲锋枪，与战友们一起，冒着德军的炮火舍命前进。那是一场残酷的战争，诺曼底战役结束时，他再没有看到一位熟悉的战友！

诺曼底战役接近尾声时，在法国的圣路易市，一群遭到追击的德军突然转过身来还击，欧阳金海的头部和胸部同时中弹。他眼前一黑，倒地昏死过去。也不知过了多长时间，他终于醒了过来，伸手往剧痛的胸口一摸，血竟然还在流。

他开玩笑说："原来阎罗王不敢收留我，一脚把我踢了出来。"

由于失血过多，欧阳金海再次昏迷过去，醒来时已躺在医院，被包成木乃伊在床上动弹不得。由于不能洗澡，头发上的血块、血迹足足清理了两个月。

在住院的几个月时间里，他终于看到了除自己之外的另一张华裔面孔，那就是法国医院的中国厨师。

欧阳先生说："这位中国厨师很关照我这个同胞，经常来到病床前问我想吃什么？从死亡线上挣扎回来的我告诉厨师，西餐、面包都吃腻了，很想吃碗牛肉饭。厨师满足了我的要求，给我做了一碗香喷喷的牛肉饭。一位漂亮的法国护士给我喂了这顿人间极品。"

在诺曼底战场上载誉而归获得两枚紫心勋章的欧阳金海先生，为了让世人永远记住这段历史，把他在诺曼底战役中穿过的军服和一枚紫心勋章捐赠给中国华侨历史博物馆。

日寇穷凶极恶　西桠惊天惨案

1940年中山县全境沦陷，日寇到处烧杀劫掠，犯下了十恶不赦的滔天罪行。当时日酋山本太郎大佐及"杀人狂"大队长川岛八郎，派兵入驻西桠村文教馆，他们以此为据点，四处骚扰、欺压百姓。

有压迫就有反抗。在老百姓支持下，共产党领导的五桂山抗日游击队四处出击，打击了日军的嚣张气焰。他们到南朗圩开展抗日活动，晚上还搭台公演抗日话剧，附近百姓也前往观看，各家商店也按月捐献一些款项，以尽爱国之责。不想，却为汉奸告密。

1944年农历七月二十六日凌晨，正是南朗圩日，数百敌军突然包围了南朗圩。他们在街口架设机枪，抬起大杉挨个撞击商铺大门。街上呼喝声、撞门声、人们的哀号声响成一片。各家店铺被驱赶出来50多人，其中不乏华侨、侨眷。南朗南塘村人简子尧，父亲是美国华侨，投入资本与亲友合股在南朗圩开了一间和丰杂货店，自任掌柜。平时日寇军车在岐关公路往来不辍，每到店内，必会强抢财物。而当天，店内只有他和副掌柜及一名买手李诰成三人，他们见势不妙便躲在墙角。敌寇破门而入，用刺刀逼着三人出门排坐在空地上。

当年南朗邮电局局长唐棣杰，精通日语且与汉奸区长何文中是同学。因平时日寇常来骚扰，南朗商会商请唐局长届时出面说情。此时为了救同胞，唐棣杰也不顾个人安危，毅然冒险出面，说这些人都是正当商人和雇工，但日军和何文中非但不听，还把他一起扣留。50多人一起被推上卡车拖到西桠村头文教馆的鬼子队部里。

一直到下午4点多，日军队长和一名姓曾的翻译出来，逐个审问被扣押的百姓。一个日军用粉笔在每人背上作记号，10多名老少被释放，或被军车拖走不知下落。有30多人就被驱赶到大榕树下，每人被一条绳反手从背后绑到肩上，然后每四人一排被用绳子系起来，吊在大树上。日军派两名士兵负责监视着。

到了傍晚，40多名鬼子全副武装，背着军用铲和手电筒过来，解开吊着的绳子，沿公路把他们押到旁边的镇龙社猫颈山上。见此，李诰成边走边哭："简先生，我们怎么办啊？"简子尧回答："没指望了，可恨难见家人一面……"鬼子听见说话，举起枪托狠命砸向了简子尧头部，简险些栽倒。到了一条新挖好的壕沟前，鬼子命令众人坐在旁边。过了一会儿，"杀人狂"下令，鬼子们举起刺刀向众人身上戳。可怜的唐棣杰此时还在用日语向鬼子申辩着什么，可日军只顾用刺刀向他身上乱插，顿时，鲜血喷射出来，身边的简子尧身上也被染红了。最后时刻，唐局长拼尽全力喊出："中华民国万岁！"敌人的屠刀又向简子尧举起。一名日军将他推倒，将刺刀插入他右腹。接着一阵乱刀，他就昏过去了。不知过了多久，简子尧苏醒过来，睁眼看见了天上星光，身边还有敌人在讲话。此时敌寇将尸体推落壕沟。幸好简子尧在最上面，敌人填土时，他用鼻尖顶在了他人的尸体上，留出了呼吸的空间。后来敌人收队下山了，他才挣扎着从泥土中爬出，可能流血过多，绑住双手的绳索自动松开了。他爬到山脚的竹林藏身，后来被西桠村民朱安发现并救出，藏在张家边一间破庙里。朱安连请三名医师为他诊治，始知全身被刺八刀，造成终生半边麻痹。

当晚，南朗濠涌村的严汉清也被刺致重伤，后来从埋着尸堆的黄土里苏醒爬出来，被窈窕村民发现，之后扮作新娘出嫁，藏在花轿里被抬回南朗救治。

当晚这36人中，除这两位重伤逃脱外，还有一位五桂山的抗日游击队员逃出生天。他是东区破镬村人，名叫区桂味。日军大队长川岛八郎命令一名日军将他押在一旁，其余日军大开杀戒，屠戮百姓时，区桂味趁日军不备，使尽全身力气，飞起一脚将看押他的日军踢倒在地，然后顺着山坡向下翻滚。所幸日军乱枪扫射未打中他。他迅速沿着流水坑凭地形和灌木的掩护，趁着夜色逃出了虎口。

在骇人听闻的西桠惨案中，共有33名无辜同胞惨遭日军杀害。遭此劫难，南朗圩也一度成为废墟，再无商家营业，也无百姓赶圩。

第四节　建设祖国　不遑多让

当年首辅永安　捐巨资建民国

孙中山先生革命成功后，成立了中华民国政府，国库里却没有多少银两。政府运作要钱，集资人蒋介石就找到上海证券交易所理事长、上海商会会长虞洽卿。宁波帮的虞洽卿答应捐出1000万大洋，动员广东帮的欧阳民庆也捐出了1000万大洋。

欧阳民庆出自大岭村。1882年，年仅16岁的他前往澳洲悉尼谋生，经营果栏起家，又同友人郭乐合资办起永安果栏，还经营金矿赚了钱。当上海永安公司开办时，他出任首任董事长，香港成立永安保险有限公司，他又出任总理，1924年他又任华东医院总理等职。为了表彰欧阳民庆与虞洽卿的功绩，民国政府决定在上海分别以他们的名字命名一条街道。当时欧阳民庆的堂伯欧阳庚刚好从天津到上海，这位外交官立誓不踏租界，特意雇船绕开黄浦江外滩，到中国地界上岸。他告诫欧阳民庆，选的街道要"决不入租界区"。欧阳民庆做人很低调，不想去显耀自己，只在当时还比较偏僻的虹口区选了一条街，在命名时仅用姓不用名，被称为"欧阳路"。时代几经变迁，租界区的"虞洽卿"路早已更名为西藏路，而"欧阳路"的名称一直沿用至今。

推动中日邦交　可亮功不可没

有资料记载，庆余坊还走出了第5位外交家，其实指的就是欧阳庚的四子欧阳可亮。欧阳可亮虽然只是民间人士，但他在国家的外交上作过贡献，为中日邦交出了力。同时，欧阳可亮也是闻名海内外的甲骨文专家，又是日本鼎鼎大名的教育家。

欧阳可亮1918年出生于北京，3岁时就在启蒙老师、晚清文学家王国维的指导下学甲骨文。可亮曾说："我认字是先认识甲骨文。"10岁前后，他进入西汉私塾读书，在罗振玉、董作宾、汪怡等名家指导下学习甲骨文。他自小矢志研究甲骨文，也同其父欧阳庚有关。1910年，欧阳庚奉命前往墨西哥，处理300名华侨遇害案，期间，当地殷福布人自称为华夏血统，要求清政府庇护并代为索偿。此事一时无果，但欧阳庚却一直放在心上。他与儿子可亮两代人经过80多年的研究，终于解开了中国历史上"殷人东迁"之谜，证实殷商覆灭后，部分殷人远徙美洲。这比哥伦布发现美洲新大陆早了两千多年。1992年河北少儿出版社出版的《龙凤传人》一书以20万字、300多幅彩图对欧阳可亮的这一成果作了详尽介绍。

20世纪30年代初，欧阳可亮就读于北京育英中学。他的同学吴元黎因多病，常请欧阳可亮上他家帮忙复习功课。吴的父亲吴鼎昌是民国政府的文官长兼实业部长，见欧阳可亮办事认真，推荐他半工半读兼任外交部北平档案馆保管处专员并告诉他："日本人想插手档案保管处，我们国家同外国签订的各种条约的档案都存在那里，要是让日本人做了手脚可就糟了。你的工作就是想办法把档案看管好并护送到南京去。"从1932年1月到1937年7月7日，欧阳可亮就肩负这一神圣使命，秘密整理文件并打包寄往南京。1939年他考入辅仁大学历史系，以后毕业于东吴大学。抗战胜利后，他到台湾大学任教，1954年到日本，作为唯一的中国人参与编纂4种不同版本的中日大辞典。身在异国他乡，他怀着对祖国的热爱、对故乡的眷念，执着地探求中华文化和人类文化之源，把全部心血倾注于甲骨文研究。他识别和解读的甲骨文达1800多字，更将"生为中国人，死为中国鬼，甲生为国家，国强方可安"刻于龟甲板上，铭记在心。

他因年轻时从事抗日爱国活动，曾13次入狱（其中6次是日本人判的监，7次是国民党判的监），身体备受摧残，晚年因脑出血引起右半身偏瘫而住院。然而，其让"甲骨还乡"之愿竟使奇迹发生。1984年，河南安阳殷墟笔会邀请他赴会，他立即出院启程回国。患有脑出血后遗症舌障碍，已有5年没有上过讲台的老人竟口若悬河地一讲就是半个小时。若不是有录音录像，好多友人都不会相信。安阳殷墟笔会会馆、笔会基金、定期召开国际甲骨文学者会议等，在他的倡议和带头捐款下都一一落实。他被聘为殷墟笔会名誉会长，被日本学界誉为"甲骨文最高权威第一人者"。

1954年欧阳可亮应聘到日本外务省研究所及国际基督教大学教授中文，期间还任东京拓殖大学、春秋学院教授，前后达20多年。几任日本首相田中角荣、中曾根康弘、太平正芳等都是他的学生兼朋友。他为外务省培养了数以万计熟悉了解中国文化和经济贸易的人才。中日建交20多年间的日本驻华大使及驻上海、广州领事也都曾是他的学生。

他同日本前驻华大使小川平四郎的友谊还被传为中日友好的佳话。那是1956年春天，他在东京神田逛旧书摊时，看上一枚精美的柳木印章，爱不释手，便买了下来，珍藏了17年。他也一直不知道这枚印章的原主人是谁，直到他的老朋友白筑实把玩之际，认出是小川平四郎父亲生前使用的印章。于是，欧阳先生在1973年的春天，专门于东京赤坂四川饭店订了一桌酒席，请来小川平四郎大使上座，席间归还了印章。一周后，小川回赠一只翠绿色七宝烧大花瓶作为答谢，活生生上演了一出现代版完璧归赵，引发了媒体的新闻大战，促进了中日友好。

在推动中日邦交正常化的进程中，欧阳可亮发挥了无可替代的作用。在20世纪70年代初期两国领导人交往时，田中首相、太平正芳外相致周恩来总理、姬鹏飞外长的许多信件都要经过他的校正、修改。当时我国领导人及有关部门领导钱昌照、程思远、廖承志、邓朴方、李赣骝、沈求我等都曾设宴款待他，当面称赞他为中日友好做了许多有效的具体工作。

在中日双方官方与民间的友好互动中，欧阳先生也是竭尽所能。1972年9月日本田中角荣首相访华，周恩来总理设宴招待，席间田中角荣提到"天下美酒，唯有杜康"。1980年春，中国一个代表团访日时，代表团成员欧阳可强带给田中角荣杜康酒，并随酒赠了一首诗："田中原首相，和好利家邦，献上杜康酒，周公古义长。"3月3日欧阳可强在胞兄欧阳可亮的带领下，题诗一首："美酒古来唯杜康，河南一饮卅年香，若言生死无更改，七载做成献寿长。"用甲骨文刻在龟板上一并送上。此事被日本学习院大学教授、明仁皇太子和中曾根康弘的老师、汉学家泽口刚雄所知，极感兴趣。通过吟咏录音，这首诗很快传遍日本，成为中日友好的一段佳话。

第二章　华侨移民史

第一节　中国人何时开始侨居海外

据历史考究，在公元 1 世纪前后，中国人就已经开始零星地侨居海外。

早期侨居东南亚及世界各地的华人，多以"唐人"自居，称祖国和家乡为"唐山"，其聚居的社区亦称作"唐人街"。

关于古时中国人移居海外的情况，历史上有过许多记载。如公元前 11 世纪，商纣王的叔父不愿侍奉周武王而入朝鲜，教当地人民种田、养蚕，为他们讲习礼仪，并为他们制定了八条条令。公元前 2 世纪，秦始皇为求长生不老药，派三千童男童女东渡日本，结果一去不返。至今日本还有不少纪念遗址及香火祭祀。

随着秦汉封建王朝的建立和中外交通的开辟，公元一世纪前后，中国人就已经开始零星地侨居海外。当时国人侨居海外主要有三种类型：一是海商"住番"。当时国人通常乘船顺着十一月、十二月的东北季风从华南沿海南下中南半岛、暹罗湾和印度一带，再顺着七月、八月的西南季风乘船返回。有时他们因错过回航季风时节需要"住冬""住番"或因贸易需要滞留数年，于是便出现了寄寓海外的华商。二是僧侣取经：从魏晋南北朝至北宋年间，中国僧人西行求法译经的活动前后共绵延八九百年，涉及数以百计的僧人。他们多在印度及西亚、南亚一带侨居多年，其中著名的有东晋的法显，唐朝的玄奘和义净。还有一些中国僧侣侨居国外传播佛教，如唐朝的鉴真和尚便多次往返于中日两国之间。三是难民迁徙：从五胡乱华开始，每当王朝末年，总有大批国内军民为躲避战乱而移居东南亚地区。特别是在唐末黄巢起义军攻打岭南时，很多当地百姓避居东南亚，使得那里的中国人大增，"唐人"的出处就在于此。而在宋末、明末，则有更多的皇亲贵族或流散官兵集体逃亡东南亚，越南等地出现的大批"明香"（意即大明香火，明人后裔之意）就是明证。据估计，在南宋末年，移居东南亚地区的中国人约有十万；而在鸦片战争前夕，这一数字已达百万。

中国人侨居海外，带去了中国当时先进的生产技术和文化，加快了当地的开发和社会发展进程。同时，海外的殊方异物、工艺技术和文化艺术也大量输入中国，丰富和发展了中华文明。就以佛教文化的传入来说，其在思想观念、文学艺术、科学技术以及民俗风尚等各个方面对于中国文化的影响，无疑是广泛而深刻的。而在明清以后，吕宋（今菲律宾）华侨将原产于拉丁美洲的一些农作物如红薯、玉米、马铃薯等传入中国，促成了中国"粮食生产的革命"，缓解了中国因人多地少和灾荒频发而造成粮食不足的问题，更是功在当代，利在千秋。

不幸的是，由于倭寇侵扰、反清复明势力的威胁和西方殖民主义的东侵，中国明清两代陆续实行闭关锁国的自我保护政策，中国人出国与回国均受到严重的影响。此局面一直延续了四五百年，直到清王朝在鸦片战争中战败而终结。继之而起的，是西方资本主义疯狂的开发与掠夺，在殖民地背景下，造成了华工大量移民和华侨社会的形成。

火炬开发区最早前往澳洲的人

一百多年前，火炬区就有人远渡重洋，前往澳洲谋生。他们都是经香港乘船前去的，先在澳洲北部的柯克城(Cook Town)登岸，然后从陆路分赴各地，开始在澳洲劳动生活，从事淘金、垦荒、种植、筑路、捕鱼或商业等活动。

濠头乡郑泗全，出生于1858年，1873年只身搭乘"大眼鸡"帆船前往澳洲谋生。登岸初期，为牧主放羊，生活艰苦，后来自己垦荒种植甘蔗，收获较好。1888年与英国移民之女结婚，1890年来到坚士的(Mareeba)开小商店，后又经营蔗园。1909年，他在坚士的附近的Greenhill拥有一千二百英亩蔗园，因而致富。1922年，他卖了蔗园后，带着妻子和子女回到家乡濠头村，致力于家乡经济建设，先后开设了协和碾米厂、协和兴电灯厂，并联合归侨侨眷集资开办了中山第一条民办车路——岐濠（由石岐至濠头）车路。1937年病逝于香港。

大岭乡欧阳民庆生于1866年11月8日，1882年到澳洲雪梨谋生，经营食和果栏。1892年回乡奔父丧。后娶妻高氏即重返雪梨，继续经营其事业。当时与郭乐（竹秀园人）各出资三百英镑会同各亲友集资共一千二百英镑开办合利果栏。于1897年间，合利果栏增资扩展，开设永安果栏。至1902年携眷回国。初居澳门，1911年回乡居住，并创办大岭学校以教育子弟，为乡梓谋幸福。如今，火炬区旅澳洲的乡亲可以说是遍布澳洲各地。年轻一代无论是在澳洲出生的还是新移民过去的，大都受过良好的高等教育，不少人已成为律师、医师、会计师、建筑师、工程师等专业人士，可谓人才辈出，青出于蓝而胜于蓝。

第二节　远离故土的辛酸与无奈

东镇（得都）即现在的火炬开发区是华侨众多、历史悠久的侨乡，早在18世纪中叶就有乡民出洋谋生。19世纪中后期，当时正是清政府统治年代，清政府专制腐败，民不聊生。为了摆脱贫困和饥饿，很多乡民都产生出洋谋生的念头。鸦片战争之后，美洲和澳洲相继发现金矿，人们纷纷掀起淘金的热潮。在此情况下，贩卖人口的黑窝"猪仔馆"和"出洋务工介绍所"等非常活跃。"猪仔馆"就是外国人贩子与国内人贩子为了牟取私利，互相勾结，采用欺骗的手段，打着"出洋务工介绍所"的招牌，大肆在国内以低价招募劳工往国外淘金的机构，也有蛇头收费带领乡民出外谋生。在淘金潮和人贩子的引诱下，一些村民懵懵懂懂地到"猪仔馆"交费报名签约。随后，"猪仔馆"派出人员带领他们到小隐村埗头或横门口一带乘搭小号木船到澳门或香港，然后搭乘大轮船出洋；有些即通过"契约华工"的途径，离乡别井，别妻离子，冒着生命危险，远涉重洋，到海外谋生；也有些乡民得到香港、澳门的亲戚或朋友的协助，到海外寻求出路。清末民初，火炬区有很多乡民走上了出洋务工的路，他们有的去美洲的秘鲁、智利、美国、加拿大、古巴、哥斯达黎加、巴拿马、墨西哥、千里达；有的到南洋的泰国、印度尼西亚、马来西亚、新加坡、菲律宾；有的到欧洲的英国、法国、德国、意大利、瑞士、比利时；有的到澳洲的澳大利亚、新西兰等国。张家边一村的吴帝江与同伴何吉、陈开桂、马敬霭、谭庚、马焕生等乡民也是经"出洋务工介绍所"的途径出洋的。该介绍所派人带领他们乘小木船到达香港后，再转乘人货混载的大轮船（商船）到达秘鲁国。这种大轮船虽然船身阔、船体长，但船头敲锣船尾听不见。海上无风三尺浪，时有风浪高达七层楼。他们只能坐在又昏暗又肮脏的船舱里，在巨浪滔滔的太平洋中颠簸近3个月才到达秘鲁，受尽晕浪呕吐之苦。如果不幸患病，船上是没有医生，也没有药物的，有些乡民在痛苦绝望中跳进茫茫的大海里，走上了不归路。出洋掘金的梦想一时间成了泡影。

到达秘鲁后，人贩子把他们当中的一些人卖给当地的蛇头、老板，强迫他们去做筑铁路、挖隧道、扛枕木、抬铁轨等粗重工作，而收入却非常微薄。有些即被转手高价卖给农庄主、牧场主或矿山头目，被迫去开垦荒地、搞种养、挖矿山，给洋人当牛马，受尽欺凌、压迫和剥削，基本上失去了人身自由，过着奴隶式的非人生活。

诚然，当年乡民别妻离子，背井离乡，远涉重洋，并不是崇洋媚外，而是生活所迫。他们为摆脱贫困与饥饿而冒着生命危险到海外谋生，渴求有出头之日。他们在海外人地生疏，举目无亲，又不懂英语，国弱无外交，人穷无地位。洋人看不起中国人，欺压中国人，因而他们在海外干的多是粗重低贱的工作，受尽屈辱。为了生存，他们在各行各业上挣扎、打滚拼搏，付出艰辛的劳动去维持最低的生活，甚至兼职打几份工。他们知悭识俭，把辛劳赚得的血汗钱积蓄起来，艰苦地去创出自己的一片天地。旅加拿大华侨郑宗励先生说得好："肯捱就会有出头。"在出洋务工华人中，由于肯捱，肯于努力勤奋拼搏，很多华侨都有所成就，在事业上取得一定的业绩，经济地位、社会地位不断提高。

如今，火炬区华侨分布于世界五大洲30多个国家和地区，以美国、澳大利亚、加拿大等发达国家居多。他们在居住国和地区落地生根、开枝散叶。经过一个多世纪的沧桑岁月，目前火炬区旅居海外的华人华侨已达四万多人，是中山市的重点侨乡之一。

天使岛抒怀

> 为乜来由要坐监,只缘国弱与家贫。
> 椿萱倚门无消息,妻儿拥被叹孤单。
> 纵然批准能上埠,何日满载返唐山?
> 自古出门多变贱,从来征战几人还?

这是一首天使岛移民拘留所墙壁上的题诗;是一首饱含着华侨出国谋生苦楚的诗;是华人昔日初到美国却被困锁在天使岛作所谓卫生检疫与入境审查,而遭受着种族歧视与非人待遇的真实写照。

天使岛位于三藩市(旧金山)渔人码头的北面,与马连县隔海相望,正好在金山桥与屋仑桥之间,列治文桥的西南端的蓝色港湾上。在天使岛渡船码头朝东沿着半山的公路约二公里处,这间 1910—1940 年间的移民拘留所设在杂树丛生的山坳上(这间卫生检疫与入境审查站早已被毁,遗址即现在立纪念碑以下的地方)。据说在这三十年间曾关押过中国移民二十多万人,在这里作所谓卫生检疫和审查入境、口供问话等。关押的时间各人不一,长的一二载,短的几个月。华人在这里受尽凌辱、歧视,每每不合看守人员之意就遭受辱骂、鞭打,被关锁在黑房禁闭室中。更有不少人不合入境规定,就被遣返中国,有些人受不了这种苛刻的凌辱,心忧债重,又觉得无脸回乡见江东父老,一气之下走上绝道自尽于洗手间花洒的水管上……

移民局拘留所设在一幢三层的淡黄色的木屋(其实二层,地下这层是屋基)。木屋的四周有一条一米宽的水泥墙基通道,通道的外面围着三米高而又坚固的铁栏,南面山坡设有兵营(当时显得特别森严)。沿着水泥小道拾级而上,通过铁栅门向上走,从木台阶可以分别进入男女囚室(说是卧室),男女囚室分别在木屋的左右两边。从左门进入木屋是上第二层楼梯与通往后面的厕所与浴室的不足一米的走道。从楼梯口向左拐弯是看守人的、检疫的、堆放杂物的细小房间,经过这条又黑又窄的走道可以走进两间大的卧室,每间卧室长约十米、宽七米、高四米。离楼面分别按一定距离有七个小窗(高约二尺,宽尺余)。四行九条的卧床由圆管支柱支撑,每床宽尺许、长七尺,铁网作床底垫,床与床之间相隔五寸,每床间高度约两尺。每支柱一边分别三张床,而上床架是可以伸缩的,睡觉时放下,日间可收起。共有一百六十二张床,男囚室有这样大小的卧室共四间。进入木屋右边门是看守人员监护室,丈许见宽,经过监护室是女性两间"卧室",虽然没有男卧室大,但由于小孩跟随母亲一起,每间囚室所关押的人数却比男室的还要多。沿着楼梯往上走向右边是医务室、女独禁黑房,和关押一些违反政府法律的"西人"囚室(左边是男囚室)。男与女囚室间是一条通道,可以进入厕所、浴室,还有许多大大小小的黑房(这些黑房十分窄小,不透半点光线)。

床的高度(三张床的高度)不过七尺,在这四周墙壁上,用金属物雕刻着(和书写着)许多早年被关押的华人发自内心的痛苦、忧伤而极度悲愤的诗句。虽然这些诗句经历了数十年,又上了几层油漆,可是很多仍清晰可认。有些诗句是用毛笔、铅笔等书写的,虽然墙壁破旧不堪，油漆脱落，但这些字迹依稀可辨认。女囚室的诗句比男囚室少些，在女囚室的后一间中，近北角处的窗口上有一绝命书，据说这个女人后来死于浴室的水管上。现在这里虽然只遗下几张旧床、申请入境书和几件旧物，但是两层四周墙壁留下的大量中文悲愤诗句却是控诉歧视华人入境的有力见证。

美国华人出版的中英文版《埃仑诗集》中的 130 多首诗就是摘于这些墙壁上的诗（实际上不止这个数字）。海边那口大钟，只要响起就是或起卧时间或用餐时间或又来一批华人到这里关押的信号。钟声响后看守人员会荷枪实弹地站在小道两边，如有不合意，开口就骂，举鞭就打，以强凌弱的事屡见不鲜。

我区不少人曾被关押在这里过，有不少人由于不合口供而被遣回乡，也有先侨妇人在这里产下婴儿……

这间拘留所保存得十分完好。前几年美国政府曾打算将此幢木屋拆毁，幸得有一位年老的华侨把自己关在里面，工作人员不敢摧毁才让历史古迹保存下来。这位老华侨还经常以其亲身的遭遇向来访的人讲述自己以前那段不幸的遭遇。

"以前的事过去了，这已成为历史，我们希望以后不再有这种现象重演。"但种族歧视这一历史事实，正如那万顷波涛、遍山林木和吊在海边的那口曾经发过淫威而现在却像受审者一样的大钟所见证的，那是我国华人血泪控诉的悲壮声。

走笔至此，留下《过"天使岛"感怀》诗一首：

先侨创业赴金山，四海奔驰历险滩。背井离乡羁异域，丢妻别子困囚栏。
只因向外谋生活，谁料遭逢夺命关。回首前尘思往事，民殷国富解愁颜。

第三节　村民出洋务工概况

距今 150 年，也就是清朝咸丰年代，当时国内兵荒马乱，百姓谋生艰难，生活困苦，于是很多村民到海外谋生，孑然一身而去；也有些村民听说"花旗，金山"（美国）、咸水埠（加拿大）、雪梨（澳洲）容易挣钱，被欺骗"卖猪仔"而去。有些人是带亲人同去；有些是冒名顶替买一张出世纸而去，故有人改名换姓。不论哪种去法，都必须先到香港，乘坐所谓"总统号""皇后号"孖烟囱客货船，或是双桅杆大渔船由海路去。由于经济情况不允许，无条件坐上等舱的，只能待在客货轮底层货仓内。在仓里既见不到阳光，空气又污浊、潮湿。漂洋过海，日夜兼程，在太平洋中饱受风浪颠簸一个多月。在大仓内，很多人大呕大吐数日，甚至十天八天，粒饭不能进肚，似死鱼一样，历尽艰辛。若是身体稍差的人，会死在途中，尸骸被抛入大海，葬身鱼腹。有些华侨到达目的国后，过海关时，还要接受问话，如果海关人员心情不好或是所谓口供不对，还要被拉去坐牢，只有找人担保，始得释放。在外国，由于不懂英语，又无靠山、熟人，他们只能凭自己的体力去做苦工，如建铁路、做瓦仔、种菜、在果园打工、开发矿山等，运气好一些的入餐厅、洗衣馆做粗重活。据悉第二次世界大战（1940）前后，在美国三藩市、渥伦、沙加缅度、洛居等地华侨找工作很不容易，有的做一天工，仅得一元美金。以前华侨在外，由于经济收入不多，或受到当地国诸多限制，甚少携带子女前往的，都是孤身一人在外国闯荡。新中国成立前，华侨在异国，因当时政府腐败无能，国弱民穷，国家地位低下，华侨常遭受洋人侮辱、欺凌、毒打、排斥，政治上和经济上受到种种歧视，有的甚至过着非人生活。现在华侨有固定职业，他们或经营餐馆、做买卖和在企业、工厂工作，或在当地政府做职员，有居屋，大多都能一家团聚。年轻一辈有较高文化，有较好收入，生活稳定，不少还是中层或上层阶级。

沙边之华侨大多数谋生于加拿大、澳大利亚、美国、古巴、千里达、智利、秘鲁、菲律宾、日本等国，去东南亚国家或是欧洲国家的甚少。近年来有人去南美委内瑞拉，也有个别前往英国。

沙边建有很多碉楼，大多数是华侨在1924年匪贼打劫后至抗日战争前，为家人安全起见而兴建的。沦陷时期及新中国成立后基本上无人再兴建碉楼了。

华侨在国外有点钱财，一是靠勤，二是靠俭，三是靠品德好（不嫖、不赌），十多二十年日积月累，省吃俭用得来的。他们好几十年才回家乡一次。他们带钱财回来，一是建房，二是买田置业，三是娶妻或为儿女完婚，回来一年半载又外出。现在的侨胞不同过去了，可以随时乘飞机往返，比过去乘船方便省时多了。

第二次世界大战结束后，世界暂时太平。此时较多华侨为了省视家园，探望亲人，纷纷回国回家，或趁此时机办手续，携妻带子前去居住国。近二三十年来，老一辈华侨甚感自己文化低、不懂英语之痛苦，都千方百计地供儿女读书。故现代之华侨随着国家地位的提高，都有奋发向上的事业心，勤勉好学，文化知识日益充实。所以华侨在居住国，不论在政治、经济、文化或其他领域，都有一定的地位。

华侨旅居国外，心系祖国、热爱家乡，尽管"少小离家老大回，乡音未改鬓毛衰"，但他们向来热爱祖国，关注家乡公益事业、文化教育，常慷慨解囊，资助建设。沙边在抗日战争时期，尽管外汇不通，但侨胞都想方设法募资捐款给家乡，以资施粥赈济。学校、水井、公园、街道等均是华侨及港澳同胞捐资兴建的。

新中国成立后一段时间，由于朝鲜战争爆发和一些国家与新中国尚未建立外交关系，华侨同家乡往来不多。自从中美、中加、中澳、中日建交后，中国在世界上的国际地位空前提高，华侨旋里探亲访友、省视家园、寻根问祖、拜祭祖先等活动时常有之。目前，沙边旅外侨亲1800人以上。现在华侨不论在哪个国家，回国探亲都乘波音飞机，先抵达香港或广州、上海、北京再乘车、船、的士返家，乘坐远洋货轮回来的已属极少数。

华侨的血泪史

清政府统治年代，政治腐败，人民生活处于水深火热之中。人们为了寻求生路，背井离乡，抛妻别子，从本区横门口一带乘桅杆木帆船出发，到香港转搭人货混载的轮船到海外。当年，很多人就是坐这种船到达秘鲁的。到达秘鲁后，人贩子把他们卖给当地的农庄主、牧场主、矿山头目等人，他们强迫华工去挖矿、筑铁路、挖隧道、扛枕木、抬铁轨，每天做十几个钟头的粗重工作，可是吃的却是稀粥、黑面包。华工不堪折磨，有的于夜间逃跑，倘被捉捕回来就被打得半死不活。华工有病，得不到医治，还要带病工作，有的晕倒在地，被冷水泼醒后再打；有的被打得遍体鳞伤，照样被迫着去做粗重活；有的受不了煎熬，投海自尽。即使是在劳作中劳累过度死亡也得不到好好安葬。同胞们常常忍着悲痛用草席裹其尸体埋在乱葬岗上，把死者名字写在砖头上作墓碑。受难的华工曾集体罢工，抗议资方残杀我国无辜同胞，但得来的却是禁闭或毒打，并加脚镣、手铐。之后资方又动用枪械逼着华工去干活。清廷腐败无能，旅居海外的华人得不到保护，客死在异国他乡能不悲乎？！

每年的清明节或重阳节，当地华侨华人都会带着生果、鲜花、香烛等祭品到当地一个译名叫杉杉鲁鲁的地方去拜祭先侨。这个地方是当时的华工万人坟场。当年此地哀鸿遍野，草木凋零，坑坑洼洼。不少华工的头骨、胸骨、脚骨暴于荒野。即使有的是一抔黄土，也没有墓碑。即使死后能有坟墓也仅写上名字。无主孤坟，更是比比皆是。他们唯愿乡亲同胞能魂归祖国。

侨亲旅居海外的辛酸血泪史真是道不完，写不尽。

查阅史料，一百多年前，广东省花县、番禺和香山县良都、隆都、得能都共约15000人迫于生计，通过"猪仔馆"离乡背井出洋谋生，其中一万多人参加了加拿大太平洋铁路修建工程，我区也有契约华工参与该工程建设。华工生活在外国工头的皮鞭下，工资却比黑奴还要少（黑奴全年工资800美金，华工只有200—300美金）。加拿大洛基山脉的华工在最险要的菲沙河山谷干活，食宿条件和卫生条件极差，有病得不到医治，过着人间地狱般的生活，有4000多华工曾被折磨丧生。1885年，加拿大太平洋铁路全线通车，资本家却"兔死狗烹，鸟尽弓藏"，认为华工已无利用价值，一脚踢开他们。可怜这些举目无亲的华工无钱返国，成为铁路沿线的行乞者和流浪者，有的因贫病和饥寒交迫而客死异邦。当时有一位正直的爱尔兰作家在其作品中描述道："加拿大太平洋铁路的每一根枕木下面，都有一个华工的冤魂……"

19世纪中叶，澳大利亚墨尔本索弗仑金矿有广东花县、香山等县契约华工约5000人，他们每天工作12小时。当时矿山有一种采挖金矿的风钻，但矿山主却没有提供防护措施。华工天天吸入大量的矿石粉尘，致使很多人患上硅肺病，死亡者不计其数，幸存者也只能活到40岁左右，故当时人们称这种风钻为"寡妇钻"，意即这种钻可使无数妇女成为年轻寡妇。

旅美加州等地老一辈华侨最记恨的是美国三藩市的天使岛。这里是昔日种族歧视、审问口供、无理刁难与关押华人移民的拘留所。拘留所的墙壁上留下130多首先侨的血泪诗篇。其中一首诗是这样写的："为乜来由要坐监，只缘国弱与家贫。椿萱倚门无消息，妻儿拥被叹孤单。纵然批准能上埠，何日满载返唐山？自古出门多变贱，从来征战几人还？"早年，我区江尾头村旅美华侨黄胜元先生因事途经天使岛，思绪万千，感触良多，奋笔写下《过"天使岛"感怀》。诗曰："先侨创业赴金山，四海奔驰历险滩。背井离乡羁异域，丢妻别子困囚栏。只因向外谋生活，谁料遭逢夺命关。

回首前尘思往事，民殷国富解愁颜。"此诗真实地反映了先侨出外谋生的艰难与风险，激起后人缅怀先侨，不忘华侨悲惨的血泪史。

1937年7月7日，抗日战争爆发。中山沦陷后，侨乡与华侨联系中断，侨汇基本断绝，归侨、侨眷生活顿失依凭，讨借无门，被逼变卖家私、产业，甚至卖儿卖女；有的"金山婆"被迫改嫁，破产沦落，家散人亡。我区张家边一村蚝棚头大街旅秘鲁归侨吴帝江先生因侨汇不通，生活困苦，儿女失学。为了活下去，他被迫含泪卖掉田产和碉楼。有些侨眷无田无地，断粮断炊，生活无依，景况悲凉。

一位华侨的血泪告白

我区窈窕村老华侨沈渭廷（1875—1967），由于祖辈及父辈家境贫寒，生活艰苦，因而他在年轻时就萌发了出国谋生之念头。后来虽到了美国，但经过数十年的艰苦奋斗，事业仍无所成就，晚年落叶归根。他在91岁时用文字记载了自己坎坷的一生。

我祖父字政彰，靠做花炮维持一家生计，养活三子二女。我父亲卓亨，排行第三。因家道贫寒，衣食缺乏，无书可读，属文盲，景况如斯，良堪浩叹。十五六岁经亲友介绍，往石岐学做木工手艺，三十岁结婚，生下两子四女，我排行最小。父亲三十余岁时奔赴澳洲雪梨埠，仍操旧业。当日去时，未有轮船，用帆船装载人和物。父亲在澳十余年，都是依人作嫁，仅获微薄工资，无甚起色，往返两趟，积有鹰银百余元，再次回家也不满二百元。从此不思复去，借手艺而过日，享寿六十有三。我的母亲，一生勤俭，与人无争，寿高八十有八。当时我在美国，得闻母亲去世的消息，深感悲痛。

回忆我自幼抱书入塾、从师修业，到十四岁，遵循父命，学习木工，十五岁父亲去世，彷徨无主，哀悼不已。年方十七，顺从母命而完娶。十八九岁跟二伯父往各乡继操木匠之活。二十至二十二岁在南朗开设家私木店，生意平常，不料却遭受一次飓风，将铺掀翻，损失惨重。自此资本缺乏，一蹶不振，迫不得已转返故乡，与一群不三不四青年相混，或往赌博场所，或到烟馆消遣，险些堕落深渊而不起。年届二十四，有动机出外谋生，与本村陈灿辉斟酌，获得博士生护照纸，前赴美洲，需费鹰洋四百元，但家道赤贫，囊空如洗，此笔银子，从何而来？大费踌躇，继与母亲磋商，将几亩田契作按揭得银三百元，不足部分向亲友借贷。事成，即下港，候一星期，搭阜厘则轮船赴美，经四十多天颠簸航程才到达目的地，被囚于海畔木屋（即昔日关押华人移民的拘留所），连新旧客三百余人等候问话。适值孙中山由檀香山过美，仍被困一月有余之久，其中四邑人多，本邑人少。日夕与中山先生及南朗几位谈天，共住一房。我被困七十余天，乃能登岸，恢复自由。上华埠，举目无亲。后偶遇本村吴惠兄带我入大坑做工，真是喜出望外。入到大坑，虽有梓里，惟散居各处，后承蒙沈辉麟君偕我至园口安身，每月工银十七元，又承蒙沈辉麟君借我大金一枚，作为首次付信款回家安慰我母亲。在该园做工数月，迁去别处，亦属农务工作。二十六岁仍雇役于人，为长工之职，每年三百八十元。二十七岁与友合伙耕果园。二十八岁移耕异地，至三十一岁回家一转。三十四岁复返美洲，仍操旧业，一连四载，得美金一万零数百元。三十八岁再次旋里，三十九岁偕檀香山华侨钟工宇，大环李培芬、李永裕，西桠朱卓文等前往南京，图谋事业，准备在下关火车站侧空地，建筑旅舍一座，为华侨出入之所。不料袁世凯心怀复辟称帝，搅到祖国分崩离析。致令各地武装者，拥兵独立，各据一方，自相戮杀，同室操戈，诚国家之大不幸也。

四十一岁复渡北美，刚巧巴拿马运河成功告竣，各国决议，于三藩市大开展览会。于是与二区王裔源君开设旅店于正埠，前后三载。缘于欧战，商场冷淡，来往之客甚少，这数载之中，只一份工钱而已。四十三岁将旅店结束，再从农业，种的是薯仔、洋葱、豆麦，共一千一百六十英亩，连耕六载，共获美金四万余元。四十九岁买棹旋里，五十居于石岐，创一小生意，几年间没利可图。五十三至六十四，闲居无事，是年日寇攻陷广州，大炸石岐，殃及我们铺户两间。旧历八月迁往澳门，暂作避难之所，感念畴昔，滴泪沾襟。有生以来，最为烦恼，长日无聊，走向白鸽巢一行，借以忘忧。原来这一点之地，是一小丘，踏进林间，四周张望，见有牢骚难民，题诗数首于树干，皆抑郁之词，日久不复记忆。游毕而返，在房间思索，偶得一首七言六句。其词曰："足迹遍留鸽巢中，假借行游荡悲胸。鸟儿尚有楼宿所，人生反无立身地，远眺故乡沦陷处，归家何日是我期？！"录毕，莫计其工整与否，只求雪我内心之悲愤与抱恨而已。寓澳三载，幸得中民儿接济，否则我早已再渡太平洋矣。延至巴拿马土人排华，中民被迫而返，财源断绝，默念静思，长此下去，实非善策。是故再走一遍，经几许的手续和费用，乃能下船。此时德、意、日联盟，与世界各国对抗，酝酿战争，一触即发，经日本海面，日贼两次派飞机侦察跟踪监视数百浬而后止，幸未落弹，不然的话，该船休矣。此船建设宏伟、为美商船中最大，名固唎呀，夜间航行，灯火尽熄以避敌之目标。航程十八天，登陆困在移民局四日，始恢复自由。此时年纪六十七，其发苍苍，其视茫茫，正是桑榆晚景之际，举目四顾，莫晓贸利之途从何入手。欲为商，资本无着，没奈何，又循农事进行。六十八与梓合伙耕种，是岁结束。仅获一千六百余元。六十九至七十二岁，都是雇役于人，每日工资七元，食宿由东主支理。是秋七月下旬，系日本败北投降之日，亦为中国抗战胜利之时。七十三岁九月转返故里生活。以上措辞皆率直坦白之言，全无扬其好而掩其丑也。一九五九年大陆粮食缺乏，再由故居迁落澳门与欢然儿媳等团聚，生活费用概由旅美之子善初每月按时付返。一九六五年我已九十一岁高龄矣。沈渭廷写此回忆录，以记录本人坎坷的人生。

秘鲁华侨百年沧桑

坐落在利马市中心巴卢罗大街的中华通惠总局，1986年10月初举行了成立一百周年纪念大会。

秘鲁中华通惠总局理事长邓荤平、百年庆祝活动筹备委员会主任唐庄生（火炬区江尾头村人）以及著名侨领张耀明、沈根有先生介绍了秘鲁华侨的历史和现状。

鸦片战争后，清朝政治腐败，经济衰颓，战火连年，人民生活日益困苦。在这种情况下，许多人背井离乡，外出谋生，第一批中国人于1847年到达秘鲁。

秘鲁于1821年独立，全国人口只有200万人，地广人稀。当时亟待开发，其中筑铁路、修公路、垦荒地、建洪口、开矿山、兴水利、挖鸟粪等都需要大量劳动力。1849年，秘鲁颁布了一项移民法，即《华人法》。据记载，自1849年至1874年间共有8—10万华工被运到秘鲁。华工到秘鲁后一般都从事最苦最累的工作。农场的华工每天工作16小时以上，一年到头没有假日，月薪只有秘币4元，在契约期内还得每月付给雇主1元。在鸟粪区工作的华工因终年湿热，缺乏营养，死亡率甚高。

华工在秘鲁受到的残酷压迫引起秘鲁有识之士的反对。《华人法》曾在1865年底废除，后虽恢复，但作了一些修改。1874年秘鲁政府派海军上校阿乌雷利·澳加西亚到中国，同清政府谈判签订了《中秘友好通商条约》。条约虽然保留了"领事裁判权"，对中国不利，但规定了两国人民贸易居留自由，严禁诱骗华工，旅秘鲁华侨应享受平等互惠权利和法律保障等条款。华工得以在契约期满后离开雇主，可以自己经营农业和小本商业。中华通惠总局就是在这样的历史背景下成立的。

中华通惠总局里面有可容近千人的会议大厅、游艺厅、展览厅和书记室。地板是大理石铺就的，相当富丽堂皇。

华侨对秘鲁社会经济的发展作出了很大贡献，是在修建铁路、公路、港口和发展农业等方面贡献尤其突出。1871年开始兴建的秘鲁中部高原铁路，有相当长的路段在海拔4000多米的高山上，被称为世界上最高的铁路，工程之艰巨可想而知。参加修建这条铁路的有5000名华工。为了表彰华人的功绩，秘鲁方面宣布，铁路通车的头几年，华人可免费乘坐这段火车，以后对华人乘车只收半价（直到1920年）。

华侨在秘鲁农业发展方面也是功绩卓著的。秘鲁北面沿海地区的农场有90%是华人开辟的。中国人不仅教当地人种植水稻、甘蔗、蔬菜、杂粮等，而且从广东引进各种优良品种，大大改善了秘鲁的农业状况。在秘鲁的菜市场上有白菜、萝卜、韭菜、芹菜、豆角、豆芽、生姜、芋头等各种中国人喜欢吃的蔬菜。这些蔬菜的名字大都是广东话译音，如今当地人也都喜欢吃这些蔬菜。

现在，秘鲁有持中国护照的侨民8000人。中国血统的秘鲁人估计近百万，即占秘鲁2000万人的5%。

据邓荤平先生介绍，秘鲁各行业都有华侨、华人，有经商的，有开工厂的，也有经营农场的；有当副部长、议员、将军的，也有科学家和工程师。在利马市，中国人开设商店的营业额占全市这些行业营业额的70%。现在华侨经营的企业包括中等规模以上的纺织厂、塑料厂、玩具厂、皮鞋厂、制革厂等。华侨和华人经营进出口电子产品和运输业的也不少。在经济地位提高以后，华侨华人都很重视子女教育，在利马各大学读书的华侨子女上千人，在美国等国留学的也很多，这些人完成学业回秘鲁后在科学技术等方面发挥着重要的作用。

唐庄生先生当年66岁，在利马经营著名的金冠酒家、观花埠国华酒家等。他同秘鲁社会上层交往较多。他从小在秘鲁，青年时代曾回中国学习，后又重返秘鲁。他在谈到中国人在秘鲁的社会地位变化时感触颇深。他说："20世纪50年代的时候，我就喜欢交朋友，当时的总统和陆军部长都是我的朋友，但那时华侨在秘鲁的地位太低，到1971年中国同秘鲁建立了外交关系后，中国在国际上的地位提高了，华侨的社会地位也随之提高。有的朋友请总统吃饭，也请我参加。这并不是我唐庄生变了，而是中国变了，所以我常对华侨说，你个人光是有点钱不行，国家地位不高，你的地位也提不高。所以我希望中国繁荣富强，中国强大了，我们也受益。"

中华通惠总局的几位负责人赞扬中国的现行政策，并表示要努力做好侨团工作，促进中秘关系的发展。

唐庄生先生等建议，中国要在力所能及的情况下支持华侨在居留国开办教授中文的学校，在中国培养西班牙语人才，以便加强同拉美国家的经济文化交往。

秘鲁也有不少从台湾来的华侨。中华通惠总局这次纪念成立一百周年大庆时，也向国民党驻秘鲁总支部发出了邀请。中华通惠总局正在编写一部300多页的《秘鲁华侨一百三十九年历史》，书中把华侨事业和对祖国有过贡献的人和事都记载下来，而不论有关人物的政治背景如何。他们希望华侨社会团结起来，为促进中国统一作出贡献。

马经联先生当年赴澳洲简况

张家边三村旅澳洲侨亲马纪行先生的曾祖父马经联先生是张家边村较早出国谋生的人。下面左边的照片是他的澳洲"回头纸"，英文名为"免除入境考试证明"。当时凡是到澳洲的华侨，如若无此纸，入境须默写50个澳洲语单词。这是澳洲政府限制华人入境的法规，该法规是由1900年开始实施的，马经联先生是在1900年之前入境澳洲的，因此他不受此法规限制。该"回头纸"注明持证人可在3年内重新入境澳洲，马经联先生于1924年11月14日离境回香港，1925年12月21日重回澳洲。

下方右图是马经联先生的良民证，证明其由中国搭乘S.S.Kanowna号船，于1921年5月25日由比利斯本上岸。现住在和域埠Albion街，此纸由和域埠警局于1921年7月8日发放。他入境澳洲的记录是登记在Thursday Island（星期四岛海关），华人称为珍珠埠。

马经联先生每次回祖国，都需申请一张良民证，只是一张变换居住地的证明。因为当时澳洲政府只承认华侨有临时的居留权利，不让其入籍为澳洲公民。所以华侨每离开原来的居住地往另一谋生地或回国都需要申领此良民证。由此可知，当时澳洲政府对华侨的政策是很苛刻的。

马经联先生的澳洲"回头纸"　　　　　　　　　　马经联先生的澳洲良民证

洪丽庸先生清末赴美国的护照及回头纸

在清末封建统治时期，民不聊生，乡民为了摆脱贫困饥饿，常抛妻别子，离乡背井，冒着生命危险出外谋生，经艰苦拼搏得以生存下来。下面是火炬区西桠村旅美华侨洪桂强先生的太公洪丽庸先生当年向当局申请赴美与其父亲一起生活，大清驻旧金山总领事于光绪九年十月十九日（1886年11月17日）签署给他的中英文本护照及"回头纸"。

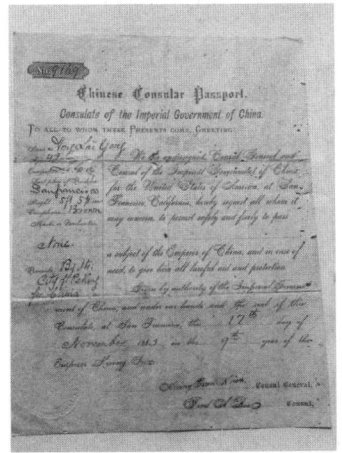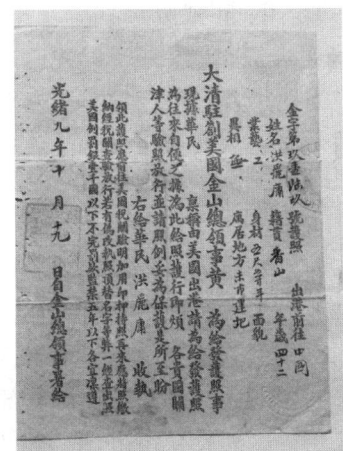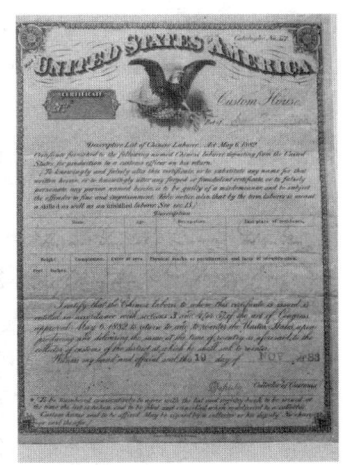

洪丽庸先生的中英文护照及"回头纸"

第四节　华人在侨居国的今昔地位

　　我区华侨以旅居美国、加拿大、澳大利亚三国居多，他们在异国他乡都有一段辛酸与屈辱的历史。美国于1848年发现了金矿，到了1851年约有25000名中国人在加州采金矿或当佣工。起初，美国白人对华人无歧视，只是对这些东方人的衣着、发式感到好奇。由于华工刻苦耐劳，被白人雇主视作廉价劳动力。时间稍长，白种人认为华工是自己在职业上的竞争对手。特别是在美国经济不景气时，白种人觉得华工抢了他们的饭碗，一些种族主义分子乘机在民众中煽起种族歧视之风，排华运动便从加州蔓延开去。

　　加拿大政府对华人的移民政策，基本上是跟着美国走的。加拿大政府于1885年颁布法令，向赴加华人征收人头税50元，其后税额不断增加，到了1904年，人头税税额已增加到500元。到1923年，加拿大政府干脆向华人关门，禁止华人入境。直至1947年才宣布废除有关排华法令。

　　澳大利亚在19世纪中叶也发现了金矿，华工纷至沓来。1901年澳大利亚脱离英国取得独立，便立即限制华人及其他有色人种进入澳大利亚，限制他们永久居留，这就是臭名昭著的"白澳政策"。直至1966年，澳政府觉察国际形势大变，遂不得不放弃此政策，65年之久的"白澳政策"从此休矣。

　　综上所述，美、加、澳三国的排华运动，其起因、发展和结果都比较相似。今天，美、澳对华人的态度，已随时代和政府的转变而不同了。但是，我们不能因此忘记华侨曾经受歧视、被迫害而毫无地位的苦难经历。

　　自第二次世界大战后的50多年，海外华侨、华人社会发生了急剧、深刻的变化。为什么会发生剧变呢？这是因为战后国际形势发生了巨变，以及华侨华人在居住国勤奋拼搏，艰苦创业，自强不息，对居住国有贡献，有影响力。这些都促使美、加、澳政府不断调整移民政策。亚洲的印度尼西亚也是华侨比较多的国家，印尼总统苏西洛于2014年签署了第12号总统决定书，正式废除1967年第6号通告，把"支那"（Cina）改称"中华"。1967年第6号通告是印尼总统苏哈托时代的产物，包含对中国与华人的国格和人格的歧视、侮辱。当地华人表示，40多年来对中国和华人的歧视称呼将一去不复返了。以上国家对华侨政策的改变直接反映了现在华人地位不断提高。主要体现在四个方面：

　　一、政治地位提高

　　随着中国国际地位的不断提高，海外华侨以祖国为强大后盾和靠山，不再是海外孤儿。华侨华人都以自己是"龙的传人"而感到骄傲和自豪。现在许多华侨华人在居住国直接参政、议政，如小隐籍华人刘百安，近年来当选为美国三藩市警察局局长；沙边籍华人孙仲明当选为千里达国财政部部长兼旅游部部长；窈窕籍华人陈生辉、陈亦明、陈祖乐三昆仲分别担任秘鲁国老拉育市市长、秘鲁国家地震局局长、秘鲁国会第三议长；濠头籍郑国强任秘鲁驻北京商务参赞；大岭籍欧阳民任墨西哥下加州政府文化厅顾问；张家边籍陈普卡、陈桂华分别担任古巴远洋货轮船长，千里达高级工程师、千里达电解铝厂总裁等。这都说明了华侨华人在居住国的政治地位不断提高。

二、文化素质提高

19世纪下半叶和20世纪初期移居美、加、澳的华侨多数来自中国农村，他们文化水平低，缺乏专门技术，不懂英语。因此，工作和生活的圈子多局限于唐人街。为了让下一代在异邦能出人头地，老华侨含辛茹苦地供养后代读书，开始重视子女的教育，华侨子弟学习亦较勤奋。因此，今天旅居美、加、澳的华侨华人的新生代一般都受过良好的教育，硕士、博士、博士后，成为工程师、教授、医生、建筑师、科学家、高级技术人员的比比皆是。总之，今天美、加、澳华侨华人的科学知识、文化水平和文化素养都比过去的华侨华人大大提高。

三、经济活动扩展

华人在海外从事的行业多是餐饮业、洗衣业等。如今，随着经济的发展，美、加、澳等国华人不但在居住国发展，而且跨国发展，他们的经济活动渗透到各行各业；几乎是七十二行，行行出状元。不少华人在海外事业大有所成，有些还很有经济实力，成为居住国经济上有分量的人物。

四、思想观念转变

爱国观念增强。华侨群体从"落地生根"的旧观念转化为"根在中国""落叶归根"。老华侨回国颐养天年；年轻一代华侨主动回国寻根问祖，或求学深造；学术界人才返国讲学和作学术交流；商界人士回国经商或投资办实业等。

中国是个大国，在中国共产党的领导下，根据国情民意，坚决走和平发展道路，坚持改革开放，经济崛起后又绝不称霸，不欺负弱国、小国，尊重各国人民选择的发展道路，并勇于承担国际义务。且中国是礼仪之邦，华侨、华人普遍重修德，"四维"观念（即礼义廉耻）印刻于心，在居住国慎思慎行，遵章守法，又笃实、敬业、诚信、友善，积极参与侨团活动，互助互爱，生活俭朴，刻苦耐劳，认准发展方向，奋力成大业，获得居住国政府及各界人士的高度赞许。

总之一句话，无论过去、现在和将来，祖国和家乡对华侨都具有巨大的向心力和凝聚力，华侨历来都非常热爱自己的祖国和家乡。

第五节　华人在海外地位提高之掠影

加拿大政府就人头税案向华人道歉赔偿

2006年6月22日下午3时，加拿大总理哈珀（Stephen Harper）在国会发表正式声明，代表联邦政府对一世纪前征收人头税一事，向华人正式道歉，并举行隆重平反仪式，宣布政府将会对征收人头税受害人及其遗属进行赔偿。

平反仪式在国会山庄前举行，以5种语言同时进行翻译现场直播。哈珀总理向出席会议的人头税受害者道歉并在正式道歉平反书上签名。十几名受害者和遗属、人头税受害人及家属联盟等团体代表逾百人出席了会议。

哈珀用中文说"加拿大道歉"以表明加拿大政府向华人道歉的诚意。他说："历史对华人的歧视与排华是错误的，今天是我们纠正错误、唤醒良知、正式向华人道歉的时候了。"

哈珀赞扬了华人在加拿大的建设中所做出的历史贡献。"如果没有当初华裔工人的努力，就没有加拿大的今天。"他表示，华工为建设连贯加拿大东西海岸的太平洋铁路做出了重要贡献。

三大反对党——自由党、魁人党和新民主党先后致辞，支持政府的道歉声明。自由党领袖格雷汉认为应该吸取经验教训，以后不要再犯。新民主党党魁林顿用广东话向在场见证的华人说"对不起"。魁人党领袖特别向所有在魁省的华人道歉。

哈珀在当天的声明中还承诺，为了表示道歉的诚意，加拿大政府将向健在的"人头税"纳税人和故去的"人头税"纳税人健在的配偶提供象征性赔款，金额为每人两万加元，并且不需要缴纳所得税。

当日，政府在温哥华与多伦多分别设立实况转播点，播放当时的国会平反仪式。温哥华的转播点设在温哥华城堡饭店（Fairmont Hotel Vancouver）。1000人的会场座无虚席，来自维多利亚、Nelson镇、Kamloop镇及邻省Saskatoon的华人与缴纳人头税家属观看了实况转播。

温哥华人头税受害人——97岁的孙庆煜表示可以接受政府的道歉与赔偿。

88岁的吴乔峰也在场，他一家有6人缴纳人头税。在宣布最后的赔偿方案之前，他就表示有没有赔偿没有关系，认为加拿大这个国家比较民主自由，是个福利国家，所以当年他们一家选择了这里为第二故乡。

也有华人认为，最重要的是政府终于对曾经歧视过华人的行为道歉，肯定了华人在历史上对加拿大做出的重要贡献。

ACCESS主席周明辉对政府的"一份人头税证据，一份赔偿"强调："缴纳人头税受害人的家属承受了很多，也应该得到赔偿，而不是只赔偿缴纳人头税幸存者及他们的遗孀。"

加拿大华裔如愿以偿

旅加拿大华裔、中山渡头乡亲雷绍箕先生，2006年6月22日乘坐人头税案平反列车抵达渥太华聆听总理向华人移民正式道歉，承认歧视华人错误的讲话，认为这是加拿大有史以来给华人最好的礼物。

雷绍箕于星期三庆祝81岁生日。他欣喜若狂。渥太华当局终于承认1885年至1923年对华人征收人头税是错误的。雷绍箕说："我只是要求政府道歉，坦率正确记录历史。"雷君身穿军服，精力充沛，襟前戴满参加第二次世界大战时所荣获的勋章。

雷绍箕是一百名仍健在的曾缴付人头税的华侨之一。他乘搭特别平反列车，专程到渥太华，在国会山庄听总理哈珀正式宣布向华人道歉。

他说："各人皆知，当年在东南亚服兵役参战，日子艰难黑暗，我们所处的环境更恶劣，很为不利。我仅希望政府对国民说清楚当年征收华人人头税是错误的并向华裔认错道歉。"

保守党领袖同时宣布向仍生存的缴付人头税华人及其遗孀每人赔偿二万元，并表示道歉。从温哥华乘搭平反列车横贯加国来渥太华听总理向华人道歉的，有十多名华人。总理宣布赔偿以求和谐并赞扬华人对加拿大的贡献，尤其是华人先民在早期的牺牲奉献，为建横贯加国铁路而艰苦奋战的精神。

2006年6月22日是加拿大历史上重要的一天，加拿大政府正式宣布废止执行了121年的征收华人人头税及排华法例，并向华人公开道歉。

加政府祖裔部温哥华发言人珍妮美亚说："政府经过多时的咨询会议，今正式宣布平反人头税案及公开道歉。"

加联邦政府只是作象征式赔偿，联邦祖裔部长小田在国会宣布赔偿道歉。

估计有81000名华人曾缴付过人头税，但只有约360名遗孀获赔偿，而其后裔子女估计有4000名。

华人人头税于1885年至1923年征收。1885年每人50元，后增至每人100元，1903年又增加至每人500元，估计抽取人头税总数多达2500万元，1923年实施43条对华移民苛刻，甚至完全禁止华人入境来加的条例。第二次世界大战后，由于华裔退伍军人中有600名于战时服役入伍献忠加国，英勇作战，盟军终于获得最后胜利，加政府遂于1947年放宽移民法例，准许华人享受公民投票、就业平等等权利。

人头税是于1885年加拿大太平洋铁路完成后向华人抽取的。铁路的完成，全赖成千上万华工的付出，他们流血流汗，甚至牺牲生命。大功告成之后，加政府竟恩将仇报，歧视和排斥华人，确实无理至极。

十多名华人自温哥华乘坐平反列车到渥太华参加仪式，听加总理哈珀向华人道歉。平反人头税案，争取华人的公道及尊严，希望教育下一代加人，让不幸的历史不再重演。他们所乘坐的火车经过全国各地，其路轨是由约6000名华人先民、华工艰辛兴建完成的，他们亦携备铺铁路"最后的钉"到渥太华，送给国会作为纪念。

在温哥华埠同日中午12时，有1000名以上的华人在温哥华城堡酒店卑诗厅观看渥太华宣布平反人头税案的电视卫星直播，其中有99岁的广东中山市隆都乡亲周祖耀，99岁的广东开平市人关祥国，亦有103岁的老人，他们都是曾缴付人头税来加的前辈及后人。席中各人对平反道歉赔偿感到满意。他们观看电视转播时都流下了热泪，反应强烈。

就"人头税"加拿大哥伦比亚省向华人道歉

就加拿大政府100多年前针对加拿大华人实施的"人头税"等一系列歧视性的法

律和政策,加拿大不列颠哥伦比亚省正式向华人道歉。

不列颠哥伦比亚省省长简蕙芝在位于省会维多利亚市的议会大厦宣读了道歉声明。她说:"我代表不列颠哥伦比亚省,代表整个议会,对省政府过去的历史错误诚挚地向华人道歉。我们对以前的省政府通过的歧视性法律和种族歧视政策深表遗憾,并确保以后不会再度发生类似事件。"

简蕙芝指出:"我们无法制止过去的错误行动,但我们可以承认它们,为此道歉,吸取教训。"她还说,加拿大华人对加拿大的经济繁荣和多元文化做出了突出奉献。她希望借此正式道歉,确保本省历史上黑暗的一页终于能够翻过去。

省议会反对党领袖霍根也表示:"今天是我们省历史上重要的一天,今天的道歉对民族和解是重要的一步。"

在横跨全国的铁路修建完成后,加拿大政府为限制华人入境,从1885年起向华人征收"人头税"。每名入境者甚至包括在加拿大出生的华人都要缴纳"人头税"。1923年,加拿大政府实行新的《华人移民法案》,完全禁止中国人入境和加入加拿大国籍。此外,各省议会还制定相关法规,在华人就业、上学、升迁等方面进行诸多限制与歧视。排华法一直到1947年才被废止。

2006年6月22日,加拿大总理哈珀代表政府就过去向华人征收"人头税"一事正式道歉。不列颠哥伦比亚省是第一个正式就那段历史向华人道歉的加拿大省份。

加拿大华裔军人的史实

1947年2月27日,72名第二次世界大战时的华裔军人见证了历史的一刻,他们被加拿大陆海军退伍军人会授命为加拿大唯一的华裔退伍军人团体——"太平洋280师"。他们曾参与在欧洲、东南亚、太平洋、印度及澳洲等地区的重要战役,中国领事曾盛赞穿加拿大戎装的华裔军人经历了生命中最光辉的时刻。

第二次世界大战结束后,华裔退伍军人集中注意力为华裔加人争取公民权。在第二次世界大战前期,甚至追溯到20世纪50年代初期,亚裔人士在加拿大始终被视为二等公民,成年人更要支付人头税。亚裔退伍军人担起向政府挑战的角色,最终成功让政府取消了人头税。从1961年开始,华裔退伍军人参与许多服务社区的活动,例如移民法例的修改。他们将意见提报给不同时期的移民部长,使家庭团聚成为移民法例中的重要突破。此外,他们也为争取中国人的参政权、就业工作权与社会平等而努力,同时也组织参与了许多的社区活动。

1988年9月17日,对曾参与第二次世界大战的十位成员来说是一个难忘的日子。他们参加了颁赠匾额的仪式。匾额上记录了13位退伍军人的姓名,他们都曾接受突击部队的训练,预备在敌后工作。在第二次世界大战时,欧肯纳根湖旁的古思湾是他们的秘密训练基地。如今它已被卑诗省政府命名为"突破湾",成为一个古迹名胜地。

1990年到1994年间,受中国国防部长的邀请,华裔退伍军人分批访问中国,受到热情的招待,并且参观了许多的军事设施。1992年10月25日,加拿大总督Raymond

Huatyshyn 正式拜访温哥华华埠。华裔退伍军人很荣幸,在他到访的时候担负护卫的任务。

1992年11月21日,在庆祝加拿大建国125年的庆典中,华裔退伍军人捐赠了一支旗杆给中华文化中心,由前公民法官简颖湘女士主持这个仪式。此枫叶国旗至今仍飘扬在中华文化中心的广场上空。1993年5月受前省督林思齐博士的邀请,退伍军人访问位于维多利亚的省督府。加拿大政府邀请他们出席1994年11月11日在首都渥太华举行的和平纪念日游行。

1998年11月7日,加拿大华裔军事博物馆在中华文化中心位于哥伦比亚街555号的史文馆正式启用。

已逝世的团长郑天华律师,是华裔退伍军人成员中非常杰出的一位。他曾参与第二次世界大战。二战之后,郑天华律师成为温哥华少数的华裔加拿大律师,也是渥太华少数华裔加拿大籍的国会议员。他的成就与贡献令人难忘。

华裔军人在加国历史上功高不赏,人们应该永志不忘。

第六节 加拿大华侨历史轶事

第一批华侨于1788年5月13日定居加拿大,这一天,50名中国工匠到达维多利亚,为建设该商埠而参与造船和建造房屋的工作。

华侨定居加拿大的第一个移民潮,始于1858年的"淘金热",当年4月发现加拿大西海岸有金矿后,6月28日首批300名华人从美国旧金山来到加拿大维多利亚。1859年开始,许多华人从香港来到加拿大,仅1860年就有4000人。

第一个在加拿大诞生的华人婴儿名为温金有(WonAlexander Cumyow),出生于哈里逊湖畔的杜格拉斯港。他的父母都是华侨。温金有在年轻时就能讲流利的英语和广州话、客家话,曾到过美国和加拿大的许多城市,见多识广。1884年6月维多利亚中华会馆成立时聘他为秘书兼翻译。1888年至1936年他在温哥华的法庭担任翻译,为华侨的权益与洋人打交道。1955年,94岁的他逝世于温哥华。

加拿大第一所华侨医院于1885年建于维多利亚。直到1911年,这所医院仍是加拿大全国唯一的华侨医院。后来,温哥华和蒙特利等地也陆续建起华人医院。

清朝政府第一个访问加拿大的高级官员是李鸿章。加拿大各华侨社团当时要求清政府出面与加拿大政府交涉取消歧视华人的不合理的人头税,于是李鸿章在赴英国访问之后于1896年到加拿大多伦多。他乘火车到温哥华,乘船经维多利亚回国。虽到处与众多华侨见面,却并没有解决在加拿大的华侨的困难处境。

革命先驱孙中山先生第一次到加拿大是1897年,随后1910年和1911年都曾到温哥华鼓动革命。除了为革命筹款外,第一次访问时在华侨中进行宣传,播下革命种子,第二次访问时还在华侨中秘密成立同盟会分会。1911年1月第三次访问温哥华时,当年温哥华全市华人有5000多人,居然有1000多人到车站热烈欢迎孙中山先生。他在致公堂和华人戏院发表演说，连续演讲四天，每次听众都有两三千人，风雨无阻，可见华侨支持革命之心真挚热忱。

加拿大第一所华文公立学校于1899年创立于维多利亚。以前只有一些私塾。华人儿童自1881年起入读加拿大的英文学校，课余时间学习中文。1900年，维多利亚办起第二所华文学校，温哥华办起第一所华文学校，均命名为爱国学校。

加拿大第一份华文报纸《大汉公报》于1907年12月起在温哥华发行，是洪门致公堂机关报，发行至今。

加拿大第一个华人女大学生是叶苏珊，她的父亲名为叶生，是加拿大华侨商人之先驱，是温哥华的著名侨商。1914年，叶苏珊进入刚建校的英属哥伦比亚大学读书。虽无法考证她是否为加拿大第一个华人大学生，但可以肯定，她是加拿大第一个华人女大学生。

第三章　侨乡变迁

改革开放 30 多年来的无数事实证明，祖国的发展离不开华侨的鼎力支持和无私奉献。他们是改革开放的拥护者和支持者，是革命事业和社会主义建设事业的重要力量。火炬开发区令人瞩目的发展变化，更生动地证明了这一点。

第一节　众志成城　医疗新貌

邓棣新先生捐建濠头医务所

旅外华侨、港澳同胞一向热爱家乡、关心和支持家乡建设事业、教育事业和公益事业。1988 年 2 月，濠头村旅香港乡亲邓棣新先生热心支持家乡建设，不甘后人。他独资 41 万元人民币为濠头村捐建医务所。医务所建筑面积达 730 平方米。该医务所设计新潮，美观实用，医疗器械先进，设备齐全。所内设有内科、外科、儿科、五官科、妇产科、牙科、中医等科室以及中西配药房，同时扩设理疗科、检验科等，是农村综合性诊所。医务所在群众的卫生防疫、妇幼保健、计划生育指导以及常见疾病的诊疗和急慢性病防治等方面起着重要作用。此外，邓先生又捐助港币 10 万元成立医疗基金会，为农村困难户、五保户、军烈属户提供医疗保障。医疗基金会是一家村办福利事业单位。

濠头医务所的建成，彻底改变了濠头村过去医疗卫生长期落后的状况，并大大改善了村容村貌和环境卫生，提高了人民群众的身体素质，促进了濠头村"两个文明"建设同步发展，从而使濠头村在改革道路上迈出了新的一步。濠头医务所的建成，是对全区经济体制改革和卫生工作改革的大力支持。邓先生还认捐了濠头村委会办公大楼一座，托儿所一座，新村仔上下街大古石至大王庙村口直至乡府水泥公路等，造价达一百万元。邓棣新先生热心家乡建设，深受村众的称颂。

旅外乡亲鼎力支持兴建张家边区医院

开发区医院的前身是张家边区卫生院。卫生院于 1972 年 9 月建成，坐落于张家边一村蠔棚头飞鹅岭山边的一亩多地上,仅有一幢两层楼的建筑和几间平房。院内开设内、外科几个诊室和有 36 张病床的留医部。到了 20 世纪 80 年代末期,面对辖区 5 万多常住人口和众多外来打工人口,这家"三缺"(缺先进医疗仪器设备,缺资金,缺高水平医生)卫生院已远远不能满足需要。港澳台和旅外乡亲回来,看到医院现状,深感落后于时代,强烈要求建设先进医院。可是,当时区财政十分困难,建设新医院项目无法实施。改革开放后,家乡经济建设迅猛发展,华侨、港澳台同胞在支持家乡建设、修桥铺路、引进企业项目方面都非常热心。区领导在一些场合分别征求了旅外乡亲的意见,他们都爽快地表示,只要家乡建医院,一定鼎力襄助,要钱出钱,要设备送设备。当时的张家边区党委作出了决定,按侨胞和区内百姓的意见办,集资建医院,并于 1991 年 9 月成立了由区委副书记孙寿仪任筹建主任的医院筹建委员会。

1989 年底,由时任区侨办主任曾润民主持召开了一次侨联委员会议,13 个大队的侨联主席和区侨委共 20 多人参加了会议。会上,曾主任开宗明义,通报了区政府应群众的强烈要求,计划兴建一间具备一定规模档次的医院,但资金紧缺,需要动员社会各界的大力支持。话音刚落,张家边一村的侨属李惠东老太太就站了起来大声说:"好啊!大好事啊!我们早就盼着了!"她还现身说法,说她的孙媳是医生,从上海回中山,但家乡医院条件太差了,只好去了澳门任职。她动员大家:"政府给老百姓办好事,有难处,我们大家都出力,我回去就给外边的亲人写信,让他们捐钱出力。大家都要写好这封信,众人拾柴火焰高,早些出钱,多点出钱,早些建好。"在李老太的带领下,动员会开成了鼓动会、献策会,大家都在出点子,商量怎么调动海外侨亲的积极性,为家乡医院建设多做贡献。会后,各人就分头回村做好宣传发动工作,全区 20 多个村子都沸腾起来了。为获得海外乡亲的全力配合,区政府特聘海内外著名人士和侨领,包括美国的洪昭信、欧阳金海、马干才,加拿大的吴桂添、郑今后,澳洲的唐向明、吴干群,秘鲁的唐庄生、吴家驹,香港的李俊驹、林年、李文彬、李俊雄,澳门的孙焯华、林卓森,台湾的张国祥、张善夫,内地的简国森、孙康、蔡北华及三资企业代表等 90 多人担任建设张家边区医院的顾问。同时根据侨亲的提议,特地制定了表彰办法:①不论集体或个人,捐助 100 元以上者刻石留念;②捐资 1 万元以上者镶嵌 12 寸彩瓷相片留念;③捐资 5 万元以上者以本人或亲属名字命名医室;④捐资 30 万元以上者以本人或亲属名字命名大楼;⑤捐资 100 万元以上者以本人或亲属名字命名医院主楼。

很快,港币、美元、加拿大元、澳大利亚元、日元从世界各地汇到张家边。医院筹委会为此建立了财务室,李梓材、欧阳焕章、李丽诗三人负责财务工作,热心人士无论什么时候到来捐款,总有人接待。同时每隔一段时间,就把捐款情况一清二楚地予以公布。

旅外华侨、港澳台同胞和社会各界人士争相捐资,为善不甘后人,热情地支持家乡公益事业建设,造福桑梓。这种奉献的精神令人感动。如沙边村旅澳洲侨亲孙杏佳先生,除本人率先捐款 1 万港元外,还发动其亲友捐资澳币 1700 多元;旅美侨亲马干才先生,在三藩市发动中山德善堂侨亲捐得善款 18 万余港元;旅加拿大侨亲李慎满先生发动旅加侨亲积极捐款;原籍中山市东区老富头村的旅加拿大侨亲郑金华先生,长江村旅美侨亲练一鸣先生等人，除本人积极捐资外，还发动亲友捐款，既出钱又出力；香港同胞在我区购置住房的梁璞南伉俪率先捐资人民币5万元，方玉霞女士捐资人民币1万元，杨何汝顺女士捐资人民币3000元。她们还发动亲友34人，共捐资人民币65900元、港币8100元。此外，不少热心人士一捐再捐，如张家边二村吴仲贤先生已捐善款500港元，又与其在香港经商的儿子吴庆云合捐1万港元；张家边旅香港乡亲马乐先生第一次捐款500港元，后再捐500港元。先后亲自到医院筹建处和张家边区侨务办公室捐款者络绎不绝，共计有3000多人次和100多个单位，感人事例不胜枚举。据统计，仅一年多时间，就已筹得建院善款人民币254.3万元、港币183万元、美金2461元、加元750元、澳币1720元，折合人民币合共409万元。

在开发区投资办厂的台湾商人张国祥先生慷慨乐捐了10万港元的现金支票；区侨办曾润民主任拜访香港李俊驹先生时，他听说医院缺交通工具，当场捐助一辆面包车。他前后共捐助了价值80万港元的钱物。香港太平绅士李文彬先生听到新医院缺先进仪器设备时，就在香港买好价值人民币44万元的德国碎石机一台运回来送给张家边医院，还承担医院派人到香港培训的费用。他先后共捐助了价值400万港币的钱物，成为个人捐资最多者。名列榜单的还有江尾头村旅澳门热心人士谢硕文先生，他捐了30万港币；胡进明先生也捐30万港币；濠头村旅香港乡亲邓棣新先生捐25万港币；小隐村旅香港乡亲李俊雄先生还特意在医院正门入口处捐建一座海豚模型喷水池。同时，单位集体捐助也十分踊跃，中山电力开发总公司就捐出100万元，张家边村61.8万元，窈窕村13.1万元，张家边汽车修配厂12万元。

在各位善长仁翁的大力相助下，共筹集善款400多万元。1991年10月29日，在张家边区中心的东镇大道南侧、翠岭路东侧的44.8亩地块上举行奠基典礼。经过2年多施工建设，1994年上半年竣工，建筑面积1.2万平方米。同年11月，张家边区卫生院整体迁入新址，易名为张家边区医院。当年职工人数达100多人，其中卫技人员77人，高级职称医务人员7人。

据不完全统计，建设张家边区医院共收到捐款人民币320多万元、港币210多万元、美元8100多元、澳币3470元、加元950元，是张家边区历史上捐款人数和金额最多的一次，也是张家边历史上最为成功的一次全民参与的社会福利事业建设。

正是广大侨亲港澳台同胞和区内百姓的热心参与，搭建了中山火炬开发区医院这个优质的医疗平台，吸引了国内外高素质的医疗人员加盟，使开发区医院踏上了飞速发展的起跑线。1995年，医院荣获国家"爱婴医院"称号，1996年3月顺利通过"一级甲等"医院评审，又于2011年6月通过"二级甲等"医院评审。2000年起又规范整合建立起18个社区卫生服务站，其中许多卫生服务站比20世纪80年代的张家边卫生院的软硬件条件都要强得多。

自从1994年迁入新址，开发区医院焕然一新，能够开展许多疑难重症的治疗工作，施行三级综合医院重点专科技术项目20多项、一般专科技术项目40多项。康复理疗科被国家中医药管理局授予农村医疗机构特色专科称号，颈腰痛专科为中山市"十二五"医学特色专科。治疗接诊范围不仅覆盖开发区，而且辐射周边镇区，成为中山市东部规模最大、实力最强的二甲医院、广东省普通高等医学院校教学医院。

随着开发区经济社会的不断发展，占地186亩的开发区新医院于2016年年中投入使用，开发区医疗事业再次登上新的发展平台。然而，开发区人民永远不会忘记，20世纪90年代初，广大侨亲和港澳台同胞为了火炬区医疗事业的发展而掀起的那场声势浩大的捐建活动。它将永远载入火炬区的史册，成为浓墨重彩的一页，为火炬区竖立一座永不磨灭的丰碑。

火炬区旅外乡亲捐资兴建张家边区医院芳名录

1991年9月，张家边区成立兴建张家边区医院筹建委员会，得到旅外乡亲的大力支持，共筹集港元2543538元、人民币3392239元、美元24959元、加元2000元、澳币3300元。下面是旅外乡亲乐助芳名：（由于篇幅所限，乐助人民币和港币1000元以下者、乐助美元、澳币和加元200元以下者恕不列入侨史登载，恳请原谅。）

乐助港元：2543538元

李俊驹 800000元	胡进明 300000元	邓棣新 250000元	
香港中山侨商会 150000元	谭亮坤、黄艺燕 130000元		
张国辉 100000元	香港日荣实业有限公司 100000元		
香港慧通有限公司 10000元	香港侨商会 10000元	苏 华 10000元	
黄志城 10000元	林煜铭 10000元	江润妹 10000元	唐庄生 10000元
郑燕娜 10000元	周国权 10000元	林 仁 10000元	孙添财 10000元
黄伟棠 10000元	李焯喜 10000元	林 年 10000元	欧阳焕章 10000元
林兆熊 5000元	陈大文 3838元	郭桂雄 3660元	郑 次 2000元
胡志明 2000元	林卓森 2000元	李 民 1000元	马 乐 1000元
马剑生、陈润梅 2500元	李意成 1200元	陈玉生 1000元	朱瑞芳 1000元
吴润三 1000元	杨容显 1000元	郭玉倩 2000元	林爱添 2000元
梁耀祥 1500元	吴润兰 1000元	谢启康 1000元	杨何汝顺 3000元
曾锦洪 1000元	大家乐海鲜饭店 1000元	吴仲贤、吴庆云 10000元	
郑瑞云 10000元	孙杏佳 10000元	彭森源 10000元	朱东成 5000元
郑则胜 2000元	马兆驹 2000元	林爱添 2000元	梁 栋 2000元
欧阳华 1000元	阮君耀 1000元	陈庆安 1000元	朱华冲 1000元
孙 轩 1000元	马桂才 20000元	陈焕生 20000元	
欧阳金海夫妇 20000元	高宝兴夫妇 20000元	陈伟林夫妇 20000元	
欧阳官权 10000元	吴家驹 10000元	陈焕新 10000元	唐向明 10000元
林海平 10000元	林寿昌 10000元	谭志仰 2300元	
马官容、陈爱玲夫妇 2000元	孙林秀英 1000元	陈少川 1000元	
吴炳南 1000元	李干生 1000元	黄溢昆 1000元	陈振权 1000元
刘汉彬 1000元	刘帝扬 1000元	李帝友 1000元	李桂森 1000元

陈炳林 1000 元　　　　林秀娟 1000 元
陈幹枢 1000 元　　　　香港中山侨商会 50000 元　　马光仪夫妇 20,000 元
洪照信夫妇 20000 元　　孙卓华 20000 元　　　　　陈阮章乔 10000 元
吴少川 10000 元　　　　马吴少妹 10000 元　　　　孙杏泉 10000 元
陈帝康 10000 元　　　　吴华岳夫妇 8300 元
林金华、林国君、任聘球 10000 元　　马纪行 2000 元
高锦朝 1600 元　　　　小胜子、林金喜、林敏秀 3600 元　　刘高少媛 1000 元
吴庆权 1000 元　　　　莫郑瑞珍 1000 元　　　　林容汉 1000 元
洪桂蝉 1000 元　　　　郭佑辉、陈凤玉夫妇 1000 元
加拿大铁城崇义总会 7000 元　　　　　　　　　谢友生 1000 元
李慎满 1000 元　　　　郑宗励 1000 元　　　　谭齐好 1000 元
郭雄高 5000 元　　　　吴桂添 10000 元　　　　中阳电子厂 10000 元
香港濠头乡亲总会 2000 元　　郑汉成 2000 元　　郑东生 2000 元
郑杰雄 2000 元　　　　郑锡鹏 2000 元　　　　郑　强 2000 元
郑庆佳 2000 元　　　　郑少宁 2000 元　　　　郑杏薇 2000 元
郑裔昌 2000 元　　　　郑仲联 2000 元　　　　郑继成 2000 元
陈赞辉 2000 元　　　　郑裔洲 2000 元　　　　郑卓行 2000 元
陈乃文、陈乃平 1000 元　　陈乃仁、黄绮华 1000 元　　陈锦垣、林妙香 1000 元
欧阳官昌 10000 元　　　黄玉洲 1000 元　　　　吕嘉源 1000 元
谭沛森 1540 元　　　　林润标 1500 元　　　　唐庆谋 10000 元
谭玉生 1000 元
JOHN PIKE 陶土精选粉场 1000 元

乐助人民币：3392239 元
中山电力开发区总公司 1000000 元　　张家边村委会 618000 元
濠头村委员会 500000 元　　　　谢硕文 300000 元
中山市贸易发展总公司 100000 元　　窈窕村委会 131000 元
汽车修配厂 120000 元　　　　　张家边区土石方公司 100000 元
中山市城乡建设发展总公司 80000 元　　张家边国土所 50000 元
中山涤纶丝厂 50000 元　　　　TWD 国际有限公司 22000 元
张家边农业银行信用社 20000 元　　黄锡源 20000 元
张家边皮革制品实业公司 15000 元　　中山港区办事处 10000 元
中山港工业开发总公司 10000 元　　中山市劳动局 10000 元
黄国富 11300 元　　中山高新技术开发总公司 10000 元
利兆强 10000 元　　张家边土石方公司职工 6000 元
中山市第三建筑公司 3000 元　　张家边联围工程管理处 1500 元
工商行张家边办事处 1000 元　　张家边影剧院 1000 元
中山港邮电局 1000 元　　　　张家边文化服务公司 1000 元

濠头中学 1000 元　　　　　　　　家边装卸运输服务公司 1000 元
建设银行张家边办事处 1000 元　　谢惠邦、陈彩银夫妇 2000 元
张家边印刷实业公司 1692 元　　　中山三枫塑料制品有限公司 1000 元
志恩 20000 元　　　张家边区水电所 20000 元　　香港南华行 18000 元
林安乐 10000 元　　方玉霞 10000 元　　　　　梁璞南伉俪 50000 元
张家边工商所 5000 元　　张家边自来水厂 5000 元　　薛金泰 5000 元
马灿雄 1130 元　　　冯金源 1500 元　　日荣制品厂职工 1117 元
张家边供销社 1000 元　　灰炉村委会 1000 元　　　林兆棠 1000 元
欧阳欣华 1000 元　　郑以佳 1000 元　　　徐文泽、蔡慕卿 1000 元
胡帜标 1000 元　　　麦宏业桩队 1000 元　　吴建良 1000 元
吴建国 1000 元　　　精工实业公司 1000 元　　孙敬初 1000 元
孙国基 4000 元　　　孙国基 1000 元　　　　李彬梁娟 1000 元
林安乐 10000 元　　　李锐棠 1000 元　　　　高宝潮 2000 元
李锐棠夫妇 1000 元　黄敬云 1000 元　　　　孙寿仪 1000 元
张家边管理区 1000 元　　陈绮绚 1000 元

乐助美元：24959 元
陈敬祥夫妇 3000 元　　中山德善堂 3000 元　　檀香山濠头会馆 2000 元
朱容顺 2000 元　　洪润明夫妇 1300 元　　郑观辉夫人 1000 元　　林毅庆 700 元
林毅尘 700 元　　陈有开 500 元　　三藩市中山积善堂 500 元
谭伟儒 300 元　　谭监泉 300 元　　马干才 200 元　　欧雁连 200 元
欧阳民 200 元　　洪桂强 200 元　　黄海泉 200 元　　姚国华 200 元
姚桂忠夫人 200 元　　李俊庭 200 元　　谭鉴泉 300 元　　谭伟儒 300 元
李採军 300 元　　郑天照 375 元　　李鋆源 300 元　　黄桂鸿 200 元
潭沛森 200 元　　吴耀庭 200 元　　孙敬全 200 元　　欧阳志锐 200 元
马威霖、马威文 1300 元　　李振英 1000 元　　谭桂梅 500 元
三藩市月华园酒家工友 310 元　　陈毛冬顺 260 元　　练刘益欢 200 元
马兆鸿 200 元　　洪兆棠 200 元　　阮子麟 200 元　　马桂鸿 150 元
郑天佑 200 元　　郑 庆 200 元　　陈杰藩夫妇 200 元　　陈兆生 200 元

乐助加元：2000 元
黄炽球 300 元　　洪结成 300 元　　洪结夫 300 元　　洪志昌 300 元
洪美秀 500 元　　李中立 300 元

乐助澳元：3300 元
唐焕枢 1000 元　　黄民生 1000 元　　黄民权 300 元　　唐义明 200 元
马林勋 200 元　　马淑群 200 元　　阮桂珍 200 元　　黄恩仲 200 元

火炬区医院新址落成启用

2016年5月19日上午，火炬开发区医院新址落成启用仪式在该院多功能厅举行。出席仪式的有中共中山市委书记、市人大常委会主任薛晓峰，市委常委、火炬开发区党工委书记、翠亨新区党工委书记侯奕斌，南方医科大学校长余艳红，北京大学深圳医院院长陈芸，广东省人民医院副院长徐力新，广州医科大学附属肿瘤医院副院长胡伟明，中山市委组织部、市食品与药品监督局、市卫生与计划生育局、市人力资源与社会保障局的领导，区党工委委员、管委会副主任黄坚，市属医院、镇区部分医院及区卫计委领导和区医疗卫生、医院医务工作者等300多人。在仪式上，大家首先观看介绍火炬开发区医院新址的硬件和软件设施录像，从整体上了解、认识医院的新概貌、医疗设备、医技水平和医疗队伍结构等。

启用仪式上，侯奕斌书记在讲话时强调，区安排8亿元资金新建医院的基础设施，新购进先进的医疗设备，夯实了医院发展的基础，为火炬开发区百姓和东部片区的群众提供了良好的就医环境。他希望医院全体干部员工增强服务意识、质量意识、管理意识和廉洁意识，早日把医院建成三甲医院和东部片区的区域性医疗中心。

启用仪式结束后召开交流座谈会。会上薛晓峰强调，中山未来的发展离不开良好的卫生医疗条件以及服务、水平好的医院。他寄语火炬开发区医院要加强与医学院校人才、科研等的合作，主动向医学院校抛出橄榄枝，努力成为重点医学院校的附属医院以及研究成果的转化基地，实现自身的跨越式发展，在"十三五"期间实现评为三甲医院的目标。

火炬开发区医院新址位于中山港至南朗镇方向的逸仙路123号，即大环村对面。新医院按三级医院标准规划建设，占地186亩，总建筑面积11.67万平方米。先后通过广东省普通高等医学院校教学医院、二级甲等医院和爱婴医院评审。有医务人员近600人，其中，博士和硕士20多人，高级职称80多人。

医院开设急诊科、心内科、神经内科、消化内科、呼吸内科、肾内科、儿科、普外科、骨科、泌尿外科、神经外科、妇科、产科、肿瘤科、重症监护室（ICU）、眼科、耳鼻喉科、口腔科、肛肠科、乳腺科、美容科、性病皮肤科、中医科、康复理疗科、全科医学科、预防保健门诊、体检中心等科室。康复理疗科和颈肩腰腿痛专科分别获国家中医药管理局、中山市卫生与计划生育局授予的"特色专科"和中山市"十二五医学特色专科"称号，眼科、骨科和妇产科为全市区级医院的重点专科。

医院配备西门子Avcoto1.5T核磁共振、GE128层Light SpeedSVCT、GE血管造影X射线机、平板数字胃肠机、奥林巴斯AU680全自动生化仪、雅培C16000全自动生化分析仪+12000全自动免疫分析仪一体机、爱尔康玻璃体切割机、800毫安以上数字减影血管照影X线机（DSA）等前沿设备，以及自动发药机系统、低温冷冻手术系统、先进消毒供应室系统等，为临床诊断提供了可靠的医疗技术支持和保障。

医院环境优美。主体建筑造型采用弧形设计，与周边道路、河涌相协调。门诊大楼东西面有生态绿地，路边绿化带有效隔离周边的噪音及西南角污物区。住院部有800

张床位,病房远离逸仙路,所有病房朝向南方,环境安静舒适。

医院具有先进的信息系统。在数字化病房里,患者可通过终端获取医院信息、内部地图、病人信息、指示图标、病房公告,进行音乐静听,观看护理科教片,进行满意度调查;医护人员可利用手持终端设备随时获取病患者的住院信息、病史、病历、医嘱、监护、检验和检验结果;护士可随时移动执行医嘱,并最大可能地实现与病患者交流。

医院有全球领先的智能婴儿安全保护电子系统,在婴儿身上附着可发出无线电射频信号的电子防盗标签,可系统地将对婴儿进行实时定位与追踪。

医院还有无线巡更系统、防盗报警系统和闭路监控系统,可对各个重要通道的电子巡更按钮进行离线巡更,对安保人员的巡更工作进行监督,实现技防和人防互补。

医院实行多样化的便民措施,配备了15台自助机。患者可自助完成领卡、缴费、检验报告打印等服务,有效减少排队等候的时间。医院地处交通便利之地,有8条公交线路可达,方便患者就诊。院内停车位充足,有机动车车位1100多个,摩托车车位1000多个。医院实行无假日门诊,方便患者就诊。医院引进自动发药系统、中药免煎系统,节省患者取药与煎煮中药时间。患者除了可以通过网站、电话等方式预约就诊外,还可以通过微信进行。门诊部各楼层均设有收费窗口,分解收费排队压力。

2014年火炬开发区医院在全市公立医院综合管理评价中总分排行第六名,属于二甲医院第二名。医院曾获中山市急救技能比赛二等奖、新生儿复苏技能竞赛三等奖、6次获评中山市价格诚信单位、中山市先进党总支部、市廉政风险防范试点单位、市药品不良反应监测工作先进单位、火炬开发区文明单位、创建平安开发区暨社会综合治理工作先进单位等。

第二节 百业待兴 教育为先

"十年树木,百年树人",在火炬开发区这方土地上生活的人们,都明白这个道理。而早期从这里漂洋过海外出谋生的人,更是从自身经历中深深领悟到只有教育,才是从根本上改变个人穷困和国家落后的唯一出路。

于是,在海外拼搏的华侨,稍有积蓄,就纷纷汇款回乡,除修桥铺路,改变家乡面貌外,最大一部分就是用于支持办学。早在清末,在侨亲的捐助下,开发区就有了现代学校的雏形,濠头乡曾于光绪三十三年(1907)办起私塾,宫花、张家边三、四村等也相继办起私塾,以后过渡到小学。

到了20世纪30年代,火炬区的小学教育名噪一时。沙边学校、濠头小学、西桠小学不仅在全省出类拔萃,而且在国内名望甚高。沙边学校是1912年由归侨孙景堂等人建起的,建校前设在孙氏大宗祠里,学制是七年制,初等四年,高等三年。教师多从广州聘请,开办初有教师7人,学生142人。1931年,孙干宾由浙江宁波解职归田，孙海筹也由上海返乡，时任沙边学校的校长孙子静找来他们及从北美回家乡的孙溢芳、孙炳才、孙惠康等商议建设新校，众人一拍即合。几经周折，选定风景秀丽的村东角环山麓十余亩山边地作为建校基地，同时成立建校委员会，发动海外侨胞乐捐善款四万余元。1929年底到1933年正逢第一次世界经济危机时期，广大侨胞遭受打击甚大。许多做小本生意的破产，很多人甚至倾家荡产。然而就是在这么困难的情况下，侨胞们还是节衣缩食，为家乡建校倾尽全力。历经三年，工程终于完成。校园建筑皆由孙干宾设计绘图并组织施工，孙海筹、孙杏宗现场监工督导。新校园居中是大会堂，两旁各有四间课室。旅秘鲁侨亲还集资兴建"秘鲁教室"一间。学生在教室里上课，隔壁竟听不到噪声。孙艺园又捐资兴建图书馆一座，还捐赠图书《万有文库》一整套以及书报数千册（份），连图书柜、桌椅都配套齐全。学校礼堂里还设有仪器室，学生开展各类科学实验的标本、仪器一应俱全，不光有自然科学实验仪器，人体模型、动植物标本和挂图，还有老师带领学生采集制作的本地植物和昆虫标本。校园内建有200米的田径场，还有两个篮球场、一个排球场。校园空地遍植花木。单双杠、高低栏架、乒乓球台、铁饼、标枪、铅球、垒球、沙池等体育器材设施应有尽有。在这样的环境下学习，学生学业成绩、体育成绩称雄全县，扬威省内，获得奖杯、奖旗、奖状之多，史无前例。村里专门将孙氏大宗祠正厅辟为荣誉陈列室。沙边学校成为当时广东省校园最漂亮、设施最完善的园林式学校，引得八方游客前来参观，连上海《良友画报》记者慕名前来参观后，都赞不绝口，在画报上辟出专刊，刊发了该校的全景照片及多幅图片，引起了极大反响。学校的童子军在中山也很有名气，制服同别人的短衫裤不同，一律为长衫裤。有26支喇叭、2个大鼓、8个小鼓。他们到石岐等地进行各种游行活动时，总会引起轰动。据80多岁的孙锦源回忆，1948年由孙海筹主持、孙干宾设计的中山县西山公园落成剪彩仪式，孙乾县长邀请他们学校仪仗队助兴，令县城万人空巷。居民上街围观，热闹异常。

濠头村1907年已开办私塾，不久华侨郑雪舫于此创办女子学校，这在国内是较早招收女学生的学校。1934年，得到旅美国、加拿大侨亲的捐助，联同濠头十二太祖捐助，原地拆除私塾校舍，新建钢筋混凝土二层教学楼。新建教学楼有大小24间课室和教师宿舍，后面有大礼堂，前面有面积近6000平方米的运动场，规模之大在当时全省也是少有。

清末，大环侨亲以太祖松山名义，集资置产兴办松山小学，以后旅美侨胞李培芬在美集资回乡创办起成美学校。

西桠小学创办于1909年，校址原在朱氏大宗祠。1912年由归侨朱卓文、朱学之等人倡议，拆除村中侯王庙，建设西桠学校，得到海内外乡亲的响应和支持，遂建起5间教室、二层图书楼和教师宿舍。落成庆典举行时，孙中山、朱卓文等题词祝贺。以后该校被编为中山县第七小学。

窈窕村旅美华侨沈渭庭先生于1924年返乡，以祖业10亩地的永久收入作为学校的教育基金，在吴家祠堂办起村中第一间窈窕学校。

可以说，20世纪初火炬区各村办起的学校，几乎全是靠华侨捐资、提供校园校舍设计建设等帮助建起来的。建于 1914 年的大环小学，建于 1934 年的朗尾小学，建于 1920 年的小隐学校，1945 年 8 月由张家边旅加拿大华侨谭德彰等集资建起的 2 幢 6 间课室……莫不如此。正是有了侨胞的关心、重视，才为火炬区基层学校打下了良好的基础，进而源源不断地为国家各行各业输送了大量人才。如张家边一村走出的著名军旅摄影家蔡尚雄，抗战期间就成为共产党的笔杆子的濠头村的李凡夫，中共中山地下党组织负责人——沙边村的孙康（他曾在沙边、西桠以教师、校长的身份作掩护，培育了一大批革命干部），大环村的吕文成（著名的音乐作曲家、演奏家），沙边的孙杏佳（广东体坛名宿，培育了一大批优秀运动员和教练员），沙边的孙靖夷（20 世纪 90 年代世界顶尖的一百位电脑科学家之一，被誉为加拿大名人），沙边村的孙述寰（国际数学权威，世界著名的英国剑桥国际传记中心授予他"百位顶尖科学家之一"称号），西桠村的洪昭信（经商有法，有所成就并成为美国侨领）。同时，张家边的马干才、马桂才、孙照钧、吴耀庭、高华焜、黄海泉，濠头村的郑宗励，大岭村的欧阳金海、欧阳民等都是德高望重的侨领；濠头村的郑敏之，是中国最早的乒乓球世界冠军之一；濠头村的郑玉如，是 20 世纪 50 年代女子 100 米短跑全国纪录保持者，多次获全国冠军及社会主义国家田径赛 200 米冠军等；西桠村的朱灿标，推广科学种植水稻，成为全国劳动模范；濠头村的郑国雄，担任中央人民政府驻香港联络办副主任……像这样的人才不胜枚举，他们无不是幼时在乡里接受了良好的基础教育而全面、健康成长的。这些都得益于侨胞支持下的优越教育条件。

为延续老一辈华侨关心、支持教育的优良传统，改革开放以来，海外侨亲回到家乡都纷纷解囊支援家乡教育。1984 年，大环村以张道生为名誉主席、黎兆光为执行主席成立建校筹委会，向海内外乡亲筹集善款合人民币 30 多万元，建成了新教学大楼。

1920 年创立的灰炉学校，1987 年由港澳同胞捐助扩建了其教学楼。早年在乡校喜欢打篮球的吴广标，13 岁去香港，2003 年回乡办厂，在村里组建起一支篮球队，又在学校里成立一支少年篮球队，专门请来一名专职教练培训这班孩子。

始建于 1931 年的珊洲小学，是以新式小学的标准和格局由侨胞设计建设的。由于时间久远，校舍已很破旧。1992 年，村委会决定重建珊洲小学，改善办学条件。旅香港乡亲、香港金凤饮食集团老板林志强得悉后，主动提出捐助。有位在美国医学会工作的乡亲也主动承担了全体教师的补助款。

1986 年，海内外乡亲得知沙边学校要重建校友堂，当即捐出美元 2140 元、澳币 2.013 万元、加元 4175 元、港币 7.688 万元、人民币 2960 元。

1988 年，香港李俊驹秉承其父李颂龄遗愿，捐资 300 多万元，在环茂公路边选址为小隐、义学、海傍三个村合办李颂龄学校。学校建筑面积 3000 多平方米，无论校舍建筑、教学设施、环境绿化都是高标准要求。以后李俊驹又增拨 100 多万元作为维护基金。

1985—1988 年，旅檀香山濠头乡亲会和各埠侨胞，捐资为濠头小学兴建教学大楼 2 幢，教室和各类功能室设置配套齐全。1992 年后，旅日乡亲郑华贵及旅美、加乡亲和港澳同胞又不断支持学校配套现代教学设备，使学校率先成为中山市一级学校。

1986 年，旅澳洲乡亲陈玉生一家捐资 3.5 万美元，为朗尾小学扩建教室，1988 年又捐资修建其围墙。侨胞陈焕生、陈友开、陈永裕等也捐资整修学校，更新桌椅、添置图书及文体设施。侨胞黄金结、黄冬结也捐出1万元为学生购置校服。

1984年，大岭村华侨捐资10多万元人民币，扩建大岭小学。欧阳官昌也捐资10多万元人民币，建成学校礼堂，取名干荣公纪念堂。

1991年，为重建西桠小学，海内外校友提议并筹集64.5万元人民币，建成2层教学大楼、运动场及其他配套设施。侨胞朱东成还捐建校门、围墙、花坛及六角亭等。

神涌小学重建时，神涌村旅外乡亲先后有161人捐款，共计美元1.53万元、澳币1270元、加元200元、港币9.064万元、葡币1000元、人民币40.6431万元，兴建了3层燕式教学大楼、标准灯光篮球场和运动场等。

1996年11月27日，香港大华国际集团有限公司董事长李三元捐资人民币500万元，成立火炬开发区"李三元教育基金会"和"体育基金会"。

……

百年来，火炬区侨胞、港澳同胞尊师重教、热心助学的感人事例数不胜数。在广大侨胞、港澳同胞对教育事业的重视与鼎力支持下，火炬区教育事业突飞猛进，取得了丰硕成果。2002年6月，火炬区被评为"广东省教育强区"，成为全市第一个教育强区（镇）。经过调整学校布局，统筹教育体系，火炬区形成了从幼教、小学、中学、职业中学到大专的完整教育体系，并于1995年实现了高中普及教育。2016年底，全区有25所幼儿园，每个自然村都有一所"高大上"的幼儿园，适龄儿童入园率100%；公办小学6所、民办小学2所；普通中学2所、职业中学1所，还有2所民办学校，广东外语外贸大学附设中山外语学校、育英学校；创办了全市唯一一所区办全日制普通高等院校——中山火炬职业技术学院。该院于2010年成为广东省示范性高职院校和国家骨干高职院校。火炬开发区拥有省一级学校（幼儿园）4所，市一级学校10所。在前人奠定的雄厚基础上，火炬开发区教育事业已经迈上新的台阶。

旅外乡亲热心支持家乡教育事业

张家边村小学

张家边村小学，坐落在张家边三村庵前街，现改为中山市火炬开发区第一小学。

张家边学校创建至今已有96年的历史，校友遍布五湖四海。校园占地面积20000平方米，总建筑面积3200平方米。现有40个教学班，在校学生2000多人，在职教师90多人。1997年被评为省一级学校，2004年5月成为广东省现代教育技术实验学校，是中山市十所课程改革样本学校之一。火炬区致力于创建一流学校，先后投资过千万元充实教学设备和设施，使学校办学条件逐步完善。1999年学校已建成百兆光纤主干的校园网，现有计算机300多台，电脑室2间，电子阅览室1间、综合电教室1间、多媒体电教平台45个；全部教室装备计算机和投影机；全校计算机都通过光纤接入中山市教育城域网。学校教育、教学资源软件库有丰富的音像教材，有与各学科教材配合的 CAI、各种素材及自行开发的多媒体教学软件以及建成学校网站和教育信息管理平台。

回顾张家边小学建校过程，早在 1921 年张家边村就已有一村集贤、二村起凤、三村康乐、四村仁安等初级小学和吴氏大宗祠的一所高等小学。学生从四所初级小学读完四年课程后就到高等小学就读五、六年级。1945 年 8 月，抗日战争胜利后，学生人数激增，原来五所小学的校舍不够用。旅加拿大华侨谭德彰、村中热心办学人士吴孔嘉等集资在新校地（即现小学校址），建钢筋水泥结构教室 2 幢 6 间。1957 年至 1958 年间，本乡政府拨款增建 3 幢砖瓦结构教室一共 18 间，将集贤、起凤、康乐、仁安和高等小学集中一起，立名为"张家边小学"。为了进一步发展教育事业，1969 年至 1973 年，张家边小学办了 6 个附设初中班和 2 个高中班，满足了学生入学需求。

岁月飞逝，1986 年，因受风雨侵蚀，教室出现裂痕，已成危房，急需进行重建。张家边村委会成立张家边小学筹建委员会，吴孑仁任筹委会主任，常务委员有侨眷等热心人士 13 人。他们广泛发动海内外热心人士捐资建校。短短时间内便筹集到相当的经费：旅外乡亲捐赠美金 80250 元、加元 6000 元、澳币 9500 元、港币 71085 元、人民币 160805 元。国内社会各界热心人士捐赠人民币 88118 元，村委会投入人民币 194000 元。1988 年新校舍落成后，把张家边第一小学和第二小学合并，在原校地拆掉危房，建成钢筋水泥结构二层教学楼 2 幢 24 间课室，三层教学大楼 1 幢 9 间课室，总建筑面积 1656 平方米，总投资人民币 1240463 元。新校门上书为"张家边村小学"。此次重建学校，对于捐建教室的都在教室门口刻上纪念的堂室名。西面 2 幢教室有旅美乡亲马灿标先生捐建的"显朝堂"和"竹坡堂"，马光仪夫妇捐建的"绍兴堂"，黄溢昆合家捐建的"照辉堂"，陈少莱、林肖盈夫妇捐建的"宝安堂"，吴润新夫妇捐建的"继有堂"，罗金发夫妇捐建的"金发堂"，何郑燕卿捐建的"鸿燕堂"，马华英、马集英、马蝶婵三兄妹捐建的"达朝堂"，马桂才捐建的"桥崧堂"，吴妙荣、吴帝霖、吴干洲三兄弟捐建的"有中堂"，孙玉麟、孙惠文夫妇捐建的"孙辉堂"。东面 1 幢教室有旅美乡亲吴开秀、吴耀庭、吴容湛、吴炳焯、吴少兰、马彩连、马桂源、陈容清、黄海泉、黄文乐、李宝莲、马桂新、高华焯、孙福生、马志兴、黄荣新、吴国伟、吴雪娜、马金诺、高超武等 20 人捐建的"怀乡堂"，旅加拿大乡亲马斗垣、马寿平、马宗锦、马寿雅父子捐建的"杰培堂"，旅哥斯达黎加乡亲马玉棠、孙惠媚夫妇捐建的"经群堂"，旅澳大利亚乡亲马兆驹、苏仙娜夫妇捐建的"赞波堂"，马官容、马耀辉、马纪行三人捐建的"塑云堂"，张家边二村吴仲贤夫妇捐建的"仲玉堂"。正面教学大楼有旅秘鲁乡亲吴家驹、孙彩贤夫妇捐建的"吴承彦马秋连纪念室"，旅澳大利亚乡亲陈惠江、张美琪夫妇捐建的"恒基堂"，孙绍波、孙翠容、马照荣、孙照钧、马显光、周金嫦 6 人捐建的"仁爱堂"，马骏升、林华珍、马帝朝、朱宝英、马秉良、黎志坚 6 人捐建的"马亮尧纪念室"，旅美乡亲马桂平、马润添捐建的"善銮堂"，吴干祥、吴干洲捐建的"吴赞昌李章燕纪念室"。

1993 年，由于教学事业发展，张家边管理区斥资兴建一幢 6 层有 12 个单元的教师宿舍楼。1996 年又斥资兴建了一幢 4 层 16 个教室的科学楼。1997 年区政府斥资兴建了一幢 5 层 15 个课室的教学楼。1999 年上半年调整学校布局，区政府又斥资将操场右侧近好水井路的 1986 年建的两层教学楼的教室拆除，新建五层 25 个课室、5 个办公室、5 个洗手间的教学大楼。并把原来捐建这些教室的善长仁翁的芳名，重新镌刻在新教室门前，永留纪念，以启后人。下面是 1986 年建校时旅外乡亲捐款芳名：

乐助美元 80250 元及人民币 22000 元

谭沛森 13000 元　　马光仪 4000 元　　黄溢焜 4000 元
陈少莱 4000 元　　吴润新 4000 元　　罗金发 4000 元　　何惠鸿夫妇 4000 元
马玉棠、张惠娟夫妇 4000 元　　马华英、马集英兄弟 4000 元
马润添、马桂平两人 4000 元　　吴帝森、吴妙荣、吴干洲三人 4000 元
孙惠文、孙志雄、孙玉伦叔侄共 4000 元
黄国辉、黄小燕夫妇 3000 元　　吴启湛、马彩连、马桂新、黄文乐、高超武、李宝莲、吴耀庭、吴国伟、吴少兰、马志兴、马金诺、黄荣新、孙福生、陈容清、高华丽、吴炳卓、吴开秀、吴雪卿、马桂源、黄海泉等 20 人美元 4050 元
马干才 500 元　　马兆鸿 500 元　　马威瑜 300 元　　马威霖 300 元
马威文 300 元　　马威娴 300 元　　马桂鸿 250 元　　陈金恒夫人 200 元
陈桂泉夫妇 200 元　　高宝兴 200 元　　陈业威、陈锦云两人 300 元
黄昆伦 100 元　　黄广仁 100 元　　陈敬棠 100 元　　陈鉴湖 100 元
林淑卿 100 元　　马连英 100 元　　陈泽溪 100 元　　马芹伍 50 元
马国荣 50 元　　李顺景 50 元　　马灿彪美元 8000 元、人民币 19500 元
马桂才美元 4000 元、人民币 2500 元

乐助人民币 138835 元

马兆驹、苏仙娜夫妇 16000 元　　孙惠江、张美琪两人 16000 元
马官容、马耀辉、马纪行三人 16000 元　　吴家驹、孙彩贤两人 16650 元
马显光、周金娥、马照荣、孙照钧、孙绍波、吴翠容六人 16000 元
马帝朝、朱宝英、马骏升、林华珍、马秉良、黎志坚六人 16000 元
吴干祥 17414 元　　洪桂婵、马任行、马志行、马向行四人 3400 元
陈宗汉 3400 元　　冯金源 1500 元　　高宝兴 1220 元
黄溢昆、孙秋爱夫妇 1220 元　　李惠容 1000 元　　吴健良 1000 元
马金开 980 元　　陈富林 891 元　　陈日辉、黄十妹两人 700 元
陈均乐、吴少萍两人 700 元　　陈振飞、胡小红两人 700 元　　黄仲平 500 元
汤美云 500 元　　马健仪 380 元　　林干禧 340 元　　谭渐源 330 元
吴乃川 300 元　　张金华 300 元　　陈荤生 300 元　　马凤仪 200 元
孙秀兰 200 元　　马干轩 200 元　　高宝森 200 元　　吴彩凤 200 元
马乃英 200 元　　罗　和 200 元　　梁坤正 200 元　　汤玉云 200 元
陈官桂 150 元　　陈惠明 150 元　　吴桂祥 150 元　　马桂霞 130 元
高荣根 120 元　　高炳光 110 元　　吴继添 100 元　　欧阳玉梅 100 元

吴仲豪 100 元	吴容妹 100 元	陈炳芳 100 元	黎赵汉瑜 100 元
吴月辉 100 元	黎淑明 100 元	黎浩新 100 元	郑荣仪 100 元
郑小兰 100 元	马锡元 100 元	梁　寿 100 元	黄九妹 100 元
林国苏 100 元	陈雪燕 100 元	马斗鸿 100 元	胡　彬 100 元
黄金海 100 元	吴连英 100 元	孙冠兴 100 元	陈活权 100 元
马素衡 100 元	马少妹 100 元	汤玉潮 100 元	

乐助加元 6000 元及港元 2000 元

马斗垣、马宗锦、马寿平、马寿雅四人加元 5000 元

陈耀满、方金彩夫妇加元 200 元　　陈瑞洲、陈瑞云两人加元 200 元

洪金兰加元 100 元　　林翠娥加元 100 元　　马国生加元 100 元

马健生加元 100 元　　马春元加元 100 元、港元 1000 元

林少梅加元 100 元、港元 1000 元

乐助澳元 10500 元

高宝芳 1000 元	李白机 1000 元	吴官瑞 1000 元	吴干群 300 元
吴卓华 200 元	林　芬 200 元	林正希 200 元	马儿茵 200 元
高沛昆 200 元	高惠文 200 元	吴杰良 200 元	吴培基 200 元
吴少棠 200 元	彭子英 200 元	何惠彰 200 元	吴　良 200 元
黄佛然 200 元	黄灿禧 200 元	黄文杰 200 元	林俊成 200 元
谭　鸿 200 元	谭桂良 200 元	吴绳祖 100 元	吴镜钊 100 元
吴　源 100 元	吴雪莲 100 元	马照余 100 元	陈焕明 100 元
陈帝坤 100 元	陈少川 100 元	黄　铁 100 元	蔡靖江 100 元
吴　参 100 元	吴小洪 100 元	吴子棠 100 元	吴冠轩 100 元
马植棉 100 元	马乃光 100 元	马乃祥 100 元	马杜然 100 元
马帝波 100 元	马忠静 100 元	马锦湖 100 元	陈衍溪 100 元
谭剑光 100 元	刘建文 100 元	林敏敏姐妹 60 元	陈惠婵 50 元
马淑群 50 元	吴瑞昆 40 元	吴瑞棠 1000 元	

乐助港元 68080 元

陈妙婵 5000 元	彭深源 2360 元	刘　成 2000 元	吴金棠 2000 元
马文辉 2000 元	曾东伟 2000 元	马国儒 1500 元	吴华岳 1300 元
吴少威 1000 元	吴兆娴 1000 元	陈锦祥 1000 元	陈玉南 1000 元
陈锦兆 1000 元	陈舜珠 1000 元	陈玉航 1000 元	马　乐 1000 元
马素行 1000 元	马赞英 1000 元	吴宝雄 1000 元	吴文清 1000 元
罗国荣 1000 元	罗日华 1000 元	林国贤 1000 元	李照文 1000 元
谭桂梅 1000 元	程佩玲 1000 元	马寿海 1000 元	李干生 1000 元
陈宝垣 1000 元	刘惠贞 1000 元	黄兆牛 1000 元	

吴结航、吴结宁兄弟 980 元　　吴浩全 780 元　　陈策余 780 元

吴寿昌 600 元	吴亮华 600 元	陈日坤 500 元	吴逸文 500 元

陈金雄 500 元	吴结迎 500 元	吴振江 500 元	马辉荣 500 元
陈锦垣、陈妙香夫妇 500 元		林锡显 500 元	吴惠畴 500 元
吴杏珍 500 元	吴添仔 500 元	杨丽颜 500 元	黄恩泽 500 元
黄君正 500 元	黄渐辉 500 元	陈仲谦 500 元	陈树坤 500 元
陈焕池 500 元	陈润标 500 元	何 波 500 元	何金寿 500 元
林杰本 500 元	翁社棣 500 元	吴志棠 500 元	罗 文 500 元
洪梓湘 500 元	黄华彬 500 元	马瑞云 500 元	陈启明 400 元
马 钊 400 元	吕佑葵 380 元	黄金合 300 元	潘玉申 300 元
黄灿金 300 元	黄耀炳 300 元	陈国垣 300 元	陈国良 300 元
吴永康 300 元	吴 成 300 元	马仲英 300 元	马惠洲 300 元
罗桂昌、罗世佳两人 500 元		吴镇波 200 元	吴星汉 200 元
高汉辉 200 元	葵嘉兴 200 元	罗均庸 200 元	彭 辉 200 元
陈翠英 200 元	刘月珍 200 元	黄剑萍 200 元	马秀梅 200 元
吴焕兰 200 元	吴润兰 200 元	吴焕坚 200 元	陈 平 200 元
陈国思 200 元	吴章友 200 元	罗乃方 200 元	马杏彬 200 元
谭彩娟 200 元	李官棣 200 元	刘润光 200 元	吴心园 200 元
何国清 200 元	马惠德 200 元	吴雪娜 200 元	

1985 年李维东（寿扳婆）捐赠一块菜地及人民币 3000 元，给学校作为永久性教育基金。1998 年东镇大街旧城区改造，把这块地征用。东镇大街旧城改造完成后，区政府拨出铺位两间给学校长期出租。租金作为教育基金，用于奖教奖学。

旅美乡亲谭沛森先生非常关心家乡教育事业，于 1991 年起，每年向张家边小学捐赠 1000 美元作为学校电脑设备费用。

下面是热心人士捐建课室的堂室名：

濠头小学

濠头村早在光绪三十三年（1907）就已经开办书塾，校舍是古式学府。后来读书人数大增，课室不足，村中热心人士发动旅加拿大、旅美国乡亲和濠头村各太祖捐助，海内外乡亲共同筹集资金，1934年将书塾拆除，兴建了二层高水泥结构教学大楼。教学大楼有大小课室24间。学校门前还开辟了一个面积为5756平方米的运动场。

岁月飞逝，到了1985年，学生人数不断增加，校舍相应不足。村委会、侨联会拟在学校侧再建一幢教学楼，解决校舍不足问题。蒙香港郑銮生等港澳乡亲、旅日乡亲郑华贵先生和侨居檀香山、加拿大等地乡亲鼎力相助，筹得美元7310元、加元4490元、港元74000元、人民币45320元，加上中山市教育局、区政府和濠头村筹得的42452元和社会各界热心人士筹得的91518元，教学楼于1986年动工，1987年竣工。教学大楼高三层，有九间课室，建筑面积达576平方米，总投入人民币343300元。这九间教室分别刻名纪念，有"郑汝翘教室""郑汝钧教室""郑华贵教室"（2间）、"加拿大华侨室""檀香山华侨室"（2间）、"香港乡亲教室""港澳乡亲教室"。下面是旅外乡亲捐建教学楼芳名：

乐助加元4490元

温哥华郑氏荥阳总堂500元　　温哥华濠头侨所200元　　郑宗励300元

郑计生200元　郑德永200元　郑颂芝200元　郑炜鸿100元
郑颂谦100元　郑炳湘100元　郑耀鸿100元　郑焕英100元
郑乾沃100元　郑国钧100元　郑超衍100元　郑昌联100元
郑社彬100元　郑惠标100元　郑计祥100元　郑润生100元
郑庆昆100元　郑少波100元　郑桂容100元　郑桂昆100元
郑锡廉100元　郑国权50元　郑光明50元　郑子章50元
郑浩全50元　郑容钦50元　郑耀南50元　郑文海50元
无名氏50元　郑何淑仪50元　郑金华50元　陈　堂50元
郑今后50元　无名氏40元　郑庆佳40元　郑伯铭40元
郑锡昆40元　郑官锦40元　郑宗发40元　郑玉昆20元
郑卫添20元　郑永灿20元　郑振枢20元　郑锐田20元
郑烘生20元　郑桂洲20元　郑宝源20元　郑灿民20元
郑保泉20元　郑锐添20元　郑钧湖20元　马郑绮华10元

乐助人民币45320元

郑华贵45220元　郑容海100元

乐助美元7310元

檀香山郑氏宗亲总会5000元　　郑庆联600元

郑汉英250元　郑雪仪100元　郑厚昌100元　郑细昌100元
咪碑郑100元　郑励雄100元　詹母士彭100元　郑士丹利100元
郑天佑50元　郑厚添50元　安弥士郑50元　黄安微50元

郑庆星 50 元	刘振光 50 元	享利郑 50 元	郑　辉 50 元
郑官昌 40 元	郑华添 30 元	郑庆成 25 元	郑冠一 25 元
郑贵坚 25 元	郑贵光 25 元	郑厚容 25 元	郑启贤 25 元
郑瑞祥 20 元	郑敬滔 20 元	郑卓文 20 元	郑容添 20 元
郑玉云 20 元	巴喇及歪打郑 10 元		无名氏 10 元
郑欧氏 10 元	郑明伦得 10 元		

乐助港元 74000 元

郑銮生 40000 元	郑　标 5000 元	郑锡鹏 5000 元	
香港濠头乡亲总会 2000 元		郑　贤 1000 元	郑杰雄 1000 元
郑社权 1000 元	郑倩冰 1000 元	郑日英 1000 元	郑庆新 1000 元
郑润生 600 元	郑裔洲 500 元	郑少宁 500 元	郑昆结 500 元
郑杏薇 500 元	郑鸿光 500 元	郑　波 500 元	郑社成 500 元
郑焕容 500 元	郑灿垣 500 元	郑鸿记 500 元	郑满容 500 元
郑炳流 500 元	郑金华 500 元	郑均辉 500 元	郑顺尧 500 元
郑倚干 500 元	郑　卿 400 元	郑裔新 300 元	郑桂远 300 元
郑焯昆 300 元	郑裔昌 300 元	郑剑瑜 300 元	郑昌伟 300 元
郑敏滔 300 元	郑英伟 200 元	郑体强 200 元	郑惠坤 200 元
郑瑞英 200 元	郑彬洪 200 元	郑叶标 200 元	郑锦垣 200 元
刘锐华 200 元	陈　辉 200 元	郑昭源 200 元	郑翼光 200 元
郑秉衡 200 元	郑贺新 200 元	郑永顺 200 元	郑泽侨 200 元
郑瑞生 200 元	郑　威 100 元	李桂良 100 元	郑爱连 100 元
郑凤颜 100 元	郑丽英 100 元	黄桂成 100 元	郑亮轩 100 元
郑亮荣 100 元	郑于畅 100 元	郑于量 100 元	郑嘉彤 100 元
郑嘉逊 100 元	郑嘉彦 100 元	郑金好 100 元	郑静仪 100 元
郑振朝 100 元	郑兆添 50 元	郑佰葵 50 元	

　　为了逐步完善教学设施，扩大功能室建设，1988 年旅檀香山濠头乡亲会捐赠人民币 244000 元、旅加拿大乡亲郑今后先生捐赠人民币 85000 元，再扩建一幢三层六间钢筋水泥结构教学楼，建筑面积 317 平方米，解决了功能室不足的问题。学校设有音乐室、语音室、美术室、图书室、自然实验室、仪器室、体育室等。学生 700 多人，教学班 18 个，校舍建筑总面积为 1693 平方米。学校建好后，香港乡亲邓棣喜先生捐赠人民币 10000 元整修教室前小活动场。

　　为了全面贯彻党的教育方针，培养全面发展的人才，1992 年旅日本乡亲郑华贵先生捐资人民币 10000 元、港币 3000 元给学校建植物园。植物园建在后山坡，面积 469 平方米。植物园主要让学生学习科学种植，通过参加劳动，观察植物生长过程，从而逐步理解科学种植的含义。并在劳动过程中，培养学生对劳动的热情。

　　同年，郑华贵先生又捐资人民币 10000 元用于维修学校图书馆，捐赠人民币 10000 元增添图书，捐赠人民币 10000 元添置教具。

1993年，旅檀香山乡亲郑天照先生捐资美金2000元作学校修缮基金，旅香港乡亲郑少宁先生乐助人民币1000元作庆祝"六一"儿童节经费。1995年香港乡亲郑强先生乐助人民币500元作"六一"儿童节经费，郑金好女士捐赠人民币200元作绿化经费。1996年，香港郑杰雄先生乐助港币5200元，郑明坤、钟锦钊、刘爱娟共乐助人民币500元，给学校增添教学设备。

1993年至1999年间，旅日本乡亲郑华贵先生乐助人民币30000元，旅檀香山乡亲郑天照先生乐助美金3995元，旅美乡亲郑瑞卿女士乐助人民币5000元，旅香港乡亲郑沛荣先生乐助人民币200元作濠头小学科教设置经费，共同支持濠头小学创建市一级学校。

1999年，旅香港乡亲郑杰雄先生与郑汉成先生共同斥资联合购买钢琴一台送给濠头小学，价值人民币12927元。

1999年，开发区调整学校布局，原有濠头中学搬到新校区去，濠头小学改名为开发区第三小学，搬到原濠头中学。2001年，由于原濠头中学山边教室变成危房，不能继续使用，开发区拨款重新建教室。新教学楼一幢四层，有24间教室，建筑面积3230平方米，于2002年7月竣工。社会各界热心教育人士也参与新教学楼兴建和装修，其中社会各界乐助人民币25000元，旅香港乡亲郑宝瑜、郑宝珍女士各乐助人民币10000元，旅加拿大乡亲郑宗励伉俪乐助人民币30000元。2003年旅香港乡亲林汉伟先生乐助人民币10000元作教学设备经费，旅香港乡亲郑汉成先生乐助人民币10000元作濠头小学校友会启动基金。2006年旅香港乡亲林汉伟先生乐助10000元，作为奖教基金。

1999年，濠头小学校址改为濠头幼儿园。该园现有幼儿300人，教职工41人。当年，香港濠头乡亲总会捐赠人民币3000元给幼儿园购买桌椅。

2001年，为了充实幼儿园的教育设施，有识之士倡议为濠头幼儿园兴建游泳池，旅香港乡亲郑汉成先生当即捐资人民币50000元作兴建游泳池资金。游泳池当年由村委会主持兴建。池长19米，宽14米，周边设有不锈钢护栏，总投资人民币150000元。不足部分由濠头村委会斥资100000元。游泳池建成后，充实了幼儿园的教学设施。2002年旅香港乡亲郑汉成先生又捐赠人民币10000元购买钢琴一台。至此，濠头幼儿园在设施上大大改进，当年被评为市级幼儿园。2005年6月，旅澳洲乡亲郑銮生先生乐助人民币1000元作"六一"儿童节的活动经费。2006年4月，加拿大濠头侨所乐助港币5000元，作为教学设施费。2008年3月旅加拿大乡亲郑宗励先生乐助人民币15000元作为幼儿园教学经费。

下面是镶嵌在课室门口墙壁上的课室名牌匾。

大岭小学

为适应教育形势的发展，1984年大岭村委会拟筹建新的大岭小学，这一有益乡梓的举动，得到旅外乡亲的鼎力支持，很快就筹得一笔经费。当年12月动工，平整山边土地，到1986年底在原学校后面建了8间独立教室。1987年春，学生搬进新教室上课。同时，对原来用作教室的旧有祠堂庙宇进行清拆，在学校前面建了一层长20米、宽10米的教学楼基础。但由于资金不足，一度停工。直至1990年，村委会下拨人民币240000元才把原一层基础完善，终建成了高二层的教学楼。教学楼内设教导处、体育室、教学实验室、少先队部等功能室。随后修整围墙和操场，建成了一间完整的小学。学校占地面积4200平方米，建筑面积1188平方米，总投入资金508715元。其中旅外乡亲捐赠美元22150元、加元3350元、澳元3500元、港元52271元、人民币13200元。下面是旅外乡亲捐建学校芳名：

乐助美元22150元

欧阳官昌4000元（当年捐赠28000美元，其中21000美元用于建干荣公纪念堂，3000美元用于建源清亭，余下投入建校）

欧阳金海5000元	欧阳官华3000元	林寿昌3000元	欧阳寿锦2000元
欧阳惠椿700元	欧阳全发500元	欧阳宝森500元	欧阳少添200元
谢二妹200元	欧阳宝强200元	欧阳顺友200元	欧阳庆昌100元
欧阳美英100元	欧阳永存100元	欧阳桂花100元	林锡财50元
欧阳志锐1800元	欧阳官进200元	欧阳官权200元	

乐助加元3550元

欧阳焕桥2000元	欧阳焕棋300元	欧阳焕华100元	欧阳银胜100元
欧阳少媚100元	欧阳桂森100元	林少梅100元	欧阳焯辉100元
欧阳锦培100元	劳玉华100元	欧阳锦朝100元	陈惠霞100元
欧阳锦兴100元	区桂春各100元	欧阳惠文50元	

乐助澳元3500元

陈焕生1300元	欧阳志坚500元	欧阳顺禧400元	欧阳沛轩200元
欧阳金伟200元	欧阳季超200元	欧阳锦章200元	欧阳干培100元
欧阳干彬100元	何锦全100元	欧阳玉韶50元	欧阳佳50元
欧阳绍英20元	欧阳炳灼20元	欧阳冀贤20元	欧阳巧娃20元
欧阳治中10元	欧阳丽贤10元		

乐助港元52271元

欧阳焕章10000元	欧阳洁如10000元	欧阳桂梅4000元	
欧阳炳财3000元	欧阳金荣1500元	欧阳国钧1200元	
欧阳惠文1000元	欧阳丽嫦1000元	欧阳伯廉1000元	
欧阳伯光1000元	李雪霞1000元	欧阳寿金1000元	
欧阳旭宏1000元	黄金结1000元	林寿宽1000元	欧阳焯明1000元
欧阳滔1000元	欧阳添红1000元	欧阳权600元	欧阳赞添500元
欧阳庆霖500元	欧阳梓宏500元	欧阳帝廉500元	欧阳鉴源500元
梁佩红200元	欧阳焕文200元	欧阳新业200元	欧阳兆连200元
区 红100元	欧阳官善71元	欧阳志锐1500元	欧阳官进3000元
欧阳官权2000元			

乐助人民币 13200 元

欧阳尊 10000 元　　欧阳永卿 2300 元　　欧阳乾生 500 元　　欧阳新耀 300 元

欧阳善恩 100 元

另外，旅外乡亲关心学校发展，于 1980 年至 1993 年间，先后给学校捐赠物品使用，价值相当于人民币 40645 元。具体为：旅外乡亲欧阳洁如捐赠三洋录音机一台，又捐赠布料一大批，给全校学生每人做一套校服；欧阳官锦捐赠给学校教师皮夹克 10 件，学校办公椅 10 张；欧阳官昌捐赠学校礼堂长木椅 30 张；欧阳炳财赠送学校教导处沙发一套、电挂钟一个、录音机一台；欧阳焕桥捐赠录音机一台、脚踏风琴一台、幼儿玩具一批；欧阳宝强、欧阳伟超两人捐赠学校电子计算机 150 台；欧阳润兆送给学校木椅 5 张、木黑板 5 块、图书柜 2 个；欧阳鉴源、欧阳焕华两人赠送幼儿教具一批；欧阳官权赠送幼儿班大象型滑梯一套，全校学生使用的圆珠笔三批。

1999 年开发区调整教育布局，学生迁到开发区第二小学上课，学校改办为大岭村幼儿园。欧阳卫安娜捐赠幼儿班 30 张台、60 张椅及幼儿衣物柜 2 个。

珊洲小学

珊洲小学创办于 1929 年，当时已经有一幢教学楼，面积 200 平方米，只办初小班。1957 年增加校舍才办至完整的小学。到了 1992 年，旧校舍已经残破，不能适应现代教育需要。村委会及热心教育人士提议重建一所学校，得到旅外乡亲的鼎力支持。村委会于校前街划地 10 亩。新校当年动工，1993 年 12 月竣工。学校建筑面积 2100 平方米，两幢三层教学楼，内有 12 间教室，还有办公楼及功能室、小礼堂等。学校开辟了运动场，规划了绿化带，并建了校门围墙。学校规模较大，室场充足，总投资人民币 1600000 元。其中旅外乡亲捐赠人民币 230000 元（旅香港乡亲林志强先生捐赠人民币 200000 元、旅美乡亲林沛芳女士捐赠人民币 30000 元），社会各界热心人士捐赠 70000 元，村委拨款 1300000 元。新校建成以后，村委会将一座教学楼命名为"林志强教学大楼"，将一间教室命名为"林沛芳教室"，以让后辈铭记旅外乡亲捐资建校的情谊。

1994 年，林志强先生赞助人民币 8000 元供全校老师到北京旅游。

1999 年，开发区教育布局调整，珊洲小学并入小隐小学，学校有一段时间处于空置状态。2003 年，由于开发区经济有较大发展，外来人数倍增，珊洲小学改名为育英学校继续开办。育英学校属民办学校，招收外来学童。由于教育方向明确，学校办得好，旅香港乡亲林志强先生赞助该校教育基金人民币 50000 元。

珊洲幼儿园办在珊洲旧校莲花池。旧校经过修葺改造，焕然一新，活动室场充足，入园幼儿 80 人。2005 年 11 月旅香港乡亲林志强先生捐赠人民币 10000 元，为幼儿园购买弹弓床一张，滑梯一套，让幼儿学习生活愉快，健康成长。

朗尾小学

朗尾村前辈非常关心家乡的教育,早在1934年,该村以陈氏大宗祠为校舍创办教育,陈述尧先生是当年学校的创办人。1936年至1948年,陈述尧先生遍发书函至美国、澳洲乡亲,发动他们捐资为家乡创建学校。他的牵头首先得到陈麟发、陈茂垣响应,其余乡亲也纷纷解囊捐助,筹得美金折换港币100000元。1948年的秋天,一座设计新颖、美观大方、颇具规模的新校舍建成。

1986年,由于学生人数逐渐增多,校舍不够,旅澳洲乡亲陈玉生先生决定一家人捐资兴建两间教室,支持家乡教育。陈玉生先生捐赠美金20000元,其子陈景池、女陈淑贤、陈淑群共捐资美金13500元,规划在学校西侧兴建一幢两层教学楼,解决课室不足的问题。教学楼于1986年秋动工,1987年春竣工,建筑面积144平方米。另外还修建了学校围墙,再建了一个洗手间。为了让后辈铭记陈玉生先生一家的家乡情谊,学校把这幢教学楼分层刻碑作为纪念,上层是"陈奕炘公纪念室",下层为"林兆连纪念室"。1994年,由于学校就学人数增加,个别年级要设两个班教学,课室及功能室欠缺,为此,五星管理区向各自然村筹集资金,在学校东侧兴建一幢两层半的教学楼。

1997年,早期兴建的学校校舍,经过50年风雨的洗礼,已经成了危房。五星村委会有见及此,决定拆除重建。旅美、澳侨亲获悉重建朗尾小学消息后,集资美金5810元,由陈焕生先生带返交给村委会作建校基金。重建工作当年年底动工,1999年竣工,建成了一幢三层教学楼。

旅外乡亲关心家乡教育,于1990—1998年间捐赠学校经费计有:港元26000元、人民币30500元。以下是芳名录:

乐助港元26000元
黄东结16000元　　黄金结10000元

乐助人民币30500元
陈玉生2500元　　陈景池2000元　　陈淑贤10000元　　陈淑群10000元
陈永裕6000元

1999年火炬区调整教育布局,朗尾学校并入开发区第四小学。学校改办幼儿园。朗尾幼儿园,入园幼儿90多人。园中设备齐全,是一所市三级幼儿园。

朗尾小学的发展过程中,处处体现出华侨对家乡教育事业的关爱和物质上的大力支持。

沙边小学

沙边村前辈非常重视教育。早在20世纪30年代初期,沙边村乡贤孙干宾、孙海筹等发动旅外华侨捐资建校,并成立了建校委员会。旅外乡亲鼎力支持,解囊赞助。1933年新校舍落成,为当年全省较有名气的园林式校舍,并建有图书馆一座,置有"万有文库",藏有上万册图书。此外还建有操场,并有各项体育设施。数十年来,沙边村培育了众多社会杰出人才，素有"文化之乡"的美誉。这些皆归功于广大乡侨及乡贤之努力奉献。学校建成后，旅居秘鲁乡侨又集资于学校西侧兴建一座"秘鲁课室"。

经过五十多年的风风雨雨，沙边小学礼堂已经残旧，且遭白蚁侵蚀，虽经几次修葺，仍属危房。为了使村中学子有一个安全舒适的学习环境，经海内外校友孙继普、孙乐钧、孙具瞻、孙达雄、孙树荣等提议，于1985年成立校友会，商议筹建学校礼堂及两侧教室。拟将礼堂楼上作为校友会会址。经过会议商讨及现场论证，并征得前辈孙康、晖如、紫萍、仲标、敬全等校友的同意，由校友会发动，很快得到旅外校友、乡亲的鼎力支持，筹得美元2140元、澳元2130元、加元4175元、港元76880元、人民币2950元。由香港孙广发先生代购两辆面包车回乡转换成现金用作兴建校友堂。该校友堂于1985年动工重建，1986年竣工，建筑面积340平方米，楼下作学校礼堂，楼上作校友堂，两侧为学校课室。下面是旅外校友、乡亲捐建校友堂乐助芳名：

乐助港元76880元

孙锐垣 30000元	孙杏佳 10000元	孙国基 10000元	李耀森 3000元
孙添财 2500元	孙若宜 2000元	孙伯平 2000元	孙乃平 1500元
孙乃光 1500元	孙桂轩 1000元	孙秀英 1000元	孙鉴泉 600元
孙灿熙 500元	孙敬初 500元	孙敏添 500元	孙焯轩 500元
孙广发 500元	孙润添 500元	孙计宗 500元	孙桂泉 500元
孙润超 500元	孙月球 500元	孙子祺 500元	孙北海 500元
孙杏全 500元	郑二妹 400元	孙恩雄 400元	孙国雄 400元
孙成开 390元	孙卓如 300元	孙子平 300元	李耀桐 240元
孙 庆 200元	孙霖熙 200元	孙卓篷 200元	孙卓均 200元
孙棣其 200元	孙鉴云 150元	孙志平 100元	孙志恩 100元
孙建东 100元	孙关伟 100元	孙和昭 100元	孙鸿佳 100元
孙爱梅 100元	孙寿强 100元	孙旭祺 100元	孙敏英 100元
孙仲威 100元	孙冠洲 100元	孙帝求 100元	孙素梅 100元
孙帝祥 100元	郑连欢 100元	高素贞 100元	

乐助美元2140元

孙锷昭公 300元	孙社昭 200元	孙社满 200元	孙意珍 200元
孙敬全 200元	孙容添 100元	肯堂公 100元	孙秀菊 100元
孙少琼 100元	孙计元 100元	孙淑文 100元	孙灿煊 100元
孙展平 100元	孙建邦 50元	孙少兰 50元	孙艳芬 50元
孙树垣 20元	孙社乌 20元	孙淑媛 20元	孙少颜 20元
孙寿迎 10元			

乐助澳元2130元

孙照棠 300元	孙耀晖 200元	孙少枢 150元	孙敬雄 100元
孙家驹 100元	孙冠英 100元	孙仲才 100元	孙仲昆 100元
孙沛璋 100元	孙佩坤 100元	孙沛雅 100元	陈秋菊 100元

阮国枢 100 元	孙绍仪 50 元	孙 波 50 元	孙 力 50 元
孙 珊 50 元	吴 韶 50 元	周佩卿 50 元	孙沛权 40 元
唐建明 20 元	孙厚波 20 元	孙厚辉 20 元	孙卫星 20 元
孙燕姬 20 元	孙燕贞 20 元	孙春荣 20 元	

乐助加元 4175 元

孙官意 500 元	孙毅雄 350 元	孙灿垣 350 元	孙帝章 115 元
孙志强、孙志安、孙志祥三人 1000 元		孙锦源 100 元	孙锦财 100 元
孙锦绵 100 元	孙志佳 100 元	孙志昆 100 元	孙志坚 100 元
孙满昭 100 元	孙美燕 100 元	孙冠兰 100 元	孙国权 100 元
孙兆垣 100 元	胡惠明 100 元	孙冠华 75 元	孙金妹 50 元
孙兆垣夫人 50 元	孙桂好 50 元	孙金海 50 元	孙添满 50 元
孙焕佳 50 元	孙焕秋 50 元	孙焕标 50 元	孙恩湖 40 元
孙永华 25 元	孙梅子 25 元	孙志超 25 元	孙桂子 25 元
梁帼英 25 元	孙绍昆 20 元		

乐助人民币 2950 元

孙成添 400 元	孙锦照 200 元	孙鉴兴 200 元	孙冠兴 150 元
孙成基 100 元	孙德兆 100 元	孙武荣 100 元	孙锦英 100 元
孙焯生 100 元	孙昌衍 100 元	孙汉兴 100 元	孙佑根 100 元
孙曼平 100 元	孙杏枢 100 元	孙灿如 100 元	孙锦康 100 元
孙桂平 100 元	孙巧连 60 元	孙惠英 50 元	孙惠庭 50 元
孙少梅 50 元	孙连杏 50 元	孙连子 50 元	孙金文 50 元
孙石文 50 元	孙活文 40 元	孙兆棠 40 元	孙侠江 40 元
孙燕棠 40 元	孙志远 40 元	孙德才 20 元	孙泳仪 30 元
孙庆如 20 元	孙少卿 20 元		

1996年，教室经过数十年的风风雨雨和白蚁侵蚀，已经成了危房。村委会有见及此，斥资人民币 2000000 元，将井边左侧旧课室拆除，重新兴建一幢三层 12 间课室的教学楼。其中旅香港乡亲孙文超先生乐助人民币 50000 元参与建校。

西桠小学

西桠小学旧校舍经过数十年使用，课室已残旧，有些已成危房。1990年，致力于教育事业的有识之士都提议学校需要重建。这一建议得到海内外乡亲的热烈响应。当年成立建校筹委会，由洪桂清校长任筹委会主任，郑满生副区长为副主任，吴芷美老师执管财会。旅美乡亲洪昭信先生、旅澳洲乡亲朱瑞芳先生、朱少华先生、朱东成先生，旅香港乡亲郑则胜先生等在外发动筹集建校经费，社会各界热心人士也踊跃捐款。

1990 年新学校动工，1992 年 11 月 2 日一座园林式学校建成。新校舍有课室 7 间，课室前面建有宽阔的读书长廊；建有二层教学大楼一幢，上层是教导处、图书室、少先队室，下层是大礼堂；重新布局大操场，健全体育设施、规划了绿化区。基建耗资人民币 644880 元。其中旅外乡亲捐赠美元 30461 元、加元 50 元、澳元 29250 元、港元 153258 元、人民币 20940 元，社会各界人士捐资人民币 50924 元。学校占地面积 4669 平方米，建筑面积 666 平方米。捐建教室纪念其先辈的有洪昭信（"洪玉光室"）、朱少恩（"朱关佑室"）、朱少华（"朱瑞雄室"）、洪润明（"洪悦辉室"）、洪桂强（"洪杏泉室"）、洪国强（"洪寿廉室"）、朱浩平（"朱郭兆莲室"）。旅澳洲乡亲朱东成先生捐资人民币 30000 元兴建校门牌楼，另捐资人民币 15000 元在校内兴建 20 平方米石山喷水池一个、捐资 15000 人民币在教学大楼侧兴建六柱"恩母亭"一座，美化了学校园林景色。下面是旅外乡亲捐建学校芳名：

（乐助金额，除注明外均是美元）美元 30461 元，港币 500 元，人民币 1560 元

洪桂强 5000 元	洪国强 5000 元	郑丽嫦 250 元	郑翠英 250 元
洪才申 250 元	洪美香 217 元	洪美瑰 217 元	洪惠英 217 元
朱焕友 200 元	洪焕昆 200 元	洪信强 200 元	洪寿钿 200 元
洪君逸 200 元	阮礼江 200 元	阮礼君 200 元	洪树川 200 元
朱剑雄 150 元	朱伯雄 150 元	朱庚才 150 元	郑克明 150 元
郑恩梨 150 元	郑世杰 150 元	洪凤秋 140 元	洪超逸 120 元
朱少侠 100 元	唐卿云 100 元	阮举贤 100 元	郑燕卿 100 元
洪容好 100 元	朱雁群 100 元	朱金意 100 元	朱锐河 100 元
洪焕权 100 元	朱世炎 100 元	朱润添 100 元	朱业成 100 元
郑家声 100 元	郑少秋 100 元	郑 平 100 元	郑式伯 100 元
郑乌珍 100 元	郑卓仁 100 元	郑烈夫 100 元	洪焕朝 100 元
洪卓群 100 元	洪子均 100 元	麦宝尧 100 元	洪惠贞 100 元
洪社添 100 元	阮满容 100 元	朱桂彩 100 元	洪素秋 100 元
陈有开 100 元	刘少英 100 元	欧有帝 100 元	郑天平 80 元
郑少群 65 元	洪焕平 50 元	朱城翰 50 元	朱诚利 50 元
朱诚志 50 元	洪润林 50 元	洪焕良 50 元	朱锦灿 50 元
洪桂菊 50 元	洪丽芳 50 元	洪桂娥 50 元	朱四宏 50 元
郑仲贤 50 元	郑立仁 50 元	郑卓雄 50 元	郑绮霞 50 元
洪子云 50 元	洪惠霞 50 元	麦月连 50 元	郑月园 50 元
洪才冲 50 元	朱少碧 40 元	洪金好 30 元	郑世安 25 元
洪雁秋 20 元	洪燕秋 20 元	孙俭鸿 20 元	

洪润明美元 5000 元、人民币 650 元
洪昭信美元 5000 元、人民币 650 元
朱洪信予美元 200 元、人民币 50 元
洪金善美元 200 元、人民币 50 元
梁桂华美元 100 元、港元 500 元　　朱顶立美元 100 元、人民币 160 元

（乐助金额，除注明外均是澳元）澳元 29520 元，人民币 3500 元，港元 500 元

兆　恩 6400 元	朱杏希 1000 元	洪建洲 1000 元	朱玉芳 1000 元
阮子明 1000 元	洪梓湘 1000 元	阮信杏 1000 元	朱少海 500 元
朱京容 500 元	朱金晃 500 元	朱满杰 400 元	朱帝坤 400 元
郑卓平 400 元	孙仲英 340 元	孙沛云 330 元	朱碧环 300 元
吴国元 300 元	朱卓兴 300 元	阮振标 200 元	阮玉兴 200 元
阮杏光 200 元	朱敬华 200 元	郑卓林 200 元	郑志坚 200 元
孙　仁 200 元	朱赞湖 200 元	洪式桥 200 元	阮满廉 200 元
朱容光 200 元	洪卓荣 100 元	朱兆强 100 元	阮志楷 100 元
朱锦旋 100 元	朱少珍 100 元	陈惠贞 100 元	郑卓江 100 元
朱金贤 100 元	洪伯余 100 元	洪建科 100 元	朱燕嫦 100 元
阮元子 100 元	吴寿添 100 元	何永安 100 元	阮志豪 100 元
袁志昆 50 元	朱少华澳元 8400 元、人民币 300 元		

朱瑞芳澳元 200 元、人民币 3000 元
朱瑞珍澳元 1000 元、人民币 200 元　　洪子靖澳元 500 元、港元 500 元

（乐助金额，除注明外均是港币）港元 152258 元，人民币 250 元

朱浩平 40000 元	朱子力 24000 元	朱志桂 24000 元	朱步云 5000 元
郑则胜 5000 元	孙　轩 5000 元	朱炳培 5000 元	洪锐林 5000 元
洪衍幹 5000 元	黄敬云 3000 元	朱建兴 1558 元	朱月梅 1000 元
朱玉云 1000 元	洪卓贤 1000 元	朱伯生 1000 元	郑志雄 1000 元
朱振培 1000 元	洪畅华 1000 元	吴彩梅 1000 元	朱腾云 750 元
高倩卿 750 元	朱承菲 750 元	洪彩梅 750 元	朱有添 500 元
朱兆炳 500 元	朱　朝 500 元	孙子劳 500 元	孙成安 500 元
孙玉如 500 元	洪树堂 500 元	郑国威 500 元	林顺康 500 元
郑振辉 500 元	郑卓生 500 元	郑连法 500 元	郑寿伦 500 元
孙　藻 500 元	洪卓汉 500 元	洪展威 500 元	阮子荣 500 元
洪为光 500 元	朱绍云 500 元	洪建明 500 元	朱惠强 500 元
朱子财 500 元	朱锐芳 500 元	洪棣森 500 元	朱惠然 500 元
朱桂予 500 元	洪少东 500 元	阮纪立 500 元	朱志南 500 元
朱金养 300 元	朱沛衡 300 元	欧阳慕贞 300 元	许　进 200 元
林结雄 200 元	林浩强 200 元	阮腾芳 200 元	朱陂得 200 元
阮子江 200 元	朱炳辉 200 元	朱迪强 200 元	阮振常 200 元
朱小燕 200 元	朱社劳 200 元	朱添荣 100 元	陈国良 100 元
朱社予 100 元	李侯添 100 元	张寿坤 100 元	洪宇彬 100 元
阮石武 100 元	朱月影 100 元	阮浩明 100 元	

朱惠明港元 500 元、人民币 100 元　　洪亮港元 300 元、人民币 50 元

阮浩强港元 100 元、人民币 100 元

乐助人民币 15630 元

朱东成 5000 元	洪寿培 1300 元	洪　焕 950 元	麦俭生 700 元
朱文胜 700 元	洪式朝 650 元	阮子麟 650 元	麦桂章 650 元
洪子谦 650 元	洪少云 650 元	朱玉予 650 元	朱容信 650 元
洪容江 500 元	洪泗云 300 元	洪瑞兰 300 元	黄镜波 300 元
孙介培 200 元	朱关佑 200 元	孙　波 100 元	朱东球 100 元
洪少兰 100 元	麦美彩 50 元	朱锦明 50 元	洪务连 50 元
阮婉娴 50 元	阮玉妹 50 元	洪卓平 50 元	洪沛云 30 元

乐助加元

朱四妹 50 元

旅外乡亲十分关心家乡教育事业，多年来捐赠学校教学器材共值人民币 22800 元。具体为：洪润明先生 21 寸彩色电视一台、洪少云先生扩音器一套、郑则胜先生电风扇一台、朱兆炳、阮满廉各捐赠计算机一台。洪润明先生还捐赠长椅两张、学校办公台椅一批，洪昭信先生捐赠不锈钢滑梯一套、不锈钢旋转盆一套、不锈钢旗杆一支。洪顺祥捐赠蒙古式弹床一套。

华侨港澳乡亲捐赠西桠小学校教室、教学大楼名称和芳名影印如下：

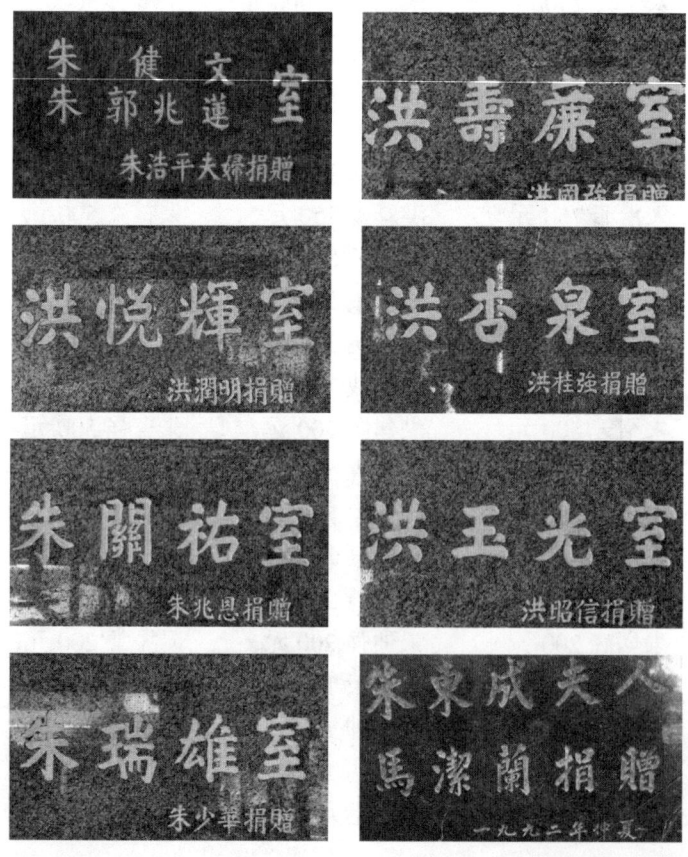

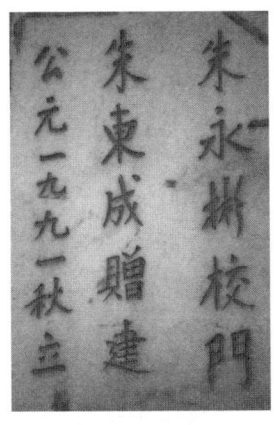  

马洁兰捐赠的西杓小学喷水池

神涌小学

  1992年，神涌海内外热心教育人士倡议重建神涌小学。这一倡议一呼百应，顺应民心民意。村内热心人士成立筹建学校委员会，聘请旅居美国、澳洲、秘鲁、中国香港等国家和地区德高望重之乡亲周星河先生、周杏簪女士、周国权先生、黄伯钊先生、黄智仁先生等为建校筹委会顾问。经内外宣传发动，历经时间一年，旅外乡亲筹得美元11680元、加元200元、澳元770元、港元40200元、葡币1000元、人民币146020元，社会各界热心人士筹得人民币516200元。学校于1993年6月动工，1994年10月竣工。学校占地面积1188平方米，建筑面积700平方米。建起三层教学楼一幢、礼堂和图书馆各一座、教工宿舍一间。教学楼除设教室外，还设置实验室、少先队室、体育器材室等。学校前面是大操场，建有篮球场一个。当年曾刻名纪念建校捐资人民币20000元以上的有：罗容兴、陈润颜室，周瑞生、陈桂容室，黄智仁室，周应图、高秋容室，周奋中、陈锦芬室，周协和室。下面是旅外乡亲捐建学校芳名：

  乐助美元11680元、人民币13460元、加元200元、港元600元

周杏簪1170元	陈桂婵1150元	高华焜1150元	罗秀森1150元
罗金鉴1150元	周尚武500元	周耀燊500元	周华锐200元
周继馀200元	周华海100元	罗少珍100元	周佩卿50元
周丽兰50元	周秀兰50元	周龙光50元	陈慕娴50元
罗国财20元	黄建东20元	周冠飞10元	周瑞飞10元
周冠恒10元			

  黄智仁 美元2000元、人民币100元 周星河伉俪 美元1280元、人民币400元
  周焕刚 美元40元、人民币9260元 周美兴 美元200元、人民币200元
  周文献 美元100元、港元600元、人民币100元
  周惠强 美元100元、人民币200元 周茂兰 美元50元、人民币200元
  孙少珍 美元50元、加元200元、人民币200元

周仲平 美元 100 元、人民币 400 元		周兆根 美元 50 元、人民币 400 元	
周凤强 美元 20 元、人民币 2000 元			

乐助港元人民币 7350 元、港元 39600 元

周少刚 5000 元	周少峰 5000 元	黄翘东 1600 元	周顺广 1000 元
李汉彬 1000 元	周硕夫 1000 元	周硕煜 1000 元	严淑莲 1000 元
周泳洲 1000 元	周锡垣 1000 元	周俊东 500 元	周维康 500 元
郑兆德 500 元	周素娴 300 元	周少媚 300 元	周日明 200 元
周日强 200 元	周志尧 100 元	周志航 100 元	周惠馀 100 元
黄伯剑港元 10000 元、人民币 100 元		林意洲港元 4000 元、人民币 4500 元	
周惠初港元 2000 元、人民币 500 元		周植煊港元 1000 元、人民币 100 元	
周泳平港元 500 元、人民币 1000 元		周汝澄港元 500 元、人民币 150 元	
周少强港元 100 元、人民币 500 元		周伟航港元 100 元、人民币 500 元	

乐助葡币 1000 元

周畅宏 1000 元

乐助澳元 770 元

周毅光 500 元	黄银意 70 元	黄达生 50 元
周月兰 50 元	黄振鸿 50 元	黄凤仙 50 元

乐助人民币 125210 元

陈泽文 40000 元	周容安 20000 元	周国恩 10000 元	周焕伟 6660 元
周焕威 7310 元	周绍雄 4500 元	郑卫东 3320 元	周锡洪 1000 元
周国平 1000 元	罗绍生 1000 元	周瑞伦 1000 元	郑志钊 1000 元
谭桂梅 1000 元	罗国新 600 元	罗国凯 560 元	罗锦良 560 元
周佣源 500 元	周礼源 500 元	周炳灿 500 元	郑佑成 500 元
黄建成 400 元	周显富 400 元	周桂财 300 元	郑浩均 300 元
黄卫国 300 元	周锦石 200 元	蔡少梅 200 元	李 飞 200 元
刘少余 100 元	林植光 100 元	周少娟 100 元	周镇荣 100 元
周炳恒 100 元	周少梅 100 元	周仲生 50 元	周惠余 50 元
港联五金厂（港资企业）14000 元		友利玩具厂（港资企业）3200 元	
东茗影音公司（日资企业）3500 元			

宫花小学

宫花小学始建于 1946 年，校址设在王氏大宗祠内。学校面积 1800 平方米，是一个六级四班的复式小学。1983 年拆去王氏大宗祠，改建成四间课室，但因室场太少，难以适应教育需求。1993 年宫花村村委会决定在村后门山油麻园地兴建新校。这一决定，顺应民意。新校舍当年动工，1994 年 8 月落成。学校占地面积 6660 平方米，教学楼一幢 3 层共 9 间教室，另建学校礼堂一座，总投资 940000 元。建校期间旅日乡亲林煜铭先生捐赠日币200万元，林海平先生美金2000元，旅美乡亲王仲方先生人民币70000元、马桂雄先生人民币54155元、王泽良先生人民币10000元。建校其余款项由村委会斥资解决。学校室场宽敞，其他室场也相应具备。

新校落成后，旅日乡亲林煜铭先生、旅美乡亲马桂雄先生捐赠人民币10000元给学生做制服。林煜铭先生再捐赠人民币60000元作为学校经费。

1995年由于开发区调整教育布局，把大岭小学、西桠小学与宫花小学合并，校址设在宫花新校，人数增多，区财政拨款再建一幢3层9间课室的教学大楼。这一年学校总占地面积7038平方米，总建筑面积达888平方米。

由于合并了办学，校长把林煜铭先生捐赠学校经费的剩余款30000元，经村委会同意交给宫花幼儿园作办园经费。

1999年开发区又调整了办学点，原宫花小学学生入读开发区第二小学。学校由村委会管理，当年就引资开办了工厂。

大环小学

1984年，大环海内外乡亲及有识之士，目睹大环乡校陈旧简陋，并已成危房，难以再度修葺，因此成立建校筹委会，选出张道生为名誉主席，黎兆光为执行主席。同时向海内外乡亲倡议重建大环小学。这一提议马上得到旅美大环同乡会、旅港澳大环同乡会、旅澳洲侨胞及广大乡亲、校友热烈响应，纷纷解囊捐赠。短短一年，建校资金便已筹集完，共计美元44435元、澳元1740元、港元47900元、葡币500元、人民币9520元。旅穗工程师黄兆祯、李剑峰义务回村为新校测量绘图。大环小学于1986年3月破土动工，同年9月竣工。学校占地6600平方米，建筑面积1300平方米，楼高三层，有课室六间，并有体育器材室、音乐室、乒乓球室、实验室、图书室、教师办公室、接待室等，还有学校礼堂及教师宿舍。另外旅美乡亲黄关昌、张彩玉夫妇出资为学校大礼堂铺设优质地块砖，再捐赠人民币8000元，在学校周边建造绿化带，设置绿化区及平整运动场。基建投入227000元，绿化及台椅设备投入52187元。建校剩余款项作学校教育基金，用于奖教奖学。下面是旅外乡亲捐建大环小学芳名：

乐助美元44435元

大环旅美同乡会7000元　　张少武5000元　　黎惠卿5000元

吕少安2500元　　张美月2500元　　黄关昌2000元　　张彩玉2000元

黄日明1000元　　吕 非1000元　　关寿祥1000元　　李厚礼1000元

张华深1000元　　周玉葵1000元　　张佑文1000元　　张炳辉1000元

吕华轩夫人1000元　　张华文1050元　　吕冠波500元　　张佑华500元

张硕泉500元　　黎干初500元　　吕文让夫人500元　　黎中西200元

江庆锦200元　　周泰炎200元　　张河光200元　　张杏林200元

张汉明200元　　张惠祥200元　　张惠国200元　　张亚昌200元

张惠喜200元　　张鉴辉100元　　朱金宽100元　　吕棣森100元

李晋文 100 元	李　田 100 元	陈有宽 100 元	周玉波 100 元
张容开 100 元	张道诚 100 元	张慕娴 100 元	张绮月 100 元
张兆洪 100 元	张庆良 100 元	张华桂 100 元	张庆坤 100 元
张建颐 100 元	黎庆森 100 元	张彩婵 100 元	张华生 100 元
张金平 100 元	黄少英 100 元	黄润登 100 元	黎　坚 100 元
黎容意 100 元	黎哥顿 100 元	黎　沃 100 元	黎兆开 100 元
黎俊波 100 元	黎光南 100 元	黎惠湖 100 元	蔡飞雄 100 元
关国雄 100 元	关自强 100 元	关彩娟 100 元	关彩凤 100 元
陈妹妹 50 元	张彩玲 50 元	黎关本夫人 50 元	张文坚 40 元
张镜波 40 元	张春花 40 元	黄月娟 40 元	张兆云 30 元
柯杏金 25 元	柯彩莲 20 元	吕来澳币 150 元	

乐助澳元 1740 元

高康妹 150 元	张祖森 200 元	吕灿生 100 元	吕官渭 100 元
吕灿挥 100 元	吕加源 100 元	柯文庆 100 元	柯月山 100 元
柯月初 100 元	柯文绍 100 元	柯楚生 100 元	柯志广 100 元
张志远 100 元	吕平仔 50 元	张有生 50 元	蔡杏新 40 元

乐助港元 47900 元

张计财 5000 元	黎一安 5000 元	吕国良 4000 元	黄少立 1500 元
吕文翰 1000 元	冯杏昌 1000 元	张少祺 1000 元	张国恩 1000 元
冯杏新 1000 元	黄少江 1000 元	黎　伟 1000 元	黎再生 1000 元
黎计标 1000 元	吕耀光 500 元	关日林 500 元	李厚君 500 元
冯杏彩 500 元	柯瑞潜 500 元	张威林 500 元	张杏生 500 元
张道平 500 元	黄焕登 500 元	黎焕桥 500 元	黎植坚 500 元
黎仲平 500 元	黎棣彬 500 元	黎逸文 500 元	黎国雄 500 元
黎卓平 500 元	黎亦云 500 元	黎泳洲 500 元	黎炳熙 500 元
蔡一佬 250 元	蔡建东 250 元	黄金棠 400 元	吕惠文 300 元
吕官源 300 元	张焕深 300 元	张焕庄 300 元	陈连妹 300 元
蔡耀煌 300 元	蔡国贤 300 元	蔡善增 300 元	郑坚嫂 300 元
张慕玲 300 元	吕伯财 200 元	关满安 200 元	关桂荣 200 元
张兆新 200 元	张杏满 200 元	张观礼 200 元	张冠林 200 元
张焕文 200 元	张观维 200 元	张志仁 200 元	张志强 200 元
黎妙良 200 元	黎　培 200 元	黎宝华 200 元	黎伟雄 200 元
黎伟权 200 元	蔡二佬 200 元	张凯球 200 元	张计财夫人 200 元
吴华彩 200 元	林瑞光 200 元	柯文建 200 元	黄灿根 200 元
黎沛桥 200 元	张志威 200 元	林少欢 5000 元	

乐助人民币 9520 元

林少欢 8000 元	张慕洁 600 元	张志行 250 元	张志雄 200 元

张燕梨 150 元　　　李剑峰 120 元　　　吕成霭 100 元　　　张东浩 100 元

乐助葡币 500 元

黄兆光 500 元

江尾头学校

江尾头小学与江邨公园相邻，背靠青山。学校占地面积 4000 平方米，早在 1984 年旅澳洲乡亲唐鉴荣先生捐赠人民币 85000 元新建一幢 2 层 6 间课室的教学楼，称"贻广教学楼"。贻广教学楼建筑面积 400 平方米，1985 年初竣工使用。此时室场仅可作课堂，其他功能实验室均无。1986 年，乡侨黄伟棠先生在澳洲发动乡亲捐款以扩大校舍，得到其他乡亲的鼎力支持。短短时间内筹得美元 50、澳元 2950 元、港元 216939 元、人民币 8936 元。社会各界人士筹集人民币 3000 元。在石鼓上后山旁再兴建一幢三层高的教学楼，取名"春晖楼"，并重修"彩元堂"，建篮球场和学校围墙。扩建校舍于当年动工，1987 年冬建成，建筑面积 800 平方米，投入资金人民币 246975 元。扩建后的江尾头小学除了有学生上课用的课室外，还有教师办公室、体育活动室、实验室、图书室等。1999 年开发区并校调整，学生到张家边第二小学就读，学校改作幼儿园。下面是 1986 年旅外乡亲捐资扩建学校的芳名：

乐助港元 216939 元

唐庄生 125650 元	唐向明 53500 元	李润生 16500 元	
李帝友 2000 元	唐庆湘 2000 元	李淑婉 2000 元	谢瑞潮 1509 元
刘汉彬 1000 元	刘棣祥 1000 元	李桂深 1000 元	谢友生 550 元
李庆财 500 元	陈满雄 500 元	陈玉轩 500 元	李　棠 500 元
唐绍垣 500 元	陈官其 500 元	冯先生 500 元	黄河贵 400 元
李润强 350 元	李灿文 350 元	黄惠安 300 元	黄一荣 300 元
陈是雄 300 元	刘雪惠 270 元	刘钊平 250 元	张寿兰 250 元
江润妹 200 元	刘棣贤 200 元	李庆容 200 元	李锡明 200 元
李振威 200 元	刘家驹 200 元	陈子辉 200 元	李焕龙 200 元
陈惠均 200 元	陈翠玉 200 元	陆远亮 200 元	林惠连 200 元
陆李四妹 200 元	唐卓尧 160 元	陆志腾 125 元	陆伟腾 125 元
陆金城 125 元	陆伯恩 125 元	李庆秋 100 元	陈亦雄 100 元
陈洁贞 100 元	吴绍英 100 元	李洁英 100 元	高　娟 100 元
林少年 100 元			

乐助澳元 2950 元

| 唐庆森 1000 元 | 陈海清 600 元 | 黄伟棠 400 元 | 黄威林 300 元 |
| 唐如海 300 元 | 陈焕金 300 元 | 陈瑞贞 50 元 | |

乐助人民币 8936 元

| 李卓喜 4800 元 | 陈桂龙 3156 元 | 黄满林 500 元 | 刘剑洲 180 元 |

陈志权 100 元　　　陈天成 100 元　　　李崇让 60 元　　　李金其 40 元
乐助美元 50 元
李惠栈 50 元

窈窕小学

1989 年旅外乡亲以及热心教育之士目睹窈窕学校面积较小，校舍残旧，适应不了当前教学需求，提出要新建一所学校。在村委会、侨联会以及热心人士的努力下，成立了学校筹建委员会，并得到了旅外乡亲及社会各界热心人士的鼎力支持，解囊捐赠。1990 年村委会划地 13 亩，新校当年动工，1992 年竣工启用，总建筑面积 1299.61 平方米。学校是中国古典式设计，两边是室室隔开的独立教室 8 间，课室前面走廊宽阔，室室相连。正面大楼与宽阔走廊相通。教室前面是二层教学大楼。上层是学校办公室及功能实验室，下层是体育馆，馆内一侧设有小舞台，可作学生集会和表演场所。校舍内所有建筑顶盖都是各种色泽配套的玻璃瓦。校园里绿化安排有序，时花植于花基，高大林木种植适中，是一座富有园林韵味的校园。学校操场建在教学大楼后面，有 200 米跑道、篮球场、健身区等。总投资人民币 1728842 元。其中旅外乡亲捐赠美元 6350 元、港元 124300 元、葡币 500 元、人民币 15600 元，社会各界热心人士捐赠人民币 10800 元，村委会投入 1516000 元。1999 年全区学校调整并校，窈窕村学生到陵岗小学就读，窈窕学校调整为窈窕幼儿园。下面是旅外乡亲捐建学校芳名：

乐助美元 6350 元
陈亮球、陈亮华、陈亮科 6000 元　　陈福成 100 元　　　陈佩荣 100 元
无名氏 100 元　　陈朝辉 50 元

乐助港元 124300 元
陈仕棠 46200 元　　陈炳林 46200 元　　胡联星 15500 元　　吴宇川 2000 元
陈惠坤 1000 元　　陈华君 1000 元　　陈寿洪 1000 元　　杨少鋆 800 元
陈世光 800 元　　谢兆辉 500 元　　谢建忠 500 元　　谢振雄 500 元
陈普宏 500 元　　陈志容 500 元　　陈树波 500 元　　谢惠棠 500 元
陈德容 500 元　　陈庆超 500 元　　梁小慧 400 元　　杨鉴芬 400 元
陈沛洲 400 元　　谢建生 400 元　　陈世广 300 元　　陈世恩 300 元
林凤金 300 元　　杨伟光 200 元　　沈镜权 200 元　　陈侨锋 200 元
杨登汉 200 元　　杨智豪 200 元　　杨智贤 200 元　　吴焕友 200 元
梁耀威 200 元　　梁耀波 200 元　　梁耀强 200 元　　陈社昆 200 元
陈立敏 200 元　　谢耀文 100 元　　陈健民 100 元　　陈碧瑶 100 元
陈碧苗 100 元

乐助人民币 15600 元
林润福 7500 元　　林少刚 7500 元　　陈国强 300 元　　陈国华 300 元

乐助葡币 500 元
吴少然 500 元

黎村小学

时至 1989 年，黎村小学经历数十个春秋后，课室已残旧，且数量不足。有热心人士提议增建教学楼，以解决课室不足的问题。此举得到旅外乡亲及社会热心人士的鼎力支持。旅外乡亲共筹得美元 100 元、港元 55050 元、人民币 7600 元；社会各界人士共筹得人民币 95710 元。二层教学楼当年动工，1990 年竣工，有四间课室。总投资人民币 206960 元，不足部分由村委会支付 47800 元。增建教学楼以后，教室充足，同时配备了各种功能室。旅香港乡亲梁镜兴先生捐赠港币 5000 元购买教学仪器。下面是旅外乡亲参与捐建教学楼芳名：

乐助港元 55050 元

梁玉伦 20000 元	梁彦斌 5000 元	梁镜兴 5000 元	梁锦标 2500 元
梁玉泉 2500 元	梁惠根 2000 元	梁光桥 2000 元	梁　乐 1500 元
梁惠英 1500 元	梁　武 1500 元	梁焕新 1500 元	许少娟 1500 元
梁玉祥 1400 元	梁计宽 1000 元	梁华次 1000 元	梁华石 1000 元
梁栋坚 1000 元	梁超炳 1000 元	梁结南 1000 元	梁裕恩 900 元
许炳仪 250 元

乐助人民币 7600 元

梁保诗 700 元	梁　武 500 元	梁镜财 500 元	梁来响 500 元
梁少威 500 元	梁建康 300 元	梁惠生 300 元	梁玉华 300 元
梁关敏 300 元	许帝明 300 元	梁光剑 200 元	梁武奕 200 元
梁武彬 200 元	梁关标 200 元	梁木玲 200 元	梁少占 200 元
梁结雄 200 元	许少平 200 元	欧少培 200 元	梁武强 200 元
梁金棠 200 元	梁月生 200 元	许炳辉 200 元	梁炳光 150 元
梁国勇 100 元	梁桂明 100 元	梁武农 100 元	梁玉明 100 元
许少英 100 元	周少珍 100 元	许炳宁 50 元

乐助美元 100 元

梁佩珍 100 元

1995 年旅菲律宾乡侨梁来忠先生捐资美金 2000 元，社会各界热心人士捐赠人民币 30000 元，兴建了学校图书室。图书室当年动工，1996 年完成，总投资人民币 50000 元，面积 49.8 平方米。图书室建成后，购置了图书，使学校设施进一步完善。

1997 年旅美乡亲刘兰泉女士捐赠美金 1000 元，修整扩阔了学校运动场，使运动场增至 1117.8 平方米。学校为让后代不忘善长仁翁爱国爱乡情怀，把运动场冠名为"梁刘兰泉纪念运动场"。

灰炉小学

灰炉村1920年已有私塾，学生10多人。1921年，村中热心教育人士黄满胜、陈干恩、陈玉恩和柯源四人集资兴建了灰炉学社，学校学生约50人。这些学生年纪比较大，农闲时认真读书，农忙时便是劳动者。1939年中山沦陷，学校一度停办，到1945年抗战胜利后又重办。由于校舍不足，一直都是复式班授课。1968年灰炉学社拆除，在各方努力下，新建六个教室，建筑面积240平方米。1988年在村委会和群众的支持下拆除已成危房的小礼堂，在原地兴建了一座二层教学楼，有4间课室，面积270平方米。这大大改善了学校的教学环境。当年旅香港乡亲陈继尧先生捐资港币2000元做建校费用。到了1991年，20世纪60年代修建的教室已成危房。旅香港乡亲苏祥先生提议建校，并在我国港澳地区发动乡亲解囊赞助，共筹得港元91900元，村民也乐助人民币9400元，市教育局下拨人民币20000元。当年把危险的校舍拆掉，村委会再划出1000平方米地皮，扩大校园面积，兴建了一栋高二层有6间课室的教学楼，建筑面积364平方米，另新建了学校围墙，共投资人民币275000元，不足部分由村委会支付，共145600元。当年学校增设了幼儿班。下面是1991年旅外乡亲乐助兴建教室芳名：

乐助港元91900元

吴焯新 30000元	郭炳权 15000元	吴广标 6000元	冼镜波 5000元
苏伟权 5000元	刘 友 3000元	苏 祥 2000元	吴建民 2000元
陈继尧 1300元	陈镜波 1300元	梁宝贵 1000元	苏关有 1000元
梁天带 1000元	罗希仔 1000元	陈锦泉 1000元	黄伟棠 1000元
吴宏标 1000元	吴润明 1000元	陈锐添 1000元	谭客胜 1000元
陈有根 1000元	吴海平 1000元	吴桂生 1000元	杨永红 700元
陈牛根 500元	梁华焯 500元	黄少伟 500元	黄少彬 500元
陈北根 500元	陈林根 500元	吴宏安 500元	黄华胜 500元
郭锡泉 500元	周金棠 500元	陈 妹 500元	黄三财 500元
黄 满 200元	何社胜 200元	吴焯文 200元	冼仁根 200元
黄伟文 200元	梁润明 200元	陈建广 100元	陈惠贤 100元
何月荣 100元	吴添根 100元		

到了1998年，由于学校欠缺教学功能室，难以适应现代教学需要，村委会决定再兴建学校，并成立建校和建球场筹委会，选出旅香港乡亲梁宝贵先生、郭炳权先生、吴广标先生、吴焯新先生、本村梁荣耀先生等20位为筹委会委员，同时发动旅外乡亲和本村热心人士解囊赞助。旅外乡亲筹集港币38620元，本村热心人士筹集15150元。兴建教学楼2幢2层共10间课室，建筑面积656平方米，连同修建球场一共投入人民币455000元，不足部分由村委会支付。当年，学校一共可使用教室16间，除教室外，设置各种功能室。1999年由于开发区教育布局调整，灰炉小学并入开发区第五小学，学校改办幼儿园。下面是1998年建校时旅外乡亲乐助芳名：

乐助港元 35410 元

吴焯新 2000 元	郭炳权 2000 元	梁明根 2000 元	陈爱玲 2000 元
黄惠权 1600 元	苏关有 1500 元	吴荣标 1500 元	陈淑霞 1500 元
梁宝贵 1300 元	梁华焯 1300 元	陈少添 1000 元	陈凤仪 1000 元
陈佩霞 1000 元	冼月娟 1000 元	黄少伟 1000 元	梁汉祥 1000 元
黄少彬 1000 元	陈镜波 1000 元	梁天带 800 元	吴建文 600 元
吴艳霜 500 元	黄瑞玲 500 元	冼佩仪 500 元	黄伟业 500 元
陈惠英 500 元	冼月萍 500 元	冼北泉 500 元	冼金妹 500 元
黄润林 500 元	陈伟雄 500 元	陈锐添 500 元	郭锡泉 500 元
冼 旺 500 元	吴惠兰 400 元	吴玉梅 300 元	陈胜娣 300 元
黄桂泉 300 元	冼玉英 300 元	苏少忠 300 元	苏桂添 110 元
梁加雄 100 元	陈北根 100 元	苏 添 100 元	林细妹 100 元
吴淑珍 100 元	何 炎 100 元	陈天带 100 元	

灰炉村旅外乡亲热心教育事业，又重视体育工作。旅香港乡亲冼健友先生、冼北泉先生、陈泽南先生、吴荣标先生和黄桂泉先生 1982 年捐赠给学校一批体育用品，价值人民币 2800 元。1983 年 4 月又赠送学校一批体育器材，价值人民币 1500 元。1984 年再赠送学校电风扇多台，价值 700 元，并乐助学校经费人民币 300 元。旅外乡亲爱国爱乡，为家乡建校育才做出的贡献，村民们永志不忘。

李颂龄学校

小隐村前辈十分重视教育，很早以前曾借用各祖祠堂办起学校，以育英才。新中国成立初期，仍以黄家祠办初小、陈家祠办高小班。1947 年得旅美檀香山群策社及村中热心人士捐建课室 3 间，才于黄家祠后山脚办成一所完全小学。直到 1958 年，乡中主事将黄家祠、陈家祠拆下，把材料放在黄家祠附近建起小礼堂及几间课室。1964 年学校遭遇台风侵袭，部分课室被刮倒，无力重建，唯有合班复式继续上课。延至 1988 年，乡中重提建校事，得到旅香港乡亲李俊驹先生的鼎力支持，捐赠港币 350 万元兴建按省级学校标准建造小隐学校。学校占地 11068 平方米，以飞机型款式兴建楼高三层的教学楼和礼堂各一座。建筑面积 3500 平方米。旅美群策社捐赠美金 30000 元，在学校南楼侧兴建图书馆一座。1989 年新校舍落成，小隐、义学两校合并。李俊驹先生怀念先父李颂龄先生素有爱乡情怀，晚年也有办学理念，于是将学校立名为"李颂龄学校"，学校礼堂命名为"颂龄堂"。李俊驹先生之弟李文彬先生再捐资港币 50 万元，配备大礼堂坐椅、课室台椅、学校音响设备、各功能室设施以及环境绿化。新校设置 200 米四线环形跑道和 100 米五线直线跑道。学校规模宏大，气势不凡。李先生兄弟重教之举，铭刻于村民心中。

新学校建成后，李俊驹先生为了使学校有充足的教学经费，于 1992 年捐赠人民币 60 万元建了一幢 1048 平方米的工业楼，工业楼所得租金拨入李颂龄学校作教学基金。

1996 年，李俊驹先生捐资人民币 60000 元修整学校球场。

1995 年旅香港乡亲吴北带先生赠给李颂龄学校 21 寸彩电，价值人民币 6000 元。1998 年旅美乡亲李钧涵先生、李美云女士各捐赠人民币 300 元购买图书柜、图书等。

1999 年，开发区进行学校调整，小隐村学生迁到开发区第五小学就读，李颂龄学校归小隐幼儿园使用，成为开发区一所配套完善设备齐全的先进幼儿园。

陵岗小学

新中国成立前，陵岗小学设在南台祖祠和谷逸祖祠里。1970 年，郑仙田校长发动群众，建设新校舍。1972 年建筑面积为 500 平方米的校舍建成。1988 年 9 月得到旅澳乡亲陈溢鸿先生赞助人民币 30000 元，兴建学校校门及围墙。1999 年开发区教育布局调整，陵岗小学另建新校，定名为开发区第四小学，招收陵岗、朗尾、窈窕的学生就读。原陵岗小学改办陵岗幼儿园。

陵岗小学于 1992 年至 1997 年间接受旅外乡亲乐助教育基金用于奖教奖学，乐助人民币合共 12500 元。芳名如下：

陈文铁、陈瑞金、陈金容三人 10000 元

陈溢鸿 1300 元　　郑凤珍 500 元　　陈富新 200 元　　陈健新 100 元

陈森泉 100 元　　陈志谦 100 元　　陈志威 100 元　　陈志均 100 元

旅澳乡亲陈玉和先生捐赠秒表一个，价值人民币 100 元。旅美乡亲陈焕伦先生赠送学校图书 200 本，价值人民币 500 元。

濠四小学

濠四村在濠头涌口，新中国成立前村上没有学校。1949 年，群众搭茅棚办私塾。1951 年发动群众办校，苏满珍和杜七友把分配给自己的土地捐出其中十亩，搭茅棚，办起了沙厂小学。当时设 4 个初小教学班，学生 60 人，到 1958 年学生增至 100 人。1960 年在上级教育部门的帮助下，加上当地集资建起一座有 4 个教室的砖瓦平房，连同两间茅棚办起了复式班的完全小学，改名为"濠四小学"。1972 年，濠四村筹集资金建起一幢 2 层砖瓦房，楼下是教导处和一间教室，楼上是教师宿舍。1975 年办起附设初中班。由于校舍欠缺，小学班多采用复式班上课。1979 年在学校前面征地 600 平方米，当地筹集红砖，大队出沙运石，上级拨款购买水泥钢筋再建 4 间教室，共 130 平方米。1980 年上半年建好，学生增至 180 人。学校已经是附设初中班、有一定规模的小学，1988 年旅香港乡亲梁容满、杜执养先生各捐赠吊扇 2 台。1999 年开发区进行学校调整，学生并入沙边小学就读，学校改办幼儿园。

东利学校

东利村办学校始于 1954 年,当时以茅棚为校舍,只开设一、二两个年级,三年级以上的学生要到珊洲小学就读。1960 年起开 6 个班,但地方狭小,无法开辟运动场。1970 年把校址迁往晒谷场,在周边搭起茅棚上课,以晒谷场做运动场,让学生课余时间多一点活动的地方。遇农忙季节,晒谷场堆满稻谷,学校一切体育活动课就暂停。1982 年东利村经济有所发展,村委会把晒谷场划为学校用地,重新兴建一幢 2 层 6 室的教学楼,并建好围墙,栽花种树,美化校园。到了 1992 年,学生不断增多,教室不够用。村委会有见及此,决定兴建一幢 3 层 9 个课室的教学楼,以解决校舍不足。此举得到社会各界人士的鼎力支持。旅港澳乡亲筹集港元 25400 元,社会热心人士筹集人民币 20000 元。教学楼于 1992 年 1 月动工,当年年底竣工。总投资人民币 621600 元,村委会斥资 576200 元。新的教学楼建好后不但课室充足,功能实验室也齐备,并且充实了教具和实验室设备。

下面是 1992 年捐资参与兴建学校的旅港澳乡亲芳名:

乐助港元 25400 元

高镇江 12100 元	黄金元 3100 元	黄金泉 1500 元	黄伯泉 1000 元
梁锦添 1000 元	黄全有 500 元	梁仕光 500 元	冼林根 500 元
何顺娣 500 元	陈添胜 400 元	黄华胜 400 元	梁有金 400 元
黄美金 300 元	黄坤胜 300 元	黄丙轩 300 元	黄社胜 300 元
黄 炳 300 元	黄 社 300 元	梁七根 300 元	何 苏 300 元
冼金玉 200 元	冼 东 200 元	黄 根 200 元	周容根 200 元
梁宝辉 100 元	梁华添 100 元	杨 炳 100 元	

1999 年开发区学校调整布局,东利学生并入开发区第五小学就读。现学校大楼第一层以及另一幢教学楼用于开办幼儿园,第二、三层为东利村委会办公场所。

茂生小学

茂生村早在 1944 年已经有村民吴开和杨润根主动向群众募捐办私塾。新中国成立后,由驻军文化教员负责教学。1950 年办了 3 个复式班。1959 年学校迁往大岗山脚,建有 6 个教室。到 1988 年,学校已发展到 7 个教学班(其中一班是幼儿班),校舍总面积 580 平方米。由于年长日久,校舍陈旧,旅香港乡亲周二根先生等有见及此,发动在港乡亲共筹得港元 30750 元交给茂生小学做校舍维修用。当年学校维修工作迅速,翻新加固了 6 间教室和新建了一间厨房。下面是旅香港乡亲乐助学校维修经费芳名:

乐助港元 30750 元

周二根 14000 元	黄玉坤 2500 元	黄兆满 2000 元	吴金沛 1500 元
吴金胜 1250 元	黄 锦 1000 元	何兆海 1000 元	陈庆南 1000 元
高全根 1000 元	冼世云 1000 元	冼帝基 1000 元	陈容根 900 元

周林胜 700 元　　洗官胜 600 元　　吴六根 400 元　　林北胜 300 元
黄永安 300 元　　高林胜 200 元　　吴常喜 100 元

张家边中学

张家边中学是 1976 年新办的中学，校址在张家边公园北面。1984 年，旅美乡亲欧阳官昌先生捐赠人民币 5000 元在操场前面兴建一座学习亭，为学生创设了良好的学习环境。1990 年，学校为了扩大运动场，增建 200 米跑道，要把此学习亭拆掉。学校把此事知会了欧阳官昌先生，他表示理解与赞成。1997 年，欧阳官昌伉俪在得到区政府和学校的赞同下，再次捐赠 1000 美元，在新运动场右边重建一座学习亭，名曰"欧阳干荣公学习亭"。该亭既可让学生看书学习，又可用做运动场小舞台。欧阳官昌先生关心教育之深情厚谊，永存于学校师生心中。

1999 年张家边中学迁址并改称为火炬开发区第一中学。旅美乡亲谭沛森先生由 1999 — 2016 年每年捐赠 1000 美元给该校，用于电脑室的维修与增添新设备。该校师生对谭沛森先生的热心资助深表谢意。

张家边幼儿园

1987 年张家边村热心教育的有识之士提出要兴建幼儿园，这与张家边村委会的教育理念达成共识。经过酝酿，成立了张家边村幼儿园筹建委员会，选出热心教育人士吴仲贤先生任筹建委员会主任及筹委多人，共同发动海内外乡亲，支持幼儿教育。一年多时间里，海外乡亲鼎力支持，慷慨解囊，筹集了美金 43100 元、澳币 100 元、港币 113860 元、人民币 32900 元。社会各界人士也筹集了人民币 51000 元。1989 年动工，首先将原来张家边第二小学校舍进行全面改建。在校舍右侧兴建一幢二层有 14 间教室及有宽阔走廊的教学楼，工程于 1991 年落成。新教学楼占地面积 3613 平方米，建筑面积 840 平方米。教学楼里里外外进行了全面装修，总投资人民币 964910 元。其中张家边村委会斥资 425000 元。当年建园规定捐建 4000 — 5000 美元或港币 40000 元的乡亲，以一教室刻名永记。刻名做纪念教室的有旅美乡亲高宝兴先生、高华焜先生、马桂才先生、郑燕卿女士、马灿彪先生、欧阳玉梅女士，有旅加拿大乡亲吴桂添先生、马宗锦先生及其家人，旅澳洲乡亲高宝芳先生、吴干群先生、孙源忠、孙照钧先生，旅香港乡亲马文辉、卢雪儿夫妇。

随着幼儿教育事业的发展，2002 年张家边村又投入人民币 200 万元，拆了正面教室重建三层教学楼。扩建后，张家边幼儿园园舍、功能设备室场达到了省级幼儿园标准。现在张家边幼儿园占地面积 3897.9 平方米，建筑面积 3921.19 平方米。共有室场 58 间，里面有教室、音乐舞蹈室、美术室、计算机室及各种功能室，另外配备餐室和幼儿睡房。园舍前面建有 580 平方米塑胶运动场，右侧建有游泳池。现有 12 个教学班，在园幼儿 400 多人，教职工 54 人。幼儿园以"健身、激趣、怡情、增智"为办园宗旨，以"艺体特色"作办园方向，校园设备先进，教育成绩显著。2001年前被评为"全国体育先进集体"，2003年被评为市一级幼儿园，2005年被评为省一级幼儿园。多年来获市级以上奖励332项，其中幼儿小品"比比谁的本领大"获省艺术花会一等奖，获全国"蒲公英少儿戏剧表演"金奖和创作金奖。2002年代表广东省前往北京中南海参加全国庆祝"六一"节的演出。下面是1989—1991年间捐建幼儿园的旅外乡亲芳名：

乐助美元39200元

高宝兴 5000元	高宝芳 4500元	吴干群 4500元	马桂才 4500元
郑燕卿 4500元	马灿彪 4500元	高华焜 4000元	欧阳玉梅 4000元
谭沛森 1300元	吴干祥 300元	马光仪 200元	吴润新 200元
马干才 200元	吴家驹 200元	吴润新 200元	吴善伟 100元

阮婉娴、黄海泉、洪昭信、马光仪、马彩连、吴耀庭、吴爱兰、马桂元等8人共800元

| 吴善焜 100元 | 吴子勤 100元 | 黄溢昆 100元 | 马兆鸿 100元 |
| 吴子棠 50元 | 吴可立 50元 | 吴子坤 50元 | 欧阳凤媚 50元 |

马宗锦、马孙容连、吴二妹、马寿雅、陈月珍5人共4000元

乐助港元13160元

吴桂添 40000元	马文辉 40000元	卢雪儿夫妇 40000元	刘 成 2000元
马兆驹 2000元	陈玉舫 1200元	陈宗汉 1000元	吴振江 1000元
洪金好 1000元	陈少英 1000元	陈玉航 1000元	陈邦武 1000元
陈舜珠 1000元	马 乐 1000元	彭森源 1000元	郑小兰 500元
冯金源 1000元	刘惠贞 1000元	何卓坤 1000元	吴明基 800元
陈富标 610元	陈开叶 500元	陈日坤 500元	吴卓华 500元
吴启湛 500元	吴继添 500元	黄国明 500元	黄渐辉 500元
吴纪常 500元	马国瑜 500元	何 民 500元	吴金棠 500元
吴章有 500元	李干生 500元	刘 炎 400元	蔡碧云 400元
谭桂良 600元	马如九 300元	梁 寿 300元	欧 平 300元
吴心园 300元	吴志强 250元	马桂霞 250元	吴国伟 200元
吴焕筹 200元	吴少威 200元	梁伟雄 200元	马孙丽环 200元
马涤良 200元	吴润三 200元	罗坤庸 200元	罗子健 200元
陈锦兆 200元	陈达明 200元	黄九妹 200元	马 彬 200元
黄念慈 200元	李官棣 200元	马 才 200元	马锡元 200元
高根荣 150元	李公伦 200元	陈惠馨 100元	高炳光 100元
陈国恩 100元	陈树坤 100元	欧黎淑明 100元	蔡嘉兴 100元
罗剑和 100元	马锡元 100元	欧阳玉梅 4000元	陈 雄 100元
黄国明 1000元	黄锦泰 5000元	马成满 200元	

乐助人民币32600元

孙源忠、孙照均叔侄30000元　　　马寿海、杨淑萍夫妇1000元

郑小兰 500 元　　吴宝雄 200 元　　洪桂芬 100 元　　吴庆权 100 元
马锡钧 100 元　　马乃英 100 元　　黎赵汉瑜 100 元　黎剑英 100 元
陈活权 100 元　　陈庆安 100 元　　陈雪燕 100 元
乐助澳元 200 元、港元 3500 元、人民币 1300 元
马国照 50 元　　马国勋 50 元　　马国垣 50 元
吴炳元港元 300 元、人民币 200 元　　吴仲豪港元 200 元、人民币 100 元
郭玉倩港元 3000 元、人民币 1000 元

小隐幼儿园

为了培养幼儿，旅香港乡亲李文彬先生、李陈丽欢女士提议建一所幼儿园。此举得到旅外乡亲的鼎力支持，共筹得美元 31750 元、港元 391780 元、人民币 1323700 元。幼儿园于 1990 年动工，当年落成。园址在李颂龄学校西侧，占地 1600 平方米。幼儿园楼高两层，建筑面积 760 平方米，按省级幼儿园标准建造，里面设置幼儿活动室、睡房、各功能室、游泳池等。室外有幼儿娱乐场。配套绿化后，一个崭新的幼儿园于当年投入使用。1999 年，开发区进行了学校布局调整，李颂龄学校的学生迁到开发区第五小学就读，李颂龄小学与幼儿园合并，总面积 12668 平方米，建筑面积 4260 平方米，成为开发区一所配套完善、设备先进的幼儿园。下面是旅外乡亲捐建小隐幼儿园以及幼儿园教育奖教奖学基金和校舍管理维修费芳名：

乐助美元 31750 元
李鋆源 3000 元　　李俊廷 3000 元　　姚国华 3000 元
李秀群 3000 元　　郑观辉 3000 元　　黄成娟 3000 元　　李秀怡 3000 元
黄计鸿 500 元　　阮社泉 500 元　　李悦民 500 元　　黄计祥 300 元
黄计有 250 元　　黄宝怡 200 元　　林锦芳 200 元　　黄秀琪 200 元
黄建鸿 200 元　　黄炳麟 200 元　　阮兆荣 200 元　　李远来 100 元
林秋雁 100 元　　李岳云 100 元　　李春凤 100 元　　李美凤 100 元
阮仲文 100 元　　阮志坚 100 元　　黄国雄 100 元　　阮文彬 100 元
姚国恩 100 元　　黄玉燕 100 元　　郑秀香 100 元　　李少澄 100 元
黄玉华 100 元　　李少贤 100 元　　李少怡 100 元　　许国民 100 元
李文长 100 元　　李惠然 100 元　　阮金满 100 元　　黄东群 100 元
郑惠琼 100 元　　阮应慈 50 元　　黄兆伦 50 元　　阮计甜 50 元
郑秀香 100 元　　小隐旅美群策社 5000 元　　胡耀荣 50 元
乐助港元 391780 元
李文彬 225000 元　　李陈丽欢 70000 元　　阮君耀 5000 元　　李容桂 5000 元
李观焕 5000 元　　陈少涵 5000 元　　梁　劲 5000 元　　陈蒋根 5000 元
阮庆枢 5000 元　　李锦芬 5000 元　　李少飞 5000 元　　阮庆葵 3000 元
李泽培 2000 元　　李润培 2000 元　　梁凤开 2000 元　　郭桂维 1580 元

郭惠森 1500 元	李文就 1000 元	黄计强 1000 元	黄少初 1000 元
黄成局 1000 元	李小玲 1000 元	黄官弼 1000 元	阮添就 1000 元
黄励生 1000 元	郑有其 1000 元	陈桂生 1000 元	郑仲华 1000 元
黄炳鈠 1000 元	陈桂生 1000 元	郑秀香 800 元	郑仲权 800 元
梁炎培 600 元	梁耀明 500 元	梁金华 500 元	冼容根 500 元
冼细云 500 元	黄桂标 500 元	吴国勋 500 元	黄月连 500 元
陈百朝 500 元	陈志权 500 元	梁金满 500 元	黄　湘 500 元
阮进华 500 元	黄计惜 500 元	阮林容 500 元	李润清 500 元
李仲廉 500 元	黄关林 500 元	周润申 500 元	阮计标 400 元
阮计芬 400 元	周开文 400 元	吴北带 300 元	梁耀屏 300 元
梁耀南 300 元	郭金荣 300 元	郭耀荣 300 元	吴国波 300 元
袁富添 300 元	郑少仪 300 元	黄　明 200 元	周　劲 200 元
李乐怡 200 元	郑志华 200 元	黄少东 200 元	阮　屏 200 元
梁金宽 200 元	徐财添 200 元	黄庆年 200 元	郭金炳 200 元
陈沛洲 200 元	冼执胜 200 元	郭华坤 150 元	郭耀坤 150 元
陈帝华 100 元	梁执胜 100 元	周金就 100 元	何北胜 100 元
李少合 100 元	李仲云 100 元	阮　超 100 元	陈沛朝 100 元
李文就 100 元	李容桂 100 元	杨润华 100 元	黄少飞 100 元
黄少波 100 元	阮庆枢 100 元	黄关林 100 元	陈翼民 6000 元
李汉财 500 元	李少鹏 200 元	黄桂鸿 400 元	黄玉燕 400 元
阮章佑 200 元			

乐助人民币 1323700 元

李文彬 100000 元	李锦伦 5000 元	郑少波 3500 元	陈锦棠 100 元
陈淑珍 100 元	李俊驹 1215000 元		

高宝兴幼儿园

坐落于张家边二村车桥（旧名）旁边的高宝兴幼儿园，占地 2 亩，楼高 3 层、建筑面积 1100 平方米。此园投资 200 多万元，经筹办 2 年之久，于 2007 年竣工并开始招生，8 月 1 日举行开学剪彩仪式。

高宝兴先生是张家边侨亲，侨居美国几十年，经营餐饮业。高先生经营有道，生意兴隆。他稍有积蓄，便不忘家乡公益事业，尤其村中教育事业。高先生先后捐给家乡建设的款项达 60 万元，足见高先生情系家乡。

高宝兴幼儿园的办园宗旨是方便村民及外来打工一族之幼儿就近入学，使幼儿能健康成长。高先生对本村幼儿和外地幼儿一视同仁，有教无类，足见高先生仁慈之风度，心胸之广阔。

该幼儿园教学设备先进，采用多功能的电化教学模式进行教学，开设舞蹈、器乐、美术、英语、珠心算、棋类等兴趣班级，旨在将幼儿园办成具有艺术教育特色的先进幼儿园。高先生还重金聘请广东博文学校幼儿部原部长来园任园长，聘请哈尔滨人民医院原儿科主任来园任园医，又聘任一批具有中、大专水平的幼儿园一级教师和艺术专科教师到校任职。高先生关心幼儿教育，注重后一代的健康成长，可谓用心良苦。该幼儿园不定期召开家长会议和举办专家讲座，努力提高幼儿的素质教育和家长的育儿水平，以达到和谐的家园共育目的。

2011年上半年，高宝兴先生斥资1500多万元在南朗镇兴办了一所幼儿园。校园建筑面积5830多平方米，取名盈彩美地双语幼儿园。他分别从美国和法国聘请了5位英语教师回园任教，以达全智能的高标准幼儿园。该幼儿园是孩子健康成长、快乐学习的理想之地。高宝兴先生为家乡的幼儿教育事业做出了贡献，在社会上赢得了口碑。

泗门幼儿园

1994年，泗门村集体经济有较大发展，人民生活水平不断提高，村委会拟划地兴建幼儿园。这得到海内外热心人士的鼎力支持，解囊乐助，其中旅外乡亲乐助美元1900元、加元1200元、港元4500元、人民币10000元。社会热心人士也乐助了幼儿园建设经费。

幼儿园于1995年动工，1996年竣工，按市级标准建造，楼高两层，占地1000平方米，建筑面积300平方米。内设幼儿活动室、音乐舞蹈室、功能室、睡房、配餐室等。室外设幼儿活动场所，配备娱乐设施和活动器材，室内恰当进行了绿化。总投资人民币300000元，不足部分由村委会支付。建成后的幼儿园室场宽敞明亮，外观靓丽。2000年由于体制改变，泗门幼儿入读沙边幼儿园，现幼儿园改作他用。下面是旅外乡亲捐建幼儿园芳名：

乐助美元1900元
陈杰明 400元	陈容娇 400元	洪计云 200元	洪兆棠 200元
洪美秀 200元	洪少山 200元	洪玉坤 100元	欧敬容 100元
黄文思 100元			

乐助加元1200元
洪志昌 400元	洪灿球 400元	洪结成 400元

乐助港元4500元
阮锐光 3000元	洪原兴 1500元

乐助人民币10000元
洪焯森 1000元	洪灿垣 1000元	洪结孚 1000元	郑冠群 1000元
洪耀棠 1000元	洪玉英 1000元	洪炳贤 500元	洪玉安 500元
洪玉群 500元	洪玉源 500元	洪焯明 500元	欧雁连 500元
吕嘉川 300元	李顺景 200元	洪好妹 200元	洪垫庭 100元
洪艺媛 100元	陈连妹 100元		

大环幼儿园

1994年，村委会根据邓小平提倡"教育要面向现代化、面向世界、面向未来"的发展方向和上级关于教育要从娃娃抓起的指示精神，决定在大环学校侧一块空地上新建一间幼儿园。当年年初动工，8月竣工，全园总面积770平方米，建筑面积440平方米。园内保留大树，按计划绿化，总投资人民币40万。其中旅巴拿马侨亲蔡夏浓、邹秀娟伉俪捐赠港币2万元。新的幼儿园设有音乐舞蹈室、图书室、游戏室、美术室、配餐室、幼儿睡房、洗手间以及室外游乐场、植物园等。目前开设小班、中班、大班。旅香港乡亲林少欢乐助幼儿教学基金人民币6000元，并赠送钢琴一台，价值人民币7200元。

树人书室

1993年在中山港大道边的飞鹅岭下，火炬开发区第二小学侧，一座中西合璧园林式的树人书室建成及启用。此书室是香港方玉霞女士率先捐资港币15万元，随后刘观笑女士、罗文彬先生夫人、黄今仲先生夫人、刘国兴先生夫人、黎传辉先生夫人、李铭鼎先生夫人、梁世雄先生夫人、周柏森先生夫人和邵信发先生夫人共同捐资建成的。

书室由火炬开发区政府划地1860平方米，于1993年竣工，建筑面积为320平方米，是一幢两层楼房，工程基建费达25万元。书室进行了简易装修，购置了少量图书。

书室建成以后，火炬区政府和有关文化部门十分重视和支持。前后拨出人民币20万元设置绿化景观，充实图书数量，选派图书管理员。现书室藏书量达4万多册，并订有10多种杂志。每天前来书室的读者中，有中小学生、外来员工、社会青年等。为了方便读者看书学习，书室还向读者提供免费借阅服务。

2000年，树人书室改为火炬开发区图书馆。

方玉霞女士心地善良，待人忠厚，把多年积蓄捐建书室，关爱青少年的成长。她说："人在社会中，特别是青少年，首先就是要从好的书报中汲取精神食粮，才有资本去为社会做事，为人类做出贡献。"

李三元教育和体育基金会

1996年11月27日，火炬开发区举行隆重仪式，欢迎香港大华国际集团主席李三元先生前来火炬区捐资人民币500万元，成立以他的名字命名的教育和体育基金会。中山市副市长姚本棠，市政协副主席韩泽生、古干清，市体委副主任黄友泉，市侨办主任萧养根以及市委常委、开发区党委书记李练江等领导出席了欢迎仪式。

香港大华国际集团是香港上市公司之一，专门从事皮革制品的生产。该集团自1994年开始进入火炬开发区投资办厂以来，业务飞速发展，目前正准备将设在深圳、江门的分厂全部迁来火炬区，建立其在大陆的皮革生产基地。为了感谢市、区提供的良好投资环境与服务，李三元先生慷慨捐出500万元用于奖励开发区范围内在教育、体育事业上取得优异成绩的学生、教育工作者、运动员及教练员。

在基金会成立大会上，李三元先生向开发区捐赠了两张面值分别为 250 万元人民币的支票。李练江书记代表火炬区人民接领并向李三元先生回赠了纪念品。

会后，李三元先生一行前往正在施工的开发区理工中学，实地参观了这座占地面积两万平方米、总投资超过 3000 万元的新型现代化校舍，详细了解了教学配套设施的设计和施工情况。

雄霞助学基金会

雄霞助学基金会成立于 2003 年，是宫花村旅美乡亲马桂雄先生伉俪创立的。马桂雄先生旅居美国，经营生意，待客一贯热情，经营有方，事业颇有成就。他爱国爱乡为家乡建设慷慨解囊，为社会公益事业做出了很大的贡献。对于敬老扶幼的事情，他特别乐意去做。其夫人陈少霞女士祖籍朗尾村，移居美国 40 多年，但她对家乡教育事业仍然十分关心。2002 年借回乡参加中山市第四届世界中山同乡恳亲会之机，她特意回朗尾村探亲访友，了解家乡教育情况。在丈夫马桂雄的支持下，她决定成立助学基金会，帮助宫花村和朗尾村读书有困难的学生。这个基金会定名为"雄霞助学基金会"。基金会每年拨出款项资助考入中山纪念中学的学生和考入大学的学生。具体章程如下：一是每年资助宫花村和朗尾村各 10 名家庭有困难的学生每人每年 600 元，分上、下学期分发。二是考入中山纪念中学和普通大学的学生每年资助 1200 元，考入北京大学和清华大学的宫花和朗尾村学生，每人每年资助人民币 20000 元，火炬开发区其他自然村学生每人每年资助人民币 10000 元，分上、下学期发出。三是宫花和朗尾村的学生在参加体育与科技竞赛中获第一名的学生，每人每项奖励人民币 1000 元。从 2003 年 9 月起到 2008 年第一学期止，两村共助学 100 人次，发出助学金 60000 元。

宫花村考入大学读书的学生，2003 年 3 人受资助共 3600 元。2004 年 5 人受资助 6000 元。2005 年 6 人受资助 7200 元。2006 年 7 人受资助 8400 元。2007 年 7 人受资助 8400 元。2008 年 9 人受资助 10800 元。朗尾村资助按每学期初发出，2003 年第一学期资助 7 人，共 4200 元。2004 年上、下两学期资助 8 人，共 4800 元。2005 年上、下两学期资助 9 人，共 5400 元。2006 年上、下学期资助 12 人，共 7200 元。2007 年上、下两学期资助 15 人，共 9000 元。2008 年上学期资助 8 人，共 4800 元。两村考入大学读书的学生，共资助了 79800 元。

2005 年秋，濠头村陈晓兰以骄人的成绩考入清华大学，雄霞助学奖学基金会按章程每个学期资助陈晓兰同学人民币 5000 元。到目前为止，累计资助人民币 30000 元。

马桂雄先生和陈少霞女士创立的"雄霞助学基金会"，激励了家乡学子努力学本领。两村的村民均表示由衷称誉。

窈窕村奖学基金会

时代在进步，社会需要高科技人才。要培养人才，教育是根本。为了激励村中学子成才，2002年，窈窕村在社会热心教育人士的支持下，成立窈窕村奖学基金会，健全奖学金组织机构。此举得到海内外乡亲和社会各界热心人士的鼎力支持。到2005年年底，旅外乡亲乐助加元150元、港元3100元、人民币32100元，本村热心人士赞助人民币13825元。

窈窕村奖学基金会奖励范围是本村学习成绩显著的学子，每学期奖励一次。具体规定是：小学以村为单位每级奖成绩前三名；中学奖在就读学校获班前五名成绩，获级前八名成绩的（奖高不奖低）。考入重点中学的奖；考入大学（指考入大专、本科）的奖，考入北大、清华大学的高额奖。在校学生参加区以上学科、体育竞赛的获奖的也有奖励。奖金由奖学基金会参考情况于前期制定具体制度。几年来，每学期末都召开颁奖会，奖励优秀学子。2002—2008年间，奖学基金会一共奖励了7年，共奖励了学生345人次，其中考入重点中学14人，考入普通大学57人，参加市级以上竞赛获奖6人，共颁发奖学金58830元。下面是旅外乡亲乐助奖学基金会芳名：

乐助人民币30600元

沈善初 14000元	陈惠安 10400元	陈华君 1300元	张健安 2000元
陈惠坤 1000元	郑丽梅 500元	吴八妹 300元	张子航 300元
胡连基 200元	谢振鹏 200元	杨鉴勋 200元	陈彩云 200元

乐助港元2000元

| 林裕芳 500元 | 吴宇川 500元 | 陈树棠 1000元 |

乐助加元150元、港元1100元、人民币1500元

林宇凡加元150元

黄志坚港元1000元、人民币1000元　吴少然人民币500元、港元100元

大岭奖学基金会

为了激励学生努力学习，奋发向上，取得优异成绩，成为社会有用人才，1996年11月，教育部老干局局长欧阳谷衡及欧阳洲校长建议在大岭村中成立奖学基金会，得到村委会及旅外乡亲、社会热心教育人士的赞同。旅外乡亲鼎力支持，慷慨解囊，乐助基金会美元900元、加元1700元、澳元1800元、港元3300元、人民币31541.5元。社会热心人士赞助人民币53200元。奖学基金会制定了奖励制度：一是奖励小学各年级学生在班里成绩前三名，中学在班中成绩前五名，中学在级中成绩前八名（同级奖级不奖班）；二是考入重点中学的学生和考入大专、本科以及考上研究生的学生；三是奖励学科竞赛获区、市、省以及国家级一、二、三等奖的学生；四是奖励全勤学生。2007年增加了"进步奖"项，以鼓励学生努力争取。大岭奖学基金会每学期颁奖一次，到2007年7月已进行了22期颁奖，奖励达1100人次，发出奖金达30多万元。近几

年来大岭村考入大学本科的有 30 多人。下面是旅外乡亲乐助大岭奖学基金会芳名：

乐助人民币 33041.5 元

欧阳焕章 10000 元　　欧阳家龙 1000 元　　欧阳结仪 10000 元

欧阳善恩 1000 元　　欧阳图强 800 元　　欧阳银胜 520 元

欧阳民 500 元　　欧阳辉 500 元　　欧阳述贤 500 元

欧阳浩铿 300 元　　欧阳权生 1200 元　　林涧莲 150 元

欧阳兆廉 150 元　　欧阳衍荣 1000 元　　欧阳干宁 300 元

欧阳惠椿 500 元　　欧阳金海伉俪 1500 元　　欧阳志锐 3121.5 元

乐助澳元 1800 元

欧阳威廉 300 元　　欧阳志坚 300 元　　欧阳炳焯 200 元　　欧阳锦章 200 元

欧阳干培 200 元　　欧阳季昭 200 元　　欧阳顺禧 200 元　　欧阳炳财 100 元

欧阳健波 100 元

乐助港元 13300 元

欧阳萱 1000 元　　简永强 1000 元　　欧阳鉴源 1000 元

欧阳少光 2000 元　　欧阳善述 500 元　　欧阳廉 500 元

欧阳衍荣 300 元　　欧阳干宁 3000 元　　欧阳金海伉俪 1000 元

欧阳焕桥 3000 元

乐助加元 1700 元

欧阳焕桥加元 1700 元

乐助美元 900 元

欧阳惠椿美元 600 元　　欧阳志锐美元 300 元

沙边村奖教奖学基金会

沙边村奖教奖学基金会成立于 2001 年，其宗旨：一是激励教师更好地忠诚于党的教育事业，为培养后代贡献自己的智慧和力量；二是激励学生更好地学习，成为有理想、有道德、有文化、有纪律的新一代，成为社会有用之才。奖励对象是沙边户籍，在沙边幼儿园和小学就读，考上中学、大学的学生。奖励项目：（1）小学学习成绩前五名。（2）区中学以班成绩计奖前三名。（3）区统考奖。（4）考入重点初中、高中学子。（5）各科竞赛成绩优异者。（6）考入大专、本科、研究生或出国留学学子。（7）成绩显著的教师。

成立奖教奖学基金会是社会上的一件大事，得到社会各界的支持。沙边村旅外乡亲慷慨解囊，乐助基金会美元 750 元、港元 32000 元、人民币 131350 元。为了办好基金会，村委会划出地皮建了一幢两层 10 间出租屋，将租金归入奖教奖学基金会，使基金会有正常的收入。

奖教奖学基金会对教师和学生每年奖励两期，每年八月期末一次，每年上学期期末一次。到 2007 年秋季止，已颁奖 12 次，获奖教师和学生共达 490 人次，颁发奖金共145000元。几年来，考入大学有近30人。下面是旅外乡亲乐助沙边奖教奖学基金会芳名：

乐助人民币131050元

孙锦照100000元　　孙恩荣女儿女婿20000元　　孙国基5000元

孙敬全伉俪1750元　　孙展平伉俪1000元　　　　周　仪1000元

孙曼平500元　　　孙意珍500元　　　孙少颜400元　　孙鉴兴100元

孙少梅100元　　　李友梅200元　　　孙均叶伉俪200元

孙智娜、孙锡平两人300元

乐助港元32000元

孙少雄10000元　　孙润超10000元　　孙文超10000元　　孙寿生伉俪1000元

孙乃平400元　　　孙乃衡300元　　　孙冠洲300元

乐助美元750元、人民币300元

美国阳和总会馆200元　　　　　　　孙成开100元　　孙荤宏100元

林添彩50元　　　孙宝玲20元　　　孙倩玲20元　　　孙静娴20元

孙志鹏20元　　　孙志伟20元　　　孙社乌夫人20元　孙国香20元

孙国尧20元　　　孙照铿20元　　　孙鸿钧20元

孙少棠美元100元、人民币300元

陈景池奖学基金

朗尾村陈景池先生旅居澳洲，对家乡公益和教育事业慷慨解囊，贡献颇大。1998年，朗尾新校重建竣工使用，陈景池先生为了鼓励家乡学子奋发向上，成为社会有用之才，慷慨捐赠人民币30000元做朗尾小学奖学金。后来区教育布局调整，朗尾学生须到开发区四小就读，朗尾新校改办幼儿园。这笔奖学金没有使用。及后与捐赠者协商，决定每年六一儿童节拨出一定资金给幼儿园做活动经费，对朗尾学生学习成绩优异者分等级奖励50—100元。到2010年为止，共使用了7360元。本村村民对陈先生乐善好施、热心教育的情怀铭刻于心，获奖学生一再向侨亲陈爷爷致谢，并决心学好本领回报社会。

江尾头村奖学基金

江尾头村旅外乡亲非常关心家乡教育事业。为了激励村中学子奋发向上，成为社会有用之才，早在1984年，旅美侨胞李卓喜先生等热心人士发动乡亲筹集资金，支持学校建立奖学基金会，实施奖教奖学制度。当年他们筹得美金1170元、港币3836元、人民币23864元。1999年由于开发区学校调整，江尾头学校的学生归入开发区二小，当年没有实施奖励。2000年村委会重抓奖学基金会，制订奖励方案：一是就读小学成绩前五名的学生，分别奖250元、200元、150元、100元、50元五个等次；二是考入重点中学奖励1000元；三是考入大专奖励1000元，考入大学本科奖励2000元。每年于 8 月进行奖励,到 2010 年奖励了 7 次,270 人次,发出奖金 54000 元。由于奖学制度激励了学生,几年来全村考入大学的有 20 多人。下面是旅外乡亲乐助江尾头村奖学基金会芳名:

乐助人民币 23864 元

李卓喜 4800 元	刘锐彬 3200 元	唐　柳 3120 元	
唐庆湘 2000 元	黄淑媛 2000 元	黄威林 1800 元	唐如海 1800 元
谢瑞潮 1509 元	刘汉彬 1000 元	李桂深 1000 元	李俊文 778 元
李绍英 388.5 元	李瑞云 388.5 元	李寿英 40 元	陈光武 40 元

乐助美元 1170 元

唐植廉 250 元	黄胜廉 100 元	黄泳洲 100 元	
黄民族 100 元	李继光 100 元	林　祥 100 元	李庆榴 100 元
李金庭 100 元	黄胜文 70 元	李文乐 50 元	李兆光 50 元
李镜棠 50 元			

乐助港元 3836 元

| 陈桂龙 3156 元 | 陈桂珍 340 元 | 陈若龙 340 元 |

西桠村奖学基金

西桠村奖学基金会成立于 2001 年,由村委会负责筹措基金。基金来源:一是由"麦桠伦市亭"街市费收益的一半归西桠村奖学基金,用以激励西桠学子奋发向上,培养人才,这是麦剑生先生的意愿;二是由华侨港澳乡亲捐资兴建的西桠小学由于开发区调整学校布局而闲置,于 2002 年起出租他人办幼儿园,每年租金 15000 元归入西桠村奖学基金,这也符合旅外乡亲的心意。西桠奖学金奖励章程:奖励西桠村学生在张家边第二小学就读各年级成绩的前三名,第一名奖 300 元,第二名奖 200 元,第三名奖 100 元;初中学生考入市重点学校的每人奖 500 元;高中学生考入重点名牌大学的每人奖励 1000 元;考入普通大学的每人奖励 800 元;考入大专院校的每人奖励 500 元。对于参加学科竞赛的学生,获市级以上一等奖的奖励 500 元,获二等奖的奖励 300 元。参加省级以上竞赛有名次的也获奖励。西桠奖学基金会每年奖励一次,于 8 月颁奖。到 2010 年为止,已颁奖 6 次,奖励 123 人次,一共颁发了 37860 元。2007 年是西桠学子学习丰收年,初中考入重点中学的有 6 人,考入大学的有 8 人,其中林妙欣考入南京大学就读研究生。学生洪泽湖于 2006 年参加广东省高中学生生物联赛获一等奖、2007 年参加全国中学生生物联赛获一等奖。李艺城获 2007 年广东省青少年田径锦标赛男子乙组全能第一名、4×100 米接力第二名。

大环奖学基金

大环学校建成以后,为了鼓励学生在当今高科技社会里奋发向上,争取好的成绩,成为国家有用之才，于是在 1986 年成立大环学校基金会，制定奖励制度，分别对教师奖教、对学生奖学，得到广大热心人士的鼎力支持。学校筹委会把新校建设结余的 26423 元拨给学校基金会。张道生先生把其父张惠长在石岐民权路绍辉里 1 号近 200 平方米两层楼房的使用权永远捐赠给大环学校基金会。旅美华侨黄关昌先生于 1994 年 10 月返抵家乡将村中"钟庆堂"一座及其附属建筑物捐赠给大环学校。旅美华侨张华深把坐落在石岐水关街 15 号的一座楼房（面积 169.4 平方米）捐给学校做永久性校产。学校基金会把上述三幢房产出租，所得租金归入学校基金会。1999 年区进行了并校，学校空置，直到 2004 年区政府租赁了学校办党校，每年租金 15 万元人民币，全部归入教学基金会。此外，旅外乡亲还乐助教学基金会美元 1650 元、澳元 200 元、港元 12300 元、人民币 39730 元。1999 年开发区学校合并后，学校基金会改名为大环教育基金会，奖励对象不再局限本村小学生，而是户口在大环村、在中山市内各学校各幼儿园读书之学生。奖励项目有：以村为单位小学生成绩第一、二、三名的奖励；中学以级 1—6 名的奖励、以班 1—4 名的奖励；有考入重点中学的奖励，有考入大专、本科生及国家重点大学清华和北大的高额奖励；还奖励参加区级以上各学科和文体比赛得奖的学生。下面是大环旅外乡亲乐助大环教育基金的芳名：

乐助人民币 39730 元

张道龄 21000 元　　　吕　非 7000 元　　　张佑华 2880 元　　　张少武 1890 元
黎惠卿 1880 元　　　黎素卿 1080 元　　　张兆云 200 元　　　张美月 100 元
黎一安 100 元　　　林少欢 3000 元　　　张凯球 200 元　　　张华生 400 元

乐助美元 1650 元

李秀文 500 元　　　黎继昌 100 元　　　吕冠波 50 元　　　黄正平 500 元
张华生 500 元

乐助港元 12300 元

张佑治 4000 元　　　梁丽华 3000 元　　　张凯球 300 元　　　林少欢 5000 元

乐助澳元 200 元

吕加平 200 元

灰炉村奖学基金会

灰炉村奖学基金会成立于 2005 年 9 月，制定了小学升重点中学、考入大学（大专和本科），以及参与市、区以上学科竞赛的奖励标准，鼓励灰炉学生奋发向上，将来成为社会有用之才。兴办教育，成立奖学基金会，自然得到社会重视和关心。奖学基金会成立以后，旅外乡亲乐助奖学基金会人民币 11400 元。社会各界人士也纷纷乐助。到目前为止，已经举行了四次奖学大会，奖励学生 200 多人次，奖励金额达 6 万多元。2010 年高考传喜讯，灰炉有 5 人考上大学。奖学基金会均给予高额奖励。下面是旅外乡亲乐助奖学基金会芳名：

乐助人民币 11400 元

吴广标 10000 元　　黄伟权 500 元　　梁宝贵 200 元　　梁荣根 300 元
何顺明 200 元　　　何少明 200 元

第三节　海归创业　基地魅力

改革开放 30 多年来，火炬开发区从一个偏僻的农村乡镇发展成为领先全国的高新技术开发区，成为资金、技术洼地，人才高地。这里面，广大侨亲功不可没。特别需要指明的是，不仅本土走出的华侨贡献了力量，家乡在祖国各地的海外华侨也看中了这块宝地，纷纷携专有技术、资金从北美、欧洲、澳洲等离开世界顶级的大学、科研机构，来到这个在大多数地图上还没有标注的南国小城开创事业。

为了更好地为海外游子服务，开发区管委会整合了区内相应资源，于 2004 年成立中山火炬留学人员创业园。2007 年经中山市政府批准，升级为中山市留学人员创业园，2011 年又升格为广东中山留学人员创业园。随着入驻人员、项目和企业的增多，创业园的名气越来越响，影响越来越大，在 2013 年 12 月经国家人社部批准，成为省部共建的国家级中国中山留学人员创业园。截至 2016 年年底，中山留创园培育引进国家"千人计划"创业人才 7 人、"万人计划"1 人，引进市级创新团队 6 个、海外归国留学人员 424 名、留学人员企业 140 家，成功孵化毕业企业 84 家。

海归企业中，获得"国务院侨办重点华侨华人创业团队"称号的有中山荣思东数码科技有限公司董事长周广滨博士领衔的团队和中山康方生物医药有限公司董事长兼总裁夏瑜博士带领的团队。中山荣思东是美国荣思东商务技术公司总裁周广滨在国内创办的第一家研发中心，专门开发新型数码印刷耗材。他自主研发的绿色环保打印介质，包括艺术制品、环保型广告、室内高级装潢、文物保护项目等，可直接应用于室内、儿童活动区域、医院等环保要求高的场合，部分成果已经投入市场，也被美国柯达公司指定为柯达彩喷产品中国生产基地。周广滨博士也同夏瑜博士一起，成为在中山留创园成长、自主培育的 2015 年国家第十一批"千人计划"创业人才，实现了中山市这一层次零人才的突破。

夏瑜博士的中山康方生物医药有限公司落户中山并获得令业界瞩目的成绩，生动阐释了中山求贤若渴的心态，从而演绎了尊重知识、尊重人才的一幕，使科学技术是第一生产力在中山得到淋漓尽致的体现。

那是 2011 年年初，在美国打拼多年已有稳定舒适生活，毕业于欧美国际知名大学的 4 位生物医药博士夏瑜、李百勇、王忠民、张鹏，曾分别任辉瑞、拜耳、雅培等国际大牌制药公司的研发总监、首席科学家。可是他们毅然放弃这一切，决心回国创业。他们的想法是，国外研发出的新药价格昂贵，国内很多患者根本吃不起，他们希望通过自己的努力，致力于生物医药研发的国产化，让新药、特效药的价格降下来。

要创业，首先要选择合适的地点。他们考察了北京、上海、江苏许多城市，没有相中合适的落脚点。夏瑜的一个朋友建议他们到中山火炬开发区看看健康产业基地，没想到中山一行，就奠定了他们四人的事业基础，为他们的人生打造了崭新的平台。

中山是如何入了他们挑剔的法眼呢？除了健康基地已有一定规模，中山环境优雅，交通便捷，足以媲美美国加州。更重要的是中山火炬区对高层次人才和项目求贤如渴，当他们推介自己"从事肿瘤、免疫性疾病、心血管疾病的抗体新药研发"项目时，市、区相关负责人立即专门约谈："我们商量一下，这个项目怎样在中山实现？需要我们提供什么配套条件？"让他们意想不到的是，有关扶持政策很快提交给他们，按照市、区的人才政策规定，创业团队不仅能够获得风险投资，还能享受科研经费资助，以及住房、生活等补贴。详细的创业扶持措施、人才安家落户、提供临时研发场地等方案摆在面前，大到借用场地小到借一台车，派专人指引完成设立企业的各类申请。他们没有想到的，开发区想到了，并且逐项落实了。这些帮助对于久居国外，对在国内创办企业毫无经验的他们无疑是雪中送炭。

万事开头难，可是最难的问题火炬区也帮他们解决了。创业资金是火炬区健康基地的领导帮助牵线的，找来专为小微企业解决资金难题的中山迅翔股权投资管理公司，双方一拍即合，四位海归博士不用掏一分钱，以技术入股方式占有企业80%股权，迅翔投资1700万元，占20%股权。钱有了，人呢？火炬区管委会借给了一间办公室，摆起四张桌子，开始招人。可是四位技术专家初次上阵，连纸笔都没有准备，来人应聘要记录资料，只好委托应聘者代买。为了延揽人才，夏瑜这位柔弱的女子还单枪匹马闯广东药学院。院方借给她一间办公室，她拉起横幅就干起来了。

2012年3月28日，康方生物被列为当年中山市引进的"十大重点项目"之一，登上每年一度的中山招商经贸洽谈会主席台上签约。

6月，火炬区为康方生物在留创园免费提供的200平方米办公场所投入使用。

7月，健康基地专为康方设立了位于生物谷大厦的临时试验场。为了减轻公司初创期的资金压力，基地按公司的要求专门购买了符合国际标准的上千万元的全新仪器设备，租给康方使用。公司招聘的20多位科研人员到位，研发工作启动。

创业起步，有了钱，有了人，然而对于生物制药企业还不够，它的厂房条件要求十分严苛，创业团队最焦急的是要有专属的研发大楼。健康基地急他们所急，领导亲自督导，全力配合创业团队，解决了一个个难题。8000平方米的研发试验大楼在令人惊叹的三个月内完成装修。2013年4月22日，康方生物正式入驻神农路6号，同时与中美华世通生物医药有限公司、暨南大学、北京大学等单位签订战略合作协议，又获得了1500万元项目投资。

仅仅一年出头，康方就从纸上的蓝图，实实在在地成为祖国大地上一道靓丽的风景。

2014年3月26日，在"首届中山人才节"的海外高层次人才中山创新创业座谈会上，夏瑜博士向近百位海外博士分享创业经。她谈到中山对创业者的体贴入微，比如公司大楼附近没有公交线路，区领导得知后，协调有关部门开通了070路公交车，又优化了线路班次，方便了员工的出行。她以切身经历同博士们交流："中山有着和美包容的人才环境、优惠的人才政策与优质的人才服务，我希望大家能融入中山，感受中山对人才的渴望和尊重，成为敢于做梦、勇于追梦、努力圆梦的新中山人。"

对于夏瑜博士这位母亲来说，不忍放下的还有远在美国读书的12岁女儿，最终她说服女儿来到中山，可是就读学位难住了她。开发区有关领导得知后，立即安排她女儿进了条件较好的外国语学校入读，解除了她的后顾之忧。

凡此种种，给4人的创业团队带来了巨大的力量，中山市和火炬区这么支持，没有理由不干出成绩来。他们由衷地感到，中山是想干事、能干事、干得成事的宝地。

仅仅创立4年，康方生物已经建立了针对肿瘤、自身免疫性疾病和心血管疾病的丰富的产品线，拥有了8000平方米的研发和中试生产大楼、价值3550万元的研发设备、111人的团队以及6500平方米的GMP生产基地。公司的平台规模、软硬件设施、新药产品线数量、研发团队等在国内已经居于同行业领先水平。同时，康方生物已与国际及国内多家上市制药企业建立了合作关系，共同开发创新型抗体新药，是中国以战略合作形式开发抗体新药的先行者。康方生物在2015年7月成功完成了由深圳创新投资集团领投的A轮融资。2015年12月，康方生物与美国默沙东达成一个肿瘤免疫治疗抗体药物的全球开发和销售协议，合同里程碑付款总金额达2亿美元。此次合作是国产创新药在海外市场的新突破，是国内首例由创新型生物科技公司将完全自主研发的单克隆抗体新药成功授权给全球排名前五强的制药巨头，具有里程碑的意义。此项合作也对公司未来5年业务收入的持续迅猛增长发挥巨大的作用。

4年来，康方生物共申请专利52项，已获得授权共计23项，其中包括发明专利2项及实用新型专利21项。另外有4项新药发明专利已获得受理通知书，3项新药发明专利正在撰写，预计近期提交申请全球专利。2篇论文准备中，1篇论文已发表。

康方生物自成立以来，得到了各级政府部门的一致认可，获得了30余项国家级、省级及市区级科技立项、基金支持及奖励，主要包括：科技部火炬计划、科技部中小型企业技术创新基金、国务院侨办重点华侨华人创新创业团队、中国留学人员回国创业启动支持计划、广东省蛋白工程和抗体药物开发工程实验室、广东省博士后创新实践基地、广东省高新技术企业、广东省发改委战略性新兴产业集聚发展试点项目、中山市引进科技创新团队、中山市工程研究技术中心、中山市新型研发机构等。

对于未来的发展，康方踌躇满志：3年内成为国内顶尖的生物技术企业，拥有一定的国内外知名度和市场占有率；成为药企战略合作研制抗体新药的最佳合作伙伴；自主研发的新药成功上市。康方在2015年已经实现盈利，并实现利润逐年稳定增长。

康方的研究方向和内容符合国家及广东省将生物医药列为战略性新兴产业的"十二五"规划。在5—6年内，康方预期将研发出数个具有自主知识产权的，针对肿瘤、免疫系统疾病、心血管疾病等的单克隆抗体临床药物，并与省内外的大型药企合作开启药物的临床试验及产品生产批件的申请，最终把区域性甚至全国的抗体新药的研发和国产化水平带上一个全新的高度。

康方生物、荣思东数码在开发区的崛起，只是众多海归企业成长的缩影。像入选第四届中国创新创业大赛先进制造行业赛全国第二名的中山昂帕微电子技术有限公司，获国家高技术产业化示范工程奖、国家高技术产业化十年成就奖的广东博威尔电子科技有限公司，首创批量化生产超高功能新型碳材料螺旋状碳纤维的广东双虹新材料科技有限公司，致力于高智能、高效节能、低成本的电源管理芯片研发的中山芯达电子科技有限公司等，都是在中山这块热土上成长壮大的海归企业。截至2016年年底，中山留创园共引进企业319家，其中海外高层次人才创办的企业119家。除了夏瑜、周广滨两位本土成长的国家"千人计划"创新人才外，还有杨森、姜久兴、杨阳、龚明、余丁山等博士也是国家"千人计划"创新人才，同时不乏像桑钧晟、杨少明、许明伟等已在国际、国内享有盛名的博士。到2016年年底，开发区累计引进海外高层次人才406人。这些企业、这些人才，在中山找到了施展才华、大展身手的天地。

第四节　碉楼祖居　前世今生

华侨碉楼的兴起和衰落

广东沿海散落着数不清的碉楼，这些在20世纪初由华侨建造的集防卫与居住于一体的中西结合多层塔楼式建筑中，名气最大的要数2007年列入世界文化遗产名录的开平碉楼。然而，鲜为人知的火炬区沙边村的碉楼群，若论单个村庄碉楼数量，它要是称第二，相信在中国恐怕找不到老大了。这个方圆仅1平方公里、300多户村民、2000多个常住人口的小村庄，鼎盛时竟有碉楼103座，新中国成立初期有99座，现在保存完好的尚有74座。

为何沙边村碉楼多，这要从地理环境与旅外侨胞数量说起。沙边顾名思义就是位于河边的自然村落，这里临近珠江出海八大海口之一的横门。从横门进来首个村庄就是沙边。河岸这边是物产较丰的民田区，对岸是稍贫瘠的沙田区。清末民初，社会动荡，盗匪四起，从海上或对岸来的土匪常来"打明火"（抢劫），沙边首当其冲。沙边村自清代咸丰年间就有人出洋谋生，有些"金山客"通过勤奋拼搏，事业有所成就。2000多人口的村子在海外的侨亲不下3000人，差不多家家有人在海外，无怪乎沙边成了海盗的首选。20世纪20—40年代，沙边村的侨属和归侨屡遭劫难。据说沙边一个警长还成了海盗的线人。老人们提起1925年的那次洗劫，仍是惊悸不已。

当时整个社会处于无序状态，百姓为了自保，纷纷向海外侨亲求援，于是华侨或是汇款回乡，或是亲自携款回家，购买建筑材料运回乡中，亲自督造碉楼。这股大规模兴建碉楼之风大概起于1918年到20世纪30年代，将近20年间先后建起百余座各款式碉楼。侨胞多、匪患重两大因素造就了全国碉楼密度最大的这个村庄，也引起了省、市文化部门特别是文物单位的关注。近年来他们多次前来实地调研、考察、记录了可靠资料。

最早建起碉楼的是孙开有先生（孙寿山父亲）、孙亚明先生和孙述赞先生。最大的是孙炳辉先生碉楼，最高的是孙茂昭、孙金悦等人的碉楼，均为5层，高达15米，其余的多为4层。步入沙边，随处可见这些钢筋混凝土建筑，外墙暗灰色，占地一般30平方米左右。它不同于开平碉楼建在村边或田园中的独体建筑，而是与村民的住房连为一体，中间留有一米多宽的水巷，以便采光和空气流通，前面留有庭院，旁边盖有砖瓦木梁结构的住房、储物房、厨房、厕所，院子里还栽有一两棵枝繁叶茂的龙眼或三稔树。平时人们生活起居在祖屋里，发现匪徒来了，村里敲锣鸣枪，四周的邻里都一起进入碉楼，封闭房门。碉楼有厚重的大铁门，窗户都很狭小，四处有射击孔，每层楼设有枪（炮）眼，备有枪支弹药，有的还有发射火药铁砂的通门炮。每层楼设铁梯或木梯上下，梯口安装可推挡把关的钢板楼盖，还堆有石块和沙袋。除了华侨建的这些碉楼外，沙边还有4座公众碉楼和2座炮台，东安炮台在顷九的东面海边，西安社炮台在村边。这两座炮台当年日夜有人巡守，发现匪徒来袭立即报警。这些防卫设施，在乱世中抵御盗匪袭扰，保护村民安全确实发挥了作用。

　　沙边的每座碉楼都深藏着自己的故事。大革命以后，沙边村的孙康重建了中国共产党在中山的第一个地下党组织。他以教师身份在沙边小学教书，主持中共中山县委工作。当时他们就是在碉楼中开展秘密活动的。国民党反动派清剿时，他们藏身于沙边上街十巷一间骑楼式的碉楼里，避过了国民党的追捕。

　　孙海筹先生是国民政府时期国民代表大会代表，抗战期间任四区区长兼警察局局长，整饬地方治安，配合共产党积极抵抗日寇侵略，还在自己的碉楼里负责海外侨胞急赈会工作。他的故居在抗战期间成为四区抗日的中枢。

　　改革开放以来，海外乡亲回乡寻根问祖，探亲访友，都要回到祖辈的碉楼、祖屋看看。每年总有不少人回家，在看管人的带领下，推开尘封的大门，一睹故居的雄姿。虽然再也看不到祖辈念念于兹、昔日用过的罗马钟、玻璃罩大吊灯、金山箱等物，但也能一慰思乡之情了。

　　1992年秋，时任千里达国财政部长的孙仲明，就是凭着当年在千里达的父亲孙桂桐收到从家乡寄来的全家福和一张乡下碉楼的旧照片，在访华时向我国有关部门提出寻亲。经过中山市及区侨务部门多方查找，几经辗转，比对老照片中碉楼的形状，终于找到了他父亲出生成长的故居。孙仲明回到了沙边上街十巷17号之一的碉楼，找到了从未谋面的亲人，完成了父亲临终前的嘱托，也圆了他多年的思乡之梦。

　　然而，碉楼坚固厚实的墙壁，狭窄的窗户，逼仄的空间，加上顶层的枪械、火炮、石块、铜钟、报警器、探照灯，绝对不是居家过日子的地方。它伴随沙边人渡过动荡艰难的年代，但20世纪40年代后绝大部分已是人去楼空。现在村中一些有识之士呼吁保护好碉楼。政府部门也在规划，如何利用和保护好碉楼，以扩大其影响，打造历史文化品牌。同时，对有历史渊源的碉楼注重保存珍贵的历史资料。

华侨祖居特色

　　火炬开发区是中山市重点侨乡之一，旅居海外侨亲和我国港澳台同胞分布于世界近40个国家和地区，达4万余人，与区内常住人口几乎持平。早期的华侨，大多是因时道艰难，迫于生活压力而背井离乡，抛妻别子，漂洋过海到异国他乡寻找生计的。

弱国无外交，国穷无地位。绝大部分侨胞在异国都是从事下等的工作，他们受雇开挖矿山，修筑铁路、公路，种植橡胶、蔬菜瓜果等苦差事，收入低微，生活艰辛。但他们都具有勤劳奋发、艰苦创业、知悭识俭、爱国爱乡的中华民族优良品德，把辛苦积蓄的血汗钱带（寄）回家乡置业兴家。20世纪二三十年代，很多华侨回乡改建祖屋，购置田产，并资助家乡各项公益事业。

华侨所建的房屋一般比较大，坚实而牢固，款式多样：有古色古香中国式，有中西结合式，也有全部西式，很有体态。例如大岭村有一座建于民国十八年（1929）的四层洋楼。该楼是旅美侨胞欧阳可惠先生的祖居，它建筑坚固、美观大方。其中，三、四楼都有六拱骑楼，每层正厅的水泥楼面都绘有花卉鸟雀图案。"共和人瑞"是民国二十六年（1937）国民政府广东省原省长兼民政厅长吴铁城向欧阳可惠先生之尊翁欧阳少芝先生祝寿时所赠送的牌匾。此西式楼房虽已有近90年历史，但至今保存完好。沙边村旅美侨胞孙冠洲先生建于1923年的祖居，是一座3间相连的单层砖瓦结构缩回房屋。中间为正厅，厅后是房间，两边为横间，横间也有厅有房。正间有两道门，俗称大门和门仔。门仔上半部有铁枝"疏冷"，白天或正常情况下一般只闩门仔，不闩大门，以利通风和透光。这种房屋的屋檐下和窗门拱上都绘有精美的彩色花纹图案，或书写有古诗词。整座房屋既坚实又美观。大环村旅美侨属吕浩贤先生建于1919年的祖屋，是一座二层砖瓦结构、两间相连的缩回房屋。右间是正厅，有大小两道门，并有用坤甸或柚木做的横圆条柱型的拖枕门。这种拖枕门十分坚固耐用，可起防盗贼作用。在屋檐的下方和窗户上方的拱形里，都绘有花卉和图案。屋前建有大庭院，这是侨胞祖居又一特点。江尾头村侨属李彩元先生建于1920年的祖屋，是一座钢筋水泥结构、三间相连的两层楼房，属中西结合式。它上下层都有走廊，首层中间为正厅，有拱形大门；楼上走廊有护栏，有6扇窗门，空气流通，光线充足。此种住宅坚固牢靠，得体大方。濠头乡旅澳洲侨胞郑泗全先生建于1932年的祖居，也是一座钢筋水泥结构中西合璧的两层建筑，上下层都有一大二小5个拱，中间的大拱是正门，两边都有窗户，楼上走廊有护栏，走廊两头也是迫拱结构。庭院门是钢筋水泥结构门楼，很有体态，这在当时是比较豪华的住宅。有些侨胞的住宅更是别具一格，如张家边村旅美侨亲谭沛森先生建于1925年期间的祖居，正屋是半碉楼式三层钢筋水泥结构建筑。首层有骑楼，正门高大，门上的拱形有铁条和玻璃镶嵌，通风好，采光面大。三层也有骑楼，面积比二层小一半，俗称假三层。在正屋的右边还建有二层平顶楼房，俗称横间。横间下层用做厨房、饭厅、浴室和踏碓舂米场所；上层可做工人住房和储物室。正屋与横间之间有一条一米多宽、与正屋一样长的巷，俗称"冷巷"；正屋与横间都有门通冷巷，使之相连相通，既安全又方便。

旧中国社会治安不好，经常有强盗打单勒索、"打明火"。华侨为安全起见，回乡除了购置田产、建造房屋外，还在房屋旁边建碉楼。如沙边村旅加拿大侨胞孙述枢先生的祖居，是一座三间相连的中国传统"金"字瓦顶及青砖结构的单层房屋，正中一间是正厅，有缩回和高大牢固的拖枕门，屋檐下和窗拱上绘有很多花草图案，十分美观。正屋左边建有横间，横间与正屋之间有"冷巷"相通。在横间旁边建有一座三层碉楼，在遇有危难情况时（如强盗"打明火"或遇台风），屋主都让附近村民到碉楼暂避。孙述枢先生的这座祖居至今保存得十分完好。又如小隐村旅三藩市归侨李元鑫先生建于1927年的祖居和西桠村旅美侨眷洪梓湘先生的祖宅也是在正屋旁边建有碉楼，正屋与碉楼之间有"冷巷"，使碉楼与正屋相连相通，实用安全，美观牢固。

  以上虽仅介绍了10座华侨之祖居，但从这里可看到华侨祖居一般都具有中国传统建筑与西洋建筑的精华，即中国传统的"金"字瓦顶青砖结构，融入当时先进的西洋钢筋混凝土建筑材料，吸收了欧美建筑的西洋情调的特点。侨胞把先进的西方文化引进来，使我国在建筑业和住房文化上增添了新的光彩，更上了一个新的台阶，这是侨乡的一大特色。

第四章 侨情状况

第一节 火炬区旅居海外华侨、港澳台地区人口统计表

根据2016年侨情调查统计，火炬开发区旅海外华侨、港澳台同胞分布在世界近40个国家共42069人，其中我国港澳台同胞19402人。

国家（地区）	人数	国家（地区）	人数	国家（地区）	人数	国家（地区）	人数	备注
中国香港	11319	古巴	296	哥斯达黎加	78	意大利	41	
美国	9724	千里达	247	巴西	66	斐济	39	
中国澳门	7754	马来西亚	146	泰国	66	尼加拉瓜	37	
澳大利亚	5688	英国	122	委内瑞拉	56	比利时	36	
加拿大	3963	日本	110	印度尼西亚	55	瑞士	27	
秘鲁	514	新西兰	99	厄瓜多尔	52	阿鲁巴	23	
墨西哥	357	菲律宾	99	印度	51	文莱	15	
智利	343	南非	91	巴拿马	45	多巴哥	3	
中国台湾	329	新加坡	85	德国	44	西班牙	2	
法国	35	越南	7	柬埔寨	5			
合计	40026		1302		518		223	42069人

第二节 华侨、港澳台同胞分布状况

火炬区是中山市重点侨乡之一，2016年侨情调查统计：旅居海外侨胞达42069人，其中我国港澳台同胞19402人，分布在近40个国家和地区，最早出国者距今将近200年之久，为时不久者是新移民。他们在海外繁衍生息，是居住国特有群体；同时他们在历史长河中，根据世界形势发展，寻求经济效益，以求宏图大展，居住国时有变迁。

据老一辈华侨称：在第二次世界大战前后，我区侨亲旅居古巴、秘鲁、墨西哥、智利、千里达等国家是占很大比重的。随着世界自由经济和贸易发展，科技进步，教育兴盛，在20世纪六七十年代已有不少华侨从不甚发达国家迁移至较发达国家，如美国、加拿

大及澳洲和欧洲诸国。

第三节 落实政策 做好侨房清退工作

由于历史原因和"左"倾路线的干扰,全区有近 300 户华侨在 1952 年土改时被错划,被没收了房屋财产,分给了 1600 多户无住房贫苦农民。党的十一届三中全会后,国家采取了拨乱反正的政策,为冤假错案平反。1985 年开始全面落实华侨房屋政策。经调查核实共退还侨房 273 户、868 间、面积 44832.448 平方米,支付补偿款 3425973.18 元。1995 年,全区侨房清退工作基本结束,侨房政策落实,华侨房屋财产回归原主,深受社会各界和广大华侨的称赞。

火炬区各社区落实侨房政策退还和支付补偿款情况表

社区	村名	户数	退房数（间）	累计面积（m²）	支付补偿款（元）
张家边社区	张一	9	35	1398.61	123687.90
	张二	10	43	2155.35	153301.60
	张三	15	38	1839.88	138659.20
	张四	15	53	2141.54	210720.40
	窈窕	2	7	360.5	27659.20
	江尾头	10	43	1565.228	123817.44
联富社区	濠联	25	88	5455.88	370880.40
联富社区	濠四	15	71	3897.05	406624.20
	泗门	4	18	609.86	41161.96
	沙边	19	48	3050.97	229751.48
六和社区	五星	19	43	2072.04	170105.60
	陵岗	16	41	1828.83	142014.30
	西桠	12	39	3746.94	139140.40
	宫花	10	51	1803.06	140998.80
	神涌	11	48	2102.57	162484.00
	大岭	9	28	1669.12	130882.80
城东社区	大环	18	47	2881.72	211650.00
	小隐	27	64	4422.13	298990.60
	义学	6	13	818.94	47238.90
	海傍	2	6	523.59	16399.20
	二洲				
	灰炉				
海滨社区	黎村	5	8	300.26	23075.00
	珊洲	14	36	188.38	116729.80
	东利				
	马安				
	茂生				
	合计	273	868	44832.448	3425973.18

第四节　海外侨团与港澳社团组织

火炬开发区海外华侨在居住国共有 10 个侨团组织，我国港澳同胞在香港有 4 个社团组织。广大华侨和港澳同胞历来爱国爱乡，不遗地余力支持与帮助家乡建设。侨团组织和社团组织在为沟通侨情乡情、联络情谊、维护华侨华人和港澳同胞的合法权益等方面都起着重要的作用。

下面按成立时间先后顺序分别做介绍。

美国阳和总会馆

清咸丰二年（1852），最早到美国谋生的中山三灶人袁生与同邑人蔡丽碧、刘祖满等，在三藩市乎仁街筹建同乡会。因会馆建筑物朝向太阳，故取名"阳和总会馆"。初时入会的有中山、东莞、增城等县的华侨华人，后来有博罗县人加入，其中中山人最多。

阳和总会馆负起保护同乡、互爱互济的责任。会馆成立以来，在团结社团、关心侨社、从事慈善、为侨服务、裨益侨群、爱国爱乡、弘扬祖国传统文化、关心侨社文教医疗、尊老爱幼、赞助公益、赈灾扶危、造福桑梓等方面做了大量实事、好事，深得侨胞的信赖。

1868 年会馆迁至沙加缅度街 746 号，楼高三层，顶楼为侯王殿。总会馆属下分：喜善堂（中山黄梁都斗门）、积善堂（中山两都）、同善堂（中山隆都）、德善堂（中山得能都）、归善堂（中山谷都珠海）、敦善堂（中山良都）、集善堂（中山上恭都珠海）、良善堂（中山良都十八乡）、宝安堂（东莞市）、义安堂（增城市）、乐善堂（中山下恭都珠海）、博善堂（博罗市）等 12 个善堂。

阳和总会馆创立之后，成为三藩市华侨会馆之一，与宁阳会馆、肇庆会馆、合和会馆、冈州会馆、三邑会馆，被称为华人六大会馆。

1882 年前后，正值美国排华高潮，在中国领事馆的推动下，六大会馆联合组成驻美中华总会馆，成为华侨社会对外界的代表及最高权力机构，负责日常华侨往返中国的签证事宜，维持华侨社会内部秩序，并肩负对抗排华风潮的重任。阳和总会馆秉承孙中山意旨，在创立的先辈及历届主席顾问、理事的不懈努力下，公而忘私，贡献良多。其事迹有目共睹，有口皆碑，可谓功不可没，永垂史册，万古流芳。

历年火炬开发区侨亲在阳和会馆任职人员如下：

1933 — 1936 年，欧阳琴轩任通事；　　1935 — 1936 年，吴东垣任主席；
1947 — 1948 年，陈继成任通事；　　　1961 — 1962 年，孙博任通事；
1965 — 1966 年，陈焕清任主席；　　　1971 — 1972 年，孙利民任通事；
1981 — 1988 年，孙博任主席；　　　　1991 — 1992 年，欧阳官权任通事；
1999 — 2000 年，马干才任主席：　　　2000 — 2002 年，孙乃衡任通事；
2013 — 2014 年，吴耀庭任主席；
2001 — 2016 年，欧阳金海、马桂才、欧阳权、欧阳进、吴润新、林海平、洪昭信、黄海泉、孙志雄、高华焜先后任理事。

加拿大铁城崇义总会

它于1914年5月成立，至2016年已达102周年。历史悠久，会员众多，是中山侨胞旅加拿大较大的社团之一。它以"精诚团结、友爱合作、群策群力，服务侨胞"为宗旨，在联络侨亲，沟通侨情、乡情，增进情谊，争取和维护华侨权益，弘扬中华文化和为家乡建设、公益慈善、兴教奖学、培育英才、造福桑梓等方面做出贡献。

1975年，濠头村旅加拿大乡亲郑今后先生担任总会主席和崇义体育会顾问。20世纪90年代至2016年，乡亲郑宗励先生担任总会主席、实业部主席、体育会会长和总会董事，为侨团工作、增进中加友谊和家乡建设做出了贡献。

小隐群策社

小隐村旅美华侨阮灼辰、黄锡五、刘卓棠、姚捷琚、阮炎、姚瓒琚、黄汝鎏及当年乡校校长李锐航共同商议，于1921年成立小隐群策社，意为群策群力，内外联系，共建家园，造福桑梓。该社先后分设美洲群策社、檀香山群策社、小隐群策社。他们发动侨胞捐资，办平民义学，收容贫困学童，促进家乡教育。1930年，美洲群策社筹集基金在家乡购置围田190余亩，指派归侨数人经管产业，每年将田地收益划拨一部分给乡校做经费，其余用作办理公益。如遇荒年，成立赈济会，扶助贫困，施粥、施衣等。1936年，美洲群策社在乡中沙塘建筑一幢二层楼房，作为该社办公和乡众阅报之用。特请辛亥革命元老、前中山大学校长邹鲁书写此楼社名。新中国成立后，该社田产归国有。

1930年，檀香山群策社汇数千美元回乡，在乡间北帝庙前购置田地5亩（现李颂龄学校部分校址）作为建校之准备。1947年，乡侨阮炎再带回4000多美元，亲自规划将黄家祠后山麓推平做建校用地，又得到乡中热心人士捐助，建设校舍2座、课室3间，取名"笃行堂"和"明辩堂"，即小隐旧校舍。几十年来，学校培养了不少学子，服务于社会。

1989年，旅港商贾李俊驹（李颂龄长子）独资兴建飞机型教学楼，以纪念其父，取名小隐李颂龄学校。美洲群策社率先响应，即汇3万美元，在校内建设旅美群策社图书馆一座，侨梓与社会热心人士捐赠书柜和图书。旧校舍并入李颂龄学校。每逢春节，旅美群策社均举行春茗或宴会，联谊欢聚，共话乡情国事。

加拿大温哥华中山濠头侨所

加拿大温哥华中山濠头侨所成立于1926年，宗旨为"联络乡亲，互相帮助，发展慈善公益事业"。历任主席有郑官强、郑今后、郑耀鸿和郑宗励等，每届任期较长。

每逢重大节日或遇喜庆之事，侨所均召集侨居温哥华埠的乡亲开展联谊活动。侨所在联络乡谊、服务侨胞、争取和维护华侨权益、支持家乡建设等方面做出贡献。

美国三藩市中山德善堂

东镇华侨前辈多旅居美国的汪沽噜、葛伦等埠，俗称大坑，以耕园、摘果为业。20世纪初，乡侨逐渐迁往商贸日趋兴盛的三藩市，并萌发联络中山阳和会馆之理念。为了自保，加强联系，团结互助，维护华人、华侨合法权益，1932年乡侨首次在阳和总会馆召开会议，商定成立中山德善堂，选出主席、董事共9人（商董、学董、楼业部，每组3人），并召开阳和总会馆扩大会议。之后开始组建董事会，制定有关章程，定期召开会议。当时无固定地址，借用乡侨的店铺召开会议，商议事务。

1955年为纪念先侨，发动侨梓捐款修建山坟，将余款在VALPARASISO街购置楼宇。该楼宇成为德善堂的首栋物业。1960年修改会章，实行执委制度。1973年5月租用积臣街金菊园巷11号为临时会址，并于当年成立购买楼业基金会，1974年购买了跑华街1—4号为会址。当时因经费不足，向侨梓发起借贷，以此方式筹集资金，终完成换楼和购楼大业。1980年8月，德善堂正式落成并挂牌启用。1978年11月26日，再次修改章程，改用理监事制度，德善堂会务进入轨道。1980年起，经理监事会决定每年秋季举行郊游大会。次年首次颁发奖学金5人，以后每年均在郊游大会时给成绩优异的学子颁奖。阳和会馆于1981年起每年向德善堂捐助奖学金，鼓励学子向学，同年加建会议室。德善堂是阳和总会馆辖下的华侨组织，会务、活动有独立性。它是火炬区（东镇四区）旅居三藩市屋仑等埠的华侨聚会地，历史悠久，规模较大。几十年来，德善堂在团结侨胞、联络乡亲、沟通侨情乡情、凝聚侨心、维护侨胞权益、组织侨梓郊游、颁发奖学金、资助家乡建设和社会福利、修桥筑路、兴建校舍、完善教学设施、建设地方医院、尊老爱幼和救助国内各种自然灾害的灾民等方面均出钱出力，为祖国和家乡的建设和经济发展做出了贡献。

三藩市中山德善堂会员来自张家边、沙边、泗门、窈窕、上巷、朗尾、新村、白庙、上陂头、濠头、李家村、白沙湾、牛起湾、齐东、紫马岭、老富头、土瓜岭、库充、亨美、库充新村、大鳌溪、细牛溪、三角塘、长命水、陵岗、宫花、大岭、神涌、西桠、江尾头、大环、员山仔、大柏山、细柏山、山际尾等村。吴东垣、陈焕清、孙博、孙寿明、孙敬全、马灿彪、欧阳金海、陈焕生、马干才、洪昭信、吴耀庭、孙乃衡、黄海泉、孙志雄、高华焜先后任德善堂主席。

美国中山德善堂历任正副主席、正副中文书记一览表

届别	年份	正主席	副主席	正中文书记	副中文书记
第一届	1978	孙寿明	孙敬全	孙博	朱文胜
第二届	1979	孙敬全	孙博	陈玉堂	洪寿培
第三届	1980	孙博	马灿彪	欧阳权	孙冠州
第四届	1981	马灿彪	欧阳金海	欧阳权	欧阳智安
第五届	1982	马灿彪	欧阳金海	林海平	马干才
第六届	1983	欧阳金海	陈焕生	林海平	马干才
第七届	1984	欧阳金海	陈焕生	欧阳权	孙博
第八届	1985	陈焕生	欧阳权	林海平	洪寿培
第九届	1986	陈焕生	欧阳权	孙少堂	马干才
第十届	1987	马干才	欧阳金海	孙少堂	孙乐生
第十一届	1988	马干才	马威文	孙少堂	谭汉儒
第十二届	1989	欧阳金海	洪昭信	欧阳权	孙少堂
第十三届	1990	欧阳金海	洪昭信	欧阳权	孙少堂
第十四届	1991	洪昭信	谭伟儒	吴耀庭	孙少堂
第十五届	1992	洪昭信	谭伟儒	吴耀庭	孙少堂
第十六届	1993	马干才	谭伟儒	吴耀庭	孙少堂
第十七届	1994	马干才	洪桂强	吴耀庭	孙少堂
第十八届	1995	黄海泉	洪桂强	吴耀庭	孙少堂
第十九届	1996	黄海泉	洪桂强	吴耀庭	孙少堂
第二十届	1997	欧阳金海	马干才	吴耀庭	孙少堂
第二十一届	1998	欧阳金海	马干才	吴耀庭	孙少堂
第二十二届	1999	洪昭信	吴耀庭	孙少堂	周杏簪
第二十三届	2000	吴耀庭	洪昭信	孙少堂	高岳垣
第二十四届	2001	吴耀庭	洪昭信	孙少堂	高岳垣
第二十五届	2002	欧阳金海	高华焜	高岳垣	周杏簪
第二十六届	2003	欧阳金海	孙乃衡	周杏簪	欧亮荣
第二十七届	2004	吴耀庭	孙乃衡	周杏簪	孙少堂
第二十八届	2005	吴耀庭	马干才	周杏簪	孙少堂
第二十九届	2006	孙乃衡	黄海泉	周杏簪	吴伟光
第三十届	2007	黄海泉	吴耀庭	吴伟光	陈容清
第三十一届	2008	黄海泉	吴耀庭	吴伟光	孙少堂
第三十二届	2009	孙志雄	吴耀庭	吴伟光	陈容清
第三十三届	2010	孙志雄	马威文	吴伟光	陈容清
第三十四届	2011	高华焜	黄海泉	高杰	吴伟光
第三十五届	2012	高华焜	黄海泉	吴伟光	欧阳赞光
第三十六届	2013	孙志雄	黄海泉	吴伟光	欧阳赞光
第三十七届	2014	孙志雄	黄海泉	郑珠英	郑树逵
第三十八届	2015	高华焜	黄海泉	洪顺祥	郑树逵
第三十九届	2016	高华焜	黄海泉	洪顺祥	郑树逵
第四十届	2017	黄海泉	孙志雄	洪顺祥	陈冠桦

美国中山德善堂（2017年度）职员

主席：黄海泉　　　　　　副主席：孙志雄

顾问：陈焕生，谭伟儒，吴耀庭，洪桂强

监事长：高华焜　　　　　监事：孙乃衡

中文书记：洪顺祥　　　　　副中文书记：陈冠桦
英文书记：何国徽　　　　　副英文书记：陈宝智
财政：高周杏簪　　　　　　副财政：郑珠英
会计：欧阳慰椿　　　　　　核数：孙福生，陈硕鸿
楼业主任：何国徽（兼）　　楼业委员：孙干辉，谭厚超
福利主任：郑卓仁
福利委员：高宝兴，陈有开，陈容清，郑宝潮，郑伟文，郑天鹏
妇女主任：欧阳金海夫人
妇女委员：冯丽宝，孙郑务衣，高周杏簪（兼），郑珠英（兼）
青运组：孙志中　　　　　　奖学金主任：陈宝智（兼）
名誉理事：孙冠洲，孙少堂，洪润明
庶务：朱卓均

澳洲侨青社

20世纪30年代，澳洲悉尼有一群满腔热血的华裔青年，为了做好救国宣传工作，不怕艰苦，多方奔走，联络华侨社区中各阶层人士，成立"澳洲悉尼侨青抗战话剧研究社"。1942年澳洲悉尼侨青抗战话剧研究社改名为"侨青社"。

澳洲侨青社的宗旨是传承和发扬中华文化，促进澳中人民友好，举办福利慈善事业和组织康乐体育活动。几十年来，侨青社不遗余力地为实现这个宗旨而进行长期不懈的努力。今天侨青社取得辉煌业绩，不仅受到澳洲华人社会各界人士的尊敬和爱戴，也得到了澳洲和中国政府的认同和赞赏。

侨青社成立于1939年，初期正值祖国人民掀起全面抗日战争之际。在悉尼的这群爱国青年，出于对侵略者的义愤，同仇敌忾，自发地投入抗日救亡的洪流。他们以演剧为主，宣传和支持祖国抗战。1941年12月，日本发动了太平洋战争，侵占了东南亚一带。受战争影响，当时先后有数千名中国海员滞留在澳洲。1942年4月，在侨青社和澳洲海员工会的协助下，他们成立了"中华海员工会澳洲总分会"，借侨青社为临时办事处。侨青社积极配合海员工会组织海员参加澳洲的海上运输队，运送战时物资去前线。他们一向勇敢地站在反侵略战争的前沿，为抗日战争胜利做出了贡献。

战后，侨青社迈进了新的里程，在维护和争取华人的正当权益方面做了很多工作。20世纪50年代，澳洲仍是白澳政策盛行，在澳华人饱受种族主义的歧视、欺凌，始终抬不起头来。为了争取和保障劳工的权益，侨青社发起成立"华侨工人联合会"，团结广大华侨劳工，开展宣传活动并向移民部长请愿，详述华工的境遇，反对驱逐出境令，要求修改法例，保障华工的权益。同时，在该社礼堂开办饭堂救济工人。

经过了长期的艰苦斗争，1956年自由党政府废除了不合理的驱逐出境令，华工的正当权益得到了保障。这场长期不懈的斗争取得了全面胜利，使澳洲华人社会达到了空前的大团结，华人社会的力量进一步壮大。

早在 1939 年建社初期，即编印了第一本特刊《九一八》，1942 年开始每两周出版《新生》，1945 年改为《时报》，后又改为《抗日先锋》，宣传报道祖国的抗战形势和各地新闻。从 1961 年起，还创办出版《侨声》月刊，向社员报告国内外情况和社区各种活动。为了让下一代更加了解中国、认识中国，社内积极地发展中文教育。1972 年，社内开办儿童中文班，现在更是发展成为悉尼一家最大规模的中文学校。

1973 年，澳中两国正式建立外交关系，侨青社的历史从此谱出了新的篇章。10 月，中国广州杂技团访澳，把中华文化带来澳洲。他们独特的风格、高超的演技，使澳洲观众陶醉其中。大家都称赞广州杂技团是增进澳中友谊的使者。从此，侨青社传统的文艺活动更加蓬勃地开展起来。

从 1986 年起，侨青社接受了新州政府的委托和赞助，每年 9 月都在悉尼举行盛大的多元文化盛典——中国城嘉年华会，以中国传统文化的精粹向澳洲各族人民展示华人的民族气质、中华古国五千年的文明历史和现代中国的崭新面貌。

侨青社努力发扬华人为善最乐的优良传统，组织过多次慈善筹款活动。1981 年 12 月，在悉尼大学戏院举办文艺晚会，筹款赈济中国水灾灾民。1988 年联合其他社团，举办"华人安老之家慈善百万行"，为华人安老之家筹款 2 万多元。1991 年为赈济中国华东水灾灾民联合其他社团义演筹款。1994 年在中国城嘉年华会为新州山火灾民筹款。1998 年中国长江及黑龙江水患，侨青社又筹得善款 1 万多澳元，通过澳洲红十字会转送给灾区人民。

侨青社创立至今，经历了数代人，每一代都能秉承办社宗旨。虽然经历了漫长的岁月，但该社仍像年轻人一样充满活力，活跃在华人社区中。相信年轻的后来者定会再接再厉，把侨青社辉煌美好的历史继续写下去。

火炬区江尾头村唐向明先生 1952 年加入侨青社，曾任多届委员、副秘书（亦曾担任过澳洲中山同乡会副会长）；西桠村郑志坚先生曾任过该社理事；神涌村周毅光先生任该社中文秘书；江尾头村唐义明先生任总务，唐鉴荣先生任组织委员。

澳洲中山同乡会

澳洲中山同乡会成立于 1982 年，有会员 100 多人。其宗旨是联络乡谊，团结互助，共谋福利。同乡会在推动华人社会和主流社会交流、悉尼唐人街建设、传播中华文化、促进澳中友好往来等方面起到积极作用。1990 年购买现会址，当时是一座二层楼房，面积不足 200 平方米。随着会务拓展，把原二层楼房加高至三层，并全面修葺装修。此事得到旅澳侨亲和家乡政府及部门的支持：悉尼乡亲捐资 20 多万澳元，中山市政府送去办公用具、家具和灯饰等，广东省侨务办公室送去同乡会武术狮子队、歌咏组所需的道具、服饰及两头醒狮等。2003 年澳洲中山同乡会会员发展到 1000 多人。张家边旅澳洲华侨孙照钧先生任同乡会永远名誉会长兼常务副会长。西桠村旅澳洲乡亲朱少华先生曾担任常务副会长。2004 年澳洲中山同乡会主办第五届世界中山同乡恳亲大会，以"联络乡谊，发展商机，交流文化，增进团结"为主题。来自世界各地的中山乡亲近 1000 人会聚悉尼，共商乡事，为家乡建设做出贡献。

第十六届澳洲中山同乡会职员
会长：余威达
常务副会长：冯有德　阮小玉　孙照钧
副会长：林永基　高思远
中文秘书：冯有德　阮小玉　黄炳辉　黄小荷
英文秘书：余威麟　方志勇　李　岚
财政：余威麟　高佩玲　林永基　杨星儿
总务：孙照钧　高佩玲　陈钻好　潘凤韶
公关：郑志坚　黄子彪　高思远
高龄／妇女／福利：马雪屏　阮小玉　孙照钧　潘凤韶　黄炳辉
旅游：林永基　杨星儿　李　岚　冯有德
青年：方志勇　高思远　何俭敏　黄小荷
文娱：黄振洲　林永基　何俭敏　李　岚
康乐：陈钻好　潘凤韶
醒狮：余威麟　余威达
摄影：黄振洲　黄炳辉　黄小荷

美洲孙氏宗亲会

1982 年沙边村旅美宗亲孙寿朋、孙博、孙恩陶发起组织美洲孙氏宗亲会，孙博当即捐出 500 美元作为筹备经费。首次筹备会议于 1983 年在三藩市皇后酒家举行，10 多人出席。后经数次会议，1984 年 10 月在加州注册成立美洲孙氏宗亲会。1986 年在三藩市金龙酒家举行宗亲会寿宴。1992 年 1 月孙少堂向美联邦税务局申请注册"美洲孙氏宗亲会"。宗亲会有章程和宗旨等，旨在敦亲睦族、团结互助、联络侨亲、增进情谊，是较完善的华侨华人团体之一。第一届会长孙博，副会长孙灿煊、孙寿朋。2005 年会长孙威廉，副会长孙国尧、孙展平。

全美俊英工商总会

全美俊英工商总会（成立年份不详）设在三藩市华埠企李街 667 号，属下有 3 个分会，分别设在洛杉矶（称罗省俊英工商分会）、斐士那市（称斐士那俊英工商分会）、乐居镇（称乐居镇俊英工商分会）。全美俊英工商总会、三藩市俊英工商总会简称大埠总会，负责监督指导全会办理公务。各分会接受总会训令，执行总会决议，领导本分会行政工作。任职人员每年选举一次，可连任一届。总会长期与各侨团组织密切联系和友好合作，共同为侨胞谋求应有权益，支持祖国和家乡建设，对中美建交、侨团侨领之沟通交流发挥桥梁纽带作用。每年传统节日均举行联欢庆会，如春秋二祭、春茗、菊酌、莆酌等。侨亲欢聚一堂，联络乡情，领略中国传统文化。

全美俊英工商总会现任职员一览

元老：阮展鹏　温容镜　黄海泉
正总理：严荣辉　　　　　　副总理：郑佩恒
书记长：何慧忠　　　　　　名誉顾问：刘应同
正西文书记：欧阳乐超　　　副西文书记：林宝淦
议长：陈耀忠　　　　　　　代表：何　新　陈耀忠
财政：黄海泉　　　　　　　核数：黄桂碧　李汉文
庶务：黄玉媛
楼业部
主任：阮展鹏
委员：严荣辉　郑佩恒　温容镜　黄海泉　高华焜　陈耀忠
福利部
主任：李立本　　　　　　　助理：严华焕
评议员
李国人　郑启洪　林亮雄　李星南　陈拔萃　萧小玲　萧德行
林海祺　林卓悦　郑卓仁　梁均雄　邝志高　林中铎　冯玉航
洪顺祥　李文宇　李镇豪　严国权　卢伟棠　陈举雄
俊杰寄庐
顾问：严荣辉　陈耀忠　刘垣
总干事：何志图　　　　　　副总干事：郑健平
书记：洪桂强
司库：陈华永
名誉员
高宝兴　林志煌　朱卓添　邝瑞和　严荣佳　李广信　萧绍芳
萧永强　郑健华　方立本　杨官侣　梁燕菁　梁彩媚　梁燕飞
萧德群　萧龙爱　萧永嫦　高桂华　陈隶航　郑庆涛

澳洲中中同学会

1984年2月，旅居澳洲乡亲李惠毓、林镇源、梁德仁等有识之士组建了"中中校友学术社"（后改为澳洲中山中学同学会，简称中中同学会）。历经30年的不断努力，同学会发展至今已有198位会员，在团结中山海外留澳学生和校友方面做了大量工作，不断增强凝聚力，取得可喜成果。新一届（第十五届）委员会吸收建筑师、工程师、财政管理等专业人士加入会务工作，实现老中青三结合的领导班子，经选举一致推选孙照钧先生任中中同学会会长。

澳洲中中同学会以广泛联系在澳的中山同学开展文化交流，团结互助，增进友谊，开展文体康乐活动，弘扬和传承中华优秀传统文化为宗旨，使源远流长的中华文化之树在澳大利亚之沃土上茁壮成长，发扬光大，为澳大利亚多元文化社会增添光彩。

第十五届委员分工：
会长：孙照钧
常务副会长：李寿田（太平绅士）　马幼坤（女）
副会长：李岚（女）　潘凤韶（女）　黄苑（女）　杨星儿（女）
中文秘书：林顺忠　陈炳均　黄炳辉
英文秘书：李岚（女）（兼）　李慰菁（女）　刘子锷
财政：杨星儿（女）（兼）　东曼梨（女）
总务：潘凤韶（女）（兼）　郑美爱（女）
康乐：杨星儿（女）（兼）　李慰菁（女）（兼）　刘子锷（兼）
联络：李寿田（兼）　马幼坤（女）（兼）
法律顾问：李刚樑律师
教协顾问：周展勤　甘雨明
医疗顾问：杨星儿　马雪屏　伍奕诚

澳洲东镇乡亲联谊会

1999年2月4日，旅澳洲悉尼侨亲何惠彰、孙家驹、孙杏佳、郑燕铭等共同倡议，组织成立东镇乡亲茶聚会，并定于每月第一个星期四上午11时举行一次茶聚会。茶聚会以"联络情谊、互通信息、互助互爱"为宗旨，不分党派、信仰。退休人员及家属、亲友均可参加。凡加入茶聚会的会友，均有义务互相帮助，家属及亲友遇到困难或有红白事，大家都团结互助，互相支持。茶聚会实行"执事"制度，民主公选3名执事，负责每月茶聚事宜和通报信息、组织慰问等工作。茶聚地点设在澳洲悉尼唐人街满汉酒家。2004年5月6日，东镇乡亲茶聚会改名为东镇乡亲联谊会，委员会按章程规定，每届任期2年。张家边乡亲何惠彰被选为名誉会长，吴官瑞、高宝湖被选为福利组长，马纪行、黄海光、高宝芳和马润林被选为顾问，孙绍波被选为会长。

香港中山侨商会

香港中山侨商会始创于1911年，为香港历史悠久、组织庞大的中山同乡社团之一。虽以侨商会为名，但与同乡会无异，各界乡亲有正当职业者均可参加。创会之初，仅一个区有"石岐商会"，后逐渐扩展至有9个区的商会。长期以来，该会致力于联络乡亲、敦睦乡谊、服务社会，如平售赈灾、沦陷时期致力于济难、兴学赠医等。数十年来，该会会务不断发展，朝气蓬勃，特别是近30多年来，该会不断地改建旧产业，购置新产业，为会务的发展奠定了强大的经济基础，对香港社会、家乡建设、慈善福利等都有很大的贡献。近几年，他们曾不间断地组织会员回乡参观访问，联系乡亲，增进乡谊，在兴办社会公益、造福桑梓等方面都做出了贡献。该会历年来向香港保良局、东华三院、博爱医院、仁济医院以及家乡各镇区公益慈善事业捐资高达2000多万元。中山市卓山中学、翠亨中学、沙溪理工学校、烟墩中学、西区小学、高家基小学、东区医院、中区医院、火炬区医院、坦背医院、板芙医院、海洲袁瀛杰医院、岐江医院、人民医院、博爱医院等都有该会的义捐，它是中山市旅港社团捐款最多的一个团体。

香港中山濠头乡亲会

设在香港油麻地窝打老道1号L二楼，以"联络乡亲、团结互助、友爱亲善，致力于家乡建设、经济发展和福利慈善事业"为宗旨的香港中山濠头乡亲会于1973年成立筹备委员会，后宣布成立，并申请注册。1975年郑标、郑次、郑杰雄、郑贤等发起募捐，购置永久会所。在20多个春秋中，该会发动美国、加拿大、日本、澳洲和中国香港、澳门等国家和地区的海外乡亲为建设家乡捐资赠物，捐赠人民币达1382368元、港币255195元、加元6695元、美元10985元。另给家乡购买一辆12座本田汽车、一辆五十铃双排座汽车；扩建2幢12间教室的教学楼，购买教具、体育、音乐器材一批；购买一间侨联会址，建设濠头村东西两座牌坊及游泳池，重建探花牌坊和大球场，铺设村中混凝土道路。该会每年在香港开展春茗联谊活动，又回乡设宴送红包，为耆英祝寿，组织观光团回乡观光，游览家乡名胜古迹，参观中山的学校、幼儿园和中山港投资环境、长江乐园、孙中山故居等。

香港中山濠头乡亲会为家乡建设事业和公益事业做出了重大贡献，深得乡众的赞许。

香港中山社团总会

香港是中山乡亲旅居较多的地区之一。旅香港乡亲经多年的酝酿，决定在香港成立一个社团组织。1996年10月8日，香港中山社团联合会在香港隆重举行成立大会，香港29个中山社团组织参与。该会成立后积极开展多种社团活动，联络乡谊，支持家乡建设，为海内外乡亲提供服务和帮助。在团结乡亲、为乡亲争取合法权益、为中山各地区的经济发展等方面做了大量有意义的工作。香港回归时，该会组织千多人举行迎回归的各种活动，体现了社团联合会的组织作用和策动能力。该会会务鼎盛，遍及港九，是香港较有影响力的社团之一。首席会长是郑观聪先生，总监是林中翘先生，主席是苏计成先生。

2015年，香港中山社团联合会易名为香港中山社团总会。

火炬区港澳乡亲联谊会

2013年8月31日,中山火炬开发区港澳乡亲联谊会在火炬区国际会议中心三楼隆重举行成立大会。该联谊会秉承爱国、爱港、爱澳、爱乡,联络乡亲、增进友谊、团结互助、促进中山与港澳的合作交流的宗旨,维护中山、香港和澳门同胞的合法权益,提供服务,排忧解难,开展经济、科技、文化、教育和学术等方面的交流与合作。它是一个休戚相关、荣辱与共、团结互助的集体。第一届会长郑汉成先生在成立大会上献词时说,作为首任会长,他将殚竭驽钝,本着联络乡亲、增进情谊、关心桑梓、团结互助的宗旨,紧紧依靠广大会员和乡亲,锐意进取,扎实工作,努力把联谊会建成情感交流的会所、分忧解愁的娘家、干事创业的加油站、合作共赢的新平台。火炬开发区党工委副书记张容彬在大会上致辞说,中山、香港、澳门一衣带水,三地同宗一家亲,香山聚首诉乡情。港澳乡亲联谊会是一个既有乡缘又有商缘的良性互动平台,可以说是应时而生、顺势而建。要把它建成港澳乡亲心中的港湾、联谊的桥梁,使之真正成为香港、澳门、中山三地互惠合作、实现多赢的孵化器和新引擎。

澳门中山火炬开发区同乡会

为进一步加强火炬开发区与澳门乡亲的联络沟通,维系乡情,增进情谊和增强澳门同胞的归属感,2017年2月27日在澳门成立澳门中山火炬开发区同乡会,其宗旨是进一步弘扬爱国、爱澳、爱乡、团结互助精神,促进澳门与家乡的合作交流,以达资源共享,为构建和谐稳定、幸福美好的社会作出新的贡献。

澳门中山火炬开发区同乡会首届理监事架构成员芳名
会长:谢硕文　　　　　常务副会长:郑天渭
副会长:孙曲苗　吴君宜　杨伟光　何少梅　郑晓辉　郑华开　蔡国元
理事长:郑昔良　　　　常务副理事长:陈秀媛
副理事长:陈洪芳　郑嘉联　蔡　首　陈鉴宏　欧阳东　郑洪赞　郑锦强
　　　　孙永亮　孙英梅　吴振华
秘书长:吴瑞霖　　　　副秘书长:郑志雄　谭素梅
英文秘书:陈洪芳(兼)
财政:吴瑞霖(兼)　何少梅(兼)
理事:梁燕藜　高妙英　张社光　林志伟　郑富源　郑金娴　林倩华　谭爱金
　　　黄淑英　梁健康　郑浩然　郑永均　孙浩川　郑影霞　饶梅英　郑倩群
　　　孙桂贤　黄桂池　黎燕媚　谭燕兴　郑汉光　林结强　李素雯　郑华间
　　　梁容珊　吴敏婷　陈庆超　郑洛琳　郑伟宏　孙科达　黄永豪　罗万方
　　　曹洁怡　梁月生　梁素珍　李新妹　梁伟伦　郑云隆　郑杰豪　郑杰铭
　　　何国旗　龙秀芳　杨玉媚　郑雪兰　黄云湘　余继成　黄敏华　陈志伟

郑巩坚　郑浩平　欧阳嘉骏　欧阳嘉雯
监事长：欧阳中亮
副监事长：朱武强　郑社辉　郑耀新　欧阳杯
监事：梁雪英　梁惠添　洪金平　郑淑华

香港中山火炬开发区联谊会

为进一步加强火炬区与香港乡亲的联络沟通，维系乡情、增进情谊和增强归属感，2017年8月12日在香港成立了香港中山火炬开发区联谊会，其宗旨是进一步弘扬爱国、爱港、爱乡、团结互助精神，促进香港与家乡的合作交流，为构建和谐稳定、幸福美好的社会做出新的贡献。

香港中山火炬开发区联谊会首届理监事架构成员芳名
会长：郑汉成　　　　　　　副会长：黎宏照　欧阳洁如　温国阳
理事长：彭桂雄　　　　　　常务副理事长：郑耀明
副理事长：高根荣　吴荣标　吴嘉诚　吴曼珍　李桂方
监事长：林志强　　　　　　副监事长：黄贵泉　马赞生
秘书长：文嘉慧　　　　　　副秘书长：孙丽菲　郑丽瑜
财务主任：欧阳玉娜　　　　总务主任：郑宝仪　　总务副主任：李燕金
妇女主任：黄燕群　　　　　福利主任：谭金润
青年及文娱主任：吴嘉诚　　联络主任：黄锦龙
理事：朱永强　方志坚　潘子玲　朱月嫦　黄秋燕　李冬梅　吴结兰　陈翠珊
　　　马晓露　黄咏恩　孙玉颜　凌秋娴　郑凤菲　郑德权　陈倩群　林志荣
　　　林秀颜　马耀忠　郑燕韶　朱悦雄　朱永恩　郑凯燕　郑　芬　欧阳美娟

历届(世界)中山同乡恳亲大会举办的时间地点

届别	时间	地点
第一届	1996年1月21日	马来西亚吉隆坡
第二届	1998年10月21—24日	香港
第三届	2000年9月23—24日	美国檀香山
第四届	2002年11月9—11日	中山市
第五届	2004年10月6日	澳洲悉尼
第六届	2006年4月10日	澳门
第七届	2008年7月5—7日	加拿大温哥华
第八届	2010年10月16—18日	马来西亚吉隆坡
第九届	2012年8月25—27日	美国加州旧金山
第十届	2014年8月9—11日	新加坡圣陶沙名胜世界
第十一届	2017年10月27日	斐济

第五章 火炬区侨办及侨联组织机构

第一节 火炬区组织机构

表一 火炬区历年主管侨务工作人员一览表

区主管侨务工作负责人		侨务办公室负责人		侨务工作人员
姓名	任职时间	主任	副主任	
梁兆湖 黄绍源	1972—1981			詹帝林
孙巧莲	1982—1984			陈锦湖
李梓才	1985—1988	曾润民		周锦泉
郑满生	1988—1990			梁坤培
孙达雄	1990—1995			梁坤培 梁新萍
黄国伟	1996—1999	黄国伟	梁国荷 郑丽瑜 梁坤培	
阮汉文 黄永林 徐小莉	1999—2003	郑丽瑜	梁坤培 何华炳	
林惠梅 崔宝潮	2003—2008	郑丽瑜	罗纯华 何华炳	林剑豪 卢晋娜
潘兆儿	2009—2011	霍启超	罗纯华 何华炳	卢晋娜 林剑豪
张容彬	2012—2016.6	刘龙湛	陈榕	卢晋娜
黎汉钊 刘龙湛	2016年7月-2017年3月		吴贵发 郑艳霞 陈榕	卢晋娜
刘少山 刘龙湛	2017年3月-现在		吴贵发 郑艳霞 陈榕	卢晋娜

表二 火炬区侨联历届侨委任职一览表

届数	时间	主席	副主席	委员
第一届	1956.10	郑焕昆	林惠森（女）	郑锡焕　高金意（女）　李维东（女）　唐贻标　洪杏全等
第二届	1959.12	孙有德	林惠森（女）	李维东　唐贻标　洪杏全　郑锡焕
第三届	1963.7	孙有德	林惠森（女）	李维东　唐贻标　洪杏全　郑锡焕　欧阳焕棠
第四届	1966.2	林惠森	欧阳焕棠	孙有德　唐贻标　郑焕昆　李维东　黄新妹
第五届	1968	林惠森	欧阳焕棠	唐贻标　郑焕昆　李维东　孙有德　黄新妹
第六届	1982.4	黄伟棠	朱仲显　欧阳焕棠	陈金兆　郑光辉　吴卓森　陈兆梅　黄申桂　陈增辉　陈文钦　郑焕昆
第七届	1985.12	欧阳焕棠	陈金兆	陈增辉　阮婉娴　孙锦才　梁联昌　郑焕昆　阮庆猷　黄申桂　黎建新　朱仲显
第八届	1989.4	欧阳焕棠	曾润民　李庆余	郑泽明　吴卓森　蔡振华　孙锦才
第九届	1992	欧阳焕棠	曾润民	梁联昌　吴仲贤　朱仲显　黄伟棠
第十届	1997.6	梁坤培	孙达雄　李梓才	郑泽明　蔡振华　欧阳洲　林国威　郑申尧　李万胜
第十一届	2003.3	郑丽瑜	孙达雄　何华炳　林润福	欧阳洲　林国威　吴志伟　李少怡　孙锦源　孙伯林　郑均尧　黄琼英　谭星垣
第十二届	2008.12	霍启超	郑丽瑜　罗纯华（兼秘书长）	常委：吴文桂　郑锡培　欧阳欣华　黄琼英 委员：陈雪云　郑碧琚　郑均尧　林国威　郑满生　郑秀连　黄子连　吴广标
第十三届	2013.12至今	刘龙湛	陈榕	秘书长：卢晋娜 常委：郑丽瑜　欧文雄　欧阳顺财　欧阳欣华 委员：陈秀连　陈雪云　吴文桂　吴瑞强　郑均尧　郑碧琚　林汉伟　黄琼英

第二节　社区、小区侨联会架构

表一　社区第一届侨委任职一览表

社区	时间	主席	副主席	委员
张家边	2012.5	马国雄	吴添渭	阮小碧　何惠芬　吴瑞强　黄爱莲　黄乐均　黄志云　陈志友　许维娟
联富	2012	欧文雄	郑均尧　孙锦源	罗丽枚　郑富强　郑桂恩　曹飞柳　吴玉花　杨仕明　黄结彬
六和	2012.6	欧阳顺财	朱汉崇	周艳娜（秘书长）　朱伟强　陈天润　陈炳辉　欧阳玉光　林金安　罗润九　谭桂添　欧阳玉美　郑满生　欧阳欣华（名誉主席）　欧阳洲　王银叶（顾问）
城东	2012	阮金成	黄映荷	黄东明（秘书长）　黄子连　吕加明　黄琼英　梁荣耀

（续上表）

海滨	2012	林祐生		高卫燕　孙秋娴　冯月南　谭桂芳　黄玉辉 郑碧琚　梁杰龙
中山港	2012	梁镜华	吴文桂	柯艳梨　曾　华　陈　安　阿桂清　罗先皎
博凯	2012	陈秀连	张世杰	李寿芬（秘书长）　甘丽嫦　周若飞　李泽航　吴嘉榆

表二　小区历届侨委任职一览表

小区	时间	主席	副主席	委员
濠头侨联会	1980—1986	郑连京（郑光辉）	郑寿康	郑社煊　郑日坤　郑炳煊　郑水维 郑寿安　郑焕坤　郑富强　朱启明
	1986—1990	郑寿康	郑玉章	尹俊如　郑金源　曾裕光　郑麦 郑富强
	1990—1995	郑爵成	郑泽明	郑普仪　郑麦　郑新尧　郑玉章 郑水维
	1995—1999	郑新尧	郑泽明	郑普仪　郑麦　朱启明　郑富强 陈燕珠
	1999—2002	郑泽明		郑普仪　曾锦洪　黄结彬　郑富强 郑连珍
	2002—2008	郑均尧	郑桂恩	郑秀兰　朱容贞　郑富强　郑月好 郑锡培
	2008年至今	郑均尧	郑桂恩	郑秀兰　郑志君　郑富强　陈燕群 林汉伟
濠四侨联会	2002—2004	梁容根		梁卫森　杨仕明　冯秋梅
	2005—2007	梁容根		梁卫森　杨仕明　吴少平
	2008—2010	杨仕明		吴少平　梁汝君
	2011—2013	杨仕明		吴少平　梁汝君
	2014—2016	杨仕明		吴少平　吴勇芬
泗门侨联会	1986—2005	欧锦贤		吴玉花　陈少群　詹庆坤
	2005年5月至今	詹少军		吴玉花　洪镒钊　洪桂华　郑妹玲
沙边侨联会	1983—1998	孙锦财		孙章大　孙成结　孙钧沛　孙乃文 孙达雄
	1998年至今	孙锦源		孙章大　孙兆平
江尾头侨联会	1983—1999	黄伟棠		李少坤　黄满林　陈惠均　李寿兴
	2000—2013	谢寿雄		李仲芬　黄结芬　刘悦彬　孙连庆
	2013—2016.12	黄志云		陈素芬　陈惠均　陈桂珍　李仲芬
	2016年12月至今	李长安	谢子余	刘棣书　李文科　黄金梅
窈窕侨联会	2000.12.9	胡联星	杨广源 林润福	吴志七　吴炳文　杨春逢　林铭枢 吴丙辉　吴锐祥　陈立基
	2005.8.29	林润福	吴志七	吴炳文　杨春逢　林铭枢　吴丙辉 吴锐祥　陈志友
	2007.7.7	吴志七		陈兆光　林铭枢　陈志友　吴添发 林澄波　陈立基　陈均航　蔡彩金
	2011.7.10	钟志坤	陈兆光 陈志友 林澄波	林铭枢　吴添发　朱巧莲
	2014.4—2015.8	钟志坤	陈兆光 陈志友	吴添发　林灿新

（续上表）

小区	时间	主席	副主席	委员
张家边侨联会	1956—1960	林淑卿		
	1961—1965	马锡垣		
	1966—1970	黄润友		
	1971—1978	陈金兆		
	1979—1988	陈曾辉		
	1988—2000	蔡振华	马进成	
	2001—2009	吴志伟	陈焕枢	吴添渭　梁桂芳　黄爱莲　吴建强　吴德坤
	2010—2015	吴瑞强	陈干平	梁桂芳　吴建强
	2015至今	吴瑞强	陈干平	黄爱莲　梁桂芳　吴建强
西桠侨联会	1983—2004	朱仲显	朱兆金　林素云	洪建华　洪磊明　林玉元
	2005年至今	朱汉崇	朱兆金　林素云	洪建华　洪磊明　林玉元
陵岗侨联会	2005.6—2008.6	陈炳辉	陈倩瑶　陈新华	陈建业
	2008.7—2011.7	陈炳辉	陈锦华　陈新华	陈倩瑶
	2011年8月至今	陈炳辉	陈伟顺　陈新华	陈天润
五星侨联会	1984—1994	谭焕林		胡家平　陈锐文　高福生　谭计培　黄惠林　陈耀坤
	1995—2010	谭星垣		高国坚　高福生　谭星垣　胡家平　陈锐文　陈泽彬　谭计培　陈少文　黄惠林　陈柳枝
	2011—2013	谭桂添		谭惠成　谭国生　陈桂孚　吕玉娟　黄焕朝　高德富
	2014年至今	黄庆添		高炳枢　谭振威　谭国生　谭国超　陈泽宏　陈桂孚　吕玉娟　陈素航　黄焕朝　黄均球　高德富　高四清
神涌侨联会	2001—2005	郑锦焕	周成发	李汉彩　周汉培　黄近生　周少川　周进帮　孙素兰
	2006—2012.7	周成发	周少川	李汉彩　周进帮　黄近生　黄镜球　周汉培
	2013年8月至今	罗润九	黄少敏	陈宝珍　周丙威　黄省华　陈凤兰　周维枢
宫花侨联会	2002.12—2015.5	王银叶	郭卓芬　李美荣	王结庭　王灿均　陈国平　洪宝琼
	2015年6月至今	李美荣	郭卓芬　王银叶	王结庭　王灿均　陈国平　洪宝琼
大岭侨联会	1976—1980.8	欧阳洲	欧阳更生	欧阳伯廉　欧阳少满　欧阳惠莲
	1996—2000	欧阳洲	欧阳少满	欧阳杏安　欧阳惠莲　欧阳少奇　欧阳玉超
	2005年至今	欧阳欣华	欧阳彦武	欧阳茂强　欧阳海发　欧阳干韶
大环侨联会	1999—2001	黄琼英	黎润森　张容标	黎醒文　张兆强　黎灿强　张文科　吕灿康

（续上表）

小区	时间	主席	副主席	委　员			
大环侨联会	2002—2004	黄琼英	黎润森 张容标	黎醒文 吕灿康	张兆强 吕加明	黎灿强	张文科
	2005—2008	黄琼英	黎润森 张容标	黎醒文	黎灿强	张文科	吕灿康
	2009—2011	黄琼英	黎润森 张容标	黎醒文	黎灿强	张文科	吕灿康
	2012—2016	黄琼英	张容标	黎醒文	黎灿强	柯文安	吕灿康
	2017	柯国生		柯民安	洪建玲	黎灿良	黎醒文
二洲侨联会	1988.8—1992.7	黄寿兴		梁金泉	洪翠莲	梁大友	
	1992.8—1998.7	洪翠莲		梁大友	林庆安	黄寿兴	
	1998.7—2013.9	李美凤		洪春娟	黄伟煌	罗满全	
	2013年10月至今	陈燕茹		汤建明	洪春娟	陈　华	
小隐侨联会	1979—1997			李万胜	徐少兴	黄新贵	阮庆佑
	1998—2001	李少怡		李万胜	李余生	李汉澄	古思筹
	2002—2008	李泽航		李万胜	李余生	李汉澄	古思筹
	2009年至今	黄子连		李万胜　李余生　李汉澄　古思筹（由2013年8月自动要求退出）			
海傍侨联会	1994.10—1997.9	杨秀梅	陈金源	梁照光	郭桂维	陈沛堂	
	1997.10—2000.9	杨秀梅	陈金源	梁照光	郭桂维	陈沛堂	王北全
	2000.10—2003.9	杨秀梅	陈金源	梁照光	郭桂维	陈沛堂	王北全
	2003.10—2006.1	杨秀梅	陈金源	梁照光	郭桂维	陈沛堂	王北全
	2006.2—2009.1	杨秀梅	陈金源	梁照光	何华照	陈沛堂	王北全
	2009.2—2011.3	梁丙妹	陈金源	梁照光	何华照	陈沛堂	王北全
	2011.4—2014.3	梁丙妹	陈金源	梁照光	何华照	陈沛堂	王北全
	2014年4月至今	梁丙妹	陈金源	梁照光	何华照	陈沛堂	王北全
义学侨联会	1994.9—1998.8	周秀群		陈添友	阮炳基		
	1998.9—2001.8	周秀群		郑锦锋	黄九仔		
	2001.9—2004.8	周秀群		郑锦锋	黄九仔		
	2004.9—2007.8	张爱群					
	2007.9—2010.8	张爱群		郑庆波	阮君政		
	2010.9—2013.8	张爱群		郑庆波	阮君政		
	2013年9月至今	张爱群		郑庆波	阮君政		
灰炉侨联会	1998.9—2001.8	吴元标		苏容带	郭　华	陈锐胜	
	2001.9—2004.8	吴元标		苏容带	郭　华	陈锐胜	
	2004.9—2007.8	吴元标	梁荣耀	苏容带	郭　华	陈锐胜	
	2007.9—2010.8	吴元标	梁荣耀	苏容带	郭　华	陈锐胜	
	2010.9—2013.8	吴元标	梁荣耀	苏容带	郭　华	陈锐胜	
	2013年9月至今	吴元标	梁荣耀	苏容带	郭　华	陈锐胜	
珊洲侨联会	2000.2—2003	林社流		林德明　林炳日　林宝山　林有义 林锐昌　梅容辉　林泽安			
	2003.5—2006	林社流		林国楚	林泽安	郑碧琚	梅容辉
	2006.5—2009	林社流		林国楚	林泽安	郑碧琚	梅容辉

（续上表）

小区	时间	主席	副主席	委员		
珊洲侨联会	2009.3—2012	郑碧琚		梅容辉	林泽安	孙秋娴
	2012年3月至今	郑碧琚		梅容辉	林泽安	孙秋娴
黎村侨联会	2002年前	梁观荣	梁容利	梁日朝	梁文庆	
	2003—2007	梁务仪	梁容利	梁日朝	梁燕娜	梁文庆
	2008—2010	梁文庆	梁日朝	梁彦斌（梁栋）	梁乃辉	
	2011—2013	何敏斯	梁新华	梁日朝	梁关宁	梁文庆
	2014年至今	梁杰龙	梁文庆	梁新华	梁日朝	梁关宁

第三节 《东镇侨刊》的创办与发展历程

中山火炬开发区《东镇侨刊》的前身《张家边乡报》创办于20世纪30年代，宗旨是为了沟通乡情侨情，服务海内外乡亲。

《张家边乡报》始创人之一黄公略先生，毕业于广东航空学校，任职于空军司令部为飞行员，是一位胸怀大志、腹隐良谋、乐善好施、见义勇为、好打不平的好男儿。事因有一天，村民黄真到广州找到在广州读书的张家边青年所组织的"留省学会"的何文炯、马渭铭、马桂清、蔡北华、吴守一、何惠彰、黄公略等人，投诉张家边村的当事人，认为他们对乡中的"更谷""学谷""筑围费""猪捐九六扣"等的庞大收入，一手遮天，随意挥霍。知之者敢怒而不敢言，要求"留省学会"弘扬正义，以文告状，揭露此贪污舞弊之不法行为。因此，由"留省学会"出版一份张家边乡报，报道乡中的实事。凡出版事宜，不论写稿、校对、排版、印刷等费用，全由黄公略一人承担。

在一个多月时间内，《张家边乡报》第1期顺利出版，创刊号的封面大字标题是"打倒土豪劣绅"，开宗明义，指名道姓，向土豪劣绅猛烈开炮。各编委写的批判文章，充满激扬之情，义正词严的批判内容，大快人心。正当准备出版第2期《张家边乡报》之际，忽遇晴天霹雳——黄公略在广州驾飞机失事，机毁人亡，年仅24岁。噩耗传来，同仁们无不同声痛哭，真是闻者伤心、见者落泪。《张家边乡报》从此被迫停刊。

1945年秋，由张家边小学吴干群校长承前启后、继往开来，组织人力继续编纂乡报，并把《张家边乡报》改为《张家边月刊》继续出版。读者诸君闻之见之，无不拍手称庆。

《张家边月刊》内容丰富，除了报道家乡消息，还有散文、游记、诗词、评论、体育和卫生等内容，可谓"百花齐放、百家争鸣"。海外侨胞对《张家边月刊》重新出版一事感到十分高兴。直到"文化大革命"时期，《张家边月刊》被迫停刊。

1978年12月，党的第十一届三中全会全面拨乱反正，实现伟大的历史转折。在改革开放政策的指引下，为宣传国家的华侨政策，做好华侨工作，也是顺应华侨的要求，几位有识之士以张家边侨联会的名义向区政府提出恢复出版侨刊的建议，深得区政府和侨务办的支持。经向省市侨务部门和省新闻出版局申报获准，并与海外侨团组织联系沟通后即成立编写小组开展编写工作。由中山市外事侨务局主管、火炬开发区统侨办主办，聘任海外名誉社长和海内外顾问，于1985年元旦顺利复刊并易名为《东镇侨刊》。侨刊自复刊以来，一直坚持以侨为本、为侨服务、为经济社会建设服务、传承和弘扬中华民族优秀传统文化的办刊宗旨，每年出版四期（季刊），每期3800册，寄给37个国家和地区的华侨、华人、我国港澳台同胞和各国的侨团组织。

《东镇侨刊》复刊至今已经历了32个寒暑，火炬区政府对侨刊出版工作历来十分重视，不断增加经费投入，曾三易社址，扩大的建筑面积，不断更新和增加设备。经向广东省新闻出版局申报备案进行了三次改版：一是由黑白印刷改为全册彩版印刷；二是由16开本改为大16开本；三是由40P扩容为56P，办刊质量不断提升。同时，为保证稿件的来源和稿件的质量，在区内各大工业园区、各大工业总公司、各社区和小区都聘任了通讯员，组织通讯员队伍，并召开了多期编委和通讯员学习会议，让大家进一步明确办刊宗旨，不断提高业务能力和写作水平。主编常以电话或书信方式与海内外读者联系约稿，稿件从多渠道源源不断邮寄或传真而来，使侨刊内容的广泛性和质量得到保证。2011年3月总第105期开始设立电子版，全部收集存档。

为进一步办好侨刊，东镇侨刊社向兄弟侨刊乡讯社取经学习。中山侨刊社多次到东镇侨刊社进行调研。2015年3月，广东省新闻出版局与省侨刊乡讯专业委员会莅临调研，对侨刊的工作和质量做了充分的肯定和点赞，侨刊社员深受鼓舞并以此为鞭策。

为扩大海外发行量，使侨胞人人都能收到侨刊，从侨刊中了解家乡的发展和变化，侨刊社做了一些努力：一是通过侨情调查和落户访问，侨属主动提供其亲人在海外的地址；二是到海外拜访美国中山德善堂、全美俊英工商总会、加拿大铁城崇义总会、卡加利支会、温哥华濠头侨所、澳洲中山同乡会、悉尼东镇乡亲联谊会、秘鲁中山同乡会、秘鲁通惠总局、香港中山商会等侨团社团组织，联络乡亲，增进乡谊，从中亦得到部分乡亲的联系地址；三是侨胞和港澳乡亲回乡，很多来探访侨刊社，座谈中也了解到需要侨刊但没有收到侨刊的海外乡亲和我国港澳台同胞的地址；四是通过参加火炬区港澳乡亲联谊会的联谊活动（曾分别在家乡、香港、澳门举行过多次联谊和参观活动）的机会，征询他们的意见，为他们邮寄侨刊。另外，在美国、加拿大、澳洲和中国香港、澳门等国家和地区设立侨刊联络处，聘请8位联络处负责人，进一步加强了与侨胞和港澳乡亲的联络沟通，扩大了稿件的来源，扩大了发行量，现在每期出版4500册。

《东镇侨刊》复刊32年来，深得海外侨胞、港澳台同胞的赞誉、关爱与支持。他们热爱侨刊，每次收到从家乡寄达的侨刊，都爱不释手，先睹为快，尽管正在看其他报章杂志，都把它放下而先看侨刊。他们对侨刊有着深厚的感情和信念，认为侨刊是他们的集体家书，是了解乡情侨情的窗口，是他们的精神食粮。旅美中山德善堂顾问、美国阳和总会馆理事、中华总商会商董、美国中中同学会会长吴耀庭先生说："《东镇侨刊》自复刊以来，一直成为海外侨亲的心爱读物。它图文并茂，在传播侨情乡情、凝聚侨心上做出了贡献。"旅美华侨林群英女士说："《东镇侨刊》有很强的凝聚力，它把散居在五湖四海的侨胞牵回到伟大祖国和可爱故乡的怀抱里。祖国的繁荣富强，家乡的巨大变化令我们感到无限的振奋和欣慰。"旅澳洲华侨孙棣祥先生说："《东镇侨刊》风行五大洲，有目共睹，有口皆碑，它是我们一本好的'集体家书'，使我们知悉家乡的发展变化。"他把《东镇侨刊》从复刊至今的 120 多册都保存完好，经常拿出来翻看，深受教益。在暨南大学当教授的乡亲胡仁宽先生说："我喜欢阅读家乡的侨刊，对它很有感情。收到它不亚于一个游子收到母亲寄来的家书，它装订美观，文风朴实，内容丰富，很有乡土和侨情味，可读性强。它不仅给我们带来家乡华侨热情的迎来送往和激动人心的经济社会建设的讯息；还刊载不少令侨居（或远居）外地乡亲深感兴趣且发人深省、唤起读者怀乡、眷恋故土的典故、地方逸事和人物轶事等乡土内容，从而收到读者的共鸣和反馈的效果。"

《东镇侨刊》复刊32年来，举行过三次纪念活动和出版过三次纪念特辑：一是 1985—2000 年总第 61 期复刊 15 周年纪念特辑；二是 2009 年 12 月总第 100 期纪念特辑并对保存收藏 100 期侨刊的读者（经了解有两位海外读者、三位国内读者完整保存收藏 100 期侨刊）给予表彰和颁发了纪念牌匾；三是 2015 年总第 123 期复刊 30 周年纪念特辑。这三次纪念特辑的出版都恳请省、市侨务部门领导和侨团组织与侨领惠赐金笔题词，诚邀华侨、港澳台同胞回乡参加侨刊社的纪念活动，并知会了省内各兄弟侨刊乡讯社。他们都表示热烈祝贺，收到了良好的效果。

《东镇侨刊》在区政府和统侨办的领导下，在省、市侨务部门的指导和广大侨胞、港澳台同胞的鼓励和鼎力支持下，与时俱进，不断改革创新，越办越好。32年来风雨兼程，从未间断，从未停歇，至 2016 年已出版了 128 期，印刷总数达 50 多万册，从未出现过政治事故和安全事故，得到省、市侨务部门的好评，曾被评为广东省侨刊乡讯一等奖和荣获广东省优秀侨刊称号。

随着社会的不断进步与发展，《东镇侨刊》在办刊质量上也不断提升，成为华侨华人和港澳台同胞心中的港湾、联谊的桥梁，发挥了凝心聚力的作用。过去一直未收到侨刊的华侨、港澳台乡亲也纷纷要求给他们寄送侨刊。侨刊社经向火炬区社会事务局统侨办呈送关于扩大侨刊发行量的请示报告，得到大力支持。于 2017 年开始每期增刊 500 册，即共 4500 册，免费寄送给广大华侨华人和港澳台乡亲，进一步搭建了沟通侨情乡情、联络乡亲、增进情谊的桥梁。

第四节　东镇侨刊社的组织架构

《东镇侨刊》是由中山市外事侨务局主管、中山火炬开发区统侨办主办的对外宣传的非营利性的刊物。它以侨为本，为华侨华人、港澳台同胞服务，为经济社会服务，以弘扬和传承中华民族优秀传统文化为宗旨。侨刊社诚聘了名誉社长、顾问和海外联络负责人。

现任名誉社长、顾问、海外联络负责人

名誉社长
李俊驹（中国香港）　林煜铭（日本）　马纪行（澳洲）
林志强（中国香港）　高华焜（美国）　孙文超（中国香港）

顾问
美国：马桂雄　孙志中　孙述寰　李銮源　陈焕生　吴耀庭　罗　莉　郑天照
　　　郑桂新　周焕刚　洪桂强　洪润明　高宝兴　黄海泉　黄胜元　温大川
　　　孙志雄　洪顺祥　郑卓仁　欧阳慰椿　欧阳浩铿
加拿大：马健仪　李慎满　吴桂川　郑宗励　郑今后　欧阳焕桥
澳洲：孙照钧　朱东成　朱少华　陈景池
日本：郑华贵
巴拿马：陈华胜
中国香港：邓棣新　李三元　郑汉成　吴焯新　林　年　欧阳洁如　欧阳尊周
　　　　　黎一安
中国澳门：梁　栋　谢硕文　黄少雄　陈华君　林泽安
中国内地：侯奕斌　招　鸿　张容彬　马建军　郑满生　郑锦池

海外联络负责人
美国：洪顺祥　黄永前
澳洲：孙棣祥
加拿大：杜干超　林岳銮
香港：陈绍涵　吴万权
澳门：陈华君

历任社长、副社长、主编、副主编

1985.01 — 1988.09（1 — 15 期）
社　　长：郑满生
主　　编：马子占
副主编：杨静思

1989.01 — 1990.06（16 — 22 期）
社　　长：孙达雄
副社长：曾润民　欧阳焕棠
主　　编：马子占
副主编：杨静思

1990.09 — 1993.06（23 — 34期）
社　　长：孙达雄
副社长：曾润民　欧阳焕棠
主　　编：马子占
副主编：黄伯齐

1993.09 — 1994.12（35 — 40期）
社　　长：孙达雄
副社长：欧阳焕棠　梁坤培
主　　编：马子占
副主编：孙钧沛　黄伯齐

1995.03 — 1995.12（41 — 44期）
社　　长：孙达雄
副社长：郑丽瑜　梁坤培　欧阳焕棠
主　　编：马子占
副主编：孙钧沛　黄伯齐

1996.01 — 1998.06（45 — 54期）
社　　长：黄国伟
副社长：郑丽瑜　梁坤培　王焕文　梁国荷
主　　编：马子占
副主编：孙钧沛　黄伯齐

1998.09 — 1999.03（55 — 57期）
社　　长：黄国伟
副社长：郑丽瑜　梁坤培
主　　编：马子占
副主编：孙钧沛　黄伯齐

1999.09 — 1999.12（58 — 60期）
社　　长：郑丽瑜
副社长：梁坤培
主　　编：吴添渭
副主编：孙钧沛　黄伯齐

2000.01 — 2000.12（61 — 64 期）

社　　长：郑丽瑜

副社长：梁坤培　孙达雄

主　　编：吴添渭

副主编：孙钧沛　黄伯齐

2001.03 — 2002.06（65 — 70 期）

社　　长：郑丽瑜

副社长：梁坤培　孙达雄

主　　编：吴添渭

副主编：孙钧沛

2002.09 — 2006.09（71 — 87 期）

社　　长：郑丽瑜

副社长：孙达雄　何华炳

主　　编：吴添渭

副主编：孙钧沛

2006.12（88 期）

社　　长：郑丽瑜

副社长：罗纯华　何华炳　林剑豪

主　　编：吴添渭

副主编：孙钧沛

2007.03 — 2008.12（89 — 96 期）

社　　长：郑丽瑜

副社长：何华炳　罗纯华

主　　编：吴添渭

副主编：孙钧沛　林剑豪

2009.03 — 2009.09（97 — 99 期）

社　　长：霍启超

副社长：郑丽瑜　何华炳　罗纯华

主　　编：吴添渭

副主编：孙钧沛　林剑豪

2009.12 — 2011.06（100 — 106 期）
社　　长：霍启超
副社长：郑丽瑜　何华炳　罗纯华
主　　编：吴添渭
副主编：林剑豪

2011.09 — 2012.12（107 — 112 期）
社　　长：霍启超
副社长：郑丽瑜　何华炳　罗纯华
主　　编：吴添渭
副主编：卢晋娜

2013.03 — 2014.03（113 — 117 期）
社　　长：刘龙湛
副社长：吴贵发
主　　编：吴添渭
副主编：卢晋娜

2014.06 — 2016.03（118 — 125 期）
社　　长：刘龙湛
副社长：吴贵发　陈　榕
主　　编：吴添渭
副主编：卢晋娜

2016.6 至今（126 期— ）
社　　长：刘龙湛
副社长：郑艳霞　吴贵发　陈　榕
主　　编：吴添渭
副主编：卢晋娜

第六章 火炬区侨务工作

第一节 侨事活动 凝聚侨心

中国侨联主席林兆枢到火炬区大岭村侨联调研

2003年6月7日上午,中国侨联主席林兆枢在广东省侨联主席陈毓铮、中山市侨联主席徐瓦、副主席黄桂碧等的陪同下,到火炬区大岭村侨联会调研考察。火炬区党委副书记阮汉文、区管委会副主任徐小莉、侨务办主任郑丽瑜、副主任何华炳以及六和村主任欧阳凯照、大岭侨联主席欧阳洲及全体侨委在大岭侨联会接待了林兆枢主席一行。林兆枢主席在大岭调研考察期间,参观了大岭侨联爱国主义教育基地文化室展览厅、大岭村华侨精英事迹陈列室以及大岭村庆余坊领事街。座谈会上,大岭侨联主席欧阳洲向领导汇报了大岭侨联的工作情况和介绍了编纂《大岭村侨史》的过程。林兆枢主席边听边连连点头,称赞侨史编得好,这一资料非常珍贵,对大岭村侨联的工作给予了高度的评价。中华全国归国华侨联合会和广东省归国华侨联合会分别向大岭村侨联会赠送"侨胞之家"和"侨连四海·情系五洲"牌匾。在林兆枢主席的提议下,国家、省、市、区、村五级侨联主席合影留念。

中山市委书记崔国潮、副书记余荣伟、常务副市长陆国良等于6月6日在市会议中心接待了林兆枢主席一行,向他们简要介绍了中山经济和社会发展的情况。崔国潮在讲话中高度评价侨胞和归侨、侨眷在中山的发展史上的重大贡献,并对各级侨联围绕市委、市政府的中心工作发挥群团组织的优势所做出的贡献给予了充分的肯定。

郑宗励回国参加第三届世界华侨华人社团联谊大会

第三届世界华侨华人社团联谊大会于2005年5月19日下午在北京开幕,来自世界80多个国家和地区的近400名代表与会,"反独促统"是本次会议的鲜明主题。

火炬区濠头村旅加拿大侨胞、大温哥华中华文化中心主席、加拿大温哥华铁城崇义总会主席郑宗励先生应国务院邀请参加了本届大会。

国务委员唐家璇出席大会开幕式时致辞说,自2000年以来,全球80多个国家和地区成立了130多个"反独促统"组织，充分表达了海外侨胞的反"台独"、促统一的强烈意志和坚定决心。他称赞广大海外侨胞为促进中国的和平统一大业坚持不懈努力，发挥了重要作用，成为遏制"台独"分裂势力的独特力量。

唐家璇表示，中国政府将一如既往地支持海外侨胞举办的"反台独、促统一"的活动，支持他们以多种方式积极促进两岸的合作与交流。唐家璇指出，两岸和平统一，是顺潮流、得民心的正义事业。只要接受"一个中国"原则，认同"九二共识"，对任何有利于维护台海和平、发展两岸关系、促进和平统一的意见和建议，我们都愿意作出正面回应，愿意在两岸共同努力的基础上寻求接触、交往的新途径。

当天下午，国务院侨办主任、中国海外交流协会常务副会长陈玉杰向大会做了题为"增进共识，凝聚力量，为反对'台独'促进统一而努力奋斗"的主题报告。陈玉杰在报告中表示，希望海外侨胞毫不动摇地坚持"一个中国"原则，坚持反对和遏制"台独"；加强团结，融合力量，进一步发展壮大海外"反独促统"联合阵线；发挥优势，促进交流，进一步做好争取台湾民心的工作；大力弘扬中华文化，增强海外侨胞特别是台湾地区籍侨胞对中华文化、中华民族的认同感和归属感；发挥民间使者的作用，积极营造有利于解决台湾问题的国际环境。

从2001年开始，国务院侨办和中国海外交流协会每两年举办一次世界华侨华人社团联谊大会，被侨界称为"增进友谊、加强团结、促进合作、共谋发展"的盛会。本次会议是第三届，其宗旨是：增进共识，凝聚力量，反对"台独"，促进统一。会议在北京举行两天之后将移师福建厦门，继续举行为期三天的"海峡西岸行"活动。

与第三届世界华侨华人社团联谊大会开幕相呼应的台湾问题图片展"中国——我们共同的家园"也于19日下午在北京开幕，出席联谊大会开幕式的有国务委员唐家璇、全国政协副主席罗豪才、国务院台办主任陈云林、国务院侨办主任陈玉杰、全国政协港澳台侨委员会主任郭东坡等与参加联谊大会的全体人员一起参观了图片展。

区侨联组织归侨侨眷参加市侨联组织的迎春活动

2007年1月26日，火炬区28位归侨侨眷参加了中山市侨联组织的迎春活动。在市侨联主席徐瓦的带领下，与兄弟镇区共600多名归侨齐赴南海进行观光旅游。

当日，侨友们到黄飞鸿狮艺武术馆观看精彩的狮艺武术表演，到四方竹园看西樵山特有的棱角分明的竹子，还到拥有世界上最高的观音铜像的云海莲台景区参观，饱览美丽的西樵湖光山色，品尝了西樵大饼，感受当地传统的风土人情，乐而忘返。

徐瓦表示，广大归侨侨眷一直以来热心支持家乡各项事业的发展，是中山市经济社会发展的重要组成部分。中山市侨联组织举行这次归侨侨眷迎春外出活动，表达了政府对归侨侨眷的关心和爱护。

这次春游为侨友们提供了一个交流的平台，既增进了情谊，又增广了见闻，活跃了身心，很有意义，受到侨友们的一致好评。

拜访"牛扒王"林志强先生

2007年6月24日上午,中山港区原副区长郑满生,火炬区社会事务办主任、侨联会主席郑丽瑜,《东镇侨刊》主编吴添渭,区老年人协会常务副会长欧阳欣华等前往石岐拜访火炬区旅港乡彦林志强先生。林志强先生在他的"亚叔扒房"里热情接待了他们。林志强先生为人爽直、热诚待人,好客健谈。

林志强先生是火炬区珊洲村人,在旅居香港的50多年间,努力工作,勤奋拼搏,敢于创新,在香港商海中勇于乘风破浪,大展拳脚,开创了自己的一番事业。他在香港一向经营餐饮、贸易和地产等行业,由于经营有道,事业蒸蒸日上。他研制了半个世纪的正宗牛扒,色香味俱全,誉满整个香江,外国朋友和香港同胞尊称他为"亚叔""牛扒王"。他在香港九龙旺角荔枝角道设总店,尖沙咀山林道设第一分店,香港湾仔谢菲道设第二分店,生意十分红火。他现任香港金凤餐饮管理有限公司、金凤大餐厅、金凤贸易公司和金凤地产公司董事长。

林志强先生天生聪颖,眼光独到,很有经济头脑。2003年1月回内地发展,他引进香港几十年的经营理念,斥巨资在中山石岐体育路创办了"亚叔扒房",经营面积400多平方米,一次性可容纳几百人就餐,职员有几十人,为客人提供优质服务。亚叔扒房主要经营价廉物美的各式中西美食,尤其是扒类烹调更是美味清香,嫩滑爽口,深受广大食客的青睐。

林志强先生在香江滚打了几十年,终于捱出了头。今日事业有成,却不会忘记家乡。他虽不是巨富,但却有一颗爱国爱乡、热心公益、关爱老人之心。1993年,他捐资50万元人民币为家乡父老兴建了一座中西合壁、楼高二层的珊洲村老人康乐中心,并捐赠了一批老人康乐用品。康乐中心落成剪彩之日,他设宴118席,统请珊洲村民和新朋旧友。1994年,珊洲村建校,他先后捐资人民币20万元;村中修葺林氏大宗祠,他又捐资1万元。1998年,由村委会提供土地,他斥资人民币60万元为珊洲村建了一座市场,为村民的生活提供了极大的方便。同年,他又耗资20万元兴建了一座占地3.5亩的私家花园,园内有亭台楼榭。该花园向村民开放,成了村民休憩的好场所。2000年,他乐助区侨联和东镇侨刊社经费共20万元。2001年,他又捐资20万元兴建火炬开发区敬老院。赞助《东镇侨刊》社出版经费5000元……林志强先生慈善为怀,善举良多,深受社会和群众的赞誉。他被敦聘为火炬区侨联会名誉主席、火炬区老年人协会名誉会长、东镇侨刊社名誉社长、珊洲村侨联会名誉主席、老年人协会名誉会长。

为感谢林志强先生一直以来对家乡慈善公益事业所做的贡献,郑丽瑜主任代表火炬区社会事务办、区老年人协会及全区人民向林志强先生致送"敬老楷模"锦旗并合影留念。

林志强先生的牛扒誉满香江,他的善举誉满家乡,不愧为一代扒王,不愧为敬老楷模!

郑宗励率第七届"世恳会"筹委返乡

火炬区濠头村旅加拿大侨胞、加拿大华人联会太平洋区财政部长兼温哥华中华会馆财政部长、温哥华铁城崇义总会主席郑宗励先生，于2008年2月中旬率第七届（世界）中山同乡恳亲大会筹委会统筹秘书长、铁城崇义总会书记李月生先生，统筹秘书、铁城崇义总会副书记杜干超先生，加拿大温哥华铁城崇义耆英会会长吴智常先生等一行七人回到家乡，拜访中山市人民政府、中山市侨务局和火炬区人民政府，向有关领导汇报第七届（世界）中山同乡恳亲大会筹备进展情况及征询意见并邀请有关领导参加第七届（世界）中山同乡恳亲大会。此届恳亲会由加拿大温哥华铁城崇义总会主办，域多利崇义支会、卡加利崇义支会、温哥华中山同乡会、隆镇同乡会、中中校友会、恒美寄庐和濠头侨所协办，于2008年7月5—7日在温哥华市举行。

郑宗励先生一行在拜访市政府、市侨务局和火炬区政府后，回到家乡濠头村探亲访友，并于3月2日下午6时假座金记大酒楼筵开14席，宴请火炬区侨办、侨联、侨刊社、老年人协会、联富村、濠头村干部、濠头村侨联会、村老年人协会、文化大院筹委会等人员及部分村民，还有开发区第三小学（濠头小学）、濠头中学、濠头幼儿园的领导。

濠头侨联会主席郑均尧先生主持宴会仪式，他介绍了郑宗励先生一向以来对家乡建设所做的贡献。他今次率团回乡主要是为了更好地做好第七届世恳会的筹备工作，希望在座各位密切配合，共同做好工作。郑宗励先生在宴会上发表讲话，阐述第七届世恳会的主题是"念祖、爱乡、联谊、合作"，诚恳邀请大家参加此次大会，以达到进一步加强联系沟通、团结与合作，进一步增进友谊。郑宗励先生讲话后还慷慨解囊，赞助濠头小学办学经费30000元、濠头幼儿园15000元、濠头中学5000元、濠头老年人协会2000元、东镇侨刊社500元。

火炬区侨办主任郑丽瑜在宴会上讲话时高度赞扬郑宗励先生及他所领导下的温哥华铁城崇义总会和濠头侨联的全体侨胞爱国爱乡，一贯以来热心家乡的教育和公益事业，为家乡的建设做出了贡献。她代表区政府和全区人民向郑宗励先生及广大侨胞表示衷心的感谢，并预祝第七届世恳会在郑宗励先生及筹委会的领导下取得圆满成功！

席间，主宾频频举杯，互相祝颂，宴会自始至终充满友谊、祥和的欢乐气氛。

宴会后，区侨办、侨联、侨刊社、老年人协会、濠头村侨联、村老年人协会及三所学校的领导同郑宗励先生一行合影留念。

火炬区组团参加第七届（世界）中山同乡恳亲大会

2008年7月5—7日，第七届（世界）中山同乡恳亲大会在加拿大温哥华举行。火炬区党委副书记沈素勤，管委会副主任林惠梅、潘兆儿，助理调研员郑锦池，统侨办主任郑丽瑜，副主任罗纯华，火炬区商会会长周文辉和副会长马健军、郑敏超、邱红斌以及各大集团公司的总经理、事业单位的领导等20多人组成祝贺团赴温哥华参加大会。

这次恳亲大会地点设在温哥华埠最高级的五帆会议中心，共有1160多位中山旅外乡亲参加大会，创下历次恳亲会的新高。加拿大国会议员陈卓榆，卑诗省议员、中山籍华人李灿明，中国驻温哥华总领事杨强，卡加利市市长、中山籍华人刘志强，温哥华市政要利德·雷健华先生等出席大会。此次恳亲大会的主题是"念祖、爱乡、联谊、合作"，在恳亲的前提下，推介加拿大的各种农业资源及交流经济发展经验，共谋招商项目。各个国家的恳亲团表演文艺节目。中国传统文化的醒狮和舞龙，让参加恳亲会的乡亲和嘉宾倍感亲切。特别是中山籍华人、加拿大卑诗省议员李灿明先生在致辞时既讲英语又讲中山石岐话和隆都话，让所有旅居各国的中山乡亲感到无比亲切与开心，全场报以热烈的掌声，气氛达到了高潮，唤起了全体与会人员的家乡情、故土恋，互相之间的感情顿时更加融洽。会议结束时，温哥华铁城崇义总会给所有参加筹办大会的人员及志愿者颁发了纪念品。

本次恳亲大会由铁城崇义总会主办，郑宗励主席主持。他出钱出力，带领全体成员成功举办了第七届世恳会，给参加大会的全体乡亲和嘉宾留下了非常深刻的印象，给中山争了光，给火炬区和濠头乡民争了光，给全体侨胞、华人争了光，提高了华人的社会地位。

第七届世界中山同乡恳亲大会真正达到了团结、思乡念祖、沟通乡情、融洽感情、携手共建家乡的目的。大会在与会全体乡亲依依不舍的心情和欢乐热烈的气氛中胜利闭幕。

火炬区热烈欢迎侨胞回家乡观光

2008年10月16日，全美俊英工商总会在中山市石岐潮苑大酒店隆重举行第十七届恳亲大会，100多位旅美侨胞返乡参加恳亲大会。这是旅外侨团回国举行恳亲大会的一个创举，可喜可贺。

应邀参加此届恳亲大会的有中国驻旧金山原总领事、国务院台办原副主任、海协会原常务副会长唐树备，广东省常务副省长汤炳权，广东省侨办主任吴锐成，中国侨联副主席、省侨联主席王荣宝，中山市副市长韩泽生，中山市外事侨务局长郑向荣，副局长郑伟枢，中山市政协原主席林藻，中山市侨务局原局长卢艳红，火炬区管委会主任梁欣，副主任崔宝潮，侨办主任郑丽瑜，商会会长周文辉等嘉宾。

全美俊英工商总会总理、三藩市中山德善堂主席（张家边旅美侨胞）黄海泉致辞说，恳亲大会是寻根问祖的大会，是海外侨胞和家乡人民共同筑起金光大道的大会。他们回到家乡，感到家乡的水特别甜，家乡的山特别青，家乡的建设成就历历在目。祖国的强大，家乡的繁荣富裕，令他们感到自豪。恳亲，重在一个"亲"字，血浓于水，骨肉相连，作为中山儿女的"俊英"与家乡人民心连心、手牵手，共同努力，把家乡建设得更加美好。祝愿祖国更加繁荣昌盛，祝愿家乡更加美好，祝愿人民更加幸福！

唐树备先生在致辞中说，很高兴受邀出席全美俊英工商总会第十七届恳亲大会，这次大会在美丽的中山市、伟大的革命先行者孙中山先生的故乡举行，乡情浓郁、亲情洋溢，他感到特别高兴。全美俊英工商总会成立至今已近百年。多年来，贵会为团结侨胞、服务侨社、传承中华文明和支持祖国统一大业等方面都做出了积极的贡献。借此机会，向俊英工商总会全体会员，向旧金山和湾区的广大华侨、华人，再次表示衷心的感谢。祝大会在维护侨胞权益、支持祖国建设、促进国家统一、增进中美友谊做出更多的贡献！祝大会圆满成功，祝各位与会乡亲身体健康，家庭幸福。

汤炳权、吴锐成也分别致了辞。他们热烈欢迎和祝贺全美俊英工商总会回家乡举办第十七届恳亲大会并预祝大会圆满成功，祝贺全美俊英工商总会会务兴隆，祝贺全体侨胞事业昌盛、身体健康、家庭幸福。全美俊英工商总会连当七届总理的元老阮展鹏先生兴奋地说："今天我们回家了，在家乡开恳亲大会意义深远。我们这次恳亲大会，得到广东省和中山市各级领导的重视与关怀，我们表示十分感谢。'俊英'要继往开来，发扬光荣传统，团结一致，革故鼎新，把社团的工作做好，让她成为一棵常青树，长久地屹立在世界侨团之林。"

恳亲大会上，黄海泉总理与吴锐成主任、阮展鹏元老与韩泽生副市长等互相致送锦旗和纪念品。会场掌声不断，充满亲情、友情、家乡情的热烈气氛。

10月17日上午，火炬区政府在国际会展中心展览厅热烈欢迎全美俊英工商总会回乡恳亲的全体侨胞。火炬区党委副书记、管委会主任梁欣，副主任崔宝潮，侨办主任郑丽瑜等在会展中心展览厅门口迎接。梁欣主任向侨胞介绍了火炬区的经济社会发展概况，并带领侨胞参观展览厅展品和参观临海工业园区的化工机械厂及蒂森电梯厂。中午在一品御厨大酒店设宴招待全体侨胞。

热情接待受邀回国参加国庆观礼的郑宗励先生

2009年，濠头村旅加拿大乡亲、加拿大温哥华铁城崇义总会主席、大温哥华文化中心主席郑宗励受国务院侨办盛情邀请，回国参加庆祝中华人民共和国成立60周年系列活动后，回乡探访亲朋，得到了中山市委常委、市人大常委会副主任陆国良，副市长韩泽生，市侨务局、市侨联和火炬区党委副书记、管委会主任梁欣，副主任潘兆儿等市、区领导的热情接待。

为答谢市、区、村领导和乡亲的热情接待，10月5日晚，郑宗励主席在金记大酒楼宴请区、村有关领导和乡亲。濠头村侨联主席郑均尧在晚宴上致辞，对主席旋里表示热烈欢迎。郑宗励主席神采奕奕、激动万分地讲述了他此次作为加拿大华侨唯一的代表回国参加国庆观礼，见证祖国欢庆时刻的切身感受，他为祖国的强盛感到无比骄傲与自豪。

区侨联会副主席郑丽瑜女士发表热情洋溢的讲话，盛赞郑宗励主席是个出色的侨领，他此次能受邀到北京参加国庆观礼，不仅是他的光荣，也是中山人民的光荣。郑宗励主席深怀故里，关心家乡，支持家乡建设和侨务工作，观礼后又风尘仆仆赶回家乡，到郑氏大宗祠拜拜先祖，回祖屋看看，到侨联会坐坐，为老友送上月饼，到濠头幼儿园、区第三小学看看，并给《东镇侨刊》、濠头侨联会和老年人协会赞助经费。她代表区、乡人民对郑宗励主席的深情厚谊表示衷心感谢。

欢宴上，郑宗励主席沿席敬酒。大家举杯互祝身体健康，祝愿郑主席阖家幸福，生意更上一层楼。

火炬区侨联组团参加第五届世界广东联谊大会

2009年5月20—28日,火炬区侨办主任霍启超、侨联副主席郑丽瑜、文化站站长林玉洪及火炬艺术团,随中山市副市长韩泽生为首的代表团参加了印尼雅加达第五届世界广东联谊大会。在大会上,广东省侨办主任吴锐成致辞。他说这次大会是来自世界五大洲的广东乡亲欢聚一堂,共话桑麻,畅叙乡谊,共谋发展的一次盛会。他对大会的召开表示热烈的祝贺,并向远道而来的五大洲乡亲朋友致以诚挚的问候和良好的祝愿。接着他向大会汇报了世粤联会常务理事会成立以来的工作,并对下届的工作提出了希望。印尼总统苏哈洛参加了大会并在会上发表热情洋溢的讲话。他说这次联谊会是印尼的一次盛会,充分肯定了华侨华人在印尼社会的贡献,希望华侨华人继续努力,应对全球金融危机的挑战,出谋划策把印尼建设得更加美好。韩泽生副市长代表中山市民向大会致送了纪念品。

会议期间,中山火炬开发区艺术团代表省侨办向到会的全体会员进行慰问演出,并在印尼各地开展了文化交流,受到各地华侨的赞扬。会议结束后,火炬区代表随中山友好代表团拜会了菲律宾碧瑶市政府、印尼广肇会馆、印尼中山公祠、马尼拉广东会馆、碧瑶市广东会馆等侨团,拜候了火炬区黎村旅印尼的乡亲运输商梁华兴、地产商梁京永,饼食世家的黎村大嫂潘丽娴,黎村姑姐梁月凤、梁月娥等。乡亲们见家乡的人来探访无不高兴万分。每到一个地方,除亲切交谈之外,都设宴招待。当到达印尼万隆运输商、地产商那里时,他们还带代表团参观当年周恩来总理在万隆开会时的会址及博物馆,参观梁京永开办的私人学校和3000多亩的私人地产,驱车6小时到达了菲律宾唯一美国式的小城碧瑶市拜候了中山乡亲郑世怀医生,参观他的私立医院。郑世怀医生无限激动,高兴地说家乡的领导专程来看望他们,这是一种荣誉,是他们的骄傲,万分感谢。

代表团一行通过参加这次世联会,结识了一大批新朋友,虽然匆匆一行,但所到之处都播下了乡情和友情的种子,传递了中山人民、火炬开发区人民对旅外乡亲的思念和对当地人民的友好,为今后加强交流联系与合作奠定了良好的基础。

美国中山德善堂欢迎吴锐成到访

2010年3月3日下午,广东省侨办吴锐成主任率团访问美国中山德善堂,受到德善堂主席孙志雄和副主席马威文等的热烈欢迎。

孙志雄主席代表本善堂乡亲对吴锐成主任的到访表示热烈欢迎和衷心感谢。他说,吴主任在百忙中到访并指导,这是对本善堂的支持和关爱,对他们是一次莫大的鼓舞。吴主任是中山市东镇张家边人,所以乡亲相见格外亲切。吴锐成主任在讲话中赞扬德善堂在爱国爱乡、奖学教育、关心侨社、为侨梓乡亲服务、维护侨胞的合法权益等方面都做出了很大的贡献。他说,中山是"广东四小虎"之一,经济建设继往开来,不断提升,他们不愧为中山人。他代表省侨办向德善堂赠送锦旗以表情谊,并与德善堂全体理监事人员合照留念。

随后，吴锐成主任等一行专程探望了张家边旅美华侨、三藩市中山德善堂原主席、三藩市阳和会馆原总董、中华会馆原主席马干才先生。三藩市华商总会原会长马金权，中山德善堂现任主席孙志雄、副主席马威文、理事欧阳慰椿陪同到访。吴主任代表省侨办向马干才先生表示亲切问候并馈赠了礼品。马干才先生对省侨办的亲切关怀表示深切的感谢。

悉尼侨界热烈欢迎火炬区商会莅澳考察

澳洲中山同乡会与东镇乡亲联谊会于2010年4月24日假座悉尼华埠新中国酒楼举行欢迎午宴，接待来自家乡中山火炬区商会考察访问团。欢迎午宴由同乡会副会长阮小玉负责主持。同乡会常务副会长杨广河介绍同乡会各委员及出席嘉宾。同乡会会长黄少航致辞。他代表澳洲中山同乡会热烈欢迎中山火炬开发区副书记阮汉文及刘锐濠率领的火炬区商会访问团到悉尼考察访问。他说，他们对远道而来的家乡亲人莅临考察访问深感荣幸。并称本年10月将组团参加在马来西亚举办之恳亲大会，会后将安排探访家乡中山及参观2010上海世博会。希望通过这些活动，进一步沟通乡情侨情，了解家乡的建设发展情况。

东镇乡亲联谊会会长孙绍波在欢迎词中，同样热烈欢迎代表团之到访，希望通过访问联谊进一步增进情谊。

阮汉文、刘锐濠副书记称火炬区商会此次到澳洲考察访问，得到澳洲中山同乡会及东镇乡亲联谊会和众乡亲之热情接待，深表谢意。他们到澳洲考察访问，一方面是为了寻求商机，另一方面是与澳洲乡亲联谊，以进一步增进情谊。乡亲们在海外勤奋努力工作，事业得到发展，为家乡建设做出了很大贡献，欢迎乡亲们多回家乡考察和省视家园，他们将热诚接待。火炬区商会会长周文辉介绍代表团各成员和开发区商会的概况，中山市工商联副会长马建军代表访问团作致谢词。

随后，火炬区管委会副主任潘兆儿作了讲话，她对澳洲中山同乡会和东镇乡亲联谊会的热情接待表示衷心的感谢，接着介绍了火炬区经济社会和商贸发展情况，并肯定了侨胞对家乡建设所作出的巨大贡献，希望侨胞们抽空多回家乡走一走，他们十分希望多听听侨胞对家乡建设的宝贵意见，热诚地与侨胞携手共同把家乡建设得更美好。

会议在十分友好融洽的气氛中结束，最后宾主合影留念。

热情接待马来西亚中华工商联合会代表团一行

2010年6月7日下午，马来西亚华人工商界的最高组织——中华工商联合会国际贸易及工业组主任丹斯里拿督宋兆雄率领代表团一行10人到火炬区考察，区管委会副主任潘兆儿、统侨办主任霍启超、副主任罗纯华等陪同参加了考察活动。

代表团一行首先来到明阳电气集团有限公司，考察该公司在风力发电、智能电气技术和装备制造等方面的情况。在听取公司相关负责人的介绍后，代表团专门到生产线实地参观风电设备的生产过程，并向技术人员详细询问设备的设计、构造和作用等情况。代表团成员对企业的产业转型升级、产品技术创新、广阔的市场前景表示赞许，还就双方的合作事宜进行了深入探讨。随后，代表团来到中炬森莱高技术有限公司参观。当了解到由该公司自主研发、拥有自主知识产权的混合动力轿车用镍氢动力电池在行业内处于领先地位时，他们立刻起了特别的关注和浓厚的兴趣。他们详细地向公司负责人了解产品应用、使用寿命和安全性能等问题，纷纷称赞产品在新能源开发应用、节能减排以及发展低碳经济等方面占据明显的市场竞争优势。

考察活动结束后，代表团成员表示这次考察活动开阔了视野，达到了预期目的，并将把这次的考察成果带回马来西亚，以便进一步探讨两地企业的相关合作事宜，更好地促进两地的经贸往来。

区统侨办热情接待中山籍的留美学生团

2010年7月20日下午，火炬区统侨办热情接待了中山籍的留美学生团。本次留学生团有来自麻省理工学院博士研究生、哈佛大学—麻省理工学院健康科技中心研究助理吕文尔，攻读经济学与心理学的杨文韬以及主攻商科的李懿昭。

首先，区统侨办工作人员向留学生们介绍了火炬区的经济发展与现况，并陪同参观了火炬区健康基地展厅和创业中心。留学生们对健康基地现有的一些医疗器械项目和技术表现出浓厚的兴趣，希望相约时间再详细了解。其后，在区侨办的安排下，留学生团与科委、创业中心、电子基地相关负责人和两位回国创业的企业老板举行了座谈。双方围绕火炬区创业环境、政策扶持等方面进行了热烈交流。最后他们表示会作为桥梁向美国一些希望回国创业的华人华侨推介火炬区，为推动两地人员交流和经济发展贡献力量。

据了解，吕文尔是麻省理工学院中国学生学者联合会(MIT CSSA)主席，带领联合会800多名华裔学术精英，积极组织和主办各小区联谊活动，传承中华文化。同时也率领成员积极参与当地华裔小区活动，成为华裔小区中的重要新生力量。吕文尔曾获选为全美中华青年联合会第三届全美十大华裔优秀青年。

火炬区组团参加第八届世界中山同乡恳亲大会

金风迎盛会，四海聚乡情。2010年10月17日上午，随着马、中两国国歌的庄严奏响，以"四海同心，情系中山"为主题的第八届世界中山同乡恳亲大会在马来西亚首都吉隆坡隆重开幕。来自世界16个国家和地区的1000多名中山乡亲和嘉宾欢聚一堂，恳亲联谊，共襄盛举，处处洋溢着亲切的乡音、浓浓的乡情。

马来西亚卫生部部长廖中莱，中国驻马来西亚大使柴玺，广东省委统战部常务副部长蒋乐仪，省侨办主任吴锐成，中山市领导彭建文、韩泽生、苏伟强、李武彪等出席大会。火炬区管委会副主任潘兆儿、宣传办主任梁丽莎分别率领区商会考察团、区火炬歌舞团应邀出席本次盛会。区统侨办主任霍启超，主任科员罗纯华，侨联会副主席郑丽瑜，区商会会长周文辉，副会长郑敏超、甘爱英、劳剑宁以及区属各大集团公司负责人等随行参加此次恳亲活动。

本届大会主席、马来西亚中山会馆联合会会长、丹斯里皇室拿督古润金太平局绅为大会致欢迎词，对远道而来的世界各地中山乡亲表示最热烈的欢迎。他深情地说，对于我们的祖辈，中山是他们生长的地方，是身心系念的故乡；对于我们这些华裔后代，有的只是根据祖辈的描述而感知的模糊景象。唯有恳亲寻根，才知家乡早已不是祖辈们记忆中的面貌了。中山是个美丽的城市，经济高速发展，到处一片繁荣的景象。这一番发自内心的话语，引起了在场所有中山乡亲的情感共鸣。随后，廖中莱、柴玺、吴锐成、彭建文以及海外侨社代表、海外乡亲代表等也先后在开幕式上发表了情真意切的讲话。

市委副书记、市祝贺团团长彭建文在讲话中充分肯定了恳亲大会对增进中山乡亲的沟通交流，增强凝聚力，促进对外开放所发挥的积极作用，并殷切希望广大海外乡亲一如既往关心支持中山发展，发挥人才众多、联系广泛、信息灵通等优势，积极为家乡发展献计出力，共同将孙中山先生的故乡建设得更加美好。

会上，省委统战部、省侨办、市政府等部门分别向本届世界恳亲大会筹委会致送纪念品，衷心祝愿贵会会务兴隆、事业更上一层楼。大会筹委会也分别回赠礼品以做留念。

当天下午，大会分别举办了"凝聚侨青力量，创建美好未来"青年讲座以及"纪念辛亥革命，弘扬中华文化"文化论坛，邀请海内外侨青代表、各界专家学者等嘉宾和与会人员一起进行深入的交流和探讨。

是晚，在主题为"中山之夜"的晚宴上，大会举行了下一届世界中山同乡恳亲大会交接仪式，副市长韩泽生宣布下一届恳亲大会的举办地为美国三藩市，承办社团是美国阳和会馆。随后，韩泽生、古润金等共同把"双龙"会杯郑重地转交到美国阳和会馆负责人手上，此时全场响起雷鸣般的掌声，把晚宴气氛推向了高潮。紧接着，应本届大会邀请专程赴马来西亚演出的火炬歌舞团为来自世界各地的中山乡亲和嘉宾们表演丰富多彩的文娱节目，既有充满民族特色的舞蹈，又有展现传统文化的武术和醉龙表演，还有专门排演反映家乡时代变迁的新节目。整场演出精彩纷呈，高潮迭起，赢得了在场嘉宾和乡亲们的热烈掌声。最后，晚宴在一曲饱含深情的《华侨，中国桥》的演唱中徐徐落下了帷幕。

热情接待侨胞沈善初善长

火炬区张家边社区窈窕小区旅美华侨沈善初先生于2011年春节前举家一行14人回乡观光、省视家园、探亲访友。回乡的第二天，沈善初先生伉俪偕儿孙、女婿、媳妇10多人莅临东镇侨刊社作客，受到区侨办副主任、侨联副主席罗纯华，张家边社区副主任陈雪云和侨刊社工作人员的热烈欢迎与热情接待。罗副主任、陈副主任和侨刊社人员分别向客人介绍了火炬区侨办、侨联、侨刊社的工作和发展情况，介绍了张家边社区（含窈窕小区和江尾头小区）的经济发展及村民的福利事业。沈先生的儿孙、女婿、媳妇都听不懂汉语，沈先生做翻译，他们对家乡的建设事业、村民的居住环境和社会福利感到十分满意和欣慰。

翌日，沈善初先生在家乡筵开40席邀请全村老人聚餐。区侨办、侨联、侨刊社人员受邀作客，与窈窕村民欢聚一堂。席间，大家互相敬酒，祝贺沈先生事业兴旺、健康长寿、家庭幸福；祝贺窈窕村经济社会不断发展壮大；祝贺村民生活美满幸福，和谐安康。

沈善初先生是位爱国爱乡的老华侨，热心家乡的教育事业和公益事业。早在1924年年初，他父亲沈渭庭先生返乡以祖产十亩地的永久收入作为窈窕学校的教育基金。2001年，沈善初先生为纪念父亲，斥资6万元人民币在村内兴建沈渭庭公园，并捐资1万元人民币给窈窕村教育基金会。2003年窈窕游泳池和沈渭庭公园落成时，他捐助8万元人民币举行庆典并设108席宴请全体村民，与乡亲们同饮共庆。同时，他每次返乡，都解囊赞助村侨联会、老人福利会和东镇侨刊社等单位。沈善初先生的善举，深受村民的称颂。

火炬区侨联赴悉尼参加澳洲中山同乡会庆祝辛亥革命百年暨同乡会成立三十周年庆典

2011年欣逢辛亥革命100周年，澳洲中山同乡会举办纪念辛亥革命100周年暨同乡会成立30周年庆典。受主办方的邀请，中山市统战部、外侨局、侨联以及火炬区、南区、沙溪等镇区派出代表组成祝贺团前往澳洲悉尼参加庆祝活动。

10月4日上午11：30，鼓乐齐鸣，雄狮起舞，澳洲中山同乡会会所隆重举行该会所修葺落成剪彩仪式。黄少航会长、中山海外联谊会苏伟强会长等为新会所剪彩。是日晚上，同乡会在华埠富丽宫酒家为纪念辛亥革命100周年、同乡会成立30周年暨会所修葺落成举行庆祝晚宴。中国驻悉尼总领馆王芸领事、新南威尔士州州长代表、反对党代表、公民社区厅长代表、悉尼市长代表、中山祝贺团、同乡会领导、乡亲代表等400余人出席。晚宴首先播放辛亥革命图片及介绍相关历史情况，接着各方代表先后致辞。随后澳洲东方歌舞团、同乡会武术醒狮队、歌咏队演出助兴。最后，在歌咏队的带领下，全体起立以一曲《歌唱祖国》圆满结束庆典活动。

《东镇侨刊》编委拜访旅澳洲华侨古成先生

在五桂山镇旅澳大利亚华侨古成先生的盛情邀请下，2011年8月17日，火炬区东镇侨刊社及市内各侨刊乡讯社的编委一行20人在中山市外事侨务局宣传科邓洁恒科长的带领下，来到五桂山镇古成先生的家作客。在庭院的龙眼树下，大家坐在一起品清茶、尝龙眼、拉家常、叙乡情，欢声笑语，情意绵绵。

古成先生是陆军中将古鼎华将军之子，曾任《星岛日报》《澳洲日报》的总编辑。他亲切和蔼、笑容可掬。座谈中，他充分肯定了中山市各侨刊乡讯所取得的成绩，对大家全心全意为侨胞服务的精神和认真负责的工作态度表示赞赏。寄语大家继续努力办好侨刊乡讯，就像他亲手栽种的龙眼树一样，经精心的培植，十多年后的今天，终于结出累累硕果。大家对古成先生的深切寄语与教导深深领会，对他的热情接待深表感谢。

分别前，大家一同合影留念。此次拜访活动，留下的不只是大家灿烂的笑脸，更多的是侨胞爱国爱乡的深厚感情、侨乡浓浓的情意和大家真挚的友谊。愿龙眼树下所结下的友谊万古长青！

火炬区举行中山火炬开发区港澳乡亲联谊会成立大会暨第一届会长理监事就职典礼联欢晚宴

2013年8月31日下午4时，火炬区在国际会议中心三楼举行中山火炬开发区港澳乡亲联谊会成立大会，开发区社区工作和社会事务局副局长吴贵发主持大会，火炬区社区工作和社会事务局局长刘龙湛做火炬开发区港澳乡亲联谊会第一届会员大会筹备工作报告。刘龙湛指出，中山火炬开发区港澳乡亲联谊会秉承爱国、爱港、爱澳、爱乡，联络乡亲、增进友谊、团结互助、促进中山与港澳的合作交流的宗旨，维护中山、香港和澳门同胞的合法权益，提供服务，排忧解难，开展经济、科技、文化、教育和学术等方面的交流与合作，把港澳乡亲联谊会建成一个休戚相关、荣辱与共、团结互助的集体。紧接着大会审议通过《中山火炬开发区港澳乡亲联谊会章程》和《中山火炬开发区港澳乡亲联谊会财务管理制度》，选举中山火炬开发区港澳乡亲联谊会第一届理事会理事，宣读中山火炬开发区港澳乡亲联谊会一届一次理事大会决议，并举行了揭牌仪式。接下来选举会长、理事长、监事长和秘书长，通过常务副理事长、副理事长、副监事长、副秘书长和名誉会长、名誉顾问名单。最后，全体会员和理事会全体理事在会议中心门前合影留念。

下午7时，中山火炬开发区港澳乡亲联谊会在火炬区国际会议中心一楼宴会厅举行理事就职典礼暨全体会员和嘉宾联欢晚宴。在介绍出席领导和嘉宾后宣读中山火炬开发区港澳乡亲联谊会一届一次理事会选举结果并举行宣誓就职，颁发证书和聘书仪式。接着是港澳乡亲联谊会第一届会长郑汉成先生献词。他感谢全体会员的信任，推选他为第一届会长。他深感责任重大，恳请大家一如既往扶持帮助。作为首任会长，他将庶竭驽钝，本着联络乡亲、增进情谊、关心桑梓、团结互助的宗旨，精诚团结，依靠广大会员和乡亲，锐意进取，扎实工作，努力把联谊会建成情感交流的会所、分忧解愁的娘家、干事创业的加油站、合作共赢的新平台。火炬开发区党工委副书记张容彬在大会上致辞。他说中山、香港、澳门一衣带水，三地同宗一家亲，香山聚首诉乡情。今天，中山火炬开发区港澳乡亲联谊会正式成立了，在此，他谨代表火炬开发区党工委和管委会对联谊会的成立和当选理监事会全体成员表示热烈的祝贺！向为火炬区经济社会发展做出积极贡献的海内外各界朋友表示衷心的感谢和致以崇高的敬意！港澳乡亲联谊会的成立，是一个既有乡缘又有商缘的良性互动平台，可以说是应时而生、顺势而建。期待联谊会充分发挥纽带作用，与广大海内外乡亲、各界朋友和社团多联络、多沟通、多交流，使之真正成为港澳乡亲心中的港湾、联谊的桥梁，真正成为香港、澳门、中山三地互惠合作、实现多赢的孵化器和新引擎。最后，衷心祝愿大会圆满成功！祝各位身体健康、事业腾达、家庭幸福！

至此，中山火炬开发区港澳乡亲联谊会第一届会长、理监事就职典礼联欢晚宴在一片掌声和欢乐声中落下帷幕。

第七届世粤联会暨第一届世粤侨青大会在澳门隆重举行

2013年11月10—12日，第七届世界广东同乡联谊大会暨第一届世界广东华人华侨青年大会（以下分别简称"世粤联会"和"世粤侨青大会"）在澳门特别行政区隆重举行。10日下午8时，在威尼斯人度假村酒店金光综艺馆举行开幕典礼。全国政协副主席何厚铧、澳门特别行政区行政长官崔世安、国侨办副主任马儒沛、中国侨联副主席李卓彬、广东省人大常委会副主任雷于蓝、副省长招玉芳等出席了开幕大会。在奏《中华人民共和国国歌》和大合照后，由第七届"世粤联会"大会主席刘艺良先生致辞。他说"世粤联会"以联络世界各地同乡、敦睦乡谊、弘扬文化、促进商机、服务社会、加强团结、互惠互利为宗旨，已经在新加坡、广州、中国香港、吉隆坡、雅加达、曼谷成功举办了六届。今天，在澳门特别行政区举办第七届"世粤联会"和首届"世粤侨青大会"，他们充满信心，本次大会定能取得完满成功。副省长招玉芳、国侨办副主任马儒沛、行政长官崔世安先后致辞。招玉芳致辞时代表省委、省政府对大会的召开表示热烈的祝贺和对海外广东乡亲表示诚挚的问候。她说世界广东同乡联谊大会是海内外广东人深化同胞情谊、增进互相交流、推动合作共赢的盛会。这次世粤联会突出弘扬中华文化，突出建设和谐侨社，突出加强侨青交流，这对广泛凝聚粤籍侨胞共识和力量，更有力促进国家及海外广东侨团侨社事业的永续发展必将起着重要的作用。她希望广大侨胞、港澳台同胞一如既往地经常回国旅游观光，考察项目，积极在广东投资发展，为广东新一轮改革发展做出新的贡献。他们热情洋溢的讲话博得了全场热烈的掌声。

11日上午，来自五大洲、41个国家和地区100多个社团的3500多名粤籍乡亲参加了第七届世粤联会暨第一届世粤侨青大会。世粤联会常务理事会主席、广东省侨务办公室主任、广东省海外交流协会常务副会长吴锐成在会上做了题为"弘扬粤侨精神，共圆中国梦想"的主题讲话，向全球粤籍侨胞发布了"念祖爱乡、重信明义、敢为人先、团结包容"十六字的粤侨精神。它既反映了广东华侨的特质，也与岭南文化的内涵和"厚于德，诚于信，敏于行"的新时期广东精神一脉相承，体现了粤侨精神是海内外广东人共创共有的宝贵精神财富。同时，它凝练了海外粤籍乡亲的移民史、奋斗史、贡献史，凝练了千百年来粤侨一直追求和秉持的胸怀气度和精神品格，具有鲜明的广东特点和丰富的时代内涵。最后，他希望乡亲们继承和发扬前辈们的优良传统，把粤侨精神进一步发扬光大，努力建设一个"和睦相融、合作共赢、团结友爱、充满活力"的和谐侨社，共写世粤乡亲共赢发展的新篇章，为实现中华民族伟大复兴的中国梦做出更大贡献。

本次大会围绕"传承中华文化，构建和谐侨社"的主题，除了开幕式、闭幕式，还举办了侨乡文化图片展、中华文化论坛、青年论坛和文艺晚会等多场活动。这次大会必将对广东经济升级带来新机遇和新商机，必将进一步推动驻在国与广东各领域的交流合作，对广东新一轮改革发展和粤籍乡亲联谊交流迈向一个新的阶段打下了扎实的基础。

美国阳和总会馆回乡观光团到访张家边

2013年11月16日下午，美国阳和总会馆侨胞访亲团一行21人到张家边观光和访问，受到张家边社区主要负责人和张家边乡亲的热情接待。

在座谈会上，张家边社区马国雄书记、陈雪云副主任、张家边村陈国权书记等热情地向各位到访的侨领和乡亲介绍了近年来张家边经济社会的发展变化及社区居民所享受到的福利情况，并希望侨亲们能够一如既往地关注与支持家乡发展，积极参与到家乡建设中来。

随后，美国阳和总会馆主席、三藩市中山德善堂主席吴耀庭介绍了有关美国阳和总会馆以及其下属11个善堂的基本情况，并代表各位侨领和侨胞表达了思乡之情，表达对国家的日益富强以及家乡的巨大变化而感到自豪和欣慰。随着祖国国际地位的不断提升，华人在国外的社会地位也在不断提高，大大地增强了荣誉感和自豪感。吴先生同时还表示将会致力团结广大旅美侨胞，重点做好新侨工作，特别是留学生，增强下一代华侨的爱国意识，增强他们对祖国的归属感，维护海外侨胞与乡亲的血肉关系，进一步促进家乡经济社会的发展，为家乡做出更多的贡献。

会后，吴耀庭先生代表阳和总会馆向张家边村赠送了锦旗，并祝愿海外侨胞与家乡人民乡谊永固！

香港均辉集团总裁李俊驹回乡视察幼儿园

李俊驹先生青少年时期奋发攻读，为他以后创业打下了坚实的基础。青年时期他在香港经商，大展宏图，成为香港均辉跨国公司的创始人和香港均辉集团总裁，业绩辉煌。

他在日理万机繁忙的事业中，时常思念故乡，希望村中子弟成才。为感谢和报答父亲养育之恩，斥巨资以父亲颂龄的名字，在家乡小隐村建了一座李颂龄学校。当年学校落成时举行庆祝典礼，市、区、村有关领导、海内外朋友和乡亲欢聚一堂，举杯庆贺。李俊驹先生爱国爱乡，热心家乡的教育、医疗和公益事业，累计捐资总额达514万多元港币。1991年12月荣获中山市荣誉市民称号。

火炬开发区建区后，教育事业突飞猛进，李颂龄学校改为开发区小隐幼儿园。在李俊驹先生的大力支持下，小隐幼儿园建设成为一流环境、一流管理水平、一流教学师资、一流保教质量，被评为中山市和广东省特级幼儿园。

李俊驹先生热爱祖国，放眼未来。他在《颂龄毓秀》这本书上题词："今朝培育幼儿成长，他日成为中华栋梁"，可见他爱国、爱乡、爱人民的赤子之心。关心幼儿成长，就是关心祖国未来。幼儿胜则国胜，幼儿强则国强。

2013年12月11日上午，李俊驹先生率香港均辉跨国公司百多位高层人士回到小隐幼儿园参观视察。火炬区党工委副书记张容彬、管委会副主任邹鑫等领导陪同他们参观和指导。幼儿园近300位小朋友穿着统一服装列队热烈欢迎嘉宾，向友人表演了中国功夫《英雄出少年》《幼狮献吉祥》《双龙戏珠》等经典节目。小朋友精神抖擞、生动活泼的多种醒狮舞表演，获得贵宾们不断的掌声。

衷心祝福小朋友在温暖的阳光下，在和美幸福的社会里，在李俊驹先生的关怀下，身心健康地茁壮成长。

吴锐成主任率团拜访澳洲中山同乡会

2014年3月8日上午，广东省侨办吴锐成主任率领林克风处长、黄爱华副处长、邓淳曦主任科员等一行赴澳洲拜访了澳洲中山同乡会。

同乡会委员们在会馆门前列队迎候。客人下车与迎接人员一一握手，大家互致亲切问候。寒暄后举行了座谈，以一瓶矿泉水礼待来自祖国的亲人，俗语云："有情饮水饱。"座谈会由常务副会长冯有德主持，他向客人一一介绍了同乡会各委员，吴主任也介绍了他的同行。杨广河会长致欢迎词，他首先表示热烈欢迎祖国的亲人——中山父母官的到访，接着向客人汇报同乡会的工作和今后的工作设想：第一，拟设中山籍子弟奖学金，鼓励游子后辈勤奋学习，全面发展，今后成为祖国有用之才。第二，拟筹划成立商会（以青年为核心），以中澳经济做互动桥梁，增加会所的经济效益。

吴锐成主任在致辞中说，新春已过，但春意还浓，还是拜年时，祝大家马年吉祥，万事如意。今天正巧是"三八"妇女节，在此还要祝妇女们节日快乐！他幽默诙谐而热情的话语引起大家的欢笑。吴主任对杨会长所述同乡会今后的工作设想表示赞赏，并说同乡会今后的工作如果有什么需要帮助的，省侨办定当有责任尽力给予支持。关爱激动的话语，出自祖国的父母官之口，令同乡会委员们深受感动和鼓舞。最后大家互相致送纪念品。吴主任给同乡会送上"龙马精神"条幅，以作鼓励。临别时大家合照留念。

西桠侨联组织侨胞省墓　缅怀先祖恩典

2014年，西桠旅美侨胞郑卓仁伉俪，朱族光伉俪，郑绮霞、郑世杰姐弟，郑仲贤伉俪和郑雪玲、郑卓钦、郑卓雄、郑卓源五姐弟以及旅澳洲郑卓平先生等一行于清明节前回国前往北京、上海、南京、无锡、天津等多个大城市旅游观光。饱览了祖国壮丽的河山，看到祖国改革开放后，经济发展、社会繁荣稳定，人民生活改善，他们感到十分宽慰。他们说，祖国科学事业大发展，经济建设、国防建设都取得优异成绩，中国的国际地位大大提高，这是国家的骄傲，是中华民族的骄傲，他们华侨更感高兴与自豪。2014年4月3日，他们回到家乡西桠村，受到区、村侨联干部、西桠小学1976届的同学和郑氏宗亲等的热烈欢迎。

4月5日清明节这天，在村侨联的组织下，郑卓仁先生等一行与西桠郑氏宗亲40多人乘车前往中山五桂山长命水村照天竹扫墓。他们沿途目睹中山镇区的新貌：商业繁荣，市场兴旺，公路畅通，车辆穿行无阻，周边绿化美化，环境美，卫生好，心情十分兴奋。到了长命水村照天竹山下，年过古稀的郑卓平先生和年过花甲的郑卓仁先生，仍然像60年前一样，清楚记得沿哪条山路通往太公墓地。他们一鼓作气，40分钟后率先到达。而濠头村郑氏宗亲已先一步到达。大家见面互相问好，互相祝福，然后一起用金猪、茶酒、香烛等拜祭太公，共同缅怀先祖的恩典，追思祖德、祖训。濠头与西桠两村的郑氏宗亲同属松冈公子孙，今年两村宗亲不约而同一起祭拜祖宗，尚属首次。两村包括来自美国、澳洲、新西兰、加拿大和中国香港、澳门等国家和地区的近百位宗亲会合在一起，十分热闹。借此机会，大家高高兴兴在松冈太公墓前合影留念。

4月12日，郑卓仁伉俪等10多位华侨合资在西桠郑氏大街设宴46席，宴请西桠南区居民以及亲戚、朋友、老师、同学等。席间，郑卓仁伉俪等分别沿席敬酒，祝各位身体健康、家庭幸福、万事如意。大家对侨胞的热情宴请表示感谢，祝侨亲金山顺利，事业更上一层楼。4月13日上午，郑卓仁伉俪等一行启程返美，送行者祝愿他们一路顺风，平安抵埠。

热烈欢迎侨胞回乡谒祖省亲

2014年9月21日上午9时，濠头小区文化大院和濠头郑氏大宗祠前锣鼓喧天，醒狮起舞，喜炮轰鸣。大宗祠大院前的浦江世泽探花牌坊上，悬挂着"热烈欢迎旅加拿大侨胞回乡谒祖省亲"的巨幅横额。

9时30分，旅加拿大乡亲、加拿大温哥华铁城崇义总会主席、大温哥华中华文化中心主席、温哥华濠头侨所主席郑宗励先生率领旅加拿大华侨37人，旅香港同胞、香港中山社团联合会首席会长、中山海外联谊会副会长、火炬区港澳乡亲联谊会会长郑汉成等回到家乡。濠头股联社社长郑灿国、联富社区书记欧文雄、副书记黄继敏、濠头小区侨联主席郑均尧、火炬区社会事务局统侨外事科科长卢晋娜、区侨办原主任郑丽瑜等在郑氏大宗祠前迎接，并带领郑宗励先生一行进入大宗祠举行拜祭祖宗仪式。

随后，郑宗励和郑汉成等一行在郑均尧主席等的带领下，参观视察（他们都有捐建课室的）濠头小学（现火炬区第三小学）和濠头幼儿园，受到两校师生的热烈欢迎。

中午，濠头股联社和濠头侨联会在绿华园酒楼筵开10席宴请侨胞和香港同胞。侨联郑均尧主席致欢迎词，向回乡谒祖省亲的侨胞和香港同胞表示热烈欢迎，对他们热心支持家乡建设表示衷心的感谢。他向侨胞汇报了濠头文化大院和濠头郑氏大宗祠的修缮情况以及热心人士捐赠情况。其中郑宗励先生捐赠人民币23.05万元，郑汉成先生捐赠港币5万元、人民币4万元，郑民志先生现金与实物合共人民币27万元，郑锦球先生人民币12万元……侨胞和港澳同胞向热心支持家乡建设和公益事业的精神令人感动，郑均尧主席代表村侨联会和全体村民向侨胞、港澳同胞再次表示衷心的感谢。接着，郑宗励、郑钊容、郑汉成、郑均湖分别发言。他们都表示此次回到家乡谒祖省亲，受到家乡人民的热烈欢迎和盛情接待，感到非常高兴，非常感谢；见到家乡建设新面貌和家乡人民生活水平大大提高，深感喜悦和安慰。郑丽瑜也激情满怀地发言。她说华侨一向爱国爱乡，热心支持家乡建设事业，尤其对教育事业和公益事业更是不遗余力地给予大力襄助，家乡人民永远不会忘记他们的恩德。郑氏大宗祠是大家的根，是凝聚侨心、民心的一个很好的载体。祝愿大家同心同德，携手共同把家乡建设得更美好。

最后，大家互赠纪念品和锦旗留念。

中山市侨青会于中山港社区召开第一届二次常务理事会议

2015年7月4日下午，中山市侨界青年联合会一行45人莅临中山港社区召开第一届二次常务理事会议。中山市侨联会主席余志勇，火炬区统侨外事科科长卢晋娜，中山港社区党委书记、侨联会主席梁镜华出席了会议。

会上，侨青会会长黄赞雄做了工作总结，梁镜华主席向参会人员介绍了社区侨联会工作情况以及下阶段的工作计划。余志勇主席对中山港社区侨联工作表示了充分的肯定，并对市侨青会今后的工作做了部署。会议结束后，侨青会一行到中国留创园、健康花城小区、侨资企业金日材等地进行参观。

据了解，中山市侨界青年联合会是由海内外中山籍侨界青年为主组成的在市民政局依法登记的青年社团组织，是中山市侨联的直属团体之一，现有成员450人，分布在14个国家和地区。

火炬区港澳乡亲联谊会在澳门举行联欢聚会

2015年11月28日晚，中山火炬开发区港澳乡亲联谊会在澳门东湖酒家举行联欢聚会，近300位港澳乡亲及嘉宾参加了此次联欢聚会。

联欢聚会由联谊会副秘书长吴瑞霖主持。他介绍了出席嘉宾后，由联谊会会长郑汉成致辞。郑汉成说，很高兴又见到各位乡亲参加本次会员联欢晚会，他谨代表火炬区港澳乡亲联谊会全体理监事同仁对大家表示热烈的欢迎和感谢。中山火炬开发区与香港、澳门一衣带水，三地历史同源，文化同根，民间往来频繁，经济、文化交往日盛。火炬区港澳乡亲联谊会是联络乡亲、增进情谊、增强团结、互助合作实现共赢的平台。让大家共同携起手来，把火炬区港澳乡亲联谊会建成一个休戚相关、荣辱与共、团结互助的集体。

火炬区党工委副书记张容彬在联欢晚宴中发表讲话。他代表火炬区党工委、管委会向支持和帮助建立联谊会的各级领导、有关单位及对火炬区经济社会发展做出贡献的海内外朋友表示衷心的感谢和崇高的敬意。他说，广大港澳乡亲一贯以来对家乡建设、教育事业和公益事业，特别是在20世纪60年代国家经济困难时期对家乡给予了大力的支持帮助，深受村众的赞誉。他祈望，港澳乡亲联谊会在会长郑汉成先生的带领下，在各位理监事和会员的共同努力下，建设得更好，发挥更大的作用，取得更大的进步，使香港、澳门、中山三地更加密切联系、合作互惠、实现共赢，为构建幸福和美社会做出新的贡献。

晚宴上，领导、嘉宾与乡亲互相敬酒，欢乐满堂。其间，穿插了抽奖活动，气氛热烈而祥和。晚宴至21:30圆满结束。

澳洲侨领孙照钧率团回乡观光

张家边旅澳洲华侨、澳洲广东侨团总会理事、澳洲中中同学会会长、澳洲中山同乡会永远名誉会长、澳洲广府人联谊总会副会长、澳洲中山商会副会长孙照钧先生于2015年12月7日组团率领旅澳洲乡亲20多人回家乡观光和探亲访友。火炬区社会事务局和统侨外事科派专车到中山石岐富华酒店迎接。上午10时左右一行人回到中山港国际会展中心。火炬区社区工作和社会事务局局长刘龙湛、常务副局长郑艳霞、副局长陈榕、统侨外事科科长卢晋娜等热情接待。稍事休息后，卢晋娜科长、《东镇侨刊》人员吴添渭等全程陪同孙照钧先生一行到翠亨新区参观，听取了翠亨新区的布局、规划和建设发展蓝图的介绍。大家对孙中山先生故乡的建设发展表示赞赏，对国家建设和实现孙中山先生振兴中华的中国梦充满信心。返回火炬区后即到百年老企业"美味鲜"、厨邦酱油厂和博物馆参观。侨胞们被5万平方米的巨大晒场和每缸可装80吨酱油的巨大酱油缸所吸引，纷纷拿出手机把可摆放1200个酱油缸的海边大晒场拍下来留念。据介绍，这1200缸酱油在晒场晒足180天，年产优质酱油30万吨，产品远销海内外，深受海内外食客的青睐。接着到"中华百年老字号"企业咀香园参观。大家观看了杏仁饼的制作流程和各种展出产品，品尝了杏仁饼后，亲自在供游客学习做杏仁饼的工作台上学做杏仁饼，兴致盎然。

孙照钧先生此次率团回乡观光，除了观光探亲外，还先后拜访了中山市侨联、火炬区社会事务局统侨办、侨联会、南朗镇侨联和张家边侨联，还探访了东镇侨刊社，并与濠头中学1956届近20位老同学相聚，参加了中山市华人华侨古诗词比赛颁奖大会，还到小榄镇参观菊花展，内容丰富充实，既扩宽了视野，又愉悦了身心。同时，通过一系列的参观和拜访活动，侨胞们同家乡人民进一步加强了联系沟通，增进了情谊，进一步了解了家乡经济社会发展和家乡建设的巨大变化，人民生活不断改善。他们深刻体会到祖国进入小康社会和实现中华民族伟大复兴的中国梦前景一片光明，大有希望，从而感到无限安慰和振奋。

中山市侨联举办归侨迎春活动

2016年1月25日，中山市侨联举办"迎新春，侨乡行"活动，组织全市归侨到古镇镇参观全民公益园和陶瓷文化艺术馆。火炬区归侨和回乡度岁的侨胞20多人参加了此次活动。参观活动中，大家都深刻领略了古镇镇社会经济、文化和民生快速发展的新面貌和在文化传承和社会善治等方面所取得的优异成绩。

一年一度的全市归侨迎春活动，体现了中山市人民政府对归侨和侨界群众的关怀。迎春活动促进了侨友之间的联络沟通和联谊交往，营造了中山市和谐侨界的良好氛围。

火炬区港澳乡亲联谊会举行联谊活动

2016年6月18—19日，火炬开发区港澳乡亲联谊会在家乡举行会员聚会联谊活动。港澳乡亲联谊会会长郑汉成，常务副理事长陈华君，副理事长彭桂雄、高根荣，监事长林志强，秘书长吴万权，副秘书长吴瑞霖等，带领旅居香港和澳门地区的会员乡亲250多人回到家乡参加聚会联谊活动。

火炬区党工委副书记、火炬区港澳乡亲联谊会名誉顾问张容彬，火炬区社区工作和社会事务局局长刘龙湛以及社区侨联干部等参加了联谊活动。6月18日，全体与会人员参观了火炬区启泰中药饮片有限公司、中华百年老字号咀香园、新建的火炬区医院、火炬区颐康老年人活动中心和残疾人综合服务中心。19日分乘五辆大巴参观翠亨新区临海工业园。

此次火炬区港澳乡亲联谊活动举办得很成功，形式多样，丰富多彩，让港澳乡亲不仅回家乡到各处走一走，还进一步了解家乡社会经济建设和民生事业发展的情况，使香港、澳门与家乡三地乡亲得以进一步沟通，增进了情谊和增强了热爱家乡的思想感情。

香港旺角街坊会到访火炬区

2016年8月23日下午，香港旺角街坊会组织了61名青少年学生及理监事会成员到火炬区咀香园食品有限公司参观，社区工作和社会事务局统侨外事科接待了此行。香港旺角街坊会是与中山市有紧密联系的香港街坊会团体之一，该会理事长梁华胜先生是爱国爱港人士。此次活动有利于加深香港青年学生对中山市社会经济发展和改革开放成就的认识，进一步增进其国家观念和认同感。

澳洲中山同乡会组团回乡观光

2016年9月19日，澳洲中山同乡会组团回乡观光。该会全体理监事一行15人在澳洲皇冠机构董事总经理、中山同乡会会长余威达先生，中山同乡会永远名誉会长、常务副会长、澳洲中中同学会会长孙照钧先生的率领下，平安回到故乡中山。20日上午，他们拜会了中山市外事侨务局。是日下午，在中山市外事侨务局副局长谭文辉的陪同下莅临火炬区，受到火炬区党工委副书记、翠亨新区党工委副书记、火炬区管委会主任招鸿，火炬区党工委副书记黎汉钊，火炬区社区工作和社会事务局常务副局长郑艳霞等的热烈欢迎与热情接待。各领导带领客人参观火炬区留学生创业园，受到该园内的广东博威尔电子科技有限公司董事总经理姜洪波的热烈欢迎。姜总亲自向客人介绍了该公司电子科技发展概况并在现场介绍新科技产品。

接着，招鸿、黎汉钊、谭文辉、郑艳霞等带领客人到中山市龙业农业生产合作社参观。该农业生产合作社生产总面积达8500亩，是中山市规模最大的生产合作社，生产健康农产品供应市场。客人们来到广阔的"绿色世界"，看到果树挂果累累，满眼青绿，开心至极。大家呼吸着大自然赐予的负离子氧气，感到十分舒心。该合作社的负责人还亲自带领大家在田园里摘水果，让客人任摘任食并带回旅馆，让大家充分享受环保健康的果蔬。

火炬区党工委副书记、管委会主任招鸿，澳洲中山同乡会会长余威达分别代表火炬区党工委、管委会和澳洲中山同乡会互赠了纪念品。澳洲中山同乡会向东镇侨刊社乐助经费，火炬区党工委副书记黎汉钊代表东镇侨刊社接领，对澳洲中山同乡会和乡亲的慷慨资助表示衷心的感谢。分别前，大家合影留念。

华侨港澳台同胞回乡参加濠头郑氏大宗祠文化大院落成庆典

2016年10月1日，濠头小区隆重举行庆国庆暨郑氏大宗祠与文化大院落成典礼活动。是日上午8时，"浦江世泽"牌坊前花篮点缀，彩旗迎风招展，大红彩带与灯笼高挂，大红彩球高悬，锣鼓喧天，人声鼎沸，洋溢着喜气洋洋的节日气氛。8时半举行大巡游活动，560多人的巡游队伍从郑氏大宗祠的"浦江世泽"牌坊前出发。走在队伍前面的是高举鲜艳五星红旗的旗手，锣鼓开道。随后是濠头北极殿珍藏了148年的2条木龙，由4名小伙子抬着前进。几位少女挑着花篮，紧跟着的是腰鼓队、飘色队、醒狮队以及2条68米长的金银色长龙。村民和路人纷纷拿起手机拍摄或摄录，不断为他们喝彩。巡游队伍先后到园山村、上陂头村、下头陂村及濠头一、二、三村等6个自然村走街串巷巡游，巡游路线长8公里。

9时举行迎宾仪式，海外华侨、港澳台同胞以及来自沙溪镇、三乡镇、大小鳌溪、西桠等地的宗亲400多人齐聚郑氏大宗祠。9时40分举行谒祖仪式，长老郑霭佳诵读祭文，郑新华通报郑氏宗祠修缮情况，郑志明等代表全体族人向先祖敬献祭品、焚烧香褚，大家向列祖列宗致三鞠躬礼。之后，排队上香，以示对先祖的崇敬。随后为郑氏大宗祠慈善基金会揭牌。

中午12时，在大宗祠内筵开60多席，大家欢聚一堂，品尝家乡粉果、糕点等美食。

下午2时30分，在濠头小学（现火炬区第三小学）球场上举行武术、太极及舞龙舞狮等表演，近千名群众围观。精湛的表演获得观众阵阵掌声。

为感谢关心支持郑氏大宗祠及文化大院建设的海外侨亲、港澳台同胞、乡贤、宗亲、族人及社会各界热心人士，是晚在文化大院广场上举行迎67周年国庆敬老送温情暨贺郑氏大宗祠及文化大院落成庆典答谢大会，设宴430多席，宴请华侨、港澳台同胞、社会各界热心人氏及乡中55岁以上长者。此次庆祝大会成为濠头开村850多年以来最盛大、最隆重的盛会。首先是濠头小区股联社郑灿国社长致欢迎词，接着是火炬区党工委副书记黎汉钊讲话。他肯定了这次庆典活动的重要意义，代表区政府和濠头小区群众对华侨、港澳台同胞大力支持家乡建设的善举表示衷心的感谢并提出了殷切的期望。旅加拿大侨领郑启勋和中山市政协委员、香港乡亲联谊会主席郑汉成分别致贺词，表达了此次回乡参加庆典的喜悦心情。他们一致表示今后要一如既往为祖国的繁荣富强及家乡的建设发展添砖加瓦。

郑氏大宗祠又称"纶绹二祖祠"，始建于明朝天启四年（1624），清乾隆四十年（1776）重修。祠堂座西北向东南，原五间三进，后仅存二进。天井基础及三进建筑，总面积1025平方米。二进及天井为花岗岩砌基础，前天井地面铺砌花岗岩石块。仅存三进建筑原为"拔进"，称"崇善堂"。硬山顶、龙舟脊、镬耳山墙、黄琉璃瓦当，瓦当上有"福"字，青砖外墙，花岗岩基座，穿斗抬梁混合木架构。前部设卷棚廊，廊下施斗拱梁架，设雕花柁墩，后部设雕花木神龛，左右两梢间为偏房。祠堂历经230多年的风雨，破损严重，10多年前鉴定为危房。村委会发起筹划捐款重建号召，得到海内外郑氏华人华侨、宗亲族人及社会热心人士的积极响应，共筹款207万元。

郑氏大宗祠重建修缮工程建设分二期（前后座）进行，首期于2006年10月至2007年修建后座，第二期于2013年2月至2014年春节修建前座。工程总耗资445万元，其中火炬区管委会投入修建祠堂及文化大院资金238万元。

重建修缮后的郑氏大宗祠气派非凡，比原貌更加壮观。祠堂内两侧增设了文化走廊，张挂大幅濠头八景图及郑氏家族名人与族谱简介，让后人了解郑氏家族历史，继承先人的光荣传统，为社会进步贡献力量。

侨领吴耀庭偕著名华裔作家伍可娉旋里

火炬区张家边旅美华侨、美国旧金山湾区中国统一促进会顾问兼副会长、美国华商总会顾问、美国阳和总会馆顾问、三藩市中山德善堂顾问、中中同学会会长、中华总会馆前主席吴耀庭偕夫人、著名美籍华裔女作家伍可娉于2016年11月17日回乡观光、探亲访友、省视家园。连日来，吴耀庭伉俪先后拜访了中山市政府、市外事侨务局、火炬区社区工作和社会事务局，均受到了有关领导的热情接待。

11月19日下午，吴耀庭伉俪莅临东镇侨刊社作客，侨刊社人员热烈欢迎。座谈后，他向侨刊社捐助出版经费。伍可娉女士受中国国务院国侨办的邀请，3时半就要前往北京观光访问，其间参加中国文学艺术界联合会第十次全国代表大会和中国作家协会第九次全国代表大会。他作为特邀代表一起参加会议，会议结束后即飞返美国。

侨领黄海泉率团回国观光

张家边二村旅美华侨、美国俊英工商总会原总理、三藩市中山德善堂新任主席黄海泉受中国国务院国侨办的邀请回国观光。他和旧金山侨领吴耀庭、陈国庆、马金权、卢毓麟等及湾区乡亲一行60多人组成友好访问团回国观光访问。2016年11月29日回到北京，30日拜访了国侨办，得到国务委员杨洁篪、国侨办主任裘援平等的热情接待。

12月上旬，黄海泉伉俪回到家乡。12月9日上午，黄海泉伉俪探访了火炬区社区工作和社会事务局及东镇侨刊社，受到常务副局长郑艳霞、火炬区管委会副调研员霍启超及东镇侨刊社人员的热情接待。座谈中，黄海泉伉俪谈了回国的所见所闻，对祖国建设所取得的伟大成就和家乡建设发展的新面貌感到十分高兴。他还赞扬东镇侨刊办得好，为他们及时传递家乡建设、经济社会发展等方面的信息。他代表在美亲属向侨刊社乐助了办刊经费。郑艳霞常务副局长代表火炬区社区工作和社会事务局、区侨联和侨刊社向他致送了贺函，热烈祝贺他荣任2017—2018年度三藩市中山德善堂主席，祝愿中山德善堂堂务日益兴隆，祝愿他事业一帆风顺，更上一层楼。

全球华人庆新春，加拿大人贺春节

随着中华民族的繁荣富强，世界上很多国家的领导人和政要热心参与庆祝中国春节的活动，尤其是2009年庆祝中国春节的盛况空前。

联合国秘书长潘基文："祝中国人民和全世界所有的华人新年快乐！"

中国国家主席胡锦涛向全世界华人祝贺新年！

加拿大总理哈帕和联邦、省、市政要向华人祝福拜年！

澳大利亚总理陆克文用汉语向全中国人民和澳大利亚华人拜年。英国首相布朗和政要、美国得州州长、新加坡总理李显龙、马来西亚总理巴达维、印尼总统苏西洛和政要、巴西总统卢拉、毛里求斯总统贾格奈特和政要、丹麦首相拉斯穆森、西班牙副首相等多国政要在中国春节期间向华人祝福拜年。

全国各地，春节热闹沸腾。美国华盛顿和纽约举行了新春大游行，十几万观众观看了纽约100多个华人社团和其他族裔社团参加举办的庆祝新春大游行。在欧洲的英国、瑞士、瑞典、荷兰、西班牙、丹麦、法国……庆祝中国年味浓。澳大利亚庆祝中国春节也非常隆重和热闹。

加拿大的多伦多市、温哥华、渥太华、爱民顿（Edmonton）、满地可、卡尔加里，在中国春节期间分别举办了庆祝中国新年歌舞、中国功夫表演、书法书画、舞龙舞狮、年宵花市、游行等各式各样的庆祝中国新年活动。温哥华40多个族裔一起进行了新春大游行，近十万人共庆中国传统新春佳节。爱民顿华人在北美洲的最大商场——爱民顿西部商场举办了年宵花市，共贺中国新年，各族裔参加者数以万计，盛况空前。爱城中华会馆、文化中心、马氏宗亲会和几十个华人社团组织举办了华人全侨庆贺牛年迎新岁大型宴会，联邦、省、市政要代表，社团首长，中国驻加拿大亚省总领事吴新建等光临盛宴，宴会节目丰富精湛，多姿多彩，官民同乐，共庆新春佳节！

西桠小区举行华侨港澳乡亲联谊活动

2017年11月1—3日，西桠小区隆重举行华侨、港澳同胞与家乡父老聚会联谊活动。一百多位华侨、港澳同胞于10月29—31日从美国、加拿大、澳大利亚、英国和香港、澳门地区先后回到家乡，积极热情参加此次聚会联谊活动。

西桠小区内外及会场悬挂着多幅"热烈欢迎华侨港澳同胞回乡参加聚会联谊活动"的横额，由村头到村尾的所有街道都插满彩旗，营造了一派热烈而喜庆的气氛。

11月1日下午，联谊活动拉开序幕，会场内彩旗招展，锣鼓喧天，醒狮舞动。一百多位小区居民代表在通往会场的街道两旁列队迎接华侨和港澳同胞进场。他们首先参观西桠幼儿园，师生代表在校门列队鼓掌欢迎。园长向他们致敬并带领参观校园。当看到他们捐建的一大批设施和教学器材时，他们都很高兴。他们同师生座谈，了解学生的学习和活动情况，知道学生在学校的生活多姿多彩，在老师的教育下天真活泼，茁壮成长，华侨和港澳同胞都感到十分欣慰。

在随后的欢迎仪式上，西桠小区党支部书记洪杏满致欢迎辞。他代表西桠党支部、股联社、老人协会和全体居民热烈欢迎华侨港澳同胞。他说华侨港澳同胞爱国爱乡，一直以来热心支持家乡建设，衷心感谢他们对家乡的建设事业所作出的重大贡献，希望他们对家乡各方面的工作提供宝贵意见和建议，共同携手建设更美好的侨乡。朱少华先生代表澳洲华侨和港澳乡亲，洪顺祥先生代表美国和加拿大华侨分别致答谢辞。他们都对家乡人民的热情邀请感到万分高兴，并向家乡人民表示感谢。英国中华总商会副主席何其华先生讲话，对西桠人民的诚意邀请表示感谢。他说举行聚会联谊活动很有意义，对增强联络沟通、增进情谊、促进和谐、建设好侨乡起着良好的促进作用。他的讲话获得全场热烈的掌声。最后，张家边旅美华侨、美国金门饼食公司经理陈展明先生朗诵自作诗，预祝西桠华侨港澳同胞聚会联谊活动圆满成功！

最后，火炬区社区工作和社会事务局领导向洪润明、洪桂强、朱少华、洪顺祥、陈展明和郑卓仁六位善长仁翁颁发荣誉证书。下午六时，晚宴在灯光球场筵开90席，欢宴华侨、港澳同胞、全体老人和嘉宾。

11月2日上午，西桠小区组织全体回乡华侨港澳同胞前往百年老字号咀香园和厨邦酱油博物馆以及火炬区颐康敬老院参观。大家都增广了见识，感到很开心。

是日下午，全体华侨和港澳同胞在火炬区文化中心同火炬区老干部大学文艺队举行文艺联欢会。大家都兴高采烈表演了精彩的舞蹈、合唱、独唱和小品等文艺节目。联欢活动既加深认识，联络沟通，增进情谊，又享受了文艺大餐，是一次非常有意义的联欢活动。

11月3日下午，在西桠小区灯光球场举行总结表彰大会。洪杏满书记总结了华侨和港澳同胞历年来对家乡所作的重大贡献，代表西桠党支部、股联社、老人协会及全体居民再次向广大华侨、港澳同胞表示衷心的感谢和崇高的敬意。洪顺祥先生、朱少华先生分别代表美国华侨、澳洲华侨和港澳同胞讲话，他们一致认为此次联谊活动搞得很好，很成功，收获很大。通过联谊活动，海外游子、港澳同胞与乡亲父老进一步得以沟通和增进情谊，也使他们进一步了解家乡经济社会的发展情况，特别是通过各种参观活动，深刻体会到在习近平总书记的正确领导下，祖国欣欣向荣，前途似锦。祖国强盛，人民生活进入小康，这正是广大海外游子和港澳乡亲的心愿和希望。祝伟大祖国繁荣昌盛，祝中华民族伟大复兴的中国梦早日实现，祝乡亲父老健康长寿，家庭幸福，祝华侨港澳同胞同乡亲父老联谊活动圆满成功！

旅美华侨、全美俊英工商总会元老阮展鹏先生讲话。他对西桠人民诚意邀请参加这次华侨港澳同胞与家乡人民的聚会联谊活动表示由衷的感谢。西桠群众举行这样盛大的联谊聚会活动，他虽然不是西桠人，但同样受到这样热情的邀请和接待，他感到非常荣幸。他要把西桠这次聚会联谊活动的情况告知家乡人民，回到美国后也要告知亲人、朋友和俊英工商总会的仝仁，希望他们也能举行这样的盛会，使广大游子更有归属感，更有祖国感，家乡情，让大家共同携手为建设更美好的家乡作出更大的贡献。在此再次向西桠人民表示感谢，祝各位侨胞港澳同胞、各位乡亲父老、各位嘉宾身体健康，万事如意，家庭幸福。

东镇侨刊社代表讲话。他对西桠小区举行这次盛会取得圆满成功表示热烈的祝贺。西桠华侨港澳同胞众多，是中山市重点侨乡之一。他们素来爱国爱乡，热心家乡经济社会建设，热情支持文化教育事业、公益事业和老人事业，他们所作的贡献书写不完，表达不尽，深受家乡人民的称颂和爱戴。一个小区有一百多位华侨、港澳同胞回乡参加这样隆重的聚会联谊活动，这是西桠小区有史以来的首次。它的成功举行，除了有西桠党支部、股联社、老人协会的积极主办、火炬区社区工作和社会事务局和广大华侨港澳同胞的大力支持外，请大家不要忽视一个事实，那就是为了搞好这次联谊聚会活动，台前幕后最忙碌、最操劳的人是尊敬的郑满生先生。他同小区党支部、股联社、侨联会和老人协会召开了多次座谈会，商讨联谊活动方案、制定计划，程序安排、工作分工；同华侨港澳同胞频密联系沟通，征询意见；向海内外发出几十封邀请函；定制荣誉证书和锦旗、奖杯，定制欢迎巨幅横额和大量彩旗，营造热烈欢庆的气氛。甚至会场布置、环境卫生、安全保卫、定酒席、酒店、车辆、人员安排、食品安全等，他都全面考虑周详，部署得严严实实，妥妥当当，务使侨胞港澳同胞热情回乡，高兴而返。郑满生先生为这次联谊聚会活动做了大量有实效的工作，付出了辛勤的劳动和心血。他劳苦功高，功不可没。在此希望大家给他以最热烈最响亮的掌声。（会场报以热烈长久的掌声）最后祝联谊活动圆满成功，祝侨胞港澳同胞万事如意，事业更上一层楼，祝各位领导嘉宾、乡亲父老身心康泰，家庭幸福。

最后市、区、村有关领导向为家乡作出重大贡献的华侨和港澳同胞敬献鲜花、颁发荣誉证书和奖杯。晚宴结束，联谊聚会活动圆满落下帷幕。

第二节　热诚服务　为侨圆梦

夏威夷中华总商会首次组团故乡行

1986年6月，檀香山水仙花皇后组团回祖国旅游观光。在饱览祖国大好河山后，在夏威夷中华总商会会长兼该团团长郑天照先生的率领下，于7月5日濠头籍团员回故乡观光访问。村中接到消息，立即做好欢迎准备。是日下午3时，区、乡、村侨联和各单位代表与学校师生齐到濠头车站热烈欢迎。在代表们的陪同下，郑天照先生一行先往濠头侨联参观，继到新建的小学大楼参加濠头村侨联会召开的欢迎会。欢迎会首先由濠头侨联代表致欢迎词，继由郑天照团长致答词。郑团长说："本人出生在檀岛，40多年来从未回过祖国，连自己的祖宗出生地也一无所知。此次奉父母之命，回家乡濠头村与乡亲父老相见，甚感快慰。对村中教育等公益事业，檀岛乡亲也算尽了一点绵力。此次回家乡观光拍摄了很多有关家乡建设的照片，回去向檀岛乡亲汇报，使他们进一步增强对家乡的情感与怀念。"随后，濠头侨联会向檀岛中华总商会赠送锦旗及纪念品。会议充满亲热、欢乐的气氛。

澳洲青年侨亲回大岭村寻根

大岭村旅澳洲青年华侨欧阳奕贤先生是民庆公的孙儿，他从乡亲口中和报刊中知悉祖国与家乡建设取得可喜的成就，又从《东镇侨刊》得知他祖父民庆公热心家乡建设并创办学校，受到乡人敬重的动人史实，故对祖国和家乡产生爱慕和怀念眷恋之情。他出生在国外，并未回过祖国家乡，故特约欧阳子良先生和澳洲籍朋友ROBERTHAPP先生一起回国旅游观光。当三位青年于1987年1月5日返抵中山时，区侨联主席欧阳焕棠和侨联干部梁坤培特乘专车前往石岐迎接，陪同他们回家乡参观建设事业（大岭学校、大岭纸箱厂和民庆公纪念亭）。当欧阳奕贤见到纪念亭上镶嵌着他祖父的遗像时当即肃然起敬，十分留恋。接着又去民庆公墓地虔诚拜祭。他们对这次回家乡寻根和参观家乡建设感到很高兴，衷心感谢各级侨务部门的大力协助与支持。依依惜别时，他们表示今后要继续回来探望家乡和乡亲父老。他们两人（奕贤、子良）捐赠澳币100元给校长代买文具用品送给在校读书的小弟妹，当做是阿哥的回国见面礼。

秘鲁移民局长里加度·郑·黄回乡寻根访祖

秘鲁共和国内政部移民归化局局长里加度·郑·黄（Ricardo Chiang）先生，祖籍中山市张家边区（火炬区旧称）濠头村。他出生秘鲁，从未一履国门。1987年5月中旬，他们夫妇应国务院和广东省侨办邀请回国观光。他们两人先到北京、上海、西安等地及华北名胜古迹景点旅游完毕，于26日抵达广州。有关部门协助并带领他回家乡寻根访祖。他回村后，由省市区三级侨务负责人在濠头侨联会召开欢迎会，欢迎会首先由张家边区侨办曾润民主任做简要致辞，并向里加度局长介绍出席欢迎会人员，继由濠头村负责人讲述家乡建设所取得的成果。区办事处郑满生副主任代表全区人民向里加度局长及夫人回家乡访问表示热烈欢迎，并简要介绍了张家边区的基本情况。最后，局长先生致谢词（由翻译员翻译）。他说："秘鲁和中国相隔千山万水，此次远道回村寻根访祖，得到家乡人民的热烈欢迎，极为兴奋。本人向各位并通过各位向村中父老宗亲表示亲切问候，并代表秘鲁移民局及秘鲁人民向祖籍国人民致意。"会后，局长伉俪在省、市、区侨务人员陪同下，视察了祖居和参观了濠头中小学校，然后驱车前往参观全区最大企业——友利玩具厂。中午到达张家边区办事处，受到阮汉文书记和孙秀仪主任等区领导的热烈欢迎。在座谈会上，介绍了全区近年来工农业生产发展情况，特别是在改革开放政策指引下，华侨、港澳同胞热心家乡建设，大量引进资金、设备和技术，开办了各类型工厂企业，促进了家乡经济建设迅速发展，局长听了很是高兴。会后假座中山港餐厅共进午宴后，由省市侨办人员陪同移民局长伉俪前往孙中山故居参观。

十载寻亲愿　一朝愿已偿

旅美侨亲罗莉女士是《东镇侨刊》顾问。有一天，她与丈夫梅优峰先生在美国住所闲聊，忽一美籍华人（土生女，50多岁）到访。她自我介绍："我父黄宽，现年94岁，是广东中山县人，于63年前旅居古巴，娶古巴女为妻，生下我姐妹俩，后移民美国，今事业有成，日夜苦思报亲恩。我父亲出国前，在大陆有妻室，生下二男，由于当时生活困难，无法照顾家乡妻儿，没有尽丈夫的责任，内心十分愧疚，无日忘之。其在临终时，泪流满面对我们说，你等将来如果事业有成，要千方百计与他们取得联系，一家团圆，切切此嘱……十年来，我对此事耿耿于怀，凡有返国之亲友，均恳求协助寻亲，无奈杳无音讯。"言讫，泪流满面，情真意切。罗莉夫妇见其孝心感人，也不禁潸然泪下，毅然承诺，无论如何艰辛，都要竭尽所能，玉成黄女士寻亲凤愿。

罗莉女士言出必行，一次回乡省亲，专程到《东镇侨刊》编辑部座谈，言及此事，与编委们研究商量协助黄女士寻找亲人。大家把罗莉顾问带回来的三张相片：黄宽在民国12年旅古巴国护照上的照片、黄宽年轻时照片、黄宽母亲遗照进行影印，张贴寻人广告，在中山市各地广播电视站播放此寻人消息，并到市侨办向领导萧养根主任反映此事，要求各镇区侨办大力协助。萧主任对此事十分重视。他回忆往昔在五桂山工作时，知道桂南、南桥、石鼓、龙塘一带有许多姓黄的人家旅居秘鲁和古巴，故他特别通知五桂山镇侨办主任陈锡伦火速到南桥、桂南、石鼓、龙塘各村召集村干部及老人进行座谈，深入查访。不出数日，果然有令人振奋的消息。龙塘管理区黄冠田先生看见黄宽照片，当即向70多岁的刘老伯说："你认识此人么？"刘老伯端详良久，乐呵呵地说："这是离乡60多年音讯全无之黄宽啊，他儿子就是黄富尧，也就是你已故岳父之爸爸，你的老婆就是黄宽之孙女啊！"黄冠田听了喜出望外，在座的人都十分高兴。据了解，龙塘村有一个名叫"鬼佬"的卢贵成，他父娶秘鲁女子，生下卢贵成，后来卢贵成之父携卢贵成返国，而黄宽也只身移民古巴。卢贵成对黄宽很熟悉；黄宽之细舅，86岁的刘伯伯也证实黄宽还有大儿，中道夭折，次子黄富尧现有8个女儿在大陆……

罗莉听到此喜报，欣喜地说："我终于完成此艰巨任务了。"人们都异口同声地称赞罗莉助人为乐的精神。罗莉热情为美籍华人寻找亲人的事，一时在五桂山、石岐、东区、张家边一带传为佳话，真是"十载寻亲愿，一朝愿已偿"。

千里寻根终遂愿

80年前，沙边村村民孙桂桐离乡背井赴南美洲特立尼达和多巴哥共和国（即英属千里达）谋生。在10多年前临终时，他拉着次子孙仲明的手说："希望你有机会回到中国寻根找回我们的亲属啊！"他的儿子铭记父亲临终时的殷殷嘱托，并且努力伺机实现。

孙仲明是在千里达长大的，现年60多岁，曾任特立尼达和多巴哥旅游兼财政部部长。2000年9月，他出席在香港召开的世界银行国际货币基金组织年会。抵达香港后，他即写信给中山市政府要求协助寻亲。市政府接信后即派员两次赴沙边村详细查访，几经曲折，在村委及侨联多方协作、沙边村旅居千里达侨亲孙沛娴的积极配合下，终于找到了与孙桂桐同父异母的弟弟——86岁的孙桂燊，随即电话通知孙仲明财长。孙财长获悉已找到叔叔孙桂燊，十分高兴。在世银会议闭幕后，他迫不及待地回到沙边村，刚进院子，一眼就看到了他父亲珍藏60多年的全家福照片上的碉楼祖屋，便兴奋地说："找到了，找到了！"进入祖屋后又看到墙壁上挂着祖父母的遗像，他对陪同人员说："这幅遗照与我父亲保存的照片完全一样，这里就是我的根啊！"

在中山市政府和市、区、村侨务部门的协助下，孙仲明先生终于找到了自己的根，千里迢迢回到家乡与亲人欢聚一堂，圆了几十年的寻亲梦，完成了先父的嘱托。他心里感到十分欢慰，对政府和家乡人民的大力协助表示衷心的感谢。正是：

何惧天涯远，寻亲梦已圆。
不忘先父训，饮水要思源。

万里归来寻根问祖

沙边村旅苏格兰的孙渭强、孙渭豪及其太太谭善宝女士受南朗镇老朋友程民兴先生的邀请回家乡寻根问祖。2000年11月6日，他们回到南朗镇。程民兴先生介绍在《南朗乡音》当主编的沙边乡亲孙帝乔带领他们回沙边村。11月8日，南朗镇侨办派出车辆，在程民兴先生及孙帝乔先生的陪同下，驱车前往张家边区，受到区侨联副主席孙达雄先生、《东镇侨刊》主编吴添渭先生和副主编孙钧沛先生的欢迎与接待。在座谈中知悉他们的情况，孙达雄先生向他们赠送《张家边区志》和《东镇侨刊》，孙渭强、孙渭豪两兄弟随即赞助《东镇侨刊》出版费人民币500元，宾主互相道谢。听说他们要回沙边村走一趟，孙达雄先生立即派编委孙钧沛随同程民兴和孙帝乔先生一起陪同他们回沙边村。三位老侨胞无限感激。

他们回到沙边村，首先参观沙边小学，见到20世纪30年代初兴建该校芳名碑上孙海筹、孙子静两位孙家先辈名字时，无限感慨，还道出少年时代随家父孙廷芳与这两位沙边热心教育人士交往的情景。随后又参观沙边幼儿园、沙边良德公园和沙边老人活动中心，他们都兴奋地说，家乡建设得这么好，人民生活比以前好得多了，他们感到十分安慰。小车缓缓行驶在平坦光洁的沙边村中心大街，两位老侨胞还依稀认出这里原来是一河两岸，河水很清，并说村妇早晚洗衣和小孩戏水的情景。孙渭豪老先生还说，1985年他曾回沙边走了一趟，见过唯一的宗亲挚友同学孙绍文，可惜如今他已作古。提及孩提时代相熟的族人中，出国的杳无音讯，留家的很多已经去世了，自己10个兄弟姐妹中，尚在人间的也没有一半。追忆往昔，无限唏嘘。今次回老家，所见之人虽是张张陌生面孔，但相见点头微笑，热情指点辨认祖屋，心头也感到温暖。他们见到故乡幢幢碉楼风采不减当年，只是外观陈旧多了，座座新式楼房栉次鳞比，都说家乡这么大的变化若不是亲眼所见，真不敢相信。他们还会见了孙光汉、孙庆如两位宗兄。

他们万里归来，看到家乡的新景象，见到了阔别60多年的祖屋，拍下了照片，了却了寻根问祖的心愿，高兴而来，满意而归。此时此刻，一股慰藉之情难以用文字来表达。

圆了半个世纪的寻亲梦

20世纪初，张家边四村新桥下的乡民陈杰荣先生为了生计，离乡别井，抛下妻子及三个儿女，只身前往古巴谋生。初时他和家人尚有联系，间中给予接济。其后经过抗日战争和解放战争的沧桑岁月，他渐渐与家人失去了联系。其时陈杰荣与古巴籍一妇女结为连理，婚后生下二男一女。陈先生"身在曹营心在汉"，不时惦念着家乡的亲人。三个儿女逐渐长大懂事，陈先生经常对他们讲述自己的身世，说自己的祖籍是中国广东省中山县张家边乡，并嘱咐他们有机会一定要返中国寻根问祖。他的第二个儿子（ROBERTO CHANG PUGA）中文名叫陈普卡，是希腊船王的一艘远洋货轮的船长。由于工作的方便，他每到中国广东各地的港口，都想尽一切方法特别是通过大使馆及有关部门寻求协助，寻找自己的根。他用了整整25年时间，终于得偿所愿。1999年在中山市政府及市侨办的支持协助下，时值他的货轮到了广西防城港才与亲人取得联系。2001年9月初，他的远洋货轮到达深圳蛇口，张家边侨联会和东镇侨刊社人员及陈普卡先生的远房亲属一起到达蛇口陪同他及其外甥（古巴籍）回到张家边四村，与其84岁同父异母的长兄陈焕一相见。见面之时彼此互相拥抱，热泪盈眶，感慨万千。翌日，他与外甥受到区侨办、区侨联、侨刊社、张家边四村领导及张家边侨联会等的热情接待。根据陈普卡先生的意愿，大家陪同他到其祖居地及他父亲在家乡时去开采钨矿的白石仑山察看并拍照留念。随后，区、村侨务部门在金海渔村设宴招待陈普卡及其亲属。席间，大家频频举杯，相互祝愿，洋溢着一派亲人团聚的热烈气氛。

陈普卡先生此次携其外甥远涉重洋，万里迢迢返乡寻根问祖，找到了自己的根，完成了父亲的嘱咐，圆了半个世纪的寻亲梦，感到万分高兴。此行感受良多，他盛赞家乡繁荣兴旺，深感家乡的温暖，表示今后一有机会就返家乡。还要求我们将他和亲人团聚、区、村热情接待及反映家乡建设的录像带送给他带返古巴给侨居古巴、心系祖国的乡亲观看，对省、市、区、村各级侨务部门及在座各位的大力支持和热情接待表示衷心的感谢。

兄弟五人回家乡寻亲

秘鲁驻中国经济商务参赞郑国强先生继2003年7月回家乡濠头村寻根找到亲人后，心系故里，2004年1月3日再次与兄长郑国华、郑国兴、郑国文及亲朋一行24人回乡寻亲，拜访素未谋面的家乡亲人。

是日，郑国强参赞一行在中山市侨务局、开发区党委、区侨联会、联富行政村负责人的陪同下回到家乡濠头村，与等候多时的亲人们相聚。

在亲人的陪同下，他们省视了祖屋，并到郑氏大宗祠上香祭祖，一路上，兴奋地不断拍照留念。75岁的长兄郑国华在濠头出生两个多月就随父母出国，几十年后的今天回到家乡，圆了父母及他本人70多年的寻根梦，显得特别激动。二兄长郑国兴曾学过中文，他告知我们，当年父母告诉他们，家乡很穷，可今天初次回来见到家乡面貌改观，感到很高兴。兄弟五人借助区电视台，学用家乡话向家乡人拜年："我们是中山濠头人，祝家乡人新年快乐！"

郑国强参赞兄弟五人对家乡的一草一木都很有感情。来到郑氏大宗祠前用花岗石砌成的"浦江世泽"牌坊前，他们驻足观赏，拍照留念，久久不愿离去；来到濠头幼儿园门前，抬头凝视楼顶"濠头学校"几个苍劲有力的大字，倍感亲切；来到濠头侨联会，被宣传栏上的濠头人事迹及照片吸引住，边看边问边拍照，兴奋极了。郑国强参赞的儿子右手臂上文有"中山"二字，拳拳赤子之心令人慨叹不已。

中午，郑国强参赞兄弟五人假座金记大酒店，设便宴8席宴请市、区、乡干部，侨委及家乡亲人。大家济济一堂，举杯祝福。兄弟五人及各领导巡回各席祝酒致意。席间，郑国强参赞及其长兄郑国华分别讲了话，接着区党委葛志斌副书记讲话，他告诉兄弟五人，区政府会尽力让家乡濠头发展起来，让大家每次回来都看到家乡有新的发展变化。侨联会郑均尧主席向郑国强参赞赠送了纪念品及颁发了侨联会顾问聘书。郑参赞激动地握着郑均尧主席的手，表示很高兴任侨联会顾问，为家乡做点事。

最后，市、区领导与郑参赞兄弟五人互赠纪念品，兄弟五人还学用中文签名留念。

三藩市警察局局长刘百安回乡寻根

1998年10月1日，美国三藩市市长布朗率领访问中国上海、广东之三藩市代表团二百余人，到上海市（姐妹市）参加当地举办的"三藩市周"系列活动。之后率80位团员转至广东，包括广州、佛山、南海、番禺、江门、台山、开平、顺德、中山、珠海等县市参观，并分别带领祖籍广东侨乡的团员回乡寻根问源。1999年1月，刘百安回中山火炬开发区小隐村寻根访祖，布朗市长同行。

布朗先生是三藩市有史以来的第一位黑人市长，有丰富的工作经验。这次访问，有利于三藩市与广东省的经济文化贸易进一步加强合作，为两地友好往来起桥梁作用。随团访问的有三藩市警察局局长刘百安，中华总商会顾问白兰、副会长苏泽辉、邝广才、监事长陈有琪、监事陈立富，市警察委员会陈少康等政要及从事经贸人士、部分侨社的知名人士，国际华裔小姐雷磊娃及其父亲雷锐河也随团重返故乡台山。

刘百安先生获得加州州立大学学士学位后于1971年进入警察局服务，从警员到警官、大队长，步步升职。1990年12月起，兼任三藩市州大亚裔研究员助理教授，后荣任警察局局长。他工作勤奋，处事公允，为人老实，作风正派，深得市长信赖、市民爱戴。

刘百安先生是火炬区小隐村江前堡人，祖父刘卓棠，父亲刘炳初，母亲余秀芬（均是老华侨），妻子芭芭拉。他久有回乡寻根问祖之心愿，如今得偿所愿。

是日，火炬区党委书记李练江，副书记黄永林，党政办主任郑锦池，侨办主任黄国伟，副主任梁坤培等热烈欢迎和热情接待访问团一行。村主任陈国柱、副主任张锦云、村侨联主席李少瑜等带领刘百安先生一行去观看他的祖居，他因此得与其族兄弟刘汉其等会晤。市、区、村都向他致送纪念品，以做留念。刘百安先生热爱祖国，眷念故土，情深意切，可嘉可敬。

夏威夷中华总商会会长黄正平携眷回乡念祖

旅美夏威夷中华总商会会长黄正平先生祖籍中山大环村，出生于夏威夷。2006年6月10日，他首次偕夫人黄寿容、儿子黄志明、女儿黄小仙回乡寻根问祖。陪同他们一起回村的有美国夏威夷州第57届水仙花第二公主陈美兰等10人。

黄正平先生是大环村黄关昌、张彩玉的儿子。黄关昌热爱家乡，热心教育事业，对培育下一代的成长做了很大的贡献。1986年大环村重建小学时，他乐捐美金4000元及人民币8000元，并把祖屋"钟庆堂"楼房及附属建筑物赠送给家乡学校。1998年，村里建北卡牌坊，他又乐捐美金50元。

6月10日下午，黄正平先生伉俪等一行10人回到老家大环村。区侨办主任郑丽瑜、副主任何华炳、大环村党支部书记张世杰、村侨联主席黄琼英、全体村干部和全体委员等迎接他们，并带领他们省视祖舍"钟庆堂"。黄先生在祖先神位上香，并拍照留念，然后参观原大环小学。该校保留着黄正平祖父母的遗照，其中有一间教室门口墙上刻着捐赠人（他父母）的芳名。他们都一一拍下照片。村委会在他父母捐赠的这间教室里召开欢迎茶话会，村支部书记向他们汇报了村的发展情况。侨联会向他们赠送了《侨乡大环》一书和大环村旧貌相片以留纪念。他们是初次回乡，得到家乡人的热情接待，看到了祖屋及父母亲捐资兴建的学校感到十分高兴。离别前，黄正平伉俪乐捐美金500元给侨联会，侨联会同仁表示衷心感谢。

高级工程师陈桂华先生回乡寻根

2006年9月，中国无息贷款4.65亿美元给千里达政府，张家边旅千里达侨亲陈桂华代表千里达政府回国商谈这个贷款项目。公务结束后，陈桂华先生由中国机械设备进出口公司总裁陪同回到了自己的故乡张家边，受到火炬区领导的热情接待。他们在火炬区领导的带领下到中山港等地参观。

在昔日祖屋里，第一次见到自己的兄长和姐姐，陈桂华先生无比高兴与感慨。他紧紧握着大哥陈昌的手说："你最像父亲，看到你就好像看到自己逝去的父亲……"中山市副市长韩泽生热情接见了他，并在市政府餐厅设宴招待，向他赠送了纪念礼品及介绍了中山的发展情况。陈桂华连声称赞家乡的美好。

三年前，火炬区侨办人员在千里达中华会馆主席陆知行的信中得知该国高级工程师陈桂华是火炬开发区人，希望火炬区侨办帮他寻根。区侨办立刻为陈桂华四处寻找亲人，经过艰苦努力，最后为他寻到在张家边村同父异母的三兄妹。陈桂华这次回国除公务外，最想做的就是与国内亲人见面，寻找自己的根。

中国政府无息贷款4.65亿美元给千里达政府建设一个电解铝厂，陈桂华是该项目的总裁。通过这次寻根接待，他加深了对祖籍国的了解，使两国之间的感情更加深厚。

恳亲会上巧相逢

火炬区张家边三村旅澳洲侨亲、澳洲中山同乡会永远名誉会长、《东镇侨刊》顾问孙照钧先生及其夫人，旅澳洲侨亲、孙照钧先生令兄孙焕生先生等于2006年4月10日从澳洲飞抵澳门参加第六届世界(中山)同乡恳亲大会。会议期间，他们与张家边一村旅巴拿马侨亲陈华胜先生相遇。老乡相逢，十分高兴。大家互相问候之后，陈先生问及孙先生是否认识张家边村旅巴拿马的孙惠文先生。孙照钧昆仲立即回答认识，并说孙惠文是他们的幼弟。陈华胜先生当即告诉他们，孙惠文的夫人也参加了本届恳亲会，并答应介绍她与他们会面。会议休息期间，在陈华胜先生的引领下，孙照钧、孙焕生与他们的弟妇见面了。大家亲切握手，互相问候，高兴得热泪盈眶。他们的弟妇是本区大环村人，芳名蔡彩兰，旅居巴拿马多年，在巴国与孙惠文先生喜结连理。这次携子孙惠雄(在广州暨南大学中文系读书)一起参加本届世恳会，有缘与两位从未见过面的大伯相认，高兴之情溢于言表。

孙照钧、孙焕生昆仲的弟弟孙惠文幼年时到巴拿马谋生，同家人失去了联系，至今已有40多年。此次他夫人参加世恳会有幸与家人见面真是天大的喜事。世恳会刚结束，孙照钧兄弟俩即带领弟妇及侄子回家乡省亲，把这件大喜事告知家乡的亲友。4月13日，孙照钧昆仲在家中宴请亲朋好友，庆祝家人团圆。正是：

　　　　弟兄失散四十载，世恳会中喜相逢。
　　　　多谢好友陈华胜，亲人团聚乐融融。

旅美华裔青年寻根夏令营到火炬区寻根

2010年7月15日上午，由美国旧金山中华文化基金会寻根项目负责人欧阳如展率领的旅美华裔青年寻根夏令营一行19人到火炬区寻根。两名祖籍开发区的华裔青年第一次踏上了家乡的土地。火炬区统侨办副主任罗纯华、侨联会副主席郑丽瑜和城东社区侨务干部等热情接待并陪同。

随后，在社区干部的带领下，寻根团成员先后到义学小区和西桠小区寻找前辈居住的祖屋和探访家乡的亲人。从远在太平洋彼岸的美国旧金山到中山的火炬开发区，两名华裔林敏嘉（Amy Lin）和李慕仙（Lee Janice Marcin）终于走在了家乡的村道上。"这是我第一次回中国，也是第一次回到自己的家乡，中国的发展变化比自己想象中的要快得多，看到家乡发展得很好，感到非常开心。"随行的一位华裔团友情不自禁地说出了自己的亲身感受。

据了解，这个旅居美国的华裔青年寻根团于7月初就踏上了中国"寻根之旅"，回到家乡寻根，体验传统文化。他们十分喜爱中国文化，对自己的家乡充满着好奇。每到一个地方，有成员画地图，有成员拍照片，希望将最美好的景象带回美国。

侨胞喜圆万里寻根梦

周尚云先生生于秘鲁国，长于秘鲁国，现年59周岁。他懂英语、西班牙语（秘鲁语种），能听粤语，但不会表述。孩童时，他就从父母口中得知自己是炎黄子孙，根在中国，中山神涌是故乡，乡中有祖舍，有至亲。青少年时代，他潜心求学，刻苦攻读，大学毕业后又为事业奔忙，故从未能抽身涉足祖籍国。

缘于自身事业发展的需求，2013年"五一"劳动节前夕，他偕夫人李国梅女士回国参加第113届广交会第3期，并决意借此契机圆自己渴求数十载的"寻根梦"。

2013年4月25日，神涌侨联接到区统侨办的通知，说神涌旅秘鲁国侨胞周尚云先生定于本月29日返乡寻根，他的表弟陈玉谦陪同并当翻译，协助其圆寻根梦（陈玉谦先生是陵岗美籍华人，近年常回国采购，奔走于中美两国经销汽车配件）。区统侨办要求神涌侨联大力协助，全程跟进，热情接待，为侨胞寻根圆梦给力。村侨联遵照上级要求，立马派员走访了小区多位长者，了解了侨胞祖舍坐落位置，现今侨房代管人与周尚云的关系等情况。28日，周尚云伉俪及陈玉谦先生已返抵中山，入住石岐富华酒店。29日上午，侨委们提前半小时在村头牌坊等候。上午10时，侨胞准时抵达，侨委迎上前一一握手，寒暄后即带领他们到祖宅地。周尚云伉俪见到为其代管祖舍的姨丈、姨母周玉坤夫妇时欣喜万分，又是握手又是问好。通过其表弟翻译，欢声笑语，邻居可闻。随后，他在姨丈的引领下省视了祖舍，拜祭并告慰其先祖，说游子终于回到了祖居地，圆了寻根夙愿。及后，周尚云邀众人在其祖舍前合影留念。他高兴地告诉我们，他在秘鲁育有二子一女，均大学毕业，各人都有自己的事业，表示以后要抽时间带子女回国游览，回家乡看一看，认识家乡，认识乡亲。周尚云先生不远万里回祖籍国寻根寻亲，足见他浓浓的家国情怀。

临别时，周尚云先生乐助小区侨联100美元做侨务经费，并一再表示区统侨办、村侨联的大力协助和热情接待，使他圆了寻根梦，他衷心感谢。

温哥华原住民部落首领到火炬区寻根

2016年12月8日下午，温哥华原住民马斯琴部落首领格兰特率代表团一行12人到访火炬区并到泗门村寻根。火炬开发区社区工作和社会事务局常务副局长郑艳霞热情接待了此行。据了解，格兰特本人曾于2013年11月3日率部落成员访问过中山，并在相关部门的大力协助下，在泗门村寻根成功，与亲人团聚。现在时隔三年，格兰特先生再度率团前来访问中山，并到访火炬区与其亲人再次相聚。格兰特先生再次跟随父辈的脚步，70年后在泗门村与亲人团聚，这使他感到万分高兴。他说寻根的本质就是寻梦、寻文化，是一份难以割舍、缠绵悱恻的乡愁史，是一段不该忘却的记忆。他完成了父亲寻根的嘱咐，圆了父亲寻根的梦，心里感到十分欢慰。他对各级侨务部门的大力协助与支持，表示了衷心的感谢。

第三节　基层侨务　一面旗帜

家住火炬开发区大岭小区的欧阳洲先生，一生从事教育工作。自1951年参加教育工作以来，他一心扑在教育事业上，从小学老师到教导主任、副校长、校长，整整30年的教学生涯，全身心投入培育人才的事业，现今桃李满天下。

1980年8月，欧阳洲校长从教育战线退了下来。大岭村党支部书记获悉他退休，即登门拜访，希望他为村侨联会帮两天忙。闲不住的欧阳洲校长觉得退休了，为家乡出点力办点事是应该的，于是很乐意接受了书记的请求。不料，帮"两天忙"一帮就是28年。

大岭村是本区的重点侨乡，常住人口仅1000人，而旅居海外侨胞和港澳台同胞1800多人，接近村常住人口的两倍，侨力资源十分丰富。而欧阳洲对广大华侨、港澳台同胞比较熟悉，其中很多还是他的亲戚、叔伯、兄弟伂俚、朋友和学生，同他们素有联系来往，交情甚笃，这是做好侨务工作的有利条件之一。欧阳洲为人诚实厚道，正直礼信，乐于助人，深受侨胞的信任和敬重，在村民中有很高的威信，口碑载道。在帮忙过程中，两任侨联主席都因病和届满先后离开岗位。人心所向，众望所归，欧阳洲顺理成章被选为新一届侨联主席。

欧阳洲深刻认识到担任侨联主席任重道远。为不辜负村党支部、村委会和广大侨胞的信任与厚望，他决心把侨联工作做好。在侨联会里，欧阳洲经常组织侨委认真学习国家的华侨政策，学习华侨的历史和现状，探究华侨在居住国的工作与生活状况以及他们在家乡的情况，征询他们对华侨工作的意见和要求。在他的带领下，侨联会协同村委会认真落实国家的侨房政策，妥善地为侨胞办理房屋产权证，代无暇回乡的侨胞扫墓祭祖，协助侨胞寻根访祖，为归侨、侨眷排忧解难等。侨联会做了大量的好事实事，做到想为侨胞所想、急为侨胞所急，深受侨胞、侨眷和港澳台乡亲的赞誉。

1993年期间，侨胞、港澳同胞和村民都期望重修《大岭村欧阳氏族谱》。欧阳洲把此事向村委会反映，在得到村委会同意后，便立即组织人力重修《族谱》的工作。在欧阳洲的主持下，经过5年多的艰苦努力，一本近300页16正开精装的《中山大岭欧阳氏族谱》于1998年冬面世。此族谱翔实记录了欧阳氏族由宋朝翰林学士欧阳修始至今800多年的发展历史。欧阳氏族源远流长，精英辈出，饮水思源，祖德宜报。按族谱规定，每隔60年重修一次。但"文化大革命"及后的一段期间，族谱已超10年未修编。族谱面临断层，现重新修编，使村民和侨胞的家史得到接驳。大岭村旅外乡亲和村中父老对此族谱的出版十分满意，向村委会和侨联会深表感谢。

为了激励村中青少年勤奋学习，大岭村委会于1996年8月决定成立大岭村奖学基金会，委托欧阳洲校长筹办此项工作。他充分利用侨力资源，发动海内外乡亲支持，筹集资金，于是年11月间成立了火炬开发区第一个村级奖学基金会，欧阳洲被推选为该基金会会长。任职期间，他先后为本村大中小学和幼儿园获得优异成绩的近1000位学子颁发了达28万多元的奖学金，村中学子深受鼓舞。

1999年，欧阳洲根据省、市侨务部门关于"有条件的地方应编写村侨史"的指示精神，在征得区侨办和村委会同意后，积极组织成立《大岭村侨史》编写组，并亲任主编。欧阳洲深深懂得编写村侨史的宗旨是"以史为鉴，世代辉映，激励后人，为建设更美好的家乡而做出贡献"。为编写好侨史，他不顾年事高，多次召开归侨侨眷和知情人座谈会、走家串户、访贤问老，严寒酷暑在所不辞。他先后发出300多封信函到海外并经常用自己的手机同侨港澳同胞联系，求索资料、核实史实，并多次到港澳地区拜访乡亲，掌握第一手资料和珍贵照片。经过两年多的努力，2002年孟夏，中山市第一本村级侨史《火炬开发区大岭村侨史》出版了。它内容丰富，图文并茂，真实地重现了华侨艰辛的发展历程、爱国爱乡的事迹和对革命事业与建设所做出的巨大贡献。它的面世，深受各级侨务部门的好评，深受海内外乡亲的赞扬。中国侨联主席林兆枢2003年6月到大岭村侨联会调研考察时，称赞《大岭村侨史》编得好，资料珍贵，很有价值；称赞欧阳洲先生为华侨做了一件大好事。

为进一步丰富归侨、侨眷、港澳台家属（他们占全村户数的 80% 以上）和村民的文化生活，2000 年春，村委会和侨联会联合创建了大岭村文化室，在区宣传办的指导帮助下，欧阳洲担纲负责文化室的工作。他先后筹办了"致富思源、富而思进"展览、书法展览、编写和设置大岭村庆余坊"领事街"专栏、大岭村侨胞精英人物生平事迹专栏……在欧阳洲的领导下，大岭村文化室搞得有声有色。他带动和活跃了村民的体育健身活动和文化娱乐生活，还每年组织村中 200 多位老人一天游，丰富老年人的生活。每年重大节日文化室还举办各种体育比赛和文艺演出。文化室是村民精神生活和文体活动的好场所，是中小学生思想教育的基地。中央、省、市、区宣传媒体多次到大岭村文化室采访欧阳洲，撰写和制作了《侨乡大岭》《乡情永固》、十集电视系列片《香山幼童》《大岭人文的风采》等电视专辑。大岭文化室是火炬区第一个村级文化室，深得市、区领导的重视和肯定。

在做好村侨联会工作的同时，欧阳洲还兼顾了村内老年人和宗亲会的工作，亲自担任大岭村老年人协会会长和大岭村欧阳氏宗亲会会长。欧阳洲身体力行，把村侨联会、老年人协会、宗亲会和助学基金会的工作扭成一股绳，把各方面的工作做好，年年都被评为市、区先进侨务工作者，深受各级侨务部门的好评，深受广大侨胞、港澳台乡亲和村民的赞誉。

欧阳洲自 1980 年 9 月退休后 28 年如一日，全身心投入为侨服务的工作，可是，他从未领过村里的工资。村委会想给他每月 500 元补助，他都婉言谢绝了。他说："几个孩子都工作了，我和老伴都有退休金，我现在的生活已经很满意，要那么多钱干什么？"欧阳洲就是这样一个不为名不为利，全心全意服务华侨、服务家乡，力尽所能，奉献余热的侨务干部。他的精神难能可贵，侨港澳同胞和干部群众都深受感动。

欧阳洲是基层侨务工作一面鲜明的旗帜！

第七章　爱国爱乡　为家国作贡献

第一节　人杰地灵　精英辈出

李俊驹

　　1925年出生，祖籍火炬区小隐村。他旅居香港几十年，艰苦创业，勤奋拼搏，在事业上取得较为优异的成就。他在香港长期经营航运、地产、旅游等行业，是香港均辉跨国公司的创始人和香港均辉集团公司的总裁。均辉跨国公司有36间，遍布环宇。

　　李先生素来爱国爱乡，事业有成而不忘家乡的公益事业。他继承先父颂龄先生的遗志，兴学育才，慷慨捐资港币200余万元兴建小隐李颂龄学校，并成立学校基金会。为了扩大基金会资金的来源，他又斥资在小隐村建了一间1000平方米的工业厂房出租，把租金全部拨给学校基金会。同时，他还乐助南朗云衢中学、中山市一中校友会、市一中教育基金和中山市启发中学，2006年10月1日资助9000元人民币给海傍村六名困难幼儿入学。又资助郑亮钧医院和火炬开发区医院，累计捐赠总额达514.5万港元。1991年12月，荣获中山市荣誉市民称号。

　　中山火炬开发区成立后，教育事业突飞猛进。为适应形势的发展，李颂龄学校改为开发区小隐幼儿园，培育着400多位小朋友。在李俊驹先生的大力支持和关爱下，小隐幼儿园建设成为环境一流、管理水平一流、教学师资一流、教学质量一流，被评为中山市和广东省特级幼儿园。

　　李先生热心公益，兴学育才，造福桑梓，深得家乡人民的赞颂。

　　李俊驹先生被聘为中山火炬开发区东镇侨刊社名誉社长。

李文彬（1932 - 2017）

　　祖籍火炬区小隐村，1994年11月荣获中山市荣誉市民称号。他早年赴港谋生，几经奋斗，业绩卓著。他是香港太平绅士、香港侨商会主席、香港会计师工会主席。

　　李先生热爱祖国，关心家乡，热心支持家乡的教育事业。他慷慨解囊，捐资102.8万港元购置各种教育设施赠送给家乡学校，改善教学条件，发展教育事业。计有赞助兴建南朗镇岐山学校、火炬区小隐村幼儿园共 31.8 万港元，乐助小隐李颂龄学校音响器材及南朗云衢中学电脑设备共 71 万港元。

李先生慈善为怀，对家乡的医疗卫生事业尤为关心，向火炬开发区医院慷慨捐赠一批价值 400 万港元的现代化医疗设备，并资助医务人员培训费 10 万港元，为发展家乡的医疗卫生事业做出了贡献。

李文彬先生关心桑梓，重视兴学育才，发展医疗卫生事业，热心社会公益，乡民口碑载道。

李文彬先生被聘为中山火炬开发区东镇侨刊社顾问。

谢硕文

1953 年出生，祖籍火炬区江尾头村，1994 年 11 月荣获中山市荣誉市民称号。谢先生在澳门经营房地产业，经营有方，事业有成。他是澳门名嘉集团董事长、澳门中山同乡联谊会名誉会长、澳门地产业总商会荣誉会长、北京中华名人协会理事、澳门中山火炬开发区同乡会会长、中山火炬开发区侨联会顾问、《东镇侨刊》顾问。

谢先生热爱祖国，热爱家乡，热心支持家乡建设。多年来，他先后赞助中山市教育事业和社会公益事业的善款达 308 万港元和 236 万元人民币。其中，用于家乡修筑公路、兴建学校和创办老人康复中心 155 万元，资助火炬开发区医院、中山市博爱医院 52.6 万元，中山市见义勇为基金会 50 万港元，中山市教育基金会 100 万港元，中国书画函授大学中山学院人民币 20 万元等，为中山市的文化教育事业和医疗卫生事业的发展作出了贡献。

谢先生还热心支持中山的经济建设，参与我区开发房地产业，计有张家边名嘉花园、坦洲镇金马新城、火炬开发区金马山庄和新港花园等，投资总额达 4500 万元人民币。

谢硕文先生热心家乡建设，资助教育、医疗卫生事业和公益事业。他造福桑梓的精神，深受乡亲的赞誉。

邓棣新

1939 年出生，祖籍火炬区濠头新村仔。他在香港经商近 50 年，是香港新生集团公司董事长、香港仁爱堂总理。

邓先生爱国爱乡，热心家乡建设，先后慷慨捐赠 500 万港元为家乡兴建了濠头第一医务所、濠头村委会办公楼、濠头村幼儿园、濠头村游泳池、新村仔牌坊、慈航老人福利会和老人基金会。另外，濠头小学重建、濠头自来水工程、道路修建、疏浚濠头河涌、兴建张家边医院等他又慷慨捐助港币 25 万元。他还在家乡兴办了新生印花厂，为家乡富余劳动力提供了就业机会。邓先生为家乡建设、造福乡众做出了贡献，赢得了家乡各界人士的赞扬。1991年12月，中山市人民政府授予邓棣新先生中山市荣誉市民称号。

邓棣新先生被聘为火炬开发区《东镇侨刊》顾问。

李三元

1949年出生，祖籍上海，任香港大华国际集团董事局主席、中山火炬开发区教育基金会和体育基金会会长。1997年4月，中山市人民政府授予李三元先生中山市荣誉市民称号。

李先生视中山火炬区为第二故乡，满腔热情支持中山市建设，积极投资办实业。他在火炬开发区先后独资或合资开办大亚制革厂、中山手袋厂、大华皮革制品有限公司，共计投资8000多万港元，促进了中山经济的发展。

李先生热心社会公益事业。1996年11月，他向中山火炬开发区教育基金会、体育基金会共捐资500万港元。李三元先生为中山的经济社会建设和火炬开发区的教育和体育事业的发展都做出了贡献，受到火炬区人民的称颂。

李三元先生被聘为火炬开发区《东镇侨刊》顾问。

郑藻如（1824 – 1894）

祖籍火炬区濠头村。字志翔，号豫轩，举人出身。因"军功"进身仕途，办洋务、办外交。1881年，以大清国三品衔大臣出使美国、西班牙、秘鲁三国，历时4年。1882年，美国政府敌视中国，通过了"停止华工入美二十年的排华法案"。他向美国总统亚瑟严正抗议，强烈要求否决这一议案。后来美国做了让步，将20年缩短为10年。他仍不罢休，经再三交涉，美国政府被迫同意以下三条款项：一是离美返华的华工所需证明可由中国领事馆签发，以便华工仍可回美；二是准许往返古巴的华工经由美国过境；三是同意中国在纽约设立领事馆。1884年，郑藻如抵达秘鲁。秘鲁约有华工20万人，多数受大庄园主奴役。修铁路、挖鸟粪的华工达数千人，工资低微，饮食居住条件差，有病得不到医治。华工常有逃亡，被捉获，或惨遭严重体罚，或延长合同期，做工时脚扣镣铐。个别华工投水自尽，以示抗议。郑就与秘鲁政府一再交涉华工待遇，并通缉拐匪，积弊稍除。此时，华工邮寄书信和金钱回家十分困难。郑出头集资三万元，开办了中华通惠局，侨民信息始通。1885年9月，美国怀俄明州的石泉镇发生了暴力驱逐华工的事件。郑闻讯后即派员调查，得悉华工被杀28人，受伤15人，损失财物约14.7万美元，便正式向美国国务卿发出照会，要求惩凶和赔款。1887年，美国国会终于如数赔款。郑藻如先生既维护了华工的合法权益，又维护了中华民族的尊严。1886年春，郑藻如先生因病获准辞职回国。1890年，孙中山先生致书他，提议兴农桑、禁鸦片、办教育。他老年落叶归根，返回濠头后，对家乡农业生产十分关心，购买种子，教乡民以饲畜种植诸法。

郑藻如一生爱国爱乡，为维护华侨、华人合法权益和为家乡种养业的发展都做出了重大贡献，受到国民的称颂。

欧阳辉庭（1848－1902）

号锦堂，祖籍火炬区大岭村。在封建社会的旧中国，政治腐败，政府无能，人民处于水深火热之中。大家都期待着国家的昌盛。生活在这个时代的欧阳辉庭，深知要改变国家的命运，必须要从充实自己开始。他在学有所成之后，经历一番奋进，终于事业有成，获清政府授予知府衔，历任直棣州知州，后调任中国驻美旧金山总领事。他在任总领事期间，注重与美国政府和人民的和睦关系，千方百计维护华人的权益，认真做好侨务工作，深得华侨华人的爱戴。

锦堂先生关心年轻一代的教育，积极主张派遣青少年赴美国留学，曾多次向清政府建议并与驻在国政府咨议。经他积极交涉，筹集经费，终于在1872年促请清政府首次派遣肄业学生120人分4批先后赴美留学。其中广东籍学生83名，占留学生总数的三分之二；香山县学生39名，占留学生总数的三分之一。许多被派遣的学生成为国家栋梁，如欧阳庚（锦堂之堂弟，后任驻旧金山总领事）、梁敦彦（后任邮传部尚书）、詹天佑（后任平绥铁路总工程师）、唐绍仪（曾任中山县县长、国务院总理）、周长龄（爵士、东亚银行董事长）。锦堂关心祖国和民族的独立自强，积极支持孙中山先生坚持民族独立、抵抗外来侵略的主张，在海外侨胞中，提出有钱出钱，有力出力。他自己带头捐献，华侨华人也纷纷积极支持孙中山先生的革命行动。

锦堂先生热爱家乡，关心家乡的建设。在他的带领下，大岭的"百亩鱼塘""百亩荔枝园"建成了。他根据村场的地形，设计修筑一个曲尺形鱼塘，塘里养鱼，岸边种荔枝和龙眼，果树、鱼塘环抱全村，与后山满山青松相衬，形成了树木参天、山水宜人的别致环境，博得了乡人的赞许。他还亲自在家乡种植红棉树和榕树，其中一棵百余年古榕可供后人遮阳纳凉，是百多年大岭沧桑岁月的见证。

锦堂先生为人忠厚正直，刚直不阿，爱国爱乡，大公无私，慷慨济民，廉洁奉公，任外交官数十载依然两袖清风，体现了他为国为民的奉献精神，深受村众的赞誉。

欧阳兆庭（1858－1941）

名庚，号少白，生于清咸丰戊午年5月12日，祖籍大岭村。同治十一年（1872）作为中国首批留学生留学美国，光绪十七年（1891）毕业于耶鲁大学。同年回国，曾在福州马尾船政学堂驾驶班补习。历

欧阳兆庭的驻爪哇总领事任命状

任驻美国旧金山总领事、温哥华领事、巴拿马总领事,历保花翎布政使衔、江苏尽先补用道。民国期间任爪哇总领事、驻英使馆一等秘书官。1922 年任首任中国驻智利公使馆代办使。曾获清朝三等嘉禾勋章和二等嘉禾勋章。其为同盟会会员,孙中山赴美时,为孙作保。

欧阳民庆(1866 - 1932)

祖籍火炬区大岭村,字业熙。9 岁赴澳洲就读。1882 年回乡奔父丧,娶妻后复返澳洲经商,曾与友人郭乐合资开办永安果栏。民庆先生曾经营金矿赚了钱,当上海永安公司开办时,他出任上海永安公司首任董事长。香港成立永安保险有限公司,又出任总理。1924 年任华东医院总理,又历任香山惠爱医院理财之职。他有家国情怀,有大局观念,慷慨为怀,却淡泊名利。孙中山先生革命成功,需巨资成立国民政府,集资人蒋介石曾与上海证券交易所理事长、上海商会会长虞洽卿洽商,要筹集国民政府开办费 2000 万元大洋。作为宁波帮的虞洽卿捐出 1000 万元,后广东帮的欧阳民庆先生亦捐出 1000 万元。为表彰欧阳民庆和虞洽卿功绩,国民政府决定在上海分别用他们的名字命名一条街道。欧阳民庆遵照他堂伯——时任中国驻美旧金山总领事欧阳庚"绝不入租界区"的旨意,就于当时上海还不繁华的地区选了一条马路命名为"欧阳路"。时代几经变迁,"虞洽卿路"因在租界区,现已改名为"西藏路",而"欧阳路"在租界外,故名字一直沿用到现在。1911 年,欧阳民庆携眷回乡,创办了大岭小学,并将自己的一座二层六间的洋房捐赠给家乡作为大岭学校教学大楼,足见其对家乡教育和人才培养的高度重视与关心。

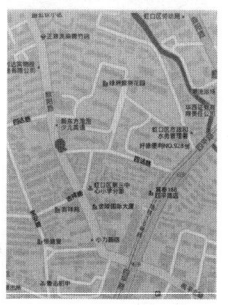

欧阳汝桥(生年不详 - 1932)

祖籍大岭村。17 岁赴澳洲谋生,在澳洲哗伦埠创设裕和公司。辛亥革命时,孙中山到海外筹款,他积极向当地华侨劝捐,自己曾三次捐助巨款资助孙中山。民国成立后,广东省都督胡汉民、财政司长廖仲恺、财政次长熊希龄先后三次向其颁发襟章褒奖。

郑永(1868 - 卒年不详)

字澍荣,号永汉,火炬区濠头村人。1895 年赴檀香山,后开设郑永记裁缝店、时和苏杭店,历数十年。1911 年加入同盟会。1924 年任中国工党民国建设会会长,曾代中央筹饷局筹得港银 670 余元。孙中山以其有劳绩,特给予三等银质奖章一枚。1926 年任中国工党总理,1927 年任得都馆总理。

欧阳祺（生年不详－1930）

字祉庭，号如山，大岭村人。自幼赴美国旧金山读书，毕业于美国哈佛大学。清光绪年间，曾任清廷驻美国旧金山领事，民国期间任驻爪哇领事馆总领事。由于他长期生活学习在美国，外语水平高，思维能力强，在美国的同学多，关系也广。他发扬其兄前任总领事欧阳锦堂和欧阳庚热爱祖国的传统，积极努力开拓外交事业，维护国家的民族尊严，维护中国人民和华侨、华工的合法权益，因此荣获了三等嘉禾勋章。欧阳祺同西奥多·罗斯福（Theodore Roosevelt）总统是哈佛大学同届毕业的同学，他们之间往来关系较密切。经他多方交涉活动，促使西奥多·罗斯福总统在任期内将部分"庚子赔款"作为教育经费及留美中国学生基金退还给清政府。1911年清政府就用此笔退款建了一所留美预备学校"清华学堂"（即清华大学前身）。为此欧阳祺立下了汗马功劳。欧阳祺因积劳成疾，1930年在上海因病医治无效逝世。

欧阳干昆（1891－卒年不详）

驻爪哇副领事官，获清廷颁授五等嘉禾勋章，是大岭村庆余坊清代四位外交官之一。

朱卓文（1875－1935）

原名仕超，又名式武，祖籍火炬区西桠村。1896年赴美国檀香山、旧金山等地。他受孙中山革命思想的熏陶，更受孙中山的鼓励，毅然在美学习飞行技术。孙中山在欧美各国鼓吹革命，宣传救国救民、反对清政府的主张，并发动华侨、华人捐赠军饷，朱卓文积极响应，追随孙中山革命，成为孙中山的亲信和侍卫。1910年1月16日，他于三藩市加入了孙中山创立的同盟会。辛亥年9月，芝加哥同盟会购买了6架飞机以充实反清军备，巨额购机款是孙中山和朱卓文在欧美各地发动爱国华侨捐助的。为了发展中国的航空事业，朱卓文在孙中山的授意下当了航空局局长并兼任飞机制造厂厂长。

朱卓文受西方文化的影响，主张用知识、科学兴国，对办教育雷厉风行，说干就干。1912年冬，他回到家乡即与朱学文等人商谈西桠办教育事宜，主张拆庙宇，建学堂，为家乡培育英才。为了建校，他率先捐资又亲自向乡中富户募捐，很快筹集了资金，建设了一间崭新的西桠学校。学校开幕之日，孙中山书赠了"子善为师"牌匾，朱卓文书赠了"勤俭敬爱、文明进步"的条幅。1923年，朱卓文任香山县长，在任时于石岐拆城隍庙，建孙文路（包括孙文中路、西路和东路），为城镇建设做出了贡献。1935年，他秘密组织"大同救国军"，旨在反陈济棠，继续推行孙中山的"三民主义"。因走漏消息，陈济棠即令驻石岐教导团团长梁公福逮捕他。他被拘禁在民生路刘玉亭祠堂营部，当晚被押到华佗庙山冈枪杀（事后声称朱卓文逃跑被守兵乱枪击毙）。朱卓文先生一生爱国爱乡，疾恶如仇。陈济棠杀害革命党人，激起公愤。悼念朱卓文者众。

朱会文（1877 – 1936）

祖籍火炬区西桠村。朱会文先生旅居美国达30年，是早期同盟会会员，曾追随孙中山先生反清讨袁，在美国华埠积极筹集军饷支持辛亥革命，同时还为孙中山在美国各埠游说，募集革命经费，并率

先捐助2000美元（当时2000美元相当于一个普通工人五六年的收入）。

在为辛亥革命筹集军饷时，朱会文曾任理财之职，是孙中山在美国进行革命活动的得力助手。

郑彼岸（1879 – 1975）

祖籍火炬区濠头村。青年时代游学日本东京，认识了孙中山先生，开始接受民主革命真理，后加入孙中山组建的同盟会。1908年返回香山支持孙中山革命，创办《香山旬报》，以笔作武器，以文章声讨清政府，宣传孙中山的革命方略和救国主张，以唤起民众的觉醒。1910年与林君复受命在澳门设立同盟会南方统筹部，积极吸收会员，扩大组织。同年春，他在香港参加了谋刺清廷官吏的反邪暗杀团。1911年重返香山，策动城乡兵勇和组织群众接应起义。他身先士卒，视死如归，率领革命武装夺取政权。收复县土之后，又与林君复共同率领香军支持广州起义，受到广州市民的热烈欢迎。后因袁世凯称帝，大捕革命者，郑彼岸被迫避往美洲。他漂泊美洲20多年，用血汗换取之金钱，几乎全部施予贫苦人，归国时，两袖清风。日本投降后，石岐郑氏族人重建祠堂，他利用这个机会，办起义门小学，又亲任校长，为失学贫苦儿童打开校门，赢得了社会各界人士的高度赞扬。他一生爱好读书，博学多才，见多识广。杨子毅任中山县长时，特邀郑彼岸从夏威夷回国主修县志。1949年，他任中山纪念图书馆馆长。1951年被调往广东省文物保管委员会任职。未几，又任广东文史研究馆副馆长。1975年2月2日病故于广州，享年96岁。他一生爱国爱乡，乐善好施，淡泊名利，疾恶如仇，铁骨铮铮，品格高尚，为后人所敬仰。

郑彼岸与侄郑兴1949年摄于石岐西山

郑佩刚

同盟会员，郑彼岸同父异母的弟弟。1910年刘师复在香港组织同盟会"支那暗杀团"，

其为团员之一。曾参加1911年的香山起义。新中国成立后，常在广东省和广州市出版的政协文史资料发表文章，追忆香山起义和香山革命者史迹，很有参考价值。

阮炎（1879－1964）

字丽攀，祖籍火炬区小隐村。1899年左右赴檀香山，在檀任益美自由车用品公司经理。1908年加入同盟会，后加入国民党、中华革命党、中国国民党，曾任中国国民党檀香山支部长、《自由新报》总理、中国工党总理、四大都会馆司库、四大都会馆副主席及华文学校董事。积极为中央筹饷局募捐，得孙中山奖章一枚。1921年，檀香山小隐群策社创办，其为创办人之一，曾任名誉社长、社长。

1921年，阮炎自檀香山回乡，到广州谒见孙中山，孙中山面谕香山县应建立华侨组织，阮回乡后即邀旅美华侨简崇光、刘少初、阮汉三，旅澳洲悉尼华侨林积庆等商讨筹建华侨组织。于1922年组织"同志社"，因创办人及参加者多是当年在海外参加同盟会后为国民党员的同志，故命名为"中山海外同志社"。阮任社长，又曾任中山县课税特务委员。阮炎1964年病逝于檀香山，享年85岁。

欧阳日如（1881－1948）

又名锡月，字干秋。张家边大岭村（今火炬开发区）人。幼年随父亲欧阳锦堂（驻旧金山总领事）赴美国读书，毕业于美国耶鲁大学财政系，并获经济博士学位。随即回国，曾先后在广东、香港、南京和上海的金融界和铁路系统从事财经工作，历任广东官司银钱局总办、上海永安公司财政总管、新新公司财政总管、津浦铁路局稽核、沪杭甬铁路总核稽等职。欧阳日如知识渊博，精通业务，一生致力于财经事业，为人正直不阿，奉公守法。从事财经工作的四十年中，他虽然担任财政要职，但既没有购置田地房产，又没有搞私人投资，直至积劳成疾病逝时，仍是两袖清风。

欧阳日如特别关心祖国的教育事业和人才培育，亲自栽培了不少财经专业人才，后来这些桃李都为财经事业作出了贡献。与堂兄弟欧阳业光既是堂兄弟又是老同事，情同手足，两人大力倡导办学，培育人才。

1948年，欧阳日如在上海病逝。上海市有关方面为欧阳日如举行了追悼会，并在报刊上登载了悼文。中山县也为其举行了追悼会，由老教师介绍其生平事迹，号召大家学习和继承其高尚精神。

孙璞（1883－1953）

字仲瑛，号顾斋。祖籍火炬区沙边村。早年与同乡刘师复等致力于革命宣传，

1911年亡命越南,加入同盟会。1916年返粤,图谋讨伐龙济光,事泄被囚。出狱后随李烈钧入滇,为讲武堂教官。后任代理民政司司长兼昆明县县长。继而在广东省民政厅、建设厅、税务管理局等处供职。抗战胜利后,任广东税务局局长。晚年寓居香港,编著有《总理奉移纪念册》等。

张惠长(1898－1980)

祖籍火炬区大环村,字锦成。1915年,他到美国寇蒂斯航空学校学习飞行技术,1917年毕业于美国纽约航空学校。1917年,在美国学成归国效力的航空人员数十人,先后回国的香山籍航空人员有杨仙逸、张惠长、陈庆云、吴东垣、吴东华、李光辉、陈有胜等。张惠长次年返国任孙中山大元帅府参军副官、侍从武官、航空处副处长,负责广东空军组建工作。1920年,他与杨仙逸驾机参加讨伐军阀。1927年任广东航空学校校长,航空处处长。1928年以"航空救国"的名义,驾"广州号"飞机环飞全国,由广东飞到北平,并由北平飞到奉天,横贯中国长途飞行,是中国航空史上破天荒的举动,曾轰动北平,有数以万计市民在天安门广场参加欢迎大会。

之后张惠长也任过空军总司令,航空署署长。1935年出任中国驻古巴使节,任期满后回国。1937年11月任中山县县长,在任期间,正是日军侵略中国之时,中山县境同样受到日本侵略者蹂躏。正是国难当头,他与共产党团结合作抗日,并担任中山县守备队和中山抗日先锋队总队长,勇敢抗击日军,精神可嘉。

1939年9月期间,日军侵犯中山横门,张惠长率领守备队和抗先队到达前线,多次与中共中山县委书记、抗先队副总队长孙康并肩指挥作战,击退日军进犯。

经过8年艰苦抗战,日本帝国主义终被中国人民打败。1945年9月抗战胜利,张惠长再任中山县长。

张惠长追随孙中山革命,后期积极参加抗日斗争,且对中国航空事业有过很大的贡献。1949年他到了台湾,曾任过"立法委员会"委员、"国大"代表。1980年逝世于台北,享年81岁。

吴东垣(1890－1960)

窈窕村人。自小在村读书,结婚后赴美国。先后任中国国民党驻美国总支部特派员兼书记长、中华总会馆总董、阳和总会馆主席、中华航空学校校长、阳和学校校长、俊英工商总会主席、秉公总堂评议长、至德三德总公所主席、中华民国政府侨务委员。

1933年7月26日,旅美华侨抗日后援救国总会正式创立旅美中华航空学校,以3000美元作开办费,分别在1934年4月22日、1938年1月培训出一、二期毕业生送回祖国。后来学校停办了一段时期。

其时,抗日战争方殷。1938年5月26日,中华会馆开会决议,复办航空学校,选吴东垣为校长,并由其拟定培训飞行员的学习课程,校址设在中华学校内。学校校规严格，认真培训华侨青年。当时航校经济困难，吴东垣积极带头筹款，亲自重选校址，租市顿街810号作办事处，812号为机械室，在三藩市设飞机场和机械实习场，吸引了美国各地华侨青年来投考。

图为在美国学成归国效力的香山籍航空人员有杨仙逸、张惠长、陈庆云、吴东华、李光辉、陈有胜等

1939年5月，航校飞行生和机械生毕业后，分批回国，为打击日本侵略者奋战长空。吴东垣在送航空人员返国时，曾鼓励他们英勇杀敌，不要参加内战，为祖国办了一件大好事。

1939年9月19日，中华会馆集会决定不再继续办校，不久航校宣告结束。吴东垣这时转向发动宣传华侨募捐赈济救灾款，并通过各种渠道将款项汇回祖国，由其父吴赞祺和乡亲梁畅彬赈济村民，救活了一部分灾民。

抗战胜利后，吴东垣曾于1946年回国，受到当时广东省政府主席罗卓英的欢迎，回到家乡中山时，也受到张惠长等欢迎。是时，吴东垣在窈窕村祖屋地坪摆了酒席，宴请乡亲。

1960年在美国病逝，享年70岁。

王棠（1890 - 1952）

字召南，祖籍火炬区宫花村。父藻廷，旅美经商。王小时候在石岐程北海家中，曾听到程与友人谈及孙中山因避清兵追捕离开经营之中西药局事。1908年王赴美，到达当日，见广告有孙中山演讲，即到戏院听讲，并与孙中山倾谈，请孙到杏花楼吃消夜等，次日便由孙中山主盟加入洪门致公堂。孙中山离开三藩市后，王按孙指示到《大同日报》，边工作边读书边进行革命宣传。不久，孙中山来函指示组织少年学社，王与陈帝庚、林朝汉、刘汉华、黄超五、黄伯耀、崔通约、李梓青、余日朝、李仕南等发起，租

士德顿街邝吉映相铺阁楼为社址，发展会员300余人，后组织少年学社剧团，演戏筹款。1910年，孙中山再到三藩市，将少年学社改为同盟会，王为同盟会员，负责劝捐中华革命党债券。其时王已转回华安号工作，孙中山到时，在店内居住三天，与王对卧相谈。王随孙中山参加演讲，并扩大街头演讲，演讲队不但队数增多，且发展到各埠演讲。是年，王参与枪击洵贝勒。数月后，孙中山再来三藩市时，专到此埠，与王在大坑一带开展宣传。8月，《少年中国晨报》创办，王负责筹款。武昌起义后，孙中山在加拿大来电，命有200人以上的分会选一两位热心会员回国效命，王与黎铁魂、陈永惠、梅乔林、张霭云等北美洲同志，乘船回国，获孙中山派遣，在临时总统府任会计。孙中山辞去大总统职务后，王留守任秘书，后回乡办学。因遭龙济光拘捕，逃出后步行到澳门转香港，入恒利船务公司、利民兴国织造厂工作。后在上海与欧彬等倡建中华基督教会，常到孙中山家协助办理党务。

1916年，王调任香港利民兴国织造厂任总经理，得与邓荫南、吴启东合作，开展党务，负责筹款支持二次革命。1923年，王得孙指示在港开展海员工作，又与苏松山负责购置旱机关枪6挺，支援孙中山的卫士队抗敌。并回香山组建中央直辖讨伐军，任中央直辖游击司令，配合滇、桂军驱逐陈炯明叛军出广州。次年任大元帅府工兵局筹备委员。1923年继吴铁城任香山县县长。其时，他建立电话系统，发展通信事业。后调任广东审计局局长、广东省财政厅厅长。1925年3月，参加孙中山治丧办公处工作，被编为举枢队第三组举枢成员。

郑乃炎（1890－1984）

字昆晃，濠头村人，1919年毕业于河北保定军官学校。在学期间，曾与学友张云逸、邓演达等加入同盟会，毕业后在广州卫戍司令魏邦平部任中校团副，1921年转任粤军总司令副官长。1922年陈炯明叛变，他保卫孙中山脱险，并陪同移驻永丰舰。1926年，国民革命军北伐，他任第三军指挥部人事科长，奉命组建军官教导团，邀请朱德任团长，自己兼任教官。1933年，十九路军的将领陈铭枢、蒋光鼐、蔡廷锴等联合李济深等一部分势力在福建成立了抗日反蒋的人民革命政府。他参加了这次起义。起义失败后，流亡港澳。1937年抗战开始，他从港澳回来担任"八·一三"第二次淞沪抗日战区第三挺进纵队参谋长。抗战胜利后，国民党以他年老为名，令他退役。退役后定居香港。1972年，他获邀到台湾参加辛亥革命60周年纪念大会。1974年，他打消种种顾虑，首次回大陆参观访问。返抵香港后，写了一篇《访穗述怀》刊登在《大公报》上，开头就表白了"谁无乡土之思，谁无乡土之情"的情怀，还深刻地写道："祖国民族在政治上、经济上、文化教育和体育卫生上均取得了巨大的成就，中国在国际上的地位日益提高，过去世界列强蚕食和瓜分中国的土地和资源，从来没像今天这样对我国的尊重，正是百年积弱一扫而光。"1979年他应邀访问北京，受到政协副主席康克清的会见。有关方面负责人罗长青、童小鹏以及他的好友张云逸夫人、蔡廷锴夫人、蒋光鼐夫人亦参加了会见和宴会。他回港后念念不忘祖国的统一大业，曾在报刊上发表文章，呼吁国共两党以和为贵，迅速开展第三次携手合作的谈判。1981年，他再次应邀到北京参加辛亥革命70周年纪念大会。1982年7月，廖承志致蒋经国的信公开发表时，他即撰文响应，认为"廖承志信函，寓于世交深情，于公于私，尽忠尽孝，均属双全"。又云："吾今年九十二矣，老一辈人极盼早日实现国共第三次合作，共同建设繁荣富强之祖国……千秋功过，系于一瞬之间，望经国先生善而为之。"郑乃炎先生戎马一生，晚年又致力于促进国共的第三次合作，为祖国的统一不遗余力。郑的爱国精神，至堪敬佩。1984年9月，他病逝于香港，享年94岁。

姚观顺（1892－1951）

祖籍火炬区小隐村，1892年4月24日出生于美国加州。1951年10月2日逝世于香港，终年 60 岁。

姚观顺自幼聪颖，勤奋好学，半工半读完成高中学业，公费考取美国那威治陆军官校，专攻军事工程。就读军校期间，适逢孙中山先生赴美国鼓吹革命，筹募革命经费，欲推翻清政府统治。当时孙中山为了吸引优秀年轻人参加革命，组织了中国留学生演讲比赛，讲题是"如何救中国？"姚观顺也参加了演讲，认为唯有采用西方民主精神和科学方法才能救中国……他的演讲符合时代潮流，也与孙中山革命思想契合，遂得第一名，获颁奖章一枚，并与孙中山相约，毕业后回中国从事革命大业。

1913 年姚观顺以优异成绩毕业，当地华人报纸报道称他为"第一位在美国军事学院毕业的中国人"。毕业后，姚观顺依约回中国追随孙中山革命军南征北战。

1917 年，孙中山第一次到广州组织护法军政府，自任海陆空大元帅，任命姚观顺为陆军上校。1921 年孙中山先生在广州就任非常大总统，姚观顺被委任为少将参军兼卫士队长，直接参与孙中山策划的革命活动，并负责孙中山的人身安全。1922 年 6 月，广东军阀陈炯明叛变，包围观音山粤秀楼及总统府。宋庆龄为了孙中山的安全，坚持要他先走。孙中山走后约半小时，枪声四起，陈炯明炮轰粤秀楼。叛军占据观音山头，居高临下，左右夹击，向粤秀楼扫射，并时以野炮攻击。姚观顺率领留守的卫士队 50 余人，与叛军共约 4000 人血战一昼夜，由深夜 2 时到次日上午，击毙叛军 300 余人。由于卫士队弹药将尽，姚观顺认为无必要再困守粤秀楼，遂亲率两名卫士护送宋庆龄，冒枪林弹雨之险冲过天桥退守总统府。途中姚观顺不幸腿部中弹，血流如注，卫士将姚观顺抬入总统府后院，草草包扎伤口。宋庆龄含泪不忍目睹，姚观顺反而安慰宋庆龄说："将来总有我们胜利的一天！"总统府仍处于炮火之中，流弹四射。到了次日（6 月 16 日）下午 4 时，卫士队弹尽，向守中立的魏邦平师长派一军官来谈条件，卫士队提出的第一条件就是要保证宋庆龄平安出险。但是议和的军官却无法担保，因为叛军人马众多，

孙中山先生颁发给姚观顺的讨贼奖章执照

孙中山先生向平定陈炯明叛乱的有功将士授勋，宋庆龄亲自为他们佩戴勋章

彼此无法约束。正在此时，有一队叛军从总统府大门冲入，四处抢劫财物，宋庆龄与卫士趁乱逃出，副官陈喧亦将姚观顺救出并护送到上海就医。其他卫士在掩护宋庆龄

撤退后，也迅速安全撤离。

观音山一役，姚观顺深获孙中山赞赏，特颁奖牌。民国十三年（1924）元旦，每位勇士获奖金质奖章一枚，奖牌一张。姚观顺被授予陆军少将军衔，升调重要职务及与胡汉民、汪精卫等一起筹建黄埔军校。

经媒妁之言，姚观顺结识同乡名门闺秀孙素贞，1922年2月1日于唐山镇结婚，婚后生一子三女。独子纪仇出生于1931年12月14日，姚观顺时年40岁，喜获麟儿，内心欢喜，适逢沈阳"九一八"事变，全国激愤抗日，姚观顺特将其名为"纪仇"，即信誓不忘国仇之意，足见将军爱国之心。姚纪仇后来任职于台湾海军，获少将军衔。

1925年，国民革命军成立，李济深任参谋长，姚观顺在其属下任总司令部少将参军兼交通处副处长，并兼任广三、广九、粤汉三个铁路局长。1926年年初姚观顺奉命于广州建立国民革命军交通教导营兼任营长，该营购置大批电话、电报、无线电台等通信设备，并组成电话通信队分赴各军前线配合作战。继又建立国民革命军工程教导队，培训火车、汽车、汽船、坦克等驾驶及技术员，同时建立军火厂自制枪支。姚观顺为国民革命军北伐，建立当时的先进通信设备及机动部队，并且研发各式通信系统及建立技术维修服务站，对革命军战力之增强具有至大贡献。

1926年，国民革命军正式誓师北伐，李济深任革命军第四军军长，镇守革命基地广东。其间，姚观顺率领交通警备团控制交通、治安，成为革命军依靠的坚强力量。

1931年，宋庆龄介绍姚观顺到上海财政部属下的盐务局稽核所工作，当时宋庆龄原意是利用旧财政部（部长宋子文）的盐务局税警团，建立一支不受蒋介石控制的武装力量。姚观顺奉财政部命令，在上海淞江建立财政部盐务局税警佐教练所并任所长，同时协助财政部建立税警总团。他兼任税警团顾问，协助建立四军团。

1932年，"一·二八"淞沪之役爆发。初时，姚观顺将军主动与上海守军第十九路军联系，将税警佐教练所的大炮提供给第十九路军，共同编成一支铁甲机动部队，每晚向日军虹口司令部炮击，压制日军进攻，大挫日军气焰。而后，姚将军亲身参加盐务局四个税警分团，协同十九路军共同抗日。当时中外报纸评曰："此役为中国第一次和日军作战并击败日军！"1936—1938年，姚观顺参加大小多个抗日战役，其中有著名的"台儿庄战役"。

1943年，英美联军在东南亚开辟第二战场打击日寇，姚观顺被调任外事局驻昆明办事处主任，负责接待盟军将领，培训翻译官分赴缅甸、越南等战场配合盟军作战。

1951年，姚观顺应老友何贤之邀到葡属帝汶岛筹建养殖业，因水土不服患脑出血症，返香港求医途中取道山打根，由于第二次脑出血并发，于10月2日不幸病逝于山打根医院，享年60岁。当时其妻无力赴山打根安葬其夫，委托姚观顺将军五妹Florence Bow代为料理后事。五妹Florence安葬其兄后，即交给其嫂一张十字架墓碑照片，但并未详细交代埋葬地点，后也去世，造成日后姚观顺将军之子姚纪仇无法找到其父之墓的终身遗憾。一代骁将就此长眠于异乡逾半个世纪之久。

姚纪仇于2006年10月6日因气喘宿疾心肺衰竭不幸逝世，享年76岁。姚纪仇遗孀周廉楣女士为圆夫遗愿，凭一张已故公公姚观顺坟墓的旧照片，托好心人协助寻找，结果皇天不负有心人,终于在马来西亚双修中学后的教会坟场内,找到了姚观顺将军的坟墓,即于2007年6月24日带同儿子姚宝钧(姚观顺之孙)专程来引灵回台湾安奉。

姚观顺将军一心追随孙中山先生至抗日战争胜利前后34年间,为中国革命事业立下了汗马功劳,我们后人当铭记其功绩,以告慰先烈在天之英灵!

黎纪南(1892 – 1952)

名润俭,大环村人,朱卓文女婿,朱慕英之夫。1912年随朱卓文在南京从事庶务工作,照料孙中山生活事宜。同年,在上海"印印"印刷厂工作。该厂是同盟总部的通信联络机关。1915年随朱卓文到香港筹办《现象报》。是年10月,宋庆龄到港,由黎纪南接待,他安排宋庆龄住在朱卓文的寓所里。1917年7月,朱卓文委任黎纪南为香港《大光报》社长。该报由朱卓文等于1913年创办,为同盟会机关报。1920年孙中山曾为该报题词并给予高度评价。1924年黎纪南遵朱卓文指示在香港另行创办《大同报》。同年,黎纪南在香山加入国民党。

孙海筹(1893 – 1952)

祖籍火炬区沙边村,1917年赴美洲智利国经商,在该国办过中文报纸,曾任南美洲侨务视察专员。1931年归国,他热心家乡教育事业,出钱出力筹建沙边小学,被选为建校委员兼总务主任,率先捐出白银500大圆。经过两年努力,建成一座环境优美的园林式的县内一流水平的学校——沙边小学。

1937年,孙海筹被委任为中山县第四区区长兼警察局局长。他严令禁烟禁赌,惩治盗窃,不徇私情,警纪严厉,执法如山。任职期间,政绩显著,为群众赞许。

1938年日寇进犯中山四区,孙海筹担任四区抗日先锋队队长,积极配合中山抗先队并组织领导当地群众在横门、大王头山一带与日军周旋,抗击日军进犯,大大打击了日军的嚣张气焰。

1938年国民党要逮捕时任中共中山县委书记、抗先总队副队长孙康。孙海筹闻讯后,立即秘密通知孙康及时转移,使他免遭陷害。

抗战时期,孙海筹还负责海外侨胞急赈会工作,发动海外侨胞筹集资金与物资,慰劳前线将士和赈济四区有困难的群众。孙海筹对发放物资工作一丝不苟,经常深入各村,督导物资的发放。

1940年中山第二次沦陷,孙海筹前往香港仍负责赈济工作,同时受中共中山县委委托在香港创办《今日中山》华侨月刊。他全力以赴,负责海外联络工作。《今日中山》很快在香港出版发行,宣传抗日,报道家乡消息,很受香港同胞和中山乡亲的欢迎。此外,孙海筹还协助家乡《沙边乡报》及《张家边乡报》的发行。光复后,他发动侨亲捐资在石岐瓮菜塘街开办华侨印刷厂。中山解放前夕,该厂应中共中山县委之请,为解放军入城秘密赶印《告中山人民书》。1948年孙海筹主持开辟烟墩山为公园,兴建中山纪念亭等,此时他担任主任委员。同年赴南京出席国民代表大会,参与投票选举总统。

1950年中山县第一届人民代表大会召开,孙海筹以华侨代表身份受邀参加此次大会。1951年,孙海筹曾送两个儿子及一个女儿参加中国人民解放军。1951年9月因镇反被捕,1952年3月被错杀。

1986年6月1日,张家边区公所、区侨联会联合在沙边村由中山县人民法院主持为孙海筹先生举行平反大会,30多年的冤假错案获得平反昭雪。

郑雨芬(1895—1970)

祖籍火炬区濠头村,早年是澳门的富豪之一。郑雨芬自幼丧母,12岁时只身前往澳门谋生,初在番摊馆为侍役,夜习英文。他勤奋好学,聪明敏捷。在此后的30年间,他的事业如日中天。他在澳门成立轮船公司、煤炭公司、建筑和码头公司,并在广州和澳门经营五间酒店。出任澳门旅业行主席、澳门商会理事、孔教会主席、足球总会主席、思思中学董事长、雨芬中学创办人兼校长、镜湖医院和同善堂值理。

抗日战争爆发,1939年中山沦陷,大批中山乡亲逃难到了澳门。郑雨芬乐善好施,收留众多前来投奔的乡亲。他不堪国土沦丧,认为振兴教育才能兴国。他抱着满腔的热忱,创办了"雨芬中学",以解决逃难的青少年失学之苦。雨芬中学当时被称为慈善学校,学生家里穷,就不用交学费和住宿伙食费。他是第四届救灾会常委,经常向穷人派米施粥,让妻子和女儿一站就是几个小时为贫苦大众施粥。

抗战时期,郑雨芬先生任澳门抗日大联盟主席和救国会主席。当年在澳门的中共地下党领导被葡政府捉了,他去保释救出,并购买军火运给中山游击队打日寇。日军为了报复,把他的一艘大货船抢走,剩下一艘要他在船头挂日本国旗才能航行。但爱国的他没有屈服,他安排工人在货轮的船底砸开一个大洞,让苦心经营多年的最后一艘大货轮静静地沉入海底。多么爱国!多么伟大!香港沦陷后,日本人在澳门暗杀爱国人士,他遭恐吓,迫不得已变卖家产,把雨芬中学迁往罗定县,举家迁往广西。过境时遭遇日军,被掠去存粮,并遭贼劫,30年的事业和心血顷刻之间化为乌有。抗战胜利后,"雨芬中学"迁回中山(现在的中山华侨中学就是雨芬中学的旧址)。2002年11月9—11日,第四届(世界)中山同乡恳亲会在中山市举行,80多位"雨芬中学"校友相聚中山,缅怀澳门"雨芬中学"及创办人郑雨芬先生在国难时期办教育的功绩。

郑雨芬先生育有23个子女,至今五代共有250人。其中不少是大学生、博士、医生、教师、工程师、经理、政府公务员。他的大女儿郑振鸿毕业于国民大学,当年在中山师范学校任教。她的丈夫李耀武是中山市致公党主席,任中山市华侨中学校长。她的儿子李英治是牛津大学博士生,是新中国成立后中山市第一位博士,任中国科学院力学研究所研究员。郑雨芬的第7个儿子郑振声,是为我国奠定反搏基础理论,研制出世界先进反搏医疗设备,开拓临床应用的创始人,蜚声中外的"EECP"(增强型体外反搏)之父。40年来他研制的体外反搏装置已在全国及港澳台数千间医院普遍使用,并进入世界30多个国家和地区,使成千上万的冠心病、脑、肾、眼、耳等缺血病患者得到良好的治疗。郑振声教授赢得了广泛的国际声誉,被国内外医学界称为"中国人闯进世界医学的典范"。

郑雨芬的第11个儿子郑振鑫是旅美归国华侨，他的女儿郑丹路是一位出色的芭蕾舞教育家，曾受中国文化部指定参加韩国国际芭蕾舞大赛，并曾赴美国演出。

郑雨芬（同父异母）的弟弟郑国雄曾任广东省委组织部部长、香港新华社副社长、中央政府驻香港联络办公室副主任、全国政协常委。

郑雨初（生卒不详）

原籍濠头村，后迁石岐。郑藻如第三子。清末香山县团练首领。经郑彼岸策反，投身革命，并加入同盟会。1911年11月6日，香山起义成功，建立革命临时政权，郑成为军政部主持人之一。

欧阳英（1889－1920）

又名欧阳金英，祖籍大岭村。父亲欧阳初，丈夫李培芬。早年追随孙中山参加民主革命。她从小聪颖过人，骑马、驾驶汽车均很出色。1915年高中毕业，20岁结婚，受丈夫鼓励，在美国列活埠学习飞行，很快掌握了全套飞行技术，能单独驾机飞行，成为美国华裔首位女飞行员。她热爱祖国，支持孙中山革命，曾参加反对袁世凯复辟称帝、捐款支持孙中山的二次革命，慰劳赴欧参战的旅美华工家属等活动。1916年生子后与丈夫商量准备回国，在广州筹办一所像纽约茹弥期航空大学那样的航空学校，并附设飞机制造厂，设计制造新型飞机，促进中国航空事业发展。李培芬给张惠长、黄光锐信函，告知欧阳英的设想，深得张、黄赞赏。此时，美国参加欧战，很多旅美华工被调往欧洲挖战壕。欧阳英帮助旅美华工恢复旧业，并参加取消歧视华人的斗争，使华工取得与美国士兵同等的可享受终身的待遇，年老时由美国政府发给养老金，死后用国旗盖棺，安葬公墓。1920年她为实现孙中山"航空救国"的理想，毅然回国创办航空学校，在同年11月的一次飞行中因飞机发生故障，不幸机坠身亡。

欧阳瑛（1896－1932）

又名欧阳锡瑛，祖籍大岭村。父亲欧阳克航是旅美华侨，两个兄长都学习飞行，志在追随孙中山革命，不幸在1906年的加州大地震中和父母一起遇难。欧阳瑛幸存成了孤儿，幸得时任驻美国旧金山总领事、同乡欧阳赓及其妻子欧阳丽莲收养，住入欧阳赓夫妇及几位华侨共同开办的孤儿院。在她16岁时，欧阳赓才告知其父兄的遗志及当年的情况。欧阳瑛决心继承父兄遗志，考入航空学校。民国十三年（1924）学会驾机技术，曾驾驶飞机作长途飞行，从美国洛杉矶飞抵智利圣地亚哥，安全降落。比1930年英国两位女飞行家阿哥和阿美·约翰驾机万里长途飞越英澳时还早6年，获美国总统接见。1932年她在一次空难中不幸丧生。当时欧阳赓将其长途飞行成功的情况报告给在北京执政的段祺瑞，但不被段所重视，故中华书局出版的《辞海》未将欧阳瑛的飞行壮举编入大事年表。其后代居住美国，孙女曾回大岭村寻根问祖。

吴东华（1896 – 1948）

别名金华，字玉轩。祖籍火炬区窈窕村。1915年赴美国，当时中华革命党美洲总支部长林森，在美国红屋城（Redwood City）创建"美洲航空学校"，吴东华参加学习。同学中有张惠长、陈庆云、叶少毅、李辉光、谭南方等人。1917年毕业后，为了取得美国飞行执照，再由中华革命党美洲总支部选派吴东华、张惠长等人前往美国人开办的寇蒂斯航空学校再学习。1919年2月，随张惠长到福建建立援闽粤军飞机队，培养福建飞行员和机械员，为福建飞机队培训了一支空军队伍。1922年，孙中山重组北伐飞机队，吴东华也参加了。逼近南昌时，忽闻陈炯明叛变，北伐飞机队回师南雄、始兴，陈庆云率吴东华等随张民达陆军在福建水口与北洋军李厚基作战，收复水口，进军福建城。吴东华在这次战役中受伤，终身不能生育。受伤后退休，他返回家乡窈窕村。他在家乡热心教育事业，任校长多年。抗日战争爆发，他积极参与抗日活动，1938年2月被选为中山民众抗敌后援会委员。由于当年流血过多，体质虚弱，后又患哮喘，1948年1月21日到澳门会见前空军老友，住在澳门荣华酒店，突然中风死亡，由其弟吴东耀赴澳门扶棺返乡安葬。

朱慕菲（1897 – 1932）

祖籍火炬区西桠村。父亲朱卓文，母亲林丽容，姐姐朱慕英，弟弟朱腾云，一家五口靠种菜为生计，过着农村普通老百姓的生活。

朱卓文见二女朱慕菲聪明伶俐，于1912年带她到上海崇德女子学校就读。在几年的学习生活中，她结识了同学宋庆龄。作为同室挚友，宋庆龄教她学习英语。

后来宋庆龄与孙中山结婚，作为伴娘的朱慕菲，陪同宋庆龄到日本与孙中山举行婚礼。

1920年，孙中山出任非常大总统，朱慕菲便从上海返回广州，在广州的总统府掌管印鉴工作。

1922年朱卓文担任航空局局长，这期间朱慕菲便跟随大环村的表亲张惠长在广州学习飞机的飞行技术。由于她聪明，才智过人，加上懂英文，所以很快完成了飞行技术的学习任务，能独立驾机飞行，并学会了维修普通航空机械故障的技术。不久她被编入航空局飞行二队，与陈庆云和吴华东为同组队员，是中国第一位女飞行员。

1923年秋，航空局决定由朱慕菲自驾飞机低飞测试飞机在近水面飞行的技术数据。当飞机飞到番禺莲花山的海面时，突然遇到强大的气流，飞机摇摆颠簸，操作失灵。飞机急剧下降，在这紧急关头，朱慕菲强行迫降沙滩，受骨折性轻伤。

在父亲的安排下，她被送到香港接受治疗。为了警醒她接受这次事故的教训，朱卓文把这架失事飞机的前螺旋桨叶拆下来，带回西杩村的故居，写上"戾"字，挂在祖屋里，以作留念。"文化大革命"运动期间，因朱卓文当过伪县长，所以也受到冲击。为预防红卫兵来抄家，朱卓文嫡孙朱迪葵把螺旋桨拆掉，木料用作木工用的墨斗。

1923 年冬，讨桂之战开始，朱慕菲与队员陈庆云、吴华东驾机转到珠海三灶岛机场训练，并经常驾机入西江北上广西方向侦察敌情。1925 年 3 月孙中山先生逝世，她和父亲前往南京参加孙中山先生的葬礼，与何香凝、谢兰馨、何予淑、王蕙、于扬等女界为一组，执绋送别灵柩。

朱慕菲也是一个孝女，每逢朱卓文返西杩村祖屋时，她总是骑着高大军马回村，手执双枪跟随左右。闲时便到河涌边练习枪法。

1925 年 8 月，廖仲恺遇害，朱卓文涉嫌被通缉，逃到香港去。孝女朱慕菲因担心父亲的安危，忧郁成病，后转到香港治疗，经中西医结合治疗也无效，于 1935 年 3 月英年早逝，终年 35 岁，未婚。

孙翰清（1897 – 1960）

祖籍西杩村，是较早旅居古巴首都夏湾拿的侨胞。1926 年，时年 29 岁的孙翰清先生担任古巴民生报记者。他赞扬和拥护孙中山先生的革命主张，为推翻清政府，讨伐袁世凯窃贼而大造革命舆论，奔走于华侨团体之间，发动华侨捐资给孙中山的兴中会和同盟会作经费，得到广大侨胞的积极响应。他募集的革命经费数目庞大，受到孙中山先生的赞扬和嘉奖。孙中山亲自撰写给古巴同志"同心协力"的题词。

孙翰清先生于 1926 年出席中国驻古巴国民党第四次代表大会。

20 世纪 30 年代初期，孙翰清先生回到家乡，目睹村民生活艰苦，当时很多村民都会患伤寒病，特别是 1940 年左右霍乱病在中山四乡流行，一般医生不敢外出应诊。孙翰清先生看在眼里，急在心里，便决心留在家乡学医为群众治病。他拜南朗著名的专治伤寒病的程祖培医生为师，刻苦学习。他结合当时我国南方地区环境与气候特点，瘟病的发病率较高，因此得此病的人较多。他深入瘟病的研究与治疗，在程祖培医生

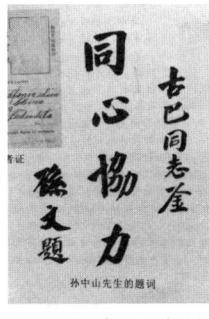

孙中山先生
的题词

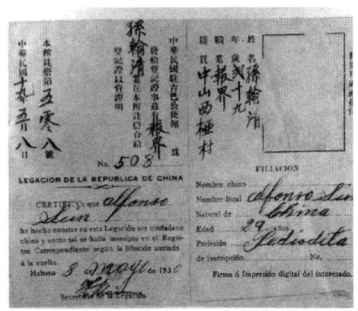

孙翰清先生的记者证

的指导下，还学习了叶天氏、吴鞠通和王孟英等人的医学著作。经过一番勤学苦练，他很快就在村中悬壶治病，并写出一本防治伤寒和霍乱的《霍乱钩玄》小册子发给村民。当时他的家境也是比较困难的，但他抱着"但愿人皆健，何妨我独贫"的心愿，专心致志为村民治病。对有困难的病人，他是不收诊金的，甚至用他的名字在村中的"成善堂"中药铺代病人赊药费。孙翰清先生医德高尚，为人正直，深受村民的爱戴和尊崇。

马玉麟、林照有

马玉麟原籍张家边村，林照有原籍亨尾村。旅加拿大华侨。早年加入加拿大城埠中华革命党分部，1915年回国参加讨袁华侨义勇团——讨袁敢死先锋队。1916年9月，在上海徐园受到孙中山先生的慰问并宴请。1936年9月14日马玉麟被任为少将。

1916年9月30日，孙中山先生在上海徐园慰问并欢宴回国从军讨袁的华侨义勇团——讨袁敢死先锋队

吕文成（1898 – 1981）

祖籍火炬区大环村，是广东音乐演奏家、作曲家。早年旅居上海，受江南一带民间音乐及西方音乐文化的影响，在音乐文化上很有造诣。20世纪20年代末回到广东，后迁居香港。据不完全统计，他撰写的乐曲逾百首，灌制大量的广东音乐唱片，如《平湖秋月》（中国M-383甲）、《渔歌唱晚》（中国3-5768甲）、《岐山凤》（中国3-0914甲）、《银河会》（中国36089甲）、《步步高》（中国36078乙）等，广泛流行。演奏方面，吹拉弹唱样样皆能，擅长高胡（粤胡）。首创把二胡的丝弦改用钢弦，以两膝夹住琴筒拉奏。改良后的二胡称为粤胡或高胡，音质富有特色，成为广东音乐中最主要的特色乐器之一。特别擅长演唱粤曲的"子喉"（青衣），他所唱的《潇湘琴怨》《燕子楼》《小青吊影》等曲目饮誉艺坛。

陈茂垣（1898－1987）

祖籍火炬区朗尾村，1920年起两度赴美国檀香山谋生，1947年归国。新中国成立后，曾任石岐镇副镇长，中山县政协副主席、县侨联主席、名誉主席，佛山地区侨联会副主席，省和全国侨联委员、省、市人大代表，省工商联委员，致公党广东省委员。他对家乡的建设倾情倾力。民国期间，在美率先捐资，与陈述尧等侨亲创办了朗尾小学。日寇侵华，中山于1938年沦陷，外汇中断，朗尾办学经费极端困难，他又与乡侨陈述尧先生多方奔走，筹集经费，使家乡莘莘学子继续得以入学读书。因生员多、教室不足，他再次与陈述尧发动朗尾侨居美洲、澳洲的乡亲捐资重建学校。侨亲们纷纷解囊，共筹得美金折港币10多万元。1948年秋，一所布局合理、美观大方的朗尾小学落成启用。国内改革开放后，他曾任中山市华侨中学董事长。他奔走四方，想方设法筹集资金，使侨中校舍得以扩建，教学设施日臻完善，教与学的条件都得到提高。他负责中山县侨联工作时，勤政廉洁，兢兢业业，积极宣传和贯彻国家的侨务政策，切实维护归侨、侨眷的合法权益。20世纪50年代中后期，又为侨眷改变成分奔走呼号，为华侨、港澳台乡亲做了许多实事、好事。他以诚待人，和蔼可亲，从不摆官架子。归侨、侨眷尊称他为"陈公"。

何泾渭（1900－1960）

乳名何金开，曾用名何其猛、何鼎，祖籍火炬区张家边三村。

何泾渭先生小时候在家乡读书，后到石岐况修学校和广州就读。毕业后曾担任广东空军第二中队分队长，南京航空署第七飞机队分队长，广东第一中队分队长、第六中队长、第七中队长，南京空军第29队队长，广东航空总站站长、航务处处长、第三驱逐大队大队长。航委会西撤四川时，被任命为航委会训练处处长。

1930年中原大战爆发，张惠长除调杨官宇任南京第四飞机队队长外，又调广东飞机队第二队代理队长邓粤铭率领何泾渭、马庭槐、胡其选、卢誉衡、陈晋城等及机械员十多人上南京，组成南京航空署第七飞机队，配备有可塞飞机架，参加了"中原大战"。何泾渭当时任分队长，直接参加配合蒋光鼐、蔡廷锴两师作战，绕道豫西，经禹城、登封、临汝，攻打陇海铁路的偃师、黑石关，截断冯玉祥的西北军归路，使蒋蔡两师得以顺利进军。1931年，何泾渭随张惠长返回广东，任第一飞机队分队长。

1936年，陈济棠第一集团军司令部下设航空学校、飞机制造厂、飞机修理厂和九个飞行中队，何泾渭任第七中队中队长。蒋介石为把陈济棠的空军攫到手上，策反了粤空军司令黄光锐和参谋长陈卓林后，又派陈卓林分别对何泾渭、马庭槐、陶佐德、谢奔、邓显刚等6个中队长进行策动工作。何泾渭等因对陈济棠不满，倾向蒋介石，且有两万元奖金，就答应倒向蒋介石。但陈济棠也召集空军各中队长回到家中开会，宣告自己任抗日联军总司令，出兵北上，要各中队长表态赞成。后来何泾渭等再经陈卓林做工作，方去见黄光锐，表明北飞投蒋。

1936年7月17日下午，经陈卓林传令何泾渭等中队长做好北飞准备，每个中队领了4000元港币做安家费。18日各机队集中轰炸机、驱逐机、侦察机共72架，150人飞抵韶关，受到余汉谋设宴招待。7月20日，何泾渭等率领各中队飞往南昌，受到南京航空委员会欢迎。接着，黄光锐、陈卓林二人乘飞机到了香港，发表了有何泾渭等9个中队长署名的"团结御侮"的通电。7月30日，蒋介石夫妇在牯岭中山图书馆礼堂开会欢迎何泾渭等人。8月3日，他们奉命到杭州笕桥中央航校受训三个月后，何泾渭的原第七中队改编为南京空军第二十九中队，何仍任中队长并得到一枚五等云麾勋章。

1937年8月14—15日，何泾渭等参加了抗日的句容会战。当时驻在南京、句容、杭州的有第三大队第七、十一中队，第五大队的十七、二十八、二十九中队。会战时敌军启用被誉为王牌的"木更津"轰炸机，由台湾起飞，每次9架分两批偷袭南京、句容、杭州等空军基地。何泾渭的二十九中队和其他中队起飞迎头痛击敌人，先后击落敌机6架，取得南京政府称为"六比零"战果。空战后，何泾渭率队飞往广州，承担保卫南大门重任。

1937年8月31日、9月10日、9月24日，日本侵略空军先后三次空袭广州，何泾渭均亲率二十九中队三个分队驾机迎敌。最激烈的9月10日空战，6架日机偷袭广州，何泾渭率领9架飞机迎敌，由于敌机占了空中优势，我方9架飞机只好各自为战。当时敌机轰炸天河、白云两机场后，正准备窜走，但二十九中队飞行员黄绍廉紧追不放。当到达新州上空时，另一机员邓从凯赶来，配合黄击落敌机1架。接着黄又联同谢金驾机追击敌机，把敌机击落在珠江口。空战中何泾渭亦亲自击落、击伤敌机各1架。

1938年春，日军侵占了鞠湖。先后在2月18日和24日、4月26日和29日、5月27日，以9个中队81架轰炸机和驱逐机偷袭武汉三镇和空军机场。当时驻在武汉和郊区荒地的空军有第三大队和第五大队的十七、二十八、二十九、三十二等四个中队，另有苏联志愿大队。在五次空战中，敌机数量多于我机几倍，且敌机的零式机型速度快。我方空军虽处于劣势，但何泾渭等抱着以一当十的英雄气概参加空战，击毁敌机21架，打击了敌人的嚣张气焰。我方战机亦伤毁17架，何泾渭腿部中七枪，伤愈后奉命到四川航空委员会任训练处处长，负责培训飞行员。在此期间，何泾渭编写过《航空操典》、"空军条令"。1940年何泾渭因受排挤，离开四川移居澳门。抗战胜利后的1946年，张惠长安排他任中山县前山水上督察，1948年任中山四区田赋处主任，1949年到了香港。

何泾渭先生热爱家乡，留恋故土。据他的堂侄子何进林先生和老一辈村民反映，他曾多次回乡省亲省墓，同兄弟叔侄和房亲一起到先祖墓地拜祭先人，慎终追远。抗战期间，虽然战事紧张，烽烟四起，但他在驾机途中，多次绕道飞回家乡，在张家边上空低飞瞭望，盘旋几圈，向家乡父老挥手致意，然后才依依不舍地飞离。

1960年，何泾渭先生因病医治无效逝世于香港，终年60岁。

郑天健（1900－1975）

字水心，祖籍火炬区濠头村。1922年，他娶清朝官员香山学台黄翼彰之女黄佛摇为妻。早年参加革命诗人会集的"南社"，后在香港从事新闻事业。1923年起协办《香江晚报》

并在香港《大光报》《工商日报》等任主笔。1936年任薛岳将军秘书，官阶为上校。1937年抗日战争期间跟随薛岳将军投入淞沪东战场战役，在江苏栗水遭炸伤，后返回大后方疗伤。1938年任湖南省政府主任秘书，后调任《湖南国民日报》社长，湖南省干部训练处处长。1940年升任第九战区少将。战后任湖南省国民党省党部委员兼宣传处处长。1949年任广东省地政局局长、中山县县长，并于同年赴香港。历任香江书院、德明书院、新亚书院、香港中文大学联合书院教授。1959年任《中国人》主编，次年参与创办中国书院。著作甚丰，长于诗词，于华侨日报撰《兰室清话》，曾于般含道学海书楼说词。亦有著作《水心楼词话》《水心楼词诗话》《四言诗的塑形》《海角钟声》等。

李凡夫（1906 - 1990）

原名郑锡祥，祖籍火炬区濠头村，出生于穷苦华侨工人家庭。1926—1929年在广州中山大学附中读书，接受进步思想。1929年到日本留学，研读马列主义书籍。1931年"九一八"事变后，毅然弃学回国，后转到上海暨南大学继续学习。1934年参加中国共产党，曾任"上海社联"党委委员、党团委书记。"七七"事变后，到延安担任《解放周刊》编辑，任红军大学、抗日军政大学、陕北公学等校教员，被公认为名教授之一。1943—1949年，先后任华北联合大学副教育长、教育学院副院长、中共中央军委办公室主任、中共中央军委干部队第二大队长、中共辽宁省委和吉林

省委宣传部副部长、吉林省委党校副校长、江西省委宣传部部长等职。全国解放后，先后任中共华南分局和中南局宣传部副部长、中央第五中级党校校长兼党委第一书记、中共安徽省委委员兼调研室主任。1959年曾因如实向上级反映当时浮夸风对农村所造成的危害，被撤销领导职务。1962年得到平反后，任中共安徽省委常委兼宣传部长。1964年任安徽省人民政府副省长，曾被选为第三届全国人大代表。"文化大革命"期间，由于反对林彪的"顶峰"等谬论，遭到打击迫害，身心受到摧残，粉碎"四人帮"后得到平反。1978年被选为安徽省第四届政协副主席。1979年当选为安徽省人大常委会副主任。他著作甚多，代表作有《中国与日本》《抗战八年来的八路军和新四军》《革命的世界观与道德观》等。1990年病逝于北京。

孙康（1906 - 1996）

又名孙一艺，孙映雪，沙边村人。1986年离休，1996年病逝于广州，享年89岁，是副省级干部。

孙康于1923—1926年在中山县立中学读书，接受进步思想教育和影响，加入了共青团组织，1927年参加了中国共产党。大革命失败后，中山党组织遭到很大破坏，但他仍冒着生命危险，奔走革命，将生死置之度外。当时他在沙边以教师、校长身份

做掩护，向学生、教师、群众宣传新文化，宣传革命道理和进步思想，在教员和村民中发展党员，同时在中山恢复和建立党的组织。1937年于石岐成立中共中山工作委员会，他亲任书记。抗日战争爆发后的1938年，孙康在县立七小（西桠小学）当校长，以七小为抗日战时基地开展抗日宣传，组织抗日救国运动，培训抗日军政骨干和党的干部，组织成立中山抗日先锋队。此时孙康仍是中共中山县委书记兼中山抗日先锋队副总队长（总队长由县长张惠长兼任），领导中山军民抗击日寇，在横门抗击日寇侵犯中山时，与日寇短兵相接，给日军重大打击。

1938年冬，孙康被国民党罗织罪名通缉逮捕，幸得孙海筹秘密通知出走，才幸免于难。1940年，他受党的委派，到印度"支那"侨党工作，并在东南亚的越南、缅甸、柬埔寨等国家的华侨中进行抗日救国的思想教育，推动了当地的抗日运动并培养了一大批华侨青年学生。新中国成立后，这批学生大多数被输送回国参加社会主义建设，在各条战线上发挥了出色的作用。

1948年年初，孙康因从事革命活动被越、法当局驱逐出境，后回到香港参加了华南分局举办的高级干部训练班，并研究迎接全国解放等问题。1950年1月，南下大军进入云南昆明。云南解放后，孙康在云南省委任副秘书长、省委宣传部副部长、云南省高级法院院长和民政厅党组书记等职务。

孙康向来心胸宽广，思想境界高，组织纪律性强，从不计较个人得失，工作、思想作风很严谨，无怨无悔为党和人民工作。他一生生活简朴，过着普通老百姓的生活，他是一个一身正气、为官清廉、两袖清风的好党员、好干部，为我们后辈树立了榜样。

林开友（1910 – 1938）

祖籍火炬区宫花村，旅日本华侨，是一位爱国的热血男儿。1937年日本侵略者不顾世界舆论的谴责，悍然出兵侵略中国。他对日本帝国主义的侵略行径极为愤怒，故于1938年毅然回国参加中山县抗日先锋队，与日寇进行殊死的斗争。在张家边大王头山一带的一次抗击日寇的激烈战斗中不幸壮烈牺牲，时年仅28岁。为缅怀烈士英灵，不忘革命先辈功绩，宫花村委会在村内建了一个烈士纪念公园，园内建了一座"抗日烈士林开友纪念碑"，让世世代代的村民纪念和学习烈士爱国爱民、英勇抵抗外侮的精神。

宫花小学师生向林开友烈士致敬

林均能（1910 – 1938）

乳名定英，下陂头村人。林均能小时由叔父林泽生带到法国读书，与同学翁照垣（回国后任十九路军旅长）友好，过从甚密。

回国后，林均能曾一度与翁照垣活动于福建人民政府，但未任实职。福建人民政府解体后，于1934年到了南京，由中央防空学校校长黄镇球介绍任防空学校教官，著有《航空》一书。在职一年左右后，因在法国学习飞行时失事受伤的腰部旧患复发，离职返回家乡就医，直到抗日战争爆发，移居香港。1938年春回内地参加抗日，由叔父林泽生请孙科介绍，进入中央航空委员会工作。后被派往广州航空总站（又称第十总站）任站务股股长，主管总站所属各地机场（站）。途中，林急性腰腹膜炎突发，失医死亡。

吴干群（1911 — 2000）

祖籍火炬区张家边二村，旅澳洲华侨专栏作家，《东镇侨刊》顾问。早年入读中山县立师范学校，毕业后一直在本村小学执教，曾一度出任乡立高小校长，兼任张家边月刊社社长。新中国成立后则赴香港经商，1976年移民澳洲，定居雪梨。初期曾开"皇上皇"餐馆，后因继室朱金梅来澳洲团聚后不久去世，吴先生便将餐馆出售，潜心写作。其作品计有：《澳洲风貌》《百胜滩之旅》《美、日、加之游》《神州之旅》《孔孟之道》《正风随笔》及《浮生摘记》等。其中《正风随笔》荣获华侨救国联合总会颁发"华文著述佳作奖状"。吴先生对家乡教育事业尤为热心，曾先后两度出任张家边村建校委员会委员，并捐建张家边幼儿园教室一间。他不但自捐，还奔走澳洲的侨亲并两度自费前往美国发动乡侨乐捐建校经费，既出钱又出力，其精神尤为可贵。吴先生于2000年1月在澳洲辞世，享年91岁。

蔡北华（1913 – 1996）

祖籍火炬区张家边村，1935年参加革命并加入中国共产党。他在广州市立一中和中山大学读书时，接受进步思想，立志投身革命。"九一八"事变后，他积极参加抗日活动，加入党的外围地下组织，宣传团结抗日。1936年赴日本东京大学读书，参加左联、社联等进步社团活动，参与反帝同盟和留日学生会工作，与国民党反动派进行坚决斗争。1937年8月，从日本回国后，不顾国民党反动派的控制，在广州参加抗日救亡运动，组织留日学生成立抗日救亡团，向难民和伤兵进行抗日宣传教育，争取爱国人士参加统一战线工作。1939年5月受中共党组织指派，前往广西地方干部训练学校担任政治指导员，培养地方干部，发展抗日进步力量。1941年5月，到香港从事日本问题和交通研究工作。在复杂的环境和尖锐的斗争中，不顾日本宪兵的搜捕，收集日伪在香港的活动情况，为开展对敌斗争提供有价值的情报资料。1946年5月，他先后在重庆南方局和上海中共办事处开展工商界统一战线工作，研究财政经济问题。同年11月，任中共香港工委、经商委员会委员、《香港经济导报》主编、建中工商专科学校校长等职务。1949年6月，任上海市工商局党组副书记、书记、副局长等职务，为资本主义工商业改造做了许多工作，为上海市发展生产、恢复经济做出贡献。1955年担

任中共上海市委统战部副部长，市人民政府办公室副主任，上海冶金矿山机械厂副厂长，上海市工商局党委书记、局长等职务。"文化大革命"期间遭到打击迫害，粉碎"四人帮"后，得到拨乱反正。1977年重返工作岗位，任上海市工商局革委会副主任和社会科学院副院长。1981年10月，任上海市财经委员会副主任、上海市第八届人大常务委员会常委、副秘书长、市人大财政贸易委员会副主任、财政经济委员会副主任。1990年9月离职休养后，仍主动参加社会义务劳动，关心上海的"两个文明"建设。1996年2月病逝于上海。

欧阳阅荣（1914－卒年不详）

祖籍张家边大岭村。1914年出生于美国旧金山，毕业于加州大学，为医学博士。第二次世界大战时曾参加抗敌，被派驻缅甸与中国云南地区，在军队中担任校级医官。"二战"结束后复员，回旧金山加州大学任教，先后担任医学教授、博士生导师。其夫人闫秀颜同是医科大学毕业生，在旧金山一直从事医疗临床工作。

郑奕刚（生卒不详）

字彦闻，张家边濠头村人。民初社会活动家，1915年创办香山《仁言报》。辛亥革命后曾任广东省参议员。

郑荣（1916－2014）

祖籍火炬区濠头村，1911年于香港出生，是香港武术健身协会名誉会长、香港武术联会创办人、香港北少林地蹚八卦门武术总会第二代掌门人。他儿孙一家三代继承与发扬祖国武术传统，屡获殊荣，是威震亚洲乃至世界的武术世家。

1941年香港沦陷后，郑荣先生积极参加抗日救亡活动，经常秘密奔走于香港与粤北之间，北上南下，开展抗日救亡工作。抗战胜利后，他在香港筲箕湾地区参加爱国工作多年。群众称他是"左"派"四大天王"之一。

郑荣先生在武术和医学上都有相当高的造诣，在香港筲箕湾开医馆，是著名跌打骨科老中医，很有成就。他自幼喜爱武术，练就一身高超武艺，刀、枪、剑、棒样样皆精，曾获世界功夫武术奖。儿孙辈在其影响与熏陶下，从小习武，个个武艺高强，成为名不虚传的郑家军，多次参加国际武术大赛都名列前茅。2003年，受中山市侨务局邀请，携子孙三代人回家乡做武术慈善义演，造福家乡福利事业。

他的大儿子郑宝林被称为"香港散打之父"，是香港北少林地蹚八卦门武术总会的第三代掌门人。二儿子郑凤池荣任香港武术健身协会会长，并曾被委任为亚运会第十一届、十二届武术总裁判长，第五届世界武术锦标赛竞赛处主任。他曾获香港体育界杰出贡献成就奖，1999年获香港第四届武术锦标赛南拳冠军，受到霍英东先生颁奖。

郑荣的孙子郑家豪（凤池子），1979年出生，现为香港武术队的助教和运动员。他从4岁开始跟祖父及父亲习武。1993年加入香港青年军，成为香港武术界的后起之秀，获得香港青少年儿童武术分龄赛男子南拳冠军。1994年获香港武术公开锦标赛男子青少年组南拳、刀术、棍棒全能冠军。1995年获世界武术锦标赛男子南拳第四名。1996年获第一届亚洲青少年武术锦标赛南拳、刀术冠军。1997年获第二届亚洲青少年锦标赛男子组南拳冠军。1999年获第五届世界武术锦标赛男子南棍冠军及男子南拳季军。2001年获第六届世界武术锦标赛男子南棍亚军、男子南拳亚军、男子南刀亚军。2002年获釜山亚运会男子南拳三项全能铜牌。2003年11月6日，郑家豪在来自全世界57个国家和地区的选手中脱颖而出，以9.35分的成绩荣获第七届武术锦标赛男子南拳冠军和男子南棍亚军。孙女郑嘉颖1999年获第五届世界武术锦标赛少年组太极拳桂冠。郑荣先生祖孙三代继承和发扬祖国武术传统，屡获殊荣，名扬四海，不愧为武术世家。

郑荣先生爱国爱乡，热心家乡建设。家乡筹建火炬开发区侨胞之家时，他大力支持，捐资港币20000元。濠头村修建侨联会大楼，他捐资港币13000元及人民币1350元。每次回乡，他都捐资侨联会、侨刊社和老人福利会，还向老人捐赠近百把可遮雨和做拐杖两用的雨伞。村民向他深表感谢。

郑荣先生长期担任濠头村侨联会名誉会长、《东镇侨刊》顾问。2014年5月13日，郑荣先生寿满天年，享年103岁。

欧阳可亮（1918－1992）

祖籍火炬区大岭村。1918年5月23日出生于北京，1992年5月1日去世于东京，享寿74岁。他毕业于日本东吴大学，曾任日本同文书院、日本外务省研修所、爱知大学、一桥大学、国际基督教大学、拓殖大学教授。他是甲骨文学者，日本学界称他为"甲骨文最高权威者"。其书法笔名曾用过欧阳如水、欧阳尧山、欧阳明。1972年和日本国田中角荣总理共同合作推动恢复中日两国邦交。他从事教学41年。他的学生中出了三位日本国的总理大臣：田中角荣总理、中曾根康弘总理、太平正芳总理。由1972年中日邦交正常化到1992年为止，驻北京、上海、广州的日本大使和领事馆官员，都是他在日本外务省研修所教出来的学生。

唐向明（1920－2000）

祖籍火炬区江尾头村，1932年就读中山简易师范学校，毕业后在本村和外地当过教师，又在中山五区区署任过公职，后往香港先务工后经商，继而前往澳洲悉尼等地寻求发展。

他喜爱文学、历史、书法、诗词歌赋。其中在书法、诗词方面有较高深的造诣。他的诗作深入浅出，情真意切，寓意深刻。他的书法可谓是一流水平，曾荣获全国华侨书法比赛第二名。

唐先生以诚待人，办事严谨，待人和蔼可亲，热情有礼，具有诲人不倦的精神。在澳洲，他任过澳洲中山同乡会主席和侨青社负责人。侨亲有事咨询于他，他知无不言，一一耐心作答；托他办事，他高度负责，绝不马虎，为侨胞办了许多好事、实事，博得侨亲的赞许。他爱国爱乡，热心社会公益。20世纪80年代初江尾头村建校，他与昆仲唐义明、唐焕枢合捐"春晖教学楼"一座，计港币53500元。1994年，江尾头长堤路段安装路灯，他捐助人民币5000元。1995年区筹建"东镇侨胞之家"和张家边医院，他分别乐助港币5000元和10000元。他是一位德高望重、受人尊崇的侨亲。

孙杏佳（1919 - 2008）

祖籍沙边村。村民、朋友、学生和体育界人士都尊称他为佳叔。

他早年毕业于中山县立高中，后考入广州体专，毕业后曾在沙边小学、贵州省立都匀中学、贵阳十四中学、贵州省立师范学校和广东云浮中学任体育教员和体育主任。抗日战争时期在广西桂林中央军校任少校体育教官。1948年曾代表中山县参加广东省在广州举行的第十五届体育运动大会，获得十项全能冠军。当时，中山县凡是举行大型体育比赛，佳叔均担任体育运动会总指挥和总裁判长。1946年至1957年他在中山师范任体育主任，后申请前往香港，继而侨居澳洲。佳叔在中山师范任教期间，由于理论和实践相结合，又吸收国外体坛新知识，教学有方，训练指导严格，培育了不少出色的运动员和教练员，对中山体育事业做出了较大的贡献。他很多高足在中山各中小学任教体育。

他出国后不忘家乡体育和教育工作，对社会公益事业也十分关心。沙边村第一部彩色电视机是他亲手从香港购买回来给父老乡亲看的。他先后资助沙边小学和村中的公益事业共39650元人民币。张家边区建设新医院时他捐助10000元。此外他对中山师范、市一中、侨中等也有所资助。

欧阳图强（1920 - 卒年不详）、欧阳焕文（1923 - 卒年不详）

两人均为大岭村人。1943年7月31日，美国陆军十四航空队和中国空军联合组成一支中美空军混合队，中山侨胞欧阳图强和欧阳焕文当时亦随美军来华参战。美空军人员来到中国后遇上言语不通等问题，欧阳图强、欧阳焕文等一批华侨青年便起着沟通语言的桥梁作用。

中美空军混合联队曾于1943年感恩节，派遣轰炸机偷袭台湾日军新竹机场，炸毁敌机42架，同时击沉日军舰只约28000吨，出击入侵武汉、九江、广州和香港等地日军，取得一定的战果。欧阳图强和欧阳焕文分别参加了一些战斗行动。

抗战胜利后，欧阳图强升任空军少校训练官，曾参加日寇侵华总代表金井氏向中国投降的仪式，后留在中国两年，协助培训中国空军。欧阳焕文则回到了美国。

马桂才（1920 - 2016）

祖籍火炬区张家边一村，其父马桥崧先生在20世纪40年代是商业界大户，曾在张家边大庙街开设颇具规模的东昌油糖酒米杂铺。马桂才先生前往美国50多年，经营餐馆业，由于经营有道，加之天时、地利、人和，生意颇佳。他为人正直豪爽、热情好客、通情达理、和蔼可亲，热心侨团工作，曾任三藩市德善堂主席和多届理监事、监事长、副主席和主席。他爱国爱乡，热心家乡公益事业，尤其倾情家乡的教育事业。1986年张家边重建小学校舍时，他率先捐建小学教室一间及幼儿园教室一间，共8500美元。当张家边小学建成时，他受邀从千里迢迢的美国三藩市回来参加新校舍落成庆典剪彩活动，即席发表讲话，勉励教师为造就人才而努力，鼓励学生读好书，长大后为国家建设服务。1994年张家边区建医院，他乐助港币20000元。此外，他每次返家乡都必到张家边侨联会、老人福利会和《东镇侨刊》社作客，慰问老人，并给予资助。他尊老爱幼，热心社会公益，积极支持教育事业的精神，深得村民的赞赏。

马桂才先生受聘为张家边社区侨联会顾问、张家边小区侨联会名誉主席、老人福利会名誉会长和《东镇侨刊》顾问。

王颂明（1921 - 1991）

祖籍火炬区宫花村，出生于香港。其曾祖父早年赴美国谋生，父亲王棠追随孙中山革命，曾任广东财政厅厅长。王先后就读于香港培正小学、中学，于广州培正中学毕业。1938年考入昆明西南联大的清华大学攻读机械工程，1942年大学毕业后在中山大学执教，后在成都中国空军研究部门及国民政府的交通部和经济部工作，任尉官。1936年考取美国普渡大学奖学金，获硕士学位，即入哈佛大学，专攻工商管理，同时任大学讲师兼职通用公司，曾为攻读博士学位在餐馆洗碗，当侍应，在纽约大学等大学学习18科工程课程，前后用9年时间获哥伦比亚大学物理学、工程学双博士学位。20世纪50年代中期，王参与火箭"推进系统"和"重返大气层"问题的研究，在《电离子推进》论文中，提出了不断供应宇宙飞船电源的方法，受到美国当时太空科学家的重视。美国第一艘宇宙飞船在重返大气层所用的防热装备，大部分是依照其理念设计制造，是美国著名的太空科学家。

王曾任美国政府海水淡化事务署署长，美国内政部副部长兼司长，美国能源部副部长、部长等职。1985年任美国里根总统亚洲事务首席顾问，是美国国会中任职最高的华裔之一。1973年他首次返国，获邓小平接见。1986年3月应叶选平、王屏山邀请访问广东省。王曾多次返中山探访。1991年在美国病逝。享年70岁。

孙敬全（1925 – 2008）

祖籍火炬区沙边村，1945年至1949年在沙边小学任教。他从教严谨，为人师表，师生关系良好，村民评价甚佳。20世纪50年代，他申请往香港，后移民美国三藩市，一直从事餐饮业。他为人厚道，向来热爱家乡，常主动联络乡亲，热心服务侨团，热情为侨服务。他曾任德善堂多届理、监事，副主席，主席等职。

欧阳金海（1925 – 2009）

祖籍火炬区大岭村，13岁时到美国与父亲团聚。18岁服兵役，曾参与第二次世界大战，加入盟军攻陷诺曼底。1945年第二次世界大战后返回美国，服务于屋仑国际机场，之后自营酒庄。1948年随父母回到故乡，与沙边村孙意珍小姐结为夫妇，后随父母返美，育有三名子女。

欧阳金海先生关心居住国社会，在美国三藩市华人社会享誉甚高。他是亚洲基金会创办人之一，曾数度被选为中山德善堂副主席、主席，亦曾担任屋仑狮子会会长、屋仑亚洲文化中心董事、华生服务社董事、屋仑华埠商会董事。他还被选为亚洲反罪恶委员会成员，与屋仑市警察局紧密合作，做出了显著成绩，为华侨华人所敬仰。1984年他被评选为该年度之杰出华裔移民，获得美国四任总统和夫人亲笔签署的赠相与祝贺，也荣获美国国会上议院和屋仑下议院签署的嘉奖状，还有加州上议院、东湾国际机构和屋仑市的嘉奖状并接到出席老布什任职总统典礼的邀请函。

1984年，欧阳金海先生被评选为该年度之杰出华裔移民，获得美国四任总统与夫人亲笔签署的赠相，向他表示最好的祝愿和敬意

金海先生不但关心居住国社会，对祖籍国和家乡也十分关心。当他了解到家乡大岭学校几经修葺仍很落后时，捐献并向侨亲劝捐共达8万多美元重建了大岭学校，同时与夫人孙意珍捐赠大岭侨联会一间会所。他每次回乡都解囊资助大岭奖学基金会、老人福利基金会等单位，家乡父老对金海先生的善举皆表称颂。

2005年，他回家乡将其收藏已久的具有特殊意义的参加诺曼底登陆战斗所穿过的军装及一些珍贵文物捐赠给中山市博物馆。

2009年8月中旬，欧阳金海先生因患病医治无效辞世，享年84岁。

欧阳辉（1928 - 2005）

出生于墨西哥，祖籍火炬区大岭村。第二次世界大战前随父母兄弟返回家乡，新中国成立后重返墨西哥。他在墨西哥工作十分勤奋，事业有成。他热心为侨胞服务，自担任墨西哥中山总会馆主席以来，为中国旅墨侨民办了许多好事、实事。早年他与其子创办了一间医院，为侨民医疗服务，是一位德高望重的好侨领。

马干才（1928 - 2015）

祖籍火炬区张家边四村，1956年定居美国，在三藩市从事餐饮业。他工作勤奋，经营有方，待客热情，生意一向都比较兴隆。

马干才先生关心侨胞，热心侨团工作，多次出任三藩市中山德善堂主席。早年华侨先辈在三藩市成立中山德善堂，旨在联系侨胞，维护华侨在居住国的合法权益。但当时没有会所，开展会务工作比较困难。马干才先生与德善堂几位理事商量，发动侨胞集资，于1967年在华埠跑华街购得1234号的四层楼房做德善堂会址，使侨胞有了聚会联谊和娱乐活动的场所，使侨亲彼此间加强了联系沟通，增进了情谊，互相扶助。德善堂日益壮大，会务日益兴隆。

1999年，马干才先生荣膺美国中华总会馆总董和三藩市阳和会馆主席。三藩市市长布朗先生亲自向马干才先生表示热烈祝贺。国家和省、市、区各级侨务部门也向他表示热烈祝贺并经常邀请马干才先生回乡参加各种庆祝活动。1999年他受国务院邀请，回国参加中华人民共和国成立50周年国庆观礼。2005年12月上旬，他受广东省侨办的邀请，回乡参加广州首届华人文化艺术节活动；并受海南省华侨委员会的邀请，以中美友好访问团的名义访问海南省，他受到海南省人大常委会和华侨委员会的热情接待。同年12月中旬，他受邀参加在香港举办的第三届世界海外华侨联谊恳亲大会。2006年4月，他参加在澳门举办的第六届世界（中山）同乡恳亲大会，并受邀回中山参观家乡的建设，受到中山市政府、侨务局和侨联会等的热情接待。区管委会和侨务办派出专人和专车陪同马先生等侨胞参观临海工业园等五大工业园区及中山港的建设，并设宴招待马干才先生一行，管委会主任代表区政府向他致送"情系故里"锦旗。

马干才先生热心服务侨团工作几十年，为维护祖国统一大业和侨胞的合法权益做了大量工作，为侨社做出了贡献。他在三藩市政界、侨界都享有较高的声誉，是一位德高望重的侨领，深受侨胞的尊崇与拥戴。

马干才先生爱国爱乡，几十年来虽侨居异国，但他心系家乡，热心家乡建设，为开发区的统侨工作、侨联工作及落实侨房政策等工作都给予很大的支持帮助，贡献了爱心和力量。他被聘为火炬开发区侨联会和张家边侨联会名誉主席、火炬区老年人协会名誉会长和东镇侨刊社名誉社长。他每次返乡，都必到区、村侨联会、老年人协会、老人福利会、敬老院和东镇侨刊社等单位做客、座谈并给予资助，慰问老人。马干才先生热爱家乡、热心社会公益、尊老爱幼，深得乡民的称颂。2008 年"九九重阳"庆祝老人节大会上，火炬开发区老年人协会授予他"敬老楷模"锦旗。

欧阳民（1935－2015）

祖籍火炬区大岭村，是著名华裔画家、美术教育家。旅墨西哥富商欧阳桂章的幼子，母亲是西班牙裔墨西哥籍妇女。他英年初露锋芒的时候，在墨国便小有名气。在他潜心于艺术领域深造的同时，为弘扬祖国的文化，向世界宣示中国人的勤奋勇敢、聪明能干，他花了多年心血，不遗余力收集先侨在墨国的创业史迹，著书立说，在墨西哥出版了西班牙文本《沙漠之龙》和中文本《墨西哥下加省华侨沿革史》等著作，使中国文化在海外得到发扬光大，为中墨的文化交流立下了汗马功劳。他曾在墨西哥下加州州立文学艺术学院深造，毕业时获创作首奖。其画风蕴含中国禅学的高深哲理，雄浑潇洒，奔蛇走虬，其泼墨泼彩犹若骤雨疾风，使不少画迷倾倒，更深得艺术界前辈与国际同行的赞赏，作品更为拉丁美洲各国政要及收藏家购藏。各国报章、电台、电视台曾为他多次做专题介绍。他的名字被收入当代艺术界名人录。他曾在美国洛杉矶及圣地亚哥、墨西哥城、达拉哈拉、台北、南京等地举办个人的"天马画展"，深受好评。

欧阳民教授的业绩得到了墨国和国际的认可。他担任过墨国下加州中国文化研究中心主席、国际中国美术家协会常务理事、南京书画院特聘高级画师、墨西哥下加州州立美术学院院长和教授、墨西哥下加州州政府文化厅顾问、墨西哥下加州墨西加利中华会馆主席等职。

义重乡国的欧阳民教授，对祖国和平统一事业高度重视，为台湾回归祖国统一事业奔走四方，担任墨西哥下加州中国和平统一促进会副会长，还创办了《墨国侨讯》，宣传祖国和平统一国策，报道墨国侨情，团结墨国和世界华人、华侨，为祖国和平统一事业做贡献。

2001 年他受中国国务院邀请，与世界各地华侨华人代表回到北京出席 21 世纪华侨华人社团联谊大会。会议期间，受到国家领导人李瑞环、钱其琛等的接见并合影，同年受聘为中国侨联海外顾问。

郑宗励

祖籍火炬区濠头村，其祖父郑亮满侨居加拿大已是 100 多年前（已逝世）。其父郑焕英 1938 年前往加拿大。郑宗励于 20 世纪 50 代初前往加拿大随父生活。一家四五代数十人在加拿大谋生，是个华侨大家庭。

郑宗励由小学至大学毕业，都就读于加拿大。他智商高，在学期间肯学好问，成绩甚佳。大学毕业后，在加拿大从事商业活动，常与中国出口商业部门来往，洽谈业务，做商品交往，互补进出，业绩喜人。2008 年他荣获加拿大移民企业家奖。

早在 20 世纪 80 年代初，郑宗励先生就积极参与海外侨团活动，为侨团和侨胞办了很多实事、好事，受到侨胞拥戴。他先后任过大温哥华中华文化中心主席，全加华人联会太平洋区财政部长，温哥华中华会馆外交，加拿大温哥华铁城崇义总会主席、实业部主席、体育会会长、总会董事，加拿大温哥华濠头侨所主席，中中校友会顾问等职。

中国实行改革开放后，郑宗励先生常回国观光、办事。2002 年 11 月间，他率领加拿大温哥华侨胞及濠头会所侨亲 80 余人返国参加第四届（世界）中山同乡恳亲大会。会后与侨亲一起回家乡，受到开发区政府、濠头村委会及乡亲们的热烈欢迎。

2008 年 7 月 5 — 7 日，第七届（世界）中山同乡恳亲大会在加拿大举行，郑宗励先生主持和带领铁城崇义总会全体成员成功举办了此次恳亲大会，为华侨华人争了光，为中山人民争了光。2011 年，郑宗励先生荣膺第三届年度最杰出全加拿大移民奖，这是华人的骄傲，是中山火炬开发区人的光荣。

孙照钧

祖籍火炬区张家边三村。他旅居澳洲悉尼 30 多年，一向从事贸易和餐饮业。他在悉尼开办了创达贸易有限公司和中发集团有限公司，经营有道，生意兴隆，事业蒸蒸日上。在悉尼政界、商界和华侨社团中颇有名望，被推选为澳洲中山同乡会永远名誉会长。2004 年 10 月间，第五届（世界）中山同乡恳亲大会由澳洲中山同乡会主办，孙照钧先生被聘为本届恳亲大会的名誉主席。澳洲中山同乡会每年举行重大节日的庆祝活动和各种纪念活动时，他都与同乡会的领导成员一起热情接待我国驻澳洲领事馆的官员和澳洲上流社会（包括前总理惠特拉姆等）政要。同时，他还经常热情欢迎和接待我国到悉尼考察访问的各级政府官员和到澳洲旅游观光的乡亲。

孙照钧先生一向爱国爱乡，热心家乡公益事业。张家边小学重建时，他合资捐助一间教室（仁爱堂），张家边中心幼儿园重建时又捐助一间课（孙金星堂）。他每次返乡，都慷慨解囊，向张家边侨联会、张家边老人福利基金会、东镇侨刊社等单位赞助经费，被聘为火炬开发区侨联会名誉顾问、张家边社区侨联会顾问、《东镇侨刊》顾问、张家边侨联会名誉主席和老年人协会名誉会长。

孙照钧先生现任澳洲广东侨团总会理事、澳洲中山同乡会永远名誉会长兼常务副会长、澳洲中山商会副会长、澳洲广府人联谊总会副会长和澳洲中中同学会会长。

郑今后

祖籍火炬区濠头村，旅加拿大商人、社会活动家。1954 年前往加拿大温哥华市协助其父办农场，1956 年参与百余农场组建的"卑诗省平原农业合作社"，历任社长。1957 年参加洪门民治党组织，1960 年被选为中山濠头侨所主席。

1965年加入加拿大铁城崇义总会，任青年组长。1969年任加拿大洪门民治党总支部主任，为海外洪门最年轻的组织者。1975年任铁城崇义总会主席及崇义体育会顾问。1977年连任加拿大郑荣阳总堂主席。1979年创立荣阳体育会，并任该会顾问。同年被选为中华会馆副理事长，长期支持温哥华中华文化中心工作，历任温哥华《大公报》董事。20世纪80年代被聘担任世界郑氏宗亲会顾问、广东省湛江市海外联谊会名誉会长、中山市归国华侨联合会顾问等职。

郑于1973年组团回国访问。1987年创立大陆国际贸易有限公司，任董事长并担任林斌系统企业公司副总裁，开展中国大陆旅游、引进、贸易、投资、中外合资办企业等咨询服务工作，在温哥华发表过《加拿大洪门与辛亥革命》等文章。

1985年郑今后先生回国观光并将一间祖屋捐赠给家乡濠头侨联会。

郑今后先生热爱家国，为祖国经济繁荣做出了贡献，深受村众的好评。

孙靖夷

祖籍火炬区沙边村。他早年毕业于香港大学，获工程硕士学位，移居加拿大后获博士学位。他在加拿大长期从事电脑研究，先后出版电脑著作11册，科学论文300余篇，是加拿大著名的华人电脑专家、电脑教授，曾多次受邀到多个国家讲学。他学识渊博，具有相当高的科技管理才能，曾任加拿大Concordia大学工程与电脑学院副院长和加拿大国际学会会长，是加拿大科技界的佼佼者，被列入世界名人录。

孙靖夷夫人陈相玲女士是一位学历高、德才兼备的上流社会女性，是加拿大政府出色的官员，曾任加拿大联邦交通部发展中心主管，政绩显著，对加拿大交通研究有独特见解，贡献良多，被誉为沙边村旅外侨胞杰出女性。

吴耀庭

吴耀庭祖籍火炬区张家边二村，1965年毕业于中山医科大学医疗系本科。在国内从事医生工作，并任医院业务院长。1982年移民美国，考取加省针灸师执照，同年开始执业。他对穴位针灸很有研究，医德、医术甚佳，求医者甚众，赢得人们称道。他交际面广，常参与华侨、华人社团活动，热情为侨团服务。他出任过三藩市中山德善堂三届监事长，四届副主席和三届主席以及美国阳和总会馆主席、顾问，全美中华总会馆总董，旧金山湾区中国统一促进会顾问、副会长，驻美中华会馆商董，美国中中同学会会长，六山管理处执行委员会主席，美国加州珠海联谊总会名誉会长，美国华商总会顾问，中山德善堂顾问，中山市侨联顾问，张家边社区侨联会

顾问和《东镇侨刊》顾问。2002年,他组团带领德善堂20多位侨亲回国观光旅游,受到市、区、村各级领导和侨务部门的欢迎和热情接待。2013年11月16日,吴耀庭先生率领美国阳和总会馆回乡观光团一行21人回到家乡观光访问,受到张家边社区和张家边小区主要负责人马国雄、陈雪云、陈国权等的热情接待。

2016年11月30日,吴耀庭及他的夫人、著名华裔作家伍可娉受国务院侨办邀请,到北京参加中国文学艺术界联合会第十次全国代表大会和中国作家协会第九次全国代表大会。

高华焜

祖籍火炬区张家边三村,旅居美国30多年,一向经商,事业有成。他热心侨团工作,历年来出任全美俊英工商总会总理,三藩市中山德善堂理事、副主席、主席和三藩市阳和总会馆理事,其夫人周杏簪女士亦长期担任中山德善堂理事,负责妇女部工作。夫妇俩热心为侨胞服务,深受梓里乡亲的拥戴。

高华焜先生爱国爱乡,1989年张家边幼儿园重建时,捐资美金4000元。1992年张家边老人福利会成立时,捐助人民币1200元及美金100元。1995年他得悉开发区筹建"侨胞之家",又捐资港币1000元。他每次回乡,都赞助家乡侨联会、老人福利会和《东镇侨刊》社经费。

高华焜先生被聘为张家边社区侨联会顾问和东镇侨刊社名誉社长。

黄海泉

祖籍火炬区张家边三村,20世纪70年代前往美国三藩市,经营餐饮业,颇有业绩。

近20年来,他积极参与社团工作,热心服务侨亲。2000年出任美国中华总商会副会长及俊英工商总会总理,之后还担任多届三藩市中山德善堂理事、副主席和主席。2008年10月16日,全美俊英工商总会在中山市石岐潮苑大酒店隆重举行第十七届恳亲大会,黄海泉总理率一百多位旅美侨胞返乡参加恳亲大会,这是旅外侨团回国举办恳亲大会的一个创举。10月17日,他率领

回乡恳亲的全体侨胞回到家乡观光,得到火炬区党委、管委会领导的热烈欢迎与热情接待。2016年11月,他再次被选为2017—2018年度中山德善堂新一届主席。他为人厚道,和善待人,工作热情负责,秉公办事,全心全意为华侨华人服务,为华侨社团贡献了力量,赢得侨亲的好评。

黄海泉先生多次受中国国务院国侨办邀请到北京参加各种盛会和观光活动。2016年11月中旬,黄海泉先生再度受中国国务院国侨办的邀请回国观光。他同旧金山侨领吴耀庭、陈国庆、马金权、卢毓麟等及湾区乡亲一行60多人组成友好访问团回国观光访问。11月29日回到北京,30日拜访了国侨办,受到国务委员杨洁篪、国侨办主任

裘援平等的热烈欢迎与热情接待。

12月上旬，黄海泉伉俪回到家乡，探访了火炬区社区工作和社会事务局及东镇侨刊社，受到常务副局长郑艳霞等的热情接待并向他致送了贺函，热烈祝贺他荣任三藩市中山德善堂新一届主席，祝愿中山德善堂会务日益兴隆，祝愿他事业一帆风顺，更上一层楼。

林志强

祖籍火炬区珊洲村，在香港从事餐饮业，是金凤餐厅董事长。他集中西烹饪术于一体，炮制出来的牛扒色香味俱全，誉满香江。外国朋友和香港同胞尊称他为"牛扒林"。他为人爽直，真挚热诚，且经营有方，生意红火，盈利日增，收入颇丰。他不是巨富，但有一颗热爱家国，慷慨公益，关爱老人的善心。1993年，他捐资人民币50万元为家乡珊洲老人建了一座高二层、中西合璧、面积为599平方米的康乐中心，还捐赠一套优质炉具、一个进口冰箱、一批老人康乐用品。老人康乐中心落成剪彩日，他设宴118席，统请珊洲村民和嘉宾。1994年珊洲建校，他先后捐助人民币20万元。该校教师暑假北京游，他赞助旅游费8000元。村中修葺林氏大宗祠，他捐助10000元。1998年，由村委会提供土地，他和夫人斥资人民币60万元为珊洲建了一座有店铺的综合市场，为村民的生活提供了极大的方便。他耗资20万元兴建占地3.5亩的私家花园对外开放，让村民、厂企员工休憩。2000年，他乐助区侨联和东镇侨刊社经费共20万元。2001年又捐资20万元建火炬开发区敬老院。他善举良多，口碑载道，村民有诗赞曰：

> 志强伉俪爱家乡，慷慨解囊建市场；
> 繁荣经济君为首，行善美德永传扬；
> 曾建老人康乐院，又助建校修祠堂；
> 义举良多数不尽，造福桑梓情义长。

林志强先生被聘为火炬开发区侨联顾问、火炬开发区港澳乡亲联谊会监事长、火炬开发区工商联商会执委（理事）、东镇侨刊社名誉社长和珊洲村侨联名誉主席。

刘百安

祖籍火炬区小隐村，祖父刘卓荣，父亲刘炳初，母亲余秀芬均是旅美老华侨。其夫人芭芭拉是美籍人士。刘百安先生在获得加州大学学士学位后，于1971年进入三藩市警察局工作，从警员做到警官、大队长。1990年担任警察局副局长，后升任警察局局长。他工作勤奋，处事公允，为人老实，作风正派，任职期间取得良好的业绩，深得市民的信任和爱戴，三藩市亚裔联盟向他

颁发了亚裔领袖奖。

刘百安曾于1998年10月随美国三藩市市长布朗率领的访问团访问中国。访问活动和公事完毕后，布朗市长随同他回到火炬区小隐村寻根问祖，会见乡亲，受到火炬开发区政府有关领导以及小隐村干部群众的热烈欢迎。刘百安热爱祖国，眷念故土，情深意切，诚属可贵。

郑国强

祖籍火炬区濠头村，是秘鲁驻中国大使馆经济商务参赞。其父1928年到秘鲁谋生。1945年郑国强出生在秘鲁首都利马市，1964—1968年在秘鲁国家工程大学学习，1969—1970年在秘鲁的ESAN大学攻读工商管理硕士，1973—1974年在英格兰的伯明翰大学攻读生产和管理工程学硕士，1975年任FETSA电话设备厂产业工程师，1976—1981年任菲利普（秘鲁）灯具厂计划部经理，1981—1990年任ALIMENTOS水果加工厂产业出口部经理，1990—1993年任外贸经纪，1994—1996年任Vista Alegre酒加工厂总经理，1999—2001年任利马商会总经理，2001年任秘鲁驻中华人民共和国大使馆经济商务参赞。

2003年年初，他给中山市侨务局发来信件，表达自己寻根的迫切愿望。我市、区侨务部门对此高度重视，经过多方查找，确定其祖籍地是火炬区濠头村，并为他找到了祖屋和亲人。同年7月22日，郑国强先生携爱妻和挚子回到祖籍地濠头村，受到市、区、村领导及濠头侨联会的热情接待。他见到了亲人，圆了寻根之愿，欣喜万分。

陈普卡

祖籍火炬区张家边四村，是旅古巴华侨陈杰荣先生的第二个儿子，其母亲是古巴籍人氏。陈先生1944年出生于古巴国，是古巴第二代华裔，在希腊船王的七万吨级的远洋货轮上当船长。

陈普卡先生的父亲在世时嘱咐他回祖籍国寻找亲人，他时时记挂这件事，时时惦念家乡的亲人。他向中央、省、市有关部门提出请求协助寻找亲人。在中山市侨务局和火炬区侨联的支持协助下，他找到在张家边的亲人。2001年9月初，他的远洋货轮到达深圳蛇口，区、村侨联派出人员到蛇口陪同他及其外甥（古巴籍）

回到张家边四村，与其同父异母84岁的长兄陈焕一先生相见，这使他高兴万分，完成了父亲的嘱托，圆了半个世纪的寻亲梦。

黄桂鸿

祖籍火炬区义学村，旅居美国三藩市 40 多年。其素有爱国爱乡情怀，每隔一两年就回乡省亲，探望新朋旧友及村中父老。他对村中公益事业十分关心，曾多次解囊资助。他在三藩市积极参与侨团工作，热心服务侨亲，曾任三藩市中山积善堂多届理监事、副主席、主席等职，备受侨亲们的赞许。

郑汉成

祖籍火炬区濠头村，旅居香港几十年，是香港中山社团联合会首席会长、香港濠头郑氏宗亲联谊会理事长、香港中山侨商会副会长、香港濠头乡亲总会主席、香港郑氏教育基金会有限公司副主席、政协中山市委员会委员、中山海外联谊会副会长、中山市海外交流协会副会长。他在香港经营娱乐业，致富后不忘家乡故旧，多次大解义囊，帮助家乡发展教育事业和改善家乡环境。1989 年，濠头村兴建牌坊，他捐赠人民币 1 万元。1993 年，南朗镇新建医院，他乐助港币 10 万元。2001 年，他带领 50 多位旅香港乡亲回濠头村参加侨联会成立 20 周年庆典活动，并乐助港币 5000 元做庆典经费。事后又率队前往南朗镇参观其叔父捐建的郑海学校，受到该校师生的夹道欢迎。同年，他捐赠濠头小学钢琴一台，价值人民币 1 万元。濠头幼儿园兴建游泳池，他乐助人民币 5 万元，又给濠头小学和濠头幼儿园教师捐赠合共人民币 3800 元做教师节慰问金。在 2005 年和 2014 年分别捐赠人民币 5 万元和 4 万元修葺濠头郑氏大宗祠。郑汉成先生热爱家乡的善举，备受乡众赞许。

郑汉成先生热心社团工作，在香港是多个爱国社团组织的领导人之一。2013 年，中山火炬开发区成立港澳乡亲联谊会，他被选为该会会长。在他的组织领导下，港澳乡亲联谊会多次分别在家乡、香港和澳门举办联谊活动，为港澳乡亲构建了联谊沟通的平台，为中山、香港、澳门三地的经济发展、合作共赢起了积极的作用。

孙述寰

祖籍火炬区沙边村，1940 年出生于香港，少年时代就读于香港、澳门和广州。后旅居美国加州，在美国完成高中学业后，以优异成绩考入加州伯克莱大学，毕业后赴加拿大攻读数学，获博士学位，成为著名的数学家。返美后，在加州州立大学斐士那分校任数学教授至退休。在职期间曾多次回国讲学，是北京大学客座教授，曾任美国加州斐士那中华会馆董事。孙述寰数学造诣很深，分析数学、代数和数论先后发表了 40 余篇论文，尤其在组合数学上有重大突破，成为国际数学权威。2012 年世界著名的英国剑桥国际传记中心授予他"百位顶尖科学家之一"称号。

孙乃衡

祖籍火炬区沙边村。出身于书香世家。1945年前往香港谋生，不久移居美国，以经纪为业。他为人正直，平易近人，交友面广，向来热心侨事社团工作，热情服务侨居国的华侨、华人，办事有原则性，有责任心。曾任三藩市德善堂理、监事、副主席、主席等职。2001年出任阳和会馆通事。

马纪行

祖籍火炬区张家边三村，旅居澳洲30多年。他人品好，诚实敦厚，待人热情，事业心强。他在澳洲几十年来艰苦拼搏，建立了自己的事业，取得了较好的业绩。青少年时代的他，聪敏好学，十分勤奋，喜爱文学和历史，尤其爱好诗词。他前往澳洲后在艰辛创业之余，充分利用时间，刻苦学习，专攻历史，对研究中国甲骨文和明清历史很有心得。他参与中国族谱学会活动，受到国内有关部门和专业人士的好评和称赞。1988年曾受邀回国参加在山西省五台山召开的首届中国族谱研讨会。他在澳洲刊物上经常发表有关的著作论文，受到社会学界的重视。

马纪行先生旅居澳洲以来，由于辛勤努力，艰苦创业，在事业上有很好的发展。他向来热心公益事业，张家边小学重建时，他与两位亲人捐助一座教室，计人民币35000元，对东镇侨刊社和张家边老人福利会亦很关心，经常乐助经费。马纪行先生被聘为张家边社区侨联会顾问和东镇侨刊社名誉社长。

周　敏

祖籍火炬区神涌村，她于1976年考入中山大学外语系。1980年毕业后留校，任中山大学社会学系助教。1984年留学美国，1989年在纽约州立奥本尼大学获社会学博士学位，她的博士论文获该大学"最优秀博士论文"奖。她曾在路易安纳州立大学社会学系任教4年，其间共发表了20篇学术论文，其中3篇刊登于全美社会学最具权威的《美国社会学学系月报》和《社会动力》刊物上。

周敏博士于1992年撰写了第一本学术专著《唐人街》。该专著科学真实地展示了100多年来美国华人社区不断扩大发展和华侨华人融入当地社会，为居住国经济社会发展做出了巨大贡献的史实，在美国社会学社区研究领域引起轰动。1994年她受聘为美国颇有名望的罗素·赛奇基金会客座访问学者。该基金会是美国最大的私人社会科学研究基金会之一，每年从美国各大学精选10—15名有学术成就的学者到纽约进行为期一年的学术研究和交流。在此期间，她收集和分析资料，撰写第二本学术专著《美国华人社会的变迁》。该专著从更高的角度、更宽的层面考察第二代亚裔移民融入美国主流社会的途径及方式等现实社会问题，深受社会学术界的重视与关注。

周博士任教于美国加州洛杉矶大学社会学系，并在美国亚裔研究中心任职。1996年7月和2006年12月两度回家乡中山举行《唐人街》和《美国华人社会的变迁》赠书活动，受到中山市领导的接见。

周敏博士是美国颇有名气的华裔移民问题专家。

孙仲明

祖籍火炬区沙边村，父亲孙桂桐在青年时代侨居南美洲特立尼达和多巴哥（俗称千里达），与当地土人结婚。孙仲明先生1945年出生，曾任特立尼达和多巴哥财政部长兼旅游部长。2000年他回沙边村寻根访祖，受到中央、省、市及区乡有关部门领导的热情接待。孙仲明先生最后找到了亲人，深感高兴，对各级侨务部门的大力支持深表感谢。

陈焕生

祖籍火炬区朗尾村，旅居美国达半个世纪之久。他勤劳、谦和、待人热情、重情重义，在侨亲中享有良好的信誉。他在美国经营饮食业数十年，对中国饮食文化素有研究，又富有创意。兴盛时期曾开设大小餐馆10间，为侨亲提供了就业机会和饮食场所。他在三藩市开设月华园酒家长达30多年，是老字号酒家，很有岭南特色，深受食客的赞美。

陈先生爱国爱乡，向来热心侨团工作。他曾两度出任三藩市中山德善堂主席，并历任理监事，又曾任三藩市华艺文教中心董事长达18年之久。现已退休，常回家乡与亲朋聚会。他先后捐赠美金8000元给家乡办教育，建区医院等。他是朗尾村德高望重的侨亲，受到村民的敬重。

陈生辉

祖籍火炬区窈窕村，旅秘鲁侨亲陈生才先生之长子，医学博士，著名医生。1993年初当选为秘鲁第三大城市老拉育市（Chiclayo）市长，是秘鲁唯一的华人市长。

陈祖乐

祖籍火炬区窈窕村，是旅秘鲁侨亲陈生才先生的第三子，1957年9月出生，毕业于秘鲁圣玛可（Samarco）大学，是一位政治家、经济学家和生物学家。1995—2001年担任秘鲁国会第三议长，是秘鲁国最年轻的国会议员。

陈祖乐先生曾任秘鲁国经济公司顾问兼教授，在秘鲁国享有崇高的威望。

孙志中

祖籍火炬区沙边村。他到美国创业已 10 多年，讲着一口流利的英语，企业经济效益不错。他致富不忘回报社会，是热心公益的企业家。2010 年他捐资火炬区东镇侨刊社美金 1500 元，捐助火炬区沙边村筹建孙氏宗祠宣传启动经费人民币 50000 元。2011 年捐助加州中山同乡会颁发奖学金专款美金 5000 元。2012 年 4 月 14 日捐资给美国阳和总会馆为举办第九届（世界）中山同乡恳亲大会经费美金 10000 元。捐资给三藩市中中同学会春节联欢暨庆祝成立 30 周年双庆活动专款人民币 20000 元。三年内向社会共捐助美金 16500 元和人民币 70000 元。此外，美国中中同学会，中山同乡会等单位如有庆祝活动或聚会，他都斥资购买餐席，邀请在美国的同学一起参加宴会，共叙情谊。可见他致富不忘家乡建设，不忘同窗校友、朋友、工友，不忘回报社会，受到社会各界的好评。

孙志中先生乐善好施、热心公益、热心侨团工作，被选为美国加州中山同乡会副会长、三藩市中山德善堂理事、《东镇侨刊》顾问。

第二节　热爱家国　恩泽乡梓

郑泗全（1858 – 1937）

祖籍火炬区濠头村。因家庭贫困，15 岁只身前往澳洲悉尼谋生。初为牧主放羊，后改为垦荒种菜，略有积蓄，便弃农经商，开设果栏，事业如日中天，成为较富有的华侨。其妻是英籍侨民，育有多位儿女。郑泗全深知自己是龙的传人，不想永居异邦，渴求落叶归根，遂于 1922 年携眷十余人返抵故乡濠头，在乡间建有中西合璧式楼房。当时濠头交通极不方便，工农业生产落后，乡民大多生活贫困，他决心联合乡中归侨、侨眷，力图改变家乡面貌。1923 年冬，他与归侨郑灵先等人商定，共同出资购地建起了社址，成立了濠头华侨振兴社，常与归侨、侨眷共商建设家乡之事。经过一番筹划，他在濠头二村开设了协和兴机器碾米厂，又建了谷仓，方便了乡众。不久，先后在乡间办起了一间"协和兴"电灯厂和一间有 20 多台机器的织布厂，教会乡民织布。他心中装着家乡，计划铺设管道，引长江水为自来水，改善村民的饮用水，但因种种原因，计划未能实现。民国十三年（1924），郑泗全回乡发动乡民富户认股修筑石岐至大环公路，共合股本 15 万元（毫银），计 3 万股（每股 5 元）。民国十四年（1925）领取

了广东省建设厅颁发"路字第 4 号行车专利"执照,成立东镇民办车路有限公司。该路从石岐学宫起经大柏山、细柏山、土瓜岭、牛起湾、濠头、白庙、朗尾、上巷、窈窕、张家边、江尾头至大环,路面宽 6 — 7 米,全程 11.2 公里,耗资 9.3 万余元,当年 12 月竣工通车。石岐至大环公路的建成,使城镇的货物可用汽车直接运抵濠头等村庄,带活了当年四区的经济,促进了工农业生产的发展。

当时,中山盗匪横行。一天,郑泗全的长子炳光在柏山路段被十数匪徒绑架。他们向郑泗全勒索巨款。因政治不稳定,治安状况差,郑泗全深感乡间难以久居,便携眷到香港暂住,准备重返澳洲经商。郑泗全因拥有巨资,被歹徒跟踪,后被谋杀于香港。

郑泗全热爱家乡,为濠头及上下四区的交通运输和工农商贸的发展做出了重大贡献。

林煜铭

祖籍火炬区宫花村,出生于日本。其养父林润有先生 20 世纪中叶赴日本谋生,在横滨市中华街开设烧腊铺,长期经营烧腊生意。林润有去世后,店铺交由林煜铭先生经营。改革开放前,宫花是个穷乡僻壤、交通非常不便的村庄。当林煜铭先生获悉家乡宫花至大岭道路连接岐关公路要开通时,十分高兴,即捐出 100 万日元(人民币 8 万多元)做修路之用。1992 年捐资 100 万日元覆盖村中沟渠,扩阔路面,把原来村中小道改变成康庄路。1994 年宫花村委会决定重建宫花小学校,他又慷慨捐资 200 万日元(约 12 万 6 千元人民币)做建校费用。1996 年又捐资 100 万日元做学校
奖学基金。同时,林先生十分关心家乡父老,捐资 10 万日元做老人福利金,并连续三年在春节期间筵开 69 席宴请宫花村全体老人吃团年饭。此外,他还捐资开发区建侨胞之家 80 万日元、建区医院 10000 港元、捐石岐华侨中学 50000 港元,还赞助中山纪念堂、华侨医院等单位。2002 年 1 月他回乡探亲时,捐助中山侨刊社、东镇侨刊社美金各 1000 元,捐赠火炬开发区侨联会 20 万日元。林煜铭先生爱国爱乡,关心家乡教育事业,热心公益,关怀老人,支持家乡建设,造福桑梓,深受乡众赞誉。他被聘为中山市侨联顾问、开发区侨联顾问、《中山侨刊》顾问和开发区东镇侨刊社名誉社长。

林煜铭先生虽出生于日本,是在日本土生土长的日籍华裔,但他热爱祖籍国之情感,慈善博爱之精神,实属难能可贵。

洪润明

祖籍火炬区西椏村,旅居美国三藩市 40 余年。他在三藩市一向从商,经营有道,事业颇有成就。他待人热情和蔼、温良恭俭让,向来热爱家乡,关爱乡亲父老,热心家乡建设和公益事业。20 世纪 60 年代初,国家正处在经济困难时期,洪润明先生为了帮助家乡解决农业生产所需的种子和村民的口粮问题,斥资 10 多万元港币从港澳地区进口粮食和马铃薯及各种蔬菜种子,使家乡的农业

生产获得了好收成，村民生活有了改善。1990年年初，西桠小学重建校舍，洪润明先生知悉此事，即乐助美金5000元建一间课室，取名"洪悦辉室"。1991年9月，张家边区筹建医院，他乐捐美金3930元。西桠村老年人福利会成立，他又乐捐美金610元及港币6400元。乐助西桠村四化基金美金315元、葡币100元，另一批台椅；乐捐西桠村侨联会人民币400元、西桠村镇龙公园人民币200元，开发区敬老院美金50元。另外，从1996年至今，润明先生每年都赞助《中山侨刊》《东镇侨刊》《东区侨刊》出版经费及西桠村老人福利会经费，共计人民币达95030元。以上所罗列洪润明先生的各项赞助是不完全的统计，但就以这一统计，洪润明先生历年为家乡捐资赞助款已达281730元，为家乡建设和村民福祉做出了重大贡献。

洪润明先生慈善为怀、乐善好施，深受村民的爱戴和尊崇。

谭沛森

又名蔡丽荣，祖籍火炬区张家边三村，英年旅美谋生，经营餐馆业。由于他以诚待人，经营有方，深得当地美国人和华人、华侨信赖，宏图大展。他致富不忘家乡建设。1990年年初，他立了一个心愿，要在有生之年多为家乡做一些有益之事。他深知教育是强国之本，没有人才、没有科学，国家就难以强盛，人民就会受外国的欺负，他要为振兴家乡教育事业尽绵力。

他言出必行，从1991年至2014年的23年间，每年都汇钱给张家边小学、张家边幼儿园、张家边医院、东镇侨刊社、张家边老人福利会等合计美金2500元。23年来从不间断资助家乡建设，资助总金额共计美金57500元。受惠单位都向谭沛森先生致以衷心感谢。

1991年以来，谭沛森先生除了给以上单位大力支持外，还资助西桠小学。他得知西桠小学缺乏教具，便慷慨捐赠美金1000元；1994年12月，又捐赠美金1000元给西桠小学购买电脑，使莘莘学子在学业成绩上大有进步。他恩泽家乡，乡众齐口称赞。

谭沛森先生被聘为张家边社区侨联会顾问。

欧阳官昌（1919－2002）

祖籍火炬区大岭村，幼年随父母移居美国求学，学成后在美国服务于航空业，后投资经营房地产业。他爱国爱乡，晚年成立"欧阳官昌家庭慈善基金会"。1981年回乡，捐资兴建大岭大会堂一座，因纪念他先父欧阳干荣，故取名"干荣公纪念堂"，建筑面积600平方米，分前后两座，有前楼。近年村委会征得欧阳官昌家属的同意，把"干荣公纪念堂"做"大岭文化室"之用。1991年张家边筹建新医院，他乐捐港币10000元。

欧阳官昌还斥资在大岭兴建一座六角亭，在开发区一中捐建一座读书亭，在石岐又捐建楼高三层的一间幼稚园等。欧阳官昌

为家乡的建设做出了贡献。

马灿彪（1921－2009）

祖籍火炬区张家边四村，早年旅居香港，后移居美国，至今已有 40 多年。他在香港和海外一向经商，颇有成就。马灿彪先生对家乡文化教育一向关注，20 世纪 90 年代初曾捐助 200 美金给东镇侨胞之家，并先后共捐 18300 美元做建设张家边幼儿园和学校之用，又给学校捐助一套鼓乐器。1999 年又捐赠人民币 50000 元作为东镇侨胞之家建设经费。他在侨居国对侨亲侨事甚为关心，积极参加侨团活动。曾任三藩市德善堂主席和理事、《东镇侨刊》顾问。

陈棣康

祖籍火炬区朗尾村，1960 年受中国对外文化协会之邀请回北京参加国庆观礼，在中南海得到毛主席、周总理、陈毅外交部长的接见。

陈棣康先生 1951 年旅居智利，在智利居住 30 多年。他立足智利之初就边工作边学习智利语言，认真观察社会市场动态，了解社情国情。他清楚认识到餐饮业在智利是有市场、有作为的，于是开设了一家粤菜餐馆，名叫杏花村酒楼。酒楼颇具规模，可摆 60 多席，可容纳食客 300 多人，厨师多数聘请香港名厨，色香味都很适合中外人士，是当时智利首都圣地亚哥档次较高的食府。智利政府不少官员甚至多届总统也前来就餐。酒楼名声远播，生意兴旺，收入甚好。但酒楼后来遭受火灾，损失惨重。

20 世纪 70 年代初，陈先生由智利携眷前往美国三藩市定居。近 20 年来因业务需要，他频繁来往于中国、美国、智利三国。

陈棣康先生对家国富有感情，关注家乡建设，前后捐资家乡建设 4500 美元。

唐庄生（1919－2010）

祖籍火炬区江尾头村，旅居秘鲁国达半个世纪。他在居住国奋发拼搏，艰苦创业，颇有业绩。他在首都利马市拥有多间酒楼，其中两间具有相当规模，是当地的大型食府。他所经营的餐饮业很有中国饮食文化特色，可谓独树一帜，顾客如云，生意兴隆。秘鲁政府的高级官员、豪商巨贾亦纷至沓来，真是车水马龙，门庭若市，这使中国人在秘鲁的政治地位不断提升，人权状况也得到改善。

唐庄生先生在秘鲁是一位久负盛名的商贾，众望所归的侨领。

他曾任秘鲁中华通惠总局主席,为华侨、华人在居住国争得不少合法权益。

国内改革开放后,他多次回祖国各地旅游观光,每次都受到当地政府和侨务部门的热情接待。

唐庄生先生热爱家乡,热心社会公益。江尾头村命名为"康庄大道"的涌边街道是他捐资 125650 元修建的。村中覆盖沟渠、安装自来水管道、长堤路段安装路灯和建花基,他共乐助美金 5000 元。1995 年,区建张家边医院又乐捐港币 1 万元。他服务侨亲、恩泽乡梓的善举,受到村众的好评。

洪昭信(1923 – 2005)

祖籍火炬区西桠村,1949 年移居美国,先随父后继承父业一直从商。他为人谦和,以诚待人,营商有法,业绩颇佳。他性格豪爽,社交面广,常参与华侨、华人社团活动。20 世纪末,曾两度出任三藩市中山德善堂主席和中中同学会副会长,为旅美乡亲办了很多好事实事。他爱国爱乡,曾多次偕夫人回国观光、省亲会友。1990 年春,西桠村筹建教学大楼,他率先乐助美金 5150 元,并发动侨居美国的乡梓捐资建校,他代收代寄,数目清楚。家乡教学大楼如期动工,于 1991 年 11 月 2 日举行落成庆典。他偕夫人一道回乡参加学校落成典礼并做了热情洋溢的讲话,鼓励师生勤教勤学,为振兴民族贡献力量。1991 年,张家边区兴建新医院,他捐助美金 2600 元。1996 年,他给西桠新建的幼儿园捐赠了一批幼儿游乐设施,5 套高级办公台椅,合计人民币 14000 元,并捐赠西桠小学美金 500 元添置鼓乐;西桠扩建镇龙社公园,又捐赠人民币 800 元。他关爱家乡父老,多次向老人慈善福利会乐助基金,共计美金 610 元。自国内改革开放以来,他先后为家乡的教育、医疗卫生和公益事业共捐资约 12000 美元。

洪昭信先生在侨居国热情为侨服务,在家乡热心教育和慈善事业,善举良多,备受社会各界人士的赞誉。2005 年 8 月 11 日洪先生因心脏病突发,在美国家中不幸与世长辞,享年 82 岁。2005 年 9 月 17 日,西桠村委会和侨联会联合,在村中幼儿园广场为他举行追悼会。追悼会场布置得庄严肃穆,中央悬挂着洪先生遗像,下面摆放着鲜花,横额是"沉痛悼念洪昭信先生逝世",对联是"高风传乡里,亮节昭后人",两旁陈列着花圈。

参加追悼会的有中山市政协、市侨务局、区侨办、区侨联会、东镇侨刊社、六和村委会等单位的代表以及西桠村干部、村民代表、老人福利会代表和洪先生生前的至爱亲朋 110 多人。

上午 10 时许,追悼会开始,由西桠村老人福利会会长孙柏林主持。哀乐过后,在追悼会上先后讲话的有西桠村党支部副书记洪杏满、区侨联副主席孙达雄、洪昭信的表弟郑雪尧和火炬区前副区长郑满生。他们都赞扬洪昭信先生风格高尚,慈善为怀,对家乡各项建设事业做出了重大贡献。对于他的逝世,他们都感到无比惋惜,希望大家继承洪昭信先生的遗志,发扬他爱国爱乡的精神,把家乡建设得更美好。

朱东成

祖籍火炬区西桠村。旅澳洲华侨，情系家乡，乐善好施，对父老尤为关爱。20 世纪 70 年代初，国内物资短缺，侨胞、港澳台乡亲纷纷给家乡捐赠物资。然关山阻隔，水运困难（中山口岸尚未开通），当时旅居香港的朱东成先生相约郑则胜先生专程前往澳门与朱炳培等乡亲商议，决定将物资从澳门经珠海拱北关运入。他们出钱出力，终于把侨胞、港澳乡亲捐赠的一辆货车、两辆小汽车和电线、布帐（生产队晒谷用）、风扇、台椅、广播器材、录音机、电子计算器等一大批物资运抵家乡。1990 年西桠建校，他得悉此事，便与其胞兄仲显先生合捐一座校门，一个校园内喷水池、一座"思母亭"，计人民币 7 万余元。1995 年，区政府筹建"东镇侨胞之家"，他乐助港币 1.3 万元，又乐助港币 5000 元兴建张家边医院。1996 年，村中老人福利会迁址，他赞助装修费 10000 元。1998 年老人节，他赞助老人聚餐费 6500 元，还三次共设 105 席欢宴家乡父老，第一次还给每位老人 10 元红包，第三次又给每位老人送上优质月饼一盒，让老人们欢度传统的中秋佳节。1997 年至 1999 年一连 4 年，每年春节前夕，他都给村中近 60 位（含困难户）孤寡老人每人（户）派发人民币 60 元做春节慰问金。西桠老人福利基金会是朱东成先生于 1987 年首倡成立的。他率先捐赠基金 5000 元。西桠和邻村厂企较多，外来员工有增无减。2002 年 2 月，他提议老人福利基金会建房舍和铺位对外出租，用租金收入改善老人的福利待遇。他的提议得到老人的赞同。随后，他多次找村中干部反映有关情况，争取了村委的重视、支持，无偿拨地 7 亩给老人福利基金会做永久性建筑用地。同年 9 月，该基金会出资 18 万元，朱东成先生赞助 3 万元，建成 80 间出租房出租。建铺位尚缺资金，朱先生又发动侨亲们继续献爱心，建好铺位出租。朱东成先生乐善好施，恩泽父老，口碑载道。

黄伟棠（1913－2005）

别名黄开，祖籍火炬区江尾头村，旅澳洲侨胞。他一贯爱国爱乡，关心家乡教育事业，热心社会公益，是一位德高望重的侨梓。1987 年江尾头重建校舍，他以身作则，率先捐资，并发动侨居澳洲的乡亲捐资。他不顾年事高，亲自把侨亲的全部捐款带返村中交建校筹委会。凡是村中修路、覆盖沟渠、安装路灯、铺设自来水管等，他不但乐助经费，还去电侨居美国、澳洲的儿孙，动员他们捐款，为家乡建设出力。家乡修路时，他刚好回乡，几乎天天去做义务工，为施工人员送茶送水，检查修路质量。他和善博爱，以行善为乐。他捐资 18 万元在村头兴建了一座占地 3 亩的"江邨公园"，并在公园里建了纪念亭、石桌石凳，供村民休憩。1988 年，村委会重修此公园，黄伟棠先生又出资 1.2 万元。1994 年区兴建张家边医院，他捐助港币 1 万元。每次回国，他都给《中山侨刊》《东镇侨刊》赞助出版经费。晚年回乡定居，他常到公园打扫卫生，修剪花草。黄伟棠先生对家乡的贡献有口皆碑。

谭德彰

祖籍火炬区张家边三村，父亲是旅加拿大华侨。在父亲帮助下，于清末民初20岁时前往加拿大谋生，从事木工。

谭德彰先生勤奋好学，是一位好木匠。经过几十年艰苦努力，略有积蓄。在第二次世界大战后返乡，见到家乡因受外夷侵略和战争的蹂躏后满目疮痍，儿童失学，深感国力衰竭，无科学文化之痛苦，故自己决心一不买地、二不建房，把几十年的积蓄捐给家乡建设学校。在他的带动下，吴孔嘉先生等相互响应，于1946年各出资在张家边三村新校地建起张家边小学（现区一小）最早的三座教室。其中谭德彰先生捐建的两间课室坐落在中间。不少学子在此就读过，深受惠泽。

因岁月长久，教室残旧，1968年乡人民政府出资重修。2001年因班额增加，开发区政府拨款新建5层教学大楼，并用大理石镌刻谭德彰名字镶嵌于教室门前，做永久性纪念。

郑华贵

祖籍火炬区濠头村，旅日侨胞。他为人正直忠厚，重情义、讲信誉。他在日本横滨经营餐饮业，因人缘好，经营有方，生意兴隆。他爱国爱乡，中日邦交恢复后，曾多次携眷回国观光旅游，旋里探亲访友。他热心家乡教育事业和公益事业。1986年至1999年，濠头小学建教学楼，濠头侨联会修葺会址，他共捐助人民币145230元。区政府兴建"东镇侨胞之家"，他乐助日币50万元。1995年，他积极支持四川省部分地区的希望工程，在该省一个贫困地区捐建了一座高二层有10多个教室的"均昌"学校，并赠送了一大批桌椅。1996年11月12日，他从日本飞抵四川参加该校的落成庆典活动。郑华贵先生情系家国，恩泽乡梓，善举良多，备受乡亲和社会各界人士赞扬。

马桂雄

祖籍火炬区宫花村，其夫人陈少霞女士祖籍朗尾村，1962年旅居美国丹佛市。他同广大侨胞一样，在海外辛勤耕耘，努力拼搏，用勤劳的双手经营自己的事业。初到丹佛，他在一家唐人餐馆做杂工。由于他勤劳俭朴，积攒了一笔钱，便租赁商铺，自己当起老板，先后经营厨房用具、餐馆及装修工程。他诚实敦厚，待客热情，善于管理经营，做事勤快，加上有贤内助的协助，事业一帆风顺，生意越做越大、越做越强，颇有成就。

马桂雄先生育有三位女儿，由于他深知文化科学知识的重要，故在初时经济条件不大好的情况下，都尽力供女儿读书，鼓励她们勤奋学习。三位女儿都很有上进心，努力攻读，分别在洛杉矶医学院、洛杉矶电子工程学院和芝加哥大学获博士学位，并先后融入了当地的主流社会参与各项工作。特别是三女儿 Debbie Ma，她同原美国总统奥巴马是同门师兄妹。当时她曾积极参与奥巴马的助选活动，为奥巴马当选美国总统立下了汗马功劳。马桂雄先生除了认真培养和教育女儿外，对家乡教育事业也十分关心。当他事业颇有成就后，便回家乡独资成立助学基金会，以他同夫人陈少霞女士的名字命名为"雄霞"助学基金会。该基金会规定，凡宫花村和朗尾村的在读学生考上大学的，可获得"雄霞"助学基金会（一次性）1200元助学金；考上北京大学或清华大学的，每年可获得20000元助学金（读满四年共可获得80000元助学金）；除宫花、朗尾两村外，凡属本区各自然村本地户籍学生考上北京大学或清华大学的，每年也可获得10000元助学金（读满四年大学共可获40000元助学金）。对困难户的学子，"雄霞"助学基金会每年给予每生1200元助学金。"雄霞"助学基金会从2003年成立以来，共资助读大学和困难学子约22万元人民币。

马桂雄先生一向热心家乡建设和公益事业。1996年，家乡开展创建省级卫生村，他知悉此事，马上向村里捐助人民币5000元；家乡成立老人福利会，他又向该会捐助人民币2500元；每年岁末都向村中60岁以上老人每人奉送3斤花生油一罐，此项共支出23000多元；并多次请全村老人叙餐。2016年8月，宫花村举行庆祝传统节日，他又捐资5000元给村中老人做抽奖之用。他还经常资助《东镇侨刊》出版经费和区侨联会、村侨联会、村老年人协会活动经费，为家乡建设事业和福利事业做出了贡献。

马桂雄先生热爱家乡，倾情家乡教育事业，关心青少年健康成长，关爱乡亲父老等善举，深受教育部门的赞赏，深受区侨办、侨联和村委会、侨联会、老人福利会的好评，深受村民的爱戴与敬重。他受聘为宫花村侨联会名誉主席、宫花村老年人协会名誉会长和《东镇侨刊》顾问。

马润良

祖籍火炬区张家边四村，是一位爱国爱乡、热心家乡公益事业的旅美侨亲。为发展家乡的教育事业，提高村民的文化素质，于民国十六年（1927）用自己毕生的大部分积蓄，在张家边仁安保（即现在的张家边四村）创建了一所学校，取名仁安学校。他亲任校董，参与学校的管理并亲自到学校讲学。当时的办学经费除了依靠收取学谷和更谷外，马润良先生还不断捐资补充学校的办学经费和教学设备。

仁安学校在马润良先生等华侨的大力支持帮助下，从1927年至1954年办学27年来共培养了2700多名学子。马润良先生为发展家乡的教育事业做出了贡献。他造福桑梓的办学精神和热心公益事业的义举永远受到村民的称赞、爱戴与怀念。

欧阳焕章（1928 - 2011）

祖籍火炬区大岭村，欧阳汝桥先生的曾孙，出身于名门望族，自幼受到良好的教育。1949年往香港经商。他信誉高，事业有成，曾任香港华商公司董事部经理。他为人诚实、正直，待人热情、和蔼可亲，素有家乡情怀。他热爱祖国，关心家乡建设，为善不甘后人。曾乐助广播设施一套给家乡做广播宣传之用。1962年前后，捐献汽车、电视机等一批物资帮助家乡建设。大岭村建新校舍，他乐捐人民币3万元；张家边区建医院时乐捐1万元。1996年大岭村成立教学基金会，乐捐港币1万元。欧阳焕章先生一向热心侨事和侨务工作，是《东镇侨刊》复刊的倡议者和支持者，历任侨刊顾问和《东镇侨刊》驻香港的代理人，曾任区侨联会副主席，对火炬区侨务工作有较大的贡献。

高宝兴

祖籍火炬区张家边三村。他于20世纪70年代初定居美国三藩市。初来乍到，对新的环境和生活习俗都很不熟悉，他靠自己硬朗的身子和勤劳的双手，在当地唐人街打工。他工作勤劳，待人诚实厚道，深得老板赏识。他在生活上艰苦朴素，知悭识俭，经济上逐步有所积蓄。勤奋拼搏几年后，他便自己独立经营，在三藩市新华埠31街开设大华宫餐馆。他经营有方，热情待客，生意逐年兴旺，越办越红火，顾客满意，特别是当地乡亲都喜欢到他的餐馆就餐，深受乡亲的好评。

高宝兴先生热心家乡公益事业。张家边村幼儿园重建时，他捐助一间教室。张家边小学重建时他与旅美乡亲一道，合捐"怀乡堂"一间教室。张家边区建设医院时，他捐助港币20000元。区兴建侨胞之家又捐资港币6200元。每年都乐助张家边村老人福利会活动经费和《东镇侨刊》出版经费。2006年，他斥资200多万元在自己的宅基地建造了一座占地2亩，建筑面积1100多平方米的三层楼宇作为幼儿教育场所，取名中山市高宝兴幼儿园。2011年年初，高宝兴先生又斥资1500多万元在南朗镇兴办了一所幼儿园，校园建筑面积5830多平方米，取名盈彩美地双语幼儿园。他从美国和法国聘请了5位英语教师到院任教，高宝兴幼儿园是一所全智能的高标准幼儿园，是小孩子快乐学习、健康成长的理想之地。高宝兴先生热心幼儿教育，为家乡幼儿教育事业做出了贡献。

高宝兴先生被聘为张家边社区侨联会顾问和《东镇侨刊》顾问。

郑少宁（生年不详 - 2002）

祖籍火炬区濠头村，新中国成立初移居香港。其人耿直、厚道、待人和蔼，颇有人缘。郑先生一贯爱国爱乡，曾任香港濠头乡亲会会长，也是濠头侨联会顾问。国内改革开放后，他为家乡的建设和公益慈善奔走呼号，发动乡亲回乡旅游观光和投资办厂，为家乡的经济繁荣做出了贡献。郑先生曾多次应邀回乡参加中山市慈善万人行活动。他慈善为怀，家乡建校，建牌楼，建侨联会址，无不解囊捐助。郑先生虽身在香港，但心系故里，常惦念着家乡的建设、环境卫生和村民的生活。他曾与武术世家郑荣先生一起应邀回乡参加中山市慈善万人行和慈善晚会。他俩一抵达家乡便受到乡亲的热烈欢迎，他返乡第二天就假座球记大酒楼筵开13席宴请新朋旧友和叔侄至亲，畅叙情谊。

郑少宁先生几十年身居香港，心系桑梓，念念不忘家乡，不忘慈善，不忘教育。他每次返乡，必到村侨联会和学校座谈，了解家乡建设，探望家乡学子，激励他们树雄心，立壮志，刻苦学习，学好本领，为振兴中华贡献力量。他对家乡的公益事业乐于解囊相助，曾乐助港币 2000 元建设家乡道路，乐助人民币 10000 元建家乡东西闸门，乐助港币 1000 元重修探花牌坊，乐助港币 500 元建侨联会会址，乐助人民币 1000 元和港币 1500 元给村侨联会做经费，又赠送侨联会 12 张电镀铁櫈，乐助港币 500 元做濠头小学建校费，乐助小学价值人民币 4000 元添置一批电风扇、办公台，乐助张家边医院港币 2000 元等，为建设家乡、发展教育和福利事业做出了贡献。

郑少宁先生为人厚道，慈善为怀，教子有方，每位子女都学有所成，曾被香港特区政府评为"模范父亲"，深得人们称羡。2002 年 5 月郑少宁先生在香港不幸辞世。他的一生是爱国爱乡的一生，他的美德和无私奉献精神将永远留在村民的心中。

沈善初（1929 - 2015）

祖籍火炬区窈窕村。先父沈渭廷是旅美华侨。他博爱为怀，乐善好施，修桥补路，不甘后人，尤其热心家乡的教育事业。1924 年返乡时，他以祖产十亩地的永久收入作为家乡学校的教育基金，并在安康街原吴家祠堂建立了村中第一所学校。

沈善初先生为人善良敦厚，善待别人，与乡亲父老的关系十分融洽。他遵照先父遗志，慈善为怀，热心家乡建设事业和公益事业。2001 年，他捐资 6 万元人民币在家乡兴建沈渭廷纪念公园，同年捐资 1 万元人民币成立窈窕教育基金会，并由成立之日开始每年都资助教育基金。2003 年，窈窕游泳池和沈渭廷公园落成，他回乡斥资 8 万元人民币作为庆祝活动经费，在村中设 108 席宴请全体村民和嘉宾，与民同贺。

沈善初先生一生勤劳，奔波劳碌，事业有成后不忘家乡、乡亲父老。他十分关心村中困难家庭和热心支持困难学童，资助困难家庭和困难学童累计 7 万多元人民币。同时，他每次回乡都乐助村老人福利会、侨联会和《东镇侨刊》社经费。他不仅自己热心家乡建设，还发动旅外乡亲资助家乡建设，为家乡建公园、花园、游泳池、纪念亭、学校、街道、球场、老人活动中心等，累计捐出 30 多万元人民币。村众有口皆碑，称颂他为善长仁翁。2015 年，沈善初先生因病不幸在美国家中辞世，享年 87 岁。窈窕村委会和侨联会为他举行了追悼会，表彰和追念他为家乡建设所做出的重大贡献。

张国祥

台湾商人。火炬区是他的第二故乡。20多年前，他开始游历祖国大陆的秀丽山河，足迹遍及20多个省、市。当他走进中山这个美丽的海滨小城时，便立刻被深深地吸引住了：这里环境优雅，民风淳朴。距举世闻名的商贸中心香港、澳门，距中国最早开放的特区城市深圳、珠海，距中国的南大门广州都只不过一个多小时的车程，陆、海、空交通极为便利。良好的投资环境，优惠的招商政策，开明有为的政府领导，更令他对这里的未来充满信心。他心中的目标越来越坚定：到中山来投资，为千千万万和他一样热爱这片土地的人们建立理想的家园！

他首先在张家边东镇大道建了商住大楼，名曰国祥楼。1997年年底又建成了十层的电梯大楼，名曰国祥花园城，这体现了张先生独到的眼光与高超的魄力。国祥花园城为7幢连体电梯大楼，楼高十层，呈合围之势，面向八方，外观豪华，内部装修齐备。30多个铺位，住宅从60平方米到180多平方米，共370多套。园区内设有游泳池、网球场、儿童乐园、社区巴士等，为封闭式管理。花园城距市政府大楼12分钟车程，距中山港码头不到5分钟车程。张国祥先生说："我希望自己盖的房子达到高贵而不贵的标准，使业主住得舒适而满意，希望他们永不后悔自己选择了国祥花园城。"

20多年前，张家边医院初建时，张先生毫不犹豫地捐款10万港币予以资助。近20多年来，随着两岸关系的改善，中国政府官员开始不断赴台湾参观考察。张先生曾多次专程返台，亲自陪同参观考察并盛情接待。从台北到台南，从日月潭到阿里山下，到处都留下两岸爱好和平人士的足迹和亲切笑语。张国祥董事长自豪地说，中山火炬开发区是他的第二故乡，他永远热爱她。

马玉棠

祖籍火炬区张家边二村，20世纪60年代旅居哥斯达黎加，经营餐饮业。他曾担任哥国中华总会理事和华侨工商总会理事等职务。

马先生爱国爱乡，关心家乡教育事业。1986年张家边小学重建时，他捐助美金4000元建一间教室，命名为"裕垣堂"，以纪念其先父。

1996年荣旋，在张家边二、三村交界处，车桥河边捐建一座凉亭，取名为"裕祥亭"，为村民提供了一个休憩的好地方。同年，他乐助张家边老年福利会人民币1000元，乐助东镇侨刊社美金100元。其爱乡、关心教育之善举，受到人们的称颂。

黎一安

祖籍火炬区大环村，1923年生，旅居香港。年幼时受哥哥黎民惠爱国思想的影响，帮助抗日工作，掩护过游击队员及伤员等。新中国成立后担任大环小学校长。1982年在村委的支持下，他独资在大环村石鼓山兴建一座抗日纪念亭。1985年大环村筹划建校，黎一安先生牵头在香港成立港澳建校筹委会，发动旅居港澳乡亲捐资，并带头捐出港币 5000 元。1994 年大环村在华佗庙侧修建一座凉亭寿衢亭，他又捐资港币 1000 元，并发动旅澳洲乡亲捐资澳币 2460 元。1996 年大环村兴建南卡牌坊，他捐 1000 元港元；1998 年兴建北卡牌坊，又捐 500 元港元。

黎一安先生热心家乡建设，为公益事业做出了贡献，深受村民的称赞。

郑少波

祖籍火炬区义学村，旅澳同胞。1990 年回中山石岐经营家用电器。1994 年后一直在内地协助其爱婿办厂，负责厂内事务。他热爱家乡，热心社会公益，对乡亲父老尤为关爱。1996 年年初，征得村委会同意，他斥资人民币 2.3 万元在义学山边建了一座方便亭。该亭落成那天，他在村中设 16 席欢宴村中父老，又捐赠人民币 1 万元给老人福利会购买风扇和建洗手间。他从小喜爱粤剧，吹拉弹唱表演精湛，是东镇曲艺社的创建人和领导人之一。1999 年 8 月，他和好友珊洲村旅澳门同胞林泽安先生合捐了 3.8 万元给曲艺社添置乐器、音响和戏服。他和曲艺社同仁常送戏下乡，宣传区的中心工作和政府的法律法规，既娱乐了乡众，又活跃了农村的文化生活。义学村青年较多，喜爱球类活动。同年 10 月，他捐资 10 万元在村中建起了一个标准的水泥灯光篮球场。他赞助邻村小隐老人福利会和老人节抽奖活动费 1.3 万元、小隐幼儿园设备费 5000 元。2000 年秋，乐助 8000 元给义学村老人旅游活动。2002 年，他又捐资 6 万元在家乡建了一间东镇曲艺社社址。每年中秋节前夕，他都给义学村 169 位老人每人送上一盒月饼；春节前夕，又给每位老人送上腊肠、腊肉各一斤，以示慰问。村民称赞他是家乡父老的贴心人。

欧阳尊周

祖籍火炬区大岭村，幼年曾就读于香港英文书院。学有所成后进入商界，历任兰宫大酒店董事长、总经理达 25 年之久。他爱国爱乡，热心家乡公益事业。1980 年，他和旅澳洲侨亲合资建设大岭车站至文阁这段长 300 米、宽 4 米的水泥路。1983 年大岭村建校，他捐建一间教室，一批教具，共计人民币 4 万元。1984 年他捐赠港币 30 万元兴建了一幢楼高两层的大岭村老人活动中心（楼下是市场，有商铺），用以纪念其父母欧阳光和黎菊。1999 年大岭成立欧阳氏家族宗亲会，他乐助人民币 1 万元作基金，又捐赠助困基金 3 万元。欧阳尊周先生殷实从商，并非巨富，然而他慷慨家乡公益，全心造福桑梓，受到乡众称道和尊敬。

洪桂强

祖籍火炬区西桠村,出身于一个较富裕的中医药世家。其父亲经常为村民义诊,对贫困村民免费治病。他在父亲救死扶伤服务村民精神的熏陶下,从小就具有为群众做好事的思想感情。1962年移居墨西哥,后定居美国,与父亲一起生活。在美期间,他勤奋工作,事业不断发展,颇有成就。他广交朋友,热心为侨胞梓里服务,积极参与侨团组织工作,并热心资助美国中中同学会美金一万元经费。他是美国三藩市中山德善堂理事,全美俊英工商总会理事,美国中中同学会理事兼名誉会长,是一位德高望重的侨领之一。他爱国爱乡,热心家乡建设事业、教育事业和公益事业。1991年家乡重建学校,他捐建教室一间。对家乡修建村道、公园等各方面建设事业他都慷慨解囊,热心捐助。他每次回乡都向老人福利会、东镇侨刊社等单位乐助经费,是一位慈善为怀的善长仁翁。

2017年11月,家乡隆重举办首届华侨港澳乡亲联谊聚会活动,88岁高龄的他热情回乡参加联谊活动,捐资人民币一万元作联谊活动经费,并捐资美金一万元建设西桠车站两间候车亭。他一直以来为家乡各项建设事业作出了重大贡献。

洪桂强先生善举良多,深受区、村侨务部门的好评,深受村民的崇敬和爱戴。他被聘为西桠村老人协会名誉会长、《东镇侨刊》顾问。

孙文超

祖籍火炬区沙边村,20世纪70年代中期前往香港谋生,用恒心加毅力,不畏艰辛创业,由侍应、助厨到主管,都是在火锅馆里埋头苦干,干出了成绩。后自营火锅馆。他对火锅餐饮业不仅热爱而且对这一行日渐熟练精干,讲求配料特色,生意颇为兴旺。他有所积蓄后,念念不忘家乡的公益事业,每年老人节都赞助一万元给老人聚餐。2002年春节,村中举行篮球赛,他捐助15000元人民币做经费。张家边区建医院时,他为其父捐资一万元。他还捐助五万元给沙边小学建校,对《东镇侨刊》出版工作亦经常给予资助。他被聘为火炬区侨联顾问和东镇侨刊社名誉社长。

朱少华

祖籍火炬区西桠村,1960年,12岁的他随父到澳洲定居。20世纪70年代初开始经营餐饮业,由于工作勤奋,诚信经营,生意兴隆,事业有成。朱少华先生虽远离家乡近60载,但他从小在父亲爱国爱乡思想的影响下成长,对家乡怀有深厚的感情。1991年,他获悉西桠小学重建,便率先捐资5000美元建一间课室,以其父名命名为"朱瑞雄室"。8年前他退休后曾多次回国观光并回家乡省视家园，其间走访了西桠小学和老人协会，了解学校教育情况及西桠老年人生活状况。他先后向老年人协会捐资善款人民币11923元、港币4500元、澳币300元。同时，他每次回到家乡，都设宴热情宴请乡亲父老。

朱少华先生热心侨社工作，曾是澳洲中山同乡会第14、15届常务副会长，多次带领乡亲回乡观光，受到火炬开发区有关部门的热情接待。他是《东镇侨刊》顾问，西桠村老人协会名誉会长，每次回乡都到侨刊社和老人协会作客，慰问老人，乐助经费。他除了乐助侨刊经费，还同侨居澳洲的乡亲带返乐助侨刊经费。朱少华先生待人热情有礼，正直忠厚，重情义，讲信誉，平易近人，人缘非常好，是热心家乡教育事业、关爱老人的楷模。

黄少雄

祖籍火炬区张家边二村，旅香港同胞，火炬开发区港澳乡亲联谊会理事长、火炬开发区老年干部大学顾问和《东镇侨刊》顾问。黄少雄先生是一位慈祥和蔼、宽厚仁慈、热心家乡公益事业和老人事业的善长仁翁。每年中秋佳节，他都坚持向家乡父老派送月饼。2015年5月中旬，他回乡省亲访友期间，向张家边社区、张家边村、张家边侨联会、张家边张二小区和火炬区老年干部大学等5个单位各捐赠人民币1万元，合共5万元，分别用作红十字"博爱家园"微心愿项目、张家边村幼儿园庆"六·一"、村侨联、老年人和火炬区老年干部大学活动经费。

2015年7月3日，黄少雄先生从澳门回到家乡，斥资13万元人民币在火炬区文化中心举办张家边二村暨开发区老年干部大学联欢敬老活动，并筵开百席宴请老人和嘉宾，还向张家边村老人协会196位85岁以上的会员每人派发一封500元红包，向张二小区参加宴会的420位村民每人派发一封30元红包，共派发了近12万元。联欢会上，火炬区老干部大学文艺队和张家边文艺队各表演了舞蹈、合唱、独唱等多项精彩节目。火炬区党工委副书记张容彬、区组织人事办（人社分局）局长吴楚萍、张家边第二小区党支部书记吴耀文分别在会上致辞，盛赞黄少雄先生爱国爱乡。他富裕了不忘回报社会，不忘家乡的父老乡亲，是尊老爱幼的楷模、充满爱心的善长仁翁。他们分别代表区政府、村委会和乡亲父老向黄少雄先生表示衷心的感谢。

黄少雄先生热心家乡公益、尊老爱幼、恩泽乡梓的善举，深得村民的尊崇。

陈华君

祖籍火炬区窈窕村，旅居澳门30多年，在澳门努力打拼，艰苦创业，取得了可喜的业绩。他身在澳门，心系家乡，对家乡各项建设事业十分重视与支持。1994年村中兴建老人中心大楼，他赞助葡币1000元、港币200元。同年2月14日捐资窈窕学校1000元，捐资修建篮球场500元。2002年窈窕村建设游泳池，他捐资1680元。2000年12月6日至2005年10月15日，先后分别捐给窈窕曲艺社人民币11565元，捐给侨联会 29 寸彩色电视机一台以及人民币 2500 元，捐给窈窕老年人协会人民币 2600 元，捐给教育基金人民币 1800 元，捐给火炬区老干部大学人民币 5000 元。

陈华君先生被聘为火炬区老干部大学名誉校长、《东镇侨刊》顾问、窈窕曲艺社名誉社长。他为人正直豪爽、待人热情有礼、热心公益、关爱老人。他积极支持家乡传统曲艺文化传承发展、为善不甘后人的善举，深受村民的称颂。

方玉霞

1991 年，香港同胞方玉霞女士热心捐资 15 万港币并发动几位香港同胞合资在张家边一村中山港大道侧兴建了一座中西合璧的园林式的建筑，名曰"树人书室"，赠送给火炬区做图书馆。1991 年张家边筹建新医院，她又乐捐港币 10000 元。

方玉霞女士有一颗关心青少年成长的心，按照她的话说："人在社会中，特别是青少年，首先就要从好的书报中汲取丰富的精神食粮，才有资本去为社会做好事。"

方玉霞女士已是 80 岁高龄，她心地善良，诚实忠厚，慈善为怀，报效社会，将自己多年积蓄献于社会，兴建图书馆并多次捐款购买图书。

图书馆建成以后，火炬区政府和有关文化部门都十分重视和支持，也前后拨出 20 多万元购买图书，大大地充实了该图书馆的图书量。

周焕刚

祖籍火炬区神涌村，移居美国之初，受雇于人，后经营两间中餐厅。他在美广泛团结侨胞，积极参加侨团活动，被选为三藩市萃胜工商会士连那分会会长、三藩市萃胜工商支会顾问。2000 年春，应广东省侨办之邀回广州参加祭扫 72 烈士墓等活动。2001 年应国务院侨务办邀请随美国洪门致公党访华团返国参观访问。他爱国爱乡，热心教育事业和公益事业。神涌早年建校，他与胞兄捐建一间教室，2001 年旋里专程探访区侨办，倡议成立"火炬区扶贫助学基金会"，并率先捐出人民币 5000 元。他每次旋里

省亲会友，都给村中老人福利会、侨联会和东镇侨刊社捐赠经费，还送给侨刊社一部进口相机。2001 年被聘为神涌侨联会名誉主席，2002 年被聘为《东镇侨刊》顾问。

郑秀鸾

祖籍火炬区濠头村，自幼离开家乡，跟随祖辈到杭州谋生。抗战时期曾参加过姬鹏飞所领导的抗战救护队，到前方抢救伤病员；抗战胜利后前往香港，历时 50 多年。在香港与其夫君开办灭火筒厂，颇有成就。她在香港积极参与社会进步活动，曾组织

妇女争取合法权益。她读书不多，却多才多艺。她善于演讲，且讲得一口流利的英语、普通话和上海话，也很会唱歌、跳舞。晚年时还为香港百佳超市串演广告中的黄老太角色，深得观众赞许。郑秀鸾女士于1995年在火炬区义学村自购一块三亩地皮，并于2000年无偿捐献给火炬区管委会使用，其价值约100万元，为火炬区经济建设做出了贡献。火炬区人民对她的善举，深表谢意。

林　年

祖籍火炬区珊洲村，20世纪60年代初旅居香港。在港期间，他先在一间印刷厂当送货工。由于工作责任心强，深得老板的赏识和信任，后晋升为厂长。由于他事事以身作则，管理得法，使该厂印刷质量好，生意兴隆，受到顾客的好评。为了发展自身事业，他毅然离开该厂，开设塑料厂，生产各种成衣和垃圾塑料包装袋，供应香港市场及远销一些国家，生意较好，效益日增。

20世纪90年代，林先生被选为香港侨商会会董。他热诚待人，直率厚道，热心慈善公益，特别是对家乡的公益事业尤为关注。在他的引荐下，火炬区有关领导得以与香港侨商会联络沟通，增进情谊，密切合作，使火炬区很多社会福利和公益事业得到侨商会的鼎力支持。该会先后捐助了60万元建设开发区医院和侨胞之家。林年先生热心家乡慈善福利不甘后人，先后捐资港币2万元建区医院及侨胞之家。

林先生还为火炬区引进一间较具规模的制衣厂，为火炬区招商引资、发展家乡经济、解决农村部分富余劳动力就业等都做出了积极的贡献。

洪顺祥

祖籍火炬区西桠村，父亲是一位爱国爱乡的老华侨。他于20世纪70年代赴美随父生活，在三藩市勤恳工作，取得较好的业绩。他人品敦厚，待人热情诚恳，对家乡有深厚的感情，虽远离故土，但心系家乡。他关爱家乡老人和青少年教育，2004年回乡省视家园时，不忘拜访老师，探亲访友，与他们欢乐叙旧，共话桑麻。并探访老人福利会、幼儿园、东镇侨刊社等单位，向老人福利会捐资人民币26000元办福利、5000元给幼儿园添置教学用品、1000元为《东镇侨刊》经费。当他得悉村里举办篮球赛时，又乐捐1000元做球赛经费。洪先生热心家乡公益、关爱老人和青少年教育的善举深受村众的赞许。

洪顺祥先生被聘为西桠老年人协会名誉会长、《东镇侨刊》顾问。他热心华侨社团工作，热心帮助有困难的侨亲，深得侨亲的好评。近年来，他连续两届被选为三藩市中山德善堂理事，担任中文书记。洪顺祥先生是一位积极效力侨社、热心公益事业的华侨子弟。

郑卓仁

祖籍火炬西桠村，1974 年定居美国。40 多年来，他在美国勤奋拼搏，勇于开拓进取，事业颇有成就。郑卓仁先生虽远离故土，但对家乡怀有深厚的感情，2002 年至 2016 年多次回乡都分别走访慰问宴请老人，包括小学教过他的老师、同学和老党员干部。特别在 2011 年他偕夫人朱丽娅回乡，得知西桠原四队村民亟须添置一批枱櫈做每年老人传统节聚餐用的信息时，即慷慨赞助美元 6000 元（折人民币 4 万元）给他们做购置枱櫈等费用，并捐资人民币 18000 元做老人节聚餐费。同时，他每次回乡还向村老年人协会赞助经费人民币 1000 元、东镇侨刊社 500 元。西桠郑家庄郑氏宗亲成立郑氏宗亲会，他每年都从美国汇款美金 200 元资助会务经费。

郑卓仁先生热心侨团工作，最近几年连续两届被选为三藩市中山德善堂理事，获选为德善堂福利部主任，在家乡被聘为《东镇侨刊》顾问、西桠郑氏宗亲会名誉会长。

郑卓仁先生待人和蔼可亲，热情有礼，乐于助人，热心侨社工作和家乡公益事业，赢得侨亲和家乡父老的尊崇。

郑燕卿

祖籍火炬区濠头村，幼年曾在澳门生活和读书。新中国成立前与张家边一村人氏何惠雄先生结为连理，后前往美国三藩市屋仑经营餐馆，颇有业绩。她曾任三藩市德善堂多届理事，负责妇女部工作。其为人正直厚道，处事严谨。她相夫教子，事业成功，儿女成才。她有中国式的三从四德，更有现代女性的风范。她融入西方社会工作，媳妇是西方人氏，家庭成员既讲汉语也讲英语，中西沟通，在西方来说，是一个"联合国家庭"。她虽在西方生活了几十年，但对家乡的教育事业和社会公益事业都很热心。张

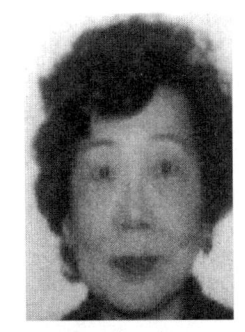

家边建新校舍时，她捐建一间课室、一间幼儿园课堂，合共美金 8500 元，区建医院时又捐助港币 10000 元。她对张家边后门架整治、东镇侨刊社、张家边老人福利会等都常给予资助。她是一位巾帼不让须眉的热心人士。

周国权

祖籍火炬区神涌村，旅港同胞。他热爱家乡，慷慨公益，关心家乡父老的康乐生活。1988 年春，他回乡倡议重修神涌村的街道，率先捐助人民币 34500 元。在他的牵头下，旅外华侨、港澳台同胞和乡亲们纷纷解囊，集腋成裘，共筹得资金近 10 万元。村中成立了街道建设领导小组，按计划重修并扩宽了部分街道，覆盖了大小沟渠，近山边路

段砌了石墙，村头建了花园，村中建了花基，种上了时花，美化了村庄。1988年3月，村中成立了老人福利会，为给老人谋福祉，让老人欢度晚年。他捐赠15席台凳和餐具，还有大量炊具让老人福利会出租。租金收入一是做老人会基金，二是用于添置老人康乐用品。国内改革开放之初，中山市和火炬区有关领导到香港考察，他多次热情接待。2000年他捐赠一套红木家私给老人活动中心。2001年村中成立了侨联会，他捐赠港币1000元做侨务活动经费。1994年，区政府兴建张家边医院，他乐助港币1万元。周国权先生热心家乡公益事业，关爱乡亲父老，赢得了村众的赞许。

梁桂芳

祖籍火炬区窈窕村，旅加拿大侨亲。他热心家乡公益事业。为让村民劳作之余有一个休息场所，他于1987年慷慨捐资加元16000元给村中建了一座约500平方米、风景秀丽的公园。1998年，窈窕村兴建老人中心，他捐资1200加元和150美元。村中建村道，他又捐资2000加元，兴建一座畅彬公纪念亭。

黄 烈

英文名Bu Lei，祖籍火炬区神涌村，从小旅美，学有所成后，与友人合股经商，获利颇丰。其为人随和、正直。20世纪40年代初，他从美携眷回澳门开设自来水厂和中华卷烟厂。劳工大多来自中山上下四区。神涌人到澳门探亲访友或寻找工作，他热情款待。他的寓所被劳工誉为"神涌佬祠堂"。澳门是个小孤岛，没有淡水。1944年，他计划铺设管道引珠海的淡水到澳门去改善居民的饮用水，后因技术问题和工程费昂贵，此计划未能实施。他热爱家乡，

热心教育。1946—1947年，村中光中初级小学近40位学童的书学费和教师、校役的薪金全部由他个人支付。他也因此受到村众的赞许。新中国成立前夕，他脑出血谢世于澳门。村民和澳门居民深表惋惜。

第三节 热心公益 共建侨乡

旅外乡亲捐建"火炬区侨胞之家"

20世纪80年代火炬区侨联会拟建"火炬开发区侨胞之家"，得到海外侨亲、港澳同胞的鼎力支持，筹集了美元16220元、澳元200元、加元200元、港元86700元、人民币403500元、日元200万元。下面是捐建"侨胞之家"的单位和个人芳名：

美国三藩市中山德善堂同寅美金 15000 元　　高宝兴美金 500 元
马灿标美元 200　　　　　黄桂雄美元 200 元　　　　欧阳志锐美元 100 元
周凤强美元 100 元　　　　林肖盈美元 100 元　　　　黄炳麟美元 20 元
马照瑜澳元 200 元　　　　欧阳焕桥加元 200 元
郑荣伉俪港元 20000 元　　朱东成港元 13000 元　　　林年港元 10000 元
孙文超港元 10000 元　　　罗莉港元 10000 元　　　　黄银意港元 10000 元
唐向明港元 5000 元　　　　朱炳培港元 2000 元　　　　李桂森港元 1500 元
高华焜港元 1000 元　　　　郑则胜港元 1000 元　　　　吴仲贤港元 1000 元
吴家驹港元 500 元　　　　刘汉彬港元 500 元　　　　张连招港元 500 元
吴明基港元 500 元　　　　欧阳欢华港元 200 元
香港中山侨商会人民币 321000 元　　马灿标人民币 50000 元
李焯喜人民币 10000 元　　郑瑞云人民币 5000 元　　　黄耀垣人民币 3000 元
黄伟棠人民币 2000 元　　　李文长人民币 2000 元　　　郭维光人民币 1500 元
陈焕生人民币 1000 元　　　欧阳仲豪人民币 1000 元　　马纪行人民币 1000 元
郑瑞安人民币 1000 元　　　唐庆森人民币 1000 元　　　马寿海人民币 1000 元
孙惠铿人民币 800 元　　　洪细九人民币 800 元　　　黄胜元人民币 400 元
马蝶婵人民币 400 元　　　李瑞云人民币 300 元　　　孙灿煊人民币 200 元
黄华兴人民币 100 元
林煜铭日元 150 万元　　　郑华贵日元 50 万元

海外侨亲、港澳同胞关心和支持区侨联工作，侨联会深表谢意。1984 年旅香港乡亲欧阳焕章先生赠送"锦绣河山"画镜一面。1987 年旅香港乡亲高明辉先生赠送时钟一个。1990 年后旅香港乡亲林志强先生赠送价值人民币 20 万元的金杯牌汽车一台。旅美乡亲梅优峰、罗莉夫妇赠送画镜一个。旅美乡亲郑荫棠先生赠送"花开富贵"镜框一个。旅香港乡亲黄志坚女士赠送侨刊社"情系故里"画镜一个。

张家边旅外乡亲热心家乡建设

张家边村旅外乡亲情系家乡，多年来向家乡捐赠汽车、电视机等生产和文化生活所需物品，有力促进了家乡生产的发展，又丰富了村民的文化生活。下列是旅外乡亲赠送物品芳名：

1978 年，张家边一村旅巴拿马陈平先生向一村村委会赠送电视机一台，价值人民币 2500 元。

1979 年，张家边三村旅香港乡亲梁寿、何国明、黄九妹、黄十妹、谭坤元、苏安等 6 人集资购买进口货车和货斗车各一台；七座、九座面包车各一台，价值人民币 195000 元。同年又以人民币 2550 元购买吊扇 15 把、西芹种子一批送给家乡。

1980 年，旅港澳乡亲向家乡捐赠各种物品，分别是：旅香港乡亲黄凤毛先生、旅澳门乡亲黄少珍女士各购买电视机一台，共价人民币 3900 元。旅香港乡亲马兴、马泉、马润六、吴干升、李谦5人合资购买电视机2台，价值人民币3600元。旅香港乡亲黄兆源先生赠送电冰柜一台，价值人民币1500元。黄锦泰赠送四用收录机一台，价值人民币2500元。旅香港乡亲马兴、旅澳门乡亲侯玉英各捐赠人民币150元，马寿海、杨淑萍各捐赠人民币225元购买16寸电风扇5把。旅澳门乡亲胡斌先生捐赠人民币200元，陈活权、郑爱兰、黎辉杏、李干生各捐100元，购买电子计算机6台。旅香港乡亲陈舜妹捐赠人民币120元、黄九妹80元、谭雁卿40元购买钢摺椅12张。旅澳门乡亲马寿海捐资人民币100元购买大时钟一个。

张家边四村旅港马乃初、陈焕池、陈润林、彭寿夫子、陈翠英等35位乡亲于1979年捐资人民币8000元购买电线5500米更换村中电线。黄九妹、马素行、梁寿三人集资人民币3200元购买电视机一台。黄九妹女士为四村侨联会捐赠不锈钢井盖一个，价值人民币500元。

张家边五村旅港徐乡亲国荣先生捐赠人民币1500元为家乡购买了吊扇9把、坐扇1把。罗国荣以450元人民币购买血压计、听诊器等送给村卫生站。徐干才赠送家乡21寸电视机一台，价值人民币1000元。

张家边一村"好水井"在张家边饮料厂背后的山边，泉水清甜，是全村饮用的水井。但村民挑水要走高低不平的山边小道，很难行走。1983年，旅澳洲乡亲冯金源先生提议修建好水井路以方便群众。他捐资港币5000元，社会热心人士也捐赠了人民币5000元。村民自己动手担沙挑石，在很短时间内便把300多米山边小路铺上了混凝土。工程费用人民币25000元，不足部分由张家边村委会支付。冯金源的善举博得村民的称颂。

张家边村包括一、二、三、四村和顷九村。村民沿张家边涌两岸建房居住。张家边涌流入横门水道，河涌水涨时可让5吨左右船只通行。过去，村民以农业为主，收割季节多以水运。为了通行方便，过去一村和四村分别架了板石高桥，船只可通过。而二村、三村地势较低，过去架活动木板桥通行，遇船只通过要搬去桥板，危险又不方便。1980年，旅香港热心人士提议并发动海外侨亲筹款建造两座转动铁桥，一桥架设于二村大庙埗头，一桥架在新桥地段。此提议得到旅外乡亲的鼎力支持，共筹得港币24800元、人民币200元，为架设大庙埗头和新桥两座铁桥提供了资金。当年夏天动工，年底建成。铁桥可两边转动，需要时转动两边桥墩，让船只通过，既方便了群众来往，又方便了水上运输，促进了农业生产发展。

下面是旅外乡亲捐建两座铁桥芳名：

乐助港元24800元

谭桂梅 1000元	黄桂昌 1000元	陈东献 1000元	黄溢坤 600元
马剑生 600元	黄少雄 500元	陈润标 500元	陈玉坤 500元
陈社福 500元	彭　森 500元	马素行 500元	吴致棠 500元
吴月辉 500元	吴成祖 500元	林桂良 500元	马剑钊 400元
吴寿昌 400元	林杏金 400元	黄国明 300元	陈　田 300元
陈凤玉 300元	陈邦武 300元	陈仲轩 300元	马九如 300元
马　华 300元	马　财 300元	马国贞 300元	黄灿全 250元

陈焕坤 250 元	陈少娟 250 元	黄九妹 200 元	黄玉辉 200 元
黄昆伦 200 元	黄北源 200 元	黄兆牛 200 元	黄耀炳 200 元
黄　强 200 元	陈桂新 200 元	陈兆权 200 元	陈美开 200 元
陈官妹 200 元	陈焕池 200 元	陈杏呀 200 元	陈国恩 200 元
陈华海 200 元	陈锦兆 200 元	陈建华 200 元	陈官桂 200 元
马锡元 200 元	马赞英 200 元	马淑群 200 元	马寿海 200 元
吴　洲 200 元	吴有光 200 元	吴宫允 200 元	林　安 200 元
林仕英 200 元	林志华 200 元	梁　寿 200 元	梁坤正 200 元
高建文 200 元	蔡成妹 200 元	罗焕文 200 元	李金培 200 元
李干平 200 元	谭　康 100 元	黄桂新 100 元	黄杏梅 100 元
黄翠勤 100 元	黄凤毛 100 元	黄官会 100 元	黄　安 100 元
陈均岳 100 元	陈建明 100 元	陈兆成 100 元	陈志雄 100 元
彭添友 100 元	彭照辉 100 元	马锦湖妻 100 元	马桂华妻 100 元
马　标 100 元	马子行 100 元	马廉仔 100 元	吴耀中 100 元
吴镇波 100 元	吴　川 100 元	吴耀明 100 元	吴炳朝 100 元
吴瑞宽 100 元	吴迪良 100 元	吴天意 100 元	吴桂祥 100 元
吴　九 100 元	林志荣 100 元	林正希 100 元	林牛仔 100 元
蔡永贤 100 元	李金开 100 元	李　桃 100 元	李济邦 100 元
潘玉申 100 元	杨淑萍 100 元	郑焕韶 100 元	吴　珍 100 元
廖　南 50 元			

乐助人民币

马华美 200 元

1991 年，农村改革开放取得了一定成绩，部分农田经征用盖了厂房，道路建设已经上了规模，村内水道运输年代已经过去，交通以公路为主。那时新桥的铁桥已经残旧，又因桥面窄机动车辆难以通行，社会各界热心人士提议在新桥处建水泥大桥，以适应时代需要。此提议得到旅外乡亲和社会各界热心人士的鼎力支持。本村热心公益人士筹集了人民币 16890 元，旅外乡亲乐助人民币 9800 元。1991 年 10 月 20 日动工，当年 11 月 11 日新的水泥桥建好。桥长 8.8 米，宽 4.8 米，投入资金共 26690 元。道路通畅，造福村民。1998 年，由于形势发展迅速，开发区厂企越办越多，外来人口剧增，张家边三村村委会用钢筋水泥覆盖了河涌，建起了市场。2002 年，又延伸覆盖至二村大庙圳头，扩大了市场面积。下面是 1991 年旅外乡亲捐建新桥水泥桥芳名：

乐助人民币 9800 元

黄佛然 4000 元	马华英 2000 元	洪金好 770 元	马秋兰 500 元
陈社福 380 元	高敬年 300 元	潘新源 300 元	梁坤正 200 元
陈官桂 200 元	吴伯轩 200 元	陈　呀 150 元	谭剑明 100 元
谭　康 100 元	马乃英 100 元	李子禄 100 元	梁　寿 100 元
陈志雄 100 元	陈达明 100 元	马棣坤 100 元	

1999年，旅美乡亲马灿彪先生捐资人民币80000元，修建张家边四村凉亭山路210米，并在山上建起了凉亭，供在那里做工的人士休息。众人赞许。

五顷围在张家边涌口，隶属张家边四村，交通以船只为主。1995年，五顷围已经大变样，砖瓦水泥结构房舍代替茅棚，但道路还是基围。旅香港乡亲罗国荣先生捐资人民币660元，购买沙石，铺设村中道路。1988年，罗国荣先生捐资人民币3000元，协助村民更换供电设施。罗先生造福于村众，深受赞许。

张家边村方便所原来建于张家边一村飞鹅岭山脚下，多年来给有需要的人提供了方便，1977年张家边中学建校时被拆除。1985年，热心人士提议在翠峰山脚下重建一座方便所，继续给需要的人提供方便。此举马上得到热心人士的赞同和支持。当年村内热心人士捐赠人民币12000元，旅澳洲侨亲冯金源先生捐赠人民币3000元。方便所于当年动工，当年建好，建筑面积20平方米。后来由于基建用地，方便所于1993年被拆除。

张家边村旅外乡亲捐建亭台

张家边旅居海外人数众多，他们思念家乡，热爱家乡，正是："月是故乡明，人是故乡亲。"

1986年，旅澳洲华侨马国勋、马国垣兄弟回乡探亲，捐资港币7000元在三村新桥上街涌边建一座六柱亭台。当年农历十二月初一动土，月底建成。为表示思乡之情，立名为"怀乡亭"。两边对联是"梦昧怀思康乐里、雄心念设故乡亭"。亭台里建有石凳石台，顶盖绿色琉璃瓦，美观大方，为家乡增添了一景，又给乡人提供了一个休憩闲聊的地方。

同年秋天，旅哥斯达黎加侨胞马玉棠、马玉云兄弟捐资人民币24000元，在二村大庙垛头涌边建一座四柱方形亭台。当年冬动工，1987年春竣工，建筑面积12平方米，亭台建有石台石椅，立名"裕祥亭"。亭台左边是三村老人活动中心，老人们经常在亭台上闲聊。

张家边四村大石桥边有几棵高大常绿树，绿树成荫，是村民休息的好地方。1993年村内热心人士提议，在桥边建造一座亭台，造福民众。此建议随即得到旅外乡亲和社会各界人士的响应和支持。旅外乡亲捐赠港币15100元，热心人士筹得人民币6900元。此亭造价25000元，不足部分由村委会负责。当年秋天动工，次年秋天建成。该亭六柱双顶结构，高约8米。柱边有石椅，中间有石台石凳，取名"仁安亭"。两边对联是"旗山鼓角圣桥辉映耀，龙腾凤舞两岸共长青"。下面是旅外乡亲捐建"仁安亭"芳名：

乐助港元15100元

马　乐 3000元	马兆驹 2000元	陈润林 2000元	马寿海 1000元
马宗锦 1000元	黄九妹 1000元	马照瑜 1000元	彭寿源 1000元
马寿雅 1000元	马寿平 1000元	马乃初 600元	马植绵 500元

张家边村旅外乡亲热心资助曲艺社

2000年,张家边村成立曲艺社,得到张家边村委会的支持,每月拨出经费,逐步完善乐器、音响和服装道具。曲艺社经常参与宣传演出,娱乐观众,深受群众欢迎。2002年,旅澳洲归侨吴干尧先生捐资人民币15000元,在灯光球场近山边处建了一间曲艺社社址。该社址占地75平方米,建筑面积25平方米,总投资人民币45000元,不足资金由村委会补足。从那时开始,曲艺社有固定的活动场所。吴干尧先生又捐资人民币5000元,买了150张胶椅,让群众坐着观看演出。曲艺社成员每个星期三晚上在社址排练,经常在本村为群众演出,并常到各区镇联谊,深受群众欢迎。曲艺社在区文化站的安排下经常到各村义演,获得"曲艺精湛""曲艺传谊,曲好情浓""尊老敬老献爱心""知音共乐""携手共进"等美誉。2004—2006连续三年荣获中山市"先进业余曲艺社团"的称号;参加中山市曲艺大赛,多次荣获银奖和铜奖。2007年10月在参加黄振龙岭南粤曲私伙局大赛中荣获中山赛区"团体优胜奖"。2007年11月16—19日参加中山市文化节戏曲大赛,由林成合、陈深明主演的折子戏《易水送荆轲》荣获金奖,李泳梅独唱的《打金枝》荣获银奖,这次获奖是曲艺社成立以来的最高殊荣。张家边曲艺社面向群众,在构建和谐社会、建设中华民族共有精神家园中起了积极作用。

下面是张家边村2005—2016年华侨捐赠善款芳名:

乐助人民币127239.5元

吴国平 200元	蔡秀玲 1059元	黄灿禧 105元	吴瑞棠 300元
吴官瑞 128元	蔡八妹 128元	吴焯华 128元	高宝湖 128元
黄恩仲 630元	陈玉群 820元	吴淑娴 1042.5元	马乐君 211元
吴绳祖 600元	谭楚佳 600元	欧敬容 500元	周汉金 500元
吴少威 2120元	高宝芳 10200元	吴婵华 100元	马纪行 2093元
吴少棠 600元	蔡秀玲 300元	马干才 800元	陈泽溪 660元
陈干添 900元	李金祥 200元	马灿彪 400元	谭础佳 500元
马干少 400元	赵林杏兰 2000元	洪桂婵 500元	周汉金 1000元
李金祥 300元	黄灿禧 200元	吴焕坚 4500元	何佩瑶 130元
吴干洲 200元	郑燕卿 1000元	吴明基 1800元	高宝兴 6532元
马寿雅 300元	罗焕文 6000元	吴家驹 2500元	吴焕良 200元
吴结航 200元	黄剑平 400元	孙立麟 344元	吴启湛 137.60元
蔡秀玲 444元	黄灿禧 88.80元	谭沛森 3870.6元	黄润泉 681元
马集英 681元	马照威 200元	马国辉 136.20元	马桂才 2072元
洪桂婵 200元	吴结航 135.60元	孙照钧 3000元	吴国伦 200元
周汉金 400元	陈迪坤 391.2元	马迷仪 280元	周汉金 400元
陈满桂 500元	吴耀庭 1500元	孙玉麟 500元	马国辉 130元
谭沛森 634元	周满桂 500元	马国云 625元	李百机 500元
周汉金 400元	吴国伦 300元	吴 添 240元	周汉金 400元

周汉金 400 元　　陈满桂 500 元　　吴开寿 50 元　　马桂湖 200 元
周汉金 400 元　　周汉金 400 元　　周汉金 400 元　　陈满桂 500 元
周汉金 400 元　　陈岳超 1500 元　　马照威 200 元　　黄少雄 40000 元
高华坤 980 元　　黄海泉 617 元　　周汉金 250 元　　林棣权 1250 元
林容汉、孙巧莲 2200 元　　　林乐希、马儿慧 1000 元
林正希、马儿茵 1000 元　　　蔡秀玲、吴少涵 600 元
林帝权、周汉金 500 元

濠头村旅香港乡亲捐资疏浚河道

濠头涌西起车站边，流经濠联、濠二和濠四村，后注入石岐横门水道。过去遇涨潮时，5 吨船只可航行，是村民收割时的主要运粮水道。1991 年，由于兴建了东河口水闸，潮水上涨不明显，河涌日渐淤塞，河水变成污水，环境卫生恶劣，群众时有怨言。旅外乡亲提议疏浚河道，得到村委会、旅外乡亲和热心人士的支持。旅香港乡亲邓棣新先生捐资人民币 140000 元，新生印花厂港资企业捐资人民币 76000 元，旅香港乡亲郑燕清先生捐资人民币 5000 元，以上捐助款均交由濠头管理区负责请专业人员对河涌做疏浚。由于河道狭窄，只能用机动小艇挖去沉积淤泥和垃圾。由濠头车站边起至新村仔 1500 多米河道，疏浚了半年时间，总投入资金人民币 270000 元，不足部分由村委会承担。河道疏通以后，村民无不拍手称快。邓棣新先生、郑燕清先生和新生印花厂此举，造福了社会，造福了村民。

为了街道环境清洁，新生印花厂邓棣新先生又乐助人民币 1000 元做街道保洁费用，深得村众的赞誉。

濠头村旅外乡亲乐助家乡建街道

1981 年冬，濠头村旅外乡亲及村内热心人士提议重建正街，得到旅港濠头乡亲总会和社会各界人士的响应。旅港澳乡亲会发动乡亲参与家乡建设，筹得港币 42800 元。乡亲会郑贤等热心之士在香港买了一台 12 座面包车送给家乡。由于当年水泥非常紧缺，就用汽车同某单位交换水泥，用于铺设正街。除用汽车换来水泥外，另投入资金 23000 元人民币。经两个多月时间，东至古老井巷，西至濠头车站，全长 300 米，平均宽度 8 米的正街道路建成，方便了人车来往，造福了社会。下面是旅外乡亲捐款芳名：

乐助港元 41000 元
香港濠头乡亲总会 2000 元　　郑　海 2000 元　　郑东生 2000 元
郑　标 2000 元　　郑少宁 2000 元　　郑　强 2000 元　　郑　贤 2000 元
郑庆佳 200 元　　郑銮生 2000 元　　郑仲联 2000 元　　郑锡鹏 1500 元
郑杰雄 1000 元　　郑裔昌 1000 元　　郑应忠 1000 元　　郑耀文 1000 元
郑　宛 600 元　　郑兆北 500 元　　郑金华 500 元　　郑兆南 500 元

郑瑞生 500 元	郑昆结 500 元	郑宗伟 500 元	郑　锐 500 元
郑凤婵 500 元	何　芳 400 元	郑　远 300 元	郑剑瑜 300 元
郑成汉 300 元	郑瑞英 300 元	郑　宜 300 元	郑顺尧 300 元
郑满容 300 元	郑裔新 300 元	郑庆源 300 元	郑树棠 200 元
郑泽桥 200 元	郑倩卿 200 元	郑敬满 200 元	郑世雄 200 元
郑昌伟 200 元	郑兆福 200 元	郑玉培 200 元	郑倩冰 200 元
郑裔洲 200 元	郑健辉 200 元	郑杏薇 200 元	郑炳流 200 元
郑英伟 200 元	周桂良 200 元	郑照源 200 元	郑展文 200 元
郑泽生 200 元	郑金好 200 元	郑静仪 200 元	郑　明 200 元
郑凤仪 200 元	郑兰英 200 元	郑兆仪 200 元	郑淑贤 200 元
郑溢辉 200 元	郑惠坤 200 元	郑锡培 100 元	郑次夫人 100 元
郑洁卿 100 元	郑佩英 100 元	郑少兰 100 元	郑丽娟 100 元
郑润满 100 元	郑群英 100 元	郑凤金 100 元	郑淑卿 100 元
郑少群 100 元	何佩玉 100 元	郑社玄 100 元	郑祖根 100 元
郑锡葵 100 元	郑敬滔 100 元	郑贺新 100 元	郑兆庄 100 元
郑亦仔 100 元	郑少玲 100 元	郑少连 100 元	郑玉然 100 元
郑瑞忠 100 元	郑志达 100 元	郑汉坚 100 元	郑秀容 100 元
郑玉韶 100 元	陈赞辉 100 元	郑计明 100 元	何少珊 100 元
郑瑞生 100 元	郑瑞忠 100 元	郑何瑞萍 100 元	郑高淑瑜 100 元
郑锡光 100 元	郑锡文 100 元	郑七姑 100 元	郑锡龙 100 元
郑锡海 100 元	郑绮嫦 100 元	郑洁嫦 100 元	郑汝翘 100 元
乐助加元 745 元			
郑社彬 50 元	郑计祥 50 元	郑颂尧 50 元	郑颂谦 50 元
郑汝芬 50 元	郑庆昆 50 元	郑庆洲 25 元	郑文海 20 元
郑林惠兰 20 元	郑容钦 20 元	黄社焕 20 元	郑焕英 20 元
郑沃佳 20 元	郑官炳 20 元	郑宝源 20 元	郑沃南 20 元
浩泉母 20 元	郑昌联 20 元	郑乾添 20 元	郑宗开 20 元
郑炳湘 20 元	郑官锦 20 元	淑萍姑姐 20 元	金元叔母 20 元
郑朱彩英 20 元	郑玉昆 20 元	郑庆佳 20 元	郑均湖 20 元

1992 年，濠头印花厂董事长、旅香港乡亲邓棣新先生慷慨解囊捐赠人民币 100000 元，兴建濠头旧米机至新村仔粮仓一段长 150 米、宽 4 米的水泥大道。村民对旅外乡亲的义举深表谢意。

濠头村旅香港乡亲捐建牌坊与闸门

濠头郑氏大宗祠大院前的探花牌坊，建于明朝崇祯九年（1637），距今已有 370 年历史，建筑结构是四柱三孔，全是用花岗岩石条、石块拼搭而成。石材精工细琢、工艺精巧。牌坊中拱门的上方刻着"浦江世泽"四个大字,后面刻着"昭代褒崇"。整座牌坊气势磅礴,雄伟壮观。濠头郑氏大宗祠一向是濠头中学校址。探花牌坊矗立在郑氏大宗祠前面,把郑氏大宗祠衬托得富丽堂皇,它激励郑氏后裔用心攻读、努力进取,他日成才,光宗耀祖,造福万代。有几百年历史的探花牌坊经风吹雨打,甚至雷击,顶层精工巧作的瓦筒和瓦坑以及飘檐都出现不同程度的残缺,影响牌坊的美观。1992年,由香港濠头乡亲总会牵头,动员旅外乡亲筹集资金,修葺探花牌坊。是年筹得人民币32000元。经数月的精工修葺,探花牌坊恢复原貌,牌坊两侧重建围墙,顶盖琉璃瓦,围墙右边写上"荥阳派衍",左边写上"浙水支长"。牌坊更为璀璨夺目、雄伟壮观。下面是旅香港乡亲捐款重修探花牌坊芳名:

乐助人民币32000元

香港濠头乡亲总会4000元	郑杰雄4000元	郑东生3000元
郑汉成3000元 郑锡鹏2000元	郑仲联2000元	郑汉华1500元
郑玉华1500元 郑銮生1000元	郑润满1000元	郑少宁1000元
郑　强1000元 郑　贤1000元	郑裔洲1000元	郑裔昌1000元
郑　次1000元 郑英伟1000元	郑杏微1000元	郑裔新500元
郑凤婵500元		

1989年香港濠头乡亲总会郑东生先生提议为家乡建东西两个牌坊,得到旅香港乡亲鼎力支持,共筹集人民币120000元,交与濠头村委会主持兴建。东牌坊在车站近东面路道兴建,西牌坊在车站西面向石岐方向路道兴建,同年10月7日落成,均四柱三孔,气势磅礴。牌坊外面都是"濠头乡"三个大字。东牌坊后面书写"凤凰来朝"四个大字,西牌坊背后书写"五岭福地"四个大字。下面是捐建东西牌坊的香港乡亲芳名:

乐助人民币120000元

郑东生10000元	郑庆佳10000元	郑杰雄10000元	郑锡鹏10000元
郑仲联10000元	郑　强10000元	郑裔昌10000元	郑汉华10000元
郑玉萍10000元	郑腾芳10000元	郑少宁10000元	郑汉成10000元

濠头东西两座牌坊建成以后,新村仔群众亦有建闸门愿望。1992年旅香港乡亲邓棣新先生鼎力支持,捐资人民币43000元,在濠头新村大街往青云桥路段兴建了一座四柱三孔大闸门,当年建成,亮丽壮观。

濠头村旅香港乡亲资助家乡兴建办公楼

1990年,濠头村集体经济有了较大发展,村委会决定在濠头车站侧一块面积3000平方米的空地上兴建濠头村委会办公大楼。此决定得到旅香港乡亲邓棣新先生的鼎力支持。他慷慨捐赠人民币230000元。办公大楼为二层钢筋混凝土建筑,面积1221.24平方米,于1990年年初动工,同年秋竣工。办公大楼建成后,旅香港乡亲郑敬棠先生、郑耀棠先生、郑任棠先生三人捐赠人民币320000元做濠头村办公大楼装修经费和购置办公设备费用。旅外乡亲积极支持家乡建设,造福了乡梓。办公大楼与新建幼儿园于

1990年12月举行落成庆典。邓棣新先生乐助人民币11000元、香港濠头乡亲总会乐助人民币1000元、郑东生等16位乡亲共乐助人民币2000元、吕云英女士乐助人民币100元和郑满容先生乐助人民币200元，均做庆典经费。

濠头村旅香港乡亲捐助自来水工程

濠头村早在20世纪70年代已经用上自来水，但输水管道细小，水压也低，没法让村中家家户户都用上。不少群众用水还是靠井水和河水。1989年，人民生活有了显著改善，但过去的自来水设备远远跟不上时代的需求，村民希望兴建自来水工程，解决饮用水问题。濠头村委会决定实施这项民生工程。濠头印花厂旅香港乡亲邓棣新先生鼎力支持，捐资人民币50000元，并捐赠价值人民币50000元的水管。该工程于1989年5月动工。3个月时间内全村铺设了输水管道，并接通到各家各户，总投资人民币1500000元。自来水工程完成，家家用上自来水。群众对邓棣新先生的善举表示感谢。

濠头村旅外乡亲关爱家乡侨联会

1952年成立的濠头村侨联会，是火炬区较早成立的侨联会之一，但过去一直没有固定会址。1981年，由香港濠头乡亲会发起，筹集资金买下位于濠头正街29号朱先生的房屋做濠头侨联会会址。香港、澳门乡亲鼎力支持，慷慨解囊，捐赠港元26500元。此会址为二层砖木结构，占地124.8平方米，房产面积167.7平方米。经装修后虽不算豪华，但窗明几净，摆设雅致。1981年2月27日新侨联会举行落成志庆仪式。下面是旅港澳乡亲捐款购买侨联会址芳名：

乐助港元26500元

香港郑集和堂5000元	郑东生1000元	郑　标1000元	郑　海1000元
郑桂远1000元	郑鸿光1000元	郑　贤1000元	郑伟明1000元
郑鉴波1000元	朱仲华1000元	关衍麟1000元	郑　北500元
郑少宁500元	郑杰雄500元	郑汝翘500元	郑剑鸣500元
郑社威500元	郑鸿记500元	郑兆南500元	郑灿垣500元
郑任兰500元	郑日辉500元	郑锦源500元	郑庆佳300元
郑瑞生300元	郑彬洪200元	郑树彬200元	李富记200元
李国良200元	郑汉联200元	郑灿源200元	郑锦生200元
郑均池200元	郑树添200元	郑卓均200元	郑庆元200元
郑英伟200元	郑子容100元	郑成汉100元	郑九仔100元
郑华标100元	郑剑勇100元	郑　海100元	郑鼎汉100元
郑瑞海100元	郑瑞潮100元	郑桂满100元	郑社辉100元
郑顺太100元	郑昌燕100元	郑满枢100元	郑宿赞100元
郑锦文100元	郑炳华100元	毛　芬100元	刘正雄100元

刘振雄 100 元　　郑庆钦 100 元　　郑焕华、健辉、健鸿三人 400 元

旅香港乡亲郑次先生、郑北先生，旅澳门乡亲郑鸿光先生、郑桂远先生各乐助人民币 200 元做新侨联会址落成庆典经费。

为了购买侨联会址所需的办公用品，旅加拿大乡亲黄社焕先生捐赠人民币 1000 元。旅澳门乡亲郑鸿记和旅香港乡亲郑汉联、郑汉翘先生共乐助 4000 元，郑北先生 1000 元、郑次先生 850 元、郑庆波先生 400 元、郑少宁先生 360 元。旅澳门乡亲郑桂远、郑鸿光各乐助人民币 100 元。上述乡亲共乐助人民币 7810 元，为侨联会购置了一批电视机、风扇、莲花灯、电镀铁凳、台椅及床，充实了侨联会的设置。

1984 年为了方便侨联会为旅外乡亲办事，由香港郑氏宗亲会牵头，动员旅港澳濠头乡亲捐资，购买汽车赠给家乡侨联会。乡亲们踊跃捐输，集腋成裘共筹得美元 3000 元、港元 22200 元，于当年 5 月购买了一辆崭新的五十铃双排座汽车送给侨联会。下面是捐资购买汽车芳名：

乐助港元 22200 元

郑　标 3000 元	郑　贤 2000 元	郑少宁 1500 元	郑杰雄 1000 元
郑庆佳 1000 元	郑锡垣 1000 元	郑銮生 1000 元	何　活 500 元
郑剑鸣 500 元	郑社威 500 元	郑满容 500 元	郑鸿记宝号 500 元
郑灿恒 500 元	郑社权 500 元	郑炳流 500 元	时昌宝号 500 元
郑英伟 500 元	郑达明 500 元	郑金华 500 元	郑金好 300 元
郑宗伟 300 元	郑泳生 300 元	郑　忠 300 元	郑汗联 300 元
郑彬洪 300 元	郑振潮 200 元	郑瑞生 200 元	郑惠坤 200 元
郑瑞英 200 元	郑杏薇 200 元	郑裔洲 200 元	郑裔新 200 元
郑鉴波 300 元	郑庆新 200 元	郑华标 200 元	郑九仔 200 元
李国良 200 元	郑卓均 200 元	郑汝翘 200 元	郑剑勇 200 元
郑灿鸿 200 元	郑剑衍 200 元	杨桂芳 100 元	郑志达 100 元
郑　远 100 元	郑鸿光 100 元		

旅美郑氏宗亲会美元 3000 元

2001 年，濠头侨联会举行成立 20 周年庆典，香港乡亲总会组织 30 多位乡亲回乡庆贺。大家欢聚一堂，畅谈 20 年来侨联会的历程，总结成绩，一致决心再接再厉做好侨联工作。市、区及部分村侨联会也派员到会祝贺。旅港澳乡亲总会乐助人民币 5000 元。郑汉成先生、郑杰雄先生各乐助人民币 5000 元做庆典经费。

2003 年香港濠头乡亲总会捐资港元 1000 元重修"濠头乡侨联会"牌匾。

濠头村旅外乡亲捐资建设振兴社

濠头振兴社是旅澳洲乡亲郑泗全先生发起集资兴建的，用作华侨、港澳乡亲聚会和商讨振兴濠头村经济和福利事业的场所。该社建于 1924 年，几十年来为濠头村经济的繁荣和村民的福利事业做出了贡献。振兴社置有一座社址，多间店铺。1982 年旅加

拿大乡亲支持家乡建设，筹集了加元 1390 元用于修葺振兴社店铺，维持集体福利收入。下面是当年旅加拿大乡亲乐助家乡建设芳名：

乐助加元 1390 元

郑光明 120 元	郑计生 100 元	郑仲谦 100 元	郑仲尧 100 元
郑德永 100 元	黄社焕 50 元	郑官炳 50 元	郑今后 50 元
郑宗励 50 元	郑社彬 50 元	郑庆昆 50 元	郑炳湘 50 元
郑计祥 50 元	郑锡廉 50 元	金源叔母 50 元	郑永灿 40 元
郑庆佳 40 元	郑惠林 30 元	郑乾沃 20 元	郑焕英 20 元
郑昌联 20 元	官灿叔母 20 元	林惠兰 20 元	郑宝业 20 元
郑钊衍 20 元	黄灿昆 20 元	谭彩金 20 元	郑桂洲 20 元
郑淦良 20 元	郑耀南 20 元	郑顺光 20 元	

1988 年，旅香港乡亲邓棣新先生捐资人民币 21500 元装修原振兴社店铺用作出租，铺租用于濠头村福利事业。濠头老年人协会于 2002 年成立，继承振兴社基业，发展老人福利事业。店铺的出租收入继而用作老人协会经费。当年旅外乡亲乐助经费的有：郑銮生港币 1500 元，郑燕卿人民币 400 元，郑瑞卿港币 200 元，刘凤玲港币 200 元，林汉伟人民币 1200 元，郑宗励港币 2000 元，均用于老人福利事业。现濠头老年人协会有会员 800 人，每年春节都给会员派发生油和片糖各 5 公斤。老人仙逝，发放帛金 700 元，帮助家属料理死者的后事。

濠头老年人协会覆盖濠联、濠二、李家村、上下陂头等自然村。各自然村根据实际设置老人活动中心，组织老人活动。

同年濠头新村仔旅香港乡亲邓棣新先生乐助人民币 15 万元兴建了一幢两层钢筋水泥结构的慈航老人活动中心，建筑面积 162.5 平方米，里面设有电视、棋牌和健身器械，供老人活动和锻炼身体。

2001 年下陂头村成立老人福利会。当年旅美乡亲林建彬、林建明、林建成三人共乐助福利费人民币 35000 元。村委会也很重视老人福利事业，每年给福利会拨款 36000 元。福利会在老人福利中心配套书报、健身器材、健康棋牌等，让老人老有所乐。福利会每年举办宴席，给老人祝寿，岁晚给老人派发生油、片糖等过节物品。

五星村华侨、港澳同胞历年捐款芳名

乐助人民币 240695 元

陈棣康 6000 元	陈汉芬 1100 元	陈焕生 6200 元	陈焕文 21000 元
陈焕新 24000 元	陈景池 9360 元	陈少霞 1100 元	郑洁群 1300 元
陈四妹 200 元	陈松喜 2500 元	陈四妹 200 元	陈松喜 2500 元
陈旭标 400 元	陈旭波 200 元	陈有开 51900 元	陈有开 51900 元
陈振权 4600 元	高鉴强 800 元	高松添 400 元	高志平 300 元
胡家球 200 元	黄保光 125 元	黄炳桂 160 元	黄官廉 50 元

黄华兴 100 元　　黄欢悦 1000 元　　黄焕珍 125 元　　黄惠南 160 元
黄惠荣 2150 元　　黄惠兴 300 元　　黄惠忠 50 元　　黄乐仁 100 元
黄树光 125 元　　黄玉生 2500 元　　黄志光 125 元　　马桂娣 200 元
马桂雄伉俪 37200 元　　孙间英 200 元　　谭畅森 200 元　　谭桂玲 500 元
谭桂伦 1000 元　　谭桂垣 1000 元　　谭金耀 500 元　　谭敬板 400 元
谭康年 200 元　　谭立达 200 元　　谭丽嫦 200 元　　谭满新 600 元
谭茂年 565 元　　谭树超 500 元　　谭松梅 300 元　　谭英雄 800 元
谭有林 500 元　　谭玉标 400 元　　谭振文 400 元　　谭子立 100 元
吴天意 200 元　　吴兆雄 1300 元

乐助港元 210077 元
黄金结 146000 元　　黄埋年 18000 元　　黄东结 20000 元　　高明辉 2400 元
陈曹明 147 元　　陈德棣 20 元　　陈棣康 1300 元　　高倩兴 2000 元
陈红章 45 元　　陈华赞 50 元　　陈焕生 1300 元　　陈焕文 20 元
陈焕新 500 元　　陈加枢 635 元　　陈金连 2000 元　　陈敬垣 2200 元
陈茂孚 135 元　　陈美连 10 元　　陈沛权 2000 元　　陈淑芬 60 元
陈天玉 1300 元　　陈五根 4500 元　　陈祥桂 2010 元　　陈银悦 200 元
陈有开 1400 元　　陈玉生 1300 元　　陈卓明 45 元　　高维康 100 元
胡家球 400 元

乐助美元 38905 元
陈华杰 100 元　　陈焕辉 45 元　　陈焕文 150 元　　谭志权 100 元
陈景池 4500 元　　陈敬垣 20 元　　陈茂孚 20 元　　陈沛权 225 元
陈淑群 4500 元　　陈淑贤 4500 元　　陈天玉 500 元　　陈祥桂 45 元
陈永裕 500 元　　陈有开 250 元　　陈玉生 20000 元　　陈展雄 100 元
陈仲均 100 元　　高伯森 50 元　　高干均 50 元　　高干玲 50 元
高官泗 50 元　　高厚添 200 元　　高锐彬 50 元　　高锐森 50 元
高锐源 100 元　　谭炳干 100 元　　谭炳桂 100 元　　谭炳坤 100 元
谭炳棠 200 元　　谭桂儒 100 元　　谭国彬 50 元　　谭汉辉 200 元
谭汉儒 100 元　　谭剑秋 50 元　　谭鉴泉 500 元　　谭敬波 200 元
谭就友夫人 50 元　　谭茂年 100 元　　谭佩芬 50 元　　谭容康 100 元
谭顺强 100 元　　谭万德 100 元　　谭伟儒 200 元　　谭月群 100 元
谭兆祺 50 元　　谭值南 100 元

乐助加元 1550 元
高保仪 50 元　　高桂波 100 元　　高焕标 50 元　　高焕田 100 元
高基生 100 元　　高健生 50 元　　高锦洪 100 元　　高连二 50 元
高少文 100 元　　高祐生 100 元　　高玉林 100 元　　高玉源 100 元
高兆海 200 元　　高兆庭 100 元　　谭桂垣 200 元　　谭英雄 50 元

朗尾村旅外乡亲热心家乡公益建设

朗尾村属五星村委会辖下的一个自然村，包括朗外和朗内，村口紧连中山港大道。但入村道路狭窄，路面高低不平。1984年，旅美乡亲陈焕生先生和旅澳洲乡亲陈玉生先生与群众商量修路，他俩各捐港币1300元购买水泥。朗外乡亲动员起来，搬运沙石，平整路基，扩阔道路，只用了十多天时间便把183米泥路铺成水泥路，路面扩宽到3米。村民对他们的支持深表感谢。当年修好村道以后，旅美乡亲陈有开先生、陈棣康先生提议要建一牌坊，做入村标志。陈有开先生即捐港币1400元，陈棣康先生捐港币1300元，兴建了两柱一孔的牌坊。1989年，朗尾村集体经济有了很大发展，原来修建的道路不适应时代的要求。为此，村委会为了扩宽路面，拆除了旧牌坊，重新建了一座四柱三孔、高6米的牌坊矗立于村口，牌坊正面书写"朗尾"两个大字。旧牌坊虽然拆除了，路面扩宽了，但当年旅外乡亲关心家乡建设的善举将永远被村民铭记。

从朗尾小学到朗内一段路，过去是黄泥路，遇雨天非常难走，朗内村民出入很不方便。1985年，旅美乡亲陈焕新先生捐资人民币20000元、陈焕文先生捐资人民币15000元，用于兴建朗内村大道。大道1985年冬动工，1986年春竣工。朗内大道全长350米，宽4.5米，方便了村民，美化了环境。

朗尾村街道原是铺花岗岩石板，这对过去来说属于很好的街道。但街边渠道多，经常堵塞，污水难以排清，造成环境污染。1988年旅美侨亲陈有开先生又捐资人民币41000元做覆盖渠道费用。1989年春完成修建水渠800米，疏通了渠道，覆盖了渠面，街道普遍加宽了0.8米，环境卫生得到了改善，道路更通畅了。陈先生乐善好施的精神深受村民的赞许。

1986年旅港乡亲陈天玉先生、陈计洪先生、陈加枢先生合捐电视机一台，价值人民币2500元，改善了乡亲的文化生活。陈金连女士、陈敬垣先生、陈沛权先生、陈祥桂先生合捐一台柴油机，价值人民币8000元，支援了家乡生产建设。朗尾村旅外乡亲热爱家乡的善举，深受村民的称赞。

白庙村旅外乡亲捐资修渠建道

白庙村属五星管理区辖下一个自然村，海外乡亲众多。乡亲虽旅居异国，但非常热爱家乡。村内由于水渠年久堵塞，污水排不出去，环境卫生欠佳，村民身体健康受到影响。旅香港乡亲回乡时倡议筹集资金覆盖水渠，此举得到旅香港乡亲的鼎力支持，村民群策群力。1985年年末动工，首先疏通了水渠，再行覆盖，1986年年初完成覆盖水渠工程。水渠全长30米，水渠覆盖后道路增宽1米。旅香港乡亲此举，造福了村民。下面是旅香港乡亲乐助该项工程芳名：

乐助港元 7200 元

| 谢镇江 2000 元 | 高灿生 1000 元 | 惠 菊 1000 元 | 高焕田 400 元 |
| 谭剑垣 300 元 | 高仲明 200 元 | 谭敬宽 200 元 | 高金焕 200 元 |

谭杏添 200 元　　谭　惠 200 元　　谭有添 200 元　　谭敬秋 200 元
高志平 200 元　　谭友方 200 元　　谭仲允 150 元　　谭惠贤 150 元
高耀容 100 元　　高志光 100 元　　谭玉贤 100 元　　高兆轩 100 元

乐助人民币 80 元

谭杏金 50 元　　谭灿洪 30 元

乐助美元 100 元

高干飞 100 元

白庙村环村道路高低不平，道路狭窄，不适应时代的发展需求。1989 年，旅美国和加拿大乡亲倡议修路，得到旅外乡亲的鼎力支持。当年就筹得美元 4200 元、加元 1700 元。村道长 1000 米，路面宽 3 米。是年底环村大道落成，机动车畅通无阻。下面是旅美、旅加乡亲捐建环村大道芳名：

乐助美元 4200 元

谭鉴泉 500 元　　胡家球 400 元　　陈有开 250 元　　高厚添 200 元
谭汉辉 200 元　　谭炳常 200 元　　谭伟儒 200 元　　谭桂儒 200 元
谭敬波 200 元　　高锐源 100 元　　谭汉儒 100 元　　谭炳桂 100 元
谭炳坤 100 元　　谭志权 100 元　　谭植南 100 元　　谭顺强 100 元
谭容康 100 元　　谭茂年 100 元　　谭万德 100 元　　谭月群 100 元
谭炳干 100 元　　高维康 100 元　　高锐彬 50 元　　高锐森 50 元
高官泗 50 元　　高干均 50 元　　高干玲 50 元　　高伯森 50 元
谭国彬 50 元　　谭剑秋 50 元　　谭佩芬 50 元　　谭兆祺 50 元
谭就有夫人 50 元

乐助加元 1700 元

谭桂垣 200 元　　高兆海 200 元　　高桂波 100 元　　高兆庭 100 元
高焕田 100 元　　高锦洪 100 元　　高少文 100 元　　高玉林 100 元
高玉源 100 元　　高基生 100 元　　高佑生 100 元　　谭英雄 100 元
高连二 100 元　　高焕标 100 元　　高健生 50 元　　高保仪 50 元

上巷村旅外乡亲热心家乡公益事业

上巷村属五星村委会辖下的自然村，位于朗尾东侧。清乾隆初扩展成村，一横一竖一条街道住着 60 多户人家。旅居美国三藩市的黄金结先生关心家乡的公益事业，是个乐善好施慈善家。他于 1988 年回乡省亲时与村中父老商议关于村容村貌建设，美化家乡的问题。他捐资港币 60000 元兴建上巷牌坊和入村大道，后又捐资港币 66000 元为全村安装自来水管，村民甚为高兴，牌楼和入村大道于 1988 年动工，1989 年春完成。上巷牌坊宽 8.3 米，高 8.8 米，矗立于中山港大道旁。入村大道长 280 米，宽 13 米，被村民称为"金结大道"。1989 年 12 月全村自来水工程完工，家家户户都用上了自来水。村民对黄金结先生的家乡情谊铭刻于心，万分感谢。

同年，旅美乡亲黄树光先生捐赠港币21120元、黄宝光先生11099元、黄志光先生6874元修理村中街道。

新村旅外乡亲捐资家乡兴建发电站

新村尾属五星村民委员会辖下的一个自然村，常住人口200多人。1984年区内电网供电紧缺，村内经常停电，给村民生产和生活带来不便。旅外乡亲商议帮助村中购买发电设备。旅香港乡亲高明辉先生捐赠港币2400元，高倩兴先生捐赠港币2000元，陈五根先生捐赠港币4500元，旅美乡亲郑洁群女士捐赠人民币1300元，在港购买了发电机、电球、水箱等发电设备，帮助村民建起发电站，解决了村民生产和生活的用电需求。旅外乡亲情系家乡的善举，铭刻于村民心中。

沙边村旅外乡亲捐建良德公园

沙边良德公园坐落于原孙氏大宗祠、融轩祠、琼林祠旧址，是为纪念沙边村孙氏始祖良德公而建。它背山面街，面积2400平方米。正面是公园牌坊，园中有四棵高大的大叶榕，使公园绿树成荫。园中设有花基走道、石基石凳。园内空气清新，是村民休憩的好场所。公园正门牌坊是旅澳门乡亲孙焯华先生捐建的。园中有旅澳洲乡亲孙家驹先生捐建的"干宾亭"，旅香港乡亲孙润超、孙燕娇叔侄捐建的"孙月彩纪念亭"。亭柱刻有"月弄花前堪入画，彩笼亭上更迷人"的对联。公园中间是旅美乡亲孙绍裘先生昆仲为纪念其祖父孔良公捐建的假石山一座。两亭都是顶盖琉璃瓦，亭内设置石台、石凳，北边石壁两边各有一幅7米宽的大型泥塑山水画和百鸟朝阳图，是旅香港乡亲孙敬初、敬养、敬楚三兄弟捐建的。中间一幅15米长的泥塑"故乡园"，是旅加拿大乡亲孙国基先生为纪念其父溢芳公捐建的。他同时还捐建一座龙凤雕塑壁。2002年，旅加拿大乡亲李友梅女士在山后边石鼓处捐建"恩荣亭"。亭高数级，六柱亭立，柱中对联为"恩泽流芳垂万古，荣华富贵耀千秋"。山后壁画"春游图"增添了公园后景。

良德公园是沙边德高望重的侨联主席孙锦财先生和孙帝求先生于1988年会同当时在沙边工作的陈金默先生商议和发起，为纪念沙边始祖良德公而建造的，当时得到社会各界热心人士的鼎力支持。其中旅外乡亲捐赠美元2280元、加元1480元、澳元1480元、港元20650元、人民币193460元。本村社会各界热心人士捐赠人民币154500元。公园于1988年年底动工，其间边施工、边发动。旅外乡亲不断捐款，直至1992年完成。总投入人民币390000元。下面是旅外乡亲捐建良德公园芳名：

乐助人民币193460元、港元18650元

李友梅100000元	孙润超20000元	孙家驹17000元	孙溢芳5000元
孙焯华5000元	孙敬洲5000元	孙锐垣4500元	孙绍裘1000元
孙焕佳1000元	孙淑娴1000元	孙佩娴1000元	孙锦照1000元
孙敬初三兄弟4540元	孙国基6000元	孙仲威、孙少山等三人1000元	

孙坤源 700 元	孙少枢 500 元	孙焯轩 500 元	李耀森 500 元
孙添海 500 元	孙裔贤 500 元	孙裔添 500 元	孙裔光 500 元
孙桂连 500 元	孙灿如 400 元	孙成开 400 元	孙冠英 300 元
孙仲才 300 元	孙仲昆 300 元	孙杏基 300 元	孙展平 200 元
林秀莲 200 元	孙社昌 200 元	孙棣祥 200 元	孙鉴泉 200 元
孙曼平 200 元	孙活宏 200 元	孙雪宁 200 元	孙卫星 125 元
孙靖夷 100 元	孙少梅 100 元	孙敬全 100 元	孙灿轩 100 元
孙光汉 100 元	孙焕伦 100 元	孙艳卿 50 元	孙关伟 50 元
孙德寿 20 元	孙杏佳港元 18650 元、人民币 5000 元		

乐助加元 1480 元、港元 200 元

孙国基 500 元	孙明赞 400 元	孙浩强 100 元	孙建兴 100 元
孙国英 100 元	孙绍昆 100 元	孙锦源 50 元	孙坚志 30 元
孙庆昆 20 元	孙恩湖 20 元	孙锦才 20 元	孙锦棉 20 元
孙杏基加元 20 元、港元 200 元			

乐助美元 2280 元

孙敬雄 400 元	孙成开 100 元	孙灿煊 50 元	孙伯予 50 元
孙敬全 50 元	孙干辉 50 元	孙卓生 50 元	孙展平 50 元
孙利民 50 元	孙敬伦 50 元		

乐助澳元 1480 元

孙仲昆 100 元	孙厚辉 100 元	孙冠英 100 元	孙沛璋 100 元
孙厚恩 100 元	孙春荣 100 元	孙绍仪 50 元	孙敬雄 50 元
孙惠民 50 元	孙金润 50 元	孙乃平 50 元	孙乃安 50 元
孙汉宽 50 元	孙翘楚 50 元	孙绍枢 50 元	孙洁清 50 元
孙家驹 50 元	孙锦英 50 元	孙 波 50 元	孙照堂 50 元
孙冠彬 50 元	孙金源 50 元	孙均叶 20 元	孙卫星 20 元
孙帝祥 20 元	孙厚波 20 元		

乐助港元 1800 元

孙超武 500 元	孙秋梅 300 元	孙焕佳 100 元	孙伯源 100 元
孙毅森 100 元	孙少陂 100 元	孙帝求 100 元	孙灿如 200 元
孙志生 100 元	孙志力 100 元	孙润添 100 元	

沙边村旅美侨胞捐资修建村道

沙边是华侨之乡，新中国成立前村民的房屋多为砖木混合结构，村中河涌分南北两岸，街道宽阔，是理想的人居村庄。1986 年，沙边村水沟尾至街市亭路段由于日久失修，路面破烂。旅香港乡亲孙锐垣先生见状，捐赠人民币 50000 元兴建长 200 米、宽 5 米路段和整治下水道，方便了村民出行和车辆通行。及后，孙锐垣先生又出资修建长 100 米，宽 1.5 米的祖居公巷。孙先生的善举，造福了村民。

1991 年，沙边村集体经济有较大发展。村委会斥资人民币 800000 元用钢筋水泥覆盖村中河涌，扩宽路面，使村路成为美观整齐的康庄大道，交通甚为便利。是年旅美侨胞孙敬全先生旋里亦捐资人民币 1000 元参与道路改造工程。村民对以上两位善长仁翁表示谢意。

沙边旅外乡亲热心乐助家乡编写村志

1992 年，沙边村编写村志，得到旅外乡亲及本村热心人士的支持。总投入经费人民币 32000 元。其中旅外乡亲乐助美元 810 元、加元 250 元、澳元 300 元、港元 13060 元、人民币 500 元。本村热心人士乐助人民币 3400 元，村委会拨款人民币 5000 元。下面是旅外乡亲乐助编写沙边村村志经费芳名：

乐助港元 13060 元

孙焯华 2000 元	孙国良 1200 元	孙家驹 1000 元	孙庆佳 1000 元
孙惠贤 1000 元	孙文超 1000 元	林　德 1000 元	孙添成 960 元
孙焕佳 500 元	孙超武 500 元	孙竹本 500 元	孙润超 500 元
孙国权 500 元	孙锐垣 500 元	孙桂轩 200 元	孙冠洲 200 元
孙焯轩 200 元	孙展平 100 元	孙乃平 100 元	孙乃安 100 元

乐助美元 810 元

美国三藩市孙氏宗亲会 70 元	孙展平 100 元	孙敬全 100 元	
孙秉廉夫妇 50 元	孙秉超夫妇 50 元	孙成开 50 元	孙恩沛 50 元
孙健民夫妇 30 元	孙展平夫人 20 元	孙少棠夫妇 20 元	孙淑文 20 元
孙灿祺夫妇 20 元	孙学文夫妇 20 元	孙绍锦 20 元	孙焯生夫妇 20 元
孙灿权 20 元	孙兆年夫妇 20 元	孙添才夫妇 20 元	孙秀燕 20 元
孙计源 20 元	孙仲权 20 元	孙仲才 20 元	孙帝求 10 元
孙容初 10 元	孙丽环 10 元		

乐助加元 250 元

孙毅雄 100 元	孙灿垣 50 元	孙子能 50 元	孙杏彩 50 元

乐助澳元 300 元

孙冠英 100 元	孙灿辉 100 元	孙仲昆 100 元

乐助人民币 500 元

孙锦照 300 元	孙德兆 100 元	孙乃衡 100 元

泗门村旅外乡亲捐资兴建村道

泗门村南面的新爱路，住着几户人家，村内板石道路狭窄，并有一大段是田基路，村民外出诸多不便。1986 年旅美华侨陈杰明先生提议修建新爱路，得到旅外乡亲的支持，共募捐美元 950 元、加元 500 元、港元 10390 元。1987 年动工，建成了长 170 米、宽 4 米的水泥路，共投入人民币 21490 元。新爱路建成后，大大方便了村众出行。

下面是 1986 年旅外乡亲捐款修建新爱路芳名：

乐助美元 950 元

陈杰明 700 元　　陈桂卿 60 元　　陈翠芳 50 元

郑润森 50 元　　谭耀光 50 元　　陈翠琼 20 元　　陈翠萍 20 元

乐助加元 500 元

洪美秀 120 元　　洪毅洲 100 元　　洪已酉 100 元　　洪计添 100 元

洪灿球 20 元　　洪志昌 20 元　　洪凤彩 20 元　　洪结成 20 元

乐助港元 10390 元

洪容开 3000 元　　洪信汝 2000 元　　郑少娜 1000 元　　欧雁莲 1000 元

洪结孚 520 元　　洪　珍 500 元　　阮惠然 450 元　　欧庆兰 300 元

欧锦波 250 元　　欧锦标 250 元　　洪春连 200 元　　洪炳贤 200 元

洪秋莲 200 元　　郑镰有 200 元　　刘容谦 100 元　　吕嘉川 100 元

洪玉英 100 元　　洪玉安 20 元

2007 年，开发区新农村建设办公室拨款重修新爱路，路宽 8 米，两车可相向同时通行。

泗门侨胞资助兴建村侨联会大楼

1986 年泗门村委会拟筹建侨联会大楼，得到旅外乡亲的大力支持，共乐助加元 4600 元、港元 6800 元、人民币 1250 元。侨联大楼于 1987 年动工，是年底竣工。侨联会占地 450 平方米，建筑面积 250 平方米，楼高二层，投入资金人民币 120000 元，其中村委会斥资 80000 元。侨联会址落成后，侨联会有了固定办公地方。旅外乡亲回乡都到侨联会探访，侨联干部热情接待。侨联会坚持为侨服务的宗旨，维护旅外乡亲的合法权益，主动协助久别回乡的乡亲寻根问祖，使他们高兴回来，满意而归。下面是旅外乡亲乐助兴建泗门侨联会会址芳名：

乐助加元 4600 元

洪已有 1000 元　　洪美秀 1000 元　　洪灿球 1000 元　　洪志昌 500 元

洪结孚 500 元　　洪结成 500 元　　洪敬清 100 元

乐助港元 5800 元

洪原兴 1500 元　　洪桂河 1000 元　　洪灿森 1000 元　　洪兆棠 800 元

陈杰明 500 元　　欧敬容 500 元　　郑文敬 500 元

乐助人民币 1250 元、港元 1000 元

洪玉英人民币 500 元　　洪凤彩人民币 250 元

吕嘉川港元 1000 元、人民币 500 元

泗门旅港澳乡亲捐建牌坊

清雍正年间，泗门村曾设四道闸门，遂称泗门。社会变革，村场扩大，现今闸门无存。1987年有识之士倡议要在村东面与沙边接壤之处兴建一座村口牌坊，得到社会各界人士的鼎力支持，解囊襄助。牌坊于当年夏天动工，半年后完成。牌坊长9米、宽8米，矗立在村口之东。牌坊正面上书"泗门"，背面是"紫气东来"四个大字。该牌坊名曰"东牌坊"，四柱三孔，顶盖绿色琉璃瓦，掩映在路边绿树丛中，美观大方。该牌坊投入人民币23000元。其中旅港澳乡亲捐赠港元11250元、人民币200元，社会各界人士乐助人民币11550元。下面是旅港澳乡亲捐建牌坊芳名：

乐助港元11250元

洪灿垣 1000元	欧锦林 1000元	洪焯明 1000元	洪玉群 1000元
洪玉安 1000元	洪焯森 1000元	洪炳贤 1000元	洪玉源 1000元
阮玉连 500元	阮国成 500元	洪计目 500元	洪庆申 500元
陈锐光 500元	洪天佑 400元	欧庆兰 150元	洪充意 100元
洪来旺 100元			

乐助人民币200元

欧少培 100元　　占春燕 100元

同年秋天，旅美乡亲陈杰明先生捐赠人民币22400元，在村西与濠头接壤路段上兴建牌坊，与村东牌坊设计相同，众称"西牌坊"。正面上书"泗门"，后面是"长庚拱照"四个大字。东西牌坊的建成，既增强了群众的安全感，也为村中增添了两道靓丽的风景。

大岭侨胞情系家乡

1979年，旅美乡亲欧阳官秋先生托人在香港进口一台旧面包车送给村中使用。随后村中办事人征得官秋先生同意把车变卖，用所卖得人民币两万元在村中建起一座占地48平方米、建筑面积80平方米的二层楼房。此楼房1979年动工，1980年竣工，当时为大岭村侨联会使用。

1992年，旅香港乡亲欧阳尊周捐赠30万人民币建成楼高两层的大岭市场，楼下是市场，楼上是办公室（当时大岭侨联会迁到此楼办公）。村民对欧阳官秋先生、欧阳尊周先生及所有热心家乡建设的侨胞、港澳同胞表示感谢。大岭侨联会遵循"联系侨亲，为侨服务"的宗旨，做好侨务工作。一是通过编写《中山大岭欧阳氏族谱》，广泛联系侨亲，并征询他们的意见，共同把族谱编写好。二是编写了《中山大岭村侨史》。编纂过程发动旅外乡亲提供真实史料和相关照片，充实侨史内容，认真把侨史写好。三是热情接待回乡侨亲，努力协助他们办理回乡一切事宜，使他们感到家乡之温暖。近年来侨亲回乡逐渐增多。旅居海外乡侨的第四、第五代后裔亦组团回乡观光问祖。侨委向他们介绍家乡的变迁、建设和发展，协助他们寻回祖根，他们深感高兴。四是每年编写家乡简讯，连同拜年卡寄到海外侨亲手中。向旅外亲人拜年，让他们身在海外能知道家乡事。大岭村侨联多年被评为市、区"先进侨联"。2003年国家侨联主席林兆枢、省侨联主席陈毓铮、市侨联主席徐瓦在开发区侨联主席郑丽瑜等的陪同下到大岭侨联考察调研，对大岭侨联的工作一致给予好评。旅外乡亲非常支持侨联会工作，他们每次回乡省亲，多数会到侨联会乐助经费。下面是旅外乡亲乐助侨联会经费芳名：

乐助美元840元
欧阳志锐 300元　　欧阳善述 100元　　欧阳艳霞 100元
欧阳慕民 100元　　欧阳辉 100元　　　欧阳泗菊 50元　　郑桂新 50元
欧阳干宁 20元　　　陈桂轩 20元

乐助港元2400元
欧阳乐超 1000元　　欧阳叔宏 500元　　潘子朝 500元
潘子玲 200元　　　欧阳汉华 200元

乐助人民币13648元、美元550元、加元200元、澳元200元、港元500元
欧阳玉兴 500元　　欧阳浩章 1100元　　欧阳冠枢 500元　　欧阳泗海 1500元
欧阳金海 400元　　欧阳玉冰 300元　　欧阳少全 300元　　欧阳衍荣 300元
欧阳桂新 200元　　欧阳金兆 200元　　欧阳志平 600元
欧阳加源伉俪 782元　罗惠芬 100元　　欧阳少明 200元　　欧阳美英 100元
欧阳慰椿 730元　　欧阳润兆 730元（以上是人民币）
欧阳乾生美元 250元、人民币 1200元　　欧阳浩铿美元 110元、人民币 1147元
欧阳民美元 100元、人民币 2300元　　　欧阳卫安娜美元 50元、人民币 800元
陈桂新美元 40元、人民币 158.8元　　　吴均乐港元 500元、人民币 500元
欧阳焕桥加元 200元　　　　　　　　　欧阳志坚澳元 200元

大岭村旅外乡亲热心家乡建设

大岭村旅外华侨、港澳乡亲热心家乡公益事业，1979—1981年间，先后捐赠美元1000元、澳元2700元、港元43405元、葡币1150元、人民币11200元，支持家乡建设和慈善福利事业。村侨联会联同村委会把旅外乡亲这些捐款在村中完成了两件民心工程：一是修路，从新埗头路口至村中心路段铺设水泥路面，全长600米，宽3米，还建起大岭牌坊；二是购置了发电设备，解决当年电力供应不足之困。乡人拍手称庆。乐助善款的芳名如下：

乐助美元1000元
谢二妹 500元　　林寿梅 500元

乐助澳元2700元
欧阳金伟 600元　　欧阳干彬 400元　　欧阳志立 300元　　欧阳焕章 200元
欧阳顺禧 200元　　欧阳干培 200元　　欧阳寿文 100元　　欧阳伯财 100元
欧阳沛嫦 100元　　欧阳健波 100元　　欧阳沛轩 100元　　欧阳坚 100元

| 欧阳颂佳 100 元 | 欧阳炳焯 50 元 | 欧阳辉华 50 元 | |

乐助港元 43405 元

欧阳开友 8200 元	欧阳桂生 2000 元	欧阳尊科 7000 元	
欧阳鉴源 1500 元	欧阳焕华 1000 元	林锡源 1000 元	
郑 伍 1000 元	陈振兴 1000 元	锡洪母 1000 元	欧阳帝养 1000 元
欧阳少安 1000 元	欧阳汉坤 1000 元	欧阳伟超 800 元	欧阳伯光 600 元
欧阳兆垣 500 元	欧阳梓宏 500 元	欧阳新耀 500 元	欧阳少权 500 元
欧阳杏林 500 元	欧阳柱宏 500 元	欧阳锐光 450 元	欧阳中均 300 元
欧阳结仁 300 元	欧阳宗桂 300 元	陈炳坤 300 元	欧阳威厘 300 元
欧阳少石 300 元	欧阳谥贤 300 元	欧阳志冲 300 元	欧阳结夫 200 元
欧阳金荣 200 元	欧阳少明 94 元	林锡才 61 元	欧阳尊周 7300 元

乐助葡币 1150 元

| 欧阳尊周 300 元 | 欧阳汉波 850 元 | | |

乐助人民币 11200 元

| 欧阳旭宏 5000 元 | 欧阳桂良 4000 元 | 欧阳健章 1000 元 | 李惠娴 500 元 |
| 孙凤兰 200 元 | 黄彩燕 200 元 | 陈丽英 200 元 | 欧阳金祺 100 元 |

大岭村旅外乡亲资助大岭助困基金会

改革开放后社会发展了，群众生活水平有了显著的提高，但是还有部分村民由于患病等造成家境困难。为解决这部分人的实际困难，村委会提议成立大岭助困基金会，筹集资金，帮助有特殊困难的村民解决实际问题。此举得到旅外乡亲、社会各界热心人士的鼎力支持，慷慨解囊。村委会首先拨出 30000 元，社会各界热心人士乐助了 8400 元，旅外乡亲乐助人民币 31200 元。助困基金会制定了相关章程：一是对家庭特殊困难的给予补助；二是对家庭有人因病住院造成家庭生活困难的给予补助；三是对特困户的补助。助困基金成立后，4 户特殊困难家庭补助 2600 元，5 人入院治疗造成家庭困难的获补助 8500 元，6 户特困家庭获补助 7200 元。下面是旅外乡亲乐捐助困基金会芳名：旅香港乡亲欧阳尊周先生人民币 30000 元、欧阳伯廉先生 200 元，旅美欧阳志锐先生人民币 1000 元。

陵岗华侨、港澳同胞乐助家乡建设和公益事业

乐助加元 660 元

| 陈美玲 100 元 | 陈森泉 460 元 | 孙桂好 100 元 | |

乐助人民币 439525 元

| 陈森泉 500 元 | 孙桂好 600 元 | 陈文钦 1000 元 | 陈月园 1000 元 |
| 陈社佑 1000 元 | 陈志谦 1000 元 | 陈志均 1000 元 | 陈国华 900 元 |

陈若威 1720 元	陈顺君 500 元	陈元章 200 元	陈志威 200 元
陈业超 200 元	陈翠群 200 元	陈焕新 800 元	陈焕伦 800 元
陈焕金 800 元	陈国映 100 元	黄结成 1100 元	陈鉴明 2100 元
陈添海 2000 元	陈焕章 1000 元	陈友廉 1000 元	陈四才 200 元
陈玉朝 200 元	陈富兴 500 元	陈妙云 300 元	陈志均 3000 元
孙桂好 200 元	陈石源 1000 元	陈秒环 200 元	陈焕新 600 元
陈焕章 500 元	陈焕伦 300 元	陈鉴明 32000 元	陈文钦 1000 元
陈东陵 10000 元	陈妙云 500 元	陈焕能 10000 元	陈焕宏 2000 元

陈翠清、黄社佑 1000 元　　陈若能、梁卓连母子 150005 元

陈文钊 4000 元	陈志谦 2000 元	陈艳娜 2000 元	陈卫帮 500 元
陈美兰 1000 元	陈影红 1000 元	陈凤桥 300 元	陈永浩 500 元
陈舒平 1000 元	陈素文 1000 元	陈俭文 500 元	陈焕明 500 元

陈森泉合家 100000 元　　陈苏然 20000 元　　陈鉴雄 50000 元

陈少兰 1000 元	陈彩坤 1000 元	陈宇权 1000 元	陈林枫 1000 元
欧沛娟 500 元	林王梅 5000 元	陈向荣 500 元	陈欣荣 2000 元
陈锡垣 10000 元			

乐助港元 21175 元

孙桂好 200 元	陈东陵 100 元	黄结成 1300 元	陈鉴明 500 元
陈添海 1000 元	陈友廉 500 元	陈四才 200 元	陈玉朝 50 元
陈顺初 625 元	欧阳沛娟 600 元	陈少兰 600 元	陈汉均 500 元
陈志华 500 元	陈元发 500 元	黄彩英 400 元	陈美卿 300 元
陈光辉 300 元	陈卓生 200 元	陈敬开 200 元	陈美然 200 元
陈和玉 100 元	陈允成 100 元	朱影红 100 元	陈连桂 100 元
陈敬安 100 元	郑风珍 100 元	陈富兴 1000 元	陈官兴 7000 元
陈添海 3000 元	陈元成 300 元	陈日洪 500 元	

乐助美元 2900 元

陈石之 200 元	陈金容 150 元	陈瑞金 100 元	刘妹 100 元
陈文钊 100 元	马绍妹 50 元	陈东陵 400 元	陈文钦 250 元
陈月园 100 元	陈鉴明 100 元	陈焕章 100 元	陈石源 1000 元
陈若威 100 元	刘壋妹 100 元	陈焕伦 50 元	

宫花村旅外乡亲热心公益建设

　　宫花村正街是贯通宫花村的中心街道，道路高低不平，宽窄不一。1985 年村委会提议修筑村道，得到海内外乡亲和各界热心人士的赞同，纷纷解囊筹集经费。短短时间内，海外乡亲筹得美元 2650 元、日元 100 万元、港元 5800 元、人民币 19293.8 元，社会各界人士乐捐人民币 8500 元。村民动员起来，有钱出钱，有力出力，当年就把长

500米、宽3米的中心街道建好。下面是旅外乡亲捐建正街芳名：

乐助人民币19293.8元

郭志成 2960 元	张庆玲 2000 元	林炳源 1800 元	林添容 1588 元
张杏云 1000 元	林银燕 1000 元	王庆喜 700 元	王振江 700 元
林庆六 500 元	孙兆连 500 元	郭友妹 441 元	郭银妹 441 元
郭耀田 400 元	王振发 333.8 元	李惠贞 300 元	绍培母 300 元
林少梅 250 元	陈秀容 200 元	林福妹 200 元	王广发 200 元
林子球 200 元	林子强 200 元	林炳章 200 元	王瑞连 200 元
林少凯 200 元	张杏容 200 元	王杏洲 200 元	张杏瑶 200 元
王卓江 200 元	王凤金 100 元	林润富 100 元	张润生 100 元
林添安 100 元	马桂雄 100 元	王灿文 100 元	张少欢 100 元
林沛海 100 元	林德亮 100 元	马国章 100 元	林润梅 100 元
林沛良 100 元	林金连 100 元	林仲良 100 元	林国荣 100 元
王翠娟 100 元	王元元 50 元	林 振 50 元	王惠珍 50 元
桂雄母 30 元			

乐助港元5800元

王泽良 2500 元	林子廉 1000 元	李桂秋 1000 元	李颂棠 500 元
李岳军 400 元	林灿波 200 元	张淑娇 200 元	

1991年，村委会拟兴建从村口到大岭路段，社会各界热心人士鼎力支持。旅美、旅日乡亲解囊相助，筹得日元100万元、美金2650元，社会各界人士也踊跃捐资。当年年尾该工程完成，路长1000米，宽10米。下面是旅外乡亲捐建道路芳名：

乐助日元100万元

林煜铭 100万元

乐助美元2650元

林海平 1000 元	马桂雄 270 元	郭志成 250 元	王以习 150 元
马桂章 150 元	郭六根 100 元	马雪芳 100 元	林庆忠 100 元
张桂新 75 元	林庆煌 75 元	焕坤女 50 元	林子春 50 元
林庆祥 50 元	林显利 50 元	郭友妹 25 元	林寿娟 25 元
郭耀棠 25 元	郭银妹 25 元	林福妹 20 元	林始馨 15 元
王大姑 10 元	林淑卿 10 元	林宝延 10 元	林荷妹 10 元
林庆有 5 元			

同年，宫花村热心人士倡议铺设自来水管，把自来水引进各家各户。这是让全体村民受益的举措，得到海内外热心人士的支持。旅美乡亲热烈响应，很快筹得美元3355元，社会各界人士亦筹得人民币8200元。经两个月时间该工程完成，自来水通到各个家庭。工程总投资人民币120000元，不足部分由村委会拨款完成。下面是旅美乡亲捐建自来水工程芳名：

乐助美元 3355 元

林海平 1000 元	马桂雄 1000 元	郭志成 250 元	王以习 150 元
马桂章 150 元	郭六根 100 元	马雪芳 100 元	林庆忠 100 元
张桂新 75 元	林庆煌 75 元	林庆祥 50 元	林显利 50 元
焕坤女 50 元	郭友妹 25 元	林寿娟 25 元	郭耀棠 25 元
郭银妹 25 元	林子春 25 元	林福妹 20 元	林如馨 15 元
林宝延 10 元	林荷珠 10 元	王大姑 10 元	林淑卿 10 元
林庆有 5 元			

1993 年，村中道路较为畅通，但沟渠常被堵塞，导致污水横流，影响环境卫生。旅日乡亲林煜铭先生捐资 100 万日元把村中沟渠覆盖。沟渠长 200 米，水泥预制板覆盖面平均为 1.2 米。此举扩宽了村道，明显改善了村中环境卫生。村民无不感谢林煜铭先生的善举。

宫花村旅外乡亲捐建公益楼

1989 年，宫花村热心人士提议兴建一幢公益楼，让老人有活动场所，晚年活得开心。此举得到旅外乡亲及社会各界热心人士的鼎力支持，解囊襄助。在村委会支持下，在村正街边 100 多平方米的地面上建一幢二层半的楼房。当年动工，年尾建好，建筑面积 240 平方米，投入资金人民币 80000 元。其中旅外乡亲捐赠港元 30200 元、葡币 900 元、人民币 2380 元，社会各界人士捐赠 19200 元，不足部分由村委会斥资。下面是旅外乡亲捐建公益楼芳名：

乐助港元 30200 元

杨叶枝 3300 元	王泽良 2000 元	王志新 1500 元	林国雄 1500 元
张桂新 1250 元	张润生 1250 元	马国兴 1000 元	马国章 1000 元
张志辉 1000 元	林振枢 1000 元	王结常 1000 元	林炳源 1000 元
林炳章 1000 元	林国荣 1000 元	王桂连 1000 元	林少凯 1000 元
高沛禧 1000 元	高社标 1000 元	王振发 500 元	张伦普 500 元
林子强 500 元	王坤林 500 元	王伟潮 500 元	林建雄 500 元
林显超 500 元	林早森 500 元	王立本 500 元	王桂强 500 元
林浩祥 500 元	林笑妹 500 元	王惠森 400 元	林日新 300 元
王灿文 300 元	张润婵 200 元	张淑群 200 元	林桂英 200 元
林 泗 200 元	林桂安 200 元	林寿连 200 元	林细妹 200 元
黎金菊 200 元	张淑娇 200 元	欧大霞 100 元	王惠珍 100 元
林少媚 100 元	王惠韶 100 元	王沛强 100 元	

乐助葡币 900 元

林达荣 500 元	欧雁红 200 元	林庆禄 200 元

乐助人民币 2380 元

王沛均人 1000 元　　林添才 500 元　　　林玉坤 500 元　　　林志森 280 元

林官球 100 元

1990 年宫花老人福利会成立，得到旅外乡亲及社会各界热心人士的鼎力支持。其中旅外乡亲乐助人民币 70641 元、港元 1000 元、日元 120000 元。下面是旅外乡亲乐助福利会善款芳名：

乐助人民币 18641 元

马桂雄 2900 元	林志森 3300 元	林海平 1720 元	郭六根 821 元
林桂荣 600 元	林焕坤 1000 元	林少凯 600 元	林细群 500 元
林沛明 500 元	林显洲 500 元	马桂章 750 元	郭汉源 400 元
郭帝强 400 元	张润生 300 元	郭　照 300 元	林焕强 200 元
李岳军 200 元	王振发 100 元		

乐助港元 1000 元

王结常 1000 元

乐助日元 120000 元，人民币 52000 元

林煜铭日元 120000 元、人民币 52000 元

2003 年旅美乡亲马桂雄先生回乡捐赠人民币 11190 元买礼品分发给每个老人。2000—2001 年连续两年拿出人民币 2300 元购买生油，于春节前分别给宫花、朗尾村 60 岁以上老人每人发一罐生油。2002—2003 年又连续两年捐出人民币 24000 元，设筵 20 席宴请宫花村 55 岁以上老人。宴后每人派发一罐生油。

旅日华侨林煜明先生 1992 年、1994 年、2001 年共捐出人民币 36000 元，每年筵开 23 席宴请宫花村 60 岁以上老人。

侨胞、港澳台同胞对家乡建设和村民福利事业贡献良多，特别是林煜明和马桂雄先生，他们对公益慈善事业都非常热心，慷慨解囊支持。他们慈善为怀，助人为乐，在村民中有口皆碑。

西桠村旅外乡亲热心支持家乡建设

1979 年，西桠村侨联会朱仲显、阮婉娴等发动旅外乡亲捐资家乡建设，造福乡梓，得到旅外乡亲的积极响应与鼎力支持。旅居澳洲乡亲朱东成先生，美国乡亲洪昭信先生、洪润明先生，旅香港乡亲郑则胜先生，旅澳门乡亲朱兆炳先生等人带头捐资并分别在各埠和港澳地区发动乡亲捐款，共募集得美元 4100 元、港元 47767.6 元、葡币 4500 元、人民币 1850 元。朱东成先生、郑则胜先生等与村干部商议，决定把该笔善款购置两台汽车，一套柴油发电机组，一批电线以及一批电视机、收录机、电子计算机和尼龙薄膜回乡，后来又商议把两台汽车变卖，用款项兴建一幢楼宇做村委办公楼及修建西桠村主要街道，薄膜则用于农业生产。旅外乡亲支援家乡建设，造福了家乡，村民铭刻于心。下面是旅外乡亲捐资支援家乡建设芳名：

乐助美元 4100 元、人民币 200 元、港元 200 元

洪润明 315 元	洪杏泉 200 元	陆子谦 150 元	洪寿如 150 元
洪昭信 150 元	朱泽波 150 元	朱振荣 150 元	朱　添 150 元
洪卓林 150 元	朱锐河 100 元	洪容好 100 元	朱细英 100 元
朱钦惠 100 元	洪伟新 100 元	朱炯常 100 元	朱细宏 100 元
朱兆年 100 元	朱仕荣 100 元	阮海容 100 元	郑卓仁 70 元
洪琼好 50 元	朱业成 50 元	朱伯雄 50 元	朱俭雄 50 元
朱鸿彬 50 元	朱杏滔 50 元	朱文胜 50 元	朱容信 50 元
洪式朝 50 元	洪寿培 50 元	朱玉予 50 元	洪容江 50 元
朱庚才 50 元	朱玉尧 50 元	洪寿廉 50 元	洪树云 50 元
郑乌珍 50 元	洪子均 40 元	洪焕余 40 元	阮原江 35 元
阮原君 35 元	朱少连 30 元	洪少妹 30 元	朱桂彩 30 元
朱焕友 25 元	麦宝尧 25 元	麦剑生 25 元	洪国生 20 元
洪寿伦 20 元	洪焕权 20 元	洪焕昆 20 元	朱金宽 20 元

郑式佰美金 150 元、人民币 200 元　洪镜波美金 50 元、港元 200 元

乐助港元 47567.6 元、葡币 200 元

郑连法 5000 元	朱东成 2500 元	阮信杏 2500 元	朱炳培 2000 元
阮满廉 1500 元	朱卓伦 1100 元	朱容光 1100 元	朱赞湖 1100 元
朱瑞芳 1100 元	阮仲平 1100 元	孙介如 1000 元	孙　轩 1000 元
洪少东 1000 元	朱华聪 1000 元	洪兆良 1000 元	郑振辉 1000 元
朱敬华 800 元	郑卓林 700 元	洪瑞兰 617.6 元	朱保润 550 元
朱玉芳 550 元	朱兆恩 550 元	郑卓平 550 元	郑志坚 550 元
洪建洲 550 元	洪少容 550 元	洪式桥 550 元	朱本文 550 元
朱少华 500 元	阮玉兴 500 元	洪建明 500 元	朱桂余 500 元
阮已立 500 元	朱惠明 500 元	朱汉迎 500 元	郑则胜 500 元
朱沛行 500 元	郑细妹 500 元	洪卓锋 500 元	阮子明 500 元
洪才帛 500 元	孙玉如 500 元	吴国元 500 元	朱帝坤 400 元
洪棣森 300 元	阮振常 300 元	洪少权 300 元	朱惠如 300 元
洪社强 300 元	洪泗强 300 元	黄敬云 300 元	黄顺妹 300 元
朱杏禧 275 元	朱社芬 275 元	洪伯余 275 元	洪子靖 275 元
朱步云 200 元	朱付尧 200 元	朱容荣 200 元	朱东球 200 元
郑卓生 200 元	陈金连 200 元	阮炳昆 200 元	黎月英 200 元
朱满杰 200 元	朱　朝 200 元	黄连妹 200 元	洪畅华 200 元
阮玉其 200 元	朱社予 100 元	焕生妻 100 元	阮腾芳 100 元
孙子香 100 元	郑雪均 100 元	郑桂湖 100 元	孙仲英 100 元
朱炳辉 100 元	李均海 100 元	朱金养 100 元	孙子芬 100 元
孙镜波 100 元			

朱兆炳港元 300 元、葡币 200 元

乐助葡币 4300 元

潘国朝 500 元	洪少谋 400 元	陈锐均 300 元	朱庆彬 300 元
韦志勤 300 元	朱德光 200 元	洪桂荣 200 元	朱翠姚 100 元
朱京容 100 元	陈惠贞 100 元	黄志涵 100 元	朱成顿 100 元
吴开妹 100 元	朱瑞雄 100 元	刘锐妹 100 元	欧阳金兰 100 元
朱兆妹 100 元	朱沛湖 100 元	洪社芳 100 元	阮艳芳 100 元
子惠母 100 元	洪玉霞母 100 元	阮炳照 100 元	阮子伦 100 元
洪润明 100 元	洪玉彬 100 元	洪官满 100 元	阮焕昆 50 元

朱敬朝 50 元

乐助人民币 1650 元

阮金沛 200 元	朱兆年 200 元	朱德平 200 元	洪翠娥 200 元
阮桂娥 150 元	洪泗洲 100 元	朱仲兴 100 元	朱倩红 100 元
洪翠民 100 元	张彩桂 100 元	廖仲文 100 元	阮桂康 100 元

1979—1980 年间，旅外乡亲捐赠西樵村 100 多张不锈钢椅，26 张大板椅，10 多张长方台及正方台，价值人民币 30585 元。乐助芳名列下：朱东成、朱少华、洪建明、朱帝坤、阮玉兴、朱敬华、洪四强、阮信杏、朱京容、洪玉钧、朱华聪、洪少权、朱惠明、朱添荣、朱敬朝、朱桂予、洪官满、朱翠姚、朱瑞雄、朱敬容、郑连法、朱志言、阮再添、麦剑生、洪润明、洪卓群、朱燕嫦、阮锐钧、朱德光、阮满廉、洪梓湘、黎沛娥、阮炳照、子惠母、黄志涵、朱炳辉、阮焕昆、梁发、朱炳培、孙介如、洪畅华、孙轩、吴国元、朱月影、潘国朝、洪彩意、洪玉彬、洪宇彬。

西樵村旅外乡亲捐建西樵公园

西樵公园位于西樵村镇龙山。1986 年，旅香港乡亲洪玉添兄弟及朱伯先生发起并率先捐赠人民币 10000 多元修建镇龙山路。后因岐关公路建设，龙山路被挖掉了。1990 年，西樵有识之士提议修建镇龙山山路，并建造公园。此举得到旅外乡亲和本村热心人士的鼎力支持，慷慨解囊。其中，旅外乡亲捐助澳元 100 元、港元 1500 元、人民币 49706 元。把镇龙山开辟为公园，在山路上修建石级，从山脚到山顶共有 300 余级，平均级宽 3 米，并在山脚下兴建了一座长 8 米、宽 5 米的西樵公园亭台。旅澳洲乡亲朱东成先生出资在公园侧建造一座"镇龙亭"。旅澳门乡亲朱兆炳先生捐人民币 2300 元，购买塔松和树木，种于上山台阶两旁和公园中。现在公园内绿树成荫，塔松已高高耸立在上山台阶的两旁，更显风景优美，给西樵村增添了美景。下面是旅外乡亲捐建西樵公园的芳名：

乐助人民币 49706 元

朱兆南 3300 元	周小花 2000 元	洪细九 1750 元	郑恩梨 1740 元
朱子生 1300 元	阮浩明 1000 元	麦剑生 1000 元	欧树球 1200 元

郑兆安 870 元	郑力生 870 元	洪少芝 870 元	郑兆云 870 元
洪顺祥 870 元	洪桂强 835 元	黄敬云 833 元	朱锦灿 800 元
郑结科 735 元	郑仲贤 735 元	洪子庭 700 元	朱顺光 600 元
洪玉钧 600 元	郑世安 574 元	洪少新 535 元	郑少秋 535 元
朱志言 535 元	朱卓兴 525 元	朱族兴 505 元	洪桂忠 500 元
朱汉强 500 元	洪少云 500 元	朱锦明 500 元	郑卓汇 500 元
许　进 500 元	阮金信 450 元	朱省忠 435 元	朱文胜 435 元
朱卓雄 435 元	郑天平 435 元	郑世杰 435 元	郑卓钦 435 元
郑卓源 435 元	郑卓仁 435 元	阮浩强 435 元	孙介如 400 元
朱东成 400 元	冯汉森 400 元	洪焕朝 348 元	洪式朝 348 元
朱建兴 300 元	郑仲南 300 元	朱仁宏 300 元	潘泽雄 300 元
潘日宽 300 元	阮石科 300 元	郑家成 250 元	郑家静 250 元
王燕金 250 元	阮子泉 250 元	黄孔汉 222 元	洪金善 222 元
潘加敏 210 元	潘加辉 210 元	朱沛连 200 元	洪润明 200 元
黄惠均 200 元	林桂娴 200 元	朱锦贤 200 元	朱彩玲 200 元
朱雁群 200 元	朱龙金 200 元	朱杏禧 200 元	孙桂锦 200 元
陈靖尧 200 元	朱兆恩 200 元	阮子惠 200 元	洪展云 200 元
阮子明 200 元	洪卓贤 200 元	洪保权 200 元	阮子江 200 元
洪子靖 200 元	洪锦华 200 元	朱锐河 174 元	朱少菊 174 元
朱举仙 174 元	朱玉尧 174 元	郑烈夫 174 元	阮玉妹 174 元
朱绮玲 150 元	郑则胜 150 元	朱剑飞 150 元	洪卓群 150 元
张寿均 150 元	麦美彩 150 元	林结雄 150 元	林结强 150 元
朱少华 120 元	朱顶立 100 元	朱瑞芳 100 元	阮玉兴 100 元
朱添荣 100 元	朱锐芳 100 元	朱星亮 100 元	郑卓生 100 元
洪和兆 100 元	郑卓林 100 元	朱敬华 100 元	洪裕泉 100 元
朱志南 100 元	朱栈祥 100 元	黄志函 100 元	吴秋梅 100 元
孙　藻 100 元	朱赞湖 100 元	洪畅华 100 元	阮信杏 100 元
孙　波 100 元	潘子朝 100 元	李均海 100 元	阮桂伦 100 元
孙仲娟 100 元	孙介培 100 元	洪彩意 100 元	孙剑伟 100 元
阮沛棠 100 元	朱月媛 100 元	洪裕宏 100 元	朱观华 90 元
郑方文 70 元	郑祖根 70 元	洪沛元 50 元	连惠连 50 元
朱月媛 50 元	朱月美 50 元	陈裕鸿 50 元	孙仲美 50 元
洪　洲 50 元	潘艳文 50 元	潘坚文 50 元	阮志球 20 元
黎沛娥 20 元	马秋英 10 元		
乐助港元	阮满廉 1500 元		
乐助澳元	阮原子 100 元		

补充说明：该公园从山下至山顶共 305 级，1990 年建成后由于长年（20 年）受雨

水冲击，致使305级台阶两旁水土严重流失。为防止日后台阶被冲垮，2010年西桠村82岁朱寿根先生（他是义务管理该公园的热心老人）向本村郑满生先生反映此事。郑满生大力支持，热心捐资人民币3000元，把305级台阶两旁铺水泥加宽1.5米。此工程完成后，公园梯级更加坚固完善。

侨胞麦剑生为家乡兴建市场

西桠村中心道路交错，地方宽阔，是商贩每天早上集市的地方。摆卖者在街边设档买卖，秩序比较零乱。1982年，旅美侨胞麦剑生先生，拟建一个市场。此举得到村委会支持，村民反应热烈。他自找工程师设计、施工人员施工，当年12月动工，1983年春天建好并投入使用。街市亭单层框架结构，四边有飘篷并贴上黄色琉璃瓦。内长25米，宽9米，面积225平方米。加上可遮阳挡雨的飘檐，总面积超过300平方米，共投入人民币120000元，立名为"麦桠伦街市亭"。街市亭建好后，固定摆档的在街市亭内两边定位，井然有序，临时摆档的多安排在飘篷下面。街市亭环境清洁，秩序井然。早上，市场上人来人往，熙熙攘攘，出售种类齐全。自从西桠村有了街市亭后，村民不用再抽时间到村外市场买菜了。麦剑生先生造福梓里之举，村民铭记心中。

西桠村旅外乡亲捐资修建街道

1989年至2005年间，西桠村集体经济有了很大发展，人民生活水平显著提高。村中所有大街小道都先后进行过修建。旅美侨亲麦剑生先生捐资美金5000元，旅香港乡亲洪玉钧先生捐资人民币12000元、黄敬云先生捐资人民币7500元，旅澳洲乡亲朱东成先生捐资人民币5000元，旅澳门乡亲朱兆恩先生、朱兆炳先生各捐资人民币3000元，作为修建街道经费，对村中东区、南区、西区、北区四条街道做了改造和修建。街道总长度303米，平均宽度1.5米。现在村中大街小巷路路通畅，干净整洁。旅外乡亲造福家乡之善举，村民感激不尽。

西桠村旅外乡亲乐助体育基金

1998年，西桠村热心体育事业人士朱志坚提议兴建西桠村灯光球场，得到村委会及社会热心人士的支持。村委会决定把街市鱼塘填平，并拨出资金65000元，社会各界人士捐资50000元，花了两个月时间，建成了面积1400平方米，能容纳1000多观众的灯光篮球场。球场建成后经常举行篮球赛，球赛经费全部由朱志坚先生乐助。2001年，西桠村又举办"西桠村民杯"男子篮球邀请赛，邀请了中山体校队、三乡队、小榄队、金源队、中山洗衣机厂队、开发区代表队等优秀球队参赛。球赛经费由旅外乡亲及本村热心人士赞助，其中旅外乡亲乐助了美元160元、人民币2400元。是年，西桠村荣获中山市体委颁发"中山市体育先进村"牌匾。下面是旅外乡亲乐助体育活动经费芳名：

乐助人民币 2400 元

朱兆炳 1000 元　　洪梓湘 500 元　　黄敬云 500 元　　洪卓辉 200 元
洪卓贤 200 元

乐助美元 160 元

阮玉妹 20 元　　郑少秋 20 元　　郑世杰 20 元　　洪玉妹 20 元
郑卓雄 20 元　　郑卓钦 20 元　　郑兆安 20 元　　朱举仙 20 元

大环旅外乡亲捐资兴建南北卡牌坊

大环北卡牌坊自建村已有，后因年久失修被拆除。1998 年大环热心人士发起重建北卡牌坊，得到海内外乡亲和社会热心人士的响应，解囊捐助。1998 年年初动工，年底已建成。总造价人民币 118464 元。其中旅外乡亲捐赠美元 3790 元、澳元 950 元、加元 100 元、港元 9830 元、人民币 4200 元。大环村委会出资人民币 35000 元。下面是旅外乡亲捐资芳名：

乐助美元 3790 元

梁乾光 600 元　　张华文 150 元　　吕　非 100 元
张佑华 100 元　　张惠国 100 元　　张庆坤 100 元　　张建颐 100 元
黎杏森 100 元　　张华生 100 元　　黎镇波 100 元　　邓满容 100 元
张嘉敏 100 元　　张庆祥 100 元　　张兆新 100 元　　杨若卿 100 元
黎沛良 100 元　　关祥夫人 100 元　张东洁 100 元　　江关国英 100 元
张美月 50 元　　黎干初 50 元　　张杏林 50 元　　张汉明 50 元
朱金宽 50 元　　关焯辉 50 元　　张彩婵 50 元　　黄润登 50 元
黎光南 50 元　　张春花 50 元　　柯彩莲 50 元　　张建德 50 元
张瑞昌 50 元　　黄秋妹 50 元　　黄有志夫人 50 元　黎锦恩 50 元
李国飞 50 元　　张凤林 50 元　　张惠安 50 元　　柯少梅 40 元
柯彩金 40 元　　张丽娜 40 元　　蔡耀伦 30 元　　张炳贤 25 元
张彩玉 25 元　　邓锦玲 25 元　　黄关昌 25 元　　张惠喜 20 元
张学明 20 元　　张芝香 20 元　　张兆云 20 元　　黄昌夫人 20 元
关桂球 20 元　　张月兰 20 元

乐助澳元 950 元

吕灿生 100 元　　吕官渭 100 元　　吕灿辉 100 元　　吕加源 100 元
柯月初 100 元　　吕加平 100 元　　吕　来 100 元
黎耀煌 100 元　　柯月山 50 元　　黎达文 50 元　　柯楚生 50 元

乐助加元 100 元

黎沛桥 100 元

乐助港元 9830 元
冯杏昌 1000 元　　张燕梨 1000 元
南华手袋厂冯冠生 2000 元　　黎一安 500 元　　黎泳洲 500 元　　黎仲平 500 元
黎添培 500 元　　吕浩军 500 元　　张炳超 500 元　　张佩锋 500 元
黎焕昆 500 元　　关溢林 200 元　　黎志平 200 元　　黎志伟 200 元
黎灿威 200 元　　张有开 100 元　　黄淑玲 100 元　　张凯球 100 元
张戊辉 100 元　　张远君 100 元　　李文安 30 元
林少欢港币 500 元、人民币 6000 元
乐助人民币 4200 元
张志行 1000 元　　冯冠宏 400 元　　冯冠舢 400 元　　张锡球 300 元
黎伟雄 300 元　　黎伟权 300 元　　陈　雪 300 元　　张杜光 200 元
黎志文 200 元　　黎玉莲 200 元　　黎玉霞 200 元　　陈宝林 100 元

大环南卡牌坊位于逸仙路旁边，牌坊宽约 16 米，高约 12 米，非常壮观。此牌坊是大环村委会于 1999 年发起兴建的，此举得到旅外乡亲及国内热心人士的响应与支持，当年年初动工，年底建成。牌坊总工程投入 197718 元人民币。其中旅外乡亲捐赠美元 3510 元、澳元 1700 元、港币 21500 元、人民币 2900 元，国内社会各界人士捐赠 10146 元。其余由大环管理区支付人民币 124892 元。旅外乡亲捐资芳名如下：

乐助美元 3510 元
旅美大环同乡会 1000 元　　　　张华文 150 元　　张佑华 100 元
张华生 100 元　　张美月 100 元　　吕　非 100 元　　张建颐 100 元
张兆新 100 元　　张东浩 100 元　　关焯辉 100 元　　关祥夫人 100 元
黎俊波 100 元　　黎　森 100 元　　黎沛良 100 元　　张汉明 100 元
张凤林 50 元　　 张杏林 50 元　　 张杏洋 50 元　　 张杏坤 50 元
黄秋妹 50 元　　 李国飞 50 元　　 李国朝 50 元　　 陈惠东 50 元
黄润丁 50 元　　 黎兆邦 50 元　　 黎朱金宽 50 元　　黎惠娴 50 元
张彩玉 50 元　　 张丽卿 50 元　　 黎干初 50 元　　 黎光南 50 元
关桂球 40 元　　 张金平 30 元　　 柯彩莲 30 元　　 张建德 20 元
张学明 20 元　　 张月兰 20 元　　 张兰香 20 元　　 黄润金 20 元
张惠喜 20 元　　 吕燕珍 20 元　　 蔡耀伦 20 元

乐助港元 21500 元
梁乾光 5000 元　　林少欢 2000 元　　黎一安 1000 元
黎泳洲 1000 元　　黎仲平 1000 元　　黄金棠 1000 元　　黎继标 1000 元
张介龙 1000 元　　黎耀煌 1000 元　　李厚君 1000 元　　张杏满 1000 元
关溢林 1000 元　　黎　培 1000 元　　张焕文 500 元　　黎妙良 500 元
张威林 500 元　　 张计财 500 元　　黄焕登 500 元　　 张焕桥 300 元
黎炳熙 200 元　　 黎玉桂 200 元　　张凯球 100 元　　 张戊辉 100 元
张远君 100 元

乐助澳元 1700 元

陈　雪 300 元	吕家平 100 元	吕家源 100 元	吕官惠 100 元
柯文绍 100 元	柯文杏 100 元	柯月山 100 元	柯月初 100 元
张志远 100 元	黎达文 100 元	张祖森 100 元	吕　来 100 元
吕灿辉 100 元	吕灿生 100 元	张慕连 50 元	黎卓平 50 元

乐助人民币 2900 元

冯冠生 2000 元	冯杏昌 500 元	张锡球 200 元	黎志文 200 元

大环旅外乡亲捐资重修华佗公园华佗庙及兴建公园牌坊

华佗公园位于大环村后门山的半山腰。这里有 100 多年历史的华佗庙，历来善男信女众多，香火鼎盛。1990 年 12 月 9 日，中山市人民政府把此庙定为中山市第三批文物保护单位。这里风景优美，景色宜人。但华佗庙由于年代久远，显得破旧。为了使华佗公园风景更加亮丽，村委会决定进行重修和整治，得到海内外乡亲及各界热心人士的鼎力支持，慷慨解囊。1992 年旅居石岐乡亲郑耀源、卢汉民、冯培生等捐赠 30000 元人民币重修庙宇，兴建了龟池。1995 年旅美乡亲张华文伉俪、张少武伉俪各捐赠人民币 14000 元在公园入口处兴建一个长 8 米，高 6 米的牌坊，上书"华洞公园"四个大字。同年，旅香港乡亲林少欢先生捐资人民币 23000 元兴建福胜亭，建筑面积 36 平方米。村中老人福利会又发动海内外乡亲筹集到澳币 2360 元、港币 25100 元、人民币 3400 元，兴建寿徵亭。寿徵亭占地 57.76 平方米，建筑面积 31.36 平方米，沿路修建上山石级和扶手护栏。1999 年旅澳门乡亲张凯球先生捐赠人民币 8000 元兴建感恩亭，建筑面积 16 平方米。旅台湾乡亲蔡灿威先生又捐建华佗佑我亭。2002 年旅美乡亲张华文再捐资美金 500 元建"碑志"，碑石直面 7.04 平方米。这些亭台的布局恰到好处，大大改善了华洞公园的环境，增添了公园的美丽。公园的建筑被林木掩映，建筑物顶上各色琉璃瓦在阳光照射下熠熠生辉，成为中山市区一个旅游景点。每到传统节日和公休假期，四面八方的游客和善男信女纷至沓来，络绎不绝。下面是捐资兴建寿徵亭的海外乡亲芳名：

乐助港元 25100 元

香港大环同乡会 500 元	林少欢 3000 元	吕金连 2000 元	
李厚君 2000 元	黄金棠 2000 元	黎一安 1000 元	吕耀光 1000 元
黎泳洲 1000 元	黎　培 1000 元	黎树棠 1000 元	吕国良 1000 元
柯瑞潜 600 元	张威林 500 元	冯杏昌 500 元	吕文汉 500 元
李肖容 500 元	张介龙 500 元	张计财 500 元	黎仲平 500 元
张焕森 500 元	张焕庄 500 元	关桂荣 500 元	张杏满 500 元
黎炳禧 400 元	黎志良 300 元	黎焕桥 300 元	黎宝华 300 元
黄汝冀 250 元	温杏婵 250 元	冯杏新 250 元	冯杏彩 250 元
吕惠文 200 元	黎治国 200 元	黎治军 200 元	黎治华 200 元

陈子文 100 元　　陈家林 100 元　　陈家言 100 元　　林彩梅 100 元
乐助人民币 3400 元
张少良 1000 元　　张志行 500 元　　张志成 500 元　　柯瑞光 200 元
梁雪英 200 元　　黎美娜 100 元　　黎计明 100 元　　张戊辉 100 元
张远君 100 元　　张社光 100 元　　柯碧燕 100 元　　黎志平 100 元
张凯球 100 元　　李国昌 100 元　　张兆强 100 元
乐助澳元 2360 元
吕家平 300 元　　张祖森 200 元　　吕家源 200 元　　柯月初 200 元
吕　来 100 元　　吕灿辉 100 元　　柯文绍 100 元　　柯志广 100 元
黎达文 100 元　　吕灿生 100 元　　吕金平 100 元　　张有林 100 元
柯文杏 100 元　　柯华雄 100 元　　黎灿平 100 元　　张素娥 100 元
李华妹 60 元　　柯月山 50 元　　柯楚生 50 元　　张少早 50 元
柯　健 50 元

大环村旅外乡亲捐建石鼓公园

大环石鼓公园建在村中一块高 2 米、面积 1000 平方米的大石鼓上。前人在岩石空隙处种下两棵古榕，树干粗壮，枝叶繁茂。公园空气清新，是村民们休憩的好地方。

大环村北近横门水道，南近公路，村中后山险峻。在抗日战争和解放战争期间，大环村涌现出一批爱国人士。他们拥军支前，抗敌御侮，为抗日游击队收集情报，沟通联络，掩护伤病员。当年，有黎民惠等 13 位村民在抗战中为国捐躯。为了缅怀本村抗战英雄，教育后人，1982 年在村委会支持下，旅香港乡亲黎一安先生独资在石鼓上建立抗日纪念亭。2000 年由蔡伟、黎一乐、张锡球发起，动员海内外人士捐资，在短短时间内筹得了资金，当年动工重建石鼓公园抗日英雄纪念亭和纪念碑。2001 年 10 月 6 日举行落成庆典。

建成后的石鼓公园正中央是纪念亭，镶嵌着欧初先生题写的"抗战英雄纪念亭" 7 个金光闪闪的大字。西侧是纪念碑，镌刻着抗战英雄的事迹。公园四周是褐红色花岗岩围墙，园边有色泽奇异的花卉组成的花基，园中设有石椅、石桌。地面铺有鹅卵石小径，别具一格。建公园总投入 59620 元，其中旅外乡亲捐款美金 1000 元、港币 1800 元、人民币 7500 元。下面是旅外乡亲捐建石鼓公园芳名：

乐助美元 1000 元
旅美同乡会 400 元　　张少武 60 元　　张华文 40 元　　刘仲初 40 元
吕少安 20 元　　张华深 20 元　　张汉明 20 元　　张庆扬 20 元
张惠喜 20 元　　张美月 20 元　　张庆坤 20 元　　张建颐 20 元
黄润登 20 元　　黎光南 20 元　　张建德 20 元　　张东浩 20 元
邓满容 20 元　　黄秋妹 20 元　　张兆英 20 元　　黄志宁 20 元
黄惠嫦 20 元　　张绮连 20 元　　李国昌 20 元　　黄苑珊 20 元

黄坤梅 20 元　　张兆方 10 元　　柯彩连 10 元
黄李容意 10 元　张华仁夫人 10 元
乐助人民币 7500 元
黎一安 3500 元　黎惠湖 1000 元　张志行 1000 元　冯冠生 1000 元
张锡球 1000 元
乐助港元 1800 元
黎妙花 500 元　　李钊峰 500 元　　李厚君 100 元　　张威林 100 元
黎仲平 100 元　　林少欢 100 元　　黎添培 100 元　　张介龙 100 元
黎惠金 100 元

大环侨胞热情资助家乡侨联会

大环侨联会成立于 2000 年，以服务侨亲为宗旨，广泛联络侨亲。主要工作有：一是每年编写家乡简讯，连同贺年卡邮寄到旅外乡亲手中，让他们身在异乡也能知道家乡事；二是与旅美、旅港澳同乡会保持联系，村中有什么慈善之举也能让旅外乡亲知晓并请他们参与；三是编写《侨乡大环》，发至村中每户一本，并通过多种渠道把村（侨）史送到旅外乡亲手中，让他们知道家乡的历史和经济社会的发展、侨亲对家乡的情怀和贡献。旅外乡亲回乡，侨联会热情接待，协助他们解决好在家乡要处理的事情。旅外乡亲对村侨联会很关心，几年来赞助村侨联经费累计人民币 13900 元。下面是赞助侨联经费芳名：

乐助人民币 13900 元
林少欢 5000 元　　黎沛良 2000 元　　邹秀娟 2000 元　　关焯辉 1200 元
黎达文 600 元　　黎焕焜 500 元　　黎兆邦 500 元　　张美月 200 元
张凯球 400 元　　吕国明 400 元　　张志明 300 元　　李剑明 200 元
黎淑妹 200 元　　李剑雄 200 元　　吕光华 200 元　　曾绮君 200 元
黎伟雄 100 元　　黎伟权 100 元　　张文庆 100 元　　吕光华 200 元
胡玉娇 200 元　　张惠安 400 元　　黎耀煌 500 元　　张华文 1000 元
黎锦恩人民币 500 元、美元 50 元

窈窕村旅外乡亲捐建游泳池

窈窕村游泳池建在窈窕村后面，背后是白石仓山，右边是沈渭廷公园，是窈窕村创建文明村的重要基建项目之一。村委会一决定建游泳池，立即得到海外乡亲及社会热心人士的鼎力支持。此乃"顺应民意，众志成城，造福桑梓"之举。短短时间，旅外乡亲筹得港元 4100 元、葡币 900 元、人民币 30560 元，社会各界热心人士筹得人民币 117368 元。游泳池于 2002 年 4 月动工，当年年底竣工，占地面积 1132.2 平方米，池长 50 米，有 8 条泳道深水池和 50 平方米浅水泳池。泳池有管理办公室、男女更衣室，

还设置太阳伞以及石凳等，周边绿树成荫，是一个较为高档的游泳池。总投资人民币494947元。除去海内外热心人士的捐款外，村委会斥资人民币341819元。泳池建成后，村委会安排专人管理，定时开放，服务村民。下面是旅外乡亲捐资芳名：

乐助人民币 30560 元

林润福 8000 元	张健安 3350 元	陈华君 1680 元	梁桂芳 1080 元
陈普宏 1000 元	陈普航 1000 元	郑丽梅 1000 元	沈善初 1000 元
胡连星 800 元	吴炳潮 800 元	李凤群 800 元	黄新兰 600 元
陈德容 500 元	陈国华 500 元	陈国宏 500 元	陈国强 500 元
陈国伟 500 元	陈耀廷 500 元	陈官祥 500 元	吴志强 500 元
谢家荣 500 元	林少威 500 元	林兆金 400 元	林兆源 400 元
吴伍妹 300 元	陈冬妍 300 元	陈焕昆 250 元	朱少媚 250 元
陈彩银 250 元	林志福 250 元	吴八妹 200 元	林庆洲 200 元
梁耀波 200 元	陈继章 200 元	林结棠 200 元	陈玉莲 200 元
吴永强 150 元	林沛宏 100 元	林沛权 100 元	崔惠琼 100 元
林裕伟 100 元	胡联基 100 元	林裕芬 100 元	林银萍 100 元

乐助港元 4100 元

谢振强 500 元	吴宇川 500 元	吴振威 500 元	谢惠棠 250 元
谭彩群 250 元	林金棠 250 元	李室回 250 元	林　妹 200 元
黄新兰 200 元	吴焕才 200 元	郑瑞坤 200 元	吴鉴文 200 元
林七妹 150 元	吴秋燕 150 元	陈雪娟 100 元	陈雪卿 100 元
林少媚 100 元			

乐助葡币 900 元

| 吴少然 500 元 | 陈灿林 100 元 | 杨伟光 100 元 | 杨文斯 100 元 |
| 杨文雄 100 元 | | | |

窈窕村旅外乡亲捐资修建街道

窈窕村巷道高低不平，宽窄不一，村中旅外乡亲及本村热心人士认为需要修建。1978年，经热心人士倡议，村委会决定修建村巷道。旅外乡亲和本村热心人士慷慨解囊，其中旅外乡亲捐赠美元1490元、加元2500元、港元32615元、人民币26990元，社会热心人士捐资人民币12645元，村委会斥资25000元。村中群众担石碎石、平土挑沙，短短几个月时间，就把村中主要几条巷道铺设了水泥。1993年，窈窕村经济有了较大的发展，原有的村道弯曲狭窄，不能适应机动车辆通行。村委会投入较大资金将正街边大水沟覆盖，把村中大街小巷扩宽为水泥大道，大小车辆畅通无阻。下面是捐资修建街道的善长仁翁芳名：

乐助人民币 26990 元

| 林润福 15000 元 | 张建安 1000 元 | 李颖常 1000 元 | 谭志仰 3000 元 |

李丽玲 1250 元	杨雪梅 1250 元	麦金顺 1250 元	胡连星 800 元
谢振鹏 350 元	谢振强 350 元	谢振雄 200 元	陈志源 200 元
陈庆超 200 元	陈瑞光 150 元	陈瑞广 150 元	梁耀波 120 元
吴焕友 120 元	谢耀文 100 元	陈志容 100 元	梁耀强 100 元
胡连基 300 元			

乐助加元 2500 元

梁桂芳 1000 元	吴瑞云 300 元	陈焕昆 300 元	梁广就 200 元
吴妙娜 200 元	林宇光 200 元	陈演明 200 元	陈吴庆菊 100 元

乐助美元 1490 元

沈欢然 200 元	沈善初 200 元	陈沛全 100 元	陈庆权 100 元
陈庆文 100 元	陈惠安 100 元	梁杏梅 100 元	杨容春 100 元
吴东鸿 100 元	杨志光 100 元	杨远光 100 元	杨少贤 100 元
陈焕明 50 元	高桂连 40 元		

乐助港元 32615 元

吴炳潮 3000 元	陈树棠 3000 元	吴宇川 3000 元	陈树妹 2000 元
林寿洪 1000 元	吴振明 1000 元	林胜好 1000 元	林佑生 1000 元
吴月伦 1000 元	吴润开 515 元	陈小卫 500 元	陈小云 500 元
陈小山 500 元	陈小丽 500 元	林雀平 500 元	陈坤 500 元
吴连英 500 元	陈仕波 500 元	雁梅母 500 元	吴素强 500 元
林金棠 500 元	林少威 500 元	谢惠棠 500 元	谢家荣 500 元
林炳午 500 元	杨少鉴 500 元	吴焕财 400 元	陈兆其 400 元
陈官祥 400 元	杨登汉 300 元	吴耀光 300 元	吴志强 300 元
陈健康 300 元	官祥母 200 元	合兰母 200 元	陈辉文 200 元
陈社昆 200 元	吴庆华 200 元	林东如 200 元	梅燕母 200 元
陈灿林 200 元	陈玉堤 200 元	陈国荣 200 元	陈继章 200 元
杨伟光 200 元	吴少然 200 元	杨鉴君 200 元	杨伟明 200 元
高 培 200 元	陈沛洲 100 元	陈普航 100 元	吴志桥 100 元
吴志云 100 元	陈立敏 100 元	陈 铁 100 元	吴日荣 100 元
吴郁焕 100 元	吴永强 100 元	吴细伦 100 元	吴云光 100 元
吴荣光 100 元	马照英 100 元	张细妹 100 元	陈厚成 100 元
陈少彩 100 元	吴志洪 100 元	吴妙玲 100 元	吴耀坤 100 元
梁耀威 100 元	陈普宏 100 元	陈凌霜 100 元	梁惠兰 100 元
陈华君 100 元	陈国华 100 元		

1998 年，窈窕村被授予省级卫生村称号。旅香港乡亲林润福先生提出要继续搞好村内的环境卫生工作，建议把正街榕树头到旧学校一段大水渠覆盖，扩宽路面。村委会和村民表示赞同，于是他慷慨捐款60000元。该项工程于当年5月动工，挖深挖通渠道，安装大小水管，覆盖水渠平均宽1米、长约300米，工程当年10月完成。覆盖后小巷

变大道，林先生又为村中做了一件大好事。

窈窕村旅外乡亲捐建窈窕花园

窈窕花园建于窈窕村中心，总面积495.48平方米，是旅加拿大乡亲梁桂芳先生家族捐款兴建的。建花园的地方原是梁艺超先生祖辈屋地。为了建造花园，他把此地捐赠出来。该花园于1982年2月动工，1987年10月8日竣工。花园正门是入园牌坊，上书"窈窕花园"。花园两边砌上2米多高的围墙，墙上绘着有彩画，十分亮丽。园中建了"畅彬公纪念亭"，亭柱两边对联是"梁翁善举千秋业，丹桂芳香万古存"。可见梁氏祖辈乐善好施。园内各种花木错落有致，亭台轩榭，掩映在繁花绿树之中。清风徐来，聊天老人置身其间，心旷神怡，乐在其中。此花园坐落在老人福利会前面，恰到好处。花园落成时梁桂芳先生办喜筵60席，宴请窈窕村老人及乡村叔侄。下面是梁桂芳家族成员捐款芳名：

乐助加元18100元

梁桂芳 3000元	梁毅超 2000元	梁桂媛 2000元	梁广就 2000元
张汝威 2000元	梁朱月娥 1000元	孙志佳 1000元	朱月媚 1000元
梁林爱 850元	陈文生 500元	陈林梅子 500元	邓克强 400元
梁仲毅 400元	梁秀玲 400元	梁仲强 200元	梁林琼 200元
梁丽华 200元	孙永华 200元	孙冠华 100元	梁桂英 100元
梁桂棠 50元			

窈窕村旅外乡亲捐建亭台

窈窕村背靠白石仑山，绿树葱葱，村前与正街几棵高大百年老榕、木棉等树木相映衬，风景优美，人杰地灵。村容面貌雅洁美观，社会和谐，旅外乡亲回到故里，深感家乡的温暖。

1991年旅澳洲乡亲陈丙林、吴惠娟伉俪慷慨捐资人民币96000元，在村正街大榕树边一块空地上建造了欢乐亭，让乡民工作之余多了一处聊天休憩的地方，生活得欢欢乐乐。欢乐亭当年四月动工，年底建好。四柱长方形亭台，建筑面积57.67平方米。亭内设有长石椅，中间有石台，亭上盖绿色琉璃瓦，美观大方，为家乡增添了一道风景。

2003年旅香港乡亲林润福先生想在村中一片近40平方米的废弃池塘上建造一座亭台，此设想得到村委会的支持。他随即投资人民币8000元，建造了一座幸福亭。亭台面积20平方米，顶盖琉璃瓦，亭内设有石椅，周边植树，又栽种时花，美化了村庄。

予人方便，乐做善事，是社会热心人士的本色。早在1991年，为了帮助有需要的人，社会热心人士提出在村边山旁建造一座万寿亭的建议，得到旅外乡亲鼎力支持，解囊赞助，筹得港元12400元、人民币305元。该亭占地面积40平方米，建筑面积30平方米，1991年4月动工，1992年5月竣工，总投资人民币10585元。下面是旅外乡亲捐建万寿亭芳名：

乐助港元 12400 元

林兆源 5500 元　　吴宇川 4500 元　　吴振明 1000 元　　林兆金 500 元
谢兆辉 500 元　　　吴少柳 200 元　　陈德容 100 元　　林寿雄 100 元

乐助人民币 305 元

胡联基 200 元　　　林丙午 30 元　　　林志福 30 元　　陈沛洲 20 元
林金棠 10 元　　　　谢建生 10 元　　　谢惠堂 5 元

窈窕村旅外乡亲乐助建灯光球场

1999年，窈窕村被评为省级文明村，村委会及热心文化体育人士提议建一个灯光球场，以适应文化体育事业的发展。此举得到海内外热心人士的鼎力支持，旅外乡亲筹得人民币 29300 元、港元 500 元，社会各界人士也筹得了人民币 23684 元，村委会投入 60968 元，工程总费用 114452 元。灯光球场于 1999 年 1 月动工，当年 10 月竣工，面积 2620 平方米。里面有标准篮球场及其他体育设施、标准灯光等设备。灯光球场建好后，每到晚上，年轻人活跃在灯光球场上，经常进行篮球公开赛和友谊比赛。下面是旅外乡亲捐助灯光球场芳名：

乐助人民币 29300 元

林润福、林惠文、林少刚 11000 元　　吴炳潮 10000 元　　吴耀堂 5000 元
张建安 1800 元　　陈庆超 500 元　　陈丙林夫妇 500 元　　陈华君夫妇 500 元

乐助港元 500 元

陈德容 500 元

窈窕村旅外乡亲热心支持曲艺社

2000 年 12 月，窈窕村成立曲艺社，面积约 40 平方米。曲艺社是旅港澳乡亲及村内曲艺爱好者自发组织起来的。旅外乡亲乐助曲艺社经费美元 100 元、人民币 21339 元。他们捐钱又出力，自买乐器和道具。曲艺社广交粤曲爱好者，于每星期一、三、五在文化广场进行排练活动，逢喜庆节日为群众公演，深受群众喜爱。这既继承和发展了地方曲艺事业，又给窈窕村营造了一个较为浓厚的文化氛围，对构建和谐社会起了一定的促进作用。下面是旅外乡亲乐助曲艺社经费芳名：

乐助人民币 21339 元、美元 100 元

陈华君 11565 元　　沈善初 3000 元　　胡联星 2235 元　　朱少助 900 元
林宇凡 539 元　　　谢惠棠 500 元　　　胡联基妻 500 元　　陈彩银 300 元
林沛斯 200 元　　　黄志坚 200 元　　　陈德容 200 元
陈惠安人民币 1200 元、美元 100 元

窈窕村侨胞资助家乡侨联会

窈窕村侨联会成立于 2000 年 12 月 11 日，选出林润福先生为侨联主席，吴志七为执行副主席，另有侨委多人。侨联会以为侨服务为宗旨，联络侨亲，协助他们办好家乡事情。他们热心赞助公益事业，侨联会也会主动协助。为了让旅居海外乡亲了解家乡，侨联会每年邮寄慰问信、贺年卡到海外乡亲手中，既向他们拜年，又让他们了解家乡当年发生的事情，知道家乡的建设和发展。旅外侨亲回乡，侨联会热情接待，让他们感受到家乡的温暖。旅外乡亲对侨联会非常关心，解囊乐助侨联会经费。下面是旅外乡亲乐助侨联会经费的芳名：

乐助人民币 60160 元

陈惠安 46160 元	沈善初 2000 元	吴惠娟 2000 元	郑丽梅 1500 元
陈树棠 2750 元	陈爱玲 2250 元	梁桂芳 1000 元	陈惠坤 1000 元
陈灿林 500 元	吴宇川 300 元	张建安 300 元	黄秋芹 100 元
杨智豪 100 元	杨智贤 100 元	杨嘉玲 100 元	

乐助港元 2700 元

黄志坚 2000 元	郑瑞坤 300 元	沈胜金 200 元	沈镜权 200 元

乐助美元 50 元

林兆源 50 元

此外，旅外乡亲还向侨联会捐赠物品。陈华君先生、胡联星先生合捐一台 29 寸彩电，郑丽梅女士捐赠一套音响，林裕芬女士赠送一台饮水机。

江尾头村旅外乡亲乐助家乡建设

江尾头南面地处岐关公路边，西面靠山，东面河涌流入小隐涌，背山靠水，是宜居之地。1984 年，旅美侨亲李焯喜先生捐资人民币 5000 元在岐关路与村口接址处建了一个三角式牌坊，上书"江尾头"，作为村标志。此牌坊于 1984 年年底建成。

1985 年旅秘鲁唐庄生先生捐资人民币 10000 元，在江陵路边修路，村中人士用这笔钱铺设水泥路面 12 平方米，在路边建了"康庄大道"牌坊。1994 年，旅澳洲乡亲黄伟棠先生倡议，又在各埠发动乡亲，筹款为家乡修路，共筹得澳元 1250 元、港元 23200 元、人民币 69680 元，村内热心人士亦乐助人民币 5200 元。旅外乡亲和社会热心人士全力支持家乡建设，村民甚为高兴。为了加快速度建好村道，村委会安排村民上山打石，担沙挑石，有钱出钱，有力出力，全村动员，众志成城。修路工程于 1994 年年底动工，1995 年年初完成，把村中长堤街、中街、上街及全村巷道都铺设成水泥道路。铺设街道总长 2600 米，平均宽度 2.5 米。全村道路通畅。旅外乡亲和社会热心人士的善举，造福了村民。2006 年，开发区新农村建设办拨款重建长堤大道，使道路更为宽阔。下面是 1994 年旅外乡亲捐建村中道路芳名：

乐助人民币 69680 元
唐庄生 20000 元	唐鉴荣 12000 元	唐向明 6000 元	唐焕枢 6000 元
唐杏森 6000 元	黄民生 6000 元	黄三体 6000 元	陈桂龙 3200 元
黄民权 3000 元	李杏桐 500 元	李锐棠 320 元	陈映连 200 元
马蝶婵 160 元	李惠赞 100 元	孙章金 100 元	黄秀珍 50 元
李少江 50 元			

乐助港元 23200 元
陈妙婵 5000 元	刘汉彬 5000 元	李帝友 2000 元	李慎满 1000 元
李杏财 1000 元	唐杏湘 1000 元	陈满雄 1000 元	刘家驱 1000 元
唐焕荣 1000 元	陈惠均 1000 元	李光汉 500 元	黄玉洲 500 元
黄一荣 500 元	黄满林 500 元	李瑞云 500 元	林计祥 500 元
李炳培 300 元	唐少垣 300 元	李妙娴 200 元	李惠权 200 元
陈衍溪 100 元	黄兆安 100 元		

乐助澳元 1250 元
唐寿祥 400 元	陈海清 300 元	唐汉枢 300 元	唐文赞 250 元

江尾头村旅外乡亲乐助家乡兴建自来水工程

一直到 1984 年，江尾头村村民饮水还是靠水井，洗衣、洗菜靠河水。旅美侨胞李卓喜先生倡议筹款为家乡铺设自来水管，让村民用上自来水，旅外乡亲鼎力支持，很快筹得美元 1220 元、港元 680 元、人民币 30577 元。铺设自来水管道工程于 1984 年年底动工，1985 年年初完成，共铺设大小输水管道长 6400 米，各家各户都用上了干净的自来水。村民对于旅外乡亲大力支持家乡建设、造福桑梓的善举铭刻于心。下面是旅外乡亲捐建自来水工程芳名：

乐助人民币 30577 元
李卓喜 5000 元	陈妙婵 5000 元	刘汉彬 5000 元	唐寿祥 2400 元
李帝友 2000 元	陈海清 1800 元	唐汉枢 1800 元	唐文赞 1500 元
黄赞光 1200 元	林计祥 500 元	李瑞云 500 元	
李光汉 500 元	黄玉洲 500 元	黄一荣 500 元	黄满林 500 元
李修妹 500 元	李炳培 300 元	唐少垣各 300 元	李绍英 388.5 元
李瑞云 388.5 元			

乐助美元 1220 元
唐植廉 250 元	黄胜廉 100 元	黄泳洲 100 元	黄民族 100 元
李继光 100 元	林 祥 100 元	李庆榴 100 元	李金庭 100 元
李兆光 100 元	黄胜元 70 元	李文乐金 50 元	李镜棠 50 元

乐助港元 680 元
陈桂珍 340 元	陈若龙 340 元

江尾头村旅外乡亲捐资重建江邨公园

坐落在江陵路边的江尾头村口的江邨公园,又叫龙母公园,里面有江村八景中的"锦水门楼"和"榕荫牛眠"两景。公园面积1600平方米,有百年历史。由于无人看管,它曾荒废一段时间。1985年旅澳洲黄伟棠先生倡议重建公园,得到旅外乡亲的鼎力支持,筹集澳元200元、港元700元、人民币26076元。当年动工,1986年竣工。公园内一段"锦水门楼"城墙是江尾头村古石闸门,在重建时进行了翻新加固。旅澳洲乡亲唐向明于1949年为小城门题字"锦水呈祥"的浮雕翻新后重现光彩,对山间巨石的"江邨春晓"题字、石鼓上的"晨钟阁"、从亭台步入山门的"青云台"门楼都一并进行了翻新。它是开放式公园,里面有数十个盆栽,不规则的大花基种植了各种时花,花基边放着铁架长椅,供游人休憩。几棵高大榕树和影树,几乎把公园遮盖,园内许多景点让游人称赞不绝。公园进口处有旅澳洲乡亲黄伟棠先生捐建的六柱亭台"黄玉祥纪念亭",亭里建有石椅,建筑面积25平方米,投入资金人民币35000元。亭柱对联为"玉树交柯椿莹祥寿,桂山毓秀兰竹芳芬"。可见公园有其独特景色。

下面是重建江邨公园旅外乡亲的捐款芳名:

乐助人民币 26076 元

黄伟棠 12000 元	李卓喜 2000 元	江润妹 2000 元	陈桂龙 1618 元
陈镜棠 1558 元	唐向明 1200 元	唐焕枢 1200 元	唐杏森 1200 元
陈海清 1200 元	唐焕荣 1000 元	李杏财 500 元	刘家驱 200 元
李兆光 200 元	谢少均 200 元		

乐助澳元 200 元

黄玉洲 100 元　　唐　安 100 元

乐助港元 700 元

李桂森 300 元	黄惠邦 200 元	唐少垣 100 元	陈瑞贞 100 元

江尾头村旅外乡亲为村民办好事

江尾头村旅外乡亲十分关心家乡的公益事业。1987年旅美侨胞李焯喜先生捐资港币1.5万元把本村凹凸不平的主道建成平坦水泥路,名曰"英元大道"。同年,旅秘鲁侨胞唐庄生先生和江润妹女士合资11万元人民币,建设环村河边的康庄大道。

李焯喜先生得知村中为防范电线杆被白蚁侵蚀而施药,导致村中公用水井不能饮用,村民要往西桠、大环村载水回家饮用。为了帮助村民解决饮用水问题,李先生即与区、村及区自来水分公司负责人商讨安装自来水工程事宜,积极主动与本村旅外华侨、港澳乡亲商议筹集款项。此举得到旅外乡亲、村干部和群众的支持,除本村群众筹集人民币6万元和防白蚁施药造成水井污染单位补偿的2.5万元外,李焯喜、唐庄生、唐鉴荣、唐向明等旅外侨胞、港澳同胞捐资12.41万元。在区政府的大力支持与村干部和归侨黄伟棠等主动配合下,村内外自来水管铺设安装工作得以顺利完成,使全村250户

950人用上洁净自来水。此外，村主要街道还安装路灯20盏，建垃圾池16个并覆盖大部分沟渠，大大改善了环境卫生。村民称赞李焯喜等侨亲出钱出力，为村民办好事，立下了汗马功劳。

江尾头村华侨、港澳同胞捐助家乡建设善款芳名

乐助港元 422757.5 元

唐庄生 130580元	李棣友 6000元	唐庆湘 7008元	黄伟贞 1500元
刘汉彬 7000元	刘棣洋 1000元	刘棣贤 200元	李润强 700元
李灿文 500元	唐向明 17833元	唐义明 17833元	唐焕枢 17833元
唐鉴荣 85000元	李桂森 2000元	谢瑞潮 3218元	张德海 270元
刘雪慧 270元	李卓喜 11303元	唐 柳 3120元	陈桂龙 4774.8元
陈镜棠 2336.3元	李俊文 194元	李俊武 194元	李俊豪 194元
李俊宁 194元	谢友生 1050元	李庆财 2500元	李庆容 200元
李润生 31500元	黄淑婉 15000元	陈满桂 2500元	陈玉轩 1000元
李 棠 1000元	唐绍垣 1350元	陈官祺 1100元	黄河桂 1300元
刘剑平张寿兰 1000元	李锡明 400元	李振威 400元	黄惠安 1650元
黄一荣 900元	陈子辉 400元	刘家驹 1700元	李焕龙 400元
陈惠军 1200元	陈是雄 300元	陈亦雄 100元	陈洁贞 100元
吴绍英 200元	李庆秋 200元	李洁英 600元	陈翠玉 100元
李大林 100元	陆伟腾 225元	陆志腾 225元	陈志权 100元
陆伯恩 225元	陆金城 225元	陆远亮 300元	冯先生 500元
陈思伟 200元	林惠莲 200元	高 娟 100元	陆李四妹 20元
林少年 10元	陈天成 100元	陈瑞贞 100元	黄 开（伟棠）100元
黄泳洲 500元	林 祥 500元	李兆光 100元	李锐棠 100元
刘剑洲 328.8元	陈桂珍 500元	李崇谦 100元	黄满霖 1200元
李金其 500元	唐焕荣 1000元	谢少均 200元	黄玉洲 600元
谢惠邦 600元	陈妙婵 5000元	李彩芳 500元	李杏桐 800元
李光汉 1000元	李瑞霖 1277.6元	黄兆安、陈衍溪 200元	
谢子芬 100元	李惠权 100元	李妙娴 200元	李慎满 1500元
黄赞光 100元	刘悦彬 1548元	李金然 1000元	李修妹 500元
李丽萍 500元	李伟君 300元	李文浦 300元	谢天恩 700元
唐桂良 500元	朱彩妹 500元	黄金满 1000元	黄瑞海 320元
黄锦全 200元	谢灿芳 500元	李玉标 100元	谢 威 200元
黄开成 100元	刘煜尧 500元	谢桂清 500元	刘式辉 200元
黄泳财 100元	唐焕光 400元	李可宽 200元	黎 添 1000元
谢兆开 500元	谢天利 50元	黄兰彩 100元	李成霭 100元

黄官祥 100 元　　　黄翠琼 100 元　　　李剑云 1000 元
汤玉昆 195 元

乐助美元 10930 元
唐庄生 3500 元　　唐　柳 200 元　　陈桂龙 400 元　　刘悦彬 600 元
陈镜棠 200 元　　黄桂河 100 元　　黄泳洲 300 元　　唐植廉 700 元
李继光 400 元　　林　祥 200 元　　李庆榴 400 元　　李金庭 300 元
黄胜元 140 元　　李文乐 100 元　　李兆光 100 元　　李锐棠 100 元
李惠栈 150 元　　江润妹 2500 元　　李秀英 100 元　　陈光武 20 元
黄民族 200 元　　黄胜廉 200 元　　谢少伟 20 元

乐助澳元 21240 元
唐向明 2400 元　　唐义明 500 元　　唐焕枢 2200 元　　唐鉴荣 3000 元
谢瑞潮 75 元　　唐庆森 2700 元　　陈海清 1700 元　　黄威林 300 元
唐如海 400 元　　陈焕金 500 元　　陈瑞贞 50 元　　唐焕荣 500 元
唐安 100 元　　唐寿祥 600 元　　黄民权 700 元　　黄民生 1650 元
黄三体 1000 元　　黄赞光 100 元　　唐文栈 350 元　　黄银意 400 元
唐玉清 200 元　　唐金湖 200 元　　李文焕 200 元　　陈　标 600 元
唐燕群 75 元　　李灿云 40 元

乐助人民币 26790 元
李卓喜 4000 元　　李庆财 500 元　　黄淑婉 2000 元　　刘家驹 200 元
黄开（伟棠）13000 元　　李兆光 200 元　　李锐棠 320 元　　江润妹 2200 元
唐卓尧 320 元　　李秀英 40 元　　陈光武 80 元　　刘剑洲 360 元
陈桂珍 680 元　　陈茌龙 680 元　　李崇谦 60 元　　李金其 40 元
唐焕荣 1000 元　　谢少均 200 元　　黄玉洲 100 元　　唐　安 100 元
陈映莲 200 元　　马蝶婵 160 元　　李少江 50 元　　黄惠栈 100 元
谢桂清 200 元

另有 1986 年唐向明、唐义明、唐焕枢兄弟三人共同捐资人民币 16 万元建设江尾头学校"春晖楼"。

唐鉴荣、梁文静伉俪捐资人民币 36 万元建设江尾头学校"唐贻广教学大楼"。

李润生、黄淑婉伉俪捐资人民币 33 万元建设家乡学校等。

1992 年谢硕文伉俪共捐资人民币 70 万元建设江尾头村"金马大道"、家乡街巷等。

1993 年唐庄生、江润妹共捐资人民币 58 万元建设江尾头村"康庄大道"、安装自来水工程。

以上华侨、港澳同胞 11 人共捐助 213 万元人民币。

江尾头村华侨、港澳同胞捐助家乡建设善款芳名

乐助人民币 62600 元
李鉴球 4500 元　　李银芳 1800 元　　李银丝 1000 元　　黄满霖 2400 元
李志海 1000 元　　郑影娴 4000 元　　李锐文 1400 元　　刘棣华 29300 元
陈惠军 9200 元　　谢硕文 3500 元　　李振威 500 元　　黄一荣伉俪 300 元
李玉均伉俪 300 元　　李清华 300 元　　李妙珍 300 元　　陈海清伉俪 500 元
谢硕文伉俪 500 元　　李润生伉俪、李务本 1000 元　　李叠康 500 元
李春光 300 元
乐助港元 600 元　　李焕龙 600 元
乐助美元 800 元　　郑影娴 800 元
乐助葡币 80000 元　　澳门无疆界 80000 元

神涌村旅外乡亲捐资建村道

神涌村口是岐关公路，村内道路高低不平。1986 年，旅香港乡亲周国权先生提议修筑村内道路，得到旅外乡亲和社会各界热心人士的鼎力支持，解囊捐助。短短时间，旅外乡亲捐赠了港元 73360 元、人民币 84352 元，社会各界人士捐赠了人民币 29810 元，把村中主要道路（含中堡横街 80 米）全长 1850 米、路宽平均 4 米的路面铺设为混凝土路。下面是旅外乡亲捐建村中大道芳名：

乐助港元 73360 元、人民币 2120 元
黄伯钊 12000 元　　黄智仁 7800 元　　周尚武 7800 元　　周国恩 7800 元
黄江南 3000 元　　周　洲 2360 元　　周植煊 2160 元　　郑佑成 2160 元
黄硕夫 2160 元　　周锡垣 2000 元　　周成根 1500 元　　周汉彬 1080 元
黄伯强 1080 元　　黄国平 1080 元　　黄振鸿 1080 元　　黄岳华 1000 元
友添母 1000 元　　周述明 1000 元　　黄星华 1000 元　　周汝澄 1000 元
黄振华 1000 元　　黄维新 540 元　　黄银意 540 元　　黄凤仙 540 元
周硕旭 540 元　　黄达生 540 元　　黄振文 500 元　　周文广 500 元
郑兆德 500 元　　周炳灿 500 元　　周荫湘 500 元　　周维康 500 元
周少强 500 元　　周日强 500 元　　周日明 500 元　　罗锦良 400 元
周俊东 400 元　　周顺广 300 元　　周秀梅 300 元　　周爱莲 200 元
周礼源 100 元　　周佣源 100 元　　黄翘东 100 元　　周志尧 100 元
周志航 100 元
周惠初港币 2500 元、人民币 120 元　　周宝光人民币 2000 元、港币 500 元
乐助人民币 82232 元
陈泽文 40000 元　　周国权 34500 元　　黄建成 2000 元　　周少雄 500 元
周伟航 500 元　　周畅宏 200 元　　周瑞生 180 元　　梁康生 102 元

周汉森 100 元　　　罗国财人 90 元　　　陈七妹 60 元

东茗影音公司 2000 元　　友利玩具厂 2000 元

1997 年，神涌村经济有了新的增长，又建了一条两车道的环村路，连接村内原道路，可谓路路皆通。村民对旅外乡亲关心家乡建设的善举表示由衷的感谢。

神涌村旅外乡亲捐资兴建村口牌坊

神涌村地处岐关东路边，村口两旁厂企商铺较为集中，人来人往，非常热闹。1991 年村中有识之士提议在村口建一牌坊，作为入村标志。一经提出，村中热心人士拍手叫好，旅外乡亲鼎力支持，慷慨解囊，社会各界热心人士筹得人民币 26510 元，旅外乡亲筹得港元 54100 元。牌坊于当年秋动工，1992 年冬竣工。牌坊矗立于路口，四柱三孔，四柱均用白色石米批荡磨光。两边小孔高 4.5 米，孔宽 1.2 米。中间柱宽 5.5 米、高 7 米，顶盖琉璃瓦，飘檐高翘，似飞燕剪刀尾。人字形脊梁上镶有双龙戏珠。两边小孔上方分别上书"旭日""东升"。正中淡红色瓷片写上"神涌"两个大字。牌坊掩映在绿树中，整座牌坊巍峨雄伟，璀璨夺目，实为村中一景。下面是旅外乡亲捐建牌坊芳名：

乐助港元 54100 元

黄伯超 12000 元	黄仁智 7800 元	周尚武 7800 元	周国恩 7000 元
黄江南 3000 元	周惠初 2500 元	周锡垣 2000 元	黄振华 1000 元
周畅宏 1000 元	黄星华 1000 元	黄岳华 1000 元	周泳平 800 元
黄振文 500 元	周少雄 500 元	周伟航 500 元	周日强 500 元
周日明 500 元	周炳灿 500 元	周荫湘 500 元	周维康 500 元
周宝光 500 元	周少强 500 元	罗锦良 400 元	周顺广 300 元
周汝澄 300 元	周泳洲 200 元	友利玩具厂 200 元	黄翘东 100 元
周志航 100 元	黄巧容 100 元	黄卫国 100 元	周志尧 100 元
周佣源 100 元	周礼源 100 元		

神涌村旅外乡亲乐助家乡兴建灯光球场

1995 年神涌村建设了"大家围"工业园，集体经济跃上了新台阶，外资企业办到村边。村中有识之士提议兴建灯光球场，以丰富村民和外来工人的文体生活。此举得到海内外乡亲和社会各界热心人士的鼎力支持，村委会决定把学校门前一块地调整出来兴建灯光球场。1995 年冬动工，1996 年仲夏建成。总投资人民币 150000 元，其中旅外乡亲捐赠美元 1920 元、港元 9900 元、人民币 12000 元，社会各界人士筹集到 112740 元。灯光球场按国际标准兴建，占地 1090.4 平方米，标准球架，灯光明亮，曾多次举办过中山市篮球邀请赛。2005 年起连续三年区农村篮球联赛都在灯光球场安排有赛事，让村民大饱了眼福。现在很多年轻人每到晚上就活跃在灯光球场上，农村妇女健身队亦经常在灯光球场上跳舞健身。灯光球场的兴建，造福了全体村民。下面是捐建灯光球场旅外乡亲芳名：

乐助美元 1920 元
黄智仁 1000 元　　周华锐 200 元　　周仲平 150 元　　周杏簪 100 元
周焕伟 100 元　　周焕威 100 元　　周焕刚 100 元　　周星河 100 元
周凤强 50 元　　周文献 20 元

乐助港元 9900 元
黄伯钊 5000 元　　周顺广 1000 元　　周畅宏 1000 元　　周宝光 500 元
周维康 500 元　　周俊东 500 元　　周锡垣 500 元　　周日强 250 元
周日明 250 元　　周显富 200 元　　周志尧 100 元　　周志航 100 元

乐助人民币 12000 元
周国恩 4000 元　　周绍雄 500 元　　周佣源 500 元　　周礼源 500 元
郑兆德 300 元　　周伟航 200 元　　东茗影音公司 4000 元
友利玩具厂 2000 元

神涌村侨胞热心资助家乡侨联会

神涌村旅居海外、港澳台乡亲约 900 人，分布于 11 个国家和地区。侨联会于 2001 年 3 月 22 日成立。

侨联会立足"侨"字，以"侨"为本，维护侨胞的合法权益，为他们排忧解难。如为旅美乡亲周先生、旅澳洲乡亲李先生妥善处理在家乡的宅基地纠纷问题，还侨胞一个公道。旅外乡亲甚为满意，给侨联会积极的支持与帮助。下面是旅外乡亲乐助侨联会经费芳名：

乐助人民币 15300 元、港元 1500 元、美元 120 元、澳元 50 元
黄英文 1900 元　　周焕刚 1000 元　　周凤强 1000 元　　周俭萍 700 元
黄凤仙 1200 元　　周文献 600 元　　周国恩 500 元　　周凤强 500 元
黄秀芬 500 元　　周少峰 400 元　　周毅光 400 元　　周少媚 800 元
黄建成 300 元　　周嘉慧 200 元　　黄镜余 200 元　　黄华英 200 元
李丽娜 200 元　　周杏簪 400 元　　郑浩军 200 元　　周惠强 200 元
周干兴 200 元　　周维康 200 元　　周素飞 200 元　　周佩群 100 元
周智夫 100 元　　黄华均 100 元　　周瑞生 300 元　　黄华喜 100 元
周少梅 100 元　　周金婵 100 元　　黄少莲 200 元　　周绍雄 200 元
罗少权 100 元　　周显富 200 元　　周建文 200 元　　黄中华 200 元
周国权港元 1500 元　　周兆根人民币 500 元、美元 20 元
黄健东人民币 500 元、美元 50 元　　黄桥东人民币 100 元、美元 50 元
黄维新澳元 50 元、人民币 200 元

小隐村旅美侨胞捐建小隐群策社

小隐乡群策社成立于 1921 年，是旅美乡梓阮灼辰、黄锡五、刘卓棠、姚捷琚等以及当年小隐学校校长李锐航商议成立的，意在内外联系，群策群力，共同建设好小隐村。以后又分设美洲群策社、檀香山群策社、小隐群策社，并发动乡侨捐资为家乡办教育，办平民小学，援助贫困学生。1930 年，旅美洲群策社筹集基金，购置田产 190 亩。由归侨数人经营田产，收益划一部分做学校经费，其余办理乡中公益。1936 年旅美洲群策社筹集资金在小隐村沙塘兴建一幢两层楼房，作为群策社社址，内设办公室及阅报室。每逢春节，旅美群策社都举行春茗座谈会，让乡侨联谊欢聚，共话乡情。1947 年旅檀香山群策社阮炎先生还带返美金 4000 多元帮助兴建黄家祠校舍，实现了群策社的意愿。到了 1995 年，小隐群策社经历了近 60 个春秋，已经残旧，小隐美洲群策社拨出美金 400 元进行了修葺。现在经过维修的小隐群策社不减当年雄姿。时至现在，小隐群策社仍是旅外乡亲回乡汇集之处。大家共叙乡情，共话家乡的变迁。旅外乡亲的爱国爱乡情怀乡众铭记于心中。

小隐村旅外乡亲为家乡捐建亭台

小隐牌坊位于小隐村口，建于 1980 年，是旅澳门乡亲陈文生先生捐资人民币 7000 元、旅香港乡亲陈联发先生捐资人民币 6000 元、李社卫先生捐资人民币 7000 元共同兴建的。

位于牌坊右侧的春晖公园，树木繁茂，绿叶成荫，石墩、石凳分布其中，村民多在公园里休憩。1990 年旅美侨胞陈锦垣先生捐资人民币 30000 元在公园中建造一个六柱亭台，取名为春晖亭。春晖亭顶盖琉璃瓦，绿树掩映，给公园增添了一景。

小隐黄家庄有块林荫地，村民称为万年荫公园。这个公园占地 469 平方米，里面有几棵高大榕树，浓密的枝叶足以遮盖整个公园。这里是村民工余饭后乘凉聊天的地方，很热闹。多年来，热心人士自力更生在公园内铺设板石，设置凳椅。1990 年，旅香港乡亲黄筱东先生乐助人民币 40000 元在公园里兴建一个方形亭台，顶盖绿色琉璃瓦，里面设石椅石台，名为树芬亭。旅外热心人士的公益善举，深受村民称赞。

小隐村华侨港澳乡亲乐助小隐新牌坊建设芳名

乐助美元 3080 元
陈林妙香 1380 元　　李秀群 1100 元　　李照民 300 元　　周帝安 200 元
陈毅强、陈娉婷伉俪 100 元
乐助人民币 21800 元
李均源 4000 元　　李文长 3000 元　　李大玲 1800 元　　李小玲 1800 元
李建永、李建明 1800 元　　萧筱聪、黄计新、阮乐怡 1500 元　　李佛腾 1000 元

李杰腾 1000 元	李庆辉 500 元	李焕华 500 元	罗李丽琴 500 元
李丽荣 500 元	李春元 500 元	郑瑞强 500 元	黄剑平 500 元

李振荣、李秀玲伉俪 400 元　　黄华新 300 元
黄汉奇、黄汉伟、黄丽如 300 元　　李　伟 200 元　　李美珍 200 元
李美婷 200 元　　梁北林 200 元　　阮毅平 200 元　　李静娜 200 元
李国明 200 元
乐助港币 1000 元
李泽培、周傅卿伉俪 1000 元

义学村旅外乡亲热心家乡公益事业

1986 年，旅居美国的乡亲捐资美金 1590 元在义学村集贤街口兴建了一座四柱三孔牌坊，顶上盖绿色琉璃瓦，非常壮观。下面是旅美乡亲捐建牌坊芳名：
乐助美元 1590 元

黄桂鸿 200 元	阮社泉 200 元	黄锦芳 200 元	
黄计友 200 元	黄炳伦 100 元	黄炳林 100 元	林锐昌 100 元
林锐进 50 元	黄玉婵 50 元	黄子山 50 元	阮泽荣 50 元
阮计甜 50 元	阮桂良 50 元	阮志坚 50 元	阮均原 50 元
孙卫连 50 元	黄德伦 20 元	李容根 20 元	

　　同年，村委会决定维修街道，得到旅居港澳乡亲的支持。旅香港乡亲阮锐光先生捐赠人民币 540 元、黄帝干先生捐赠 200 元，旅澳门乡亲郑少波先生捐赠 300 元。当年维修了义学村正街和集贤街。

　　同年，旅澳门郑少波先生慷慨解囊，捐资人民币 23000 元，在义学村外洋街侧近山边处兴建了安乐亭一座。

　　1999 年，旅澳门乡亲郑少波先生又捐资人民币 70000 元，兴建了灯光球场，并乐助球赛经费人民币 23000 元。是年 8 月，他和珊洲村旅澳门好友林泽安先生合捐人民币 38000 元给家乡曲艺社添置乐器、音响和戏服。他还经常与曲艺社同仁送戏下乡，活跃农村文化生活。2002 年郑少波先生又捐赠人民币 60000 元在村中建了一间"东镇曲艺社"社址，赢得社会各界人士的称赞。

海傍村旅香港乡亲热心家乡公益建设

　　海傍村位于岐茂公路旁，过了小隐桥便是海傍。海傍村有 230 多户人家，1370 多人口。1981 年火炬区电网供电不足，村民用电常缺，影响生产和生活。旅香港乡亲有见于此，经郑瑞云、梁金宽等建议，筹集资金购买发电机组和相关发电设备送给家乡，以支援家乡生产和村民生活用电。此举得到 30 多位乡亲的响应并解囊乐助，共筹得港币 19100 元，买了发电机组，又帮助家乡建起配电房。此后，不管区电网有电无电，

海傍村照常用电。村民对旅香港乡亲的义举感激不尽。下面是旅香港乡亲捐赠家乡发电设备芳名：

乐助港元 19100 元

郑世云 1500 元	梁金宽 1500 元	梁金华 1500 元	郭桂维 1500 元
梁金满 1500 元	郭惠森 1500 元	吴耀明 1500 元	梁凤开 1500 元
冼容根 1000 元	黄桂标 500 元	陈沛朝 500 元	吴国勋 500 元
梁带胜 500 元	郭二妹 300 元	郭耀坤 300 元	郭华坤 300 元
郭林娇 300 元	郭金彩 300 元	郭金荣 250 元	郭耀荣 250 元
郭金培 250 元	郭桂添 250 元	梁耀坤 200 元	吴国波 200 元
陈沛洲 200 元	梁执胜 200 元	周金就 200 元	何北胜 200 元
黄炳权 200 元	郭华彩 100 元	梁福桂 100 元	

海傍七组新冲桥已经残旧，随时会出现坍塌的危险。1982 年，旅香港乡亲徐财添先生获悉此情况，带头捐资，并发动了部分乡亲襄助，共筹集了港币 8900 元，维修加固了七组新冲桥。他们此举造福了社会，造福了村民。下面是捐款维修新冲桥芳名：

乐助港元 8900 元

徐财添 5300 元	徐官海 500 元	徐容辉 500 元	徐炳全 600 元
王炳全 600 元	王锦全 600 元	黄玉林 300 元	徐桂华 300 元
冼执胜 200 元			

1983 年，海傍村民过去用水都是靠小隐村水井以及小隐涌水。饮用小隐涌水很不卫生。旅香港乡亲有见于此，在香港商量集资，让村民饮用自来水。共筹集了港币 15220 元，为海傍村铺设了 1000 米水管。又在各方面支持下，当年村民都用上自来水。村民甚感欣慰，感谢旅港澳同胞对村民的关心爱护。下面是旅香港乡亲捐建自来水工程芳名：

乐助港元 15220 元

李林根 1000 元	郑世云 1000 元	梁金宽 1000 元	梁金华 1000 元
郭桂维 1000 元	梁耀明 1000 元	冼容根 1000 元	郭惠森 600 元
何虾全 500 元	梁带源 500 元	梁金满 500 元	吴国勋 500 元
梁带胜 500 元	梁凤开 500 元	何　根 500 元	梁耀坤 400 元
郭金荣 350 元	郭耀荣 340 元	郭金培 330 元	梁炳元 300 元
吴国波 300 元	黄金朝 300 元	郭梳仔 200 元	郭耀华 200 元
郭华珍 200 元	梁执胜 200 元	周金就 200 元	何北胜 200 元
黄炳权 200 元	郭桂添 200 元	陈沛洲 100 元	梁福桂 100 元

1990 年，海傍村建了一幢村委会办公楼。这是海傍村的一件大喜事，旅香港乡亲也很高兴。他们在香港筹集了港币 10680 元，捐赠给村委会做办公楼落成剪彩经费，部分乡亲也回村祝贺。下面是旅香港乡亲乐捐芳名：

乐助港元 10680 元

| 黄庆连 1180 元 | 李林根 1100 元 | 梁金华 1000 元 | 吴北带 500 元 |
| 袁富添 500 元 | 黄桂标 500 元 | 郭耀根 400 元 | 梁炳辉 300 元 |

梁炎培 300元	郭金炳 300元	梁耀坤 300元	梁金满 300元
郭金荣 300元	陈沛朝 300元	梁炳元 300元	梁耀明 300元
吴国波 300元	梁带胜 300元	梁执胜 300元	梁凤开 300元
郭金培 300元	梁金宽 200元	何锦添 200元	周金就 200元
黄金朝 200元	郭华彩 100元	徐润添 100元	徐炳华 100元
徐桂荣 100元	郭华坤 100元		

村委大楼落成剪彩之日，旅香港乡亲陈沛洲、吴国勋先生等乡亲捐资人民币8200元为村委会购置了四套红木家私、一张云石台、一台风扇。旅香港乡亲此举，村民铭刻于心。下面是旅外乡亲捐赠村委办公楼红木家私等芳名：

乐助人民币8200元

陈沛洲 2000元	吴国勋 1000元	郭桂维 1000元	郭惠森 1000元
陈志权 1000元	陈伯朝 1000元	冼世云 500元	冼容根 500元
梁金宽 200元			

海傍村旅外乡亲支持家乡兴建灯光球场

1999年，海傍村的集体经济有了很大发展，村民生活水平有了很大提高，社会日渐和谐。村委会为适应新形势，决定兴建灯光球场，发展农村体育事业。此举得到旅外乡亲的鼎力支持，筹得人民币27700元，社会热心人士筹得人民币15000元。海傍村委会划地850平方米做兴建灯光球场用地。灯光球场当年建好，总投资人民币128000元，不足部分由村委会斥资人民币85300元。灯光球场建好后，海傍村篮球队也随即成立。每到晚上，青年们聚集于球场练球，或与邻村球队进行篮球友谊赛。下面是旅香港乡亲捐建灯光球场芳名：

乐助人民币27700元

郑世云 3000元	梁金宽 2800元	梁金华 2800元	梁耀坤 2000元
梁金满 2000元	郭桂维 2000元	郭金荣 2000元	黄桂标 2000元
陈志权 2000元	陈沛朝 1000元	郭惠森 1000元	梁 炳 1000元
梁耀明 1000元	吴国勋 500元	吴国波 500元	何锦添 500元
郭耀荣 500元	陈沛洲 500元	梁执胜 300元	周金就 300元

珊洲村旅外乡亲支持家乡建设

珊洲村地处白米山北麓，四面环山，夏天酷热似火，曾被称为山焦坑。村民耕种的是山坑地，零星细块。过去是穷乡僻壤，自从环茂公路建成后，交通方便，环境大大改观。改革开放初的1983年，集体经济还未振兴，当时区电网建设初起步，电力供应紧缺，时供时停，给人民生产和生活带来诸多不变。旅香港乡亲林国、林年和旅澳门林泽安先生分别在香港、澳门发动旅外乡亲捐资，为家乡购买发电机，造福乡梓。

此举得到港澳乡亲鼎力支持，慷慨解囊，筹得人民币 48650 元、港元 1600 元，购买了 75 匹马力发电机组给家乡使用。有了发电机，每遇停电，本村发电机马上启动，给村民生产和生活带来了极大方便。村民对于旅外乡亲关爱故里之义举铭刻心间。下面是旅外乡亲捐资购买发电机芳名：

乐助人民币 48650 元

林彭年 2800 元	林卓森 2400 元	林锦文 2200 元	林志强 2000 元
林道生 2000 元	林泽安 1600 元	林少权 1500 元	林少桂 1300 元
林秀葵 1300 元	林瑞霜 1200 元	林祥庚 1200 元	林炳芬 1100 元
林炳坤 1100 元	林彩添 1100 元	林保新 1100 元	林桂丁 1000 元
林　国 1000 元	林关次 900 元	林琼天 900 元	林益南 800 元
林子贤 700 元	林彩英 700 元	林剑一 700 元	林兆开 700 元
林棣觉 600 元	林和平 600 元	林友结 600 元	林八姑 600 元
林泽光 600 元	林华炎 500 元	林冠南 500 元	林健中 500 元
林守仁 500 元	林计臻 500 元	林庆辉 500 元	林彩球 500 元
林光耀 500 元	洪桂海 400 元	林泽妹 400 元	林保莲 400 元
林倩颜 400 元	林汉洲 300 元	林月余 300 元	林月非 300 元
林玉芳 300 元	林容勉 300 元	梁兆芳二婆 300 元	林惠琼 300 元
杨岳基 300 元	林金妙 250 元	林金环 250 元	林就平 250 元
林兆雄 200 元	林少强 200 元	林菊娴 200 元	林桂月 200 元
洪金妹 200 元	黄六妹 200 元	林北媛 200 元	林爱琼 200 元
林秋群 200 元	林就欢 200 元	周开成 200 元	梁月菊 200 元
林伟灿 150 元	林仲添 150 元	林润权 150 元	林惠源 150 元
林裕坤 150 元	陈成友 100 元	林子岸 100 元	林情娟 100 元
林冠月 100 元	林干纹 100 元	林伪力 100 元	林友莲 100 元
苏　景 100 元	林文基 100 元	林泽源 100 元	林少媚 100 元
阮力尤 100 元	林桂海 100 元	郭荣发 100 元	林关云 100 元
黄庆棋 100 元	林健欢 100 元	林玉兰 100 元	林志伟 100 元
林少坤 100 元	林素梅 50 元		

乐助港元 1600 元

林友胜 700 元	林文翰 200 元	林文中 200 元	林九根 200 元
林凤如 100 元	林佩友 100 元	林兆瑜 100 元	

珊洲村旅外乡亲对家乡感情深厚，捐资赠物，有力地支持了家乡生产发展，丰富了村民的文化生活。1980 年，旅香港乡亲林彭平先生赠给家乡价值港币 3800 元电视机、录音机各一台。1984 年旅香港乡亲林守仁先生赠给家乡价值港币 10000 元的 24 寸日立彩色电视机一台。同年，旅澳门乡亲林泽安先生捐赠给家乡 56 寸风扇一台，价值人民币 100 元。林卓森先生购买薄膜 100 米、54 寸风扇一台、电视放大器 8 套送给家乡，价值人民币 2400 元，并捐资人民币 5000 元购买台椅、碗碟一批，给村民喜庆摆酒之用。

村民受惠，无限感激。

旅香港乡亲捐资兴建珊洲市场

珊洲村地处环茂公路边，人口 1000 人。改革开放以后，珊洲村人民自力更生，艰苦创业，集体经济有了很大发展。过去珊洲村没有市场，村民要到外村市场买菜。1997 年旅香港乡亲林志强先生捐资人民币 200000 元，在车站侧建了一幢二层高、建筑面积 400 平方米的楼宇做市场。二楼是商铺，一楼是农贸市场。村民非常高兴。

现在市场每天不仅有鱼肉菜蔬等供应，村民所需的百货衣物等也很齐备。每天进出市场的人络绎不绝。村民对林志强先生慈善为怀、造福梓里的义举深表谢意。

珊洲村旅外乡亲为家乡捐建亭台

珊洲村方圆 1.5 公里，三面环山，山清水秀，风景优美。近年来，旅外乡亲热心捐资兴建家乡项目，特别是兴建了 5 个亭台，点缀了家乡景貌。

1983 年，旅美乡亲林毅尘先生捐资人民币 12000 元在市场边兴建一座"珊洲凉亭"。该凉亭四柱方形，三面石制坐椅，中间是石台、石凳，顶盖黄色琉璃瓦，掩映在绿树丛中，优雅幽静，在亭中休息格外舒心。同年，他又捐资人民币 10000 元在环茂路珊洲路段公交站边兴建了一座凉亭，名为"毅尘凉亭"，后又捐资人民币 10000 元在架仔坑田南面兴建一座"架仔凉亭"。当年，村民在坑田耕种，无歇脚地方。林毅尘出于这个本意在那里建亭：让村民在那里耕种，烈日当空有个遮阴休息的地方，天下大雨时可避雨。村民对他施予的恩德铭刻于心。

1987 年，旅美乡亲林民治先生捐资人民币 20000 元在珊洲上村近新学校侧建了一座凉亭，名为"民治市亭"。民治市亭背后绿树成荫，里面摆设乒乓球台、桌球台，是人们休闲娱乐的场所。

1992 年，旅香港乡亲林金环、林妙环姐妹捐资港币 40000 元在珊洲石墩街口兴建一座四柱方形凉亭，名为"子良亭"，里面设有石椅，美观大方，周围绿树成荫，是村民休憩的好地方。

黎村华侨、港澳同胞热心家乡建设

黎村旅外华侨、港澳乡亲热爱家乡，关心和支持家乡建设。1983 年，旅菲律宾乡亲梁来忠兄妹及旅港乡亲梁玉伦、梁玉泉等提议筹集资金，为家乡建新牌坊、亭台、自来水塔等。此举得到旅外乡亲的鼎力支持，很快筹集到人民币 123370 元，社会各界人士也筹集了人民币 3350 元。家乡当事人与群众商议，并于当年动工做了下面三件大事：一是兴建入村牌坊。牌坊宽度为 8.1 米，矗立于村口。二是兴建观煌亭。观煌亭四柱方形，建于黎村村口，顶盖绿色琉璃瓦，与牌坊互相辉映，增添村中景色。三是建水塔。黎村地处烟管山与白米山之间的北麓地带,山上水源丰富,黎村群众常年到山上取食用水。为了使群众方便用水,把山上泉眼的泉水引入村中高处兴建水塔。水塔平面63平方米。全村装水管5000米。这样,水塔里的水通过大小管道输送到各家各户。村民对于旅外乡亲的善举铭记于心。下面是旅外乡亲乐助兴办村公益事业芳名:

人民币 123370 元

梁来忠兄妹 74000 元	梁玉伦 15000 元	梁玉泉 15000 元	梁桂财 1600 元
梁华石 1560 元	梁锦标 1500 元	梁润忠 1500 元	梁彦斌 1160 元
梁炳光 1150 元	梁焕新 950 元	梁华次 800 元	梁波涛 750 元
梁硕果 550 元	梁超炳 500 元	梁少萍 500 元	梁宝诗 450 元
梁少南 400 元	梁炳友 400 元	梁兆恩 300 元	梁炳仁 300 元
梁华泉 300 元	梁华亦 300 元	梁裕恩 250 元	梁凤瑜 250 元
梁澄溪 200 元	梁玉祥 200 元	梁桂秋 200 元	梁金棠 200 元
梁炳亮 200 元	梁宝钡 200 元	梁兆驹 200 元	梁光桥 200 元
梁玉华 200 元	梁 武 200 元	梁武康 200 元	梁帝春 200 元
梁计宽 100 元	梁卫根 100 元	许结南 100 元	许结雄 100 元
许少萍 100 元	梁国祥 100 元	梁玉明 100 元	梁惠生 100 元
梁容球 100 元	梁镜财 50 元	梁玉喜 50 元	梁丽冰 50 元
梁月生 50 元	梁关敏 50 元	梁少占 50 元	梁结和 50 元
梁建康 50 元	梁关标 50 元	梁木玲 50 元	梁木萍 50 元
梁少妹 50 元	罗汉珍 50 元	罗汉连 50 元	

1989年,旅港乡亲梁润忠先生乐助人民币1000元维修荔枝基桥,村民十分高兴。

1997年,旅厄瓜多尔乡亲梁桂欣、梁桂基先生各乐助人民币60000元于黎村新村建造富南亭。富南亭占地面积521.54平方米,建筑面积66.74平方米,周边种上树木,现今成了村民喜爱的休憩地方。

1983年,旅外乡亲捐赠村中文化事业物品有:旅美乡亲梁桂昌先生捐赠一台收录机,价值人民币1500元,旅澳门乡亲梁彦斌先生乐助一套醒狮锣鼓,价值人民币1500元,旅港乡亲梁华石先生捐赠一台电子计算机,价值人民币400元,旅港乡亲梁锦标先生捐赠一台26寸黑白电视机,价值人民币2000元,村众表示感谢。

灰炉村旅港澳乡亲热心家乡公益

1978年,灰炉村用电甚缺,经常停电,影响生产和村民生活。旅港澳乡亲有见及此,希望购买发电设备,为家乡办一件好事。经热心人士提议,大家鼎力支持,在1978年至1979年间港澳乡亲多次解囊,筹得港元24850元、人民币30元,为家乡购买了一台发电机和一台灭火机。从此,村里用电正常。有了灭火机,群众的生命财产安全也有了保障。旅港澳乡亲的心意,群众铭记于心。下面是捐款购买发电机、灭火机芳名:

乐助港元 24850 元

陈计尧 3000 元	陈有根 2000 元	郭耀权 1100 元	苏荣森 1500 元
何胜仔 800 元	吴焯新 700 元	郭耀彬 600 元	吴社添 600 元
梁福元 600 元	黄少彬 600 元	郭锡泉 550 元	何社连 510 元
陈林根 500 元	冼金好 500 元	梁容仔 450 元	吴光皮 400 元
冼金瑞 400 元	黄三财 400 元	陈北根 350 元	何社胜 350 元
吴华泉 300 元	梁　桂 300 元	何六姑 300 元	陈容林 300 元
黄少伟 300 元	罗希仔 300 元	陈锐添 300 元	吴艳霜 300 元
吴荣标 300 元	郭华根 250 元	何社根 230 元	陈桂全 210 元
陈牛仔 200 元	黄　姑 200 元	冼松开 200 元	梁焯华 200 元
陈镜波 200 元	苏关有 200 元	吴华泉 200 元	梁桂根 200 元
陈锦泉 200 元	黄伟业 200 元	冼华照 200 元	吴润明 200 元
陈锡泉 200 元	吴焯文 200 元	郭炳权 200 元	高　福 200 元
冼培坤 150 元	梁锦棠 100 元	梁汉祥 100 元	陈少添 100 元
黄　满 100 元	冼润泉 100 元	陈玉坤 100 元	黄润林 100 元
陈玉开 100 元	苏文锦 100 元	梁天带 100 元	谭容胜 100 元
吴焕新 100 元	吴玉梅 100 元	吴荣安 100 元	何桂棋 100 元
何炳权 100 元	何全带 100 元	冼镜波 100 元	吴金彩 100 元
梁华焯 100 元	陈牛根 100 元	陈　姑 100 元	

乐助人民币 30 元

冼　伟 30 元

1991 年，灰炉村委会建了办公楼，旅香港乡亲黄三才、黄健民、陈锐添、陈有根、吴桂生、吴宏安、郭锡泉、梁苏仔、吴宏标等 9 人捐赠一批办公台、办公椅，价值人民币 6500 元。

灰炉村旅港澳乡亲支持家乡建设

灰炉村属典型的半沙田地区，小隐河穿村而过。过去村民以小船为主要生产工具，走的是基围小道。1984 年灰炉村集体经济有了发展，人民生活水平有了提高，机动车已成为主要交通工具，但是道路建设跟不上时代发展要求。村民都希望建桥筑路，赶上时代发展的步伐。村委会计划建灰炉大道，接通环茂公路。此计划得到旅港澳乡亲及社会各界人士的赞同，全村群众有钱出钱，有力出力，平整村口路段至环茂公路边的路基，及后铺设长 700 多米、宽 4 米、厚 20 厘米的水泥路。总投资 365800 元，其中旅外乡亲捐赠港元 5950 元，村委会投入 363562.5 元。新路建成后，方便了村民的出行和机动车辆的往来。下面是旅港澳乡亲参与兴建灰炉大道捐款芳名：

乐助港元 5950 元

吴锦添 600 元	梁明根 500 元	陈计尧 400 元	苏荣森 400 元
梁　桂 400 元	吴克皮 400 元	黄少彬 300 元	郭锡泉 300 元

冼沛坤 250 元	郭耀彬 200 元	郭炳权 200 元	陈有根 200 元
吴焕新 200 元	何社连 200 元	黄伟业 100 元	冼华照 100 元
吴华泉 100 元	陈林根 100 元	梁汉祥 100 元	梁锦明 100 元
冼金瑞 100 元	陈镜波 100 元	黄三才 100 元	陈锐添 100 元
黄伟文 100 元	黄惠权 100 元	陈北根 100 元	吴建文 50 元
吴艳霜 50 元			

灰炉大道建成后，村委与村民都希望建一座牌坊作为灰炉村标志，此举又得到旅外乡亲的大力支持，短短时间内在香港共筹得港元 5650 元，村委会出资 118150 元。该牌坊宽 12 米，高 9 米，四柱三孔，顶盖黄色琉璃瓦，上书"灰炉村"三个大字，美观大方。下面是旅外乡亲乐助兴建灰炉牌坊芳名：

乐助港元 5650 元

吴锦添 1000 元	梁明根 500 元	罗希仔 500 元	苏荣惠 200 元
何胜仔 200 元	吴荣安 200 元	吴焯新 200 元	郭炳权 200 元
高　福 150 元	吴荣标 100 元	吴克皮 100 元	吴华泉 100 元
苏关友 100 元	冼　全 100 元	梁汉祥 100 元	梁财胜 100 元
梁桂根 100 元	陈锐添 100 元	陈林根 100 元	陈北根 100 元
陈有根 100 元	陈继尧 100 元	冼镜波 100 元	郭锡泉 100 元
冼金瑞 100 元	黄三财 100 元	吴金彩 100 元	梁沛荣 100 元
陈玉坤 100 元	吴健民 100 元	冼华照 50 元	黄伟业 50 元
黄润林 50 元	冼华润 50 元	周金容 50 元	冼松开 50 元
梁润明 50 元	黄伟文 50 元		

1987 年，灰炉村旅香港乡亲梁瑞玲女士捐资 18500 元在环茂公路边灰炉村口兴建了一座亭台，以供过往村民休憩。该亭长 6 米，宽 6 米，高 4 米，亭中设置石台、石椅。亭台当年建成，立名为"瑞玲亭"。灰炉村民对梁瑞玲女士的善举深表谢意。

灰炉村旅港澳乡亲热心支持家乡自来水工程

灰炉村在烟管山北面，地处小隐涌西北与东南两岸。过去饮水靠水涨时汲取河涌水滤清后用来饮用。新中国成立以后，灰炉村人民自力更生，群策群力，筹集资金铺设水管到烟管山取山泉水饮用，饮水质量有了改善。但由于山泉水流量不足，难以满足村民对饮用水的需求。1987 年，火炬区自来水网有了新进展，水管铺设到环茂公路边。村中热心人士倡议，把自来水引进村子，让村民饮用自来水。此举得到旅港澳乡亲的鼎力支持。70 多位旅港澳乡亲慷慨解囊，共筹得港元 31550 元，支援家乡铺设自来水管道。该工程于当年动工，安装了烟管山至灰炉村的大水管，全长 200 多米，各街道分水管也做了铺设，工程总费用 96035 元。工程完成后，村民都喝上了干净的自来水，对支持家乡建设的港澳乡亲表示谢意。下面是旅港澳乡亲捐建自来水工程芳名：

乐助港元 31550 元

吴艳彩 2000 元	郭炳权 1500 元	苏　祥 1500 元	陈有根 1500 元
吴桂生 1000 元	吴尧波 1000 元	吴焕新 1000 元	罗希仔 1000 元
梁　桂 800 元	陈锐添 600 元	吴华泉 600 元	黄三财 500 元
冼华照 500 元	黄容胜 500 元	梁汉祥 500 元	高　福 500 元
冼金瑞 500 元	陈北根 500 元	吴建文 500 元	陈继光 500 元
吴润明 500 元	郭北根 500 元	何社胜 500 元	陈林根 500 元
吴宏标 500 元	黄财满 500 元	郭锡泉 500 元	梁明根 500 元
吴焯文 500 元	梁培荣 500 元	吴宏安 500 元	陈镜波 400 元
陈　妹 300 元	梁华焯 300 元	梁容仔 300 元	陈锦泉 300 元
黄润林 300 元	陈满泉 300 元	陈牛根 300 元	冼锐波 300 元
谭容胜 300 元	陈惠源 200 元	阿华焕 200 元	吴艳霜 200 元
吴社添 200 元	吴金彩 200 元	吴玉梅 200 元	徐华安 200 元
黄少彬 200 元	苏关有 200 元	陈锦明 200 元	何社连 200 元
黄伟文 200 元	何胜仔 200 元	何焯林 200 元	何东海 200 元
吴日南 200 元	冼牛根 200 元	冼松开 200 元	冼华润 200 元
何　光 200 元	何北海 200 元	冼　沛 200 元	陈惠源 200 元
吴惠明 150 元	何帝权 100 元	陈社添 100 元	陈建广 100 元
吴桂堂 100 元	冼树根 100 元	陈玉开 100 元	黄　满 100 元
黄　社 100 元	陈玉坤 100 元	何社根 100 元	苏少忠 100 元
郭金友 100 元			

灰炉村旅香港乡亲热心文化体育事业

灰炉村于 2004 年设立体育基金会，旅香港乡亲吴广标先生乐助人民币 5000 元、吴荣标先生乐助人民币 1000 元、吴广全先生乐助人民币 300 元、梁宝贵先生和吴日南先生各乐助人民币 100 元。当年在吴广标先生的主持下成立了灰炉村业余男子篮球队，他亲自担任领队兼教练，既出钱又出力，指导和训练篮球队。2005 年，在村委会支持下兴建了灰炉村灯光球场，吴广标先生捐资人民币 20000 元购置标准优质篮球架。村委会非常重视灰炉村篮球队，每年拨出 8000 元作为球队活动经费。由于教练培训有方，球员技术全面，球队经常与区内外篮球队进行友谊比赛，从中学习和总结掌握球技。2005 — 2006 年连续两年获开发区农村男子篮球比赛冠军。为了发展农村体育运动，灰炉村在近年举办过三次区级男子篮球邀请赛，使各队球员提高了球技，运动员之间增进了友谊。村中每次举办球赛，村委会、旅外乡亲和社会热心人士都纷纷解囊赞助经费，并对获奖运动员给予奖励。

东利村旅香港乡亲热心家乡公益事业

1980年7月，旅香港乡亲冼金玉、黄炳等20位乡亲在香港募集港币7500元，购买3台17寸电视机送给家乡，在一定程度上改善了村民的文化生活。

1992年，东利村集体经济有了较大增长，为了让年轻一代开展文体活动，村委会划地1000平方米，拟兴建灯光球场。旅香港乡亲黄金源先生捐赠港币2200元。新球场总投资人民币15000元，于1992年3月建成。旅香港乡亲热心家乡公益事业，深受村众称赞。

二洲村旅外乡亲捐资修建村道

二洲由二洲、三洲、壳涌、滘仔四个自然村组成。过去村民外出要走1000多米泥泞的田边小道才能到达小隐村。1991年，村委会倡议修路，群众反应热烈，纷纷踊跃捐资。其中旅外乡亲陈惠朝先生、陈应龙先生各捐赠港币1000元，周国辉先生捐赠港币200元，刘沛森先生捐赠人民币300元，陈北良、孙连发、林冠南各捐赠人民币50元，社会各界、村中群众捐款共15211元，村委会投入人民币6000元。村民群策群力、出钱又出力，当年一月动工、二月完成，扩大了路基，铺设了水泥沙石路面，一条1000米长、6米宽的水泥路建成。此后，机动车辆也能进出村子，群众拍手称快。2003年，开发区按规划把此路建成新道路。

同年，旅美乡亲阮惠朝先生捐赠人民币500元给村里维修水井，造福群众。旅香港乡亲梁桂先生捐资人民币680元购买10件灯芯绒外套，10罐杏仁饼慰问村中黄炎胜等10位老人，受到乡人称赞。

马安村旅香港乡亲热心家乡公益

马安村处于横门水道出海口，是火炬区唯一的海岛村庄，人口821人。村民以农业为主，出海打鱼为副。由于地处海岛，交通不便，村民的文化娱乐生活相对匮乏，信息沟通不灵。1980年，旅香港乡亲陈祥胜先生向本村赠送价值人民币2500元的21寸彩色电视机一台，借以丰富村民的文化生活。1989年，旅香港乡亲黄锦洪先生乐助人民币500元购买礼品慰问村中老人。

下陂头村2006—2016年华侨、港澳台同胞乐助善款芳名

乐助善款重建村内三山庙芳名如下：
乐助人民币446636元

林建明 100000元	林锐光 150000元	林建彬 20000元	林焕钧 20000元
林伟腾 50000元	林灿平 10138元	劳敬棠 10000元	劳汉生 8200元

劳汉宗 6288 元　　劳务坚 4000 元　　劳广生 10000 元　　林友妹 2510 元
林焕华 5000 元　　林焕良 2000 元　　林焕标 2000 元　　劳玉娥 1640 元
林国满 500 元　　　林鉴培 500 元　　 林鉴平 500 元　　 林国根 1000 元
杨桂妹 500 元　　　林锡伦 1800 元　　劳健友 1800 元　　劳焕新 1800 元
劳焕根 1800 元　　林玉濠 1800 元　　李志强 3800 元　　林鉴明 1910 元
林佩霞 1930 元　　林建成 1550 元　　劳慧斯 1500 元　　劳健民 4000 元
林焕光 1300 元　　林友好 1260 元　　林少娟 1260 元　　林少碧 1260 元
林少葵 1260 元　　林少绮 1260 元　　林联赞 1890 元　　林秀芬 820 元
劳方洲 2460 元　　郑小玲 800 元　　 劳健伟 800 元　　 林秀媛 800 元
劳杨惠英 1000 元　劳永科 1000 元　　林国标 1000 元

乐助善款支助老人协会活动经费名单如下：

乐助人民币 4100 元

洪玉其 300 元　　　劳务坚 1800 元　　林友妹 500 元　　　林润才 500 元

华侨、港澳同胞历年捐资铺设水泥路情况表

村别	捐资人情况				铺设水泥路面积、地址			
	姓名	祖籍	旅居地	捐资金额	长（米）	宽（米）	面积（平方）	详细地址现属（路）街道（巷）名称（牌号）
江尾头	唐庄生	江尾头	秘鲁（已故）	人民币110000元	600	3	1800	江尾头村冲边长堤路（康庄大道）
江尾头	谢硕文	中山	澳门	人民币70万元	1070	2	2140	江尾头上街、中街
					740	3	2220	长堤街（金马大道）
五星上巷	黄金结	上巷	美国	人民币20万元	300	8	2400	五星上巷黄金结大道
五星	华侨、港澳同胞	五星		港币210077元	300	6	1800	五星上巷牌坊街
五星	同上	五星		美元4200元、加元1700元	1000	3	3000	白庙环村路街
西桠	麦剑生	西桠	美国（已故）	美元40000元	303	1.5	454.5	西桠村前门三巷
大岭	欧阳尊洲	大岭	香港（已故）	人民币280000元	1000	10	10000	入村路市场路
泗门	华侨、港澳同胞	泗门		美元950元、加元500元、人民币10390元	170	4	680	泗门村新爱路
濠头	同上	濠头		港币42800元、人民币23000元	300	8	2400	濠头车站路

（续上表）

村别	捐资人情况				铺设水泥路面积、地址			
	姓名	祖籍	旅居地	捐资金额	长（米）	宽（米）	面积（平方）	详细地址现属（路）街道（巷）名称（牌号）
濠头	邓棣新	濠头	香港	人民币10万元	150	4	600	濠头二村新村仔下街
沙边	孙锐垣	沙边	香港	港币1.5万元	130	4	520	街市亭向东至三岔路口
黎村	梁润忠	黎村	香港（已故）	人民币1000元	3	3	9	黎村荔枝路
宫花	华侨、港澳同胞	宫花		港币5800元、人民币19293元	500	3	1500	宫花正街
宫花	同上	宫花		日元100万元、美元2650元	1000	10	10000	宫花官岭路
神涌	同上	宫花		港币156052元	1850	4	7400	神涌围堡正街、中堡正街、外堡正街、环仔正街
灰炉	香港同胞		香港	港币55800元	2800	6	16800	灰炉大街、上街、下街
窈窕	华侨、港澳同胞	窈窕		美元1490元、港币45015元、加元2500元、人民币2640元	650	3	1950	窈窕大街
窈窕	林润福等3人	窈窕		港币19000元	100	6	600	窈窕新村二街
窈窕	林润福	窈窕	香港	港币60000元	150	6	900	窈窕安唐街
合计				人民币1446323元、港元609544元、美元49290元、加元4700元、日元1000000元			67173.5	

第四节　情暖桑榆　德孝双馨

旅外乡亲热心支持区敬老院建设

1998年，火炬区党委会和管委会决定在江陵路边的西桠镇龙山下一块坡地上兴建开发区敬老院。此决定得到海内外乡亲、社会热心人士的支持。旅香港乡亲林志强先生捐赠人民币20万元，郑秀鸾女士捐出3.5亩地皮拍卖所得的人民币100万元支持兴建开发区敬老院。开发区敬老院于1999年动工，2003年1月竣工。占地10702.7平方米，建筑面积 4170 平方米，总投资人民币 1300 万元。敬老院是六幢二层（主楼三层）别墅式建筑，各幢之间有遮阳走廊相连，后面是林木簇拥的镇龙山，大片花圃、草地分布于林间曲廊，树木环绕于建筑群四周，空气清新、环境幽静，确实是安度晚年的好地方。

康乐大楼是敬老院的主楼，除大厅和办公室外，内设餐厅、医务室、综合文娱室、健身康复室、阅览室等。宿舍楼有南山楼、松鹤楼、松柏楼、耆英楼、延年楼，共有房间 45 个，包括单身房或 2 人、3 人房，共有床位 98 个。室内设施完备，有太阳能供水系统冷暖水龙头，房内有独立洗手间，有抽屉床、衣柜、台椅、彩电、传呼系统，并有固定护理人员。

敬老院建好后，得到社会各界人士的支持。旅香港乡亲杨凤兰女士赠送 34 张活动浴椅，价值人民币 1200 元。旅香港乡亲杨源先生赠送一批健身器械，价值人民币 13665.12 元。旅澳洲乡亲马健军先生赠送一批床上用品，价值人民币 20178 元。旅香港乡亲钱富先生赠送 2 套红木家私，价值人民币 3400 元。旅香港乡亲欧阳洁如女士赠送 8 套云石餐台，价值人民币 13500 元。旅香港乡亲郑汉成先生赠送 2 张石椅，价值人民币 900 元。旅香港乡亲李俊驹先生赠送一辆金杯牌客车，价值人民币 10 万元。旅美乡亲李合群女士乐助美金 200 元，马集英先生乐助美金 100 元，洪润明先生乐助美金 50 元，欧阳寿银女士乐助人民币 1000 元，马干才先生乐助人民币 400 元，郑桂新、欧阳泗菊伉俪乐助人民币 200 元，旅澳洲乡亲黄伟棠先生乐助人民币 200 元，旅香港乡亲梁显庭先生乐助人民币 240 元。

开发区敬老院 2003 年开办时仅入住 18 人，2015 年入住长者已达 185 人。多年来敬老院坚持以"点滴帮助，让更多人受惠；真心付出，就是最大的快乐"为服务宗旨赢得了社会各界热心人士的支持。志愿者服务队、张家边曲艺社、东镇曲艺社、大岭村健身队、学校师生、幼儿园等单位常来院做慰问演出。美容美发行业协会火炬区分会坚持每月组织技师来院为老人理发。边检官兵和消防支队来院清洁大院等。中秋节、端午节、老人节关爱老人的单位和善长仁翁送月饼、爱心饺子，送酒席等。志愿者、慈善者、慰问演出者与老人之间建立起一座爱心彩虹桥。长者的日常生活过得快乐，真切地感受到社会大家庭的无限关爱与温暖。

窈窕村旅外乡亲热心资助老人福利会

窈窕村有 172 位老年人，占全村人口的 20%。1992 年窈窕村老人协会成立，但没有固定办公和活动场所。村委会决定兴建窈窕村老人活动中心，由村侨联会和老人协会成员成立老人福利大楼筹建委员会，发动海内外乡亲捐助，得到海外乡亲和社会各界热心人士的慷慨赞助。1993 年村委会在窈窕公园后面调整了基建用地，大楼于当年年初动工，1994 年竣工，占地 419.9 平方米，建筑面积 344 平方米。老人福利中心前面与窈窕公园相连，让老人活动的地方更宽阔。老人福利中心大楼是两层建筑，楼上设办公室、书报阅览室，下层是老人健身器械室及棋牌场所。总投资人民币 515128 元，其中海外乡亲乐助加元 300 元、美元 940 元、港元 27180 元、葡币 6800 元、人民币 13509 元。社会各界热心人士乐助 16399 元。其余由村委会斥资人民币 450000 元。

福利会建成后，旅美乡亲沈善初先生，旅香港乡亲林润福先生、张建安先生合捐各款吊灯一批和老人健身器械一套，旅香港乡亲吴宇川先生捐赠字画镜，吴振威先生送诗画条幅，胡连星先生赠送台椅和饮水机，林润福先生还送电视机一台。

下面是旅外乡亲捐款兴建老人福利大楼芳名：

乐助美元 790 元、人民币 250 元、港元 1200 元

陈光正 100 元　　杨文安 100 元　　高桂连 20 元

林兆金美元 70 元、人民币 250 元　　林兆源美元 500 元、港元 1200 元

乐助加元 300 元、人民币 150 元

梁国英 100 元　　陈远明母 50 元　　吴妙娥加元 150 元、人民币 150 元

乐助港元 24780 元、人民币 660 元

吴宇川 1500 元	谢家荣 800 元	陈官祥 800 元	陈惠坤 700 元
陈仕波 700 元	陈普宏 700 元	陈沛洲 700 元	陈庆超 700 元
吴素强 500 元	胡连基 500 元	陈树棠 500 元	吴耀光 500 元
沈镜权 500 元	杨金强 500 元	谢建忠 500 元	谢兆辉 400 元
陈立敏 320 元	林蕴妹 310 元	吴鉴文 300 元	陈少妹 300 元
陈德容 1200 元	陈小山 200 元	陈雀平 200 元	吴干尧 200 元
陈志源 200 元	杨伟光 200 元	陈计章 200 元	吴细伦 200 元
吴云光 200 元	何少芳 200 元	何卫平 200 元	黄少兰 200 元
孙细妹 200 元	杨少鎏 200 元	杨智豪 200 元	黄新兰 200 元
吴锦光 200 元	吴荣光 200 元	陈少彩 200 元	杨志贤 200 元
陈健民 150 元	林佩斯 150 元	陈细光 100 元	陈细广 100 元
陈细思 100 元	陈爱兰 100 元	吴日荣 100 元	梁耀波 100 元
吴国均 100 元	沈少然 100 元	马照英 100 元	郑细昆 100 元
陈普航 600 元	林丽莎 150 元	林敏略 200 元	

林少威港元 600 元、人民币 500 元　　吴振威港元 600 元、人民币 200 元

陈焕坤港元 500 元，人民币 300 元　　陈炳林港元 1200 元、人民币 1100 元

吴振明港元 600 元、人民币 1000 元　　陈灿林港元 400 元、人民币 200 元

陈小卫港元 400 元、人民币 100 元　　谢惠棠港元 200 元、人民币 700 元

林秀洪港元 200 元、人民币 400 元　　谢建生港元 200 元、人民币 400 元

杨鉴勋港元 200 元、人民币 400 元　　陈小云港元 200 元、人民币 200 元

陈雁兴港元 200 元、人民币 100 元　　谢振强港元 200 元、人民币 100 元

吴永强港元 100 元、人民币 800 元

乐助葡币 6800 元、港元 1200 元、人民币 1325 元

谢耀文 500 元　　谢振平 500 元　　林结棠 500 元

陈志容葡币 1000 元、港元 200 元、人民币 600 元

吴少然葡币 1000 元、港元 400 元、人民币 225 元
谢振雄葡币 1000 元、港元 200 元、人民币 400 元
陈华均葡币 1000 元、港元 200 元　　杨伟光葡币 1000 元、港元 200 元
梁耀强葡币 300 元、人民币 100 元
乐助人民币 11124 元、美元 150 元

杨伟光 1100 元	杨志光 1000 元	杨兴燕 1000 元	黄志贤 700 元
陈远明 624 元	郑丽梅 500 元	吴志强 500 元	吴焕才 400 元
陈健康 400 元	林志福 300 元	欧阳玉强 300 元	梁耀萍 300 元
林炳午 200 元	吴碧恩 200 元	吴达光 200 元	陈玉堤 200 元
黎彩娇 150 元	郑计生 150 元	吴月伦 150 元	吴惠娟 100 元
陈社昆 100 元	林金棠 100 元	吴小柳 100 元	陈兆其 50 元
杨容春 50 元	吴东红 50 元	梁桂芳人民币 2200 元、美元 150 元	

老人福利大楼建成后，老人有了宽阔的固定活动场所，和谐快乐地过日子。老人协会还组织了中老年妇女健身队，村委会斥资划地建了两个文化活动广场。妇女们一到晚上就在文化广场做健身操，跳健身舞，练太极拳，形式多样，有时与邻村健身队交流，为群众做舞蹈表演。此外，老人协会每年会组织老人两次以上的外出旅游，让老人增广见闻，活跃身心。

对于老人福利会的成立，海外乡亲和社会各界人士都十分高兴，纷纷解囊乐助老人活动经费，让老年人能欢度晚年。下面是 1992—2016 年旅外乡亲乐助老人福利会经费芳名：

乐助人民币 65607 元

沈善初 12412 元	郑丽梅 5950 元	陈华君 4800 元	
简倩明女士家族 1000 元	简倩明 2200 元	陈德容 1800 元	
陈光正 1700 元	陈光正伉俪 2300 元	吴宇川 1000 元	
吴宇川家族 1000 元	张建安 3600 元	陈小卫 2000 元	谢振雄 700 元
吴志强 800 元	陈景芳 500 元	林裕芬 500 元	胡连星 900 元
林润福 700 元	陈爱玲 300 元	陈彩银 800 元	吴惠娟 300 元
杨鉴君 300 元	陈焕昆伉俪 300 元	吴惠娟 400 元	吴炳潮 200 元
谢惠棠 200 元	周梅妃 200 元	沈少然夫妇 200 元	陈志容 200 元
杨志豪 200 元	杨志贤 150 元	杨嘉玲 650 元	杨干荣 100 元
刘观玉、陈素芳两人共 4700 元		吴惠娟 1200 元	陈惠坤 1000 元
陈仕棠伉俪 500 元	林沛斯 500 元	陈国华 500 元	杨伟光 600 元
陈宇锋 500 元	孙丽莲 1845 元	郑观兰 500 元	林裕芬 500 元
林庆洲 900 元	吴永康 1000 元	陈小云伉俪 1000 元	
吴志桥 500 元	吴少然 1000 元	杨智豪 500 元	

乐助加元 150 元

林宇凡 100 元	孙志佳 50 元

乐助美元 330 元、人民币 400 元
唐卿燕 200 元　　　林兆金 30 元　　　陈惠安美元 100 元、人民币 400 元
乐助港元 8500 元、加元 100 元、人民币 2700 元
陈浩成 200 元　　　吴鉴文 150 元　　　郑细坤 1150 元
黄志坚 2300 元　　　沈善初伉俪 1000 元　　沈镜波 300 元
陈树棠人民币 1000 元、港元 1200 元　　　梁桂芳人民币 1000 元、加元 100 元
陈惠坤港元 1000 元、人民币 500 元　　　陈灿林港元 200 元、人民币 200 元
陈仕棠伉俪 1000 元

珊洲村旅港同胞大力支持老人康乐中心

珊洲村有老人 140 人。为了使老人健康长寿，1993 年，旅香港乡亲林志强先生捐资 50 万元兴建珊洲老人康乐中心，村委会拨地 900 平方米，当年动工。1994 年春落成，建筑面积 400 平方米，主楼两层，侧楼一层，美观实用。康乐中心内设置电视室、书报室、棋牌室、健身室等，供老人活动与聊天休憩。对于林志强先生关心村民的善举，村众十分感谢。

珊洲老人康乐中心建成后，1994 年林志强先生又捐赠康乐中心一个大冰箱，价值人民币 3000 元，并两次捐赠老人活动经费人民币共 40000 元，以作老人餐聚之用。同时他还乐助 5000 元人民币给海滨行政村的"星光计划"，为老人祝寿。

珊洲村委会十分重视老年人协会，出台各种措施保证老人活动经费。新建 30 多间出租屋，把租金收入全部拨给老年人协会作经费。珊洲市场每年竞投的收入也拨给老年人协会。珊洲村委会连同老年人协会每年三次宴请老人：一是清明祭祖；二是九月初九老人节；三是岁晚辞旧迎新。老人每次餐聚，旅香港乡亲林志强先生都参加，并给每位老人派发利是。此外，老年人协会每年都组织老人外出短线旅游一两次，让老人增广见闻，愉悦身心。

小隐旅外乡亲热心支持老人福利会

小隐村人口 2129 人，老龄人口 418 人，约占全村人口的 20%。小隐老人福利基金会成立于 1989 年 10 月，村委会把旧市场改建维修后作为老人活动中心，内设书报、棋牌、健身器材等，让老人看书、看报，根据自己的爱好参与活动。小隐村老人福利会成立以后，得到海外乡亲和各界热心人士的支持。每年农历九月初九老人节，福利会设筵席宴请老人，为老人祝寿。每一次宴会都得到各界热心人士的支持、解囊赞助，让老人节日过得愉快。下面是旅外乡亲乐助老人福利会基金芳名：

乐助美元 3150 元
李鎏源 300 元　　李少贤 290 元　　李振廷 200 元　　姚桂忠 200 元
姚国华 200 元　　陈炳森 100 元　　姚焕秋 100 元　　郑观辉 100 元

阮汉仪 100 元	阮金铭 100 元	李林秋雁 100 元	郑秀香 100 元
黄玉燕 100 元	黄计祥 100 元	阮兆荣 100 元	李少澄 50 元
姚国恩 50 元	李桂鸿 50 元	阮社泉 50 元	黄炳伦 50 元
阮应慈 50 元	郑阮计雯 50 元	严阮志娟 50 元	李惠媛 50 元
黄东群 50 元	黄玉华 50 元	黄计强 50 元	鲍志昂 50 元
李少怡 30 元	阮文彬 25 元	阮陈少娟 25 元	李进文 20 元
黄惠玲 20 元	许翠梅 20 元	李惠卿 20 元	李浩林 10 元
黄惠萍 10 元	阮东山 10 元	阮东海 10 元	阮妙嫦 10 元
李秀群 100 元			

乐助港元 16030 元

李秀群 1030 元	郑仲华 1000 元	陈乃文 1000 元	郑瑞珍 500 元
李仲明 500 元	李平初 500 元	黄月园 500 元	陈桂生 500 元
陈乃仁 500 元	李春辉 500 元	陈锦垣 500 元	梁 劲 500 元
李润培 500 元	郑仲权 500 元	李仲廉 500 元	李仕其 400 元
李少朋 300 元	黄少波 300 元	黄小飞 300 元	翁添寿 200 元
郑志华 200 元	李文就 200 元	阮月影 200 元	郑坚怡 200 元
阮润桂 200 元	黄华清 200 元	李官富 200 元	萧玉东 200 元
阮庆枢 200 元	黄小彬 200 元	黄官兆 200 元	黄少初 200 元
阮 屏 200 元	刘仲伟 200 元	阮章佑 200 元	杨金就 200 元
李玉娴 150 元	李桂芬 150 元	吴锡明 100 元	阮焕德 100 元
李少合 100 元	李少伦 100 元	阮计芬 100 元	杨金赞 100 元
李素娴 100 元	李义民 100 元	蔡社垣 100 元	吴北带 100 元
黄成林 100 元	李桂初 100 元	黄关林 100 元	阮桂森 100 元
杨金锋 100 元	阮林容 100 元	阮玉贤 100 元	吴添根 100 元
陈 森 100 元	黄容新 100 元		

乐助人民币 17645 元

李锦伦 5000 元	陈林妙香 2580 元	陈家权 800 元	李庆恩 800 元
李杏辉 500 元	李平初 500 元	黄东群 611.25 元	黄玉燕 420 元
黄帝明 411.25 元	黄东意 411.25 元	黄丽怡 411.25 元	陈锦棠 300 元
李文长 2200 元	黄鹤棉 400 元	李小朋 200 元	罗永亮 200 元
黄美群 200 元	李少通伉俪 300 元	黄汉奇 400 元	黄丽如 100 元
黄汉波 200 元	阮雪霞 100 元	黄绮霞 100 元	阮德英 500 元

义学村旅外乡亲热心支持老人福利会

　　义学村老人福利会成立于 1991 年，设立老人活动中心，内有电视室、棋牌室、书报阅览室。老人每天在这里活动，增添情趣，娱乐晚年。2006 年村委会为老人活动中心进行了装修，使活动场地更加宽敞舒适，并增设了健身器材，让老人锻炼身体，增强体质。旅外乡亲十分关心和支持老人福利事业，下面是旅外乡亲乐助老人福利会经费芳名：

乐助港元 15700 元

胡海生 1200 元	郭桂维 1000 元	郭惠森 1000 元	黄少红 600 元
阮锐光 500 元	阮君贤 500 元	黄金平 500 元	黄汉容 500 元
阮焕光 300 元	马乃英 200 元	陈　氏 200 元	阮卓佳 100 元
黄灿轩 100 元	陈文生 100 元	李社欢 100 元	陈凤群 100 元
陈素芳 100 元	郑耀图 100 元	阮冠强 100 元	黄容生 100 元
黄明华 500 元	郑少波 3000 元	黄帝干 2200 元	阮社泉 1600 元
吴倩华 1000 元	吴　胜 500 元	黄桂雄 200 元	

乐助人民币 46560 元

蔡胜函 700 元	吴倩红 550 元	李锦伦 3000 元	高三妹 2500 元
袁国财 200 元	郑伟英 200 元	黄少乐 200 元	郑耀明 100 元
翁小红 100 元	方国新 100 元	阮景杏 100 元	林牛仔 100 元
郑耀新 100 元	黄焕潮 50 元	阮玉生 10 元	黄明华 3000 元
吴倩文 500 元	黄燕茹 600 元	阮德英 500 元	吴倩华 500 元
郑少波 20300 元	黄帝干 900 元	阮社泉 2800 元	黄炳林 2500 元
吴　胜 2700 元	黄计有 1500 元	黄桂雄 1500 元	黄灿荣 1250 元

乐助美元 320 元

| 黄海玲 50 元 | 黄炳林 50 元 | 吴　胜 120 元 | 黄计有 50 元 |
| 黄灿荣 50 元 | | | |

义学村人口 870 人，其中老人 116 人，占全村人口的 13.3%。老人福利会每年九月初九老人节都在村委会支持下宴请老人，为老人祝寿。其中 1998 年老人节聚会时，旅香港乡亲阮锐光先生乐助港币 4000 元。

为了使老人福利会有经常性收入，1992 年旅美乡亲黄桂雄先生、阮社泉先生各乐助人民币 3400 元，黄计友先生乐助人民币 1500 元、港币 1990 元，为福利会购置办酒席用的数十席台凳，用于出租，租金用作福利会基金，增加老人的福祉。林任枝、黄耀基先生各捐港元 200 元。黄官弼、郑伟雄各乐助人民币 200 元。郑耀明乐助港元 100 元、人民币 100 元。郑少茹乐助人民币 100 元，郑少波乐助人民币 100 元。集中捐款购买 25 寸彩色电视机一台，送给老人活动中心，让老人观看。

旅澳门乡亲郑少波先生是位慈善家，1991－2016 年合计捐赠了人民币 174850 元。2006 年 10 月 2 日小隐旅香港乡亲李俊驹先生资助义学村 4 名幼儿学费，每人 1500 元，合共 6000 元。2007 年 2 月 25 日捐赠人民币 15000 元宴请全村老人吃盆菜餐。2008 年 9 月 18 日又捐赠人民币 8000 元购买月饼和洗发水，分发给全村老人每人月饼一盒，洗发水 2 瓶。

义学村老人对旅外乡亲的关爱铭记于心，谨申谢忱。

灰炉村旅外乡亲乐助福利会

灰炉老人福利会原名为灰炉星光老年人之家，成立于 2004 年。老人活动中心设在村委会楼下 2 间室，约 60 平方米，设置棋牌室和图书阅览室。灰炉村人口 1212 人，老人 174 人，约占全村人口的 14.4%。2006 年，开发区政府拨资 80 万元人民币支持灰炉村兴建老人活动中心大楼。2007 年，一幢二层的灰炉老人活动中心大楼落成。旅外乡亲及各界热心人士送来台椅和老人健身器械。现在老人活动中心设置的活动项目比较齐全，地方宽阔，老人能开心活动，安享晚年。

关爱老人事业是中华民族的传统美德。每年八月初二是灰炉村传统节日，也是村中敬老日，福利会设筵席宴请老人。灰炉老人协会得到旅外乡亲以及各界热心人士的鼎力支持。下面是旅外乡亲乐助福利会芳名：

乐助人民币 134112 元

吴广标 33800 元	邓广标 25000 元	吴雨泽 11000 元	陈荣森 10800 元
郭权坚 7000 元	香港同乡 6000 元	陈建广 5000 元	罗希仔 5000 元
吴卓新 3366 元	冼社根 2000 元	吴荣标 7000 元	陈爱玲 2000 元
陈少添 1030 元	梁荣根 1000 元	吴广金 800 元	郭群英 600 元
何少明 560 元	何顺明 560 元	黄金群 500 元	黄华社 500 元
黄金英 500 元	陈牛根 500 元	郭锡泉 500 元	黄伟业 500 元
陈淑霞 500 元	冼旺娣 500 元	陈秋好 438 元	郭华根 400 元
陈北根 300 元	陈锐添 300 元	周二根 300 元	罗少伟 300 元
陈天带 300 元	周金容 300 元	周金棠 300 元	陈锦泉 300 元
吴银娇 300 元	梁嘉雄 238 元	陈镜波 220 元	梁华焕 200 元
黄伟权 200 元	杨永雄 200 元	黄润林 200 元	梁汉祥 200 元
黄桂泉 200 元	吴仲鑫 200 元	吴广金 200 元	吴仲垣 200 元
吴卓新 200 元	何 炎 200 元	冼金妹 200 元	吴嘉俊 200 元
陈群娣 100 元	吴建南 100 元	吴玉燕 100 元	吴玉连 100 元
吴艳芬 100 元	陈群英 100 元	陈佩珍 100 元	陈容林 100 元
吴卓文 100 元	吴日南 100 元		

乐助港元 8226 元

郭权坚 1000 元	苏关有 1000 元	黄少彬 1000 元	陈林根 1000 元
吴润明 500 元	郭北根 500 元	黄少伟 500 元	郭炳权 500 元
梁宝贵 488 元	吴建民 400 元	黄容胜 400 元	高 福 400 元
无名氏 238 元	陈计尧 200 元	冼华照 100 元	

大环旅外乡亲乐助老人福利会

大环老人福利会成立于1992年，福利会每年向每位会员发放旅游费50元，并组织老人聚餐活动三次：一是四月十八华佗诞；二是九月初九老人节；三是岁晚迎新春。每次聚餐村委会及老人福利会都分别给老人发50—100元利是。每年中秋节给会员发月饼一盒，岁晚发生油和冰片糖各5公斤。村委会和福利会还给过生日的老人派发利是，并发放长寿面、西饼各一盒。

村委会对老人福利会极为关心，把华洞公园所有收入拨给老人福利会使用。旅外乡亲也十分热心乐助老人福利会经费。下面是旅外乡亲乐助老人福利会款项芳名：

乐助美元2250元

旅美大环同乡会500元	张华生550元	张佑文300元	张硕泉150元
张华文100元	张少武100元	吕 非100元	吴寿祥夫人100元
张汉明100元	黎光南50元	张河光50元	吕冠波50元
周 道100元			

乐助港元2300元

张佑华1000元	黎素卿1000元	张汉明200元	张华文100元

乐助人民币257975元

张惠腾9000元	张美月18400元	陈 文7000元	林少欢20000元
张凯球5200元	张道英4550元	冯冠星3800元	黎月妹3500元
张应才3500元	张应广3500元	蔡夏农2900元	邹秀娟8000元
张志行2500元	张杏其2150元	关卓辉13800元	冯杏昌6000元
黎志良1600元	张志成1600元	李俭文1550元	黎兆邦1400元
张少良1300元	冯杏彩1250元	林彩梅1240元	张焯昆6000元
黎兆霞1100元	黄少英1100元	黎达文1010元	张戊辉1020元
蔡亦云1000元	朱宝闰1000元	黎治国950元	黎治军950元
林建荣910元	张远君910元	黄润登900元	关国平8000元
黎沛良850元	冯杏新850元	李厚君840元	林建文810元
黎一安10000元	张惠安800元	张燕梨800元	黎焕昆700元
黄祖恩700元	黄金棠700元	黎仲平700元	林敏菁700元
林敏茵700元	张国恩700元	黄国昆650元	柯瑞潜650元
张丽娜600元	张学明600元	黄春妹600元	黎泳洲600元
黎伟雄600元	黎伟权600元	柯建宏600元	柯碧燕600元
关桂荣600元	蔡庆丰500元	洪爱群500元	张友开500元
黎玉霞500元	黎玉连500元	黄俭君500元	黎吴巧梅500元
李肖容500元	蔡国园500元	蔡建东500元	黎灿欢500元
黎惠根500元	张东浩450元	张惠国450元	张文坚400元
陈莲英400元	蔡善坛400元	张建德400元	张兆强400元

梁权威 400 元	蔡锐湘 400 元	张炳钊 400 元	黎惠芹 400 元
李沛瑶 350 元	李国香 350 元	张祖森 330 元	张兆洪 300 元
黎惠湖 300 元	蔡辉伦 300 元	黎灿威 300 元	吕光华 300 元
张炳辉 300 元	张兆新 300 元	李俭雄 300 元	欧阳娟 300 元
蔡耀伦 300 元	陈 雪 300 元	张素娥 300 元	吴玉彬 300 元
洪赛珍 300 元	张益多 300 元	林少安 300 元	张子峰 300 元
黎植坚 300 元	吴 淑 300 元	吴日林 300 元	张计泉 300 元
黎庆遂 250 元	欧阳雪媚 250 元	黎 佬 200 元	黎海珊 200 元
梁权明 200 元	梁权军 200 元	黎干初 200 元	柯彩连 200 元
黄秋妹 200 元	张彩金 200 元	谭玉英 200 元	吴惠花 200 元
张文庆 200 元	朱桂珍 200 元	陈玉环 200 元	李惠娟 200 元
张文波 200 元	张文凤 200 元	江庆玲 200 元	关子琴 200 元
黎妙花 200 元	张介龙 200 元	黎玉珍 200 元	黎玉桂 200 元
张东亮 200 元	张凤婵 200 元	张威林 200 元	黎添培 200 元
张焕森 200 元	张焕庄 200 元	张杏满 200 元	蔡玉燕 200 元
张建强 200 元	卓新母 200 元	柯兆良 200 元	黎金连 200 元
张社光 200 元	柯文杏 210 元	柯楚斯 150 元	黎淑妹 150 元
吕金平 110 元	张友林 110 元	吕加川 110 元	张惠喜 100 元
张金平 100 元	张惠花 100 元	邓满容 100 元	张绮连 100 元
黄志宁 100 元	李国昌 100 元	张建华 100 元	张建锋 100 元
张少川 100 元	黎志文 100 元	张少贞 100 元	张慕洁 100 元
黎计昌 100 元	黎锦旭 100 元	关 深 100 元	黎庆新 100 元
蔡淑媛 100 元	马卓英 100 元	张桌荣 100 元	蔡飞燕 100 元
蔡庆源 100 元	杨若卿 100 元	柯少梅 100 元	张华生 100 元
吕宝兰 100 元	梁少卿 100 元	黎庆军 100 元	冯 思 100 元
黄华新 100 元	吕顺球 100 元	吕少梅 100 元	郑玉敏 100 元
张社雄 100 元	张社均 100 元	黄灿根 100 元	黎丙希 100 元
蔡浩田 100 元	柯瑞光 100 元	张志明 100 元	吕国良 100 元
柯金福 100 元	张少武 10000 元	温建彬 6000 元	蔡华喜 6000 元
铃木晴子 1000 元	黄剑君 500 元	张惠国 250 元	黄冬菊 250 元
张凯球 100 元	洪爱群 200 元	黄国军 150 元	张茂辉 100 元
柯玉玲 150 元	张文庆 200 元	张远君 100 元	黄少英 250 元
朱保润 100 元	冯杏昌 200 元	黎锦恩 200 元	朱玉珍 200 元
李志海 200 元	冯倩影 200 元	柯月初 500 元	张嘉豪 300 元
张建德 300 元	黎和顺 400 元	张志华 200 元	马少容 200 元
张华文 10000 元	黎耀煌 500 元	黄 少 600 元	蔡灿威 1000 元
关国荣 10000 元	张社雄 200 元	张社均 200 元	关 森 150 元

吴惠花 150 元	张朝辉 300 元	吕光华 100 元	胡玉娇 100 元
冯杏彩 200 元	张兆新 700 元	柯楚生 150 元	欧阳秋燕 150 元
蔡善增 100 元	黄兆根 100 元	黎惠芊 100 元	吕　来 1000 元
吕灿辉 1000 元	吕灿生 1000 元	高康妹 500 元	柯月初 400 元
张志远 400 元	柯月山 365 元	吕加平 330 元	吕加源 200 元
柯楚生 150 元	吕官渭 110 元	柯志广 110 元	

乐助澳元 1050 元

柯文绍 150 元	张慕连 50 元	吕　来 50 元	吕灿辉 50 元
吕灿生 50 元	高康妹 50 元	柯月初 100 元	张志远 50 元
柯月山 100 元	吕加平 100 元	吕加源 100 元	柯楚生 100 元
吕官渭 50 元	柯志广 50 元		

张家边村旅外乡亲热支持心老人福利会

张家边老人福利基金会于 1992 年 8 月成立，会址设在张家边东镇大道金花楼二楼。建筑面积 600 多平方米，会员 1596 人。福利会内设老人活动中心，有图书室和健身室，有象棋、乒乓球台、电视音响卡拉 OK 等设备。会员可随时到活动中心娱乐身心，充实晚年生活。

为了方便老年人就近参加娱乐活动，村委会按一至四村每村设一个娱乐活动地点，一村设在张家边公园山脚下、灯光球场右侧的曲艺社址内；二村设在二村村委会旧址；三村设在裕祥亭附近；四村设在仁安亭公园内。此外，还有顷九村自设老人活动中心。

张家边村老人福利基金会的经费来源主要是村委会拨款，旅外乡亲和厂企、社会热心人士赞助。每年九月初九老人节，福利会都举行祝寿大会，向 61 岁、71 岁、81 岁、91 岁和 100 岁以上老人祝寿，向他们赠送寿面、蛋糕和利是。全体老人参加祝寿会和观赏粤剧演出，晚上聚餐。每年岁晚举行迎春团拜会，向 85 岁以上老人赠送一罐生油和一包腊肠并让全体老人参加聚餐。另设 200 多席宴席招待华侨、港澳台同胞、热心人士和嘉宾。每年中秋节给每位老人派发一盒月饼。

下面是旅外乡亲乐助张家边村老人福利基金会款项芳名：

乐助美元 5130 元、人民币 11588 元、港元 3200 元

谭沛森美元 1000 元、人民币 800 元		陈玉锋 750 元	
高宝兴美元 700 元、人民币 2000 元		林妙香 100 元	黄炳良 100 元
吴淑娴 100 元	陈溢辉 100 元	吴家驹 100 元	陈普卡 100 元
马集英 300 元	何国仪 200 元	陈　成 50 元	陈君岳 50 元
黄江伟 50 元	陈敬良 50 元	黄十妹 40 元	欧阳赞光 40 元
吴润新 20 元	马金诺母 20 元	吴少香 20 元	吴凤香 20 元
林海丰 20 元	陈泽溪 100 元	吴国伟美元 20 元、人民币 200 元	

马桂才美元 100 元、人民币 4000 元、港元 500 元

洪金好美元 100、港元 500 元、人民币 900 元
马灿彪美元 100 元、港元 1000 元、人民币 400 元
高华焜美元 100 元、人民币 1200 元　　陈少威美元 60 元、人民币 488 元
马国辉美元 80 元、港元 200 元　　　　黄海泉美元 90 元、人民币 800 元
吴耀庭美元 300 元、港元 200 元、人民币 600 元
孙玉麟美元 150 元、港元 800 元、人民币 2200 元
乐助人民币 83451 元、港元 1900 元、澳元 180 元、加元 40 元

陈惠兰 9900 元	周汉金 3750 元	杨 源 3000 元	吴干尧 3200 元
吴干洲 1900 元	罗 文 2200 元	郑燕卿 2473 元	李金祥 2100 元
马干才 1800 元	洪桂婵 1300 元	吴镇波 1200 元	马玉棠 120 元
谭楚佳 1000 元	黄渐辉 800 元	吴仲萍 800 元	林灿容 750 元
谢赞祥 950 元	陈玉群 800 元	高锦元 700 元	

陈庆安 800 元、加元 20 元

彭森元 700 元	孙翠红 700 元	吴干祥 650 元	吴子勤 600 元
林正希、林乐希两兄弟 600 元		马儿茵、马儿慧两姐妹 600 元	
孙巧连 600 元	陈邦武 600 元	李干添 500 元	陈玉航 400 元
吴庆良 400 元	马 亨 400 元	陈干添 700 元	高靖娴 400 元
陈小敏 500 元	李金祥 400 元	马寿雅、马寿屏兄弟 700 元	
吴少涵 300 元	吴明基 300 元	孙宗锦 300 元	
黄灿基人民币 200 元、港元 100 元		吴国伦 200 元	吴结伦 200 元
吴少威 100 元	马翠群 300 元	吴玉湘 300 元	谭桂良 300 元
马锡元 300 元	杨丽颜 300 元	陈佳雄 300 元	谭 鸿 300 元
马乃祥 200 元	马玉生 200 元	吴国平 200 元	林经略 200 元
孙凤英 200 元	林华兴 200 元	黄惠珍 200 元	马汉明 200 元
罗卓华 150 元	朱振光 100 元	孙庸连 100 元	马涤良 100 元
陈锦惠 100 元	欧阳玉海 100 元	马岳垣 100 元	

马宗锦人民币 7800 元、港元 300 元　　马纪行人民币 3558 元、澳元 100 元
吴添人民币 3900 元、港元 500 元　　　马寿海人民币 2800 元、港元 100 元
黄九妹人民币 2800 元、港元 100 元　　马彬人民币 1450 元、港元 100 元
陈开叶人民币 1700 元、澳元 20 元　　　林容汉人民币 1600 元、澳元 50 元
陈中汉人民币 1000 元、港元 400 元　　吴少棠人民币 800 元、澳元 10 元
吴绳祖人民币 500 元、港元 100 元　　　欧阳银英人民币 300 元、港元 200 元
马姚金人民币 200 元、加元 20 元
乐助港元 11700 元、加元 700 元、人民币 1000 元

刘 成 1000 元	谭桂梅 600 元	陈润标 500 元	陈叶康 500 元
吴宝雄 500 元	陈干枢 400 元	马乐君 300 元	陈灿梅 500 元
欧阳焕章 300 元	马乃君 200 元	蔡桂带 200 元	李顺景 200 元

吴国元 200 元	黄润兰 200 元	黄翠勤 200 元	陈月容 200 元
黄国明 200 元	蔡友见 200 元	黄志强、黄惠江兄弟 200 元	
马国垣 100 元	蔡秀玲港元 5000 元、加元 700 元、人民币 1000 元		

乐助加元 100 元

马玉科 100 元

乐助澳元 4265 元、港元 600 元、人民币 400 元

孙照钧 640 元	黄仲恩 450 元	何惠彰 300 元	黄灿禧 170 元
吴卓华 110 元	陈衍溪 100 元	高宝湖 100 元	孙焕生 100 元
蔡八妹 80 元	吴官瑞 80 元	马 骏 70 元	黄海光 50 元
吴 参 50 元	马师德 50 元	唐鉴荣 50 元	陈金华 50 元
彭桂珍 50 元	孙美香 50 元	邓丽儿 50 元	马润林 40 元
何 波 40 元	彭阮桂珍 40 元	黄志江 40 元	陈新梅 20 元
孙家驹 20 元	林玉山 20 元	马耀辉 20 元	孙燕铭 20 元
陈爱玲 20 元	吴志活 20 元	陈日昆 20 元	阮绮芬 20 元
马棣波 20 元	冯金元 20 元	冯金元 10 元	罗成业 5 元
何国华澳元 250 元、港元 100 元		马林勋澳元 210 元、港元 100 元	
蔡靖江澳元 200 元、人民币 100 元		吴干群澳元 200 元、港元 200 元	
吴瑞棠澳元 150 元、港元 100 元		高宝芳澳元 140 元、人民币 300 元	
吴沛基澳元 120 元、港元 100 元			

旅香港乡亲、怡园酒店董事长杨源先生尊老敬老。2000 年他斥资在张家边小学大操场举办首届岁晚迎春敬老晚宴，筵开 188 席宴请全村退休老人。以后连续三年设此盛会，共斥资人民币约 36 万元。

2004 年 1 月，外资企业老总联合村委会及本地热心人士于火炬开发区二小大操场设宴 200 席，宴请张家边村全体老人。其中，怡园酒店旅港乡亲杨源先生乐助人民币 5000 元，金丽手袋制品厂旅澳门乡亲黄潮松先生乐助人民币 3000 元，中山兴煌置业公司旅香港乡亲陈来喜先生乐助人民币 2000 元，永基旅游用品厂旅马来西亚乡亲蓝弘胜先生乐助人民币 2000 元，旅美乡亲陈玉群女士乐助美金 100 元，旅港乡亲罗文先生乐助人民币 400 元，旅加拿大乡亲陈庆安先生乐助人民币 200 元，旅澳洲乡亲陈开叶先生乐助人民币 100 元。

2004 年 12 月，张家边老年人协会得到外资企业与社会各界热心人士赞助，于张家边二小大操场举行岁晚迎春餐会，欢宴全村老人。其中，张家边东龙置业有限公司旅香港乡亲陈来喜先生乐助人民币 10000 元，金丽手袋厂旅澳门乡亲黄潮松先生乐助人民币 10000 元，佳宁公司旅澳门乡亲劳剑宁先生乐助人民币 10000 元，永基旅游用品有限公司旅马来西亚乡亲蓝弘胜先生乐助人民币 2000 元，旅香港乡亲罗文先生乐助人民币 500 元。

2006 年 1 月，老人福利会举行迎春餐会，宴请全村老人。其中，怡园酒店旅香港乡亲杨源先生乐助人民币 5000 元，张家边东龙置业有限公司旅香港乡亲陈来喜先生乐

助人民币3000元，金丽手袋厂旅澳门乡亲黄潮松先生乐助人民币2000元，旅美乡亲陈玉群女士乐助美金100元，旅香港乡亲吴焕坚先生乐助人民币1000元，旅澳洲乡亲马桂湖先生乐助人民币500元。

张家边五村旅港同胞罗国荣先生于1982年乐助人民币1000元给张家边五村福利基金会作为老人福利会经费。

江尾头村旅外乡亲热心资助老人福利会

江尾头村老人福利会成立于1984年。全村人口1064人，老年人252人，约占全村人口的24%。村委会把长堤街的一幢二层120平方米的公产空置楼房经装修后拨给老人活动中心，多年来又不断完善。现设有电视室、书报阅览室、麻将室，让老年人活跃身心。2006年旅美侨胞李仲芬先生捐赠一台64寸大屏幕电视，价值人民币8000元，充实电视室设置。1998年，村委会为了保障福利会经费，把龙母庙的收入全部拨给老人福利会，并协助福利会建了100多间出租房，使福利会经费不断增加。老人事业向来得到旅外乡亲和社会各界人士的关心和重视，热心资助福利会。下面是旅外乡亲乐助老人福利会善款芳名：

乐助人民币25800元

唐焕荣10000元	李仲芬1700元	李帝友1500元	黄满林1500元
李卓喜1000元	周月菊1000元	李庆财500元	刘汉彬500元
陈海清500元	李超明500元	谢小均500元	李渭尧300元
李锐文200元	黄伟棠200元	黄河贵200元	李锡明150元
李振辉150元	唐玉明100元	黄胜元100元	李月菊100元
李少坤100元	黄一荣100元	黄玉洲200元	唐浩枢200元
李厚坚500元	李厚仪500元	李海民500元	杨玉麒500元
李鉴球、李超明两人共乐助人民币1500元			唐　柳1000元

乐助美元400元

| 郑映娴100元 | 刘悦彬100元 | 陈桂珍100元 | 唐　柳100元 |

黎村旅外乡亲乐助老人福利会

黎村老人福利会成立于1999年。黎村人口957人，老年人162人，约占全村人口的17%。老人福利会成立后得到社会的关注。村委会安排市场二楼约200平方米作为黎村老人活动中心，设置书报及棋牌，让老人阅读和活动。旅澳门乡亲梁彦斌先生先后乐助人民币65000元做老人活动经费。旅美乡亲梁贵轩先生赠送红木家私一套，价值人民币2500元；捐赠电风扇6台，价值人民币1500元；又乐助7000人民币，支持岁晚辞旧迎新晚宴。

黎村老人福利会在村委会、旅外乡亲和社会各界热心人士的支持下，每年岁晚都举行迎春晚宴，宴请全村老人，让老人欢聚一堂，迎接新春，互祝健康长寿。

海傍村旅外乡亲支持老人福利会

海傍村老人福利基金会成立于 2004 年 1 月。海傍村有 1372 人，老人 189 人，占全村人口的 13.8%。

老人福利会的成立，牵动了侨胞、港澳台同胞和社会热心人士对老年人事业的关心。旅港澳乡亲慷慨解囊，乐助人民币 5800 元给老人福利会做经费。福利会定于每年九月初九老人节设筵席宴请老人，并给 61 岁、71 岁、81 岁、91 岁的寿星送上生日蛋糕，给每位老人发利是，每年岁晚又给每位老人发慰问金，让他们欢度春节。所用资金是旅外乡亲和社会热心人士赞助的，不足部分由村委会拨出。下面是旅香港乡亲乐助老人福利会芳名：

乐助人民币 5800 元

徐官海 1000 元	王炳全 800 元	郑少波 700 元	郭桂维 600 元
郭惠森 500 元	何琼珍 500 元	陈志权 500 元	郑世云 500 元
王锦全 400 元	陈伯朝 300 元		

大岭旅外乡亲乐助老人福利会

大岭村老人福利会于 1999 年 12 月成立。多年来，它一直得到旅外乡亲和国内社会热心人士的关心和支持，其中旅外乡亲乐助美元 16450 元、加元 2700 元、澳元 750 元、港元 40720 元、人民币 804735 元。旅美侨亲欧阳官昌先生把他捐建的干荣公纪念堂捐出作为老人活动中心，里面设有村史展览厅，并设置书报杂志、娱乐麻将、纸牌、健身器械等，供老人阅读、文娱和健身。每年农历三月初三传统节日组织老年人联欢聚餐，九月初九重阳老人节为老人祝寿，派发利是和生日蛋糕。特别是岁末辞旧迎新餐会，得到社会各界热心人士的赞助，筵开 60 多席，气氛热烈祥和。下面是旅外乡亲乐助家乡公益事业善款芳名：

乐助人民币 804735 元

欧阳雪源 1000 元	欧阳梓建 1000 元	欧阳干宁 1600 元
欧阳仲濠 1600 元	欧阳志安 1600 元	林锡源 1600 元
欧阳金培 1570 元	欧阳达明 1570 元	欧阳浩章 1500 元
欧阳鉴枢 1500 元	欧阳金铭 1500 元	欧阳文毅 1500 元
欧阳衍荣 1500 元	欧阳忠 1000 元	欧阳佑贤 1200 元
欧阳志坚 1200 元	欧阳炳财 1200 元	欧阳继泽 1200 元
欧阳焕荣 1200 元	欧阳银胜 1100 元	欧阳宝森 1000 元
欧阳家源 1000 元	高秋菊 1000 元	欧阳小毅 1000 元

欧阳小峰 1000 元	欧阳乐源 4000 元	欧阳宝龙 1000 元
欧阳慕莲 1000 元	欧阳卓生 1000 元	欧阳倩微 1000 元
欧阳伊 1000 元	欧阳寿银 1000 元	吴善伟 1000 元
吴善昆 1000 元	吴少英 1000 元	黄伟力 1000 元
欧阳锡鸿 1000 元	欧阳卫安娜 1000 元	欧阳展宏 5000 元
欧阳保苗 1000 元	欧阳介禧 1000 元	欧阳宝星 1000 元
欧阳溢威 1000 元	欧阳溢江 1000 元	欧阳溢贤 1000 元
欧阳乾生 1000 元	欧阳厚生 1000 元	欧阳杏光 1000 元
欧阳焕桥 6800 元	欧阳监源 1180 元	欧阳焕棋 1180 元
欧阳焕桦 1180 元	欧阳志冲 1000 元	欧阳韦伟 1000 元
欧阳锦明 1000 元	欧阳添洪 1000 元	欧阳善航 1000 元
欧阳恒辉 1000 元	欧阳玉杯 1000 元	欧阳玉橙 1000 元
欧阳兆波 1000 元	欧阳威宏 1000 元	欧阳春洋 1000 元
欧阳新业 1000 元	欧阳干骅 1000 元	欧阳干良 1000 元
欧阳干驱 1000 元	欧阳少庄 1000 元	欧阳保留 1000 元
欧阳玉兴 1000 元	欧阳治宁 1000 元	欧阳国均 1000 元
欧阳伯兴 1000 元	欧阳月红 1000 元	欧阳国都 1000 元
欧阳国源 1000 元	欧阳炳辉 1000 元	欧阳善均 1000 元
欧阳善情 1000 元	欧阳干财 1000 元	欧阳中亮 1000 元
欧阳金海夫妇 20000 元	欧阳慕民 18000 元	欧阳志锐 13400 元
欧阳慰椿 11800 元	欧阳润水 7860 元	欧阳顺金 7860 元
欧阳慰桃 2360 元	欧阳尊科子女 11000 元	欧阳学均之子 10000 元
欧阳冠枢 10000 元	欧阳连开 5 子女 10000 元	欧阳业光子孙 10000 元
欧阳黎菊之孙 10000 元	欧阳泗伟 2500 元	欧阳敬文 10000 元
欧阳少光 10000 元	欧阳汉权 10000 元	欧阳杏廉之子 10000 元
欧阳官秋 60000 元	欧阳尊洲 280000 元	欧阳美英 1000 元
欧阳顺禧 1500 元	欧阳洁如 50000 元	欧阳帝廉 10000 元
欧阳少全 1000 元	欧阳玉冰 1000 元	欧阳少容 1000 元
唐逸龙 1000 元	唐家宝 1000 元	欧阳国新 1000 元
欧阳焕廉 1304 元	欧阳顺发 800 元	欧阳威立 798 元
欧阳计清 786 元	欧阳莲英 786 元	欧阳润金 786 元
欧阳顺和 786 元	欧阳顺来 786 元	欧阳少培 786 元
欧阳赞友 794 元	欧阳赞添 794 元	欧阳寿梅 798 元
欧阳赞光 798 元	陈有开 786 元	欧阳计权 786 元
吴雪卿 826 元	欧阳慕英 1326 元	欧阳杏滔 826 元
欧阳金连 826 元	欧阳得昆 826 元	欧阳兆廉 826 元
欧阳杰 826 元	李秀丽 822 元	欧阳志平 803 元

林润莲 600 元
欧阳赞容 500 元
欧阳季昭 480 元
欧阳欢华 6000 元
欧阳结兰 3000 元
郭振枢 2480 元
欧阳泗轩 2500 元
欧阳泗强 8000 元
欧阳宇正 1000 元
陈雪芳 1000 元
陈振威 1000 元
林添彩 1650 元
乐助美元 16450 元
欧阳志锐 500 元
欧阳浩铿 200 元
欧阳全发 500 元
欧阳官华 3000 元
林寿昌 3000 元
欧阳焕华 100 元
欧阳银胜 100 元
欧阳官进 200 元
欧阳绍添 200 元
欧阳锦朝 100 元
乐助加元 2700 元
欧阳焕桥 2000 元
欧阳焕祺 300 元
乐助港元 40720 元
欧阳志锐 1500 元
欧阳志坚 500 元
欧阳顺禧 400 元
欧阳洁如 10000 元
欧阳权 500 元
林寿宽 1000 元
欧阳兆德 200 元
欧阳乐文 1500 元

欧阳少清 500 元
欧阳兆恒 500 元
欧阳浩铿 3800 元
欧阳干彬 6000 元
欧阳少通 2900 元
欧阳鉴平 2240 元
欧阳观明 2000 元
陈桂新 1880 元
欧阳金凤 1000 元
陈雪花 1000 元
欧阳慕辉 1650 元
欧阳展佳 10000 元

欧阳官昌 2800 元
欧阳桂花 100 元
欧阳宝强 200 元
欧阳宝琛 500 元
欧阳惠椿 500 元
欧阳锦培 100 元
劳伍华 100 元
欧阳美英 100 元
欧阳永全 100 元
欧阳桂森 100 元

林少梅 100 元
欧阳焕辉 100 元

欧阳官进 2000 元
欧阳干培 100 元
欧阳干彬 100 元
欧阳丽嫦 1000 元
梁佩红 200 元
欧阳伯廉 1000 元
欧阳容国 3000 元

欧阳尚欣 500 元
欧阳倩屏 500 元
欧阳焕章 1030 元
黄帝良 4100 元
欧阳炳焯 2800 元
欧阳乐民合家 2200 元
欧阳泗海 12000 元
陈桂勳 1600 元
陈雪颜 1000 元
陈振权 1000 元
欧阳艳霞 1650 元

谢二妹 200 元
欧阳金海 500 元
林锡财 50 元
欧阳顺发 200 元
欧阳庆昌 100 元
欧阳雲父母 50 元
欧阳寿锦 2000 元
欧阳官权 200 元
欧阳少微 100 元
陈惠霞 100 元

欧阳锦兴 100 元
区桂春 100 元

欧阳官权 6000 元
欧阳炳灼 20 元
欧阳翼贤 20 元
黄金洁 1000 元
欧阳焕章 10000 元
欧阳帝廉 500 元

西桠村旅外乡亲热心老人福利会

西桠村老人福利会成立于1988年11月,旅外乡亲和社会各界热心人士积极支持家乡福利事业。1997年3月,旅澳洲乡亲朱东成先生带头捐资人民币20000元,把旧大队队址重新装修,作为西桠村老人福利会会址,让老人有正常的活动场所。2002年秋,为了更好地保障慈善福利会的正常收入,朱东成先生提议利用慈善基金转换物业,建造出租屋,把出租屋收入全部归慈善福利会。这个提议得到村委会、旅外乡亲及社会各界人士的赞同与支持。当年朱东成先生带头捐资人民币30000元,并发动旅外乡亲捐款,社会各界热心人士也乐意捐助。村委会拨出一块土地,慈善会投入资金与旅外乡亲、本村热心人士的捐款一起兴建了90间出租屋。2003年,朱东成先生又带头捐资人民币6000元,其他乡亲捐款人民币24000元,又兴建了6间出租屋。至此,西桠慈善福利基金会有固定收入,有效地改善了老人的福利待遇:西桠村现有493位老人,每年九月初九老人节设筵席宴请老人,为老人祝寿。若长者百年仙逝,每人发放帛金1500元,帮助其家属料理后事。下面是1988—2005年旅外乡亲乐助西桠慈善福利会芳名:

乐助美元4140元、港元7900元、人民币16250元
林莲杏600元　　朱少侠100元　　朱官养100元　　黄镜波100元
洪式朝100元　　郑兆云80元　　 洪信予50元　　 郑兆安50元
洪玉妹50元　　 郑世安20元　　 郑卓钦20元　　 孙金凤20元
郑仲贤20元
洪润明美元610元、港元6400元、人民币7300元
洪昭信美元610元、港元700元、人民币600元
洪桂强美元610元、人民币1500元　　洪顺祥美元200元、人民币1000元
洪金羡美元100元、人民币1000元　　洪桂忠美元100元、人民币1000元
洪焕余美元100元、港元200元、人民币200元
朱振辉美元220元、人民币400元　　 朱文胜美元50元、人民币1500元
郑恩梨美元60元、人民币50元　　　郑乌珍美元30元、人民币500元
朱顶立美元50元、港元400元、人民币500元
洪子谦美元50元、人民币400元　　 朱剑国美元20元、人民币300元
郑世杰美元20元、港元200元
乐助澳元3200元、人民币2900元、港元2700元
朱保润500元　　朱耀均300元　　朱少珍200元　　阮元子200元
阮庆光100元　　吴国源100元　　朱栈祥100元　　朱志南100元
朱敬华100元　　朱玉芳100元　　郑卓林100元　　朱瑞棠100元
阮桂伦100元　　朱式桥100元
朱赞湖澳元100元、港元200元　　　洪伯余澳元100元、人民币100元
朱少华澳元300元、港元2000元、人民币300元

朱卓兴澳元 100、人民币 1500 元　　朱庆禧澳元 200 元、人民币 200 元
朱桂轩澳元 200 元、港元 500 元、人民币 800 元

乐助港元 55250 元、人民币 143627 元

朱子生 1000 元	朱子良 1000 元	孙　钧 1000 元	许　进 1000 元
朱世轩 1000 元	洪志华 1000 元	朱华聪 8800 元	孙玉如 700 元
黄孔汉 700 元	洪镜洲 600 元	朱金养 500 元	孙子芬 500 元
朱　朝 500 元	曾惠娟 500 元	朱少云 500 元	潘国朝 500 元
阮振常 500 元	刘慧冰 400 元	朱东成 300 元	阮腾芳 200 元
阮子江 200 元	阮信庆 200 元	孙　藻 200 元	朱灿辉 200 元
洪　展 200 元	洪寿培 200 元	朱彼得 200 元	朱伟强 200 元
朱兆霭 200 元	朱少昆 200 元	郑国威 200 元	洪少权 100 元
洪国桂 100 元	洪国惠 100 元	洪国伦 100 元	洪国祥 100 元
朱付尧 100 元	孙惠兰 100 元	洪向群 100 元	洪绍逸 100 元
张寿均 100 元	黄文树 100 元	洪玉彬 100 元	朱沛连 100 元
阮玉彬 100 元			

黎沛娥港元 50 元、人民币 200 元　　朱东成人民币 97147 元、港元 600 元
郑则胜港元 9400 元、人民币 1200 元　　黄敬云人民币 13600 元、港元 1500 元
阮满廉港元 5500 元、人民币 3000 元　　李侯添港元 100 元、人民币 20 元
孙轩港元 4000 元、人民币 50 元　　孙宝辉港元 2000 元、人民币 2000 元
洪玉钧港元 2000 元、人民币 3950 元　　洪建明港元 1000 元、人民币 800 元
洪国基港元 100 元、人民币 4000 元　　朱兆丙港元 1000 元、人民币 1900 元
洪卓群港元 1000 元、人民币 500 元　　阮浩明港元 1000 元、人民币 20 元
孙介如港元 500 元、人民币 3000 元　　洪卓平港元 500 元、人民币 1140 元
梁结华港元 500 元、人民币 1100 元　　朱建兴港元 100 元、人民币 1700 元
洪少新港元 100 元、人民币 500 元　　梁发港元 500 元、人民币 200 元
欧阳十姑港元 400 元、人民币 200 元　　郑祖根港元 300 元、人民币 400 元
朱庚才港元 300 元、人民币 200 元　　洪亮港元 200 元、人民币 550 元
洪少云港元 200 元、人民币 2000 元　　洪容好港元 200 元、人民币 2000 元
朱社予港元 200 元、人民币 100 元　　朱腾云港元 200 元、人民币 1000 元
朱添荣港元 200 元、人民币 100 元　　洪沛元港元 200 元、人民币 500 元
洪亮港元 200 元、人民币 550 元

乐助人民币 81991.8 元

洪金平 28000 元	洪梓湘 5000 元	朱德全 2100 元	阮玉兴 1900 元
朱建兴 1700 元	林信光 1600 元	洪细九 1520 元	洪少东 1500 元
朱族光 1500 元	陈连金 1200 元	赵善康 1200 元	郑烈夫 1100 元
洪君逸 1100 元	朱玉尧 1000 元	洪翠妍 1000 元	洪卓贤 1000 元
黄彩凤 1000 元	吴秋梅 1000 元	洪卓荣 1000 元	洪凤秋 1000 元

阮举卫 900 元	阮举贤 800 元	洪金梅 800 元	郑卓仁 800 元
洪俭云 800 元	洪泳娥 700 元	郑少秋 700 元	洪玉深 650 元
阮浩强 620 元	黄干腾 600 元	洪桂容 600 元	洪艳冰 600 元
洪展威 550 元	朱桂培 510 元	欧阳润妹 500 元	朱子赛 500 元
陈彩容 500 元	洪倩群 500 元	朱兆恩 500 元	洪剑飞 500 元
洪卓权 500 元	朱子财 500 元	黄润丁 500 元	连惠连 400 元
朱剑霭 400 元	朱京容 400 元	朱汉迎 400 元	洪子泉 400 元
朱桂余 330 元	陈裕鸿 320 元	唐卿云 300 元	朱少海 300 元
郑卓生 300 元	朱仁宏 300 元	阮玉婵 300 元	孙桂锦 300 元
黄志涵 300 元	郑志超 250 元	朱计平 250 元	朱浩平 250 元
朱巧玲 250 元	朱月妹 200 元	朱锐河 200 元	洪润英 200 元
洪惠贞 200 元	陈杏容 200 元	朱桂晃 200 元	朱仲兴 200 元
朱丽碧 200 元	洪树云 200 元	李均海 200 元	阮婉娴 200 元
朱锦旋 200 元	朱艳雅 200 元	陈瑞贞 200 元	朱玉兰 200 元
洪倩霞 200 元	朱细英 200 元	朱汉强 200 元	朱素娟 200 元
孙美珍 200 元	洪秀连 200 元	洪结明 200 元	洪少芝 200 元
洪惠贞 200 元	吴国庭 200 元	洪子庭 200 元	洪玉庭 200 元
阮子惠 200 元	林素泉 200 元	陈卓添 200 元	朱容信 171.8 元
洪瑞强 100 元	朱剑飞 100 元	朱德光 100 元	朱敬朝 100 元
朱锐芳 100 元	朱杏滔 100 元	吴彩英 100 元	洪务连 100 元
郑志坚 50 元	林素啟 50 元	陈玉妹 20 元	

西椏村每年二月初二为土地诞，是全村喜庆的日子。旅外乡亲热心乐助经费，宴请全村老人。旅外乡亲洪金平捐资人民币 40000 元，朱东成人民币 28000 元，洪顺祥人民币 14400 元，黄敬云人民币 14000 元，洪桂强、洪桂忠各人民币 7200 元，孙介如人民币 4000 元，阮满廉人民币 3500 元，朱兆炳人民币 3000 元，洪玉钧、朱华聪、朱伯生三位先生各人民币 1700 元，村中长者深表谢意。

下面是 2006 年至 2016 年旅外乡亲乐助善款给西椏老年人协会芳名：

乐助人民币 138370 元、美元 220 元、港元 20200 元、澳元 50 元

洪润明 7800 元	郑卓仁 2700 元	孙介培 300 元	郑达荣 700 元
朱冬友 500 元	洪容好 1000 元	朱观明 900 元	朱京略 200 元
朱容顺 900 元	唐玉明 1300 元	洪桂强人民币 2000 元、美元 100 元	
洪顺祥 2000 元	朱德全 1000 元	朱族光人民币 1702 元、美元 100 元	
郑细妹伉俪 2000 元	吴少川伉俪 1000 元	洪磊明 100 元	洪俭飞 500 元
洪润英人民币 600 元、美元 20 元		唐卿云 1300 元	阮浩强 200 元
朱金燕 100 元	洪子谦 100 元	郑洁群 1000 元	朱承菲 1000 元
郑卓钦 200 元	郑雪玲 200 元	郑卓雄 700 元	郑卓光 700 元
洪向明 200 元	朱俭国 200 元	朱俭秋 200 元	朱仕宏 300 元

洪树云 300 元　　　陈彩容 500 元　　　朱子富 500 元　　　洪焕良 100 元
洪桂忠 500 元　　　陈杏容 400 元　　　洪秀连 200 元　　　谭细妹 500 元
朱少华人民币 11623 元、港元 2500 元　　孙仲英 1400 元　　朱宝润 9000 元
孙汝均 1600 元　　郑卓林 500 元　　　郑卓平 1100 元　　洪卓荣 1000 元
孙仲克 1700 元　　洪金枚 900 元　　　朱金贤 900 元　　　阮桂伦 200 元
玛利沃 200 元　　　吴均仁 200 元　　　洪保仪 200 元　　　陈惠贞 400 元
朱建兴 1300 元　　朱少海 1000 元　　朱寿庭 500 元　　　朱淑芳 200 元
孙美珍 200 元　　　连惠连 400 元　　　洪志平 300 元　　　朱东成 2100 元
朱兆恩 300 元　　　朱卓兴 500 元　　　林顺光人民币 1200 元、澳元 50 元
林素启 300 元　　　洪玉庭 300 元　　　朱敬华 100 元　　　洪贤贞 100 元
洪俭云 800 元　　　郑卓江 500 元　　　阮玉兴黄六妹伉俪 200 元
洪杏禧 500 元　　　朱栈祥 300 元　　　洪金平人民币 21500 元、港元 16000 元
阮沛棠 1400 元　　洪子泉 1200 元　　阮浩明人民币 500 元、港元 200 元
孙少飞 300 元　　　朱惠连 500 元　　　洪雪菊 500 元　　　朱兆炳 1000 元
朱德光人民币 300 元、港元 300 元　　孙介如 400 元　　　林顺康 19900 元
赵善康 1700 元　　洪沾明 1000 元　　洪玉钧人民币 1500 元、港元 200 元
黄敬云人民币 2345 元、港元 500 元　　黄孔汉 300 元　　　郑卓生 200 元
洪卓平人民币 900 元、港元 500 元　　朱星亮 1000 元　　洪泽恩 700 元
朱狄逵 1000 元　　朱腾云 1000 元　　洪细九 600 元

乐助美元
朱彩燕 20 元

乐助澳元
洪旭明 200 元

乐助港元 1900 元
阮子惠 1200 元　　孙子苓 200 元　　　许　进 500 元

2017 年 11 月，西桠村华侨、港澳同胞乐助村老人协会善款芳名：
乐助人民币 137200 元
洪润明 10000 元　　洪桂强 10000 元　　陈宝智 10000 元
陈展明 8000 元　　　洪顺祥伉俪 10000 元　　郑卓仁伉俪 5000 元
洪锐源伉俪 5000 元　洪兆群伉俪 5000 元　　陈林妙香合家 3800 元
郑卓雄 1000 元　　　郑雪玲 1000 元　　　郑卓钦 1000 元
洪兆连 1000 元　　　朱族光 1000 元　　　曾少芳 1000 元
洪杏贤 1000 元　　　梁月园 1000 元　　　朱顶立 1000 元
洪丽嫦 1000 元　　　孙幹辉 1000 元　　　洪燕芬 1000 元
洪磊明 1000 元　　　李少香 1000 元　　　洪爱卿 1000 元
洪爱兰 1000 元　　　洪爱媛 1000 元　　　谭伟伦 1000 元

朱汉强 1000 元	阮志权伉俪 800 元	唐卿云 500 元
朱容顺夫人 500 元	洪展云伉俪 2000 元	洪裕宏 500 元
洪裕泉 500 元	朱沛良 200 元	朱少华 10000 元
刘剑龙伉俪 2000 元	洪俭云伉俪 2000 元	洪玉庭伉俪 2000 元
洪玉庭伉俪 2000 元	林素启伉俪 2000 元	朱恩光伉俪 2000 元
朱京容伉俪 2000 元	朱美娟 2000 元	郑焯平 2000 元
洪卓荣伉俪 2000 元	潘子潮 2000 元	朱焯伦伉俪 2000 元
朱赞湖 2000 元	朱倩红 1000 元	朱宝润 1000 元
孙仲英 1000 元	孙汝均 1000 元	阮子良 1000 元
朱少余 1000 元	郑焯林 500 元	吴细焜 200 元
黄艳丹 1000 元	黄少雄 1000 元	朱瑞英 1000 元
阮子江 1000 元	朱国雄 1000 元	陈华君 500 元
洪金平 500 元	阮志球 500 元	朱六妹 500 元
陈洪燕卿 500 元	孙介如 500 元	洪丽研 500 元
林信康 500 元	洪玉钧 400 元	洪子泉 200 元
赵善康 100 元		

乐助美元 500 元
全美俊英工商总会 500 元
乐助澳元 3300 元

朱少华 100 元	刘剑龙伉俪 200 元	洪俭云伉俪 200 元
洪玉庭伉俪 200 元	林素启伉俪 200 元	朱恩光伉俪 200 元
朱京容伉俪 200 元	朱美娟 100 元	郑焯平 100 元
洪卓荣伉俪 200 元	潘子潮 100 元	朱焯伦伉俪 200 元
朱倩红 100 元	郑焯林 100 元	陈惠贞 200 元
朱汉迎 100 元	朱顺然 100 元	洪宝权 100 元
朱少均 100 元	郑志坚 100 元	关翠红 100 元
郑丽娥 100 元	郑丽霜 100 元	李均海 100 元

乐助港元 1300 元
阮浩明 1300 元

神涌村旅外乡亲热心家乡公益事业

　　神涌老人福利会成立于 1988 年 3 月。村中街市亭楼上为老人活动场所。老人福利会里有电视室、书报阅览室、麻将纸牌室等。老人每天可择其所好，活跃身心，自取其乐。
　　神涌村海内外乡亲非常关心和支持村老人福利会，旅外乡亲乐助善款计有人民币 389754 元、美元 14165 元、港元 176320 元、澳元 3180 元、葡币 1000 元。旅秘鲁乡亲黄智仁先生赠送老人福利会一台 29 寸彩电、旅香港乡亲黄八妹女士赠送一台 18 寸彩电、旅香港乡亲黄伯钊先生捐赠一套藤椅和多副麻将、纸牌。旅香港乡亲陈七妹女士捐赠一张炕床、旅澳洲乡亲黄达生先生捐赠一个大电子挂钟。旅香港乡亲周国恩先生捐赠一套红木家私；旅港同胞周国权先生赠送一套红木家私，还赠送 15 套摆酒席用的台椅、一批餐具以做租赁，所得租金归福利会使用。

下面是旅外乡亲历年乐助公益事业善款芳名：

乐助人民币 389754 元

周焕刚 28627 元	周杏簪 700 元	周奋中 20000 元	陈泽文 120800 元
周金枝 300 元	周焕伟 6960 元	周焕威 6810 元	周凤强 5100 元
周星河 1600 元	周文献 3400 元	黄翘东 300 元	周美兴 600 元
罗绍珍 100 元	周惠强 1000 元	周金枝 300 元	周少娟 500 元
周倩兰 200 元	周金婵 200 元	黄华英 200 元	李丽娜 400 元
周佩群 300 元	周素飞 600 元	周干兴 400 元	黄中华 400 元
罗绍权 100 元	周瑞生 480 元	黄建东 900 元	陈桂容 800 元
周少媚 1400 元	周茂生 900 元	周兆根 900 元	周瑞伦 2820 元
罗锦良 740 元	罗国新 560 元	罗国凯 560 元	罗国财 90 元
严淑莲 300 元	胡胜彩 100 元	周仲平 1400 元	周惠初 620 元
周惠娟 200 元	周汝仪 600 元	周建文 200 元	周俭萍 700 元
黄英文 3000 元	黄镜余 400 元	周嘉慧 200 元	李 飞 800 元
黄维新 825 元	黄华喜 100 元	郑浩军 500 元	周少梅 300 元
郑卫东 7200 元	周炳恒 100 元	黄达生 180 元	黄凤仙 1100 元
郑佑成 500 元	黄建成 3900 元	周毅光 1600 元	周硕夫 200 元
周硕煜 300 元	周泳洲 500 元	周泳平 3200 元	黄智仁 12000 元
周伟航 2770 元	黄焕瑜 200 元	周国柱 200 元	周小余 400 元
黄秀芬 1000 元	周惠余 400 元	周显富 1200 元	周国权 52500 元
黄伯钊 880 元	周国恩 27700 元	李育培 300 元	谭长少 5000 元
周少花 100 元	周汉深 100 元	陈七妹 1060 元	黄华均 100 元
周志尧 100 元	周志航 100 元	周仲生 80 元	周宝光 330 元
周成根 130 元	郑志钊 1000 元	周维康 200 元	罗绍生 1000 元
周汝澄 250 元	周佣源 1000 元	周礼源 1000 元	周少强 500 元
周炳灿 500 元	周钖洪 1000 元	周国平 1000 元	林意洲 15680 元
罗志友 3800 元	周兆军 1000 元	刘少瑜 100 元	郑兆德 300 元
周绍维 7200 元	周柱财 300 元	黄卫国 3800 元	周锦硕 200 元
周顺广 500 元	蔡少梅 200 元	周畅宏 2200 元	梁康生 102 元
周植煊 700 元	周炳然 300 元	周炳根 200 元	

乐助美元 14165 元

周焕刚 140 元	周杏簪 2635 元	罗秀森 1150 元	黄智仁 3000 元
罗金鉴 1150 元	周焕伟 100 元	周焕威 100 元	周耀燊 500 元

周华锐 400 元	周凤强 70 元	周冠飞 10 元	周冠恒 10 元
周瑞飞 10 元	周星河 2530 元	周文献 120 元	黄翘东 100 元
周美兴 200 元	周继余 200 元	周华海 100 元	罗绍珍 100 元
周惠强 100 元	黄建东 20 元	周丽兰 50 元	周秀兰 50 元
周茂兰 50 元	周龙光 50 元	陈慕娴 50 元	周兆根 450 元
罗国财 20 元	周仲平 150 元	周佩卿 50 元	周尚武 500 元

乐助港元 176320 元

周杏簪 500 元	周耀燊 1500 元	周凤强 500 元	周文献 700 元
黄翘东 1700 元	周惠强 700 元	周少娟 300 元	周耀华 500 元
黄建东 400 元	周少娟 700 元	周素娴 400 元	罗国新 400 元
严淑莲 1000 元	周惠初 5500 元	周俭萍 400 元	周文广 500 元
黄维新 540 元	黄仲夫 1080 元	黄伯强 1080 元	黄国平 1080 元
黄振华 1000 元	黄银意 540 元	黄达生 540 元	黄振雄 1080 元
黄凤仙 2040 元	郑佑成 2160 元	李汉彬 3080 元	周硕夫 3160 元
周硕煜 1540 元	周泳洲 3360 元	周泳平 1880 元	黄智仁 7800 元
周尚武 7800 元	黄秀芬 900 元	周国权 3500 元	黄伯钊 37500 元
周国恩 9000 元	周少刚 5000 元	周少锋 5200 元	黄文生 1000 元
黄妙仪 200 元	李育培 200 元	周硕玲 200 元	黄素芳 500 元
周秀梅 300 元	周述明 1000 元	周爱莲 200 元	周志尧 200 元
周志航 200 元	黄岳华 1000 元	黄星华 1000 元	周荫湘 1000 元
周宝光 4000 元	江南 3000 元	周成根 1500 元	周维康 1500 元
周日明 1350 元	周日强 1350 元	周汝澄 1900 元	周佣源 100 元
周礼源 100 元	周少强 700 元	周炳灿 500 元	周锡垣 3500 元
林意洲 4000 元	郑玉煊 100 元	黄巧容 1100 元	郑兆德 1200 元
周顺广 2300 元	周俊东 1400 元	陈泽文 20000 元	周植煊 3160 元

乐助澳元 3180 元

周建文 100 元	黄维新 120 元	黄银意 70 元	黄达生 50 元
唐月生 50 元	黄振雄 50 元	黄凤仙 2040 元	周毅光 500 元
周硕煜 100 元	周泳平 100 元		

乐助葡币 1000 元

周畅宏 1000 元

沙边村旅外乡亲热心老人福利会

沙边村老人福利基金会成立于 1992 年。沙边村人口 2086 人，老龄人 436 人，占全村人口的 21%。村委会十分重视老人事业，在原孙氏大宗祠旧址新建一幢二层楼宇作为老人活动中心，建筑面积 300 平方米，内设报刊、电视、健康麻将、健身器材等，让老年人择其所好参加活动，活跃身心，安度晚年。沙边村老人福利会为了有经常性收入，在村委的支持下，于2004年起，逐年建造出租屋，使福利会有固定收入。老人福利会在旅外乡亲和社会各界热心人士的支持下，每年九月初九老人节都设筵席宴请老年人，并为老人祝寿。每年岁晚迎春设筵席请老人聚餐，并派发生油等礼品，让老年人欢乐过年，中秋节还给老人发月饼过节。下面是旅外乡亲乐助老人福利会善款芳名：

乐助人民币 91266 元

孙少雄伉俪 22100 元	孙文超 20000 元	李友梅 16600 元	孙超武 5000 元
孙曼平 5576 元	孙成开 3500 元	周 仪 3000 元	孙金培 2000 元
孙燕棠 1100 元	孙润超 1000 元	吴润三 1000 元	孙韵琴 1000 元
孙展平 1000 元	孙巧莲 600 元	孙敬全夫妇 1200 元	孙彩贤 500 元
孙意珍 500 元	孙国基 500 元	孙建容 460 元	孙鉴兴 500 元
孙鉴庭伉俪 400 元	孙少颜 400 元	孙结文 400 元	孙桂平 350 元
孙佑根 300 元	孙少棠 300 元	孙社满 300 元	孙锦英 200 元
孙少梅 200 元	张 罗 200 元	欧阳兰 200 元	孙德兆 200 元
孙石文 200 元	孙利文 100 元	孙建容 180 元	孙连杏 100 元

孙金燕、孙活宏两人 100 元

乐助澳元 930 元

| 孙庆佳等 8 人 800 元 | 孙美香 100 元 | 孙冠彬 30 元 |

乐助美元 260 元

| 郑佑贤 100 元 | 高兆英 60 元 | 林添彩 50 元 | 孙惠庭 50 元 |

乐助港元 2700 元

| 依安女士 1000 元 | 孙乃平 300 元 | 孙留养 200 元 | 孙子平 200 元 |
| 孙敬财 200 元 | 林孟秋 400 元 | 关永成 400 元 |

沙边老人活动中心成立时，旅美乡亲孙社满先生赠送福利会两把坐地风扇，价值人民币 400 元。2000 年 5 月，旅香港乡亲孙文超先生赠送沙边村委会一台复印机，价值人民币 11000 元。

2006 年，沙边村读初中的孙文竟同学检查出患了白血病。社会团体以及热心人士知悉后，纷纷慷慨解囊，帮助他治疗疾病。其中旅外乡亲孙浩强、李友梅各乐助人民币 1000 元。孙子力、孙氏联谊会乐助 500 元，孙展平、孙建容、孙曼平各乐助人民币 100 元。

第八章　华侨荣耀　家国增光

第一节　异国风情　中国元素

唐人与唐山称谓之由来

华侨回乡探亲称回"唐山"，这个"唐"字的由来如何？据考证，在唐朝时期，中国造船业及航海技术逐渐发达，中国商人积极进行海上活动，于是东南亚海路成了东西方交通的主要通道。当时唐朝与马来半岛和苏门答腊岛的"室利佛逝帝国"关系甚为密切，"室利佛逝帝国"在1890年改为"三佛齐国"，把首都迁到占碑。

那时正值黄巢起义，起义军与唐朝官兵浴血奋战。当时战祸连年，哀鸿遍野，饿殍遍地。许多人为了躲避战乱，纷纷乘船南渡到苏门答腊和马来半岛等地定居。当时流落南洋避难的华人究竟有多少？无从考究。唐朝末年，华人大规模移居西方和南洋，他们自称"唐人"。这一称呼，世代相传。后来不少东南亚华人移居大洋洲、欧洲和美洲各地，他们也把"唐人"这个称呼带往居留地。随着华人聚居地的政治、文化和商业中心的形成，"唐人街"也就产生了。

"唐人"的称呼除了以上的历史缘由之外，还有一种含义。唐朝"贞观之治"（唐太宗时期）是中国历史上最强盛的时代，也是农业经济和科学技术发展的强盛时期。当时唐朝在那些国家中有很高威望，各国皆知东南亚有一个强盛的唐帝国。故此，海外华人把唐朝作为中华民族的象征，也很自然就把自己称为"唐人"，回故乡省视家园时就称为"回唐山"了。

波士顿的唐人街

波士顿是美国东北部举足轻重的经济中心，吸引了众多华人前来寻梦。目前该城拥有占总人口7.52%的常居华裔人口以及规模位列全美前三名的唐人街，被视为美国东北部著名的华人聚居区。

不忘传统

波士顿唐人街作为华人在美国最早的一批定居点之一，保留了较多的中国传统。街区入口照例有一座重檐画彩的中式牌坊，然而匾额上题写的并非简单的"中国城"抑或"唐人街"字样，而是深得古风的"天下为公"和"礼义廉耻"。这些题字令人肃然起敬。背井离乡的早期华人，用这种方式纪念着他们心中坚定的中国文化信仰。

盛名在外的波士顿唐人街，粗看之下似乎与中国粤港小城并无不同。寻常巷陌，中文招牌参差错落，往来的行人用广东方言随意交谈。道边店铺鳞次栉比，熟悉的中国生活气息扑面而来。街区的生活节奏从容不迫，俨然一个独立的华人小社会。只有孩童口中流利的英文，才让人意识到究竟身处何方。年轻一代已融入西方社会，足见华人移民多年打拼，已经成功地入乡随俗，落地生根。

2007年波士顿"中国城"公园的建成，塑造了崭新的唐人街形象，象征古老中国走向开放的现代世界，强化了华人社区的归属感，成为波士顿唐人街的新标志。

华人渊源

波士顿的华人足迹最早可以追溯到18世纪末。早期华工的漂泊打拼，是一部辛酸的血泪史。1870年，华工大批涌入马萨诸塞州，投身于北亚当斯的制鞋业与波士顿的电话线铺设行业。后来他们当中的一批人在波士顿的"平安巷"落脚暂住。那便是今天的波士顿唐人街。

波士顿受清教徒文化影响至深。早期的基督徒殖民者重视教育，强调道德观念，崇尚勤俭生活，这些新教精神潜移默化地渗透到城市的血脉中。正是这样的土壤，哺育了同具奋斗美德的华人移民。波士顿地区教育事业发达，以哈佛大学、麻省理工学院、卫斯理女子学院为首的一大批知名学府星罗棋布，陈寅恪、梁实秋、冰心、吴宓、胡适、宋氏姐妹（宋庆龄、宋霭龄、宋美龄）等名人早年都曾游学于此，汲取西方文化精髓，助力在华事业发展，成为中国近代史上的佳话。

抗争精神

1773年，北美人民反抗殖民统治的导火索由著名的"波士顿倾茶事件"点燃。这座历史名城勇敢独立的气魄，对于秉承中国文化刚正精神的华人移民颇为合宜。他们迅速融入美国现代法治社会，积极参政议政，不仅揭露社会弊端，更敢于捍卫自己的正当权利，树立了波士顿华人的形象。2005年伊拉克战争白热化之时，波士顿华人便加入反战游行队伍，呼吁停止战争，尊重种族宗教差异。2008年波士顿华人更致力于争取平等公民权，游说州众议会印发中文选票，虽未获直接成功，但已大大推动了少数族裔的民主维权进程。

最令人感慨万千的是，波士顿华人心系中国的拳拳深情。1998年印尼排华事件发生后，波士顿华人第一时间在市区举行大规模示威游行，以行动争取国际社会的重视与关注，轰动一时。10年之后，在支持北京奥运的纽约万人大集会中，波士顿华人依然是一支热情洋溢的生力军。游行队伍所过之处，让不少夹道翘首的年迈华人激动落泪。汶川大地震时，波士顿华人社团奔走呼号，掀起声势浩大的赈灾宣传活动，累计募集善款逾105万美元。心之所向，情之所系，敢于抗争，不畏阻力，忧国忧民的传统品质，在远隔重洋的异国他乡，仍被波士顿华人身体力行地保留着。

檀香山的唐人埠

在海外侨邑历史上，檀香山的唐人埠曾有过光辉的一页。19世纪末期与20世纪初期的华人、各国商人、航海水手等多元民族在这里定居。檀香山的唐人埠是商业、联谊与社交的中心，又是中国初期国民革命的摇篮。

檀岛的"唐人埠"，是当地侨胞对华埠的通称，犹如美洲华侨通用"唐人街"的名称一样。此处都是仿古建筑物形式，楼宇均属欧洲殖民地时代的模式，多数是2—4层楼。全埠面积大约25英亩，有多条公共汽车线路经过中央区，交通很便利，游客络绎不绝，但是黄昏过后这里又静寂下来。

如同美国、加拿大的唐人街一样，檀香山的唐人埠有许多姓氏宗亲会馆，如中华会馆、同乡会馆、社团机构等，为当地华人和商人提供联系和互助服务。

孙中山先生幼年在此受教育，学习英文，接触了民主、自由、共和的思想。这些都成为他日后创立民族、民权、民生（三民主义）理念的思想基础。29岁那年，孙中山在夏威夷建立第一个海外组织"兴中会"，后来又组建"同盟会"。他长年累月地策划海外及国内的反清革命运动。1911年革命取得成功，1912年他被选为中华民国临时大总统。他的民主革命事迹一直为世人所赞颂，每个中国人都引以为荣。

夏威夷的侨胞、侨团一直支援中国革命运动，出钱出力，其爱国爱民的热情与行动难能可贵，为推翻清政府做出了贡献。

夏威夷早期华人谋生的方式与美国、加拿大的华人有所不同，前者以务农为主，后者偏重经营洗衣店、餐馆。1900年以前，夏威夷华人移民大多受雇于以白人为主的种植园，从事甘蔗制糖工作，以勤勉耐劳的表现得到园主的赞赏。那时候华工占了种植园劳工人数的一半，华人人口增加到1.8万多人。后来有些华工自己独立开办种植园，与白人园主竞争。后因利益冲突逐渐激烈，白人园主便组成一个反华联盟，同时开除了许多华工，限制华人入境，又命令全夏威夷群岛的华人要随身携带护照，随时准备接受检查。这些反华排华的手段与政策日渐猖狂，结果在1900年导致檀香山唐人埠被火烧焚毁的惨剧。当时执政的白人借口火势无法控制，以致华工损失惨重。后来，华人便索性弃农从商，由种植园进军大城小邑，开设餐馆、洗衣馆、杂货店及进行商品贸易等，最后得以劫后余生、重建家园。

重建的唐人埠里华人社团有四邑会馆、林西河堂的天后宫、致公总堂、中华总商会等。至于华文报纸有《新中国报》《檀岛中华新报》等。每年春节，唐人埠都有选美活动，选出檀香山水仙花公主。火炬开发区濠头村的郑莲花、郑润宽，宫花村的王慧玲等都先后被选为檀香山水仙花公主。入选后必组织她们往美国、加拿大旅游观光和回国寻根问祖。侨校方面有明伦学校等，金融方面有华资银行等。

现在檀香山最豪华的中式餐馆、东方杂货市场等，大多分布在檀香山的东南部及各旅游景点。华裔的专业人士，如医生、律师、地产经纪、会计、保险、财务咨询等专家和商贾纷纷涌入夏威夷，融入当地社会并成为经济贸易的主流之一。古色古香的唐人埠，具有历史性的凝聚力，每天都吸引许多游客来观光游览。今日檀香山唐人埠的兴旺繁荣，是昔日华侨华人艰辛开埠的结果。我们永远不要忘记祖辈先侨为居住国和祖籍国所做出的贡献。

"欧洲文化之都"的唐人街

利物浦是英国第二大港口，是一个美丽的港口城市。提起利物浦，首先映入脑海的是披头士四人合唱团的故乡、阿尔伯特码头、利物浦和埃弗顿足球俱乐部、英国国教大教堂等。同时，这里也是华人最早定居的英国城市之一。第一个华人社团——英国致公堂于1901年诞生在这里。孙中山也到过这里，呼吁和团结广大华侨华人支持中国革命，并为英国致公堂的进步和发展做出贡献。如今，致公堂中仍挂着孙中山像及"革命尚未成功，同志仍须努力"的条幅。

似曾相识

利物浦唐人街位于利物浦大教堂的旁边，看起来有一种爽朗的感觉，跟伦敦和曼城的唐人街拥挤脏乱的现象大不相同。

走在利物浦港口的街道上，你会产生似曾相识的感觉，因为这里的建筑以及街道像极上海的外滩。这里标志性的建筑物，与上海汇丰银行大厦出自同一设计师之手，会让华侨华人产生一种异样的亲切感。同样令人倍感亲切的还有建在市中心的唐人街。这是英国所建立的第一个唐人街，也是全欧洲最古老的唐人街之一，入口的牌坊非常有名。

利物浦曾被选为2008年"欧洲文化之都"。利物浦大学接收中国学生已有多年历史，英国的第一份中文报纸是由利物浦大学的中国学生于1944年创办的，即为《华侨早报》。

特殊传统

利物浦唐人街原是中国水手最早踏入欧洲的地方和聚集地。他们多娶利物浦当地的低层女子为妻，然后开洗衣店和餐馆。后来，华人娶洋妇为妻便成了传统——许多华人老头不会讲英语，却有一洋媳妇为其洗衣做饭。这在利物浦唐人街形成一种特殊而常见的景观。针灸、中草药和风水等中国传统文化在当时的英国主流社会比较流行。

20世纪八九十年代，利物浦人口减少，大型活动也很冷清。但唐人街例外，因为这里有最吸引人的中国农历新年的庆祝活动，如放鞭炮、舞龙舞狮和其他庆祝活动等，吸引成千上万看热闹的人。

近年来随着利物浦经济萧条，许多华人纷纷转往南部的大城市寻找新的商机，利物浦的唐人街自然也跟着萧条了许多。

团结友爱

利物浦唐人街也有不逊于伦敦或曼彻斯特的牌楼。这里的牌楼有 15 米高，由利物浦的姐妹城市上海市设计并建造，它标志着欧洲最早的利物浦华人社区新的开始，也成为利物浦市的一个重要标志性建筑。最重要的是，由英国伙伴公司通过乐华坊伙伴公司拨款建立的中式牌楼，是利物浦市对华人社区为当地的文化、社会和经济发展所做出的贡献的一个认可。在此之前，许多利物浦发展计划都没有将华人社区和唐人街列入议事日程，华人常被认为是封闭式的、能自我生存的群体。

利物浦现有华侨华人超过 2 万，多数是祖籍广东和香港，有致公总堂、四邑会馆、华埠商会等 10 多个华人社团和一所中文学校。利物浦华人社会人与人之间比较团结，每年的农历新年，各界华人及社团都会联合举行庆祝大会，开展各项活动；平时也举办形式多样的文艺体育活动，体现侨胞发扬前辈团结、互助、友爱的精神，保持着中华民族的优良传统。

美国的"中国城"

中国人旅居美国已有 100 多年的历史，根据美国移民委员会公布，1820 年有第一个中国人进入美国。早期到美国的中国人多来自广东的台山、中山和福建，最初多为铁路工人，有的去淘金，有的当开垦农场的工人。他们从中国引进许多蔬菜和水果的种子，今日美国的许多蔬菜和水果是当年由中国人引进的。

美国许多大城市，如纽约、洛杉矶、三藩市、费城、休士顿、西雅图、芝加哥等都有"中国城"或华埠。尤其是最近二三十年来，中国台湾、香港、澳门、大陆和东南亚印支各国大批移民涌入美国，其中不少人带着巨资到美国，促进了华埠许多行业的发展。最明显的是房地产业和金融业。纽约、三藩市、洛杉矶等地的房地产高涨，华资银行也有很大发展，"中国城"越来越兴旺，并形成了新的华埠。如洛杉矶的蒙特利公园市，因台湾人较多，华裔居民占 50% 以上，被称为"小台北"；南石洲的橙果聚居的越南华侨、华人、华裔有 10 多万人，被称为"小西贡"。纽约、三藩市等城市也发展了新的华埠。其大者已形成一个市区，占几条街，街道两旁装饰着中英文招牌和广告的各类商店、餐馆、酒店、超级市场、公司、银行、中国工艺品店、书店、小食店、货摊等应有尽有；其小者也有一条街或十多间餐馆、杂货店等。各大城市的"中国城"，入口处均建有富有中国民族艺术色彩的金碧辉煌的牌坊。华盛顿市"中国城"

的牌坊是由与该市共结为姐妹市的中国北京市合建的,牌坊的石碑上刻有该市市长与北京市市长的署名和建成日期。三藩市的"中国城"牌坊上有孙中山先生"天下为公"的题字。洛杉矶"中国城"也有孙中山先生的雕像。住在"中国城"的人"同声同气",吃的是唐餐,见的是唐人,着的是唐装,衣食住行皆较习惯,有一种在家乡的感觉。因此,在外国就有许多"唐人街"、唐人埠和"中国城"。世界各地到美国的游客和美国本土人都喜欢到"中国城"游览、观光、购物和品尝美味的中国菜。"中国城"在美国社会中已形成了一个独特的单元,它充分体现了中华文化在海外的延续和炎黄子孙的民族特性与强大的凝聚力。华侨的生活习惯除年轻一代有西方的生活方式外,大多数华人沿用中国传统的生活习惯。

墨西哥城的"东方世界"

被称为"东方世界"的墨西哥城唐人街虽然很小,但这里琳琅满目的中国商品和南粤风味的美味佳肴,每天都吸引着无数的游客和行人。

每逢华人传统节日,整条唐人街就会贴联挂彩,亮起红灯笼。人们高兴地举茶当酒,共享来自五湖四海的同胞相逢同乐的喜庆。

中墨两国相距遥远,当地墨西哥人常把弄不明白的事叫做"中国的事"。但现在,这里越来越多的住户与中国产生了或多或少的联系。中国已经不再是电影里那个自行车满街跑的陌生国度了。甚至那些年纪大的当地人,见到中国游客也会热情地说:"中国现在把东西卖到了世界各地,对美国的贸易超过了墨西哥,真羡慕你们!"

墨西哥城的一些语言学校有教授中文的课程,现在墨西哥想学中文的人越来越多,中文将成为未来的通用语言之一。而当地银行和中国的银行交流业务也越来越频繁。

不少当地人因为喜欢中国电影进而关注起中国这个遥远国度,《英雄》《卧虎藏龙》和《十面埋伏》等影视光盘在当地随处可见。一些本地化了的华人与中国的关系更加密不可分。虽然他们中有些现在不会说汉语,但是爱吃中餐,喜欢书法,爱打麻将……中国习惯一大堆。这些华侨华人还提倡让孩子们了解中国风俗文化,春节时总是不忘放鞭炮、包饺子,过一个热热闹闹的中国年。

墨西哥卡加利市的昨天与今天

据有关档案材料记载,许多华工在美墨边境地区的铁路、铜矿、石油公司和种植园当劳工,华人聚集后逐渐开发了一些边境城市。

在墨西哥加利福尼亚州的首府墨西卡利市就有座"中国城",因该城的华人大多来自广东,故又称"小广州"。城里有国货大楼,是从中国进口的物美价廉的商品的集散地。雄伟壮观的龙城酒家是一家大型中国餐馆,可容纳上千人就餐。每到中国传统的佳节来临,"小广州"里到处是一片热闹景象。

华侨在墨西卡利一带主要从事开垦沙漠荒地、种植棉花的工作。据当时报纸披露,平均每 10 公顷被开垦的土地上，至少有一个中国人累死、热死或饥渴而死。1919 年该市人口近 1 万，而华侨占了九成多。乡间农场及市内商店多为华侨所创设。墨西卡利市通用"唐话"，"唐文票据"可作支票使用，各种华侨社团都自置房屋。该市还有两间中式戏院、茶楼，俨然中国城市。华侨在该市成为社会主要成员，其中有些人已有相当经济实力。

从 20 世纪 20 年代至二战结束，是墨西哥推行排华政策、华侨受限制的阶段，是旅墨华侨经历的最悲惨的岁月。1957—1959 年墨西哥政府曾一度放宽华侨家属移民墨西哥与家人团聚的条件。现在一些比较年轻的华侨绝大部分是在这个时期移居墨西哥的。20 世纪 70 年代以来，相当数量的中国公民以旅游探亲名义到墨西哥。据统计，1982 年，墨西哥有华侨 1916 人；1999 年，墨西哥的华侨华人约有 2 万人。另外，部分华人血统的博士生华裔大量涌入，现已成为墨西哥华人社会的主体。据中国驻墨西哥使馆的最新估计，华裔人数在 5 万至 10 万之间。

菲律宾华侨历史博物馆

菲律宾首都马尼拉有一座华侨历史博物馆。博物馆里有一尊秦俑武士像，这是中国驻菲律宾大使馆赠送的，显现了浓浓的中国文化味。一艘帆船跟几尊蜡像陈列在一起，这是一幅展现中国自宋朝以来闽粤沿海居民为了讨生活，渡过惊涛骇浪的南海，来到南洋谋生的历史画卷。而一旁的航海图，更直观地反映了中菲民间由来已久的海上交往历史，逼真地展示了几百年间来到菲律宾讨生活的东南沿海华人将先进的中华文明带到这个千岛之国的情景。他们凭借着勤劳和智慧，影响和推动着这个岛国的经济社会发展。

当时富有阶层的华人混血儿工作居住的石屋也被复制进了博物馆，石屋一楼作为小商铺和工作间，二楼作为店主全家人休息和生活区域，货架、"阿泰床"、梳妆台等形象再现了菲华社会华人混血儿 19 世纪的生活情景。"菲律宾国父"扶西·黎刹、菲律宾首位女总统科拉松·阿基诺夫人、海绵·辛红衣主教、"菲律宾杂交水稻之父"林育庆、"音乐天才"庄祖欣等近现当代杰出华裔菲人事迹展，展出了菲律宾国的精英和历代旅菲华人或华裔艰辛创业，取得优异成就的事迹。《菲律宾华侨抗日斗争纪实》等文献和菲律宾怡朗华侨救亡会 1938 年组织 6 位青年到延安参加抗战的合照及他们海陆兼程的路线图，再现了旅菲华侨抗日救亡的拳拳赤子心。

作为菲律宾华人社会的领导机构和最大组织的菲律宾商联总会，成立半个多世纪以来，在保护华社、促进工贸、发展教育、送医下乡等公益方面发挥着积极作用。菲律宾的华侨善举公所、崇基医院、菲律宾华侨义山、菲律宾首个华校中西学院等，较全面地展示了一个多世纪以来旅菲华人抱团取暖、扎根菲岛的艰辛历程。叶飞将军图片展，再现了作为菲律宾华侨的叶飞将军年轻时回国参加革命，新中国成立后历任福州军区司令员、福建省委第一书记、国家交通部部长、海军司令员、全国人大常委会副委员长，为新中国的建设事业殚精竭虑，并为之做出了重大贡献的史实。王孝琼纪念厅选用英文、他加禄语、普通话、闽南语播放解说词，比较全面地介绍了来菲律宾打拼的华人几个世纪以来的风雨历程。

20 世纪旅美华侨的聚居地沙加缅度

沙加缅度（Sacramento）是位于美国加州中部的一个城市，是加州州府的所在地，于1849年12月建立。1848年至1942年期间，很多粤籍人氏移民美国就是先到这里来淘金、修铁路、畜牧和种植的。在19世纪初的淘金热潮中，到这里来的华人越来越多，中文译名"沙加缅度"起源于粤籍华侨，至今仍是当地华人及华语媒体使用的唯一中文名称。老华侨称沙加缅度为"二埠"，三藩市即旧金山称为"大埠"。

当年的粤籍华侨是居住在萨克拉门托河流域对岸叫汪古鲁这个地方的，由于一场火灾使大部分华侨失去居屋。后由一个西班牙人以极低微的租金，租借沙加缅度的乐奇镇（Locke）的一片土地给当时的华侨建房居住。沙加缅度的乐奇镇从此时起就成为粤籍华侨的聚居地了。大岭村有位女士初时移民到美国，看到乐奇镇坑坑洼洼的泥路感慨地说："这就是美国吗？它还不如我们大岭村好呢！"是的，当年在沙加缅度的乐奇镇居住的华侨是非常艰苦的。他们中的多数人只身在那里打拼谋生，积蓄一点工钱就托有机会回国的人带回家养活妻儿。直至辛亥革命前后，旅居美国的孙少棠的父亲孙添在乐奇镇开设商铺，孙恩海先生也在乐奇镇开设第一间"海记"客栈后，这里就有越来越多的中山人，特别是大岭村、张家边村、沙边村的乡亲聚居。沙边村的孙社满、孙社呀的父亲孙结芳先生也在乐奇镇生活了一段时间。大约到20世纪中后期（1945年后），广大华侨开始为改善居住环境，方便工作和生活，陆续迁居到三藩市和屋仑一带，三藩市就成为"大埠"，乐奇镇便成为"二埠"。

人类社会的不断发展，造就了人类社会的文明进步。查阅美国当地媒体资料，沙加缅度原是瑞士移民建立的城堡。1848年1月，一个叫马歇尔的人在修建锯木厂时，在当地的河流中偶然发现了金子，金子纯度很高。消息传出后，震动欧美，于是各地的淘金者大量涌入加州，掀起了历史上著名的淘金狂潮。沙加缅度也从一个小城镇很快变成重要的经济、文化中心和交通枢纽城镇。第一条横贯美国大陆的铁路终点站就建在此处。修建大陆铁路时有许多来自中国南方的劳工，这些来自广东的劳工一口粤语，这是此地被称为"沙加缅度"的原因。

在淘金潮的带动下，沙加缅度的商业和农业发展惊人。火车、马车、船只来往不歇，各种货物进进出出，川流不息，一派繁忙景象。沙加缅度成了重要的人口集散地。在此谋生的华人越来越多，沙加缅度市也随之建立，成为加利福尼亚州的州府和最早的自治城市。

现在沙加缅度市的高科技制造业、教育事业、农业和畜牧业相当兴盛。这里的联合教学区里提供全面优质的本科与研究生教育。沙加缅度市现在约有46万人，其中亚裔人口占16.62%，总面积257平方公里，是加州的第二大内陆城市。

中山市人民政府为表彰和弘扬中山的旅美华侨早年在沙加缅度艰苦创业和爱国爱乡的精神，在乐奇镇华人聚居的街口处重修了当年华侨子女读书唯一的学校课堂，并在学校门前设立一尊孔子像和一座纪念碑，以示纪念。

加州大坑的乐居镇

约从 19 世纪中叶开始，大批华人前往美国谋生。那时美洲新大陆开发，原本荒凉偏僻的西部加利福尼亚州恰巧发现了金砂，需要大批劳工来开采。居于美国东部的人又不愿意跋涉到荒凉的西部从事那种辛苦的矿工工作，而且那时尚无横贯美国的铁路，东西部的来往交通十分艰难。于是美国的资本家派人到香港招募中国工人，一时抵达金山（当时人们称美国加州为金山）的中国人不可胜数。从 1850 — 1852 年前后三年间，就已有两万五千多名中国人涌到美国，到 1860 年已达到 3.5 万多。这些华人除了做矿工外，也有受雇做捕鱼者或开垦者的。当时美国中央太平洋铁路正在修筑，华人从事筑路工作的也有数千人。

到了 19 世纪末，加州金矿的资源枯竭，许多矿业关闭。随后因横贯美国的铁路又完工，以致数以千计的华人失业。那时他们不得不转往其他地方谋生，有的改为以捕鱼与垦荒工作来维持生计。

加州的大坑（中山人称沙加缅度河的三角洲一带的累威士达、埃伦顿、汪古鲁、乐居、葛伦等小镇为大坑）是当时华人聚居开垦的地方。乐居的特色是当时的居民全属华人，且大多数是中山人，是刚开垦兴建的小乡镇。它有三条充满着中国风貌的唐人街，是一个中国化的小镇。

1882 年美国实行排华政策，留在美国的华人受到排斥，所以大家都纷纷来到沙加缅度河三角洲（即大坑）寻谋生计。大坑华人激增。华人围造堤坝、垦荒田地，直接刺激了大坑这一地区的发展，使它成为世界的芦笋之都、啤梨的主要产地。

大坑这块肥沃土地，华人开辟之功不可没。之前这里是荒芜地带。华人在水深六尺的河床中筑堤，每天工作十几小时，而工资只有一元。即使这样，华人还是一共开辟了 8.9 万余亩良田。在大坑这一带地区（包括累威士达、埃伦顿、汪古鲁、葛伦），乐居是稍后才兴建的小镇。

大坑地区的华人，以四邑人和中山人为最多。中山人居住在葛伦埠，而埃伦顿和汪古鲁这两个地方则为中山人与四邑人共同居住，这两个小埠的华人常因利益发生冲突。

1915 年间，汪古鲁的华埠发生火灾，房屋被烧掉，于是中山人就放弃汪古鲁这个居住地方，迁到一河之隔北面的地方兴建新住宅，就是现在的乐居镇。那里先后有两个乡里开设了一家酒吧、赌馆和一家客栈。当时中国人无权在美国买地，便向佐治·乐居（George Locke）家族租地建筑。中山人派出 8 名代表签约，乐居家族就先清理出 9 亩地给他们兴建新华埠。1912 年，中山的陈庭山在这个地方筑起了第一间房屋，后来两位姓欧阳和姓袁的华人也在那里建起了房屋居住，这三座房屋就是乐居镇首创的基业了。

距乐居不远的核桃溪也有很多华人居住，1915 年核桃溪发生火灾，烧毁了不少房屋，于是这里的华人也迁居于乐居镇。因为这地方原称乐居港，所以华人将它简称为"乐居"。

大批中山人到此定居，约有500人，多以农耕为主。华人在此筑堤修路，防阻海水侵袭，以便于开垦，便利交通运输产品外销。在华人胼手胝足惨淡经营之下，这个沙加缅度河口（大坑）的乐居小镇，商业贸易蒸蒸日上，逐渐繁荣起来。

乐居镇最繁荣的时期，是1920年到1940年。这里得水陆运输两便的地利，使当地三角洲的农产品可由铁路运往沙加缅度，或是经水路由汽轮运往东部，是一个贸易的小商埠。据记载，乐居镇全盛时期有四家餐馆、六间士多店和一个市场、五间由白人经营的妓院、一间面粉厂、两间屠宰场、五家赌馆、一个邮务代办处，还有食品制罐厂、小剧院和运输行业等。初时的居民多为华人（尤其是中山人），后来也有墨西哥人、菲律宾人等到这里打工。季节性的流动工人常多达千余人。

乐居镇虽是由华人开垦创建，但市面街道、房屋建筑，除了中文招牌外，很少有中国风貌。街道两边都有木造并有骑楼的两层楼房。当年这些成排的木造楼房虽不壮观华丽，但也曾熙熙攘攘热闹过几十年之久。因为这里地处三角洲河口的大坑（沙加缅度河），当年有过一段时期为"三不管"地带，尤其是美国禁酒时期，这里有私酿的酒出售，加上赌博、烟馆、妓寨样样俱全，灯红酒绿，成为寻乐者的销金窟篓。但好景不长，20世纪中叶以后（即1940年以后），乐居镇的繁荣走向下坡。时代的进步、运输的改道，致使工厂纷纷关闭。当地的居民，年轻一代都往大城市发展，更有人返回故乡与家人团聚。这个华人乡镇多数房舍已人去楼空，到如今华人住户仅有30多户。

1977年，香港富商吴多泰买下这个小镇，计划兴建大批公寓及富有东方色彩的中国公园，美化环境。但有些人认为"乐居"应列为古迹，因为它是加州唯一保留下来的并完全由华人创建的华人乡镇。1979年，沙加缅度县参议会通过保留全镇的古迹，所以乐居镇得以把原貌保留下来，供后人观赏凭吊。

乐居镇现已成为古迹观光地区。进入小镇首先接触到的是乐居饭店、船舶所、周崧学校、垣合商店、俊英中华会馆、源昌士多店、大来赌馆等具中国风采的建筑。周崧学校是中山侨商周崧在此设立的中文学校，为当地居民子女学习中文提供方便，使华裔在异邦得以学习中国文化。源昌士多店今天还是由张家边三村佐治马的儿子守业。张家边区窈窕村杨某则经营着垣合这间小商店。

镇中几条街道，地面不宽，两旁伫立着有数十年历史的木造两层楼房，楼房廊栓门窗也已斑驳陈旧。骑楼下一间独立的小商店，出售各国的手工艺品，多半是中国古旧瓷器、中国字画、铜器和景泰蓝制品以及半古董物品，货品既乏精彩也无任何吸引人之处。在三街有一间平房博物馆，小小的房间内陈列着一些当年华人居家茶具炊具和日用品，有一些当年的中文报纸及纪念性的报纸剪贴挂在墙上，还有一块牌匾写着光绪年代的⋯⋯

镇里有一间名为"大来"的赌馆原址，开放供人参观。相连着两三间房子，有兑换筹码现金的柜台，有赌牌九、番摊、麻将赌台。兑换的柜台有装有铁栅网的小窗口。这间赌馆内，好像仍然能听到和感受到当年那种呼吆的嘈杂声和满屋乌烟瘴气的气氛。

乐居镇以至整个大坑地区，过去曾居住着许多中山人，现在还有许多乡里在那里居住。可能是这个缘故，孙中山先生曾于1904年到大坑会晤过那里的乡亲，宣传革命主

乐居镇风光

张与筹款以支持革命。辛亥革命前大坑的葛伦埠华人曾有同盟会组织，孙中山先生也曾到此地发展国民党党务。1934年11月24日，我国著名抗日爱国将领蔡廷锴先生在大坑三埠（乐居、汪古鲁、埃伦顿）受到当地华侨的热烈欢迎。据说当时的国民党政要、中山大学校长邹鲁也曾到过乐居镇……老一辈乐居中山梓里讲起这些往事，都引以为荣。

世界华人华埠之名联

世界各地炎黄子孙聚居的唐人街，从居屋住宅、商店餐馆到社团会馆、牌坊祠亭，到处可见中国特有的传统汉字楹联。这里介绍海外唐人街较具特色的佳联。

一、美国旧金山唐人街"中华会馆"
客地谈心，风月多情堪赏览。
异乡聚首，琴樽可乐且追寻。

二、日本长崎孔庙
至圣无域泽天下；盛德有范垂人间。

三、毛里求斯首都路易华人会馆
安得广厦千万间，庇天下寒士。
愿与吾侨二三子，称乡里善人。

四、澳大利亚悉尼唐人街中国牌楼北楼
1. 澳陆风光物阜民康邦交友善；
   中原气象德门义路揖让仁风。
2. 四海种族同仁修睦合群为兄弟；
   一家金兰结义精诚博爱贯澳中。

五、澳洲墨尔本唐人街四邑庙
勇壮山河，万里雄风扬四邑；
忠景日月，千秋义气普三都。

六、日本横滨中华街中华会馆
福地枕蓬壶，采药录踪，仙去尚留秦代迹；

好风修佳梓，扶桑乐土，客来重访赖公碑。
七、马来西亚怡保"兴安会馆"
兴吾业，乐吾群，敬吾桑梓；
安此居，习此俗，爱此河山。
八、秘鲁首都利马最大华人会馆"通惠总局"
尝六万里艰苦，权作寓公，相助当加左右手；
历五千年生聚，每逢佳节，何人不起本清源。

第二节　华侨荣耀　家国添彩

郑宗励先生获最杰出加拿大移民奖

2011年加拿大第三届年度"最杰出25位加拿大移民"共有四位华裔人士上榜。温哥华中华会馆理事长郑宗励以其对社区的贡献，成为加西地区唯一华裔获奖者。

郑宗励先生是中山市火炬开发区濠头乡人氏，20世纪50年代随家人到温哥华，在本地念完中小学后，再前往美国洛杉矶读农业系。1990年初期，他在温哥华华埠收购了一家食品公司，自己开发南北货、罐头食品等批发市场，任富运食品批发集团总裁。

郑宗励先生热心侨团工作，积极热情为乡亲服务，不遗余力维护乡亲的合法权益。他除了担任中华会馆理事长外，还担任大温哥华中华文化中心主席、加拿大铁城崇义总会主席和濠头侨所主席。他常常关注社区事务，年年都联合华埠全侨组织举行春节庆祝等活动。他为华埠的发展、促进中加友好关系等方面都做出了贡献，获选杰出移民，是实至名归，亦是华人的骄傲。

郑宗励表示，他从1956年移民到温哥华，50多年来见证华裔移民的社会地位不断提高，这次受到中华会馆提名竞逐杰出移民，全赖众人支持。他感慨，老一辈移民当年都经历过艰难岁月，现在的新移民和他们的后代比过去幸福多了，希望他们亦要积极参加社区服务，不忘中华传统。

下面是温哥华中山濠头侨所全体同仁向郑宗励先生的祝贺。

热烈祝贺
郑宗励主席荣膺2011年度全加拿大最杰出移民奖

濠头之光

温哥华中山濠头侨所全体同仁敬贺

欧阳民荣获文化交流英雄称号

墨西哥北部边境城市墨西哥加利（Mexicali）于2013年6月16日举办庆祝开埠110周年庆祝活动。市长弗兰西斯柯·佩雷斯·帕蒂雅（Francisco Perez Padilla）在庆典中宣布，授予该市华裔艺术家、州立美术学院退休教授欧阳民(Edusdo Auyon)"文化交流英雄人物"的荣誉，以表彰他半个世纪以来致力于墨中文化交流、弘扬民族传统的杰出贡献。

欧阳民先生是中山火炬区大岭村人，具有中墨双重血统。1960年年初，他随家人移居到墨国后，以教授中国水墨画为业，带出莘莘学子。与此同时，他广泛收集华人先侨在边境地区创业的遗物与事迹，先后写成《墨国下加省华侨沿革史略》（中文）与《沙漠之龙》（El Dragon en el Desierto，西班牙文）两本专著。

欧阳民是下加州中国文化研究中心的创办人，每年两次以该中心的名义组织墨西哥专业人士前往中国访问。此外，他还主办或协办了多种文化艺术活动，如太阳节、舞狮比赛、庆祝中墨建交40周年游行等。2003年墨西加利庆祝开埠百周年时，他被推举担任活动总导演，并设计了开埠百周年纪念金币。欧阳民荣膺"文化交流英雄人物"，可谓实至名归。

吴美珩艳压群芳，夺全美华埠小姐后冠

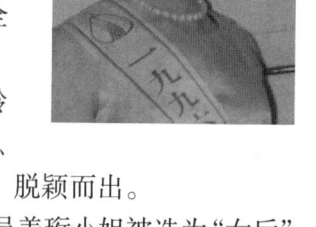

由美国旧金山中华总商会举办的1992年全美华埠小姐选美大会，是旧金山华人一年一度的大盛事。是年2月1日，来自全美各州、市的选美佳丽，云集三藩市美生堂大剧院，角逐全美华埠小姐后冠。

中山市张家边旅美华侨吴耀庭医生第三个女儿吴美珩小姐，以雍容华贵的仪态、精湛的才艺表演、机智的回答，获4000多观众的热烈掌声，以"大热门"姿态艳压群芳，夺得全美华埠小姐后冠。

吴美珩小姐于中山出生，9岁随父母移民美国，当时芳龄19，就读于三藩市加州州立大学，攻读市场学。爱好民族舞蹈、歌唱、摄影及阅读，赛前被视为"大热门"，结果不负众望，脱颖而出。

选美结束第二天，三藩市多家中西报纸均以头条新闻报道吴美珩小姐被选为"女后"的消息及大幅照片。她的当选为中山旅美华侨、为中山市、为家乡争取了无上光荣及美誉。侨亲们喜气洋洋，奔走相告。

2月14日在三藩市MARRIOTT大酒店举办盛大餐舞会，为"女后"举行加冕典礼，近千人参加，均为社会名流、侨团领导及中西嘉宾。2月15日晚，新年大游行吸引了数十万中外人士参观，数十个团体、乐队参加游行，其中最引人注目者是"女后"乘坐的游行花车。

全美华埠小姐的责任，是亲善睦邻。吴美珩小姐当选后第二天，便开展一连串的

亲善活动，拜会三藩市各会馆及侨团组织。在拜访阳和总会馆、中山德善堂及中中同学会时，她受到侨亲们的热烈欢迎。各侨团为表示祝贺，均赠送金牌留念。当年十月，"女后"旅行团还到中国内地、香港、台湾等地做亲善访问及其他拜访活动，后到家乡拜祖及省亲访友。

唐向明获澳洲社区特别服务奖

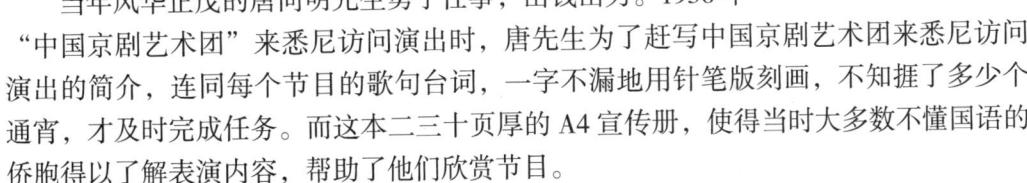

1996年，澳洲侨青社永远名誉主席、顾问唐向明先生荣获新州州长颁发"社区特别服务奖"。3月24日，借侨青社在悉尼汤曼剧场举行敬老活动，新州何沈慧霞上议员代表州长向唐先生颁发了荣誉证书。

唐向明先生祖籍江尾头村，1919年出生，1951年旅居澳洲，不久即加入澳洲侨青社。他视社如家，白天在叔父的唐餐馆"香港楼"工作，晚上9时放工后即到社活动。当时的工资每周8镑，他坚持每周捐出半镑作为侨青社的经费。

当年风华正茂的唐向明先生勇于任事，出钱出力。1956年"中国京剧艺术团"来悉尼访问演出时，唐先生为了赶写中国京剧艺术团来悉尼访问演出的简介，连同每个节目的歌句台词，一字不漏地用针笔版刻画，不知捱了多少个通宵，才及时完成任务。而这本二三十页厚的A4宣传册，使得当时大多数不懂国语的侨胞得以了解表演内容，帮助了他们欣赏节目。

唐向明先生对于社会公益和慈善工作义不让人，当年侨青社筹购社址，中山同乡筹购会所，澳华疗养院、华人安老之家8万行筹款及遇有自然灾害，无论是在澳洲还是在祖国，唐先生都踊跃捐助，数目不菲。在故乡中山江尾头村，他带同兄弟，率先捐建校宇，修筑道路，修建全村自来水工程等。

唐先生游历过祖国许多名都大邑、名山大川，并以诗词歌赋赞美祖国，抒发对祖国的热爱之情。他以文会友，结交了不少名人雅士。"几度回中国，未遑访合肥。情常怀旧雨，路却迷芳菲。迎客黄山树，临流采石矶。清风诗酒月，方寸逐云飞。"这是唐先生写给安徽大学马祖毅的一首五律。唐先生与马教授以文结缘，成为莫逆之交。无锡教育学院教授徐步云与唐先生素未谋面，亦以诗文相往成友。徐教授为唐向明先生题《陶斋诗钞》序文中提到"诗以言志""诗以抒情"，是则"情志互通"，虽未谋面成为莫逆也必矣。唐先生诗文联谊交友天下，于此可见一斑。

唐向明先生一向勤于写作，积诗成帙。1995年中山诗社为他出版了《陶斋诗钞》。该作品于1996年1月31日在家乡中山市获评"优秀精神产品贡献奖"。他向北京《中华英才》画报社投稿南湖杯"我的一天"征文入选。他向全国同胞拜年写就的"沁园春"词一阕，于《中华英才》第128期刊登。1987年曾获北京首届海内外爱国杯篆刻书法比赛银杯奖，1993年又获北京三峡画院颁发"龙马精神"卫星金奖。

唐向明先生晚年辞去社团实职，但各社团仍给予他崇高的荣誉：澳洲侨青社永远名誉主席、顾问，澳洲中山同乡会永远名誉顾问，北京海峡两岸书画家联谊会顾问，安徽省太白诗词名誉会长，中山市中山诗社名誉会长，海南五指山诗社名誉顾问，澳洲中国美术家协会学术顾问，纽修威省华人作家协会顾问。

唐先生为人谦逊，和蔼可亲，热心服务社团从不居功。他热诚助人、不计报酬的高贵品德受到人们的尊崇。

火炬区旅美作家伍可娉"金山伯三部曲"在美出版

2014年8月的一天上午，全美中国作家联谊会与美国华文文艺界协会联合在旧金山新亚洲大酒楼隆重举行著名美籍华裔女作家伍可娉长篇小说《金山伯与弃女》首发式。《金山伯与弃女》是伍可娉"金山伯三部曲"的第三部。第一部《金山伯的女人》由美国强磊出版社出版，第二部《要嫁就嫁金山伯》由纽约商务出版社出版。历时十年，伍可娉完成了皇皇巨著"金山伯三部曲"。

中国驻旧金山总领馆总领事袁南生赠诗伍可娉：（七律）《读伍可娉大姐金山伯三部曲有感》："南粤英才不胜收，侨坛文苑创新流。植根五邑抒华韵，立步三藩说美洲。弃女悲欢惊日月，山伯恩怨自春秋。一支健笔写中外，如海文思势未休。"

首发式由美国华文文艺界协会副会长吕红主持。中国驻旧金山总领馆文化领事李春福，美国华文文艺界协会名誉会长、著名散文家刘荒田、会长沙石，美国阳和总会馆主席吴耀庭以及文学界、侨界名流，新闻媒体记者和读者200多人出席首发式。刘荒田致辞说伍可娉每次新书发表都会引起轰动，被喻为华文文艺界大事，今次更热烈。因为伍可娉"金山伯三部曲"全部出版，可以说是画上了一个完美的句号。他赞扬伍可娉小说的特点是地道，即是本色、本真、不做作、不装。刘荒田说，伍可娉作品地道的成因有三：她出生成长于中国第一侨乡台山，工作于另一著名侨乡中山，然后移民美国旧金山。台山、中山、金山三个山使她有丰富的人生经历和感情世界，有侨乡人执着的思乡情怀。她写《金山伯的女人》《要嫁就嫁金山伯》《金山伯与弃女》，都是动用了最精彩的人生库存和动人的感情，展开横跨太平洋的广度和贯通历史与现实的深度。"金山伯三部曲"的出版在国内外产生了极大的影响。祝愿伍可娉再接再厉，写出第二个三部曲。

美国华文文艺界协会会长沙石赞扬伍可娉是一位优秀的作家。她多年来默默耕耘，写出具有历史性、社会性的小说。她的文学成就是美国华文文艺界的光荣，是华侨的光荣，也是她祖籍台山、家乡中山火炬区张家边的光荣，可喜可贺。

李春福领事代表中国驻旧金山总领馆向伍可娉表示热烈的祝贺。他称赞伍可娉在新书中写出细腻的感情世界和不平凡的心路历程，让更多的中国人和海外华人了解华侨在美国的所思所想，感受中美两国独特的文化，并从书中领略丰富的乡情和亲情，为促进中美文化交流和中美友好发展做出了贡献。

美国华文文艺界协会副会长吕红宣读了全美中国作家联谊会会长、纽约商务出版社总编辑冰凌的贺函。冰凌高度赞扬"金山伯三部曲"是一部世界华文文学史上值得记载、值得流传的皇皇巨著，是中国华侨移民史上一部重要的"形象"教科书。他为参与"金山伯三部曲"前两部著作的编辑与出版深感荣幸，为作者伍可娉崇高的人格魅力所感动，为她所取得的文学成就而骄傲。冰凌衷心祝贺新书首发式圆满成功，祝愿伍可娉女士再创辉煌。冰凌还表示，美国国际作家书局将把伍可娉"金山伯三部曲"作为经典丛书，重新整合出版。

柏克莱大学教授王灵智也发来了贺信："我赞赏伍可娉女士的创作成果，因为她写的题材非常重要，表现了那些背井离乡到美国寻求更好发展的男人的奋斗史，也反映了他们留守在家乡的女人们酸甜苦辣的人生经历。这是美国华人移民史上的一个重要主题。我对她多年的努力及成绩表示最良好的祝愿。"

《金山伯与弃女》作者伍可娉在首发式上发言。她首先感谢主办单位为她举办新书首发式。为什么要写"金山伯三部曲"？她说，因为她是金山伯的第四代，觉得自己有责任把在侨乡和金山的所见所闻用文学艺术的形式记载下来，使它不致烟灭在历史的尘埃之中。她说，"金山伯三部曲"的出版，完成了她个人的使命，实现了她的梦想，也是实现了她的中国梦。

伍可娉说，第一部《金山伯的女人》主要描写金山伯留在家乡的妻子们在无尽等待中的煎熬与痛楚。第二部《要嫁就嫁金山伯》是描写三代金山伯与他们的女人之间的悲欢离合、恩怨情仇。第三部《金山伯与弃女》主线是描写因弃女在中美两国引发的故事。创作的灵感与动力部分来自三女儿吴美珩荣获全美华埠小姐冠军。

著名侨领吴耀庭致辞表示，"金山伯三部曲"的出版，是作者对博大精深的中华文化的热爱，是在海外继续弘扬中华文化的坚持与努力。她凭着执着的写作热情，在花甲之年分秒必争地去实现她的梦想。近百万字的"金山伯三部曲"，填补了华侨文学史上留守女性题材的百年空白。他以诗词"莫道秋圃春色老，犹有黄花晚节香"与作者共勉，并感谢大家对作者的支持和爱戴。

随后，伍可娉与读者亲切交流。读者排队买书，有人买3本，6本，甚至10本，又排队请作者签名合影。现场气氛十分热烈，温馨感人。

《金山伯的女人》填补华侨文学史空白

"我的一生与'山'有缘，我的写作有三个永恒的主题：台山、中山、金山。"在旅美三邑总会馆，出生于侨乡台山的华人作家伍可娉面带微笑地展示她的代表作——长篇小说"金山伯三部曲"(《金山伯的女人》《要嫁就嫁金山伯》《金山伯与弃女》)。作品为长期处于中国近现代移民史书写边缘的万千侨乡留守女性著书立传，被评价为填补了华侨文学史的"百年空白"。

伍可娉是家族里的第四代移民。她曾祖父原本在台山务农，后乘坐"三枝桅"帆船远渡重洋去美国谋生。

"在台山方言中，出洋叫'出路'，这些人绝大多数是男人。"伍可娉说，这些被当地人称为"金山伯"的人，一辈子难得回乡一两次，许多人第一次返乡是为娶妻生子，第二次是为了落叶归根。很多"金山伯"的女人被迫承受夫妻长久分离、"守生寡"的痛苦。伍可娉从小就目睹家族里"金山婆"的遭遇，这为她日后的写作提供了源源不断的灵感。

在赴美之，伍可娉与原籍中山张家边的丈夫吴耀庭（美国中山德善堂监事长、驻美中华总会馆商董）是中山医学院的同班同学，毕业后两人在中山一间医院工作了17年之久，共育有4个女儿。

1982年，伍可娉和丈夫带着4个女儿移居旧金山，夫妻俩依靠在唐人街经营花店、开设中医馆维生。随着生活趋于稳定，伍可娉萌生了创作的念头："我发现我的女儿们已经不记得故乡的事情了，不应该让祖辈的历史就这么消失在尘埃中……"

伍可娉用了整整10年时间，终于完成长篇处女作《金山伯的女人》。她发现自己与笔下女性人物有一种割舍不断的渊源，时常情不自禁就流下泪来。"那些故事经常出现在我的睡梦中，我不知哭了多少次。"

自2009年起，"金山伯"系列三部小说分别在美国出版，在旧金山华侨华人中引起热烈反响。如今，伍可娉最大的心愿就是"金山伯三部曲"能被搬上银幕。"无论离开家乡有多远，过了多久，我们华侨华人的根始终在中国！"

逸仙路和欧阳路的命名及其他
——旅日本华侨欧阳可亮先生的忆述

1985年4月25日，我携徒弟鸣如，由东京成田机场乘泛美航班飞抵上海，下榻水电路的海虹宾馆。翌晨，我们到附近的虹口公园、鲁迅故居、山阴路、祥德路、欧阳路、东体育会路、逸仙路等几条路上走了走，拍了些照片，回来之后沉浸在昔年的回忆里。

1930年，我随父亲欧阳庚从天津乘船到上海，途中在渤海湾举行母亲简金连的海葬式。我没有见过大母亲，但亲眼看到父亲周游世界各国十多年都随身携带大母亲的骨灰，可见他们伉俪感情是多么笃厚了。

船到上海，父亲足不踏租界，对租界的繁华视若无睹。他雇船划过黄浦滩，绕到中国地界才上岸。为什么放着好码头不走，却走没有码头的地方上岸？那时我不懂，只晓得跟在旁边看。

欧阳可亮在上海欧阳路留影

到了祥德路底的欧阳家，四叔正在生病，父亲一面安慰婶母，一面照顾四叔。我一生没见过这好的兄弟。不一会儿，民庆哥和陈少白伯来了。他们在一起说着欧阳庚保逸仙在旧金山登陆，梁诚义释欧阳庚……庚子赔款办了清华学堂……民庆在澳洲开金矿发了财……绝不入租界，宁死不受外国人庇护……千万元换一个路名吗？诸如此类孩子们听不懂的话。

不多会儿，命名典礼开始了。当时在我眼里只觉得热闹好玩：一块木板上写着路名，两个人拉一条彩带，一个人又把它剪断，然后几十个人拥着把这条路走完，大家齐鼓掌。小孩子看大人玩，笑大人啰唆：我们没参加剪彩，早都把这条路跑了一大圈了。接着，又走到逸仙路，由陈少白伯伯主持命名典礼，我贪看热闹，一直跟在陈少白伯伯身后。

现在我想起许多民庆哥对我讲的真实故事：我父亲欧阳庚14岁考取了美国官费留学生，同詹天佑、梁敦彦、唐绍仪等120人在1872年一起去美国。我父亲与詹天佑同班，他学法律，詹天佑学工程。120人中只有他们两人于1881年毕业于耶鲁大学。

当时的第一任督学是陈兰彬，他理解这些留学生对于中国的重要性，这批学生是中国留学生史上的第一批。后来督学换为吴子登，他见有学生剪了辫子，有的学生见面只拉手不磕头，就给皇上上了奏章，把这120名学生都召回国。我父亲回国后就在广东铁路学校教书。

早在18世纪初，美国西部三藩市发现了金矿。为了开发西部的金矿，美国大量招收华工去修筑横贯铁路。当时，广东卖猪仔的人很多，大批的华工作为猪仔横渡太平洋去做苦工，许多人死在途中，更多的人在美国修筑铁路，过着非人的生活，受尽煎熬。

欧阳锦棠当时任旧金山总领事，他在任期内做了大量保护侨民和华工的事情。那时候朝廷给总领事任命后，每月给1600两银子就完事大吉了，一切工作及人事任命均由总领事安排。欧阳锦棠十分赏识我父亲欧阳庚，他把我父亲招到旧金山见习副领事，后来接任总领事，一直做了20多年。我父亲也继承了欧阳锦棠的传统，做了大量的护侨工作。

我父亲在当旧金山总领事期间（当时外交官同领事馆不分），1901年美国政府正讨论庚子赔款问题，因数额超出预想太多，美国议会内部争议不休，各种意见不一。我父亲为此事亲自去白宫见罗斯福总统。罗斯福考虑到为了中美友好，有意返还部分赔款，可又担心这笔款到不了政府和中国的手里。我父亲为了振兴中国的文化教育，就同罗斯福商定：指定把庚子赔款用作教育经费及留美中国学生基金。后来这笔款项就用于建造清华学堂。

1895年，孙文先生在当时的殖民地檀香山登陆，他登记的名字是孙逸仙。欧阳庚、孙文、陈少白等都是香山县人，他们从小就认识。

孙文先生在檀香山登陆后就写信给在旧金山当总领事的我父亲，要求他做担保。我父亲不仅给孙文做了保，还将自己的表弟廖仲恺介绍给孙文当助手，后来廖仲恺成了孙文的左右手。不久孙文在伦敦蒙难，被关进中国公使馆，后经营救获释。但清政府却开始调查：为什么欧阳庚保孙文进入美国？欧阳庚对朝廷说不知道孙逸仙就是孙文。故这个案子拖了很长时间。

1902年，清廷派了梁诚钦差来处理这个案子。梁诚本是我父亲同学梁丕九的易名。他们几经磋商，终于谈妥：把保孙逸仙入美国一事说成是洪门大哥办的，此事与欧阳庚无关。作为交换条件，则把所要回的庚子赔款办了清华学堂的事算在梁诚的头上。这样，梁诚在朝廷中保欧阳庚无事，他得了建清华一功，而欧阳庚则无过也无功了。

这就是为什么上海有一条中山路，还有一条逸仙路的由来。原来是把中山同逸仙作为两个人来看待的缘故。

国民政府刚成立时，蒋介石曾同虞洽卿商量。虞问蒋："国民政府的开办费要多少？"蒋答："要 500 万元吧。"虞听了说："500 万元顶什么用？起码得 2000 万元。这样吧，让广东帮出 1000 万元，我们宁波帮也出 1000 万元。"后来虞洽卿就出了 1000 万元。

我的堂哥欧阳民庆在新金山，即澳洲雪梨开金矿发了财，成为永安公司的第一任董事长。他也捐了 1000 万元给国民政府，当时一个普通职员的月薪不过 5 元。

为了表彰欧阳民庆和虞洽卿的功劳，国民政府决定用他们的名字分别命名一条街道。欧阳民庆遵照我父亲欧阳庚"绝不入租界"的意愿，故就在当时上海还很荒凉的地方选了一条路，定名为欧阳路。多少年过去了，世代变迁，虞洽卿路因为在租界区，现已易名为西藏路，而欧阳路因为在租界外，现在还沿用着这个名字。可是民庆哥因上海混乱，已逐渐把永安公司交给了郭顺，搬到澳洲金山雪梨定居，现在其子孙还在澳洲和美国。

60 年后，还是在这块路牌下，当年还是顽童的我现在已是拄着手杖的老人了。春风吹乱了我的白发，想着童年时的事，沧海桑田，我感慨万千。

吴观生获美国国会艺术赛优胜奖

吴观生是张家边二村旅美侨胞吴少威先生的孙子，是在美国三藩市土生土长的第二代华裔。吴观生就读三藩市高中三年级时，以"三个灯笼"为题创作了一幅静物油画，参加美国国会举办的一年一度高中学生艺术比赛。他的作品在所有参赛作品中脱颖而出，荣获第 28 届美国国会艺术比赛优胜奖。除获众议院议长普洛西表扬外，他的作品还在华府国会山庄中展出。

色调橙红的灯笼是中华文化的象征之一。吴观生同学以三个灯笼为主题创作油画，表达了他对中华文化的热爱与向往。

吴观生同学考上大学后前往马里兰州艺术学院就读，在美术方面继续深造。三藩市中山德善堂向吴观生同学颁发优秀学子奖。

加拿大卑诗华裔 150 年来的贡献

维多利亚华埠的 150 周年纪念正好在 2008 年，"8"这个数字在中国文化上，是代表好运、繁荣、财富及幸运。

英国的皮草商人在 1788 年带同 120 名华裔艺术家到西北沿岸建设商店，华人首次踏足卑诗省。70 年后的 1858 年，中国商人及矿工在菲沙河的淘金潮高峰期由加利福尼亚州来到卑诗省，将他们的新家园称为"金山"。至此卑诗省华裔社区就一直为本省做出贡献。

在 1881 年至 1884 年间，超过 1.5 万名华人移居加拿大，当中包括 6500 名协助兴建连接温哥华至满地可的铁路工人。在第二次世界大战期间，500 名华裔冒着生命危险参军，勇敢地捍卫这个他们称为"家"的国家。本省所有人都感谢杰出的华裔卑诗省民所做的贡献,他们中包括刘志强、关慧贞、张杏芳、李灿明、黎全恩博士和曾任卑诗省督的林诗齐博士。

为表彰华裔卑诗省民的成就和贡献,省政府拨出 2.5 万元给维多利亚华商会举办一连串的"150 年在金山"的庆祝活动。另外又拨出 1 万元给维多利亚中华会馆,在 2008 年筹办一连串以华裔为主的活动。省政府亦感到荣幸,宣告将 8 月 3 日至 10 日定为华裔加人传统日。

在过去的一年,卑诗 150 周年庆祝拨款在全省各地支持了多项计划去突出华裔传统。又提供了 8000 元给 Revelstoke 博物馆及历史档案协会,举办一个集中介绍华裔建设加拿大太平洋铁路的展览。亦给予 Kelowna 社区资源协会 1 万元制作教育纪录片,集中介绍在 1900 年代华裔移民到卑诗内陆的历史。另外又拨出 1 万元给温哥华岛的多元文化协会,举办活动表彰定居 Nanaimo 华裔的多项贡献。

在回顾卑诗省 150 年的历史之际,我们都以华裔加人对本省巨大的贡献而感到自豪,而他们的传统,会继续扮演着重要的角色,使卑诗省真正成为全球最好的地方。

第二次世界大战中英勇的加拿大华裔军人

2015 年是第二次世界大战结束和抗战胜利 70 周年纪念。加拿大军人(其中很多是华裔青年)在这次世界大战中,曾远征东亚地区战场。

太平洋战争,并不是 1941 年 12 月 7 日日军突袭珍珠港揭开战幕的,而是日军偷袭香港、马来西亚等英国殖民地及在太平洋的美军基地拉开帷幕的。当年驻香港军队有 1975 名加拿大人,他们隶属于两个步兵团,一个是魁北克加拿大皇家来福枪兵团,另一个是温尼辟兵团。他们抵达香港三星期之后,便参加了香港保卫战。日军大举攻击,加军仍奋勇迎战。其中一名加军——温尼辟军人 Sergeant-Major John Osborn,曾经荣获维多利亚十字勋章奖。他爆拆手榴弹,勇敢地救了多名同胞的性命。加拿大司令员 Brigad John Lawson 在战事中不幸阵亡殉国。1941 年圣诞节,驻香港盟军向日军投降,香港沦陷。

加拿大军人有 290 名为国捐躯,投降战俘差不多被囚禁四年之久,受尽痛苦虐待。在 1945 年被释放前,有 264 名因做苦工忍饥挨饿、营养不良,并长遭毒打而不幸毙命,而被释放回加拿大的退伍军人,侥幸生存者也多英年早逝。

皇家加拿大空军,也早已在远东战场参战,他们许多被派遣隶属英国皇家空军,有数百名加拿大人服役英国。加拿大空军人分别在马来西亚、新加坡、爪哇(现印尼)、缅甸及印度各地作战,给日军予以痛击。

加军抗日,战绩辉煌。当时日军占领太平洋战场要地,威胁印度东南海岸以及锡兰等地,加军奋力与之对抗。1942 年 3 月,加皇家空军 413 侦察旅奉命自苏格兰飞往锡兰。司令官长 Squadron Leader Leonard Birchall 于 4 月 2 日抵达,两天后与日军作战。日本战斗机击落他的飞机,他本人也被俘虏。而美国海军在珊瑚海,于数星期后获得一次胜利,至此日军不再对远东构成严重威胁。这批加拿大俘虏虽然被囚,却被荣称为"锡兰的救主"。Birchall 由于在被囚俘虏营中表现英勇，战后又获奖章。

1942 年，日军进军北美。6 月，日军登陆阿拉斯加阿留申群岛的 ATTU 及 KISKA 岛，6 月 20 日，日本潜水艇袭击加拿大温哥华岛西海岸的 ESTEVAN 灯塔，但损伤极微。虽然日军袭击阿留申群岛，仍距温哥华 3000 公里，而突袭灯塔是一次小行动，但也不容忽视。加军为此仍派遣两营陆军及海军前往保卫西海岸，美军也迅速保卫阿拉斯加，美军筑工事，兴建公路，完成时已没有敌人的威胁，至今对加美交通大有裨益。

1943 年，美军大举出动收复 ATTU 及 KSKA 岛，加军步兵参与美加特别服务部队，行动甚为成功。1943 年到 1944 年，英军第十四陆军参与缅甸北部及印度东部一连串战役。很多加拿大军人也参与，与英国陆军及空军并肩作战。卑诗省党部的 MAJOR CHOEY，1930 年参加英陆军，于 1944 年 2 月参与缅甸一役。他率领步兵袭击日军，虽不幸殉国，但仍赢得维多利亚十字勋章。

1943 年 3 月，在 3 天时间内，加拿大皇家空军飞行员谭士棠驾巨人型飞机，4 次击落 3 架日本轰炸机。英军认为美军 B 二十四型解放号轰炸机为在远东使用，出动最有效的远程轰炸机，很多机师为卑诗省人。这批退伍军人后来被誉为"缅甸轰炸机"。

1944 年 11 月，盟军大举反击，把敌人驱逐出印度及缅甸。加军中多为华裔青年。在缅甸山区林中作战，山区没有道路，全部军人由空军以降落伞供给应用品。加拿大 435 及 436 运输队驾驶 DAKOTAS 型运输机运载军人、火药及军粮食品，但是遭敌人袭击，有两架飞机被日本战机击落。加拿大军人中，在远东战场也有蛙人部队，在缅甸渡河潜水。另一队特别部队，包括 40 名日裔加拿大人及华裔加拿大人，他们志愿参加远征服役远东。他们由于言语方便，对盟军大有帮助，担任传译加侦察谍报工作，隶属秘密"136 军队"，在敌后担任游击队，切断敌人供应线。他们英勇作战，多次荣获勋章奖赏。战后由于华裔青年效忠役戎，加国政府才批准华裔及日裔加拿大人同时获得平等权，享受公民权。

欧战结束后，盟军集中军力于远东。加拿大海军与英军太平洋舰队合作，联合于 1945 年春，加英海军联盟，集中于冲绳岛一带。加拿大鲁拔王子号曾于 1941 年载运加军前往香港参加保卫战，被调任太平洋战区保卫任务，协助拯救香港战俘，也大有功劳。英国航空母舰，也载加拿大空军担任作战任务。加拿大军队于第二次世界大战时，约有一万名的加军参与远东战场，加拿大皇家空军于 1945 年参加远东战场者也估计有 3100 名以上。加拿大军队本来准备于 1945 年秋季攻占日本本土，2.4 万名军人整装待发，但此时原子弹轰炸日本广岛长崎，日本于 1945 年 8 月 15 日宣布无条件投降，抗战宣告胜利。1945 年 9 月 2 日，美国军舰密西西比号停泊东京港，日本正式签订投降书。加拿大代表为 COLONEL LAWRENCE M·COSGRAVE 签字，第二次世界大战正式结束。至 2015 年为抗战胜利 70 周年。

加拿大华裔退伍军人会及世界各地人士，每年都举行庆祝大会，以表彰华裔退伍军人效忠国家、争取世界和平所做出的贡献。他们为加拿大华人争取真正公民权利、牺牲小我、完成大我的精神，让人永远记在心头。

华侨华人在国外的不朽功勋

中国侨胞在世界各国创建了无数丰功伟绩,至今建在美国、加拿大、法国、古巴、新加坡等地的华侨、华人纪念碑、纪念堂,就是海外华人丰功伟绩的历史见证,也是炎黄子孙与各国人民深厚友谊的象征。下面几个事例,可见华侨、华人的功绩。

一、加拿大多伦多铁路华工纪念碑

在多伦多市"士多巴丹拿大道"的公园入口处,建有一座高11米的铁路华工纪念碑,碑上镌刻"1880—1885,1.7万名中国广东省的劳工,来到加拿大西部,参加穿越洛矶山危险地段铁路的修建……筑路过程中十分险峻和艰辛,其中有广东华人4000多人丧失生命。另有千人在完工后漂泊异国无法回乡客死他乡……特立此碑以之纪念。"此碑是加拿大政府于1989年建立的。

二、美国内华达州弗吉尼亚华工纪念碑

1964年美国内华达州纪念建州100周年的时候,在弗吉尼亚市建立一座雄伟的华工纪念碑,碑上镌刻着"华人先驱,功彰伟绩,开矿、筑路,青史名垂。"原来早在100多年前,巴拿马运河尚未开凿,美国东西部交通很不方便,于是建筑了一条横贯美国东西部的太平洋铁路,其中最艰巨的一段工程,是由华人劳工完成的,死亡人数数以万计。这座"华工纪念碑",就是为纪念筑路丧生华工的丰功伟绩而建的。

三、法国巴黎纪念华工铜碑

法国政府为了纪念和表彰第一次世界大战时在法国参战华人的光辉业绩,其中有多位手捧炸药与德国入侵者的坦克共存亡的英勇战士。1990年11月在首都巴黎毛里斯·德尼街竖立了一座华人英雄纪念铜碑,记载了第一次世界大战期间,中国(其中大多数是广东华侨)有14.3万名华侨与法国军队并肩作战。据当时公布的数字,华人在战争中英勇牺牲的达万人以上,失踪者数千人。

四、古巴哈瓦那华人纪念碑

在古巴首都哈瓦那利内亚街北端,耸立着一座7米多高的华人纪念碑。这座纪念碑是古巴政府和人民于1931年为表彰1864—1895年在古巴独立战争中立下功勋的华人而兴建的。

五、新加坡华人铜像

新加坡政府为表彰早期华人为开发新加坡创下的光辉业绩,在新加坡博物馆前建了一尊慈祥的中国老人半身铜像,铜像底座镌刻着:"华人素以坚韧耐劳著称。新加坡、大马槟城、大马六甲三府有今日之繁荣,得之华人能力者,良非鲜矣!"

六、菲律宾马尼拉华侨抗日烈士纪念碑和纪念堂

菲律宾政府为表彰在抗日战争中英勇献身的150多位华人烈士,于1979年在马尼拉华侨义山修建了一座华侨抗日纪念堂和一座纪念碑,以表彰为抗日而英勇牺牲的华人,永垂千古。

郑均湖先生回母校讲学

旅居加拿大温哥华埠的北大学子、老华侨、老校友郑均湖先生热爱祖国、心系家乡、情系母校，曾于 2002 年 11 月回濠头中学进行"走好人生第一步"的专题讲座，今又借回乡之际，特意从百忙中抽空回母校开发区第三小学（原濠头小学）讲学。

4 月 27 日上午，郑先生以"废数"及"奇数魔方排列"为内容，给高年级学生授课，激发了学生探索科学知识的兴趣，受益匪浅。

下午，郑先生又给老师们讲课。在一次又一次的掌声中，郑先生从 0.168 这一个大家熟悉的数字被古希腊美学家柏拉图誉为"黄金分割律"开始谈起，再到均衡饮食数轴，详细地分析了一天里主副食、动植物类食物、粗细粮的最佳搭配，令电教室里的老师们听得不时微笑颔首。随后，郑先生转入畅谈自己的人生经历。谈起自己的人生感悟时娓娓道来。他那年代的特殊经历让老师们眼界大开。郑先生勉励全体教师要努力提升自己的四个 Q 版：IQ—TQ（智商）、EQ(情商)、SQ（心灵智商）和 GQ（付出、奉献精神），要科学地谋划发展自己，回到自己的本职工作上，就是教好书、育好人。老师们全神贯注地聆听着、记录着，听后大有豁然开朗之感。最后，老师们对郑先生最后总结的四字真经"教育、健康"，再一次报以热烈的掌声。

郑先生虽已是 70 多岁的人，但仍红光满面，耳聪目明，说话声音洪亮，走路健步如飞。也许这就是他受教育历程影响而活得健康的最好诠释！全体师生在郑先生的点拨下，定能努力进取，不断创新，追寻更科学的发展。

第三节 思乡念祖 重修宗祠

旅外宗亲捐资重修濠头郑氏大宗祠

郑氏大宗祠是为纪念第十世濠头房祖尚纶和尚绸二太祖而兴建的。该祠始建于明朝天启四年（1624），距今已有 390 多年历史。祠区占地约为 2865 平方米，建筑面积约为 1750 平方米。

宗祠原为三进五间布局，垂脊饰大金星厝角，颇有中原汉晋遗风和古越广府文化相结合的特征。

宗祠建成后的 152 年（1776），即清朝乾隆四十年有维修记录，距今已有 240 多年了。

自 20 世纪 40 年代起，宗祠先后曾做濠头乡公所、维持会和五峰中学校舍之用。因年久失修，祠堂部分出现破损。1955 年，前座拆除改建教室，中座于 1980 年被拆除，只存留后座。

郑氏大宗祠做五峰中学（后称濠头中学）校舍，为社会做出了贡献。随着新濠头中学的落成使用，郑氏大宗祠已完成教育的历史使命。经海外侨胞的提议，向上级申请把郑氏宗祠归还濠头郑氏宗亲，此提议得到火炬区政府的支持，于 2005 年 1 月将宗祠归还给濠头郑氏宗亲，由濠头侨联会管理及使用。

濠头侨联会接管后，热心人士提议修复郑氏大宗祠。此举得到旅外乡亲和村中热心人士的热烈赞同。濠头侨联会牵头成立了由郑汉成、郑锦球、郑桂炎、郑敏超、郑智军、郑民志、郑浩标、郑文谦、郑干强、郑灿兴、郑乃洋、郑玉洲、郑干超、郑志君、郑灿良、郑均尧、郑新华、郑锡培、郑桂恩、郑惠斌、郑富强、郑灿容、郑秀兰、郑淑娴等 24 人的复修委员会，动员海内外乡亲参与修复郑氏大宗祠的善举，得到海内外乡亲的鼎力支持。到 2016 年 12 月底，旅外乡亲筹集了人民币 908741 元、港元 181800 元、葡币 2200 元、美元 1800 元、加元 19000 元、澳元 1000 元。复修郑氏大宗祠第一期工程于 2006 年 6 月动工，2007 年 1 月 26 日竣工，理顺了郑氏大宗祠基础和翻新郑氏大宗祠后座，配套后座设施，共用去 40 多万元。现第二期工程也开始修复。截至 2016 年 12 月止，濠头旅外乡亲捐资复修郑氏大宗祠及捐资庆贺落成庆典名单如下：

乐助人民币 908741 元

郑民志 300000 元	郑宗励 225000 元	郑锦球 125000 元
郑宝潮伉俪 1000 元	郑泳康 10000 元	郑乃洋 10000 元
郑昔良 15200 元	郑加源 9000 元	郑宝瑜 4000 元
郑耀明 2000 元	郑玉荣 2000 元	郑展平 1200 元
郑华开 1000 元	孙敏锋 1000 元	郑力加 1000 元
郑悦洪 500 元	郑灿权 500 元	郑桂添 1000 元
郑桂海 1000 元	黄嘉宝 500 元	黄云湘 500 元
陆志灵 500 元	郑金娴 500 元	郑社辉 500 元
朱沛莲 500 元	郑永东 500 元	阿欠贝托郑 300 元
郑中豪 300 元	郑建华 250 元	郑华贵 13458 元
郑灿永 10000 元	郑紫兰 10000 元	李树明 500 元
郑卫添伉俪 300 元	郑计生伉俪 400 元	郑沛光 500 元
郑宝琼 300 元	郑焕新 1000 元	郑加林 500 元
郑少明 333 元	郑伟兴 500 元	郑炳泉 300 元
郑一帆 300 元	郑炳和 300 元	郑兆满 10000 元
郑汉钧 50000 元	郑国强合府 8000 元	郑宝源 500 元
郑行善 300 元	郑伟仪 500 元	郑玉伦 500 元
郑志豪 300 元	郑振华 300 元	邓棣喜 3000 元
郑振玉 2000 元	郑荣豹 1000 元	郑燕萍 500 元
郑黄绍容 300 元	郑鸿滔 300 元	郑鸿恩 300 元
郑剑锋 2000 元	郑乃中 500 元	郑伟强 500 元
郑润光 300 元	郑国纲 300 元	郑炳熙 300 元
郑天鹏合府 1000 元	郑文锐 500 元	郑灿仿 500 元
徐桂彬 300 元	巍容开 500 元	郑健辉 1000 元

郑伟权 500 元　　　郑志伟 300 元　　　郑吴淑芳 1000 元
郑永鸿合府 5000 元　林汉伟 5500 元　　香港郑氏宗亲会 3600 元
郑秀兰 500 元　　　郑计明 300 元　　　郑照君 300 元
郑灿源伉俪 500 元　郑灿濠 500 元　　　郑灿林 500 元
郑灿陶 500 元　　　郑日东 500 元　　　郑小龙 500 元
郑嘉美 500 元　　　郑嘉仪 500 元　　　郑嘉华 500 元
郑嘉明 500 元　　　郑锡璇 400 元　　　郑锡琪 400 元
郑礼昌 300 元　　　郑信昌 300 元　　　郑智英 300 元
郑炳汉 300 元　　　郑文夫 500 元　　　郑汉成 40000 元
郑宝娴 300 元　　　郑永健合府 5000 元

乐助加元 19000 元
郑宗励 5100 元　　　加拿大温哥华中山濠头侨所 6160 元
郑振良 500 元　　　郑文夫 100 元　　　郑志雄 50 元
郑颂谦 600 元　　　郑顺光 150 元　　　郑钊衍伉俪 150 元
郑锐添 40 元　　　　郑德永 200 元　　　郑桂昆 200 元
郑耀鸿 200 元　　　李伟健 200 元　　　郑钊容伉俪 200 元
郑官炳叔母 100 元　郑宗濂 100 元　　　郑灿垣 100 元
郑振毅 100 元　　　郑润华 100 元　　　郑钧湖 100 元
廖卓光 100 元　　　郑钧达 100 元　　　郑钰攀 100 元
郑少波 100 元　　　郑钊结 100 元　　　郑祖恩 100 元
郑庆佳 100 元　　　郑锐廉 100 元　　　郑卓谦 100 元
郑茂森 100 元　　　郑炳湘 100 元　　　郑彩金 100 元
庞畹莲 100 元　　　郑祥德 100 元　　　郑爱屏 100 元
刘诗诗 100 元　　　郑伯铭 100 元　　　郑玉玲 100 元
周月嫦 100 元　　　郑少娟 100 元　　　谈慧光 100 元
陈福莊 100 元　　　郑桂容 100 元　　　郑桂祺 100 元
曾慕珍 100 元　　　郑玉媚 100 元　　　郑天石 100 元
郑天浩 100 元　　　罗惠兰 100 元　　　谈素雅 100 元
庞炳棠 100 元　　　方淑玲 100 元　　　吴东耀 100 元
郑卫添伉俪 100 元　郑钊衍宗嫂 100 元　郑焕光 50 元
郑润垣 50 元　郑今后 50 元　郑钊復 50 元　郑锡垣 50 元
郑桂容 50 元　郑德恩 50 元　郑光明 50 元　郑钊文 50 元
郑锡昆 50 元　郑振枢 50 元　郑伦嫂 50 元　郑国侨 50 元
郑少玲 50 元　郑锡廉嫂 50 元　郑宗发 50 元　郑浩昂 50 元
郑桂洲 50 元　郑伯铭 50 元　郑计生 50 元　郑志强 50 元

乐助澳元 1000 元
郑灿棋、陈雅香伉俪 1000 元

乐助美元 1800 元

郑结泉 1000 元	郑灿源伉俪 200 元	郑健雄 100 元	郑计明 100 元
郑嘉豪 100 元	郑国明 200 元	郑林淑英 100 元	

乐助港元 181800 元

郑汉成 90000 元	郑卓行 20000 元	郑銮生 23000 元	郑宝珍 10000 元
黄淑英 5000 元	郑宝娴 1000 元	郑宝潮伉俪 1000 元	
郑宝娴合府 1000 元	郑志强 1000 元	郑志雄 1000 元	郑雪兰 1000 元
郑灿联 1000 元	郑永均 1000 元	郑晚成伉俪 1000 元	
郑倩群伉俪 1000 元	郑影霞 500 元	郑泳海 500 元	郑淑群 500 元
黄素仪 500 元	郑子秋 1000 元	郑浩钧 500 元	郑汝杰 500 元
郑祖成 1000 元	郑家宝 1000 元	香港南蒲祖五大房 1000 元	
郑悦有 300 元	郑文健 300 元	郑翠玲 100 元	郑少强 500 元
郑民志 10000 元	郑宗励 500 元	郑社辉 600 元	
加拿大温哥华中山濠头侨所 3000 元		郑振良 500 元	郑志雄 1000 元

乐助葡币 2200 元

郑　文 1000 元	郑社威 1000 元	郑素珍 100 元	古国基 100 元

大岭始祖基金会

　　大岭村春秋二祭，拜祭老始祖的宗族俗事古来就有。为了让宗族传统文化继承发展，提高凝聚力，经欧阳洲先生提议成立大岭始祖基金会，得到族亲的响应，于 1998 年正式成立大岭始祖基金会。始祖基金会旨在组织大岭氏族进行宗族俗事活动，弘扬宗族文化，保护古代祠堂文物，团结海内外乡亲，借此打造一个健康的、进步的、和谐的宗族群体。始祖基金会一经成立，得到海外乡亲和本村热心人士的鼎力支持。其中旅外乡亲乐助基金会人民币 10921.6 元，村内欧阳氏子孙们乐助 27740 元。每年清明节，始祖基金会都组织欧阳氏宗亲到麻子和本村白水井分别拜祭开村始祖，然后共进晚餐。每年重阳节，始祖基金会又组织宗亲，与中山麻子、顺德均安、新会篁庄等宗亲 400 多人一道赴鹤山拜祭广东始祖荣可公（荣可公曾任南雄知府职务）和宋太祖赵匡胤第七代孙女赵公主墓。然后集中在新会篁庄欧阳氏大祠堂拜祭欧阳氏列祖列宗。欧阳氏祠堂有 500 多年历史，至今除保存完好外，还在祠堂前面增设龙吐珠一景。祠堂内有宋代仁宗皇帝赏赐欧阳修一联："天下欧阳无二氏，翰林学士第一家"，昭示了欧阳氏族人才辈出的丰厚文化底蕴。

　　2004 年秋，欧阳氏族经各房商议后派出广东代表北上江西泰和县，在当地欧阳氏族兄弟的帮助下寻得欧阳荣可始祖墓。大岭始祖基金会与广东兄弟，在江西泰和做了三件大事：一是修葺荣可祖坟墓；二是修葺江西泰和欧阳氏族祠堂（该祠堂有六百年历史，保留至今）；三是与江西 32 个县市欧阳氏兄弟汇合商议复修续彤、万二公系欧阳氏族谱。由 2005 年起于重阳节前连续三年联合顺德均安、江门等欧阳宗亲组成 500

人拜祭团乘坐大小 40 多台汽车远赴江西泰和拜祭老始祖，从而加强了欧阳氏族兄弟的团结，进一步促进了沟通与和谐，又弘扬了宗族传统文化。

下面是旅外乡亲捐赠大岭始祖基金会芳名：

乐助人民币

欧阳尊周 3000 元	欧阳寿银 1320 元	欧阳焕桥 1178.2 元
欧阳伯兴 1000 元	欧阳慰椿 882 元	欧阳欢华 529.2 元
欧阳乾生 524 元	欧阳少明 500 元	欧阳志锐 419 元
欧阳善述 526 元	欧阳衍荣 319.2 元	欧阳乐源 224 元
欧阳兆波 200 元	姚瑞芬 200 元	欧阳凤萍 100 元

大岭重建欧阳氏族大宗祠

大岭村旅居海外人数众多，他们都十分怀念家乡祖籍祠堂。2005 年，欧阳欣华父子倡议重建欧阳氏族大宗祠，得到旅居海内外欧阳氏族乡亲的热烈响应，纷纷乐助善款。截至 2008 年 5 月，旅外乡亲捐赠了人民币 322860.12 元，村民及外出工作的也乐捐了 144461.95 元，合共 467322.07 元，不足部分由欧阳欣华父子全力承担。

大岭欧阳氏族大宗祠选址于原大岭欧阳氏族大宗祠旧址，占地 3500 平方米。新建的大岭欧阳氏族大宗祠为三座五进，两边有偏间，正面（连两边水巷）宽 26 米。祠堂纵深 40 米，建筑面积近 1000 平方米，按原欧阳氏族宗祠模式建造，造价约 4000000 元。

重建大岭欧阳氏大宗祠于戊子年四月动工，经一年时间完成。下面是旅外乡亲捐建大岭欧阳氏大宗祠芳名：

乐助人民币 316993.73 元

欧阳金海 19960 元	欧阳结如 20000 元	欧阳少光 10000 元
欧阳棣廉 10000 元	欧阳沛均 9589.2 元	欧阳干彬 6047.8 元
欧阳民 7089.21 元	旅墨中山乡亲 1652.82 元	欧阳欢华 4000 元
欧阳赞光 798 元	欧阳赞有 794 元	欧阳顺金 7860 元
欧阳赞添 794 元	欧阳慰桃 2358 元	欧阳溢贤 1000 元
欧阳润兆 7860 元	欧阳溢威 1000 元	欧阳润金 786 元
欧阳溢江 1000 元	欧阳干驹 1000 元	欧阳银胜 1028 元
欧阳少娥 1000 元	欧阳仲濠 1596 元	欧阳新业 1000 元
欧阳雪源 1000 元	欧阳干骅 1000 元	欧阳梓健 1000 元
欧阳少庄 1000 元	陈振威 1000 元	欧阳小毅 1000 元
陈雪芳 1000 元	欧阳慕莲 1000 元	陈雪花 1000 元
欧阳家源 1000 元	陈桂新 2082 元	欧阳乐源 1000 元
欧阳金凤 1000 元	高秋菊 1000 元	陈振权 1000 元
欧阳少全 1000 元	陈雪玲 1000 元	欧阳少容 1000 元
陈雪颜 1000 元	欧阳玉冰 1000 元	陈桂勋 1596 元

欧阳慕英 826.41 元　　林锡财 798 元　　林润莲 600 元
欧阳寿梅 798 元　　欧阳兆廉 826.41 元　　林锡源 1596 元
欧阳宝森 1000 元　　欧阳慰椿 11790 元　　欧阳少文 1000 元
欧阳计权 786 元　　欧阳玉橙 1000 元　　欧阳继森 1179 元
欧阳玉杯 1000 元　　欧阳宗立 1000 元　　欧阳焕桥 6826.2 元
欧阳继清 786 元　　欧阳焕棋 682.62 元　　欧阳继庭 786 元
欧阳焕华 1182.62 元　　欧阳连英 786 元　　欧阳国超 157.2 元
欧阳浩铿 3794 元　　欧阳国贤 157.2 元　　欧阳浩铿四子共 4000 元
欧阳志锐 15560 元　　欧阳美英 1000 元　　CORON WYANG 7780 元
吴善伟 1000 元　　黄伟力 1000 元　　吴善焜 1000 元
欧阳尚欣 500 元　　吴少英 1000 元　　欧阳顺友 802 元
欧阳寿银 1000 元　　欧阳志平 803 元　　欧阳汉权 10000 元
欧阳兆波 1000 元　　唐逸龙 1000 元　　欧阳泗海 10432 元
唐家宝 1000 元　　欧阳春洋 1000 元　　欧阳科 1000 元
欧阳锡鸿 1620 元　　欧阳月红 1000 元　　欧阳志安 1596 元
欧阳雪飘 1000 元　　欧阳韦伟 1015 元　　欧阳杏光 1000 元
欧阳乾生 1000 元　　欧阳厚生 1000 元　　欧阳鉴枢 1500 元
欧阳杏滔 826.41 元　　欧阳卫安娜 1000 元　　欧阳平良 1000 元
欧阳锋 1000 元　　欧阳宝龙 1000 元　　欧阳新 1000 元
欧阳焕荣 1179 元　　欧阳介禧 1000 元　　欧阳少培 786 元
欧阳治宁 1000 元　　欧阳少清 500 元　　欧阳国都 1000 元
欧阳善情 1000 元　　欧阳衍荣 1500 元　　欧阳干财 1000 元
黄帝良 4132.05 元　　欧阳少金 1026.41 元　　欧阳少石 1000 元
欧阳浩章 1500 元　　欧阳冠枢 1000 元　　欧阳志冲 1000 元
郭振枢 2479.22 元　　欧阳锦兴 330.56 元　　欧阳顺来 786 元
欧阳天立 157.2 元　　欧阳干能 1596 元　　欧阳达明 1572 元
欧阳金培 1572 元　　陈有开 786 元　　欧阳顺和 786 元
李秀丽 822 元　　欧阳乐民 2209 元　　欧阳赞容 500 元
欧阳浩坚、欧阳浩荣、欧阳浩强三人共 1000 元　　欧阳鉴平 2239.62 元
欧阳美兰 413.2 元　　欧阳顺禧 1511.95 元　　欧阳佑贤 1209.56 元
欧阳惠斯 413.2 元　　欧阳金连 826.41 元　　林添彩 1652.82 元
欧阳锦章 1511.95 元　　黄锦杏 200 元　　欧阳中亮 500 元
欧阳善均 1000 元　　欧阳鉴安 200 元　　欧阳寿全 413.2 元
欧阳德昆 826.41 元　　欧阳吴雪卿 826.41 元　　欧阳辉 1652.82 元
欧阳艳霞 1652.82 元　　欧阳焕廉 604.25 元　　欧阳志坚 1209.56 元
欧阳国源 1000 元　　欧阳炳财 1209.56 元　　欧阳国均 1000 元
杨秀芬等家人 8215 元　　欧阳平 413.2 元　　欧阳杰 826.41 元

欧阳振洪 400 元　　　　欧阳兆垣 500 元

干荣公纪念堂

干荣公纪念堂建于大岭村中心，背靠后门山，右侧是大岭小学。该纪念堂是旅美乡亲欧阳官昌先生为纪念其父亲而捐建的。1984 年 10 月破土动工，1986 年 6 月建成，占地 650 平方米，建筑面积 507 平方米。纪念堂前面二层，楼高 12 米，顶盖琉璃瓦，后面是大礼堂，楼高 7 米，内设舞台，供学校作礼堂使用。总投入资金 21000 美元。1999 年区内小学进行并校调整，学生到张家边第二小学就读。干荣公纪念堂改作大岭老人活动中心，是老人健身娱乐活动的好场所。

源清亭坐落于大岭原文塔地基，周边是花木，绿树成荫。该亭占地 800 平方米，建筑面积 77.44 平方米，也是旅美侨亲欧阳官昌为纪念其兄官源、官清而建的。1985 年 12 月动工，1986 年 6 月建成。源清亭是六柱双层亭台，柱间建有石椅，顶盖琉璃瓦，亭台边设置铁栏，耗资美金 3000 元。这座亭台是乡亲们乘凉休憩的好地方。

下陂头村重修云莊林公祠

云莊林公祠坐落在下陂头村，始建于清代。民国时期该公祠已做学校，一直沿用至 20 世纪 90 年代。及后学校归并濠头小学，云莊林公祠空置多年。古往今来，国内外乡亲无不思乡念祖。为了弘扬林氏宗族文化，励志后人，2004 年，下陂头村林氏长辈提议重修云莊林公祠，在旅香港乡亲林汉伟先生及旅美林建明先生的带动下，旅外乡亲及本村热心人士纷纷解囊乐助。旅外乡亲筹得人民币 120000 元、美金 13600 元、港币 24000 元、加元 1000 元、葡币 15000 元，本村热心人士筹得 94600 元。当年冬择吉日动工，经过半年时间，还云莊林公祠本来面目，并在公祠前面的大榕树下加了石墩，使公祠显得格外壮观，公祠周围绿树成荫，是村民休憩的地方。

2008 年 4 月，旅香港乡亲林汉伟先生再捐赠人民币 4300 元，旅美乡亲林建明、林建彬、林建成三人捐赠人民币 5000 元，均用于购置云莊林公祠屏风。

下面是 2004 年捐建云莊林公祠芳名：

乐助人民币 120000 元

林汉伟 120000 元

乐助美元 13600 元

林建明 11000 元	林建彬 1000 元	林焕华 500 元	林健成 200 元
林　欣 200 元	林凤颜 200 元	林倩蔼 100 元	林倩梨 100 元
林倩娇 100 元	林倩冰 100 元	林倩美 100 元	

乐助港元 24000 元

林焕钧 20000 元　　　林焕良 2000 元　　　林焕标 2000 元

乐助加元 1100 元

林灿平 500 元　　　林鉴明 100 元　　　林友好 100 元　　　林少娟 100 元
林少碧 100 元　　　林少葵 100 元　　　林少绮 100 元

乐助葡币 15000 元
林锡贤 5000 元　　　林锡伦 5000 元　　　林锡禧 3000 元　　　林锡华 1000 元
林泽培 1000 元

白庙村重修谭公祠高公祠

白庙村常住人口 430 多，谭姓和高姓占全村人口的 90% 以上。具有百多年历史的谭公祠和高公祠已日显破旧，2007 年村中热心人士提议重修两祠堂，村民们热烈响应。白庙村决定在村的集体经济中拨出专款，对谭公祠和高公祠同时进行重修。谭、高两公祠的重修，体现了村民对祖业保护有了新的认识，体现了宗亲文化的延续和村民凝聚力的增强。海外侨胞、港澳乡亲亦给予大力支持，共捐资港币 16000 元、葡币 100 元、人民币 22870 元。修复工程于同年 11 月竣工。11 月 20 日，两公祠同时举行竣工揭幕典礼。举村同庆，晚上筵开 70 席宴请全村乡里、回乡探亲的海内外乡亲和在白庙村居住的外姓人士，场面十分热闹。华侨、港澳同胞捐赠的经费部分用于庆典，其余做谭、高两公祠的维修基金。下面是旅外乡亲捐资重修谭公祠、高公祠芳名：

乐助港元 16000 元
高灿生 15000 元　　　高敏添 1000 元

乐助人民 22770 元
谭桂儒伉俪 6300 元　　谭桂玲 2000 元　　谭赞生 1090 元　　谭惠森 1280 元
高志平 1200 元　　　高松添 1000 元　　高惠珍 1000 元　　高惠英 1000 元
高惠菊人 1000 元　　高玉林 1000 元　　谭灿洪 1000 元　　谭有根 1000 元
谭弄夫 1000 元　　　谭惠贤 200 元　　　谭照权 100 元　　　谭绍力 500 元
谭文华 500 元　　　谭康年 500 元　　　高鉴强 300 元　　　高广湖 300 元
吴兆雄 300 元　　　洪少玲 200 元

乐助葡币 100 元
谭　超 100 元

珊洲村旅外乡亲捐资重修林氏宗祠

珊洲林氏大宗祠始建于清康熙年间，乾隆十五年进行了重修扩建，建祠至今已有 300 多年历史。水有源，树有根，人有祖，祖祖辈辈总忘不了始祖，正是"世代源流远，宗枝奕叶长"。林氏大宗祠在 20 世纪 50 年代至 90 年代间，先后用作集体饭堂、生产队保管室和仓库等。大宗祠经多次拆改，已失原貌，并且由于年久失修，已成危祠。1998 年旅外乡亲以及本村长辈认为要保持宗族文化，提议重修大宗祠，随即得到旅外乡亲及社会热心人士的鼎力支持，旅外乡亲筹集了港元 26300 元、人民币 5900 元，社会各界热心人士筹集了人民币 11500 元，村委会支持了 11000 元。当年动工重修，当年完成。重修后的林氏大宗祠恢复了原貌，雄伟壮观。下面是旅外乡亲捐资重修林氏大宗祠芳名：

乐助港元 26300 元

林志强 10000 元	林　年 5000 元	林擎宇 1000 元	林　国 500 元
林锦文 500 元	林和平 500 元	林道生 500 元	林泽妹 500 元
林保申 500 元	林少桂 500 元	林巴厘 500 元	林瑞霜 500 元
林秀葵 500 元	林金妙 500 元	林金环 500 元	林彩英 500 元
林　飞 500 元	周开文 500 元	林少强 200 元	林汉洲 200 元
林凯耀 200 元	林倩颜 200 元	林倩娟 200 元	林宝莲 200 元
林彩求 200 元	林伟锋 200 元	林志纲 200 元	林秀媚 200 元
林擎天 100 元	林结成 100 元	林素梅 100 元	林振雄 100 元
林泽光 100 元	林景能 100 元	林秀霞 100 元	林正日 100 元

乐助人民币 5900 元

| 林桂登 1000 元 | 林桂强 1000 元 | 林泽安 1000 元 | 林卓森 1000 元 |
| 林观雄 1000 元 | 林毅尘 500 元 | 林叶臻 400 元 | |

第九章　海外侨团活动与侨乡往事追忆

第一节　海外侨团　纪念活动

美国三藩市中山德善堂升挂中华人民共和国国旗纪盛

美国三藩市中山德善堂于 2003 年 8 月 24 日举行升挂中华人民共和国国旗仪式，有 200 多人参加。除本善堂职员梓里外，嘉宾有中华人民共和国驻旧金山总领事王云翔，侨务领事陆旭、胡广祥，中华总会馆主席团代表、肇庆总会馆主席方创际伉俪，岗州总会馆主席刘志明伉俪，阳和总会馆主席谭逸良伉俪，湾区中国统一促进会会长池洪湖，华商总会会长雷硕明、马金权，中山同乡会会长阮炳昌、欧福安，中山渡头侨义所主席雷汉辉，阳和总会馆顾问、理事以及属下 12 个善堂主席、3 个工商总会主席、总理、湾区各侨团首长，特别嘉宾有来自祖国的中山市代表团。代表团由团长苏伟强（中山市政府秘书长）、副团长李锡华（沙溪镇委书记）、侨务局局长卢艳红带领 20 多位团员参加，场面热闹、庄严。

升旗仪式 11 时开始，由王云翔大使、欧阳金海主席共同升起中华人民共和国五星红旗，马干才顾问、孙乃衡副主席升起美国国旗，中美两国国旗在中山德善堂楼顶迎风飘扬。

中山德善堂主席欧阳金海致欢迎词。该堂顾问、理监事在出席会议时一致通过升挂中华人民共和国国旗议案，这是出于对祖国的热爱。中国在改革开放以来取得举世瞩目的伟大成就，令海外侨胞的国际地位大大提高。王云翔大使在致辞中高度赞扬德善堂升挂中华人民共和国国旗行动。升旗是海外华侨支持一个中国，反对"台独"，是爱国爱乡的表现，也是对总领馆的大力支持，这对侨务工作起着重大作用。中华总会馆主席团代表方创杰、湾区中国统一促进会会长池洪湖、阳和总会主席谭逸良、中山市代表团团长苏伟强、华商总会会长马金权等先后致辞祝贺。

王云翔大使向德善堂颁发了贺状，中山代表团向德善堂赠送纪念品，接着有 6 头醒狮助兴。仪式结束，即假三藩市唐人埠新亚洲酒楼筵开 18 席。各侨团首长在百忙中抽空参加，并赠送贺仪、美丽花篮。本善堂职员在主席欧阳金海带领下分工合作，热情招待嘉宾。宴会在一片欢乐的气氛中完满结束。

全美俊英工商总会升挂五星红旗

2003年9月27日上午,位于旧金山华埠企李街667号的百年会所——全美俊英工商总会(以下简称俊英)升起了五星红旗。中华人民共和国驻旧金山总领事王云翔出席了升旗仪式,并赞扬俊英的侨胞以实际行动支持、关心祖籍国,期盼祖国振兴,同时也表达了侨胞希望祖国统一、反对"台独"的心声。

王云翔在致辞时指出,中国正处于振兴和崛起的历史性阶段,经济处于平稳健康的发展状态。尽管受到SARS的影响,但中国上半年的经济增长仍保持了8%的水平,吸引外资量上升了50%,人民购买力增加了12%。王云翔表示,海外侨胞对家乡的长期支持和帮助在一定程度上促进了中国经济的发展。

为感谢俊英总会长期以来对总领馆工作的支持,王云翔代表总领馆向俊英总理黄海泉、副总理陈耀忠颁发了荣誉贺状。

黄海泉表示,俊英升起了五星红旗,符合"一个中国"的政策,表达了俊英侨胞的爱国情怀以及对中国政府的支持。他说,祖国的强大对居住在海外的侨胞有着积极、重要的影响作用,使侨胞在侨居国受到尊重和重视。

出席升旗仪式的五邑同乡联谊会会长周仕学回忆说:"1988年,五邑率先在奥克兰升起了湾区第一面五星红旗,当时的环境非常恶劣。但五邑坚信有支持者。"他说,后来湾区陆续升起了十余面五星红旗,就说明了侨社的人心所向。

在升旗仪式上致辞的还有旧金山湾区中国统一促进会会长池洪湖、美国华商总会会长雷硕明等。他们均赞扬全美俊英工商总会多年来关心、支持家乡,升起五星红旗更是家乡父老的骄傲。

第四届世界马氏恳亲大会纪盛

第四届世界马氏恳亲大会于2006年10月22—24日在江西省乐平市隆重召开。与会代表来自美国、加拿大、泰国、新加坡、马来西亚、中国台湾地区和国内15个省、市、自治区等41个代表团共830人。其中海外代表团5个136人,国内代表团36个(含台湾)694人,(广州地区岭南马氏代表团56人,包括中山沙涌房3人、张家边房2人)。

为弘扬马氏文化,共建和谐社会,世界马氏恳亲大会每两年举办一次,1999年3月在泰国,2001年9月在新加坡,2004年8月在马来西亚,2006年10月在江西乐平。由江西乐平扶风马氏宗亲联谊会、江西省归国华侨联合会、景德镇外侨办、乐平市人民政府共同主办的第四届世界马氏恳亲大会首次在中国大陆举办,是经江西省人民政府同意并报国务院侨办批准的。大会本着实事求是和"政府搭台、马氏唱戏"的原则进行,期间还投票决定2008年第五届世界马氏恳亲大会在河北省邯郸市召开。

恳亲大会由全国侨联副主席李祖沛宣布开幕,乐平扶风马氏联谊会会长马火良致开幕词,景德镇市委常委、乐平市委书记梁高潮致欢迎词,江西省政协副主席、统战部部长王林森讲话,全国政协副主席马万祺特别代表马万维宣读马万祺贺电,展示马万祺题词。会上宣读中国国民党主席马英九贺词、新加坡共和国国家发展部部长马宝山贺词，乐平市委副书记、市长高层领导及政协、人大的代表等政府出席大会。会议主要内容：亲情恳谈专题讲座、乐平市首届马氏经贸洽谈会、拜谒马廷鸾公祠、马廷鸾墓、闭幕式专题文艺晚会等。

海内外马氏宗亲共襄善举，踊跃捐资襄助，并与乐平市签订多项投资项目，乐助专款改善马廷鸾小学的教学，对乐平市的发展和建设做出贡献。其中最大一笔捐款是粤东马氏宗亲捐款38万元。活动中，警车引路，20多辆大巴载着与会代表，从市区街道至镇区乡村，处处可见彩旗飘扬。宗亲们夹道欢迎，鞭炮雷鸣，处处可见"当好东道主，办好世马会""欢迎马氏宗亲回乡观光"等巨幅横额，情景壮观感人，令人难忘，再次体现乐平市政府对"世马会"的高度重视和积极支持，表达了马氏宗亲是团结互爱、和谐共进的大家族，马氏祖德宗高，后裔永兴。

正是："同祖同宗同本同源不同地，隔山隔水隔洋隔海难隔心。"

"世马会"结束后，11月5日岭南马氏宗亲18房后裔约300多人，在新会金子山拜祭宗祖直北公，并倡议每年重阳节后，岭南马氏宗亲议定同日拜祭宗祖，有利于马氏族亲交流和家族传承，共创未来！

香港中山侨商会纪念辛亥革命100周年暨庆祝百年华诞

"百年社团百年兴，世纪岁月世纪荣。"2011年3月23日晚，香港中山侨商会在香港国际会展中心大会堂隆重举行纪念辛亥革命100周年暨商会成立100周年庆典，省政协副主席汤炳权、外事侨务委员会主任吕伟雄、省侨办主任吴锐成、香港中联办副主任黎桂康、中山市市长陈茂辉等嘉宾应邀出席典礼。火炬区统侨办主任霍启超，组织人事办副主任、台联会副会长鲁万成，侨联会副主席郑丽瑜等到会祝贺。大会主办方筵开150席，近1500名嘉宾参加庆典，场面隆重热烈。

庆典上，香港中山侨商会会长苏计成在讲话中回顾了商会走过的百年历程，他表示历届会董秉持团结乡亲，互助合作，为广大乡亲谋福祉，为促进经济繁荣和社会进步的宗旨，做了大量卓有成效的工作。展望未来，他提出商会将秉承孙中山先生的革命精神，团结一致，推动宗亲联谊互助，继往开来，发扬光大，再创百年辉煌。中山市市长陈茂辉在致辞中盛赞侨商会所做出的卓越贡献，赞扬其百年发展史是一部支持孙中山领导辛亥革命的历史，是一部发扬孙中山先生博爱精神的历史，是一部倾情家乡发展、深为家乡人民赞颂的历史。

当天下午，香港中山侨商会与中山市孙中山研究会联合举办了《香山华侨与辛亥革命》图片展览，以地图、文献以及历史图片等形式，深刻反映香山华侨在一百年前对孙中山先生领导的辛亥革命所做出的卓越贡献。它期望通过缅怀革命先辈的光辉事迹，让年轻一代更加深入了解辛亥革命的历史意义，发扬革命精神，共谋和平与发展。

美国中山德善堂举行春节联欢庆会

美国中山德善堂2011年春节联欢庆会于4月10日晚假座三藩市华埠新亚洲大酒楼隆重举行。筵开46席，该酒楼乐队卡拉OK助兴，场面温馨热闹。中国驻旧金山领事馆副总领事毛清文、领事吴刚、阳和总会馆主席马金权以及各界社团首长、社会贤达、嘉宾祝贺。

是晚7时，司仪高杰宣布，美国中山德善堂一年一度春节联欢庆会开始，首先由本善堂监事长孙达雄介绍到会嘉宾，接着是中山德善堂主席高华焜致欢迎词。他热烈欢迎前来参加联欢庆会的各位嘉宾、首长、侨领、梓里乡亲，并衷心祝愿大家兔年财运亨通、万事如意、家庭幸福，在工作上承前启后，继往开来，群策群力，努力增进本善堂会务发展，共同为侨社、为梓里乡亲做好服务工作。毛清文、马金权先后在会上致辞，他们一致赞扬德善堂致力为侨社谋福利，弘扬中华文化，促进中美友好，推动两岸和平统一等方面都做出了贡献。

本善堂奖学金委员会主任欧阳浩铿报告奖学金事宜。他宣布2010年获奖学金优秀学子有20人（其中大学部11人，中学部9人），希望他们再接再厉，争取更大的进步。

中山德善堂副主席黄海泉致谢词，他衷心感谢大家在百忙中热情参加联欢宴会，感谢他们丰厚贺仪和美丽花篮，为庆会增光不少。席间，嘉宾与梓里乡亲们把盏言欢，共庆金兔年，大家乐融融。

庆祝中国国庆辛亥百年暨中秋佳节联欢晚宴
逾五百中外政要社团代表出席

2011年9月17日晚，澳洲华人团体协会假华埠富丽宫酒楼举办庆祝中华人民共和国国庆、辛亥百年暨中秋佳节联欢晚宴，逾五百位中外嘉宾和139个社团代表出席，气氛融和，热闹非常。

大会由华协会副主席沈铁和肖晓小姐担任司仪，首先由澳大利亚华人社区代表、华协会主席吴昌茂致国庆贺词。他说在中华人民共和国即将昂首跨入62岁华诞的辉煌时刻，全球广大华人华侨都举办辛亥百年纪念活动，缅怀和继承孙中山先生毕生致力于实现中华民族伟大复兴与国家统一的遗志。在这花好月圆的传统中秋佳节期间，500多位华人华侨代表和友好人士深感荣幸地与新州官方最高代表和中国驻悉尼最高代表欢聚一堂，共同庆祝三喜盛事，他谨代表主办单位澳大利亚华人社团协会139个新老华人华侨社团的十多万会员，向新州总督芭雪、中华人民共和国驻澳洲悉尼总领事段洁龙、新州州长代表和在座全体嘉宾，表示最热烈的欢迎和最美好的祝愿，祝祖籍国繁荣昌盛，中澳两国友谊万古长存，祝与会者身体健康、家庭幸福。

新州总督芭雪致辞。她高度评价澳中关系友好发展，中澳两国可以共同分享不同文化所带来的好处。中国的繁荣富强，有利于世界的和平与经济发展，为世界和平不断做出新的贡献。在芭雪总督15分钟的讲话中，会场不时响起阵阵掌声。

总领事段洁龙在讲话时说,他和他的同事很高兴参加这个盛会,与新老朋友们欢聚一堂,热烈庆祝中华人民共和国62周年华诞和中国传统中秋佳节,同时纪念辛亥革命100周年。值此节庆之际,他谨代表中国驻悉尼总领事馆向在座的各位侨领、各位朋友,并向新州广大的华侨华人致以节日的问候和美好的祝福。他希望华协会今后能继续团结广大华侨华人和各界友人,为进一步加强中澳友好交流、弘扬中华文化、促进中国早日和平统一做出更大的贡献。

代表新州州长奥法理出席的公民厅长唐明鲁在致辞时赞扬华人社区是澳洲社会繁荣的基石,是新州社会的重要支柱。华人注重教育,注重家庭价值,强调和谐,这为社会发展注入重要的元素。

当晚还安排了精彩节目助兴,有小提琴家王平,歌唱家刘铁军、黄梅、孙晓梅、尚佩生、吴蔚及澳洲东方歌舞团的民乐队、澳思华手风琴小组等参与表演。晚会在齐唱《歌唱祖国》声中圆满结束。

广东举办首届世界广府人恳亲大会

2013年11月13日,广东省在广州市白云国际会议中心举行首届世界广府人恳亲大会。上午10点大会开幕,省市有关领导、国侨办和国侨联的领导等参加了大会,说明我国政府对这次首届世界广府人恳亲大会十分重视。大会授予王锦辉、邓小颖、古润金、石汉基、红线女、苏志刚、李学海、欧初、萧德雄、翟美卿首届世界广府人"十大杰出人物"称号;授予古巨基、冯珊珊、李慧琼、吴杰庄、岑钊雄、余威达、易建联、赵广军、袁玉宇、霍启刚首届世界广府人"十大杰出青年"称号。

下午,大会安排分组考察广州城建,是晚市府欢迎宴会后观看文艺演出。广州市原市长黎子流先生上台唱了一曲《广州颂》,获得全场掌声。88岁的红线女也高歌一曲《荔枝颂》,将晚会推向了高潮。

14日"返乡之旅"启动。16部大巴四百嘉宾上南雄珠玑古巷。到埗照相后大家分头拜祭祖祠,上香鸣炮,爆竹声此起彼落,连绵不断,体现了广府人慎终追远,不忘宗功祖德。

此次世广会得到省府和各市府的大力支持,又得到广府乡亲何鸿燊、郑裕彤、李兆基、利国伟、李东海及其后人等大商家赞助。议程安排得井井有条,大会开得很精彩,很成功。珠海市前市长梁广大接下大旗,下一届世广会于2015年在珠海市举行。

加拿大铁城崇义总会举行成立100周年庆典

世界最宜居城市之一温哥华的五月,繁花盛放。2014年5月18日,加拿大温哥华铁城崇义总会举行成立100周年庆典,四面八方的嘉宾前来祝贺。由中山市政协韩泽生副主席为团长,侨务局谭文辉副局长、海外联谊会李燕仪副会长、市侨联会贾东风女士、火炬区社区工作和社会事务局陈榕副局长组成的祝贺团带来了中山人民对铁城崇义总会成立100周年的热烈祝贺和亲切勉励。来自世界多个国家和地区的代表也参加了庆典活动。加拿大总理和国会议员，中国领事馆大使，BC省长、BC省议员李灿明、关慧贞，温哥华市长和市议员，中山侨联余志勇主席，加拿大马氏宗亲总会和六个分会，温哥华中华会馆和文化中心，中山同乡会，中中同学会等发来贺电贺文。火炬区旅加拿大马健仪先生代表中山火炬区张家边社区侨联会发出了贺电，并参加了庆祝典礼。

庆典在开锣起鼓、群狮起舞的热烈欢欣气氛中开始，首长和嘉宾代表剪彩，齐唱中加国歌和崇义会会歌。庆宴筵开超百席，美酒佳肴丰富，可谓千人盛宴也。其中有非常精彩的歌舞和功夫表演，首长和嘉宾代表发言。他们赞扬铁城崇义会在促进与发展中加友好关系、维护旅加侨胞的合法权益和与家乡人民沟通联谊等方面所做出的贡献，并祝会务兴隆，再创辉煌。接着是向铁城崇义会和社会做过重大贡献的人士颁奖，互赠纪念品，发送优秀学子奖学金和奖品丰富的抽奖活动，庆典大会诚为纪盛也。

美国中山总商会隆重举行首届年会暨联欢晚会

美国中山总商会首届年会暨联欢晚会于2014年7月13日晚假中半岛Millbrae市新太湖酒家隆重举行，逾300位社会贤达、中山乡亲、湾区商界精英及中领馆商务理事何瑛等出席。

会长孙志中致辞。他代表总商会同仁欢迎嘉宾拨冗光临并致衷心感谢。他表示，总商会于2010年成立，是个年轻的商界团体，有幸得到社会各界的大力支持，特别是总商会全体理事及会员、家眷及好友鼎力配合，无私奉献，使总商会的影响力不断提升，在这里表示敬意与谢意。他指出，今晚总商会在Millbrae市举行首次的大型联欢晚会，目的是让大家在聚情谊的同时也可为会员提供交流与互动的平台，加强商务和会务的联系。总商会会员来自各行各业。商会成立4年来，为支持家乡建设，推动中美两地工商业的发展做了大量工作，成功促成Millbrae市和中山市签署友好合作城市，并与中山市工商联签署友好合作意向书，进一步促进了中山与美国的经贸合作交流。今年年底，中山火炬开发区将计划通过本会在湾区举办医药科技和电子科技招商引资展览，总商会也正在筹备召集中美两地企业家在美国高等学府举办短期的培训学习班，期待借此机会争取更多的商机，招商引资，双赢互利，共同发展。希望嘉宾及会员继续支持总商会，共同为美国中山商会的发展壮大添砖加瓦。

马金权名誉会长致辞，他说今天是总商会首届年会的大喜日子，中山籍及湾区商界精英云集，他实感开心。中山人才济济，中山籍商界团体是一个团结融合的集体。回顾2010年，当年由副市长韩泽生、统战部长苏伟强率领的中山市政府访美团莅临旧金山，问及他2012年中山第九届世界同乡恳亲大会能否在旧金山举办。随后广东省侨办吴锐成主任也曾率访美团到旧金山，也问及同一问题，恳亲会举办地可否在旧金山。他表态说当然可以。在2010年3月阳和会馆开会讨论并通过决议，由美国阳和总会馆在旧金山举办举世瞩目的第九届恳亲会。主办这世界性的大会，是个浩大的工程，作为一个成立有百多年历史的传统侨团，有它的优势与长处，但也存在人员老化等问题，恐难以承担。为此，他极力推荐培养新生力量，挖掘潜力，让年轻有为的新生代商人担纲挑梁。组织新力军，接手工作是当务之急。所以美国中山总商会在这个背景下诞生，并马上投入第九届恳亲会工作。事实证明，这批商界中青年精英发挥了很大作用，成绩有目共睹。继恳亲大会后，总商会会务不断开拓进步。2014 年 5 月商会与中山市工商联签署了友好合作意向书，今晚借此机会向这批年富力强的商界精英致以衷心的感谢。相信在孙志中会长及列位副会长领导下，总商会定能再创佳绩，为中美两地架起商业桥梁。

中领馆商务理事何瑛致辞，表示中领馆会全力支持中美经贸发展，海外侨胞及商家想了解国内的投资项目和环境，他们将提供最好的服务。

市长李伟忠对贵会为社区及中美商业贸易发展赞扬备至，期许贵会百尺竿头更进一步。

孙志雄常务副会长致答谢词，言简意赅，用"多谢您们的礼物与鲜花，多谢您们的支持"表达商会同仁的谢意，希望各位继续给予支持，使总商会商务更上一层楼。

出席年会的主要嘉宾有：Millbrae 市副市长 Robert Gottschalk，市议员 Reuben Holober，星岛日报市场总监董少英，华美银行副总裁 William Fong 及 Dominic Li，国泰银行副总裁 Eric Cheung，富邦理财总裁陈启光等及各商号、侨社首长等。

晚宴期间还举行了抽奖活动，奖品高档而丰富，场面欢乐祥和。美国中山总商会首届年会暨联欢晚会圆满成功。

澳洲广府人协会举行圣诞节联欢晚会

2014 年 12 月 8 日晚，澳洲广府人协会假座布里斯本市中心柏林大酒楼（Sunny Park）隆重举行圣诞联谊晚会。100 多位广府乡亲和嘉宾热情参加了此次联谊叙会。首先由阮国枢会长致贺词，祝各位乡亲父老、嘉宾、朋友圣诞快乐，新年进步，身体健康，家庭幸福。接着萧子毅副会长讲话、他说今年成立广府人协会，得到大家的大力支持。今年首次举行圣诞节联谊叙会，乡亲朋友嘉宾特别是久未联络的乡亲都积极踊跃参与，他们感到十分高兴。今天大家济济一堂，欢庆圣诞节，希望大家开怀畅饮，热热闹闹、开开心心迎接新的一年。宴会中，乡亲们除了品尝丰富的圣诞海鲜大餐外，还欣赏多姿多彩的文娱节目表演。舞台上方的横额是"澳洲广府人协会圣诞联谊会"，两侧贴上由马纪行先生撰写的"岭表标新进取，南中足智多文"金光闪闪的大字对联。表演的节目有精彩的舞蹈，有萧子毅电子琴伴奏的《康定情歌》《甜蜜蜜》《欢乐年年》等经典时代流行歌曲，歌声嘹亮、悠扬悦耳。另外，劳建华先生拉二胡演奏多首流行音乐也十分动听，均获得乡亲们热烈的掌声。节目表演后，由阮国枢会长主持幸运大抽奖，掀起欢乐新高潮。抽奖结束后，阮会长带领全体与会乡亲齐唱耳熟能详的《欢乐今宵》。至此，大会完满结束。

澳洲中山同乡会举行春节联欢晚宴暨奖学金（首发）颁奖仪式

澳洲中山同乡会于 2015 年 2 月 23 日晚在悉尼华埠"八乐居"酒楼举行羊年春节

联欢晚宴暨奖学金（首发）颁发仪式，在酒楼大厅筵开40席。中国驻悉尼副总领事童学军、领事王芸及纽省上议员王国忠、和统会会长黄向墨及各兄弟社团会长、传媒等近500人欢聚一堂，共贺新岁，热闹非凡。

杨广河会长致欢迎词。他向各位乡亲和嘉宾致以节日的祝福。他说同乡会第15届委员会委员上任一年多来做到实事实干，并按计划成立奖学基金会，至今筹得善款3万余元，今年首次选出一名品学兼优学梓给予奖励。并指出今年本会提议成立以中青年为核心的中山商会，筹备进展佳，尽快申请挂牌，商会今后将成为中山市与澳洲商贸活动的桥梁。他又说今年本会将组织和踊跃参加10月5日至7日在悉尼举办的第八届世粤联会，并在12月4日至6日组团赴珠海参加第二届广府人（珠玑）联谊大会。

童学军副总领事亦向在座嘉宾拜年，并赞扬中山同乡会对社区发展贡献良多，今年参加悉尼新春巡游，带来耳目一新的精彩表演。王国忠上议员感谢总领馆对侨胞的支持和关心。他指出中山同乡会历史悠久，一直协助广东社团及华侨社区发展，更推动家乡建设，早在中澳两国正式建交前就担当了交流的桥梁。他期盼该会作为澳洲广东侨团联合总会的成员之一，要继续传承和发扬岭南文化及中华民族的优秀传统美德。司仪冯有德（常务副会长）和方志勇（青年委员）分别用中英文诠译。大会继请本会奖学基金会主席余威麟主持首届奖学金颁发仪式，颁发受奖学生奖学金及奖状，并颁发给乐捐者"慷慨奉献，励志英才"的荣誉奖状及题词，以做留念。

当晚还有由文娱组自编自导自演的精彩文娱节目助兴以及幸运大抽奖。奖品全由各商贾、热心人士和本会委员等捐助，每位嘉宾亦获赠一个"羊羊得意"福袋及利是一封。晚会圆满结束，大家欢乐而归。

美国中山德善堂举行敬老暨颁发奖学金庆会

2015年8月1日，美国中山德善堂假座旧金山华埠新亚洲大酒楼隆重举行敬老暨颁发奖学金庆会，宾客盈门，气氛热烈，近500位乡梓嘉宾欢聚一堂，共叙情谊。

中国驻三藩市领事馆领事谭大有，阳和总会馆主席卢毓麟、秘书刘少钦及其属下团体首长、侨社首长和嘉宾亲临祝贺。

庆会在爆竹声中拉开帷幕。中文书记洪顺祥主持庆会程序。首先由中山德善堂副主席黄海泉介绍嘉宾，继由中山德善堂新任主席高华焜致欢迎词。他代表中山德善堂对各位嘉宾亲临祝贺表示热烈的欢迎和衷心的感谢，并对奖学金获奖的学生和家长表示诚挚的祝贺。他说一年一度的敬老和颁发奖学金庆会具有重大意义，奖学金不仅鼓励乡亲子弟勤奋学习，同时培育年轻一代懂得并发扬尊老爱幼的中华民族传统美德。敬老联欢聚会增加了乡亲之间互动联谊的机会，也增强了善堂的凝聚力，祝大家有一个愉快的夜晚。

领事谭大有先生致辞，他说非常高兴能够受邀出席德善堂敬老和颁发奖学金庆会，借此代表中领馆总领事罗林泉向大家致以诚挚的祝愿，并向各位优秀学子表示热烈的祝贺。他称赞中山德善堂是一个拥有悠久历史和光荣传统的侨团，德善堂人才济济，会务出众，在维护侨胞合法权益、传承中华优秀传统文化、推进中美友好等方面做了大量工作。借此机会感谢德善堂的各位同仁和侨胞们长期以来对中领馆工作的支持和配合。希望大家团结一心，为侨社的和谐繁荣、中美两国友好、两岸和平发展、中华民族伟大复兴做出新的贡献。

阳和会馆主席卢毓麟向品学兼优的获奖学子表示诚挚的祝贺，并赞扬德善堂在发展自身会务的同时弘扬尊老爱幼的中华文化传统，并勉励获奖子弟珍惜今日良好的学习机会，努力奋发，争取更好的成绩，报答父母，回馈华人社区和社会。

监事长孙志雄致答谢词，奖学金委员会主任何国徵宣读19位获奖学生名单和主持颁奖程序，获得奖学金的学子是：库充村李文嘉，陵岗村陈干千、陈干超、陈恩欣，沙边村孙嘉欣、孙丽华、孙丽仪，濠头村莫美娜、郑爱怡、陈巨龙，西桠村郑健嵘、郑健廷、郑健杰、洪宇盈，张家边村高珊珊、吴慧嘉、吴窈婷、吴绍聪、吴绍明。

庆会现场气氛喜庆欢乐，并在一片欢愉和谐的气氛中圆满结束。

全美俊英工商总会举行新一届职员就职典礼
高华焜连任总理　陈耀忠任副总理

全美俊英工商总会2016年职员就职典礼于1月3日在旧金山中国城会所大礼堂举行。中领馆副总领事查立友为总理交接担任监交，高华焜连任总理，陈耀忠出任副总理，查立友并为职员就职进行监誓。元老温容镜主持典礼仪式。

高华焜致就职词时感谢副总领事查立友先生和副领事孙晓明先生出席典礼，并代表俊英工商总会同仁向他们表示热烈欢迎。他同时感谢总会元老、职员及会员们对他的支持和信任，再次推选他出任总理一职，他会加倍努力团结大家把会务做好。

查立友致辞对高华焜总理和严荣辉副总理过去一年倾心为侨服务、辛勤付出表示衷心的感谢，向众望所归、新职高就的连任总理高华焜和新任副总理陈耀忠表示热烈的祝贺。查立友指出，俊英工商总会历史悠久、会员众多、人才济济、会务活跃，成立百余年来，为团结旅美侨胞、繁荣华埠经济、谋求侨胞权益、弘扬中华文化做出了积极的贡献，是总领馆的好朋友。他代表中领馆对该总会所做的工作，以及对中领馆工作的支持和帮助表示崇高的敬意和衷心的感谢。

陈耀忠致就职词时感谢大家拨冗光临俊英工商总会一年一度的职员就职典礼，使该典礼能在欢乐祥和的气氛中进行。他感谢总会同仁对他的爱护与支持，推选他出任副总理一职再次服务俊英工商会，推动俊英会务向前发展的机会。他感谢旧金山总领馆副总领事查立友先生和副领事孙晓明先生前来见证。他指出俊英工商总会将一如既往支持祖国家乡的各项建设事业，促进祖国早日实现和平统一大业，并借此机会向大家致以新年祝福。

元老黄海泉及名誉顾问刘应同分别赞扬正副总理都是侨社经验丰富、大有可为的侨团精英，期盼两位总理与全体同仁精诚团结，为俊英会务发展共同努力。

澳洲中山同乡会举行换届选举

在 2016 年新的一年开始之际,澳洲中山同乡会迎来了第 16 届换届选举。1 月 5 日上午,中山同乡会众多的会员乡亲来到位于唐人街的皇冠酒家参加换届选举大会。本次换届选举,共选出了 20 位新委员,其中吸纳了多位热心同乡会事务的年轻人。雪梨餐饮业的前辈皇冠机构董事长余金晃先生的二公子余威达先生荣任新一届同乡会会长,老前辈孙照钧、冯有德、阮小玉荣任常务副会长,林永基、高思远荣任副会长,可谓新老结合、阵容鼎盛。会员们报以热烈的掌声和欢呼声,一致通过了新一届委员会的诞生。

席间,上届会长杨广河先生发表了离任讲话,他深情地表示,30 年来自己一直在雪梨中山同乡会工作,见到中山侨胞一代接一代,继往开来,深感欣慰。岁月如梭,时不我待,老一辈侨胞身体不如往年。今天能有更多的中山年轻人愿意加入同乡会这个大家庭里,为乡亲服务,感到无比的欣慰和开心。杨先生和元老们都一致表示会支持新一届委员的工作,并希望新一届委员承前启后,齐心协力,把中山同乡会办得更好。新会长余威达先生在大会上表示,一定尽自己所能,多为乡亲们服务,在各委员和乡亲们的协作下把会务工作搞好,并多谢大家的信任和支持。乡亲们都期待着在新一届会长的带领下,努力搞好会务工作,为中澳友谊的发展、为祖籍国的繁荣昌盛、为旅居澳洲的 1300 多位会员乡亲做出新的贡献。

弓河水　故乡情
——记卡技利铁城崇义支会 94 周年纪念庆典

2016 年 7 月 31 日晚,卡城铁城崇义支会在华埠富丽宫海鲜大酒家隆重举行了 94 周年纪念庆典宴会。筵开 32 席,宾客盈门,会场充满了喜气洋洋的气氛。

出席庆典的嘉宾有中国驻卡尔加里总领事馆高振庭副总领事、侨务领事商海昕,远道而来的故乡中山市嘉宾,来自温哥华崇义总会以及域多利的崇义支会的代表,华埠各社团代表以及本会的义兄、义嫂和乡亲逾 300 人出席了庆典。大会司仪由黄文展先生和夏杉女士主持。

庆典首先由雷焕仪会长致欢迎词。他代表卡城支会欢迎各乡亲、嘉宾参加一年一度的盛会,他说今晚乡亲和朋友们共聚一堂,畅叙友谊,加强联络。同时他指出,祖国的经济和科技发展迅速,中加经济和文化交流密切,可以利用母语的优势,在中加文化交流中发挥桥梁的作用。

高振庭副总领事应邀在会上发言。他代表中领馆和王新平总领事热烈祝贺卡城崇义支会成立 94 周年。他赞扬卡城崇义会成立以来传扬中华民族团结互助的优良传统,热心为乡亲谋福利,积极投身公益慈善事业,受到各界高度评价。他又指出:今年是孙中山先生 150 周年诞辰纪念。作为来自孙中山故乡的乡亲们应共同缅怀孙中山先生为民族独立、社会进步和人民幸福所建立的历史功勋;应学习、继承和发扬孙中山先生爱国主义的革命情怀和进取精神，共同维护海峡两岸的和平发展局面，推动祖国早日实现和平统一。凝聚海外华人和中华民族的力量，共同为中华民族伟大复兴事业贡献力量。

来自温哥华崇义总会主席林重强先生和域多利崇义支会主席陈耀彬先生也先后致辞，他们回顾卡技利铁城崇义会走过悠长94个寒暑，克服重重困难才取得今日的成果，希望崇义精神一代一代继承，并将之发扬光大。最后由雷燮贤义兄致谢词。他代表卡城支会衷心感谢各位莅临指导，卡城铁城崇义会94载光阴悠悠，足见先贤创会艰辛，大家齐心协力，才有今天成绩。展望未来，继续努力，将会务推向新高。

当晚文娱节目非常丰富，精彩纷呈。身穿艳丽表演服装的铁城崇义支会合唱团齐唱崇义会会歌，声调铿锵，歌声激昂，揭开了表演的帷幕。来自中国东北师大声乐教授、著名男高音韩再恩先生唱出《祖国万岁》和《美丽的一朵玫瑰花》，其音韵雄浑悦耳，获得全场热烈的掌声。雷树威、陈炳生等演奏了多首中国名曲；卡城著名歌手吴仪女士独唱《送给你一支吉祥的歌》，音色华丽高亢，演唱声情并茂；卡城著名歌手欧阳兆均唱出多首英文歌曲，他深情的演唱感染了在场的每一位观众。崇义会的多位歌手雷树威、吴智常、吴玉祥、林宝荣、Angela Wu、郑秀莲、郭鸣等唱出多首耳熟能详的中外名曲，为晚会增添了欢乐气氛。

庆典最令人翘首以待的是幸运抽奖环节，奖品非常丰富。由卡城崇义会的义兄、义嫂们、公司及私人捐出众多的礼物、礼券、现金，光是现金奖多达60份！在幸运抽奖的环节中发生了一些温馨、感人的场面。有位抽奖嘉宾捐出的红包想不到被其家人幸运抽中，她即场将抽中的红包退回再重新抽奖，还有一些嘉宾也将自己抽中的奖品再交大会抽奖。她们的热心、慷慨博得全场来宾的热烈掌声。其中最大奖是由马玉科伉俪慷慨捐出的一星期夏威夷高级公寓度假套票，中奖的来宾均非常兴奋。

晚会最后由铁城崇义支会合唱团再次登台合唱《难忘今宵》："青山在，人未老，告别今宵，明年春来再相邀……"欢快的旋律，悠扬的歌声响彻大堂，卡城铁城崇义支会94周年纪念庆典圆满落下了帷幕。

中山德善堂举行敬老暨颁发奖学金庆会

2016年8月6日，三藩市中山德善堂假座旧金山华埠新亚洲大酒楼隆重举行敬老暨颁发奖学金庆会。当晚宾客盈门、高朋满座，筵开48席，乡亲梓里聚首一堂，尊老重道，激励后辈，和谐并进，喜气洋洋，场面盛大。

中国领事馆副总领事任发强、领事谭大有，阳和总会馆主席卢毓麟、秘书刘少钦以及其属下团体首长等嘉宾莅临祝贺。德善堂主席高华焜、副主席黄海泉、监事长孙志雄、顾问吴耀庭、洪桂强、谭伟儒，奖学金委员会主任何国徽，本善堂全体理监事，各侨团首长，友好嘉宾以及得奖学生和家长聚首一堂，同贺庆会。

庆会在爆竹声中拉开帷幕，由中文书记洪顺祥主持庆会程序。黄海泉介绍各侨社首长和嘉宾，高华焜致欢迎词。他代表中山德善堂热烈欢迎各位嘉宾并表示衷心的感谢，对获得奖学金的学生和家长表示诚挚的祝贺,并感谢阳和总会馆赞助奖学金 3000 元,以及本善堂全体理监事和乡亲们的慷慨捐赠。他鼓励学子勤奋学习,学业有成回馈社会。希望大家继续支持德善堂,为乡亲谋福祉。

任发强代表领事馆向在座各位致以亲切的问候,并向获奖的学生表示祝贺。他赞扬德善堂秉承先辈光荣传统,积极维护侨胞合法权益,关心家乡建设,努力弘扬中华文化,积极支持中领馆的工作,推动中美友好等方面都做出了巨大贡献,借此表示衷心的感谢及致以崇高的敬意。最后,他祝愿德善堂堂务昌隆,蒸蒸日上。

卢毓麟代表阳和总会馆全体理事同人向庆会致以热烈的祝贺。他称赞德善堂是阳和总会馆属下一个实力雄厚、团结互助、爱国爱乡的善堂。历届主席、副主席、理事同人同心协力和无私奉献,使善堂得以不断发展壮大。他祝德善堂会务百尺竿头更进一步。并勉励学生勤奋学习、天天向上,取得最好的成绩报答父母,回馈社会。

何国徵宣布 17 位获奖学生名单,任发强、谭大有、卢毓麟、刘少钦及德善堂首长分别代表德善堂向获奖学生颁发奖学金和奖状,并合影留念。

孙志雄致答谢词,他表示在千言万语之中汇成"无限感激"四个字,以答谢各界好友和嘉宾亲临庆贺指导和送来的鲜花贺仪。

庆会在一片欢乐、和谐、温馨的喜庆气氛中圆满结束。

附:今年获得奖学金的学子有张家边村吴文靖、吴文琳、吴绍明、吴绍聪、吴窈婷、吴绮珊,西桠村江嘉丽、洪宇星、洪宇盈、郑健廷,陵岗村陈嘉美、陈干威、陈干千、陈绮铃,库充村陈新,沙边村孙丽仪,江尾头村李加雄。

美国中山德善堂举行新一届理监事交接就职典礼

美国中山德善堂于本善堂三楼会议厅举行新一届理监事交接就职典礼。

中文书记洪顺祥主持典礼,全体与会人员向孙中山先生遗像致三鞠躬礼,为典礼拉开序幕。在顾问洪桂强主持监交下,新任主席黄海泉、副主席孙志雄从满任主席高华焜手中接过印信,履新就职。全体理监事也在洪桂强先生主持监誓下宣誓就职,为德善堂堂务发展,为梓里乡亲谋取福祉做出应有的贡献。

满任主席高华焜致卸任词。他感谢顾问洪桂强为德善堂新一届职员监交及监誓,感谢在过去两年任期内得到全体理监事及会员的大力支持和帮助,才能顺利完成任期内的工作。他祝愿在新一届有活力有经验之正副主席的领导下,德善堂同仁同心协力,共创新的辉煌。

新任主席黄海泉致就职词。他感谢全体理监事及会员们的信任、托付。他担任新一届主席,深感荣幸和责任重大。他表示要尽己之力全心全意地为善堂做好工作,与同仁同心合力,为侨胞谋求福祉,繁荣华埠社区,弘扬中华文化做出努力。他期望德善堂全体同仁继续加强团结,积极拓展会务,为侨社增添更多新动力及正能量。新任副主席孙志雄紧接着致就职词,他感谢全体职员对他的支持和厚爱,表示要鼎力协助主席黄海泉,与全体理事一起,群策群力,为发展堂务、构建和谐侨社做出贡献,共创德善堂美好的明天。

交接典礼在一片欢乐祥和的气氛中圆满结束，德善堂全体理监事合影留念。

温哥华举办辛亥革命文物盛世展

"辛亥革命百年文物钱币邮票盛世展"在温哥华揭幕，展出多项收藏家余境海珍藏的革命历史文物及文献。

该展览由余境海先生策划，大温哥华中华文化中心主办，假座温哥华华埠哥伦比亚街（Columbia St.）555号大温哥华中华文化中心文物馆举行。

展品包括孙中山及辛亥革命有关文物、辛亥革命人物及烈士遗照，珍贵的纸币、硬币、邮票、百年历史藏书等。这些罕有书籍，乃首次公开展出。余境海先生在揭幕仪式上说，孙中山100年前推动辛亥革命，毛泽东1949年建立中华人民共和国，邓小平30多年前推出改革开放政策，均是中国近代大事。

目前中国开始富强，宇航成就骄人，2008年奥运与2010年世博成功举办，让中国国民及海外侨民见识到盛世时光，让海内外华人充满感激和自豪之情。

第二节　民族英雄　中山琐记

孙中山先生推翻两千多年封建帝制创立共和政体

孙中山先生名文，字德明，号逸仙，香山翠亨村人。1866年出生。1879年13岁的孙中山第一次到檀香山，在意奥兰尼学校就读。1883年从檀香山回国，同年到香港入读拔萃书院。1886年由香港到广州入博济学医并开始革命活动。未几返香港西医学校再求深造，并在香港与澳门间从事宣传反清工作。1892年毕业，往澳门、石歧、广州等地开中西药局行医。1894年由广州再到檀香山，首创兴中会。1895年返香港发表宣言，指责清政府因甲午年战败而与日本订立不平等的马关条约违反人民意旨。后在广州起义失败逃亡英国，在伦敦被清政府驻伦敦公使诱捕，幸得其师康德黎营救脱险。1905年于日本成立同盟会，前后经过十次革命失败。1911年3月29日广州黄花岗之役，损失惨重。牺牲党国精英72人，但由此激奋人心，终于在同年10月10日武昌起义成功，此为辛亥革命。孙中山创立中华民国，立即得到全世界各国承认中华民国为唯一的合法政府。1912年1月1日，孙中山在南京宣誓就职临时大总统，3月11日公布《中华民国临时约法》。但人们只是都醉心于享受胜利果实，认为推翻了清政府一切已经成功，对于孙中山先生所提出的三民主义和当时的形势认识不足，还认为天下为公、世界大同的理想太高，不能实行。孙先生和那些人争辩无效，只好向参议院辞职，由袁世凯继任。哪知袁世凯野心很大，拥兵自固，阴谋复辟帝制。不久发生洪宪帝制丑剧，跟着国内政局混乱，各军阀祸国殃民。孙中山从日本回国进行护法，在广州组织军政府，被选为海陆空军大元帅。1921年5月5日，孙中山就任非常大总统，准备北伐。1923年11月发表国民党改组宣言，重新解释"三民主义"的精神是联俄、联共、扶助农工三大政策。所谓联共，就是国民党可以容纳共产党员以个人身份参加国民党各部门的工作，如毛泽东担任过国民党中央的代理宣传部长，周恩来、刘少奇、邓小平等老一辈革命家也曾以"跨"党身份在国民党内任过职，实现了国共两党的首次合作。孙中山积40年革命之经验，奠定了民主中国的基础，为中国的独立、自由、民主、富强和统一做出了伟大的贡献，建立了辉煌的历史功勋。

1924年孙先生领导国民党在广州召开第一次全国代表大会，有许多历史性的文件由参加改组的人撰写初稿，最后由孙先生定稿，于各报发表。当时全国军阀割据，广州内部也很混乱，军阀在政府内把持财政，从中作梗，甚至把办黄埔军校的款也扣着不肯发出。孙先生看到广东政令不能实行，民众生活痛苦，很气愤地责骂军阀杨希闵说："你戴着我的帽子，践踏我的家乡！"广州的革命政府不但受军阀势力包围，也受外国势力威胁。外国军舰驶进珠江白鹅潭示威，陈炯明趁机组织武装叛变，孙先生讨伐叛乱，北京贿选的总统曹锟垮台。冯玉祥电请孙先生到北京共商国事，孙先生为了国家前途，仍带病毅然赴京。1925年3月11日孙先生病危，授意由汪精卫代写遗嘱，孙先生在病榻上签了字，这便是著名的总理遗嘱。全文如下：余致力国民革命凡四十年，其目的在求中国之自由平等。积四十年之经验，深知欲达此目的，必须唤起民众及联合世界上以平等待我之民族共同奋斗。现在革命尚未成功，凡我同志，必须依照余所著之建国方略，建国大纲，三民主义及第一次全国代表大会宣言，继续努力，以求贯彻最近主张，召开国民会议及废除不平等条约，尤须于最短期间促其实现，是所至嘱。

孙先生在遗嘱上签了名，呼吸渐渐微弱了。他恳切地以沉痛的声音对围绕病榻旁的同志说，他死了后，四面都是敌人，你们千万不要被敌人软化。3月12日9时30分孙中山先生永远离开了人间，在他弥留之际，还不断地喊着：和平，奋斗，救中国。

2016年，在纪念孙中山先生诞辰150周年大会上，习近平总书记对他高度评价："孙中山先生是伟大的民族英雄、伟大的爱国主义者、中国民主革命的伟大先驱，一生以革命为己任，立志救国救民，为中华民族做出了彪炳史册的贡献。"他指出："中国共产党人是孙中山先生革命事业最坚定的支持者、最忠诚的合作者、最忠实的继承者。在他生前，中国共产党人坚定支持孙中山先生的事业。在他身后，中国共产党人忠实继承孙中山先生的遗志，团结带领全国各族人民英勇奋斗、继续前进，付出巨大牺牲，完成了孙中山先生未竟事业，取得新民主主义革命胜利，建立了人民当家做主的中华人民共和国，实现了民族独立、人民解放。在这个基础上，中国共产党人团结带领中国人民继续奋斗，完成了社会主义革命，确立了社会主义制度。"

关于孙中山先生的两副绝对

1911年12月25日，孙中山在经历了16年的海外生活和艰苦斗争后，回到祖国，到达上海。其时，武昌起义成功，各省代表们为组织临时政府，选举大总统，一直争论不休。孙中山的归来，给革命带来了一股清新的朝气，使围绕总统人选问题而展开的各种议论一扫而光，纷争戛然而止，他成了众望所归的合适总统人选。12月29日，各省代表会议在南京召开，筹组中央临时政府，孙中山在17张有效选票中，以16票的绝对多数，当选为中国第一任临时大总统。中国有了共和国政权的大总统，这在我国几千年文明史上是第一件破天荒的大喜事。

1912年元旦凌晨，孙中山在到处张灯结彩和"共和万岁"的欢呼声中，离开上海乘火车前往南京，就任临时大总统，宣告中华民国成立。不久，胜利果实被军阀政客袁世凯所窃取。此后8年内，民国政府总统五易其人。对于政坛这种"一个不如一个"的走马换将，南京一位有识之士撰写上联，予以嘲讽，流传市井，征求下联。联曰："由山而城，由城而陂，由陂而河，由河而海，每况愈下。"乍看字面意思，是说地形由高而低、水往低处流的自然现象。实际上则是以国民政府先后五任总统的籍贯指代人名。五任总统先后依次为："山"即孙中山，广东香山人；"城"即袁世凯，河南项城人；"陂"即黎元洪，湖北黄陂人；"河"即冯国璋，河北河间县人；"海"即徐世昌，江苏东海县人。

1925年3月12日，在黑暗的中国上空，一颗巨星划出一道灿烂夺目的光彩后陨落了。一代伟人孙中山先生因肝癌晚期扩散，医治无效，溘然长逝，终年59岁。一时间，举国上下，大江南北，长城内外，云凄海咽，地黯天愁，人们深切哀悼这位为中国的独立、民主、统一和富强而奋斗不息的伟大革命家过早地离开人世。1929年，国民政府举行奉安大典，孙中山先生灵柩安葬在南京南麓墓地中山陵。从此，孙中山先生长眠的紫金山中山陵园，便永远成为革命人民瞻仰、纪念的圣地。对此，南京一位楹联高手撰写一上联刊于《中央日报》上，征求下联。他撰写的上联是："前中山，后中山，前后中山葬钟山。"其中，前中山指明代开国将领徐达，因其生前任"右丞相，封魏国公"，死后被追封为"中山王"，故称"中山"；后"中山"指孙中山。两人均安葬钟山（南京）。

上述两副上联，联语结构奇特，含义精辟深邃。要对出下联非常困难，故以上两副对联至今无人以对，遂成绝对。当今有识之士，楹联高手，如有兴趣，不妨一试身手。

宋庆龄妙联考孙中山

1916年4月的一天晚饭后，新婚燕尔的孙中山与宋庆龄联袂于广州越秀公园内散步，两人边走边谈论着讨伐窃国大盗袁世凯的事情。满腔热忱的宋庆龄停下步来，轻拉着孙中山的手，妩媚地说："逸仙，我想到一句讨袁的上联，料你定能续好下联吧？若不，罚你念一首英文抒情小诗给我听。"

此时心情蛮好的孙中山，高兴地笑道："你居然仿效苏小妹三难新郎来了。"宋庆龄抿嘴一笑吟出上联："或入园中逐出袁还我国，"孙中山轻念着上联，觉得妻子才思敏捷，联中句子一语双关。其中"或"的解释是：要有志士仁人担纲牵头去做才成事……显然，庆龄对他逐袁抱有殷切期望，他岂可辜负她的一番心意呢？

孙中山仰望晴天，思索片刻便朗声应对出下联："余行道义无回首瞻前途。"下联妙语连珠，与上联珠联璧合。宋庆龄听后，紧抓丈夫的手，高兴地笑着说："妙哇、妙哇……"

孙中山先生与洪门

在加拿大温哥华市华埠片打西街一号，即大汉公报对面的一座建筑物，便是昔日洪门致公堂的会址。孙中山先生奔走革命来温哥华时曾居住过的。

洪门是中国的秘密帮会之一。"洪"是明太祖朱元璋洪武年号的"洪"。其目的是反清复明，特别强调会员对组织的效忠，尤其是义气，非常重视。传说他们的始祖是少林僧徒，因清政府毁少林寺，僧众逃脱而创立会社。

这些会社主要是流行于福建、广东及长江流域一带。天地会总舵主发展于西北，小说鹿鼎记亦提及。洪门等秘密会址组织也渐渐蔓延至南洋及美国、加拿大各地。

远在1869年，在卑诗省埠仔Barkerville（俗称金山），不少中国人在这里被"卖猪仔"做矿工或淘金沙。他们多数是只身在外谋生，孤独无靠，难免受白人欺负，因此便组织帮会，名洪顺堂，后改名致公堂。此乃洪门的支派之一，亦是卑诗省最早的一个中国人团体。

孙中山先生在美洲奔走革命，得力于这些帮会不少。他在檀香山加入致公堂，后更被推为堂主。孙中山先生曾三次奔走温哥华，向华侨筹款，并得到当地帮会的很大帮助。

第一次是在1897年7月，孙中山由欧洲乘船来加拿大，在满地可登岸，然后乘火车抵达温哥华。他停留在域多达利市达10日之久。

第二次是在1910年2月，孙中山由三藩市乘车抵达温哥华，并转往加拿大各城市向华侨演讲，鼓吹革命，此次筹款活动甚为成功。

第三次是在1911年2月，这是最盛大的一次。孙中山由三藩市到温哥华，当他抵达火车站时，受到众多华侨的欢迎。他连续4日向华侨演讲，鼓吹革命，大受当地华侨的支持。他此次共筹的款项超过7万元。在域多利市的致公堂，华侨将其会馆按揭给银行，得3万多元来支持孙中山先生的革命活动。

洪门致公堂旧址，位于加灵街和片打西街交界，始建于1901年。这座建筑物的风格乃中西混合；朝着加露街的一面是采用意大利式风格，但在片打西街的一面，每一层都有露台，此乃是在华埠早期建筑物的独特风格。孙中山先生来温哥华时，曾在这里居住过。现在这座建筑物已空置多时，洪门会址亦已迁往现址的片打东街。若到温哥华，不妨参观这座建筑物，细心看看它的建筑风格，联想一下当年孙中山先生在这里向华侨演讲为革命筹款的情形。

孙中山先生拒绝"万岁"称号

孙中山先生任临时大总统后，来访的人很多。一天，扬州一位年近八旬的萧姓盐商，专程来到南京拜谒孙中山。侍卫长郭汉章入内报告，孙中山含笑而起，立即接见。他正准备与萧某握手，不料萧某扔下手杖，跪在地上行三跪九叩之礼。孙中山赶忙扶他起来，请他坐下，然后对他说："民国大总统在位一天，就一天是国民的公仆，总统是为国民服务的。"萧某听后十分高兴，问道："总统如果辞职了呢？"孙中山笑着说："总统辞职后，又回到老百姓中间去，同老百姓又一个样了。"

又有一次，孙中山先生在街上听到有人向他高呼"总统万岁"，回到府邸后就对秘书人员说："封建专制已经推倒，还有人向我呼万岁，很不适当。"有人告诉孙中山说："各省各府的临时都督发来的电文之中，有少数还写上'恭祝大总统万寿无疆'这样的词句。"孙中山严肃地说："以后如再这样，把原件退回。"

1912年4月，孙中山辞去临时大总统后，从上海乘"联鲸号"军舰抵达福州。当时的都督孙道仁请孙中山换坐甲板船到市区南台登。孙中山不肯下船，并生气地说："刚才江面小船有'孙大总统万岁'的纸旗。'万岁'本是封建专制皇帝硬要手下的官民称他的，我们的革命先烈为了反抗'万岁'抛下了多少头颅，流了多少鲜血。我若接受这个称呼，怎对得起革命先烈啊？！"孙道仁立即叫随行人员把纸旗都改写成"欢迎孙中山先生"。孙中山这才同意换甲板船进城。

孙中山先生撰写对联

孙中山先生会撰写对联，他一生写过多少对联，无法查考。现从报纸杂志中，发现有以下几副。看来，翠亨村故居那一副"一椽得所，五桂安居"门联，应该说是他最早的作品了。光绪年间，他留学归来，途径武昌，当时湖广总督张之洞办洋务，亟欲一见他。走到府前递上名片，上写着"学者孙文求见之洞兄"。门卫随即将名片呈上，张之洞一看很不高兴，问门卫："来者何人？"门卫答道："是一儒生。"张之洞也不发话，只是命人拿来纸笔，写了一行字，让门卫交给孙中山。孙中山一看，纸上写着"持三字帖，见一品官，儒生妄敢称兄弟。"这分明是一副上联，孙中山微微一笑，对了下联，请门卫呈上。张之洞一看："行千里路，读万卷书；布衣亦可傲公侯。"不觉暗暗吃惊，急令开中门迎接。

1905年中国同盟会成立后，孙中山来到新加坡，住在陈连才兄弟开设的和春木行，曾写一副对联给他们："眼底两行专制泪，胸中一卷自由书。"这副对联，感动了许多爱国侨胞。他们纷纷出钱出力，资助革命事业的发展。

1908年5月，孙中山来到梅县松口镇，对松口中学师生400多人发表演说。松口是广东著名侨乡，孙中山领导的民主革命得到该镇爱国侨胞的热心帮助，建立了深厚的友谊。该晚孙中山住在华侨谢逸桥的爱春楼里。应主人之请，孙中山兴致勃勃地写了一副对联相赠："博爱从吾好，宜春有此家。"书后余兴未尽，又再撰一副："爱国爱民，玉树芝兰佳子弟；春风春雨，朱楼画栋好家居。"上联用燕额格，下联用鹤顶格，均嵌入"爱春"二字。

同年秋，孙中山前往日本箱根。日本革命家宫崎滔天等人前来迎接，设宴于环翠楼。

席间，宫崎求书，孙中山即挥毫写了"环翠楼中虬髯客，涌金门外岳飞魂。"一联见赠。虬髯客，是泛指豪侠之士。

孙中山晚年，亲书一副对联给夫人宋庆龄留念。联曰："精诚无间同忧乐，笃爱有缘共死生。"以"无间"对"有缘"，"忧乐"对"死生"，对仗十分工整。从这对联可见孙、宋二人情感的融洽与坚贞。

此外，孙中山亦写过一些挽联。如挽秋瑾烈士联："江户矢丹忱，感君首赞同盟会；轩亭洒碧血，愧我今招侠女魂。"江户，即东京。轩亭，指武汉古轩厅口，是烈士殉难处。挽蔡锷联："年生慷慨班都护，万里间关马伏波。"班超，西汉人，任都护之职，年定西域。马援，东汉人，号伏波将军，战乱有功。挽宋教仁联："做公民保障，谁非后死者；为宪法流血，公真第一人。"宋教仁为民国初年临时国会领袖，袁世凯阴谋恢复帝制，派人将他暗杀于上海，孙中山极表愤慨。

中山舰重现英姿

1997年1月28日上午10时许，沉睡在长江底达59年之久的中山舰缓缓浮出水面。这艘举世瞩目的一代名舰终于重见天日。

中山舰作为一代名舰，在中国近代史上具有特殊的历史价值，是中华民族和世界人民珍贵的历史文化遗产。中山舰原名永丰舰，1913年建成下水。1925年4月13日，广州革命政府为纪念孙中山先生而将其命名为中山舰。1938年10月24日，中山舰在武汉参加抗日的战斗中，不幸被日本飞机炸沉于长江金口水域。中山舰在其25年的服役史中，先后经历了护法运动，孙中山先生广州蒙难，中山舰事件和武汉保卫战等重大历史事件。中山舰不仅记载着孙中山先生历经磨难、矢志救国的坎坷历程和孙中山先生作为中国民主革命先行者的丰功伟绩，同时也体现了中华民族不畏强暴、抗击侵略、英勇献身的伟大爱国主义精神。中山舰是海内外炎黄子孙心中的一座历史丰碑。

整体出水的中山舰在明媚的阳光照耀下，英姿粲然。尽管它身受炮火硝烟的重创，但岁月波涛的印痕仍深深地留在船舷、甲板、舱门及缆桩之上，仍然无法掩盖其威武不屈的风采。它舰首高昂，翘望东方，仿佛要发出震天的怒吼，继续它劈波斩浪的征程。

历经沧桑的中山舰重见天日了，关注中山舰的海内外同胞终于盼来了这激动人心的一刻。据了解，被打捞出水后的中山舰由湖北船厂进行全面修复，并在中山舰沉没地金口镇兴了综合性的中山舰陈列基地，以供后人参观与纪念。

"国运兴，名舰出。"一语道出了中山舰近百年的沧桑。

孙中山先生与旅美华侨的故事

孙中山先生曾有一句名言："华侨乃革命之母"，形象地说明了华侨和孙中山先生民主革命的不解之缘。的确如此，在20世纪初年，广大海外华侨积极支持孙中山先生进行革命。他们对孙中山先生忠心耿耿，赤诚一片；而孙中山先生对他们则是推心置腹，热情关怀，勉励有加。下面介绍三则小故事可窥一斑。

（1）1909年，孙中山到美国巴索地区从事革命活动，发展革命组织，在当地致公堂举行了三个小时的演说，控诉清政府腐败无能，号召广大侨胞起来推翻清朝统治，挽救危难的中华民族。

热血方刚的美国华侨青年马湘（1889—1973），广东省台山市白沙镇山朗敦和村人，边听边激动得流下了热泪。当晚，他在致公堂华侨专门举行的宴会上，走到孙中山跟前跪下，恳切地要求参加革命。孙中山端详一会，笑道："跟我革命？革命是会杀头的，你有这个胆量吗？"马湘答道："杀就杀，我不怕，我有三兄弟，杀了我还有两兄弟奉养父母。我又未娶妻，没有牵累，怕什么？"孙中山听了很满意，就答应了他的请求。

随后，马湘就参加了同盟会，追随孙中山从事革命活动。在孙中山先生离开美国前往加拿大活动时，马湘还写了一封信给他在加拿大经商并主持温哥华洪门致公堂的父亲，请他助孙中山一臂之力。

以后，马湘就一直跟随孙中山，先后担任卫士、卫士队长和少将、副官等职，为中国民主革命立下汗马功劳。

（2）1923年，美国华侨青年黄光锐（1898—1985），广东省台山市白沙镇潮镜田心村人，驾驶飞机轰炸陈炯明叛军，为保卫广州革命政权和东征做出了重要贡献。

事后，大元帅孙中山派卫士马湘、黄惠龙通知黄光锐，说大元帅要召见他，请他立即起程。黄光锐到了帅府，孙中山向黄光锐亲切慰问，赞扬他为革命奋不顾身，对革命奉献很大，并表示要给予物质奖励，要在黄埔附近划分一大块土地给他。孙中山还对黄光锐解释说："你得了这大块地后，一生衣食尚可以无忧了。"黄光锐听后，立即站起来说："报告大元帅，我是一个华侨，回国参加革命，是我报国的责任，并非为自己的利禄而来。孙中山当年在三藩市对一班青年华侨说过的话，我还记得，你说'青年人应该立志做大事，不要做大官，更不要想发大财'。这块地方我不敢接受。"大元帅点头微笑，叫黄光锐坐下，问："你在三藩市听过我讲话吗？"黄光锐答："没有，是我在美国读书，每天放学从市作顿街一间公司打零工时听到过的，这些话全唐人埠谁都知道了。"大元帅听后沉思一会才说："唐人埠我在那里蹲过一段时期，离开它已十多年了，华侨很老实，也很爱国，对革命奉献非常大，尤其是年经的一代，他们唯一的目的是希望中国能强盛起来，不再受外国人的气。"

接着孙中山又对黄光锐说："好！你很有志气！刚才我说的那块地，你要，我固然喜欢；你不要，我更喜欢，革命军人处处要做群众榜样，好好干吧！"

后来，黄光锐致力于航空事业，他的名字是和中国航空史上的一些大事连在一起的。他曾担任过广东空军司令，经他所培育和指挥的广东空军飞行员，大多数在抗日战争中勇敢战斗，做出重大贡献：有40人共击落日机70多架，有70多人为国牺牲。航空先驱，功垂青史。

（3）美国西雅图华商、侨领陈宜禧（1884—1929），广东省台山市斗山镇大湾美塘村人，是新宁铁路（中国早期三条民办铁路之一）的倡议人、主要投资者和集资者、公司总理兼工程师。

当 1920 年新宁铁路建成之后，76 岁的陈宜禧一心谋划将此铁路铺至阳江及赤溪半岛南端等地，以图开辟铜鼓商港，使台山侨乡更加繁荣。

孙中山先生得知此事后，曾给予赞许和支持，并拟委派他为筹办铜鼓商埠专员。一日，他谒见孙中山，孙中山问道："既委你为专员，未知你有几多资本？"陈宜禧答："无。"孙中山又问："没有资本怎样开埠？"陈宜禧反问道："您干革命，有多少资本？"孙中山也答："无。"陈宜禧接着说："你行革命，唯主义好，实际为国民，因教国人信仰拥护，所以能推翻清政府，肇造民国。假如不得民心，任何大资本，亦不能成功！今我开辟商埠，亦靠大家相信而投资，否则，亦为个人资本所难成也。"

孙中山听了陈宜禧一席话，肃然起敬，遂委任他为开埠专员。孙中山后来对人说："人谓宜禧为儿戏（粤语'儿戏'与'宜禧'同音），非也，乃有卓见而能干也。"陈宜禧也说："人谓孙文为孙大炮，非也，其大炮乃能击败敌人，稳操胜券之大炮也"。

孙中山先生曾在石岐开设中西药局

孙中山在家乡香山的县城石岐，向南朗人程北海的生草药店分租一半铺面，再开一间东西药局支店，仍名中西药局，址设石岐西门口，即今天石岐孙文西路 47 号。所售西药有发冷丸、癣皮肤水、拔毒生肌膏、立止牙痛水等，包装纸上均印有"孙逸仙博士监制"字样。

关于石岐中西药局，追随孙中山先生革命多年的祖籍宫花村的王棠先生在《回忆录》有此一说：

"余童龄时，四岁，父亲藻廷赴美经商，赖母亲黄氏在家教养。七岁起即在石岐私塾读书，次年，即光绪二十六年（1900），余祖母之弟设私塾于白水井巷程北海君住宅之前厅，余就读于该宅，与程北海之五女、八女、七子同学。程北海之一妻一妾待余如自己的子侄，暇辄到程家，内进与程氏子女嬉戏。一日，程氏有一友到访，相与谈天，谈到孙先生出走问题，余适因感冒，舅公着余在偏间休息。偏间与程氏内室相隔只一幅屏门，程氏不知余卧在屏门侧之椅。程氏与友人谈：孙先生因犯作反嫌疑，亟拟推翻光绪皇帝，离开石岐赴香港，孙先生所开设之中西药局双扉严扣，无人主持。程氏原在该局门外经营买卖旧料什架生意，以多日未见开门营业，乃冒险启门入内将店中杂物捡妥。一边铺面兼营旧料生意，一边铺面则照旧营药品生意，拟候孙先生回来主持，尽宾主关系交还与他。但孙先生去了多时未见消息，亦无音讯，而且其手制之药品多已售罄，幸留下药方程氏照方配购原料补充应市……"

石岐坊间，至今流传孙中山的两则行医故事。

其一，孙中山散步郊外，见一农民病死榻上，妻子正在痛哭。孙中山上前看过后，说："此人窒息而死，该有救。快把病者抬来我医馆！"经过孙中山的诊治，病者苏醒。

其二，孙中山见日升银铺的徐老板脸色极差，对他说："你患盗汗症，心脏很弱，宜早治。"徐翁服药数日后痊愈。某次，孙中山与徐老板在来往广州与石岐的花尾渡上不期而遇，孙中山兴之所至，不由得抓紧机会向徐老板宣传革命的道理："要救国，

1920年，中山石岐学生游行队伍，照片最右端可见中西药局招牌

非排满不可。"徐老板是个生意人，听孙中山这么一说，顿时惊慌地四下张望，而后小声问道："说这些，你不怕杀头吗？"孙中山搂着徐老板的肩膀，神色凝重地回答说："你总听说过革命党吧？他们是为了推翻清政府才起来革命的。我赞成他们的举动。革命的确可能导致杀头，若是人人都顾惜自己的头颅，不敢起来造反，那清朝皇帝不是要永远骑在我们的头上吗？革命者不能怕杀头，怕杀头就不是革命者了。"一番大义凛然的话，听得徐老板犹如醍醐灌顶，敬仰万分。他虽是个怕事的老实人，但在此后，每当听到孙中山发动起义的消息，都不由得在心中默祷"祝你成功"！

孙中山先生在澳门为民众治病逸事

清代期间的澳门，只有营地大街、关前街和草堆街三条大街。草堆街就是当时澳门渔民堆草的地方。不多年，草堆街两旁逐渐建了很多商店，大多数经营布匹生意，故易名卖布街。

当年孙逸仙（孙中山）在澳门镜湖医院做医生，不久他向医院借了1440两白银租下草堆街84号开了一间名叫中西药局的药房，免费为贫苦的澳门百姓治病送药，同时利用这间药房作为澳门同盟会员秘密的联络点和避难所。

1893年农历初一深夜，孙逸仙在"杨四寇"堂主杨鹤龄的陪同下回到中西药局。他二人一踏入大门，便看到一副担架上躺着一个用破棉被盖着的病人。一位老人上前跪在孙逸仙面前，满腔泪水说道，孙大夫求你救救他这个痛得很厉害的孙子啊！杨鹤龄见状便立即扶起老人，并安慰了几句，因还有急事要办，便向孙逸仙告辞，急急忙忙回住处。孙逸仙上前揭开担架上那破棉被，从衣袋拿出听诊器给老人孙子诊断。诊毕，便对老人郑重地说道："老大爷，你孙子的病不轻呀，怎么拖到今日深夜才来看病？"老人回答道："前几天我孙子服过几服中草药不见效，于是拿着好心街坊凑来的银两看过洋大夫，他只开了几片药片就算了，并说我孙子必须开刀动手术才能治好，当场吓得我心惊胆战，不知如何是好。"孙逸仙听罢，立刻从药箱取出几粒药丸让病人服下止痛，并说："老大爷你孙子患的是肾结石和泌尿系统并发症，必须住院动手术方能根治。"

第二天中午，孙大夫来给老人孙子看病。其间孙大夫问及老人家境情况，老人顿时无限哀伤地说道，他儿子无知，为了谋生误交匪人，受骗卖身沦为"猪仔"被迫过埠，下落不明。其妻生活难熬,留下这根独苗改嫁他乡,今他一老一少无依无靠,生活苦不堪言。老人一番苦衷之言,让孙大夫陷入深思。随后他对老人说:"老大爷请你放心,你孙子的病包在我身上,明天你把他带到镜湖医院留医,过两天我亲自为他动手术。至于医药费和诊金你就不必操心了!"老人听了感动万分。

孙逸仙为老人孙子动手术这一天,正值镜湖医院落成20周年,医院组织隆重庆贺。那边孙逸仙主动当主刀,其学医时代的著名英国医生康德黎当助手。经过紧张的几个小时的手术,从老人孙子阿成的肾脏内取出一枚形如鸡卵重一两七钱的肾石。随室的医生及护士齐声欢呼,赞颂孙逸仙医术高明。老人喜泪盈眶,上前千多万谢孙大夫。激动的场面溢满镜湖医院,连外国医生也竖起大拇指。

两个月后,澳门当局以只有在葡萄牙学医毕业的人士才能获得医生执照开业为理由,饬令所有药房不能为逸仙所开的处方配药。孙逸仙为此愤怒地离开镜湖医院,立即到广州继续行医。此时孙逸仙深感医术救人有限,若救国救人非铲除封建帝制不可。后来孙逸仙决心抛弃其医人生涯而从事医国事业。孙逸仙毅然放下惯用的手术刀,有力地拿起一把武装革命的利刃,猛烈地向统治中国几千年的万恶封建帝制开刀!

第三节　华侨捐赠　历史文物

侨胞朱腾云向孙中山故居纪念馆捐赠传家之宝

2007年6月,旅居加拿大年近90岁高龄的朱腾云嘱托其子朱逊逵回乡将其父朱卓文用过的"金山枕"、酸枝家具(其中1套3件为国民党前主席李济森所赠)、朱卓文瓷片像以及其姐朱慕菲照片等家传之宝共30件捐赠给孙中山故居纪念馆。朱腾云祖籍中山西桠,是孙中山先生的追随者,曾任航空局长、香山县长朱卓文的儿子,其姐朱慕菲是中国第一个女飞行员。1956年,朱腾云将孙中山先生题赠其祖母朱陈太夫人的"教子有方"牌匾、孙中山先生穿过的大衣、读过的书籍等文物捐赠给孙中山故居纪念馆。朱腾云在海外侨居多年,常回乡探亲谒祖,关心家乡建设和发展。

朱腾云先生的儿子朱逊逵1980年赴加拿大定居,此次回乡是他离开家乡27年第一次回乡。他说想不到家乡发展得这么快、建设得那么好,与在国外所闻大不相同。他在孙中山故居参观时,被该馆的展品深深地吸引着。在民居展示区里的"木匠作坊"勾起他许多回忆,因其是木匠出身,对各种木匠工具都十分熟悉。他兴奋地向跟随他参观故居的两个儿子讲述各种工具的用法,又在木工凳上做出刨木的专业姿势拍照留念。朱逊逵先生在家乡时珍藏着一个飞机的螺旋桨(他姑姐朱慕菲驾机在虎门附近突遇气流旋涡强行在水面降落时甩出了螺旋桨而受伤,她把该螺旋桨带回西桠村家中以做纪念。)在"文化大革命"期间,得悉红卫兵要来抄家,在抄家的前一天,他把螺旋桨拆掉,木料用作墨斗等工具。现在想起来很可惜,但当时实在是无奈。他们在孙中山故居纪念馆参观了半天还意犹未尽,临离开前在留言簿上感慨地写下"继承先辈革命精神,祝孙中山故居纪念馆事业蒸蒸日上"的留言。第二天,朱逖逨携两子再来孙中山故居纪念馆参观,并表示以后将常带子女回乡观光。

向孙中山故居纪念馆捐赠孙中山历史资料

2016年3月11日上午,东镇侨刊社郑满生、吴添渭、周成发和中山市孙中山研究会常务理事阮若洲一起前往中山翠亨孙中山故居纪念馆,向该馆捐赠南京总统府秘书处同仁与孙中山大总统、唐绍仪总理、胡汉民先生等合影之照片。

此照片摄于民国元年四月,是火炬开发区西桠村旅美华侨洪润明先生从美国带回家乡的。洪润明先生在美定居50多年,是一位爱国爱乡、热心家乡公益事业的善长仁翁,是三藩市中山德善堂的创始人之一。20多年前,他在三藩市创办玻璃镜画店。有一天,一位老华侨拿着一张照片(即孙中山等合照)到他镜店要求洪先生为他做个镜框镶嵌此照片。洪先生为他做好后却未见他来取。20多年来都不见这位老华侨的踪影,估计他已辞世。由于当时洪先生未有登记这位老华侨的资料和信息,所以洪先生既不知他的名字,更不知他的地址,一直无从联系。洪先生深知孙中山大总统、唐绍仪总理等政要合影的照片,对研究中国革命历史很有价值。据他说西桠同乡朱卓文一直都追随孙中山先生革命,是孙中山先生的亲信和侍卫,曾任航空局局长兼飞机制造厂厂长,估计他亦可能在一起照相。但是哪一位是朱卓文呢?洪先生非常关心此事,为探究相片中是否有同乡朱卓文在场,洪先生决定把此照片保存下来,待日后有机会把此照片转交给朱卓文的儿子旅加拿大华侨朱腾云辨认,可惜朱腾云前段时间亦已辞世了,故他一直把此照片保留至现在。2014年他携家属10多人回乡探亲,把此照片带回家乡,拜托郑满生先生和东镇侨刊社人员把此照片捐给孙中山故居博物馆,好让广大民众进一步领略孙中山先生的革命精神与革命风采,以表达对孙中山先生的尊崇与怀念,也是对中山人民做出一点贡献。

南京总统府秘书处同仁与孙中山大总统、唐绍仪总理、胡汉民先生等合影

东镇侨刊社人员到达孙中山故居纪念馆,得到广东省文博协会宣教专业委员会副主任、孙中山故居纪念馆副馆长、中山市民俗博物馆副馆长林华煊先生及该两馆的宣传教育部主任张道有等的热情接待。他们代表中山人民及该两馆的全体同仁向郑满生等专程送来孙中山先生的历史资料表示感谢,并要求代向提供这幅珍贵照片的洪润明先生表示衷心的感谢,对洪先生的爱国精神和他对孙中山先生的尊崇表示诚挚的敬意。

朱逖逵先生向孙中山故居纪念馆捐赠朱卓文故居及孙中山、宋庆龄相关文物

在 2016 年 11 月孙中山先生诞辰 150 周年之际,孙中山总统府航空局长、民国香山县长朱卓文之孙朱逖逵先生从加拿大专程返乡,向孙中山故居纪念馆捐赠了朱卓文故居及孙中山赠朱卓文的大衣、宋庆龄赠朱卓文女儿朱慕菲的大衣和英国制造骆驼绒桌布等。中山市人民政府向他颁发了感谢状。

朱卓文故居位于中山火炬开发区西桠村敦闸西巷 1 号,始建于清末,为二层砖木结构楼房,占地 474 平方米,建筑面积 156.78 平方米。该建筑是朱卓文及其女儿、中国空军第一个女飞行员朱慕菲的故居。朱卓文、朱慕菲十分珍视孙中山、宋庆龄所赠的大衣。1935 年朱卓文去世后,两件大衣由其儿子朱腾云保管。抗战爆发后,为躲避战乱,朱腾云从中山辗转到澳门、广西、清远、广州等地,再回到中山,一直将两件珍贵的大衣带在身边,1982 年移民加拿大时将衣服随身携带出境。朱腾云去世后,由其子朱逖逵珍藏至今。

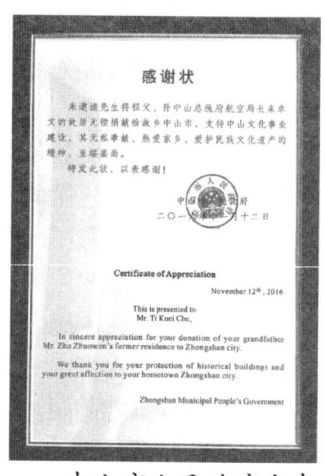

中山市人民政府向朱逖逵颁发的感谢状

朱逖逵父亲朱腾云先生热心家乡公益事业,早在 20 世纪 30 年代即捐赠他在中山石岐西山寺侧的一块土地用作兴建中山纪念图书馆。

2016 年 12 月 18 日,翠亨孙中山故居纪念馆人员在西桠村朱卓文先生故居举行接收管理仪式。参加交接仪式的有孙中山故居纪念馆副馆长林华煊等一行及朱卓文先生的孙子朱逖逵先生和亲属代表、火炬开发区相关部门郑丽岸、招楚娟、西桠村支部书记洪杏满、村民代表孙伯林、区退休干部郑满生、《东镇侨刊》主编吴添渭、中山市孙中山研究会理事阮若洲等。他们是朱逖逵先生把其祖父朱卓文先生的故居捐赠给孙中山故居纪念馆的见证人。

朱卓文先生故居

朱家数代秉承孙中山先生的博爱精神，支持家乡的建设，可敬可佩！

周廉楣向孙中山故居纪念馆捐赠历史文物

出于对故乡的深厚感情，现居住在台湾高雄的孙中山卫士长姚观顺的儿媳妇周廉楣女士携其亲属，在2008年11月12—18日中山市举办的"孙中山纪念周"系列活动中，将一批家藏姚观顺先生文物赠予孙中山故居纪念馆。在捐赠仪式上，中山市委有关领导彭建文代表中山市接受文物捐赠。该批文物包括孙中山担任大元帅期间颁给姚观顺的奖状执照（奖字第1号）、任命状、金质奖牌及宋庆龄的亲笔信函等，大部分属国家二级以上文物。

姚观顺是火炬区小隐村人，1914年以优异成绩毕业于美国军事学院，是第一位在美国军事学院毕业的华裔美国人。1921年，他开始担任孙中山先生的卫士长。1922年陈炯明叛变，姚观顺率卫士队保护宋庆龄安全脱险，受到孙中山先生嘉奖并擢升为少将军衔。

第四节　侨乡往事　缅怀追忆

大岭文阁

火炬开发区大岭村是岐关东路旁的一条小村落，开村700多年，人文景观、古建筑散落村南村北。这些具有深厚文化底蕴的历史文物，曾为香山（中山）典型侨乡写下辉煌的一页。民国初年，由大岭籍人氏、驻美外交官欧阳辉庭和旅澳洲华侨欧阳汝桥亲自发起兴建的大岭文阁（塔），就是其璀璨纷呈的一章。

大岭文阁，坐落于大岭村入村路口，高五层（八丈七尺二），呈六角形，塔基与地面落差一米，周围铺花岗岩石，入口处砌石级，正门高且阔，左右两侧塔墙刻上"参天资保幢，镇地作屏藩"对联，玲珑浮凸，很有气势。塔底层不开窗，其余各层正面开设六角形无门无柱窗户。各层瓦檐下，只开狭长小窗，塔檐特别宽阔，从各层气窗走出去，可踏着瓦背行走。如盖如帽的顶层尖端，插上粗重坚木长圆柱，远远看去，恰似现代高层建筑物顶层的避雷针。大岭文阁，纯粹是砖石木料结构，内装木楼梯上落，设计独特，外形很气派，曾被誉为当时香山（中山）南部地区一座标志性的建筑物。

文阁的每层都安放菩萨，设案台。每逢初一、十五及阁内菩萨宝诞，大岭乃至周边村民都纷纷入内参拜，祈求风调雨顺，国泰民安，金山顺利，可谓香火鼎盛。老一辈大岭人讲，大岭文阁是风水塔。塔附近有两个大水塘，远看犹如两个乌漆墨池。文阁尖顶那枝粗木圆柱，又恰似一管狼毫大楷。抬头眺望，双目凝视，不觉眼前就好像出现一位仙人，正在蘸墨挥毫，顿时景气升腾，文丞仕尉的景象应运而生。久而久之便形成传说,众口纷纭,都说大岭自从建了文阁,便旺了整条村,海内外名人辈出。最令人信服的,就是大岭村的"庆余坊"一条街,曾先后出过4位同是欧阳姓的外交官,后来人们称这条街为"领事街"。此外,该村出了5位博士、5位硕士和65位大学生,这在当时香山县来说是独无仅有的,因此人们都把大岭誉为"文化之乡"。

近半个世纪以来,大岭村又涌现一批政坛商海的精英和名扬四海的侨领。所有这些都应验了上一代大岭人的信念。文阁的建成,造就和验证了大岭村人才辈出,因而村人又称文阁为"大岭文笔"。

大岭文阁是该村自开村以来最具规模的一项工程。壮观的外表,独特的设计,引来不少外村人前往参观。

俗语讲,世事变迁不由人意。一个世纪前,大岭文阁风光无限;一个世纪后,她默默而去,不留一丝痕迹。只因年久失修,险象环生而被拆了。如今,只有那些颐养天年的"老大岭",茶余饭后闲聊时,才会喋喋不休叨念起大岭文阁的"威水史",并风趣地讲起当年有人爬上文阁掏蛋窝、捉鹩哥(鸟名)的故事和文阁神奇的传说。海外归来的游子,再也见不到文阁的芳容。记忆怀念之余,大岭村众和华侨提议重建大岭文阁。由此可见,大岭文阁在大岭村海内外乡亲心中的分量是多么重啊!

岐关车路

20世纪20年代中,由国内和海外"香山人"集资,依靠公路沿线各处乡村劳动人民出力,用原始的工具创建了岐关车路(东线)。这条由石岐华佗庙开始,沿着五桂山东麓直达澳门火船头(沙梨头),全长约70公里的砂土公路,以其路面平坦、排水和防滑性良好、行驶安全,当年被誉为"继南满公路(沈阳至大连)之后,中国大陆第二条符合标准的砂土公路"。

清初乾隆二十四年(1759),清廷颁布了《防范外夷规条》。规条第一条是:"永禁夷商在广州住冬,如属必要,可去澳门,次年必须返国。"从此,与澳门毗邻的香山县恭常都(今珠海经济特区)、谷都(今中山市三乡镇)各村民众,如果从事海外贸易或出国谋生,必须取道澳门,乘搭外国风帆出国。当时汽车尚未发明,陆路上只能是徒步往返。水运方面,内河只能行驶小艇,海上只有载重十吨左右的风帆,从港口(石岐)、崖口、唐家、香洲等处开往澳门。据史料所载,130多年前,中山、珠海已经有来往香港、澳门的定班风帆渡船了。可惜这些落后的运输系统对国民经济的发展起不了什么作用,也不能参与远洋航运。

辛亥革命后,珠江三角洲不论出省或到东南亚、檀香山、美洲大陆谋生或营商的人士,或旅游探亲的民众,都只能取道香港再转乘其他交通工具到达目的地(当时粤汉铁路不通车)。对于广州、番禺、南海、顺德的民众来说,更是困难重重。当年由石岐搭"花尾渡"到广州大沙头要航行14个小时,再转乘直达火车,也要4个小时才能到达九龙,行程大约要一天。如果由石岐港口搭帆船赴港、澳的话,顺风大约要4小时,逆风则要5—6小时。航行中除了受风浪颠簸之外,还担心遇到海盗抢劫而人财两空。

往下栅、唐家开出的帆船，虽然可以绕着岸边走而略减风浪之苦，但情况亦并不太好。

1920年后，人力车（东洋车）开始加入本地陆路运输的行列。民国十一年（1922），香山县上恭都人士唐晖槎（唐家村人）、卓冠士（官塘村人）、卢阜勋（上栅村人）等人士集资组建"香山上恭镇通益人力车公司"，与南朗（四大都）、三乡（谷都）、前山（下恭都）各镇的人力车公司实行联运接驳业务。虽然运载量有明显增加，但在时间上仍然与步行、肩挑一样没有明显的变化。从三乡、南朗、唐家出发的旅客，仍然需要一天时间才能到达澳门，当日住宿一宵，次日乘船赴港。长途跋涉，费时失事，这种落后的运输形势，对于发展国民经济、民间交流往来都是极其困难的。

如果开辟一条直达澳门的公路，从石岐专车到澳门，只需两小时就足够了。有了公路，货车可以将大批土特产运出，大量先进的机器、设备和生活日用百货也可源源输入，这对当年中山县的国民经济发展是有很大帮助的。正是由于历史发展的需要，岐关车路便应运而生。大约是1930年秋天，一条北起石岐华佗庙，经库充、陵岗、大岭、西桠、神涌、东桠、土草朗、大车、榄边、茶园、南朗墟、西坑、泮沙、化美、崖口、竹头园、翠亨、长沙埔、河头埔、上北山、外沙、上栅、大金顶（下栅）、官塘、会同、那洲、塘墩、萧家村、前陇、沙尾埔、水截头、古鹤、界涌、沥溪、长沙墟、翠微、前山、夏村、白石、北岭、三厂（海关）、关闸，直抵澳门火船头（沙梨头）的岐关车路（东线），建成通车。

当年中山县政府大力支持岐关公路建设，最终目的是支持中山港的建成。一个国际海港的后方，如果没有足够的运输网络，是无法发展的。1930年2月至6月，中山县政府连续向南京中央政府呈上四份报告，请求"开辟中山港为无税商港，设立海关分关，饬令外交部训令驻外使领馆将中山港情况通知驻在国政府"等。当年国内和海外的"同乡会""中山商会"和原籍中山的商业巨子，都收到一本精美的《中山港建设大纲》。在地图上，岐关车路东西线、下栅支路都用实线标志，而计划中的"顺中公路、中山县铁路"则使用虚线。这说明当年的香山人有决心将中山港建成"南方港"，与香港一较高下。

尽管1934年的"中山兵变"使中山港的建设停止，但岐关车路的营运并未减弱，相反却随着中山县的经济繁荣而更加兴旺。即使在抗日战争时，中山县全境沦陷后，侨汇、侨务停顿，岐关车路仍然继续营运，但当然，是逊色多了。

中华人民共和国成立后，与澳门相连的拱北成为我国南方对外贸易的一个主要口岸。随着改革开放和珠海经济特区的发展，岐关公路不但重现生机，更焕然一新。今日珠海的海陆空交通已成网络，珠海与全国乃至全世界各地的距离正在越来越近。随着澳门回归、港珠澳大桥的建成和深中通道的贯通，岐关公路必定会有更加辉煌的明天。

大环桥的变迁

大环桥，又称西桠桥。桥的东面是民国时期中央航空学校校长、曾两度出任中山县县长、"抗先队"总队长张惠长的家乡大环村，西面是曾受孙中山委任为民国航空局局长、香山县县长朱卓文的家乡西桠村。该桥坐落在两位名人故乡之间的河道上，成为岐关东路一座重要桥梁。当时的大环人和西桠人无不引以为荣。

大环桥于民国十九年（1930）竣工通车。该桥（含引桥）全长56米，桥面宽4米，高6米，有8个孔。花岗岩石桥台，三合土灌注桥墩，工字铁为梁，桥面铺木板后覆盖沙土。它是岐关东路一座跨度最大、桥孔最多、坚实牢固的由县城石岐直达拱北海关必经的公路桥。

岐关东路通车后，每天由石岐至拱北关口的汽车全是用烧木炭的蒸气做动力的老式汽车，每当驶近大环桥必减速缓缓前行。由于桥面窄，对开的汽车都自觉礼让，避免两车同时过桥。从未进过城市，从未见过汽车的村童，当他们看到那些突突作响，车尾冒烟的车子缓慢过桥时，便立刻放下手中的牵牛绳好奇地跑到桥附近观看。

20世纪30年代期间，岐关东路每天对开的班车班次不多，货运汽车也很少。日出而作、日落而息的大环人和西桠人，在田间耕作时，常常见到载满农具、草席、缸瓦、木材、甘蔗、大蕉、香蕉及日用品的木板车吃力地爬坡通过大环桥的情景。那时一些步行过桥的热心人士会伸手帮车主推一把，过桥之后，一句句感谢声委实让人感动。那时候，东镇、四大两都一带的年轻力壮的男士用自行车为岐关东路沿途村落的大商店运输货物。他们有的车尾架扎着6个糖缸，8包老糠（谷壳）、6罐火水（煤油）。他们推车上坡过桥的情景，多么叫人提心吊胆啊！也许是大环桥的庇护吧，多少年来从未发生过人倒车翻落水的事情。

1938年7月，日本军国主义者侵占我国领土。1940年夏，为了截断日军由陆路进犯中山北部，端午节夜，五桂山游击队奉命用炸药忍痛炸断大桥，只留下几条工字铁架在桥墩上，加上沿线挖了壕沟，给进犯的日军吃了不少苦头。中山沦陷后，大环桥重新架上木板，铺上黄泥，人及车马勉强可通行。但日军在桥头设下岗卡，日夜轮流守卫，严密监视过往行人车辆，还强迫过往行人脱帽鞠躬。行人稍有怠慢，便迎来一大巴掌。装载农副产品、农具木材的过往木板车。都遭到守桥日军的刀挑剑戳。年轻的妇女简直谁也不敢经过，恐怕遭到日军的肆虐和污辱。所有这些，都给人们留下永不磨灭的记忆。

全国军民艰苦的8年抗战，换来1945年的河山光复，岐关车路汽车运输公司也随之复业。岐关东西两路全线再度通车。大环桥更换了陈腐的桥面木梁，两旁修建了木栏，重铺了桥面的泥沙，拆掉了日寇设置的桥头岗亭，行人车辆通行无阻。

20世纪80年代改革开放的春风让大环桥焕发了青春。为了适应日益繁荣的交通建设需要，岐关公路改为中拱公路，成为中山石岐直通珠海拱北海关的陆路交通大动脉。1983年政府加大投入，大兴土木，将大环桥加阔，桥面扩宽为16米，桥高7米，全长

49 米，改建为三孔钢筋混凝土空心板梁桥。

如今这座结构简洁、建筑稳牢、桥面平整、承受力强，为中山的交通事业和经济发展继续做出新的贡献。

宫花万年桥

宫花村南面横跨溪流两岸有一座钢筋水泥结构的大桥——宫花万年桥。

万年桥把宫花村民住宅区与耕作区联结起来，成为农民每天到田里劳作的必经之道。然而，这座万年桥的诞生，与华侨的大力支持是分不开的。

明朝末年，村中王、林两姓祖先，利用树干在溪流的最狭窄处，架起简易木桥，方便行人来往。当时溪流与今天一样，每天都有潮水涨落一次，涨潮时有大小船只往来，故此种简易低矮木桥只在冬季使用，不能常年使用。

雨季，农民在田里劳动，遇着大雨一来，溪流上游山洪暴发，夹着泥沙，狂奔而下，如不及时过溪回家，肯定要在山间田野露宿过夜了。后来改建了高架木桥，常年使用。但是木桥长期受风吹日晒雨淋，桥柱戽又受水流冲击，很容易腐烂，因此要频频更换木桥。据村中老人讲述，约在1889年，在村民的热心支持下，把木柱桥戽木桥改建为方石柱戽木桥。但过了不久，又遇到一次大雨过后的山洪暴发，方形石柱戽受山洪无情冲击，抵挡不住，又被冲倒了。所有的桥面木料，也全部被冲走了。

苦难的日子一年又一年地过去。1926年，村里的老华侨王社先生从海外归来。他一向热心公益，对建桥一事总系在心头，主动找村民商量。次年，他返回美洲，发动侨胞捐资建桥，深得广大侨胞大力支持，筹集了一笔建桥款带回来，并参照长江村的"榄核形"石戽桥建筑，从越南运回坤甸红木做桥面，既美观又平稳耐用，群众赞不绝口。但可惜的是承包供应桥戽石条的老板打石九，因豪饮豪赌，把本钱耗光而偷工减料，致使石戽木桥质量大打折扣，致使桥在1929年一次山洪暴发中又被冲倒了。后来群众把留下来的坤甸木条搬到一旁，用泥沙掩盖，待日后再用。

1930年，归侨王社先生第二次外出发动侨胞捐资建桥，海外赤子再一次慷慨解囊。王社先生又带着海外侨胞的重托及所捐款项回到宫花，决定建造一座钢筋水泥大桥。经过两年的准备和施工，一座长30多米、宽2米、高4米多的半月形钢筋水泥拱桥——宫花万年桥于1936年面世了。

1937年抗日战争全面爆发。1939年中山沦陷，日寇飞机曾对通过万年桥逃难入五桂山区的附近村民进行疯狂扫射。4人当场中弹身亡，横尸于桥头北面。桥上右边的扶手栏杆，如今还留下弹痕，万年桥成为日寇侵华犯下滔天罪行的有力见证！

半个多世纪过去了，随着我国改革开放政策的落实和深入，农村社会经济的不断发展，人们对桥梁的需求越来越迫切了。1985年，在宫花村委会的领导下，在万年桥的西侧新建了一座宽阔平坦的钢筋水泥大桥，以满足交通运输的需求。1993年，随着进村公路和环村公路的建成，在万年桥的东边又建了一座更大的钢筋水泥桥。然而，宫花万年桥还是不改当年英姿，横跨在宫花溪流之上。村民永远不会忘记华侨对家乡建设所做出的贡献。

中山四区篮球运动的传入与兴起

篮球运动据说始源于欧美，民国初传入我国，继后在中山最高学府——县立中学、县师范等校开展起来。20世纪30年代前期出现两支球技优良、实力雄厚的球队，一是石岐及附近沙、竹、恒学子组成的零飞队，球技精湛；二是四区部分学子，以大环黄瑞君、黎嗣林、黎兆川兄弟，东桠温焕球、张家边吴子仁等为主力组成的队，实力强大，一时在农村盛传起来。但普通群众能目睹球赛现场的机会不多。

四区当年是从库充、柏山起至南朗崖口止。沙边乡自行组成一队，球队成员以外出求学学子为主，常与邻乡交流打球。沙边建起新球场、新球架，与西桠球队交往尤多。未几张家边、濠头两个大乡也建起标准球场，组成球队，但缺乏指导，球技提高较慢。随后附近各乡都先后建立球场及球队，互相交往进行友谊赛，促进球技的提高。最常交往的是沙边、张家边、大岭、朗尾、白庙、大环、东桠，他们大都是到西桠球场进行比赛。

1937年"七·七"抗日战争爆发前，在西桠岐关公路旁，成立了四区民众教育馆，孙康任馆长，举办四区篮球公开赛。当时大环队拥有三名锋芒队球员，他们阵容强大，获得冠军，张家边以吴子仁、马照荣为领军获亚军，濠头获季军，沙边球员因分散各地求学未及回乡参赛。东桠本来也不逊色，它有勇将温焕球以及郑全广等。继之又举办以各乡校为单位的球赛，借此为今后组队建立基础。1939年中山沦陷前后，战云笼罩着农村，球赛活动沉静下来。进入20世纪40年代初，各乡先后举办全区篮球赛。沙边队以冠军队伍称雄，他们在本乡、南朗、大环等乡举办的球赛，均以优势夺冠。中锋球员大腊（孙冠伦）运球速度快而稳健，投篮命中率高，名噪一时，加上左右锋孙恩湖、孙六佬均1.82米以上，在比赛中给对方的威胁颇大。他们站在篮下不受三秒限制，篮下取分十分有利，后卫孙荣芝可做二中锋位置使用。

抗日战争胜利后，各乡的球员主力，有出外谋生，有回乡休息重建家园，年轻学子赴石岐求学尤多，篮球运动技术随着演进而发展起来。

濠头队新军突起，主力军郑锦章、李锦惠、郑维岳均在外求学训练有素，加上大个子黄森鸿、石岐柳佰厚、沙边孙荣芝加盟，成立三川队，转战各地，所向披靡，远征香港，只负于香港冠军南华队，对亚军中青互有胜负，稳胜季军黑猫队。

1948年后，三川队面临解散，成员各奔前程，回乡青年及在石岐就读学子，继承三川队班底，实力还不错。张家边甲、乙队，人员众多，一直保持老亚军位置。篮球运动又转入新阶段：技术提高，人员变化，转战全县，不局限在四区。奔跑速度、运球、掩护、切入、投篮命中率高是新时期特点。新兴队伍随之诞生。在石岐求学的学生，张家边的组成留岐队，西桠的结力队也相继出现。这些球队每晚在石岐仁山广场练球和进行友谊比赛，经常与新兴劲旅群力队切磋。西桠队、留岐队，虽然比群力队技逊一筹，但从比赛中提高技术。全县篮球公开赛频频举行，留岐队在参赛中多数获胜，由于结力队投篮命中率高，西椏结力队出战三川、大涌红蓝队，保警三大（简称警三，也是劲旅），旗鼓相当，也是胜多负少。

1949年全国解放，球队多数人员参加工作及升学外地，篮球活动又转入新时期。四区下游，即榄边、南朗、崖口篮球活动以前不多，只有崖口参赛，当时是弱旅，活动沉静。新中国成立后崖口成为强队，球员有谭杰华、陆炳元，泮沙有王锦玄选入省队。榄边有陈文锐为省队主力，陈国英、阮康翘、陈志成都是好手。上游江尾头黄满栈在榄边区中，翠亨纪中训练成长，进入高等学院成为篮球班研究生，技术优良，毕业后任教华师大。黄满安效力广州部队甲级队。张家边球员前者时代落后，缺乏指导和自我提高，后者多参与对外比赛及受训练。优秀球员有吴仲云、胡仁宽、陈惠仁、马帝朝、吴灿禧、吴少坤、吴国权、吴景堂、吴焯辉、吴灿伟、吴炳权、林春逢等，他们自成一队，可代表专区参加省级赛。纵观四区球赛活动开展，1950年前上游比下游强。随着球技演进与活动展开，榄边、南朗、崖口一带效率较高，参与中山代表队多，送上省队也有三四名，一改以往沉静状态。

还须提到，"文化大革命"期间，文化娱乐生活沉静一时，农村球类活动，青年人自行组队交往比赛。作为张家边区台柱，神涌、小隐队经常出现。神涌队几位主力加上沙边孙俊源组成区代表队迎战来访球队，沙溪下泽队也是常客，互有胜负。1950年前，神涌、小隐、榄边、崖口均为弱旅，20世纪60年代后，在本区变为劲旅了。

现在各村篮球活动均很盛行，可以随时组队参赛。

第五节　侨乡传说　神奇动人

宫花皇娘

相传明朝正德年间，在东镇（今火炬区）的竹迳村住着王、林两姓约有30户人家。该村穷乡僻壤，文化落后。村民都以务农为生。

当时的正德皇帝，穷奢极侈，荒淫无度，沉迷酒色。每日夕阳将下，便思巫峡之云，银烛未烧，重入迷香之洞，每宵都要30个以上的妃嫔侍寝，纯是饱暖思淫欲之昏君。

皇太后获悉皇儿荒淫无度后，定要深入了解实情，伺机对他进行教育，故施巧计。一天，她暗与皇儿宠妃互换寝宫，查其究竟。当晚正德来到太后临时寝宫，立即拨开罗帐，突闻太后喝道：我是你的母亲，不得无礼，应规矩一些，不可乱伦为好！正德听到后，喝道：今天娘亲也要接受皇儿之命了。接着竟用暴力，进行乱伦，成为千古受人唾骂、禽兽不如、遗臭万年的荒淫皇帝。

翌年，宦官为了满足他的荒淫无度生活，又要选美进宫。群臣中有一个善观天象的大臣，对太后说："臣夜观天象，获悉皇上是公鸡精降生，而必须有一个母鸡精相配，才能制服皇上。臣纵观天象显示，在南方有一股光气直冲京城。眨眼间，这股光气幻现出一个如花似玉的少女。她穿着黑衣，骑黑色马，手上擎着黑旗，横过溪涧。这个就是母鸡精的征兆了。请太后派人去查访，召入宫中为妃，皇上才能改变其荒淫无度的生活。"太后听罢，立即派遣大臣乔装装打扮，带着人马，向南方进发。一路上日夜奔驰，穿州过府，也没有头绪可寻到这个美女的芳踪。

　　光阴似箭，转瞬春尽夏末，寻访美女队伍来到广东香山县地界。一天，那身穿便服的访美队来到竹迳通村后的南洋墩上，忽听到从远处竹林里传来一阵悠扬悦耳的歌声，比宫廷歌女唱得还要好听。寻美队循着歌声寻去。瞬间从竹林深处走出一位赤着双脚，身穿土布黑衣，手上拿着一支青竹牛鞭，鞭上缚着一条被雨水淋湿的黑色围裙，牵着水牛到溪涧边去的牧牛村姑。她见雨后溪流湍急，便跨上牛背，举起缚在竹鞭上的黑围裙，骑牛过溪涧。访美大臣见状，说："这不是我们要寻访的人吗？"看她穿着黑衣，骑着黑马，擎着黑旗，正横过溪涧去，这正应着天象啊！真是踏破铁鞋无觅处，得来全不费工夫！"说完，立即派人跟踪进村查访。

　　那放牛村姑回家后，对她大嫂说："嫂嫂，我放牛回来，在路上看见官府派人到我村来，听说是来选美女的呢！"她的嫂嫂冷笑着说："你靓呢，来选你吧，斑妹！"

　　第三天清晨，县城锣鼓喧天，选美大臣穿上官服，在衙役簇拥下，抬着迎美花轿直奔竹迳村来。当时消息传出，看热闹的人，大街小巷，络绎不绝。邻近各乡村的人，都争先恐后来看热闹。迎美花轿直抬到牧牛村姑的门口停下来。选美大臣将圣旨向牧牛村姑家人宣读后，即将牧牛村姑抬走了。

　　放牛村姑的相貌，本是俗粉庸脂，肤色呈黝黑而面庞还有几点痘皮。待到了县城石岐，又给她更衣打扮后便往京城送去。

　　岂料出了广东地界，到了南岭后，真是女子十八变，越往北上，放牛村姑越美，恰如鸡蛋脱了壳一般。黝黑的肤色变为雪白，连面庞这几粒痘皮也不知在什么时候不见了。到京城后，居然貌似天仙。这些选美大臣，乐得眉开眼笑，心想这样的美人儿，皇上见了一定大喜了，亦不枉此行。便把放牛村姑先送往驿馆暂住，待接圣旨后入宫见面。

　　话分两头，当时朝上有一位广东人，名叫梁柱，官至丞相。由于昏皇不理百姓苦难，苛捐杂税多如牛毛，民间受苦深如渊海，而梁柱极其关心自己的家乡广东，因而千方百计想使皇上开金口，得以减轻广东的赋税。有一天，梁柱与皇上对弈象棋。当时山东的杨将军也侍立在旁观战。

　　对弈到关键时刻，梁柱举棋叫"将"。皇上消了"将"之后，梁柱又急忙唱着："将、将、将，广东免解粮。"，皇上又顺着梁柱的口唱："将、将、将，广东免解粮。"梁柱一听大喜，立即跪在地上，高声唱道："谢皇上，微臣并代表广东臣民谢皇上免除解粮大恩！"正德皇听了愕然，但这话出自皇帝金口，又有杨将军在旁见证，便无话可说。从此，广东免除解粮任务。

　　有一次，正德皇听说广东出产槟榔芋，香松可口，要梁柱进贡尝试。梁柱把茨菰冒充槟榔芋贡上。这位昏君品尝了这又苦又涩的茨菰之后，吩咐以后免贡。

　　一天，正德皇听说广东新会有甜橙，美味可口，又要梁柱进贡来尝试。梁柱说："有是有，但味是带酸的，如皇上要尝尝，我即传旨差人到广东新会选些给皇上品尝吧！"

梁柱接旨后，即把柠檬代替甜橙贡上。这昏君尝试后说："怪不得梁柱说它的味是带酸的。"又吩咐以后免贡。

又有一次，正德皇听说广东四季如春，想驾车广东一游。梁柱向皇上启奏，说广东土地薄，空气潮湿，蚊子特别多，蚊子又大又毒，不宜驾临，暗中使人捉来米碎蜂，冒充为广东蚊子献上。

正德皇把蜂放出，米碎蜂却乱叮人。凡被叮的，肌肉立即红肿。正德皇见状很怕，不但不提及到广东巡游一事，而且赏赐广东使用"罗伞帐"以防蚊叮。

关于广东的许多事情，梁柱都欺骗过皇上。他现在知道选美大臣是从广东省香山县村场访得美女，且这美女貌比天仙，心想，如若昏君把她立为皇妃，恐怕日后许多欺骗君皇之事会暴露，这样自己就罪该当诛了。他心里很不自在，左思右想，只得设下计谋，在美女入宫前，把猪粪便涂在宫门槛上。待到放牛村姑跨入门槛时，生怕衣裙被粪便弄脏，就轻轻地把裙提起跨过门槛。梁柱即大声喝道："大胆妇人，胆敢无礼，提裙入宫，该当何罪！来人，把她押下斩首。"

就这样，可怜这位天真无邪的放牛村姑，竟被冤枉屈斩了。

梁柱给村姑乱扣罪名，然后把其"首级"献上昏君。昏君见她死后面不改色，貌美如花，十分痛惜！

为了安抚百姓，正德皇下了一道圣旨，把当时的竹迳村御赐为"宫花村"。从此，香山便有宫花出"皇娘"的传说。

"皇娘"是宫花村王姓村民的后代女儿。她的祖先的山坟是宫花村美女梳妆地。当地流传："这美女梳妆是出皇娘的。"

美女山似美女，面对着梳篦山，山冈地形恰似一个梳篦。梳篦山与美女山中又有一块地（美女梳妆地），一条流水坑恰像一面镜。远远观看，山上有峰峦突出恰像一个头颅，峰峦山又长着满山小树，如遇风吹摇动。这山恰像个美女在梳妆整容，故名曰："美女梳妆"。

美女梳妆山既然能出"皇娘"，为什么又不能入宫呢？又有人说："美女梳妆山，对面是马山，而美女梳妆山距离马山太远，马头来得迟，纵使出了'皇娘'也不得入宫云。"

张家边三仙娘庙

周朝时，赵公明有三位妹妹，大的叫碧霄，次的叫云霄，最小的是琼霄。当时三个公主到处云游，最后来到张家边四村之村尾山（后取名三仙娘山）。此地当时四周皆茫茫大海，只有三仙娘山像小岛一样屹立海中。三个公主栖身山上，修炼成仙，时常在山上显圣。于是村民立三仙庙于山巅，作为纪念。

传说三仙娘有保土安民之术。那时，洪秀全领导的太平军击败流寇，把盗贼赶至横门海面。这伙流寇垂死挣扎，趁火打劫，正想趁机将张家边一带村落洗劫一空。这伙强盗刚到张家边三仙娘海面，仰首观看，忽见三仙娘山所有树上挂满灯笼火把。盗贼观之，以为太平军大队人马驻扎于此，大惊失色，带领群匪抱头鼠窜去了。村民知道三仙娘显圣吓退了流寇，使张家边一带乡村避免一场大劫灾，无不交口称善。此后庙中香火日盛。

三仙娘山下，由于朝代交替，沧海变桑田。农民在山下耕耘，烈日蒸晒，凄风苦雨，十分辛劳，正在气喘吁吁、汗流浃背透不过气之际，忽闻山上传来阵阵悠扬悦耳的歌声，真是绕梁三日，不绝于耳。村民听之，疲劳顿觉消失，气力倍增，工作质量提高，故连年获得丰收。农民欢悦，遂把山下潮田改名为"三仙娘田"。三仙娘庙之名至此闻名遐迩。

一日，有收买谷壳（老糠）者划船至山下，日已近西，适逢退潮，遂于三仙娘山下泊岸休息。正在朦胧入睡之际，忽闻山上歌声阵阵悦耳非凡，十分动听，非凡间音律可比。遂离船登岸，直至山巅。歌声忽止，渺无人迹。只见三仙娘庙里的三仙娘神像栩栩如生，遂怅然而返。下至半山，歌声又起，于是又返身飞奔山顶，歌声立止。那人大奇之。于是佯作下山，至半山迂回从山后返身悄悄登上，藏于庙后，侧耳倾听，始知歌是三仙娘所唱，顿生贪念，忘乎所以。翌日，他把假仙娘换取云霄仙娘回船，解缆欲遁。船至黄广昌海面，突然狂风大作，白浪滔天，将船翻覆。那贪心人葬身大海，此后再听不到三仙娘娓娓动听之歌声矣。

后因兵荒马乱，朝代更替，世事浮沉，琼霄、碧霄亦芳踪杳然。据传说为村民取去，藏于家中。

黄牛仔洞

据说有一天，黄巢攻占了广州，在广州城府中处理大小军机事务后，闲得无聊，一时心血来潮，萌发起往外观赏岭南风光的念头。他带领几个贴身随从，静悄悄地从城府的后门走了出来，便服骑马沿着珠江西岸巡游起来。这位农民起义英雄久经沙场战阵，许久也没有外出游猎了，难得有机会摆脱了繁琐的军中事务，没有前呼后拥的大队随行人员，一路上轻轻松松，马不停蹄，不知不觉离开广州城越来越远了。行至途中，黄巢正是兴致勃勃之际，突然路旁两侧杀声四起："活捉黄巢，重重有赏！"

顿时，一百多名便服打扮的官兵，举起刀枪从路旁两侧的小丛林汹涌而至，团团把黄巢围在中央。一场恶战开始了。官兵人多势众，斗志颇高。黄巢势单力薄，只有顽强抵抗。黄巢企图从北突围返回广州。谁知官兵早防这一招，把北面堵得如铜墙铁壁。黄巢四五个人无法突出重围，只好掉头向南杀出，最后只身往南落荒而逃。官兵在后面紧紧追赶，穷追不舍。幸得黄巢骑的是久经战阵的千里驹，才把官兵远远地抛离。

黄巢落荒而逃，急不择路，不知不觉地进入了香山县境的宫花百峦障山下。百峦障山地势险要，三面临海，再往前行，已无去路。黄巢跳下马来，四处寻找船只，可是一只船也不见。怎么是好，黄巢不禁仰天长叹，无计可施。

黄巢正在左顾右盼彷徨之际，突然见到远处的草丛动了一动，随后钻出一个牵着黄牛的看牛仔。于是他手提利剑，骑马过去。"啊！好一个石洞。"黄巢暗自惊叹起来。

这个洞与别的石洞不同，洞口不容易发现。他牵马进入洞里，洞里宽阔有光线，凉气袭人。黄巢心里一悟，自言自语地说："这莫不是人们传说的桃源洞吗？"心里一阵惊喜，不禁以手加额。

黄巢在洞里找到了看牛仔，询问这个洞还有无出口。看牛仔说："不知道。"黄巢亲自去找，可是，山洞越入越窄、越黑，根本找不到出路，只好灰心地回头走出洞口。

正在这时，一个樵夫肩挑柴草路过洞口。黄巢连忙把樵夫拉入山洞，向樵夫讲述自己的身份和遭遇。樵夫知道他是起义军的领袖，心想救他，只苦于无法，后想了想说："大王，这山洞不是桃源洞，不是藏身之所，我有一个下策，不知大王肯听否？"一听到有办法，黄巢忙说："只要能保住性命，你尽管说。""大王，你断了舌头，把马匹、宝剑交给我，我自然会有办法的。"他听了樵夫的话，也领会了樵夫的意思，毅然拔出宝剑。一转身，只见黄巢满口鲜血，手中拿着血淋淋的舌头（传说黄巢的舌头是三叉形的）塞在樵夫手里。黄巢昏倒了。樵夫把黄巢拖到洞里隐藏起来，提起黄巢的宝剑，用剑尖挑起黄巢的舌头，把柴草放在马背上，骑着马哼着小调下山。

官兵见到一个樵夫骑着黄巢千里驹，手持黄巢的宝剑，急忙围了上来，高声问樵夫马匹从何而来的。樵夫说："我正在树上砍柴，见一个骑着高大骏马的大汉，手持利剑走到山上。由于我喜爱他的马和剑，于是趁他不备，在树上用绳索打了一个活结，抛套在大汉的脖子上，把他拖下马后勒死，夺了他的马匹和利剑。可那人死后老伸着舌头，我又用利剑把它割下来，然后把尸首推到海里。"初时官兵不相信，后果然见到黄巢的三叉舌头，才确信樵夫的话语。他们用重金收买了黄巢的宝剑和战马，撤兵走了。

官兵走后，樵夫救活了黄巢。黄巢得以逃过了大难。说也奇怪，当黄巢走出黄牛仔洞的时候，割去的三叉舌头竟又重新长了出来。

至今，百峦障山脚的黄牛仔洞还在，当地人都叫它为"黄牛仔屋"。有诗为证：百峦障岭翠峰连，石洞黄牛贯海天，阁老何须挥宝剑，黄巢误认是桃源。

大环村酒米洞

火炬区大环村背靠着一座树林阴翳、花鸟争妍的后门山。后门山半山腰有一块天然的老螃地又名处女地，好像老螃张开螃壳一样。地中间建起一座华佗庙，庙外左侧有一块天然的大石，大石上有一个拳头大的小洞，村中老一辈人都称它为"酒米洞"。

"酒米洞"的名称是怎样得来的呢？原来它有一个动人的传说。

不知是哪个年代，也不知是谁，在大环村风景秀丽的后门山山腰上建起了一座庙，名曰华佗庙，华佗庙没有守庙的庙祝，也从没有人在庙里居住过。年代长了，庙显得破烂陈旧。

有一年，从远方来了一老一少两个云游的和尚，老和尚认定了这是个山清水秀的好地方。他打扫干净华佗庙，师徒俩在庙里住下来。

老和尚已年近古稀，小和尚年仅十岁，自从在庙里定居后，老和尚带着小和尚到附近的村子化缘，靠村民施舍钱粮过日。村民见老和尚人品极好，待人和气有礼，都乐意从家中拿些粮油周济他。因此，师徒俩在庙里的日子还过得去。

有一年春天，老和尚染上了风寒，一病就是一个多月，庙里的存粮早缺。几天来，师徒俩已无米下锅。这天清晨，老和尚不得不把正在玩耍的小徒叫进床前。再说，老和尚这个小徒，年幼贪食好玩，老和尚平日管教极严，从未让他单独离开自己身边半步。可在老和尚病倒在床的这段日子，庙里存粮又缺，省餐节食，餐饱餐饥。小和尚哪里挨得住呢？他背着师傅，几次偷偷下山，挖村民种在地里的番薯，在基围上摘村民的果子吃，好几次被村民发现，追赶着要打他，但只碍于他师傅的面子，才没有追上山。这些事，小和尚把患病在床的师傅瞒过了。

听见师傅的叫唤，小和尚急忙从庙外跑进师傅的床前。老和尚对他说："徒儿，我患病不能带你下山化缘，如今口粮全无，连累你也挨饿，你自个儿下山，求村民施舍点口粮回山，要以礼待人，早去早回。"

小和尚听完师傅的吩咐，面有难色。心想："昨天我才下山偷过村民的东西，幸好未被追上山来，今天却要我下山求村民施舍，怎样才好呢……"无奈，师命难违，他只好勉强地拿起了瓦钵和布袋，正准备跨出门口，又被师傅叫了回来。徒儿平日的为人，当师傅的心中是有数的，他看见徒弟面有难色，也实在不放心他独自一人下山。只听见老和尚又唠唠叨叨地说："师傅不在你身边，你千万不要贪玩，日落前必须赶回庙里，勿使我操心……切记，切记。"小和尚应诺，拿着瓦钵，把布袋搭在肩上走出了庙门。

老和尚带病躺在床上，等到日落也不见徒弟回来。他越等越急，便爬起床，扶着拐杖，用瓦钵在水缸里盛了一钵清水，走出庙外，干脆在大石旁坐着，等候徒儿回来。饿了，他饮水充饥，倦了，他背着大石躺一躺。太阳渐渐西沉，钵里的水早饮完了，还不见徒儿归来。老和尚本来身体衰弱，加上粒米未进，饿得头昏眼花，连想站起来走回庙里的气力也没有。他终于支持不住，昏倒在大石旁。

不知什么时候，他感觉到天在下雨，脸上的水湿漉清凉，流入口中是甜的，还夹着酒的香味。他渐渐地苏醒，使劲地坐起来，睁开双眼望着天上，只见群星满布，万里晴空，周围响着蟋蟀的叫声。哪来雨呢？可脸上的确是湿漉漉的，他痴呆了片刻，用手使劲地抹了抹脸上的水珠，一阵醇香的米酒气味扑鼻而来。"啊！那不是水，是醇香的酒。"他以为徒儿回来了，对着庙里惊叫着："徒儿！徒儿！"周围死寂一片，哪有回音呢？他失望地低下头。就在这时，"嗒！""嗒！"的水珠落地之声传进了他的耳朵。哎呀！原来是身旁大石有一个小洞滴着酒呢。酒顺着那个洞一滴一滴地流出，滴在地上，弥散着浓香。刚才，老和尚昏倒的时候，酒恰好滴在他脸上。

这一惊奇的发现，让老和尚高兴万分。他连忙用颤抖的双手拿过瓦钵，接住滴下来的酒。好一会儿，那石洞才停止了滴酒。石洞的口只有手指般大小，老和尚心里觉得奇怪，把手指伸入洞里摸了摸。洞里面却是干的，好像根本没有流过酒，一丝痕迹也没有留下，他真不相信自己的眼睛。再低头看看盛酒的瓦钵，里面的的确确盛有约一小杯酒。由于多天来的饥饿，老和尚忍受不了这美酒的诱惑，一口竟把酒喝光。酒入腹中，全身热乎乎的，老和尚带病的身体顿然好了许多。他连忙放下瓦钵，跪在大石前，不断地叩头说："多谢神石赐酒……"可话刚说完，那石洞又滚出一粒粒晶莹通透的东西来，老和尚用瓦钵接着，只听见"叮""叮""叮"清脆的响声，石洞流出的竟是雪花花的大米。这令老和尚更加惊奇不已。一会儿，石洞又停止了流米，老和尚用手掂一掂瓦钵所盛的米，约有三两重，足够自己一餐之用。石洞出酒和米，使老和尚绝处逢生。

次日入黑，老和尚身子好了许多，他又不知不觉地走出庙外，来到大石旁。只见那块大石指头般大小的石洞又神奇地流出酒和米。老和尚又忙用瓦钵盛酒和米，又是盛得一小杯酒和三两米。

一日复一日，庙旁大石的小洞总是在傍晚入夜的时候流出一小杯酒和三两米，只能勉强够一人一餐之用。

光阴似箭，转眼又过了几个月，自从有了酒米洞的酒米后，老和尚几个月未下过山。有一天，老和尚正在打坐念经，庙外跑进来一个衣衫破烂、油污满面、全身伤痕的乞儿来。他"突"地跪在老和尚面前，连头也不抬地说："师傅，师傅，我错了，请收回我吧……"他就是几个月前下山化缘的小和尚。

原来，那天小和尚根本没有下山。他偷过村民的东西，不敢再到村中求村民布施，两手空空又怕师傅责怪，不敢回庙里见师傅。以后，他每天都靠在附近的村子偷偷摸摸过日子。次数多了，又被村民发现，变成了过街老鼠，人人喊打。这日，他又被村民追打，追得无路可走，只好硬着头皮逃入庙中。

老和尚在庙中，见徒儿下山后几个月未回，估计他一定会在外面胡作非为，只有叹气、埋怨自己管教不严。如今，徒儿回到自己的身边，跪着哭着认错，徒儿虽然不肖，但好坏也是自己的徒儿，人心肉做，心软的老和尚狠狠地教训了他一顿后，又收留了他，把他关闭在庙内。

那酒米洞善晓人意，好像知道庙里多住了一个人似的。自从小和尚回到庙里后，每当入夜出酒米的时候，又多流出三两米和一小杯酒，也勉强够维持老和尚师徒俩一餐之用了。

数月后，老和尚见徒儿日夜勤恳、诚心诵经向善，已有悔改之意，允许他帮忙在庙里做些事，但是不准他走出庙门半步，更不准他进入厨房。

又过了一段日子，小和尚心里觉得很过意不去，原因是每天都是由师傅亲自入厨做饭，而且还端来给自己吃，简直饭来张口。于是他向师傅提出要入厨做饭，因为以前都是由他入厨做饭师傅吃的。可话一出口，便被师傅拒绝了。

时间一长，小和尚心里产生了疑问，为什么师傅就是不让自己入厨房呢，为什么师傅每天只限自己食一碗饭和一杯淡水酒呢？

一天入夜，他趁师傅走出庙外时，偷偷地走进厨房，掀开米缸一看，里面空空的，连一粒米也没有，再看看酒芦，一滴酒也没有。小和尚只认倒霉，以为今天又挨饿了。但入夜过后，师傅又端出了一碗香喷喷的热饭和一杯醇香的米酒来。

"巧妇难煮无米之炊。"哪里来米和酒？小和尚怀疑起师傅来了。那天入夜，老和尚照例又是出了庙外，可他怎么也料不到，小和尚正悄悄地尾随着他呢。酒米洞出酒和米的秘密终于被小和尚发觉了。

晚上，小和尚饭后躺在床上翻来覆去老睡不着，心里在暗地责怪师傅："师傅真笨，好端端的一个酒米洞，只盛得六两米和两小杯酒，使我每天都食不饱……"越想肚子就越饿，他决定去查个究竟。到了半夜，他等师傅睡着了，装着解手，静悄悄地走出庙外，来到大石面前，只见大石光溜溜的，只有一个指头大的小洞。他心里又想，洞这么小，怪不得米只能一粒粒地流、酒只能一滴一滴地滴，盛了老半天也只盛得六两米，两小杯酒。他在大石旁蹲了一阵子，突然转回庙里，拿出了铁锤，自作聪明地把石洞打成拳头大，然后去睡了。

次日入夜，老和尚照例又拿着瓦钵去酒米洞盛酒和米，但一直等到接近天明，也不见酒米洞出酒和米。酒米洞怎么不出酒和米呢？他趁着暮色看了看酒米洞，指头大的酒米洞却变成了拳头般大小，洞口有新凿的石印痕迹，地上还有石碎颗粒。他心里明白，这一定是贪心的小和尚所为。于是他怒气冲冲地跑进庙里找小和尚，可贪心的小和尚早已无影无踪了。

却说，小和尚那天晚上也尾随着师傅后面，心里十分得意，以为酒米洞大了，必定能流出更多的酒和米来。后来，他见势头不对，便逃入深山里去了。据说，贪心的小和尚后来终日不敢出山，饿死在深山里。

至今，大环村华洞公园的半山上，还保留着这么一块大石。酒米洞还在，可它永远不能再出酒和米了。它给当地人教育儿孙不要贪心留下了一个最好的教材。

西桠镇龙山

火炬区西桠村龙社山上有座镇龙社亭，是为了纪念一位英勇捐躯的白袍小将而建的。

相传在很久以前，龙社山顶有一个天湖，天湖上住着一条小白龙。小白龙年复一年地行云布雨，保佑着这一带四季风调雨顺，五谷丰登。

不知哪一年，一条孽龙挣脱了天庭的枷锁，私下凡间，气势汹汹地要抢占天湖做它的地盘。白龙奋起还击，却不是它的对手。眼见白龙被孽龙逼得无路可退，败鳞残甲满天飞舞，湖中冒出一根根冲天的水柱。接着潮水暴涨，就要向山下的村落漫过来。这时，不知从什么地方来了一位横枪跃马的白袍小将。他大喝一声，杀向孽龙。白袍小将和白龙双战孽龙，打了三天三夜，终于把孽龙刺死。村民们正待欢呼，却发现白袍小将也一头栽在地上，一探气息，才知道他已力竭而亡。

他那身负重伤的龙马，一声悲鸣跃入湖心，从此不再冒出头来。至于战死的白袍小将，则和孽龙尸体纠缠着一起沉入湖底。这一场正义与邪恶的决战，以同归于尽告终。但村庄和大片良田，却得以保存下来。村民们为了纪念白袍小将的功绩，把这座山改名为镇龙山，在他牺牲的地方耸立起一块碑石，以示其事。直到今天，每当云消雨散的时候，据说能在云彩间隐约看到已化身为神的白袍小将横枪跃马的英姿。

张家边一村"蚝棚头"与"羊头巷"的传说

张家边立村至今,据考证已有800多年的历史。远在元朝初期,忽必烈穷兵黩武,为了征服各地叛乱,南征北讨,强拉壮丁,苛捐杂税多如牛毛,使田园荒芜,民不聊生,哀鸿遍野,人民被迫各地逃荒。

南宗咸淳年间(1265—1294),张家边村头一带是海边。南雄珠玑巷的张凤岗夫妇率其子侄辈30多人逃荒至此。他们先在沙岗仔田螺地搭寮栖身,以种植和捕鱼虾等为生。后因常遭海风侵袭,茅屋时为海风所破。无奈,凤岗夫妇及其家属迁移到飞鹅岭山下生风林近海边一带,搭草棚居住。这里盛产蚝,他们以捞蚝捕鱼和种植维生,所以这一带称为"蚝棚头"。直至现在,张家边村头还是称为蚝棚头,村头大街称为蚝棚头大街,与中山港大道衔接的道路为凤岗路。

张家边村头毗邻窈窕村,以"羊头巷山"为界。据说在16世纪中期(1528—1587)即明朝中期,因为奸臣当道,内忧外患,海防松弛,倭寇猖獗,大规模骚扰中国沿海地区。他们杀人放火,抢掠人民财产。张家边濒临大海,时遭倭寇劫掠。有一年端午节,倭寇突至,村民闻讯,逃往"羊头巷"山洞躲避。倭寇见村中空无一人,一无所获,于是搜索至羊头巷山。村民见倭寇至,大为惊恐,屏息不敢动。正在惊恐万状之际,一小孩突然失声大哭,村民则用力掩其口鼻而致其窒息而死。但也无效,倭寇已闻声而至,挥刀乱斩,哭声震天,人头滚滚,血流满地,躲在洞穴里的数百人尽被杀戮,死尸狼藉,令人目不忍睹。过后人们称这一带为"人头巷"。及后人们觉得此名不雅,便改名为"羊头巷"。

第十章　侨情大事记

1933年，朗尾村旅美国和加拿大归侨陈述尧先生创建朗尾觉新阅报社，1934年创办朗尾乡校，1940年兴建朗尾公园和篮球场。1944年2月20日，陈述尧先生逝世。1946年5月1日，朗尾村隆重举行陈述尧先生追悼会，深切追念和赞颂他爱国爱乡的精神。

1938年，宫花村旅日本青年同胞林开友先生毅然回乡参加抗日先锋队。他在一次张家边大王头山一带英勇抗击日军的战斗中不幸壮烈牺牲，年仅28岁。1953年，宫花村委会和侨联会在村内兴建林开友烈士纪念碑，并于1999年进行了重建。

1948年8月，朗尾村华侨、港澳同胞捐建朗尾新校舍落成。中山县长孙乾，教育局局长杨钧直，社会名流郑彼岸、孙道实、孙海筹等前来祝贺。

1949年，濠头乡旅美归侨郑彼岸先生担任中山县图书馆馆长，1953年担任广东省文史研究馆副馆长。

1954年开始落实华侨政策，为华侨眷属改变成分。

1954年2月，张家边区成立侨联会，至今63年，历经13届。

1959—1961年国家经济困难时期，旅外华侨和港澳同胞热心捐资购买汽车、肥料、水泥、种子等送给家乡，支持家乡生产建设。

1966年"文化大革命"期间，侨联组织被迫停止一切活动，《张家边月刊》也被迫停刊。1978年改革开放，侨联组织恢复活动。1985年元旦，《张家边月刊》复刊并易名《东镇侨刊》。

1976—2006年，宫花旅日本华侨林煜铭先生多次返乡观光探亲，受到市、区领导多次接见。

1978年改革开放后，华侨和港澳同胞捐建校舍（含幼儿园）15所，牌楼、凉亭、纪念亭及方便亭共37座，公园8个，医院和医务所各一间，图书馆一座及图书一万余册，另有修桥铺路及安装自来水管道等设施，为家乡建设做出了巨大贡献。

1985年，濠头村旅加拿大侨胞郑今后先生将当时价值人民币8500元的祖屋捐赠给濠头村侨联会。

1985年，濠头村旅美侨胞郑莲花小姐荣膺美国檀香山中华总商会第38届水仙花公主称号。

1985年开始落实侨房政策，共退还华侨房产290户，面积共41157.87平方米。

1986年火炬区大环村新校舍建成投入使用。张道生先生（张惠长之子）把坐落于石岐民权路绍辉里一号近200平方米的两层楼房的使用权捐献给大环小学，让其作为校产出租，租金拨入办学基金。

1986年，江尾头旅秘鲁唐庄生先生与母亲江润妹女士慷慨解囊捐资人民币1.1万元在江尾头涌边长堤路建成康庄大道。

1986年，江尾头旅澳洲唐鉴荣先生旋里探亲，慷慨捐资澳币1万元兴建唐贻广教学大楼。

1986年10月，濠头村侨眷郑光辉先生荣膺全国侨联工作积极分子称号。

1987年1月9日，江尾头村举行康庄大道、李彩元堂、春晖楼、唐贻广教学大楼、英元大道落成庆典。参加庆典的有专程由秘鲁回来的唐庄生伉俪及其千金唐玉华小姐、母亲江润妹女士，李帝友伉俪，澳大利亚唐鉴荣伉俪，香港唐肇垣先生及张家边区公所阮汉文、郑锦池、郑满生等领导。

1987年5月28日，祖籍濠头村的秘鲁移民局长里卡多·郑·黄及其夫人访问中山，并返濠头寻根问祖。在市、区、村侨务部门的协助下得偿所愿。

1987年，中山市人民政府及张家边区办事处联合在沙边村为本区侨胞孙海筹先生的错案平反昭雪。

1988年，濠头村旅美乡亲、檀香山中华总商会第38届水仙花公主郑莲花返乡探亲。

1988年，朗尾小学隆重举行建校40周年庆祝活动。中山市政协主席林藻、旅澳洲侨亲、前任校长陈玉生、张家边区副区长郑满生分别讲话并参加有关活动。

1988年，张家边幼儿园重建，1990年竣工投入使用。旅澳洲华侨孙源宗先生、旅港马文辉先生及卢雪儿女士等华侨港澳同胞返乡参加落成典礼。

1989年9月，朗尾旅澳洲华侨、时年77岁的陈玉生先生携家眷回故里捐资美金13000多元给朗尾小学校增建一座二层楼两间新课室，楼下是陈奕炘公纪念堂，楼上是林兆莲婆纪念堂。另捐4000港币修建朗尾小学校门围墙。

1989年11月3日上午，大环村旅美国华侨、原空军飞虎队少校军官张祐文先生在美国屋仑启沙医院病逝，享年75岁。

1990年7月2日，西桠旅美华侨建校筹备成员在美召开会议，通过西桠旅美华侨建校筹委会名单22人，主持日常工作常委7人，分别是主席洪昭信，副主席洪润明，中文书记洪金善，副书记洪信予，理财洪桂强，核数洪寿培，宣传联络洪容江，顾问麦剑生、朱庚才、洪杏泉、郑式伯、阮子伦。

1990年8月16日，全国人民代表大会常务委员会委员、华侨委员会副主席梁灵光视察火炬区。

1991年3月，香港方玉霞女士、黄令仲先生等捐资人民币17.5万元建成张家边区树人书室，建筑面积320平方米。1992年7月22日方玉霞女士又捐资人民币3万元添置各种图书。

1991年，江尾头村旅美侨梓陈英惠女士慷慨捐资港币9443元给家乡江尾头小学购置全校新式台椅。

1992年，宫花村旅美侨梓王慧玲小姐获檀香山第43届水仙花公主殊荣。

1992年5月1日，大岭村旅日本知名人士，日本东京都柘植大学、春秋学院院长欧阳可亮教授在东京都寓所逝世，享年74岁。

1992年11月2日，西桠小学校举行重建落成庆典。张家边旅美侨亲吴耀庭伉俪及女儿吴美玠，西桠村旅美乡亲洪昭信先生及香港同胞组团返乡参加庆典活动。

1992年开始筹建张家边医院，华侨和港澳台同胞捐资总额达800多万元人民币，占建筑工程费的 50% 左右。

1992 年，小隐村旅美乡亲、檀香山中华总商会第 40 届水仙花公主郑家燕一行 10 人回乡寻根及观光，区侨办、侨联和东镇侨刊社人员热情接待并陪同她们回到祖籍地。

1993 年建设张家边公园。市、区领导和华侨港澳同胞代表参加了奠基仪式。

1993 年，濠头旅香港乡亲郑荣先生之孙郑家豪荣获香港青少年儿童武术南拳冠军，1994 年荣获香港青少年组南拳、刀术、棍棒全能冠军，1996 年获第一届亚洲青少年武术锦标赛南拳、刀术冠军，1997 年获第二届亚洲赛南拳冠军，1999 年获第五届世界锦标赛南棍冠军、南拳季军，2003 年 11 月 6 日在来自 57 个国家和地区的选手中以 9.35 分荣获第七届世界锦标赛男子南拳冠军和南棍亚军。

1994 年，旅港同胞李文彬先生向张家边医院捐赠德国制造的体外击波碎石机 1 台，价值 400 万港币。

1994 年，旅港同胞梁瑛屏向张家边医院捐赠 2 台美国制造的干衣机，价值 4.29 万元港币。

1994 年，小隐村李颂龄学校落成。旅香港乡亲李俊驹、李文彬、李俊雄等组团返乡参加落成剪彩活动。

1994 年，张家边小学举行新校舍落成典礼。热心人士、香港太平绅士、中山侨商会原主席马文辉先生伉俪及旅美侨亲马桂才先生伉俪等数十人回乡参加庆典活动。

1991 — 1996 年，火炬区旅港澳乡亲邓棣新先生、李俊驹先生、李文彬先生、谢硕文先生和李三元先生先后获中山市荣誉市民称号。

1996 年 1 月 8 日，火炬区小隐村旅美侨胞刘百安先生被委任为三藩市警察局局长，是美国有史以来第一位大城市的华人局长。

1996 年 3 月期间，旅港同胞李文彬先生向张家边医院捐赠 X 光机、麻醉机、消毒器、无影手术灯等医疗设备，价值 88 万港币。

1996 年，香港大华国际集团主席李三元向火炬区捐赠 500 万人民币建立教育、体育基金会。

1997年6月5日，香港特别行政区专责老人福利事业议员谭耀宗先生专程到张家边区医院了解该医院的香港老人复康中心情况。

1997年6月期间，香港复康会向张家边医院赠送1辆日本制造的三菱牌康复中巴。

1999年，三藩市警察局局长刘百安回祖籍火炬区小隐村寻根访祖，三藩市市长布朗先生等人同行。区侨办、侨联、东镇侨刊社人员大力协助与热情接待，使他顺利地找到了亲人。

1999年，濠头旅香港乡亲郑荣先生之子郑凤池获得香港第四届武术锦标赛南拳冠军，受到霍英东先生颁奖。他曾被委任为亚运会第11届、12届武术总裁判长，第五届世界武术锦标赛竞赛处主任，曾获香港体育界杰出贡献成就奖。郑荣之孙女郑嘉颖获得第五届世界武术锦标赛少年组太极拳冠军。

1999年9月，香港特别行政区政府公务员110人到火炬区参观考察。

1999年12月，乌克兰乌中议会友好小组一行10人到访火炬开发区。

2000年5月，火炬区侨办、侨联、东镇侨刊社联合开展侨情调查，对华侨、港澳台同胞历年向家乡捐资赠物情况进行了全面调查、系统整理、确认与立项，把华侨、港澳台同胞支持家乡建设的爱国爱乡精神和所做的贡献载入史册，让子孙后代得以传颂与弘扬。

2000年6月，东镇侨刊社举行复刊15周年志庆活动，出版复刊15周年（1985—2000）纪念特辑，同时向华侨、港澳台同胞发出邀请函，诚邀他们回乡参加庆祝活动。美国三藩市中山德善堂主席马干才、香港濠头乡亲联谊会会长郑汉成等应邀率团100多人回乡参加庆祝活动。中山市政协副主席、统战部部长韩泽生参加了庆祝大会并在大会上代表东镇侨刊社向马干才先生颁发名誉社长聘书。

2000年秋，时任千里达财政部部长孙仲明先生回沙边村寻根访祖。区侨办、侨联、东镇侨刊社人员热情接待并带领他回到沙边村，找到了亲人，让他得偿所愿。

2001年1月，濠头村旅香港乡亲郑汉成先生带领香港郑氏宗亲会50余人回乡参加濠头村侨联会成立二十周年庆祝大会。

2001年，火炬区组织编写《中山火炬开发区侨史》，于2003年冬出版面世。
2001年4月20日，三藩市中山德善堂回国观光团一行28人，在德善堂主席吴耀庭、副主席欧阳金海的率领下回到家乡,受到火炬区侨办、侨联会和东镇侨刊社人员的热情接待。

2001年6月14日,孙恩荣平反大会在沙边村举行。孙恩荣先生是火炬开发区沙边村人,新中国成立前曾任过中山县委一职,1951年镇压反革命期间以反革命罪被无辜处以死刑。

2001年,旅古巴第二代华裔、万吨级远洋货轮船长陈普卡先生(父亲祖籍张家边,母亲是古巴裔人氏)在火炬区侨办、侨联会的帮助下回到张家边四村,见到了同父异母80多岁的兄长,圆了半个世纪的寻亲梦。

2002年4月6日,小隐村旅港同胞、中山市荣誉市民李俊驹、李文彬兄弟俩清明节回乡祭祖,设宴70席宴请小隐和义学村全体老人。

2002年10月,濠头村旅加拿大侨领郑宗励先生带领侨亲80多人回乡谒祖和观光,并参加中山市举办的第四届世界中山同乡恳亲大会。

2002年秋,大岭村旅墨西哥侨领欧阳民先生受国务院侨务办之邀,代表墨西哥中国和平统一促进会出席在北京举行的"新世纪华侨华人联谊会",并受聘为中国侨联海外顾问,会后回家乡观光。

2002年秋,《大岭村侨史》出版面世。

2002年11月,第四届(世界)中山同乡恳亲大会在中山市举行,火炬区有200多位旅居海外乡亲回乡参加盛会。

2003年6月7日,中国侨联主席林兆枢、广东省侨联主席陈毓铮、中山市侨联主席徐瓦等一行到火炬区大岭村侨联调研。区侨联和大岭村侨联热情接待。

2003年7月初,秘鲁国驻北京商务参赞郑国强先生携妻挈子回到濠头村寻亲,在濠头村侨联协助下回到祖宅见到了亲人。郑参赞一家无限高兴,还到郑氏大宗祠上香谒拜先祖。

2003年7月30日,广东省侨办在江门市举行全省侨刊乡讯工作(表彰)大会。《东镇侨刊》被评为广东省优秀侨刊乡讯,吴添渭先生被评为广东省侨刊乡讯先进工作者。

2003年秋,《大环村侨史》出版面世。

2003年，濠头旅香港乡亲、武术世家郑荣先生的孙儿、香港南拳王郑家豪代表香港队参加在澳门理工学院体育馆举行的第七届世界武术锦标赛，夺得三连冠，荣获世界武术赛金牌。

2004年1月3日，秘鲁驻中国经济商务参赞郑国强先生带领兄长郑国华、郑国兴、郑国全、郑国文及亲朋一行24人回乡。郑参赞兄弟五人等一行在中山市侨务局、火炬区党委、区侨联和联富行政村负责人等的陪同下回到濠头村与亲人们相聚。

2004年1月12日，香港特别行政区政务司司长曾荫权一行16人到火炬区考察，火炬区统侨办参与了接待。

2004年1月15日，区侨办侨联举办归侨侨眷和港澳台同胞眷属迎春游园活动，近600位归侨、侨眷和港澳台同胞及眷属参加了活动。中山市侨联主席徐瓦等亲临指导。

2004年2月12日，中山市外事侨务局一行22人在局长高银娇、副局长张广东的率领下到火炬区大岭村考察调研。大岭村党支部书记欧阳凯照和侨联主席欧阳洲等热情接待。欧阳洲主席做了侨联工作汇报后，带领考察团一行参观大岭文化室、"两思教育"展览厅和庆余坊"领事街"。考察团对大岭侨联工作给予了高度评价。

2004年2月21日，西桠星光老人之家举行传统节日庆祝活动。西桠旅澳门善长仁翁洪金平先生捐资2万元做活动经费。

2004年5月14日，以中国—古巴友好协会主席、华裔少将邵黄为团长的中古友好协会代表团到访火炬区。

2004年8月，濠头旅澳门乡亲郑雨芬先生的孙女郑丹蕊在中国文化部举行的第七届"桃李杯"芭蕾舞大赛中荣获全国青年组冠军，又获得瑞士洛桑国际芭蕾舞大赛的优秀奖（27个国家，127名选手参赛的前三名）和荣获日本亚太地区芭蕾舞比赛季军。2005年，她在美国纽约举行的国际芭蕾舞大赛中又荣获铜奖。

2005年12月23日，火炬区侨联和东镇侨刊社人员带领本区归侨参加中山市侨联组织举办的"颂发展，喜迎春"全市归国华侨快活一天游活动。归侨上午参观了南区北台村的詹园和旅美归侨陈芳先生的大宅门，下午参观了火炬区中山港电展会和得能湖公园等景点，度过了欢乐的一天。

2005年8月6日，火炬区江尾头村旅澳洲归侨、第六届侨联主席黄伟棠（黄开）先生不幸在家中病逝，享年97岁。黄伟棠先生向来爱国爱乡，热心家乡建设，先后捐出17万多元人民币和1万多元港币给村中安装自来水管、建桥筑路、建校和建张家边医院。

2005年8月11日，西桠村旅美华侨、三藩市中山德善堂原主席、三藩市中中同学会副会长、东镇侨刊社顾问、西桠侨联会名誉主席、老年人协会名誉会长洪昭信先生因病在美国家中不幸与世长辞，享年82岁。9月17日，西桠村委会和侨联会在村中设灵堂为洪昭信举行追悼会。社会各界代表和村民110多人参加追悼会，深切怀念和高度赞扬洪昭信先生为家乡建设所做的贡献。

2005年8月13日，香港深水埗区少年警讯成员一行80人在香港中联办陈明副处长的率领下，在中山市委统战部郑向荣副部长陪同下来到火炬区咀香园健康食品（中山）有限公司参观学习，受到火炬区侨联主席郑丽瑜、咀香园副总经理张延杰等热情接待。

2005年，火炬区侨联召开传达学习中央、省、市领导在全国侨联工作会议上重要讲话精神，极大地鼓舞和提高了火炬区侨务工作者对做好华侨工作重要意义的认识。

2005年11月中旬，火炬开发区窈窕村旅美华侨、79岁的陈惠安先生父子三人为答谢区、村侨联和村民的关心及热情接待，向村中老年人福利会赞助22400元筵开28席宴请全村老人，并赞助窈窕村奖学基金会10000元、村侨联会5000元、村曲艺社2000元、东镇侨刊社1000元，合计共赞助人民币40400元。

2005年，火炬开发区侨联为华侨、港澳同胞解决了来信来访的15宗宅基地和房屋纠纷案，案件解决率达88%。

2005年，火炬区400多位侨胞回乡省视家园、探亲访友和观光旅游。西桠旅美华侨、军烈属郑烈夫先生一行7人回乡省墓，前往番禺拜祭为国壮烈牺牲的胞弟郑云烈士（郑云，西桠村人，1949年参加中国人民解放军，1950年在番禺执行任务中，突遭残匪袭击，为国壮烈牺牲）。东镇侨刊社人员协助侨办参加了以上各个团体的接待工作并陪同郑烈夫先生到番禺拜祭郑云烈士，瞻仰烈士墓。

2006年4月10日，第六届（世界）中山同乡恳亲大会在澳门举行。会后，100多位华侨和港澳同胞回到家乡。火炬区党委、管委会盛情接待。

2006年，在千里达国出生的张家边侨胞后裔、千里达电解铝厂总裁、高级工程师陈桂华先生回乡寻根，在市、区、村各级侨务部门和东镇侨刊社人员的大力协助下，寻到了同父异母的兄长陈昌先生等三兄妹，圆了寻根梦。他高兴万分，深深感谢侨务部门的大力支持。

2006年6月，濠头村复修濠头郑氏大宗祠后座，于2007年1月26日竣工。2016年10月1日复修全面竣工，濠头居委会隆重举行庆祝和揭幕祭祖仪式，华侨港澳同胞230多人回乡参加纪念庆祝活动。

2007年，张家边旅美华侨高宝兴先生在侨务部门的协助支持下，回家乡投资200多万元人民币兴建了一间私办幼儿园，满足了当地幼儿入学的需求。

2007年4月，区侨办组织东镇侨刊人员编写《火炬开发区侨捐纵览》，把火炬区华侨、港澳同胞历年向家乡捐赠公益事业的项目和金额等资料进行分类整理、确认并载入史册，让他们的无私奉献精神得以世代传颂。该侨捐纵览于2010年1月12日面世。

2007年7月12日，东镇侨刊社人员接待了一位来自美国加州大学裴士那分校的数学教授——孙述寰博士。座谈会后，本刊人员陪同孙博士回到故乡沙边村，省视了祖居，参观了沙边小学和他曾祖父兴建的芷江亭旧址等。

2008年2月中旬，郑宗励率第七届世界中山同乡恳亲大会筹委回到家乡，拜访了中山市人民政府、市侨务局、火炬区政府，汇报第七届"世恳会"的筹备进展情况及征询意见并诚邀有关领导参加世恳大会。该会于是年7月5—7日在温哥华市举行。

2008年秋，《五星村侨史》和《宫花村侨史》出版面世。

2008年10月16日，全美俊英工商总会在中山石岐城区举行第十七届恳亲大会，100多位旅美侨胞回乡参加恳亲大会。东镇侨刊社社长郑丽瑜、主编吴添渭等应邀参加恳亲大会。《东镇侨刊》报道了恳亲大会的盛况。

2009年10月，濠头村旅加拿大乡亲、加拿大温哥华铁城崇义总会主席、中华会馆理事长、温哥华文化中心主席郑宗励先生受国务院侨办的盛情邀请，回国参加庆祝中华人民共和国成立60周年系列活动。活动结束后，郑宗励先生回到家乡省视家园并欢宴乡亲朋友。

2009年12月底，东镇侨刊社举行复刊25周年志庆活动，邀请华侨、港澳台同胞回乡参加庆祝活动。出版复刊25周年（1985—2010）总第100期纪念特辑，得到区委、各级侨务部门领导、海外侨团组织及侨领的金笔题词和各兄弟侨刊乡讯社的祝贺。同时还组织举办表彰完整保存收藏100期本侨刊的海内外读者，颁发了纪念证书。

2010年春，由张家边旅澳洲华侨、澳洲中山同乡会永远名誉会长孙照钧先生赞助、东镇侨刊社吴添渭先生任主编的《张家边乡闻选辑》出版面世，免费惠赠给张家边旅外乡亲存阅。

2010年4月6日,火炬区旅澳洲30多位乡亲在澳洲中山同乡会常务副会长朱少华先生的组织带领下回到家乡观光省亲。区党委、管委会、统侨办和侨联会热情接待,并精心安排了一系列的参观活动,东镇侨刊社人员参与了陪同等工作。

2010年7月17日,张家边旅美华侨、美国阳和总会馆主席、三藩市中山德善堂顾问吴耀庭先生的夫人、美籍华人作家伍可娉的小说"金山伯三部曲"之第二部《要嫁就嫁金山伯》在三藩市华埠新亚洲大酒楼举行新书发表会。中国驻三藩市总领馆吴刚领事等200多人出席发表会。会上,200多部新书即时被观众抢购一空。

2010年9月,濠头村旅澳洲华侨、热心人士郑泗全先生的第八位儿子郑炳坤伉俪回乡寻根。他是1926年离开家乡的,是年87岁。

2010年10月4日,濠头村旅加拿大侨领郑宗励先生率领温哥华100多位侨胞回乡观光省亲。

2011年,濠头村旅加拿大侨领郑宗励先生荣获加拿大第三届年度最杰出移民奖。此奖项共有4位华裔人士上榜。

2011年6月26日,中山市台务局副局长陆文伟率领7位侨务工作者到台湾考察。火炬区统侨办主任、侨联主席、东镇侨刊社社长霍启超参加了此次考察活动。他们在高雄市拜会了"中国文化遗产保护年度杰出人物"周廉楣女士。周廉楣女士是孙中山卫士队长姚观顺将军(火炬区小隐村人)的儿媳。她把家藏数十年的革命文物和文献470多件捐赠给中山市博物馆。

2011年8月31日,加拿大青年芭蕾舞团50多人访问火炬区,并与火炬歌舞团进行艺术交流。

2012年3月1日,加拿大温哥华铁城崇义总会"庆祝成立一百周年纪念活动"筹备委员会一行10多人到访火炬区侨联会和东镇侨刊社,受到区侨联和侨刊社人员的热烈欢迎与热情接待。他们在东镇侨刊社会议室举行了座谈会。

2012年,加拿大温哥华文化中心主席郑宗励先生获加拿大联邦国际贸易部长兼亚太门户部长法斯特授予加国杰出公民奖章(获此奖章共9名华裔)。

2012年10月30日,秘鲁国会议员、中秘友好委员会主席玛丽亚女士回火炬区泗门小区探访亲人,受到火炬区社区工作和社会事务局副调研员霍启超、副局长吴贵发、统侨外事科科长卢晋娜的热情接待。

2013年8月31日，濠头村旅香港乡亲郑汉成先生当选为中山火炬区港澳乡亲联谊会第一届会长。市委常委、开发区党工委书记侯奕斌为他颁发当选证书。

2013年8月31日，火炬区在（国际）会议中心举行火炬区港澳乡亲联谊会成立大会，200多位港澳乡亲回乡参加大会。

2013年9月，濠头旅加拿大侨胞郑宗励先生应邀到北京出席海外交流协会理事会换届就职典礼，并接受"中国海外交流协会第五届理事会常务理事"聘书。

2013年11月6日，美国俊英工商总会总理陈耀忠一行20人到访火炬区。

2013年11月14日，美国中山总商会会长、《东镇侨刊》顾问孙志中率该商会19名会员到访火炬开发区。

2013年11月15日，澳洲中山同乡会会长黄少航率71名同乡到火炬区参观访问。

2013年11月16日，美国阳和总会馆主席吴耀庭率回乡观光团21人到火炬区侨联和张家边居委会、侨联会访问。

2013年12月11日，旅香港乡亲李俊驹先生率香港均辉跨国公司一百多位高层人士回到家乡小隐村。火炬区党工委副书记张容彬、管委会副主任邹鑫等领导陪同他们参观和视察小隐幼儿园，受到该园全体师生的热烈欢迎。

2013年12月24日，火炬区在管委会行政中心大楼举行火炬开发区第13次归侨侨眷代表大会。大会选举产生侨联第十三届委员，社区工作和社会事务局局长刘龙湛被选为新一届侨联主席。

2014年3月25日，美国大使馆文化教育处官员带领美国职教联盟代表团到火炬区理工学校参观考察。

2014年6月9日，火炬区侨联组织华人华侨参加中山市文学艺术界联合会、中山日报报业集团、澳门中山同乡联谊会联合主办的"2014中山侨界群众文化节"和华人华侨古诗词比赛，荣获二、三等奖各一名，并获优秀组织奖。

2014年8月2日，火炬区管委会和港澳乡亲联谊会组织举办港澳乡亲回乡观光活动，区侨联和东镇侨刊社人员协助和陪同参观活动，让乡亲们目睹了家乡的发展变化，进一步增进了与港澳乡亲的情谊。

2014年9月21日，濠头旅加拿大侨领郑宗励先生率领旅加拿大华侨46人，旅香港乡亲郑汉成先生率领旅香港乡亲回乡谒祖省亲，受到家乡人民的热烈欢迎和盛情接待。

2014年10月14日，窈窕村侨联会为对家乡做出过重大贡献的旅美华侨沈善初先生举行追悼大会。吴添渭先生代表火炬区侨联、张家边社区侨联和东镇侨刊社参加追悼会并致悼词。

2014年冬，《张家边村侨史》出版面世。

2015年1月27日，美籍华人亚力士·金（Alex King）先生在张家边旅美华侨陈展明先生的陪同下莅临东镇侨刊社作客。亚力士·金祖籍上海，66年来第一次回祖国寻根，在陈展明先生的支持和陪同下圆了寻根梦。

2015年春，《濠头乡侨史》出版面世。

2015年6月，东镇侨刊社代表区侨联会组织华人华侨、港澳同胞参加"2015年中山侨界群众文化节"和华人华侨诗词（中山）比赛，分别获二等奖、三等奖和优秀奖，共7人获奖。

2015年9月中旬，火炬区统侨办和东镇侨刊社委托区侨联顾问、《东镇侨刊》顾问郑满生先生代表区统侨办和东镇侨刊社到美国向三藩市中山德善堂致送感谢信和锦旗，感谢中山德善堂和侨胞一直以来对家乡建设和《东镇侨刊》的关爱与支持。

2015年9月底，东镇侨刊社举行《东镇侨刊》复刊30周年纪念活动并出版复刊30周年（1985—2015）纪念特辑，得到海外侨团组织、侨领和省、市、区有关部门领导的题词祝贺，也得到省内部分兄弟侨刊乡讯社、区内各大总公司、企业和各社区、小区侨联的祝贺。

2015年11月28日晚，火炬区港澳乡亲联谊会在澳门东湖酒家举行联谊聚会，近300位港澳乡亲及嘉宾参加，郑汉成会长致辞。火炬区党工委副书记张容彬讲话，他代表区党工委、管委会感谢港澳乡亲对火炬区经济建设、公益事业的大力支持和帮助。联谊聚会欢乐满堂，使内外乡亲增进了情谊。

2015年12月7日，张家边旅澳洲华侨、澳洲中山同乡会永远名誉会长兼常务副会长孙照钧先生率领澳洲乡亲20多人回乡观光，受到火炬区社区工作和社会事务局及东镇侨刊社人员的热烈欢迎与热情接待。火炬区工作和社会事务局及东镇侨刊社人员全程陪同观光团一行到翠亨新区、百年老企业咀香园和"美味鲜"酱油厂等地参观。

2016年1月25日，中山市侨联举办"迎新春·侨乡行"活动，组织全市归侨到古镇镇参观全民公益园和陶瓷文化艺术馆。火炬区侨联组织本区归侨和回乡度岁的侨胞20多人参加此次活动。

2016年1月26日—3月4日，火炬区在联富社区和城东社区分别举办了"中山华侨与抗日战争"图片展览。参观者众，收到了良好的效果。

2016年新春来临之际，中山市侨联、市外侨局联合到火炬区开展春节慰问困难归侨和侨眷活动，向他们送上慰问金和慰问品，并向他们表示节日的祝福。

2016年2月22日，火炬区举行围绕"践行中山精神，共建博爱家园"为主题的慈善万人行活动，火炬区侨联组织归侨、侨眷、侨务工作人员参加了活动。

2016年3月11日上午，东镇侨刊社受西桠村旅美华侨洪润明先生之委托，将他珍藏数十载的"南京总统秘书处同仁与孙中山大总统、唐绍仪总理等合影"之照片送给孙中山故居纪念馆。该馆负责人对洪润明先生和东镇侨刊社人员表示衷心感谢。

2016年5月，东镇侨刊社代表区侨联会组织了20位华人华侨、港澳同胞参加2016年华人华侨（中山）诗词比赛，有11人获奖，其中一等奖一名，二等奖3名，三等奖3名，优秀奖4名，同时荣获优秀组织奖。

2016年8月23日，香港旺角街坊会组织61名青少年学生及理监事会成员到访火炬区，社区工作和社会事务局统侨外事科热情接待了此行。

2016年7月8日，东镇侨刊社吴添渭先生的《东镇侨刊复刊30周年纪念特辑》的封面设计荣获广东省侨刊优秀作品三等奖。

2016年9月19日，澳洲中山同乡会组团回乡观光。在余威达会长、孙照钧常务副会长的率领下，同乡会20日下午莅临火炬区参观，受到火炬区党工委副书记、翠亨新区党工委副书记、管委会主任招鸿、党工委副书记黎汉钊及区社区工作和社会事务局常务副局长郑艳霞等的热烈欢迎与热情接待。东镇侨刊社主编吴添渭先生参与迎接、陪同参观等系列活动。

在2016年11月孙中山先生诞辰150周年之际，孙中山总统府航空局原局长、民国香山县原县长朱卓文之孙朱逊逵先生从加拿大专程返乡，向孙中山故居纪念馆无偿捐赠了祖父位于火炬区西桠村敦闸西巷1号的朱卓文故居（占地面积474平方米，建筑面积156.78平方米）以及孙中山赠朱卓文的大衣、宋庆龄赠朱卓文女儿朱慕菲的大衣和英国制造骆驼绒桌布等。中山市人民政府向他颁发了感谢状。

2017年2月10日,澳门中山火炬开发区同乡会在举行成立大会前,组建队伍回乡参加火炬区的慈善万人行活动,并为慈善事业乐助人民币2万元。

2017年2月27日,澳门中山火炬开发区同乡会在澳门特区隆重举行成立大会。其宗旨是进一步弘扬爱国、爱澳、爱乡、团结互助、促进澳门与家乡的合作交流,以达资源共享,为构建和谐稳定、幸福美好的社会作出新的贡献。

2017年6月,美国中山德善堂组织祖籍火炬区侨居美国的学生回家乡开展观光、寻根访祖和学习交流的暑假夏令营活动,火炬区侨务部门大力支持和热情接待。

2017年8月12日,香港中山火炬开发区联谊会在香港特区隆重举行成立大会。其宗旨是进一步弘扬爱国、爱港、爱乡、团结互助、促进香港与家乡的合作交流,以达资源共享,互惠共赢。

2017年9月10日,香港中山火炬开发区联谊会妇女部在香港举行妇女联谊活动。

2017年9月20日,澳门中山火炬开发区同乡会在澳门举行庆祝国庆联欢茶叙会。

2017年9月25日,澳门中山火炬开发区同乡会在澳门举行中秋敬老联欢茶话会,火炬区党工委副书记刘少山、党工委委员刘龙湛等与240多位长者共聚联欢。

2017年10月22日,东镇侨刊社代表区侨联会组织了20位华人华侨和港澳同胞参加华人华侨(中山)诗词比赛,12月中旬评选结果公布,火炬区有4人获奖,并获优秀组织奖。

2017年11月1—3日,火炬区西桠小区隆重举行华侨和港澳同胞同家乡人民聚会联谊活动,一百多位华侨港澳同胞积极热情回家乡参加此次大型盛会。

2017年12月,重新编修的《中山火炬开发区侨史》出版面世。

编后语

  2003 年冬出版的《火炬开发区侨史》距今已 14 年。为把 10 多年来的侨事活动和华侨支持家乡建设事业所作出的贡献载入史册，2016 年 4 月，火炬开发区侨联会组织编写组重新编写《中山火炬开发区侨史》。编纂人员深入调查，走访有关人员、查阅与收集大量的历史资料，并补拍了许多相关的照片，在编写过程中不断补充完善资料。除了编写 10 多年来的侨事活动和华侨、港澳台同胞为支持家乡建设事业所作贡献的史实外，同时对原侨史的内容进行了补充修正，并增设孙中山先生与追随孙中山革命的先辈的革命事迹、华侨杰出人物、侨乡特色和美丽传说故事等内容，使再版侨史得以更为完善与充实。2017 年 4 月中旬刊印了初稿，并以征询意见稿印发样本，再次多方征询意见，核实订正。8 月，经区侨务部门领导审核后上报。

  本侨史共 10 章 37 节，近 60 万字，照片 417 幅。全书涵盖了火炬开发区（东镇）华侨的历史发展和华侨、港澳台同胞为家乡建设事业所做出的巨大贡献等情况，信息量大，内容丰富，记载翔实。但由于人力有限，时间仓促（仅 1 年多时间），且内容跨越了两个世纪，很多历史资料已散失，补充难度大，错漏或谬误之处在所难免，敬请华侨、港澳台同胞和读者诸君原谅并指正，今后再版予以斧正。谢谢。

  最后，祈望以史为鉴，让侨胞之光，激励后人，继往开来，再铸辉煌。

《中山火炬开发区侨史》编辑委员会
2017 年 12 月

人物索引

李俊驹 ·· 224
李文彬（1932 — 2017） ·············· 224
谢硕文 ·· 225
邓棣新 ·· 225
李三元 ·· 226
郑藻如（1824 — 1894） ·············· 226
欧阳辉庭（1848 — 1902） ·········· 227
欧阳兆庭（1858 — 1941） ·········· 227
欧阳民庆（1866 — 1932） ·········· 228
欧阳汝桥（生年不详 — 1932） ·· 228
郑永（1868 — 卒年不详） ·········· 228
欧阳祺（生年不详 — 1930） ······ 229
欧阳干昆（1891 — 卒年不详） ·· 229
朱卓文（1875 — 1935） ·············· 229
朱会文（1877 — 1936） ·············· 230
郑彼岸（1879 — 1975） ·············· 230
郑佩刚 ·· 230
阮炎（1879 — 1964） ·················· 231
欧阳日如（1881 — 1948） ·········· 231
孙璞（1883 — 1953） ·················· 231
张惠长（1898 — 1980） ·············· 232
吴东垣（1890 — 1960） ·············· 232
王棠（1890 — 1952） ·················· 233
郑乃炎（1890 — 1984） ·············· 234
姚观顺（1892 — 1951） ·············· 234

黎纪南（1892—1952） ………………………………… 237
孙海筹（1893—1952） ………………………………… 237
郑雨芬（1895—1970） ………………………………… 238
郑雨初（生卒不详） …………………………………… 239
欧阳英（1889—1920） ………………………………… 239
欧阳瑛（1896—1932） ………………………………… 239
吴东华（1896—1948） ………………………………… 240
朱慕菲（1897—1932） ………………………………… 240
孙翰清（1897—1960） ………………………………… 241
马玉麟、林照有 ………………………………………… 242
吕文成（1898—1981） ………………………………… 242
陈茂垣（1898—1987） ………………………………… 243
何泾渭（1900—1960） ………………………………… 243
郑天健（1900—1975） ………………………………… 244
李凡夫（1906—1990） ………………………………… 245
孙康（1906—1996） …………………………………… 245
林开友（1910—1938） ………………………………… 246
蔡北华（1913—1996） ………………………………… 247
欧阳阅荣（1914—卒年不详） ………………………… 248
郑奕刚（生卒不详） …………………………………… 248
郑荣（1916—2014） …………………………………… 248
欧阳可亮（1918—1992） ……………………………… 249
唐向明（1920—2000） ………………………………… 249
孙杏佳（1919—2008） ………………………………… 250
欧阳图强（1920—卒年不详）、欧阳焕文（1923—卒年不详）… 250
马桂才（1920—2016） ………………………………… 251
王颂明（1921—1991） ………………………………… 251
孙敬全（1925—2008） ………………………………… 252
欧阳金海（1925—2009） ……………………………… 252
欧阳辉（1928—2005） ………………………………… 253
马干才（1928—2015） ………………………………… 253
欧阳民（1935—2015） ………………………………… 254
郑宗励 …………………………………………………… 254

孙照钧 ··· 255

郑今后 ··· 255

孙靖夷 ··· 256

吴耀庭 ··· 256

高华焜 ··· 257

黄海泉 ··· 257

林志强 ··· 258

刘百安 ··· 258

郑国强 ··· 259

陈普卡 ··· 259

黄桂鸿 ··· 260

郑汉成 ··· 260

孙乃衡 ··· 261

马纪行 ··· 261

周　敏 ··· 261

孙仲明 ··· 262

陈焕生 ··· 262

陈生辉 ··· 262

陈祖乐 ··· 262

孙志中 ··· 263

郑泗全（1858 — 1937）································· 263

林煜铭 ··· 264

洪润明 ··· 264

谭沛森 ··· 265

欧阳官昌（1919 — 2002）······························· 265

马灿彪（1921 — 2009）··································· 266

陈棣康 ··· 266

唐庄生（1919 — 2010）··································· 266

洪昭信（1923 — 2005）··································· 267

朱东成 ··· 268

黄伟棠（1913 — 2005）··································· 268

谭德彰 ··· 269

郑华贵 ··· 269

马桂雄	269
马润良	270
欧阳焕章（1928—2011）	271
高宝兴	271
郑少宁（生年不详—2002）	271
沈善初（1929—2015）	272
张国祥	273
马玉棠	273
黎一安	273
郑少波	274
欧阳尊周	274
洪桂强	275
孙文超	275
朱少华	275
黄少雄	276
陈华君	276
方玉霞	277
周焕刚	277
郑秀鸾	277
林　年	278
洪顺祥	278
郑卓仁	279
郑燕卿	279
周国权	279
梁桂芳	280
黄　烈	280